Schöffensachen.

Zusammenstellung sämmtlicher im Geltungsbereich des Allgemeinen Landrechts

vor den Schöffengerichten

zur Anwendung kommenden

Reichs- und Landes-Strafgesetze.

Mit besonderer Berücksichtigung der

in der Provinz Brandenburg und speziell im Regierungs-bezirk Potsdam

erlassenen Polizeiverordnungen

erläutert und herausgegeben von

G. Eichhorn,
Amtsrichter in Schwedt.

Berlin und Leipzig.
Verlag von J. Guttentag
(D. Collin).
1881.

Vorwort.

Das vorliegende Werk soll einem doppelten Zwecke dienen, indem es sowohl ein Handbuch für Jeden, der als Richter, Laie oder Amtsanwalt in Schöffensachen mitzuwirken berufen ist, als auch überhaupt für Jeden, dem an Kenntniß der Strafgesetze seines Landes gelegen ist, ein zuverlässiges Nachschlagebuch sein soll. Es enthält daher einerseits alle diejenigen Strafbestimmungen, welche vor den Schöffengerichten zur Anwendung kommen können, andrerseits aber auch alle anderen strafrechtlichen Vorschriften, deren Kenntniß von allgemeinem Interesse ist und nicht durch das eigene sittliche Gefühl des Einzelnen ersetzt werden kann. Letzteres trifft nur zu bei den Verbrechen des Strafgesetzbuchs, und der Aufnahme derselben bedurfte es daher hier nicht; wohl aber mußten die zahlreichen Polizeistrafgesetze und Polizeiverordnungen hier eingehend berücksichtigt werden, deren Kenntniß selbst dem Fachmann oft nicht immer möglich ist. Niemand kann sich, wie das Allg. Landrecht sagt, „mit der Unwissenheit eines gehörig publizirten Gesetzes entschuldigen,“ und Jeder ist verpflichtet, sich um die Gesetze zu kümmern. Darum wird, nach dem Grundsatz „ignorantia juris nocet“, in Strafsachen niemals der Einwand, daß Jemand ein Strafgesetz nicht gekannt habe, zugelassen und berücksichtigt.

Schwer aber, wenn nicht unmöglich ist es für die große Mehrheit, sich eine genaue Kenntniß aller Strafgesetze und polizeilichen Verbote zu verschaffen, und oft ist es erst der Konflikt mit einem solchen, der sie über die Existenz desselben belehrt. In Gesetzsammlungen und Amtsblättern zerstreut, deren kostspieliger Besitz fast nur den Behörden möglich ist, finden sich die verschiedenen Strafvorschriften des Reichs, des Landes und des Bezirks, und bei dem großartigen Stoff, aus dem sie auszuscheiden sind, sowie bei dem häufigen Wechsel in der Gesetzgebung, die immer wieder neue Bestimmungen schafft und alte aufhebt oder abändert, ist ein vollkommen klares, übersichtliches Bild der heut geltenden strafrechtlichen Vorschriften nur Wenigen zu gewinnen vergönnt.

Diesem Uebelstand helfen allerdings in mancher Hinsicht die Separatausgaben der wichtigsten Gesetze ab; praktisch für Richter und Schöffen sind sie aber auch nur zum Theil, da für diese nur ein Alles umfassendes Kompendium wirklichen Werth hat, bei dem jedoch auch wieder alles das ausgeschieden oder doch nur kurz angedeutet sein muß, was in den einzelnen Gesetzen einen blos vorübergehenden oder einen rein technischen Werth hat und nicht unmittelbar zum Gebiet des Strafrechts gehört. Nur dadurch ist es möglich, ein das gewaltige Material unserer ganzen Strafgesetzgebung umfassendes Handbuch zu gewinnen, in welchem jedes Strafverbot, wenn es nicht auf ganz lokaler Voraussetzung beruht, oder, — wie die Militair- und Disziplinarstrafgesetze, — einen in sich abgeschlossenen, nicht universellen Charakter hat, enthalten ist. Andrerseits durfte es aber auch nicht genügen, nur diese Strafverbote, herausgerissen aus dem Rahmen des Gesetzes, wiederzugeben, zumal deren Ausdrucksweise, Fassung und Gruppirung dem Laien oft große Hindernisse beim Studium bereitet, und darum ist der Versuch gemacht worden, die wichtigsten strafrechtlichen Begriffe zu erläutern und in ihre Bestandtheile zu zerlegen, und bei den umfangreicheren Gesetzen ist deren nicht speziell strafrechtlicher Theil wenigstens im Auszug gebracht worden.

Der Wortlaut der Strafverbote ist überall genau nach dem Originaltext wiedergegeben, mit der Maßgabe jedoch, daß die Beträge der Geldstrafen durchweg in Mark ausgedrückt sind. Diejenigen Paragraphen, hinsichtlich deren nicht die Schöffengerichte, sondern die Strafkammern zunächst oder ausschließlich zuständig sind, sind in Parenthese [—] gesetzt; die mit (—) eingeklammerten Bestimmungen sind dagegen solche, welche nur lokale Bedeutung für die Provinz Brandenburg und speziell für den Regierungsbezirk Potsdam, — der für die Regierungs-Polizeiverordnungen zur Exemplifikation diente, — haben.

Möge dieses Büchlein im Publikum, unter den Richtern wie unter den Laien, — für welche letzteren es ja hauptsächlich bestimmt ist, da der Berufsrichter die Originalgesetze und Spezialkommentare nicht wird entbehren können, — wohlwollende Aufnahme finden. Etwas Neues glaube ich jedenfalls in der Zusammenstellung der Steuergesetze zu bieten, die meines Wissens bisher noch nicht versucht worden ist und doch unzweifelhaft ein allgemeines Interesse beanspruchen darf.

Schwedt, Dezember 1880.

Der Herausgeber.

Uebersicht des Inhalts.

Quellen.

Oppenhoff, Kommentar z. Strafgesetzbuch. 7. Ausg. Berlin, 1879.
Berner, Lehrbuch des D. Strafrechts. 10. Aufl. Leipzig, 1879.
Neumann, Die deutschen Reichsgesetze, welche neben dem Strafgesetzbuch strafrechtliche Bestimmungen enthalten. Berlin, 1878.
Dalcke, Strafrecht und Strafprozeß. Berlin, 1879.
v. Wichert, Polizeiverordnungen für den Regierungsbezirk Potsdam. Berlin, 1880.
Eberty, Handbuch für Schöffen. Strehlen, 1880.
Wentzel, Die Strafgesetze neben dem Pr. St. G. B. Berlin, 1851.
Grotefend, Allg. Polizei-Lexikon. Oberhausen und Leipzig, 1877.
Mewes, Strafverfahren. Berlin, 1879.
Oehlschläger-Bernhardt, Gesetz betr. den Forstdiebstahl. Berlin, 1879.
Daube, Feld- und Forst-Polizei-Gesetz. Berlin, 1880.
Berger, Gewerbe-Ordnung. 3. Aufl. Berlin, 1879.
Winiker, Klassensteuer und klassifizirte Einkommensteuer. Berlin, 1877.
Hoyer, Preußische Stempelgesetzgebung. Berlin, 1869.
Hoyer, Das D. Wechselstempelsteuergesetz. Berlin, 1873.
v. Zedlitz, Die direkten Steuern in Preußen. Berlin, 1879. (Aufsatz in den Preuß. Jahrbüchern.)
Mittheilungen aus der Verwaltung der direkten Steuern im Preuß. Staate, Nr. 11. Berlin, 1879.

Einleitung.

Ueber Schöffensachen im Allgemeinen.

Das Deutsche Strafgesetzbuch vom 15. Mai 1871 scheidet Verbrechen (Strafe: Tod, Zuchthaus oder Festungshaft von mehr als fünf Jahren), Vergehen (Strafe: Gefängniß oder Festungshaft bis zu fünf Jahren und Geldstrafe von mehr als einhundertfünfzig Mark) und Uebertretungen (Haft [ein Tag bis sechs Wochen] und Geldstrafe bis zu einhundertfünfzig Mark).

Die Schöffengerichte sind nun zuständig:[1])

a) für alle Uebertretungen,

b) für diejenigen Vergehen, welche nur mit Gefängniß von höchstens drei Monaten oder Geldstrafe von höchstens sechshundert Mark allein oder neben Haft, oder in Verbindung mit einander, oder in Verbindung mit Einziehung bedroht sind;[2])

c) für die nur auf Antrag zu verfolgenden Beleidigungen und Körperverletzungen, wenn die Verfolgung im Wege der Privatklage geschieht;

d) für die Vergehen des Diebstahls, der Unterschlagung, des Betruges und der Sachbeschädigung, nach §§ 242, 246, 263 u. 303 St. G. B., wenn der Werth des Objekts fünfundzwanzig Mark nicht übersteigt;

e) für die Vergehen der Begünstigung und der Hehlerei

1) § 27 G. V. G. (Gerichtsverfassungsgesetz).

2) Ausnahmen: § 320 St. G. B., Ges. v. 25. Okt. 1867, Ges. v. 11. Juni 1870 Art. 206, 249, 249ᵃ, Ges. v. 8. Juni 1871 §§ 1—3, Ges. v. 6. Februar 1875 §§ 67 u. 69 und Ges. v. 14. März 1875 § 59.

in den Fällen der §§ 258 Nr. 1 und 259 St. G. B., wenn die Handlung, auf welche sie sich beziehen, zur Zuständigkeit der Schöffengerichte gehört.

Außerdem kann die Strafkammer auf Antrag der Staatsanwaltschaft die Verhandlung und Entscheidung noch anderer Fälle dem Schöffengericht, soweit dieses nicht schon zuständig ist, überweisen, wenn nach den Umständen des Falles anzunehmen ist, daß nur auf Gefängniß von höchstens drei Monaten oder auf Geldstrafe von höchstens sechshundert Mark und auf keine höhere Geldbuße als sechshundert Mark zu erkennen sein werde. Diese Fälle sind:

1. Widerstand gegen die Staatsgewalt nach §§ 113, 114, 117 Abs. 1 u. 120 St. G. B.;
2. Vergehen wider die öffentliche Ordnung nach §§ 123 Abs. 3 und 137 St. G. B.;
3. das Vergehen gegen die Sittlichkeit im § 183 St. G. B.;
4. Beleidigung und Körperverletzung, die nicht durch Privatklage, sondern vom Staatsanwalt verfolgt werden;
5. die gefährliche Körperverletzung (§ 223a St. G. B.);
6. der einfache Diebstahl (§ 242 St. G. B.);
7. die einfache Unterschlagung (§ 246 St. G. B.);
8. die Begünstigung;
9. die Hehlerei nach §§ 258 Nr. 1 u. 259 St. G. B.;
10. der Betrug (§ 263 St. G. B.);
11. der strafbare Eigennutz nach §§ 288 u. 298 St. G. B.;
12. die Sachbeschädigung nach §§ 303 u. 304 St. G. B.;
13. die gemeingefährlichen Vergehen nach §§ 327 Abs. 1 u. 328 Abs. 1. St. G. B.;
14. alle diejenigen Vergehen, welche nur mit Gefängnißstrafe von höchstens sechs Monaten oder Geldstrafe von höchstens eintausendfünfhundert Mark, allein oder in Verbindung mit einander oder in Verbindung mit Einziehung bedroht sind (jedoch mit Ausnahme der Vergehen nach §§ 128, 271, 296a, 301, 331 u. 347 St. G. B.);
15. Zoll- und Steuervergehen, deren Strafe in einem mehrfachen Betrage der hinterzogenen Abgabe besteht.[1])

---

1) § 75 G. V. G. — Mit Recht macht Dalcke (Strafrecht und Strafprozeß

Das Verfahren in Schöffensachen ist nicht überall gleichmäßig. In allen Fällen, in denen es sich um ein Vergehen handelt, wird auf Grund der „öffentlichen Klage" (Anklage) der Staatsanwaltschaft[1]) ein Gerichtsbeschluß auf Eröffnung des Hauptverfahrens erlassen, welcher in der Sitzung verlesen wird und anstatt der Anklage der Verhandlung zu Grunde zu legen ist. In den Uebertretungsfällen kann das Verfahren das gleiche sein, in der Regel aber ist ein polizeilicher oder amtsrichterlicher Strafbefehl vorhergegangen, gegen welchen Einspruch erhoben worden ist; hier erfolgt die Verhandlung auf Grund der mündlichen Anklage der Staatsanwaltschaft, ohne daß es eines Beschlusses auf dieselbe bedarf.[2]) Die blos mündliche Anklage ist aber auch zulässig

a) überhaupt bei jeder Uebertretung; hier muß aber wenigstens in der Ladung der Inhalt der Beschuldigung enthalten sein,[3])
b) wenn der Beschuldigte sich freiwillig stellt,
c) wenn er in Folge einer vorläufigen Festnahme dem Gericht vorgeführt wird; hier ist wieder zu scheiden:
    α) der Festgenommene ist geständig; dann kann ohne Zuziehung von Schöffen verhandelt werden,
    β) er bestreitet die Anklage, dann muß über seine Verhaftung oder Freilassung entschieden und ein Hauptverhandlungstermin mit Zuziehung von Schöffen (in der Regel der Hülfsschöffen) anberaumt werden.

Eine Verhandlung in Abwesenheit des Angeklagten ist nur

S. 18 Note 15) darauf aufmerksam, daß die Fälle zu Nr. 15 schon an sich zur Zuständigkeit der Schöffengerichte gehören.

1) In Privatklagesachen besteht die Anklageschrift in der Klage des Privatklägers, welche dem Beschuldigten und der Staatsanwaltschaft zur Erklärung mitgetheilt wird. (§§ 421 ff. St. P. O.) Das Verfahren in der Hauptverhandlung ist im Uebrigen mit dem in Vergehenssachen identisch.

2) § 456 St. P. O. — Vergl. § 451 St. P. O.

3) § 211 Abs. 1 St. P. O. In der Geschäftsanweisung für die Amtsanwälte (J. M. Bl. S. 273) wird diese Beschuldigung (oder Anklage) als „Antrag auf sofortigen Eintritt in die Hauptverhandlung" bezeichnet, es ist aber nicht erfindlich, wann (außer etwa zur Feststellung der Zurechnungsfähigkeit) diesem Verfahren vor dem der schriftlichen Anklage oder dem Antrag auf Erlaß eines Strafbefehls der Vorzug zu geben wäre.

zulässig, wenn die den Gegenstand der Untersuchung bildende That nur mit Geldstrafe, Haft oder Einziehung, allein oder in Verbindung mit einander bedroht ist, und wenn der Angeklagte in der Ladung auf die Zulässigkeit dieses Verfahrens ausdrücklich hingewiesen worden ist.[1]) Außerdem muß aber zwischen der Zustellung der Ladung und dem Tage der Hauptverhandlung eine Frist von mindestens einer Woche liegen.[2]) — In Forstdiebstahlssachen sowie bei Zuwiderhandlungen gegen das Feld- und Forst-Polizei-Gesetz v. 1. April 1880 kann die Hauptverhandlung stets ohne Anwesenheit des Angeklagten erfolgen.[3]) Nur wenn der Angeklagte selbst den Antrag stellt, wegen großer Entfernung seines Aufenthaltsorts von der Verpflichtung zum Erscheinen in der Hauptverhandlung entbunden zu werden, und wenn er demnächst kommissarisch über die Anklage vernommen worden ist, kann auch in anderen Sachen ohne den Angeklagten verhandelt werden.[4]) Auch gegen solche Personen, deren Aufenthalt unbekannt ist oder deren Gestellung aus dem Ausland unausführbar oder unangemessen erscheint, kann ohne ihre Anwesenheit eine Hauptverhandlung stattfinden, vorausgesetzt jedoch, daß die den Gegenstand der Untersuchung bildende That nur mit Geldstrafe oder Einziehung, allein oder in Verbindung mit einander, bedroht ist.[5]) In allen anderen Fällen kann beim Ausbleiben des Angeklagten nur dessen Vorführung oder Verhaftung beschlossen werden.[6])

Die Beweisaufnahme kann nach freiem Ermessen des Schöffengerichts, ohne daß es an die Anträge der Staatsanwaltschaft oder des Angeklagten gebunden ist, fortgesetzt und abge-

---

1) § 231 St. P. O.

2) § 216 St. P. O.

3) § 30 Ges. v. 15. April 1878 betr. den Forstdiebstahl und § 67 Feld- u. Forst-Polizei-Ges. v. 1. April 1880.

4) § 232 St. P. O. Diesem Antrag kann jedoch nur dann stattgegeben werden, wenn voraussichtlich keine andere Strafe als Freiheitsstrafe bis zu sechs Wochen oder Geldstrafe oder Einziehung, allein oder in Verbindung mit einander, zu erwarten steht.

5) § 318 ff. St. P. O. — Die Vorschriften über die Ladung (§§ 320, 321 Abs. 1) finden speziell auch Anwendung bei dem Verfahren gegen Wehrpflichtige nach § 360 Nr. 3 St. G. B. (§ 473 St. P. O.)

6) § 229 St. P. O. — Dies gilt auch in Privatklagesachen. § 427 St. P. O.

brochen werden.[1]) Sind neue Zeugen zu vernehmen, die nicht innerhalb vier Tagen und vor denselben Schöffen zum Termin erscheinen können, so muß in dem neuen Termin das ganze Verfahren von Neuem stattfinden.[2]) — Eine Aussetzung des Verfahrens kann beschlossen werden, wenn Civilrechtsfragen zur Sprache kommen, deren Entscheidung im Strafverfahren unzweckmäßig oder allzu schwierig erscheint. Es muß dann Einem der Betheiligten eine Frist zur Erhebung der Civilklage bestimmt oder das Urtheil des Civilgerichts abgewartet werden.[3]) — Auf Einstellung des Verfahrens ist zu erkennen, falls der Strafantrag rechtzeitig[4]) zurückgenommen wird, oder es sich ergiebt, daß der erforderliche Strafantrag gar nicht gestellt ist, ebenso wenn die Strafthat verjährt ist;[5]) in Privatklagesachen, wenn der Privatkläger die Klage zurücknimmt oder im Termin nicht erscheint.[6])

Abgesehen hiervon kann das Urtheil nur auf Freisprechung oder Verurtheilung lauten.[7]) Auf Freisprechung muß erkannt werden, sobald die Mehrheit der Stimmen sich für ein „Nichtschuldig" entscheidet, selbst wenn dies aus Mangel an Beweis oder Unaufgeklärtheit des Sachverhalts der Fall ist. Sie muß ferner erfolgen:

1. „wenn der Thäter zur Zeit der Begehung der Handlung sich in einem Zustande von Bewußtlosigkeit oder krankhafter Störung der Geistesthätigkeit befand, durch welchen seine freie Willensbestimmung ausgeschlossen war";[8])
2. „wenn der Thäter durch unwiderstehliche Gewalt oder durch eine Drohung, welche mit einer gegenwärtigen, auf andere

---

1) § 244 Abs. 2 St. P. O.

2) § 228 St. P. O.

3) § 261 St. P. O. Als Regel ist freilich der Grundsatz aufgestellt, daß das Schöffengericht auch über die Civilrechtsfragen zu entscheiden hat.

4) D. h. vor Verkündung des Urtheils. § 64 St. G. B.

5) Uebertretungen und alle Antragsvergehen verjähren in drei Monaten, Vergehen, die mit höchstens dreimonatlicher Gefängnißstrafe oder mit Geldstrafe bedroht sind, in drei Jahren. § 67 St. G. B.

6) § 431 St. P. O.

7) § 259 St. P. O. In den Fällen der §§ 199 u. 233 St. G. B. muß gemäß § 500 St. P. O. der Angeklagte für schuldig, aber straffrei erklärt werden. Dalcke S. 129.

8) § 51 St. G. B.

Weise nicht abwendbaren Gefahr für Leib oder Leben seiner selbst oder eines Angehörigen verbunden war, zu der Handlung genöthigt worden ist"; [1])

3. „wenn die Handlung durch Nothwehr" (d. i. „diejenige Vertheidigung, welche erforderlich ist, um einen gegenwärtigen rechtswidrigen Angriff von sich oder einem Anderen abzuwenden") „geboten war", sowie „wenn der Thäter in Bestürzung, Furcht oder Schrecken über die Grenzen der Vertheidigung hinausgegangen ist"; [2])
4. „wenn die Handlung außer dem Falle der Nothwehr in einem unverschuldeten, auf andere Weise nicht zu beseitigenden Nothstande zur Rettung aus einer gegenwärtigen Gefahr für Leib oder Leben des Thäters oder eines Angehörigen begangen worden ist"; [3])
5. wenn der Thäter noch nicht das zwölfte Lebensjahr erreicht hat, oder wenn er, zwischen zwölf und achtzehn Jahr alt, „bei Begehung der strafbaren Handlung die zur Erkenntniß ihrer Strafbarkeit erforderliche Einsicht nicht besaß". [4]) Dies gilt auch von Taubstummen. [5])
6. im Fall eines Versuchs:
   a) wenn der Thäter „die Ausführung der beabsichtigten Handlung aufgegeben hat, ohne daß er an dieser Ausführung durch Umstände gehindert worden ist, welche von seinem Willen unabhängig waren, oder
   b) zu einer Zeit, zu welcher die Handlung noch nicht entdeckt war, den Eintritt des zur Vollendung des Vergehens gehörigen Erfolges durch eigene Thätigkeit abgewendet hat". [6])

Auf Verurtheilung ist dagegen zu erkennen, sobald der Thatbestand nach den einzelnen im Gesetz vorgeschriebenen Be-

---

1) § 52 St. G. B.

2) § 53 St. G. B.

3) § 54 St. G. B.

4) § 55, 56 St. G. B. — Das Urtheil muß bestimmen, ob der Angeschuldigte seiner Familie oder einer Besserungsanstalt zu überweisen ist.

5) § 58 St. G. B.

6) § 46 St. G. G. Der Fall a wird gewöhnlich als „Rücktritt", der Fall b als „thätige Reue" bezeichnet.

griffsmerkmalen oder „Thatumständen" als festgestellt erachtet wird. Nur wenn sich ergiebt, daß Jemand „bei Begehung einer strafbaren Handlung das Vorhandensein von Thatumständen nicht kannte, welche zum gesetzlichen Thatbestande gehören" und wenn diese Unkenntniß — falls es sich um eine fahrlässig begangene Strafthat handelt — nicht selbst durch Fahrlässigkeit verschuldet ist, kann auch trotz objektiver Strafbarkeit der Handlung auf Nichtschuldig erkannt werden.[1]) Eine Verurtheilung auf Grund eines anderen als des in dem Beschlusse über die Eröffnung des Hauptverfahrens angeführten Strafgesetzes darf nur erfolgen, wenn der Angeklagte zuvor auf die Veränderung des rechtlichen Gesichtspunktes besonders hingewiesen und ihm Gelegenheit zur Vertheidigung gegeben worden ist. Ebenso können solche vom Strafgesetz besonders vorgesehene Umstände, welche die Strafbarkeit erhöhen, dem Angeklagten nur dann zugerechnet werden, wenn er auf diese erschwerenden Umstände hingewiesen und zur Vertheidigung aufgefordert worden ist.[2]) Sie sind ihm aber nicht zuzurechnen, wenn er bei Begehung der strafbaren Handlung das Vorhandensein dieser Thatumstände nicht kannte.[3])

Mit Zustimmung des Angeklagten kann auch jede andere Strafthat, welche sich erst im Lauf der Verhandlung herausstellt, zum Gegenstand derselben Aburtheilung gemacht werden, selbst wenn der Eröffnungs-Beschluß nichts darüber enthält; vorausgesetzt ist jedoch, daß die That die Zuständigkeit des Gerichts nicht überschreitet.[4])

Das Gericht kann sich endlich für unzuständig erklären, sei es weil ein anderes Gericht derselben Ordnung,[5]) sei es weil ein Gericht höherer Ordnung zuständig ist. In letzterem Fall muß

---

1) § 59 St. G. B. — Der s. g. Rechtsirrthum und der s. g. Rechtswahn entschuldigen nicht, wohl aber der Irrthum über Thatsachen oder über civilrechtliche Fragen. Oppenhoff S. 123 Note 7 und S. 147 Note 16.

2) § 264 St. P. O.

3) § 59 St. G. B. Auch in dieser Beziehung darf bei fahrlässig begangenen Handlungen die Unkenntniß nicht durch Fahrlässigkeit verschuldet sein.

4) § 265 St. P. O.

5) Die örtliche Unzuständigkeit darf nur auf Einwand des Angeklagten ausgesprochen werden (§ 18 St. P. O.), die sachliche Zuständigkeit hat das Gericht von Amtswegen zu prüfen (§ 6 St. P. O.).

der Beschluß, in welchem die Strafsache an das höhere Gericht verwiesen wird, ebenso abgefaßt sein wie ein Eröffnungsbeschluß, und gleichzeitig mit der Verkündung desselben muß dem Angeklagten eine Frist bestimmt werden, innerhalb deren er die Vornahme einzelner Beweiserhebungen vor der Hauptverhandlung beantragen könne.[1])

Bei der Strafabmessung kommen als erschwerend in der Regel in Betracht die Vorstrafen des Angeklagten, freches Leugnen desselben, die s. g. Ideal-Konkurrenz[2]), Höhe des Objekts u. a.; als mildernd gelten dagegen Geständniß, jugendliches Alter, Unbescholtenheit, die s. g. verminderte Zurechnungsfähigkeit und sehr geringes Objekt. In Betreff des jugendlichen Alters enthält das St. G. B. die besondere Bestimmung, daß, wenn ein zwischen zwölf und achtzehn Jahren alter Angeschuldigter für zurechnungsfähig erklärt wird, in besonders leichten Fällen nur auf einen Verweis erkannt werden kann, und auf Verlust der bürgerlichen Ehrenrechte sowie auf Zulässigkeit von Polizeiaufsicht nicht gegen ihn erkannt werden darf.[3]) — Auch der Versuch, d. h. die „Bethätigung des Entschlusses, ein Vergehen zu verüben, durch Handlungen, welche einen Anfang der Ausführung desselben enthalten", ist milder zu bestrafen, als wenn die That vollendet worden wäre.[4]) Bei den Uebertretungen ist der Versuch überhaupt straffrei und bei den Vergehen auch nur da strafbar, wo dies besonders angemerkt ist.[5]) Die Strafe kann hier bis auf ein Viertheil der auf die vollendete That angedrohten Freiheits- oder Geldstrafe ermäßigt werden. Dasselbe gilt vom Gehülfen einer Strafthat, d. h. von dem-

---

1) § 270 St. P. O.

2) Wenn eine Handlung mehrere Strafgesetze verletzt, so kommt nur das Gesetz, welches die schwerste Strafe bez. die schwerste Strafart androht, zur Anwendung (§. 73 St. G. B.), der Richter kann aber bei Abmessung der Strafe die ideell konkurrirende Mißthat als Erhöhungsgrund berücksichtigen. Oppenhoff S. 109 Note 17.

3) § 57 St. G. B. Dies gilt sowohl für Uebertretungen als auch für Vergehen, ist aber nicht anwendbar in Forstdiebstahlssachen (§ 10 F. D. G. v. 15. April 1878) und in Feld- u. Forstpolizeiübertretungen (§ 4 G. v. 1. April 1880).

4) § 44 St. G. B. Ausnahmen: § 4 F. D. G. v. 15. April 1878 und § 8 Feld- und Forst-P.G. v. 1. April 1880.

5) Die hier in Betracht kommenden Fälle sind in den §§ 242, 246, 263, 303, 304 St. G. B. enthalten.

jenigen, „der dem Thäter zur Begehung eines Vergehens durch Rath oder That wissentlich Hülfe geleistet hat".[1]) Der Anstifter dagegen, d. h. derjenige, „der einen Anderen zu der von demselben begangenen strafbaren Handlung durch Geschenke oder Versprechen, durch Drohung, durch Mißbrauch des Ansehens oder der Gewalt, durch absichtliche Herbeiführung oder Beförderung eines Irrthums oder durch andere Mittel vorsätzlich bestimmt hat",[2]) ist gleich dem Thäter zu bestrafen.

Der Höchstbetrag der Gefängnißstrafe ist in Schöffensachen drei Monat, kann aber in einigen von der Strafkammer überwiesenen Fällen (da das Schöffengericht an die obengedachte Voraussetzung der Ueberweisung nicht gebunden ist) bis zu fünf Jahren aufsteigen. Die Haftstrafe beträgt höchstens sechs Wochen, die Geldstrafe bei Uebertretungen höchstens einhundertfünfzig Mark,[3]) bei Vergehen kann sie in Schöffensachen bis zu sechshundert Mark, in den überwiesenen Fällen aber bis zu eintausendfünfhundert Mark aufsteigen.

Der Mindestbetrag jeder Freiheitsstrafe ist ein Tag; auf Bruchtheile eines Tages darf nicht erkannt werden. Eine Geldstrafe darf bei Vergehen nicht unter drei Mark, bei Uebertretungen nicht unter einer Mark betragen.[4])

Jedes Erkenntniß muß auch Bestimmung treffen, welche Freiheitsstrafe an Stelle einer nicht beizutreibenden Geldstrafe treten soll. Bei der Umwandlung ist der Betrag von drei bis fünfzehn Mark einem Tag Gefängniß, bez. (bei Uebertretungen) der Betrag von ein bis fünfzehn Mark einem Tag Haft gleich zu achten. Die eventuelle Gefängnißstrafe darf ein Jahr, die eventuelle Haftstrafe sechs Wochen nicht übersteigen. Ist jedoch der Höchstbetrag der Freiheitsstrafe in der wahlweisen Strafandrohung selbst geringer, so kann auch eventuell nur höchstens dieser Betrag substituirt werden.[5])

---

1) § 49 St. G. B. Bei Uebertretungen ist die Beihülfe straflos.

2) § 48 St. G. B.

3) Ausnahme: § 147 Gewerbeordnung, wonach bis auf dreihundert Mark erkannt werden kann.

4) Streitig ist, ob die bei einzelnen früheren polizeilichen Strafverboten angedrohte Mindeststrafe von fünf Sgr. noch Geltung hat oder ob § 27 St. G. B. überall maßgebend ist. Letzteres dürfte das richtigere sein.

5) §§ 28, 29. St. G. B. — Ist bei einem Vergehen Geldstrafe allein oder

Auf eine Gesammtstrafe ist zu erkennen, wenn Jemand „durch mehrere selbständige Handlungen mehrere Vergehen oder dasselbe Vergehen mehrmals begangen und dadurch mehrere Freiheitsstrafen verwirkt hat"; es darf aber das Maß der ganzen Strafe, welche in einer Erhöhung der verwirkten schwersten Strafe zu bestehen hat, den Betrag der verwirkten Einzelstrafen nicht erreichen und zehnjähriges Gefängniß nicht übersteigen.[1]) Auf Haft ist immer gesondert zu erkennen. Auf eine mehrfach verwirkte Haft ist ihrem Gesammtbetrage nach, jedoch nicht über die Dauer von drei Monaten zu erkennen.[2]) Auf Geldstrafen muß ihrem vollen Betrage nach erkannt werden. Bei ihrer Umwandlung darf die eventuelle Freiheitsstrafe zwei Jahre Gefängniß, bez. bei Uebertretungen drei Monate Haft nicht übersteigen.[3])

Eine Zusatzstrafe ist auszusprechen, wenn Jemand, „bevor eine erkannte Strafe verbüßt, verjährt oder erlassen ist, wegen einer strafbaren Handlung verurtheilt wird, welche vor der früheren Verurtheilung begangen war".[4]) Auch hier muß eine Erhöhung der verwirkten schwersten Strafe, also eine Reduktion der zusätzlichen Strafe, stattfinden. Hierbei kann es vorkommen, daß die schöffengerichtlichen Freiheitsstrafen mit Zuchthaus zusammentreffen, und daß somit auch das Schöffengericht auf Zuchthaus erkennen kann. Acht Monat Zuchthaus sind dabei einer einjährigen Gefängnißstrafe gleich zu achten,[5]) der Reduktionsmaßstab ist also 2:3, so daß z. B. eine Gefängnißstrafe von achtundvierzig Tagen einer zusätzlichen Zuchthausstrafe von zweiunddreißig Tagen entspricht.

Es kann endlich im Erkenntniß ausgesprochen werden, daß

---

neben Haft angedroht, so kann Haft substituirt werden, wenn die erkannte Geldstrafe den Betrag von sechshundert Mark und die eventuelle Freiheitsstrafe sechs Wochen nicht übersteigt.

1) § 74 St. G. B. Dies ist der Fall der s. g. Realkonkurrenz. — Neben der Gesammtstrafe kann auf Zulässigkeit von Polizeiaufsicht erkannt werden, wenn dies auch nur wegen einer Strafthat statthaft ist.

2) § 77 St. G. B.

3) § 78 St. G. B.

4) § 79 St. G. B. Ist dagegen die zweite That nach der früheren Verurtheilung ergangen, so ist nicht auf eine Zusatzstrafe, sondern auf eine gesonderte Strafe zu erkennen.

5) § 21 St. G. B.

die erlittene Untersuchungshaft auf die erkannte Strafe ganz oder theilweise anzurechnen sei,[1]) und daß die durch das betreffende Vergehen hervorgebrachten oder zu dem Vergehen gebrauchten oder bestimmten Gegenstände einzuziehen seien.[2]) Auch muß selbstredend jedes Erkenntniß über den Kostenpunkt Bestimmung treffen.[3])

Gegen die Urtheile der Schöffengerichte steht dem Angeklagten das Rechtsmittel der Berufung zu. Dieselbe muß bei dem Amtsgericht binnen einer Woche nach Verkündung des Urtheils schriftlich oder zu Protokoll eingelegt werden. Diese Frist beginnt, falls die Verkündung in Abwesenheit des Angeklagten stattgefunden hat, mit der Zustellung des Urtheils.[4]) In letzterem Fall kann der Angeklagte auch die Wiedereinsetzung in den vorigen Stand beantragen, und zwar gleichfalls binnen einer Woche nach Zustellung des Urtheils.[5]) Dieser Antrag ist jedoch nur dann zulässig, wenn der Antragsteller durch Naturereignisse oder andere unabwendbare Zufälle an der Wahrnehmung des Termins verhindert gewesen ist.[6])

---

1) § 60 St. G. B.

2) § 40 St. G. B. Die Einziehung kann auch selbständig ausgesprochen werden, falls die Verfolgung oder Verurtheilung eines bestimmten Angeklagten nicht ausführbar ist. § 42 St. G. B.

3) Die Bestimmungen über die Kosten eines Strafprozesses sind in §§ 496—506 St. P. O. enthalten.

4) § 355 St. P. O.

5) § 234 St. P. O.

6) § 44 St. P. O. — Die in Schöffensachen sonst noch maßgebenden Prozeßvorschriften sind in den §§ 140, 176, 198, 207, 264, 271, 273, 275 u. 309 St. P. O. enthalten. Das Verfahren bei amtsrichterlichen Strafbefehlen wird in den §§ 447—452 St. P. O. geregelt.

I. Theil.

Die Schöffensachen des Reichsstrafgesetzbuchs.

A. Die Vergehen.

1. Diebstahl.

(§§ 242—245 St. G. B.)

§ 242. Wer eine fremde bewegliche Sache einem Anderen in der Absicht wegnimmt, dieselbe sich rechtswidrig zuzueignen, wird wegen Diebstahls mit Gefängniß bestraft.

Der Versuch ist strafbar.

Zu der Gefängnißstrafe (ein Tag bis fünf Jahre) kann Verlust der Ehrenrechte hinzutreten, falls die Strafe mindestens drei Monate beträgt.[1])

Erfordert wird zum Thatbestand des Diebstahls nach vorstehender Definition:

1. eine Sache; — jeder körperliche Gegenstand kann gestohlen werden. Der s. g. literarische Diebstahl ist strafbar nach dem Gesetz vom 11. Juni 1870.

2. eine bewegliche Sache; — es kann mithin kein Grundstück gestohlen werden, wohl aber ist an der Substanz eines Grundstücks (losgetrennter Erde und ausgegrabenen Steinen)[2]) und an darauf stehenden Früchten (Trauben am Stock, auch Blumen) ein Diebstahl möglich.

3. eine fremde Sache; — die Wegnahme der eigenen Sache

---

1) §§ 248, 32 St. G. B.

2) Die Wegnahme von Steinen aus der Erde oder von nicht schon losgetrennter Erde fällt unter § 370 Nr. 2 St. G. B.

ist unter Umständen ein besonderes Vergehen;[1]) an herrenlosen Sachen ist kein Diebstahl möglich.[2])

4. die Wegnahme; — der Andere muß also die Sache innehaben, die volle Verfügungsgewalt haben. Der Inhaber einer geschlossenen Räumlichkeit hat gleichzeitig den Gewahrsam aller dort befindlichen Sachen, sogar der verlegten; er verliert sie noch nicht mit der Entfernung, sondern erst, sobald sie der Willensbestimmung eines Anderen unterliegen. Auf die Rechtmäßigkeit des Gewahrsams kommt es nicht an, denn auch dem Diebe kann die Sache wieder gestohlen werden. Die Wegnahme vollendet den Diebstahl (Apprehensionstheorie), nicht auch schon das bloße diebische Berühren (Kontraktationstheorie), andererseits ist ein Forttragen der Sache (Ablationstheorie) nicht erforderlich. Ebenso ist nicht nöthig, daß gerade nur mit eigener Hand die Wegnahme erfolgt; sie kann auch durch fremde Kraft, z. B. durch einen Hund oder durch ein als unzurechnungsfähig geltendes und daher strafloses Kind erfolgen.[3])

5. Die Absicht rechtswidriger Zueignung. Einen fahrlässigen Diebstahl giebt es nicht; der Thäter muß wissen, daß die Sache eine fremde sei, und muß beabsichtigen, sie sich (nicht einem Dritten) zuzueignen, ohne Recht darauf. Eine besondere gewinnsüchtige Absicht ist nicht erforderlich.

Besondere Arten des Diebstahls sind:

1. der schwere Diebstahl; dies ist der Diebstahl an Kultusgegenständen aus einem Gotteshause, Einbruchsdiebstahl, Diebstahl mittels falscher Schlüssel oder anderer Werkzeuge, öffentlicher Diebstahl mittels Ablösens der Befestigungsmittel und mit

1) § 289 St. G. B.: „wer seine eigene bewegliche Sache, oder eine fremde bewegliche Sache zu Gunsten des Eigenthümers derselben, dem Nutznießer, Pfandgläubiger oder demjenigen, welchem an der Sache ein Gebrauchs- oder Zurückbehaltungsrecht zusteht, in rechtswidriger Absicht wegnimmt, wird mit Gefängniß bis zu drei Jahren oder mit Geldstrafe bis zu neunhundert Mark bestraft."

2) Die unbefugte Besitznahme der dem Jagd- und Fischereirechte unterworfenen Thiere ist kein Diebstahl, sondern nach §§ 292—296, 368 Nr. 10 u. 11 und 370 Nr. 4 St. G. B. strafbar.

3) In dem Fall des Diebstahls durch ein Kind können die Eltern auch selbständig nach § 361 Nr. 9 St. G. B. bestraft werden.

Werkzeugen, Bandendiebstahl, Diebstahl mit Waffen und zur Nachtzeit nach vorherigem Einschleichen. [1])

2. Diebstahl im Rückfall liegt vor, wenn Jemand „als Dieb, Räuber oder gleich einem Räuber oder als Hehler bestraft worden ist, darauf abermals eine dieser Handlungen begangen hat und wegen derselben bestraft worden ist.“ [2])

3. Diebstahl gegen Angehörige:

§ 247. Wer einen Diebstahl [oder eine Unterschlagung] gegen Angehörige, Vormünder oder Erzieher begeht, oder wer einer Person, zu der er im Lehrlingsverhältnisse steht, oder in deren häuslicher Gemeinschaft er als Gesinde sich befindet, Sachen von unbedeutendem Werth stiehlt [oder unterschlägt], ist nur auf Antrag zu verfolgen. Die Zurücknahme des Antrages ist zulässig. [3])

Ein Diebstahl [oder eine Unterschlagung], welche von Verwandten aufsteigender Linie gegen Verwandte absteigender Linie oder von einem Ehegatten gegen den anderen begangen worden ist, bleibt straflos.

Diese Bestimmungen finden auf Theilnehmer oder Begünstiger, welche nicht in einem der vorbezeichneten persönlichen Verhältnisse stehen, keine Anwendung.

4. Eß- und Futterdiebstahl, s. § 370 Nr. 5 und 6 St. G. B.

5. Forstdiebstahl, s. Ges. v. 15. April 1878.

6. Felddiebstahl, s. Ges. v. 1. April 1880 §§ 18—23.

2. Unterschlagung.

(§§ 246—248.)

§ 246. Wer eine fremde bewegliche Sache, die er in Besitz oder Gewahrsam hat, sich rechtswidrig zueignet, wird wegen Unterschlagung mit Gefängniß bis zu drei Jahren und, wenn die Sache ihm anvertraut ist, mit Gefängniß bis zu fünf Jahren bestraft.

---

1) § 243 Nr. 1—7 St. G. B.

2) § 244, St. G. B. — Zwei Vorstrafen sind mithin erforderlich zur Anwendung dieses §, und erst der dritte Diebstahl gilt als „rückfällig“.

Rückfall wird auch dann angenommen, wenn die Vorstrafen nur theilweise verbüßt oder ganz oder theilweise erlassen sind. Er wird aber ausgeschlossen, wenn zehn Jahre seit der Verbüßung oder dem Erlaß der letzten Strafe verflossen sind § 245 St. G. B. — Ausnahmen s. § 7 Forst-Diebst.-G. und § 3 Feld- und Forst-P.-G.

3) §§ 61 ff. St. G. B. — Ein solcher Strafantrag darf nur binnen drei Monaten nach der That oder der Kenntniß der That gestellt werden, ist untheilbar und nur bis zur Verkündung des Urtheils und nur da, wo das Gesetz es zuläßt, widerruflich.

Sind mildernde Umstände vorhanden, so kann auf Geldstrafe bis zu neunhundert Mark erkannt werden.

Der Versuch ist strafbar.

Auch die Unterschlagung ist nur auf Antrag strafbar, sobald sie gegen Angehörige, Vormünder oder Erzieher oder eine Person, zu der der Thäter im Lehrlingsverhältnisse steht, oder in deren häuslicher Gemeinschaft er sich als Gesinde befindet, begangen wird und das Objekt geringfügig ist. Ebenso ist sie, gleich dem Diebstahl, straflos, wenn sie von Verwandten aufsteigender Linie gegen Verwandte absteigender Linie oder von Ehegatten gegen einander begangen ist.[1])

An Stelle der „Wegnahme" tritt hier die „rechtswidrige Zueignung", da jene auf die Besitzergreifung hindeutet, welche hier, wo der Thäter schon im Besitz ist, wegfällt. Forderungen können nicht unterschlagen werden,[2]) ebenso nicht literarisches Eigenthum, sondern nur das betreffende Manuskript. Gelder, welche Jemand in Besitz erhält, mit der Verpflichtung der Wiedergabe, können auch dann unterschlagen werden, wenn nicht dieselben Stücke, sondern nur dieselbe Summe wiedergegeben werden sollte; der Empfänger erhält nicht die Befugniß, die Stücke, ohne daß er sie sogleich durch andere gleichwerthe ersetzt, zu verausgaben, es müßte denn die Abrede ausdrücklich dahin gegangen sein, daß der Geber nur eine persönliche Forderung auf dereinstige Rückzahlung eines künftig erst zu beschaffenden gleichen Betrages erlangen solle.[3]) Durch die bloße Möglichkeit der Wiedererstattung wird jedenfalls die Annahme einer rechtswidrigen Zueignung nicht ausgeschlossen. — An herrenlosen Sachen ist eine Unterschlagung nicht möglich, also auch nicht an einem Schatze,[4]) wohl aber am Strandgut[5]) und an Mineralien[6]) sowie an frei umher-

---

1) S. oben § 247 St. G. B.

2) Nach § 266 St. G. B. werden aber Bevollmächtigte, welche über Forderungen ihres Auftraggebers absichtlich zum Nachtheil desselben verfügen, wegen Untreue bestraft.

3) Oppenhoff S. 522 Note 7.

4) Nach § 103 Th. I. Tit. 9 A. L. R. ist derjenige, der auf eignem Grundstück einen Schatz findet und nicht binnen vier Wochen Anzeige davon macht, mit einer Geldstrafe bis zur Hälfte seines Finderantheils zu bestrafen.

5) Strandungs-Ordnung v. 17. Mai 1874. Vgl. Th. II.

6) Ges. v. 22. Februar 1867 und Ges. v. 26. März 1856. Vgl. Th. II.

laufenden Thieren, welche die Gewohnheit der Rückkehr haben (§ 109 Th. I. Tit. 9 A. L. R.).

Ein sehr häufiger Fall der Unterschlagung ist der s. g. „Funddiebstahl“, richtiger Fundunterschlagung genannt, d. h. die rechtswidrige Zueignung gefundener Sachen. Wer eine verlorene Sache findet, muß, falls der Eigenthümer unbekannt ist, den Fund der „nächsten Obrigkeit“ [1]) anzeigen, und wer auf Befragen des Richters einen solchen Fund ableugnet, soll als „Dieb“ betrachtet werden. [2]) Eine gefundene Sache kann nicht ohne Weiteres als „herrenlos“ oder „derelinquirt“ angesehen werden, [3]) der Finder wird also durch die Besitzergreifung noch nicht Eigenthümer; wenn er daher den Besitz in der Absicht der rechtswidrigen Zueignung ergreift, so macht er sich des Diebstahls schuldig, und wenn er, nachdem er sie vielleicht zuerst in bester Absicht und mit dem Entschluß der Anzeige aufgenommen hat, hinterher die Absicht der Zueignung faßt, so macht er sich der Unterschlagung schuldig. Diese nachträgliche Absicht wird allerdings in der Regel erst durch einen äußeren Akt, durch Ableugnen auf Befragen, ersichtlich werden. [4])

3. Begünstigung und Hehlerei.

(§§ 257—262.)

1. Begünstigung.

§ 257. Wer nach Begehung eines [Verbrechens oder] Vergehens dem Thäter oder Theilnehmer wissentlich Beistand leistet, um denselben der Bestrafung zu entziehen oder um ihm die Vortheile des [Verbrechens oder] Vergehens zu sichern, ist wegen Begünstigung mit Geldstrafe bis zu sechshundert Mark oder mit Gefängniß bis zu Einem Jahre und, wenn er diesen Beistand seines Vortheils wegen leistet, mit Gefängniß zu bestrafen. Die Strafe darf jedoch, der Art oder dem Maße nach, keine schwerere sein, als die auf die Handlung selbst angedrohte.

Die Begünstigung ist straflos, wenn dieselbe dem Thäter oder Theilnehmer von einem Angehörigen gewährt worden ist, um ihn der Bestrafung zu entziehen.

Die Begünstigung ist als Beihülfe zu bestrafen, wenn sie vor Be-

1) D. h. der Polizeibehörde seines Wohnorts.

2) §§ 20, 73 Th. I. Tit. 9 A. L. R.

3) Oppenhoff S. 529 Note 37.

4) Im Walde liegendes Holz kann nicht „gefunden“ werden.

gehung der That zugesagt worden ist. Diese Bestimmung leidet auch auf Angehörige[1]) Anwendung.[2])

2. Hehlerei.

§ 258. Wer seines Vortheils wegen sich einer Begünstigung schuldig macht, wird als Hehler bestraft, wenn der Begünstigte

1) einen einfachen Diebstahl oder eine Unterschlagung begangen hat, mit Gefängniß,

[2) einen schweren Diebstahl, einen Raub oder ein dem Raube gleich zu bestrafendes Verbrechen begangen hat, mit Zuchthaus bis zu fünf Jahren.

Sind mildernde Umstände vorhanden, so tritt Gefängnißstrafe nicht unter drei Monaten ein.]

Diese Strafvorschriften finden auch dann Anwendung, wenn der Hehler ein Angehöriger ist.[3])

3. Partirerei.

§ 259. Wer seines Vortheils wegen Sachen, von denen er weiß oder den Umständen nach annehmen muß, daß sie mittels einer strafbaren Handlung erlangt sind, verheimlicht, ankauft, zum Pfande nimmt oder sonst an sich bringt oder zu deren Absatze bei Anderen mitwirkt, wird als Hehler mit Gefängniß bestraft.[4])

Während die eigentliche Hehlerei die Begünstigung der Person behandelt, betrifft die s. g. Partirerei nur den Gegenstand, und während jene nur in Verbindung mit einem Diebstahl oder dem ähnlichen Vergehen denkbar ist, bildet diese einen selbständigen Thatbestand, der bei jeder strafbaren Handlung, also auch bei einer Uebertretung, vorkommen kann.

[Gewerbs- und gewohnheitsmäßige Hehlerei wird mit Zuchthaus bestraft, ebenso die Hehlerei im Rückfall.[5])]

---

1) Als Angehörige sind nach § 52 St. G. B. anzusehen: Verwandte und Verschwägerte in auf- und absteigender Linie, Adoptiv- und Pflege-Eltern und -Kinder, Ehegatten, Geschwister und deren Ehegatten, und Verlobte.

2) Die Kompetenz richtet sich nach der des Hauptvergehens, jedoch kann das Schöffengericht auch auf Grund einer Ueberweisung zuständig sein. § 27 Nr. 8 und § 75 Nr. 8 G. V. G.

3) Wenn das Objekt des Diebstahls oder der Unterschlagung unter fünfundzwanzig Mark beträgt, so ist das Schöffengericht an sich zuständig, andernfalls nur auf Grund einer Ueberweisung. § 27 Nr. 8 und § 75 Nr. 9 G. V. G.

4) Zuständig sind an sich die Strafkammern, doch ist Ueberweisung zulässig, und wenn die Hauptthat schon zur Zuständigkeit des Schöffengerichts gehört, so bedarf es einer besondern Ueberweisung nicht. § 27 Nr. 8 und § 75 Nr. 9 G. V. G.

5) §§ 260, 261 St. G. B.

§ 262. Neben der wegen Hehlerei erkannten Gefängnißstrafe kann auf Verlust der bürgerlichen Ehrenrechte und neben jeder Verurtheilung wegen Hehlerei auf Zulässigkeit von Polizei-Aufsicht erkannt werden.[1])

4. Sachbeschädigung.

(§§ 303 u. 304.)

§ 303. Wer vorsätzlich und rechtswidrig eine fremde Sache beschädigt oder zerstört, wird mit Geldstrafe bis zu eintausend Mark oder mit Gefängniß bis zu zwei Jahren bestraft.

Der Versuch ist strafbar.

Die Verfolgung tritt nur auf Antrag ein.

Ist das Vergehen gegen einen Angehörigen verübt, so ist die Zurücknahme des Antrages zulässig.

Zum Thatbestand gehört hiernach:

1. Vorsätzliches Handeln. Bloße Fahrlässigkeit, selbst bei Gelegenheit eines rechtswidrigen Gebrauchs, reicht nicht aus.

2. Rechtswidriges Handeln. Die Selbsthülfe ist nur im Fall eines Nothstandes oder der Nothwehr erlaubt, andernfalls schließt sie eine Bestrafung selbst dann nicht aus, wenn die Beseitigung der zerstörten Sache eines Andern diesem polizeilich schon aufgegeben war.[2])

3. Das Bewußtsein der Rechtswidrigkeit. Wer im Glauben an ein Recht zur Sache dieselbe beschädigt, oder in der Voraussetzung, daß der Berechtigte die That nachträglich billigen werde, ist straflos.

4. Eine fremde Sache. Wenn ein Miteigenthümer die gemeinschaftliche Sache zerstört, so ist der Antheil des oder der Anderen Objekt der Strafthat.

---

1) Der Verlust der Ehrenrechte ist aber nur dann auszusprechen, wenn die Gefängnißstrafe mindestens drei Monate beträgt. Um auf Polizeiaufsicht zu erkennen (die sonst nur bei einer Zuchthausstrafe zulässig ist), braucht die Gefängnißstrafe nicht drei Monate zu betragen.

2) Oppenhoff S. 672 Note 3. — Nach einzelnen Spezialgesetzen ist es Jagdberechtigten gestattet, fremde im Jagdrevier herumlaufende Hunde zu tödten. Nach A. L. R. Th. II. Tit. 16 §§ 65, 66 darf derselbe „ungeknüppelte gemeine“ Hunde, die auf seinem Jagdrevier herumlaufen, tödten, nicht aber Jagdhunde; diese muß er einfangen und gegen Pfandgeld zurückgeben, falls sie bei einer Jagd ihres Herrn übergelaufen sind. Anderweit frei umherlaufende Jagdhunde darf er aber auch tödten. (Präj. des Ob. Trib. v. 2. Mai 1838.) Bezirks-Polizeiverordnungen bestimmen Aehnliches.

5. Eine Beschädigung (Zerstörung), d. h. jede körperliche Einwirkung, durch welche die Sache — wenn auch nur zeitweise — eine Beeinträchtigung der Brauchbarkeit zu der ihr eigenthümlichen Zweckbestimmung erleidet. Eine besondere Vermögensverringerung ist nicht wesentlich.

6. Ein Antrag, den nicht nur der Eigenthümer, sondern Jeder stellen kann, der an Erhaltung der Sache ein rechtliches Interesse hat, der aber nur gegenüber Angehörigen[1]) zurückgenommen werden kann.

Ein besonderer Fall der Sachbeschädigung, in welchem es eines Strafantrags nicht bedarf, ist der des

§ 304. [Wer vorsätzlich und rechtswidrig Gegenstände der Verehrung einer im Staate bestehenden Religionsgesellschaft, oder Sachen, die dem Gottesdienste gewidmet sind, oder Grabmäler,[2]) öffentliche Denkmäler, Gegenstände der Kunst, der Wissenschaft oder des Gewerbes, welche in öffentlichen Sammlungen aufbewahrt werden oder öffentlich aufgestellt sind, oder Gegenstände, welche zum öffentlichen Nutzen oder zur Verschönerung öffentlicher Wege, Plätze oder Anlagen dienen, beschädigt oder zerstört, wird mit Gefängniß bis zu drei Jahren oder mit Geldstrafe bis zu eintausendfünfhundert Mark bestraft.

Neben der Gefängnißstrafe kann auf Verlust der bürgerlichen Ehrenrechte erkannt werden.

Der Versuch ist strafbar.][3])

5. Betrug.

(§§ 263—265, § 148 u. § 276.)

§ 263. Wer in der Absicht, sich oder einem Dritten einen rechtswidrigen Vermögensvortheil zu verschaffen, das Vermögen eines Anderen dadurch beschädigt, daß er durch Vorspiegelung falscher oder durch Entstellung oder Unterdrückung wahrer Thatsachen einen Irrthum erregt oder unterhält, wird wegen Betruges mit Gefängniß bestraft, neben welchem

---

1) In Betreff des Begriffs „Angehörige" vgl. S. 17 Anm. 1 zu § 257.

2) Beschädigung eines Grabhügels wird als „beschimpfender Unfug an einem Grabe" (§ 168) bestraft. Oppenhoff R. 17 S. 581.

3) Zuständig ist die Strafkammer. Verweisung ist zulässig. § 75 Nr. 12 G.V.G. Nach Maßgabe des § 304 wird zufolge Ges. v. 7. April 1869, betr. Errichtung von Marksteinen, die vorsätzliche Beschädigung der zur Festlegung der trigonometrischen Punkte aufgestellten Marksteine bestraft.

Beschädigung von Bäumen außerhalb öffentlicher Wege ist strafbar nach § 30 Nr. 5 des Feld- und Forst-Pol.-Gesetzes v. 1. April 1880.

auf Geldstrafe bis zu dreitausend Mark, sowie auf Verlust der bürgerlichen Ehrenrechte erkannt werden kann.

Sind mildernde Umstände vorhanden, so kann ausschließlich auf die Geldstrafe erkannt werden.

Der Versuch ist strafbar.

Wer einen Betrug gegen Angehörige, Vormünder oder Erzieher begeht, ist nur auf Antrag zu verfolgen. Die Zurücknahme des Antrages ist zulässig.[1])

Es gehören zum Thatbestand des Betruges mithin folgende einzelne Merkmale:

1. Die Absicht eines Vermögensvortheils; hierzu genügt jede günstigere Gestaltung der Vermögenslage, dieselbe kann also auch durch eine frühere Zahlung bewirkt werden, oder in der Erlangung eines Beweismittels, einer zeitweisen Disposition über fremde Sachen oder in der Abwendung eines drohenden Vermögensnachtheils bestehen. Voraussetzung ist aber, daß der Vortheil rechtswidrig sei, entweder an und für sich, oder dadurch, daß er durch unerlaubte Mittel erzielt wird.[2]) Daß der gesuchte Vortheil auch erlangt worden sei, ist dagegen nicht erforderlich.

2. Eine Vermögensbeschädigung, d. h. jede ungünstigere Gestaltung der Vermögenslage; dazu genügt auch die zeitweise Gefährdung eines Vermögensrechts oder ein entgangener Gewinn, auf den Jemand rechtlich begründeten Anspruch hatte. Eine bloße Hoffnung auf Gewinn, z. B. bei Spekulationen, genügt dagegen nicht. Ein Ersatz des Verlustes kann diesen nur dann beseitigen, wenn er vollständig und gleichzeitig stattfindet, so daß das eingetauschte Vermögensobjekt genau denselben Werth nach Zeit und Art hat, wie das durch den Betrug entzogene. Die Absicht oder die Möglichkeit eines Ersatzes genügen nicht, und

---

1) Bei einem Objekt unter fünfundzwanzig Mark ist das Schöffengericht zuständig, doch ist Ueberweisung auch zulässig. [Betrug im Rückfall (§ 264 St. G. B.) und betrügerische Brandstiftung (§ 265) sind ausschließlich Strafkammersache.]

2) Auch ein Darlehn ist ein rechtswidriger Vermögensvortheil, wenn der Darleiher lediglich durch Täuschung zur Hingabe bestimmt wurde. Der Gründerlohn ist an sich erlaubt, wird aber ein rechtswidriger Vermögensvortheil, wenn ein höherer als der wirkliche Kaufpreis zu Grunde gelegt wird. Andrerseits ist eine Täuschung kein Betrug, wenn Jemand durch sie die Erfüllung einer Verbindlichkeit zu erreichen sucht, z. B. seinen Schuldner durch eine List zur Zahlung veranlaßt. Oppenhoff S. 566 Note 27.

auch die spätere wirkliche Leistung macht den Betrug nicht straflos.

3. Erregung oder Unterhaltung eines Irrthums; dieser muß jedoch zu irgend einem Thun oder Unterlassen geführt haben, welches eine Vermögensbeschädigung zur Folge hat. Dieses Thun (oder Unterlassen) braucht nicht in Eingehung eines Rechtsgeschäfts zu bestehen, auch ist es gleich, ob man sich rechtlich oder nur moralisch verpflichtet glaubte.[1])

4. Vorspiegelung einer falschen oder Entstellung oder Unterdrückung einer wahren Thatsache. Als Thatsache sind körperliche Gegenstände wie gedankliche Begriffe[2]) und Rechtsregeln anzusehen, falls sie sich konkret und speziell feststellen lassen. Reklamen, die ohnehin Niemand glaubt, scheiden in der Regel aus, selbst wenn bestimmte Vorzüge behauptet werden; sobald sie aber, in glaubhafter Form auftretend, wirklichen Irrthum erregen, sind auch sie als Betrug strafbar. — Als Vorspiegelung ist nicht nur jede unwahre Aeußerung, sondern auch eine Handlung anzusehen, die ein unwahres Resultat giebt.[3]) — Die Unterdrückung wahrer Thatsachen setzt ein pflichtwidriges Verschweigen voraus, gleichgültig aber ist dabei, ob Jemand rechtlich oder nur moralisch verpflichtet war, die Wahrheit sagen.[4]) — Eine Entstellung liegt in dem theilweise unrichtigen Vorbringen oder Unterdrücken.

Nicht erforderlich ist, daß der Getäuschte selbst auch der Beschädigte sei oder daß der Vermögensvortheil in Wechselbeziehung zu der Vermögensbeschädigung stehe. Nur muß die Beschädigung im Kausalzusammenhang mit dem Irrthum stehen.

Ein besonderes Vergehen ist der unter den Münzvergehen aufgeführte Betrugsfall:

§ 148. Wer nachgemachtes oder verfälschtes Geld[5]) als echtes empfängt und nach erkannter Unechtheit als echtes in Verkehr bringt, wird

---

1) Oppenhoff S. 568 Note 33 und 34.

2) z. B. der Kours eines Werthpapiers, überhaupt jeder Werth einer Sache.

3) z. B. die Lieferung von Kunstwein statt richtigen Weines, das Spiel mit falschen Würfeln, die Hingabe eines werthlosen oder schon bezahlten Wechsels.

4) z. B. also nicht nur der Beamte, sondern auch der Kaufmann.

5) § 149: Dem Papiergelde werden gleich geachtet die auf den Inhaber lautenden Schuldverschreibungen, Banknoten, Aktien oder deren Stelle vertretende Interims-

mit Gefängniß bis zu drei Monaten oder mit Geldstrafe bis zu dreihundert Mark bestraft.

Der Versuch ist strafbar.

Der Fall ist (im Gegensatz zu § 147 St. G. B.) der, wenn unechtes Geld in Verkehr gebracht wird, ohne daß nachgewiesen werden kann, daß der Thäter es mit Kenntniß der Unechtheit sich verschafft hat. Es bedarf auch nicht des Nachweises, daß er von der Unechtheit vollständig überzeugt gewesen ist, sondern es genügt oft schon ein erheblicher Zweifel an der Echtheit.

Ferner kann als hierher gehörig bezeichnet werden der im Abschnitt 23 des St. G. B. (Urkundenfälschung) aufgeführte Fall des

§ 276. Wer wissentlich schon einmal zu stempelpflichtigen Urkunden, Schriftstücken oder Formularen verwendetes Stempelpapier oder schon einmal verwendete Stempelmarken oder Stempelblankette, ingleichen Stempelabdrücke, welche zum Zeichen stattgehabter Versteuerung gedient haben, zu stempelpflichtigen Schriftstücken verwendet, wird, außer der Strafe, welche durch die Entziehung der Stempelsteuer begründet ist, mit Geldstrafe bis zu sechshundert Mark bestraft.[1])

6. Widerstand gegen die Staatsgewalt.

(§§ 113, 114, 118, 120, 121.)

Unter diesem Gesammtbegriff werden im sechsten Abschnitt des St. G. B. zusammengefaßt:

a) Widersetzlichkeit (§§ 110 u. 111).
b) Aufruhr und Tumult (§ 115).
c) Auflauf, bei welchem einer dreimaligen Aufforderung eines zuständigen Beamten oder militärischen Befehlshabers zum Auseinandergehen nicht Folge geleistet wird (§ 116).

---

scheine oder Quittungen, sowie die zu diesen Papieren gehörenden Zins-, Gewinnantheils- oder Erneuerungsscheine, welche von dem Reich, dem Norddeutschen Bunde, einem Bundesstaate oder fremden Staate oder von einer zur Ausgabe solcher Papiere berechtigten Gemeinde, Korporation, Gesellschaft oder Privatperson ausgestellt sind.

1) Dies gilt auch für Wechselstempelmarken; betreffs der Wiederbenutzung entwertheter Post- und Telegraphenfreimarken ist § 27 Nr. 3 des Reichs-Post-Ges. v. 28. Oktober 1871 maßgebend (vgl. § 2 Ges. v. 16. Mai 1869 über die Einführung von Telegraphen-Freimarken).

Das Feilhalten oder Veräußern von Stempelmarken und Stempelpapier ist nach § 364 St. G. B. als bloße Uebertretung strafbar.

d) Angriff auf einen Beamten (§§ 113 u. 117).
e) Nöthigung eines Beamten zur Vornahme oder Unterlassung einer Amtshandlung (§ 114).
f) Gefangenenbefreiung (§§ 120 u. 121).
g) Meuterei (§ 122).

Der Kompetenz der Schöffengerichte können hiervon auf Grund einer Ueberweisung unterliegen:

§ 113. Wer einem Beamten, welcher zur Vollstreckung von Gesetzen, von Befehlen und Anordnungen der Verwaltungsbehörden oder von Urtheilen und Verfügungen der Gerichte berufen ist, in der rechtmäßigen Ausübung seines Amtes durch Gewalt oder durch Bedrohung mit Gewalt Widerstand leistet, oder wer einen solchen Beamten während der rechtmäßigen Ausübung seines Amtes thätlich angreift,[1]) wird mit Gefängniß von vierzehn Tagen bis zu zwei Jahren bestraft.

Sind mildernde Umstände vorhanden, so tritt Gefängnißstrafe bis zu Einem Jahre oder Geldstrafe bis zu eintausend Mark ein.

Dieselben Strafvorschriften treten ein, wenn die Handlung gegen Personen, welche zur Unterstützung des Beamten zugezogen waren, oder gegen Mannschaften der bewaffneten Macht, oder gegen Mannschaften einer Gemeinde-, Schutz- oder Bürgerwehr in Ausübung des Dienstes begangen wird.

§ 117. Wer einem Forst- oder Jagdbeamten, einem Waldeigenthümer, Forst- oder Jagdberechtigten, oder einem von diesen bestellten Aufseher in der rechtmäßigen Ausübung seines Amtes oder Rechtes durch Gewalt oder durch Bedrohung mit Gewalt Widerstand leistet, oder wer eine dieser Personen während der (rechtmäßigen) **Ausübung ihres Amtes oder Rechtes thätlich angreift, wird mit Gefängniß von vierzehn Tagen bis zu drei Jahren bestraft.**

[Ist der Widerstand oder der Angriff unter Drohung mit Schießgewehr, Aexten oder anderen gefährlichen Werkzeugen erfolgt, oder mit Gewalt an der Person begangen worden, so tritt Gefängnißstrafe nicht unter drei Monaten ein.][2])

Sind mildernde Umstände vorhanden, so tritt in den Fällen des Absatz 1 Gefängnißstrafe bis zu Einem Jahre, [in den Fällen des Absatz 2 Gefängnißstrafe nicht unter Einem Monat] ein.[3])

---

1) Als „Beamte" im Sinne des Strafgesetzbuchs sind nach § 359 „alle im Dienste des Reichs oder in unmittelbarem oder mittelbarem Dienste eines Bundesstaats auf Lebenszeit, auf Zeit oder nur vorläufig angestellte Personen, ohne Unterschied, ob sie einen Diensteid geleistet haben oder nicht" anzusehen. Eine Unterart sind diejenigen, welche die Zwangs-Exekutivgewalt des Staates zu handhaben berufen sind, so auch die Bahnpolizeibeamten, Nachtwächter, Feldhüter, Privatförster und Steuererheber.

2) Im Fall des Absatz 2 sind die Strafkammern ausschließlich zuständig.

3) [Als erschwerend gilt es, wenn durch den Widerstand oder Angriff eine

§ 114. Wer es unternimmt, durch Gewalt oder Drohung eine Behörde oder einen Beamten zur Vornahme oder Unterlassung einer Amtshandlung zu nöthigen, wird mit Gefängniß nicht unter drei Monaten bestraft.

Sind mildernde Umstände vorhanden, so tritt Gefängnißstrafe bis zu zwei Jahren ein.

§ 120. Wer einen Gefangenen aus der Gefangenanstalt oder aus der Gewalt der bewaffneten Macht, des Beamten oder desjenigen, unter dessen Beaufsichtigung, Begleitung oder Bewachung er sich befindet, vorsätzlich befreit oder ihm zur Selbstbefreiung vorsätzlich behülflich ist, wird mit Gefängniß bis zu drei Jahren bestraft.

Der Versuch ist strafbar.

§ 121. [Wer vorsätzlich einen Gefangenen, mit dessen Beaufsichtigung oder Begleitung er beauftragt ist, entweichen läßt oder dessen Befreiung befördert, wird mit Gefängniß bis zu drei Jahren bestraft.]

Ist die Entweichung durch Fahrlässigkeit befördert worden, so tritt Gefängnißstrafe bis zu drei Monaten oder Geldstrafe bis zu dreihundert Mark ein.[1])

7. Vergehen gegen die öffentliche Ordnung.

(§§ 123, 134—138, 145.)

a. Hausfriedensbruch.

§ 123. Wer in die Wohnung, in die Geschäftsräume oder in das befriedete Besitzthum eines Anderen oder in abgeschlossene Räume, welche zum öffentlichen Dienst bestimmt sind, widerrechtlich eindringt, oder wer, wenn er ohne Befugniß darin verweilt, auf die Aufforderung des Berechtigten sich nicht entfernt, wird wegen Hausfriedensbruches mit Gefängniß bis zu drei Monaten oder mit Geldstrafe bis zu dreihundert Mark bestraft.

Die Verfolgung tritt nur auf Antrag ein.

[Ist die Handlung von einer mit Waffen versehenen Person oder von Mehreren gemeinschaftlich begangen worden, so tritt Gefängnißstrafe von Einer Woche bis zu Einem Jahre ein.][2])

Berechtigt zur Stellung des Strafantrags ist derjenige, dessen

---

Körperverletzung verursacht worden ist (§ 118 St. G. B.) und wenn Mehrere sich dieser Handlungen schuldig gemacht haben (§ 119 St. G. B.).]

1) Im Fall des Absatz 2 sind die Schöffengerichte schon an sich zuständig, im Fall des Absatz 1 dagegen ausschließlich die Strafkammern.

Hat ein Beamter sich der in diesem § gedachten strafbaren Handlung schuldig gemacht, so ist er nach § 347 St. G. B. mit Zuchthaus zu bestrafen.

2) Im Fall des Absatz 3 kann auch Ueberweisung an das Schöffengericht erfolgen. Ein Strafantrag ist nicht erforderlich.

Hausfriede gestört ist, also der zeitige Inhaber des Raumes,[1]) selbst gegenüber dem Eigenthümer des Raumes, und selbst ein erlaubter Zweck macht ein widerrechtliches Eindringen nicht straflos. Zur Aufforderung ist Jeder berechtigt, dem die Verfügungsgewalt über den betreffenden Raum zusteht. Nach ergangener Aufforderung wird jedes längere Verweilen „unbefugt", selbst wenn der Raum zuerst straflos betreten war; nur bei öffentlichen Lokalen, wo das Betretungsrecht auf der bleibenden Bestimmung des Raums beruht, bedarf es mehrfacher Aufforderung des Inhabers zur Begründung der Strafbarkeit.[2])

b. Arrestbruch.

§ 137. [Wer Sachen, welche durch die zuständigen Behörden oder Beamten gepfändet oder in Beschlag genommen worden sind, vorsätzlich bei Seite schafft, zerstört oder in anderer Weise der Verstrickung ganz oder theilweise entzieht, wird mit Gefängniß bis zu Einem Jahre bestraft.][3])

Das Wesen dieses Vergehens liegt weniger in der Verletzung der Rechte des Gläubigers, als in der Nichtachtung des amtlichen Akts und in dem Eingriff in die Verfügungsgewalt des Staates. Als „Sachen" im Sinne des Gesetzes sind auch Grundstücke, wenigstens die trennbaren Theile derselben (Devastirung) und selbst Forderungen anzusehen. Auch die Sequestration (Zwangsverwaltung) und die Anlegung eines Sicherheitsarrestes begründen eine „Beschlagnahme". Wer bei einer ihm drohenden Zwangsvollstreckung Vermögenstheile bei Seite schafft, um die Befriedigung des Gläubigers zu vereiteln, ist nach § 288 strafbar, und wer die Vornahme der Pfändung durch den Beamten verhindert, ist nach § 113 zu bestrafen. — Da auch die theilweise Entziehung aus der Verstrickung strafbar ist, so darf die gepfändete Sache auch nicht vorübergehend in eine Lage gebracht werden, in der die Beschlagnahme nicht wirksam werden kann, und falls eine Platzveränderung wirklich nöthig wird, so muß dies der Behörde angezeigt werden.[4]) — Voraussetzung der

1) Ist der Inhaber ein Personenganzes, so ist der Vorstand oder das Familienhaupt zum Strafantrag berechtigt.

2) Oppenhoff S. 285 Note 13.

3) Das Schöffengericht ist auf Grund einer Ueberweisung zuständig. § 75 Nr. 2 G. V. G.

4) Oppenhoff S. 314 Note 33.

Strafbarkeit ist stets das Bewußtsein, daß die Sache in Beschlag genommen sei und daß durch die Handlung die Verstrickung unwirksam gemacht worden. Wie die Kenntniß der Beschlagnahme erlangt ist, ist gleichgültig. — Thäter kann der Eigenthümer, der Exequendus und jeder Dritte sein, und namentlich der Intervenient muß nicht nur die Entscheidung des Interventionsprozesses, sondern auch die Freigabe der Sache vom Gericht abwarten, bevor er wieder über sein Eigenthum verfügen darf.

c. Plakatverletzung.

§ 134. [Wer öffentlich angeschlagene Bekanntmachungen, Verordnungen, Befehle oder Anzeigen von Behörden oder Beamten böswillig abreißt, beschädigt oder verunstaltet, wird mit Geldstrafe bis zu dreihundert Mark oder mit Gefängniß bis zu sechs Monaten bestraft.][1])

d. Siegelverletzung.

§ 136. [Wer unbefugt ein amtliches Siegel, welches von einer Behörde oder einem Beamten angelegt ist, um Sachen zu verschließen, zu bezeichnen oder in Beschlag zu nehmen, vorsätzlich erbricht, ablöst oder beschädigt oder den durch ein solches Siegel bewirkten amtlichen Verschluß aufhebt, wird mit Gefängniß bis zu sechs Monaten bestraft.][1])

e. Verletzung von Ehrenpflichten.

§ 138. Wer als Zeuge, Geschworener oder Schöffe berufen, eine unwahre Thatsache als Entschuldigung vorschützt, wird mit Gefängniß bis zu zwei Monaten bestraft.

Dasselbe gilt von einem Sachverständigen, welcher zum Erscheinen gesetzlich verpflichtet ist.[2])

Die auf das Nichterscheinen gesetzten Ordnungsstrafen werden durch vorstehende Strafbestimmungen nicht ausgeschlossen.

f. Verletzung von Seemannspflichten.

§ 145. [Wer die vom Kaiser

zur Verhütung des Zusammenstoßens der Schiffe auf See,

über das Verhalten der Schiffer nach einem Zusammenstoße von Schiffen auf See, oder

in Betreff der Noth- und Lootsensignale für Schiffe auf See und auf den Küstengewässern

---

1) Zuständig ist die Strafkammer, jedoch ist Verweisung statthaft. § 75 Nr. 14 G. V. G.

2) Verpflichtet zur Abgabe eines Gutachtens sind diejenigen Personen, welche zur Erstattung von Gutachten der erforderten Art öffentlich bestellt sind oder die betreffende Wissenschaft, Kunst oder Gewerbe öffentlich zum Erwerbe ausüben oder zur Ausübung derselben öffentlich bestellt oder ermächtigt sind. § 75 St. P. O.

erlassenen Verordnungen[1]) übertritt, wird mit Geldstrafe bis zu eintausendfünfhundert Mark bestraft.][2])

8. Strafbarer Eigennutz und Verletzung fremder Geheimnisse.

(§§ 285, 288, 292, 296, 298—300.)

Bei nachfolgenden Vergehen ist das Schöffengericht entweder schon an sich oder auf Grund einer Ueberweisung zuständig:

§ 285. **[Der Inhaber eines öffentlichen Versammlungsorts, welcher Glücksspiele daselbst gestattet oder zur Verheimlichung solcher Spiele mitwirkt, wird mit Geldstrafe bis zu eintausendfünfhundert Mark bestraft.][3])**

§ 288. **[Wer bei einer ihm drohenden Zwangsvollstreckung[4]) in der Absicht, die Befriedigung des Gläubigers zu vereiteln, Bestandtheile seines Vermögens veräußert oder bei Seite schafft, wird mit Gefängniß bis zu zwei Jahren bestraft.**

Die Verfolgung tritt nur auf Antrag des Gläubigers ein.]

§ 292. **Wer an Orten, an denen zu jagen er nicht berechtigt ist, die Jagd ausübt, wird mit Geldstrafe bis zu dreihundert Mark oder mit Gefängniß bis zu drei Monaten bestraft.**

Ist der Thäter ein Angehöriger des Jagdberechtigten, so tritt die

---

1) Reichs-Verordnung v. 7. Januar 1880 zur Verhütung des Zusammenstoßens der Schiffe auf See. (R. G. Bl. S. 1.)

Verordnung v. 15. August 1876 über das Verhalten der Schiffer nach einem Zusammenstoß von Schiffen auf See. (R. G. Bl. S. 189.)

Noth- und Lootsen-Signal-Ordnung für Schiffer auf See und auf den Küstengewässern. (R. G. Bl. S. 187.)

2) Zuständig ist die Strafkammer, jedoch ist Verweisung statthaft. § 75 Nr. 14 G. V. G.

3) Glücksspiel ist jedes Spiel, dessen Ausgang wesentlich vom Zufall abhängt, vorausgesetzt, daß dadurch die Erlangung oder der Verlust eines Gewinnobjekts von Bedeutung bedingt ist. (Oppenhoff S. 645 Note 1 zu § 284.) — Gewerbsmäßigkeit der Spieler ist hier nicht Erforderniß des Thatbestandes.

Vom Glücksspiel verschieden sind die Lotterien und Ausspielungen (§ 286 St. G. B.), wo es sich um bestimmte Gewinne mit fixirten Einsätzen handelt. Dieselben bedürfen übrigens stets obrigkeitlicher Erlaubniß, namentlich die auswärtigen. (Strafe bis zu fünfzehnhundert Mark. Verordnung v. 5. Juli 1847.) Unter „Ausland" ist dabei noch heut jeder nicht preußische Staat zu verstehen. (Entscheidung des Reichsgerichts v. 24. Febr. 1880.)

4) Zwangsvollstreckung ist jedes gesetzlich geregelte Zwangsverfahren, durch welches die Befriedigung des Gläubigers herbeigeführt werden soll, auch die Subhastation.

Verfolgung nur auf Antrag ein. Die Zurücknahme des Antrages ist zulässig.

§ 293. [Die Strafe kann auf Geldstrafe bis zu sechshundert Mark oder auf Gefängniß bis zu sechs Monaten erhöht werden, wenn dem Wilde nicht mit Schießgewehr oder Hunden, sondern mit Schlingen, Netzen, Fallen oder anderen Vorrichtungen nachgestellt oder, wenn das Vergehen während der gesetzlichen Schonzeit, in Wäldern, zur Nachtzeit oder gemeinschaftlich von Mehreren begangen wird.]

§ 295. Neben der durch das Jagdvergehen verwirkten Strafe ist auf Einziehung des Gewehrs, des Jagdgeräths und der Hunde, welche der Thäter bei dem unberechtigten Jagen bei sich geführt hat, ingleichen der Schlingen, Netze, Fallen und anderen Vorrichtungen zu erkennen, ohne Unterschied, ob sie dem Verurtheilten gehören oder nicht. [1])

§ 296. [Wer zur Nachtzeit, bei Fackellicht oder unter Anwendung schädlicher oder explodirender Stoffe unberechtigt fischt oder krebst, wird mit Geldstrafe bis zu sechshundert Mark oder mit Gefängniß bis zu sechs Monaten bestraft.] [2])

§ 298. [Ein Schiffsmann, welcher mit der Heuer entläuft, oder sich verborgen hält, um sich dem übernommenen Dienste zu entziehen, wird, ohne Unterschied, ob das Vergehen im Inlande oder im Auslande begangen worden ist, mit Gefängniß bis zu Einem Jahre bestraft.] [3])

§ 299. Wer einen verschlossenen Brief oder eine andere verschlossene Urkunde, die nicht zu seiner Kenntnißnahme bestimmt ist, vorsätzlich und unbefugter Weise eröffnet, wird mit Geldstrafe bis zu dreihundert Mark oder mit Gefängniß bis zu drei Monaten bestraft.

Die Verfolgung tritt nur auf Antrag ein. [4])

---

1) Jagdrecht ist die Berechtigung, in einem bestimmten Revier mit Ausschließung Andrer jagdbare wilde Thiere aufzusuchen, zu verfolgen und einzufangen oder zu erlegen.

Die Jagdfolge ist aufgehoben durch das Ges. v. 31. Oktober 1848.

Jagd umfaßt alle Handlungen, durch welche Jemand Wild aufsucht, verfolgt oder ihm nachstellt, um es zu erlegen, einzufangen oder sonst in Besitz zu nehmen. Wirkliche Besitzergreifung ist nicht erforderlich, und gleich ist es, ob das Thier lebt oder schon verendet ist (Fallwild). Auch gewinnsüchtige Absicht wird nicht erfordert.

Jagdbar sind nach § 32 Th. I. Tit. 16 A. L. R. alle vierfüßigen wilden Thiere und wildes Geflügel, insofern sie zur Speise gebraucht zu werden pflegen, nicht aber Raubthiere. Diese sind Gegenstand des freien Thierfangs.

[Das gewerbsmäßige unberechtigte Jagen wird nach § 294 mit Gefängniß nicht unter drei Monaten bestraft.]

2) Der einfache Fischereifrevel ist nach § 370 Nr. 4 strafbar.

3) Das Entlaufen oder Verborgenhalten ohne Mitnahme der Heuer ist nach § 81 der Seemanns-Ordnung v. 27. Dezember 1872 strafbar. Vergl. Th. II.

4) Antragsberechtigt ist der Absender ebenso wie der Adressat. (Dalcke S. 317 Note 35.

§ 300. [Rechtsanwalte, Advokaten, Notare, Vertheidiger in Strafsachen, Aerzte, Wundärzte, Hebammen, Apotheker, sowie die Gehülfen dieser Personen werden, wenn sie unbefugt Privatgeheimnisse offenbaren, die ihnen kraft ihres Amtes, Standes oder Gewerbes anvertraut sind, mit Geldstrafe bis zu eintausendfünfhundert Mark oder mit Gefängniß bis zu drei Monaten bestraft.

Die Verfolgung tritt nur auf Antrag ein.]

9. Verletzung von Sperrmaßregeln.

(§§ 327 u. 328.)

§ 327. Wer die Absperrungs- oder Aufsichts-Maßregeln oder Einfuhrverbote, welche von der zuständigen Behörde zur Verhütung des Einführens oder Verbreitens einer ansteckenden Krankheit angeordnet worden sind, wissentlich verletzt, wird mit Gefängniß bis zu zwei Jahren bestraft.

[Ist in Folge dieser Verletzung ein Mensch von der ansteckenden Krankheit ergriffen worden, so tritt Gefängnißstrafe von drei Monaten bis zu drei Jahren ein.]

§ 328. Wer die Absperrungs- oder Aufsichts-Maßregeln oder Einfuhrverbote, welche von der zuständigen Behörde zur Verhütung des Einführens oder Verbreitens von Viehseuchen angeordnet worden sind, wissentlich verletzt, wird mit Gefängniß bis zu Einem Jahre bestraft.

[Ist in Folge dieser Verletzung Vieh von der Seuche ergriffen worden, so tritt Gefängnißstrafe von Einem Monat bis zu zwei Jahren ein.] [1])

10. Meineid.

(§ 160.)

Unter dem Gesammtbegriff „Meineid" werden im neunten Abschnitt des Strafgesetzbuchs zusammengefaßt:

1. die wissentlich falsche Ableistung eines zugeschobenen, zurückgeschobenen oder auferlegten Eides (§ 153: Zuchthaus bis zu zehn Jahren);
2. die wissentliche Verletzung eines Eides durch ein falsches Zeugniß oder Gutachten (oder die wissentliche Bekräftigung derselben mit einem Eide) vor einer zuständigen Behörde (§ 154: Zuchthaus bis zu zehn Jahren);

1) Näheres siehe unter Gesundheitspolizei. — Zuständig ist das Schöffengericht nur in dem ersten Absatz dieser beiden §§, und auch nur auf Grund einer Ueberweisung.

3. die wissentlich falsche Versicherung an Eidesstatt vor einer zu deren Abnahme zuständigen Behörde (§ 156: Gefängniß von Einem Monat bis zu drei Jahren);
4. die Verleitung [1]) eines Anderen zum Meineide oder zur wissentlichen Abgabe einer falschen Versicherung an Eidesstatt (§ 159: Zuchthaus bis zu fünf Jahren, bez. Gefängniß bis zu Einem Jahre);
5. die Verleitung eines Anderen zur Ableistung eines falschen Eides [2]) oder zu einer falschen Versicherung an Eidesstatt:

§ 160. [**Wer einen Anderen zur Ableistung eines falschen Eides verleitet, wird mit Gefängniß bis zu zwei Jahren bestraft, neben welchem auf Verlust der bürgerlichen Ehrenrechte erkannt werden kann, und**] **wer einen Anderen zur Ableistung einer falschen Versicherung an Eidesstatt verleitet, wird mit Gefängniß bis zu sechs Monaten bestraft.**

Der Versuch ist strafbar; [3])

6. die vorsätzliche Zuwiderhandlung gegen eine durch eidliches Angelöbniß vor Gericht bestellte Sicherheit oder gegen das in einem Offenbarungseide gegebene Versprechen (§ 162: Gefängniß bis zu zwei Jahren;
7. die fahrlässige Begehung einer der in den §§ 153 bis 156 bezeichneten Handlungen (§ 163: Gefängniß bis zu Einem Jahre).

11. Vergehen gegen die Sittlichkeit. [4])

(§§ 172, 183, 184.)

§ 172. [**Der Ehebruch wird, wenn wegen desselben die Ehe geschieden ist, an dem schuldigen Ehegatten, sowie dessen Mitschuldigen mit Gefängniß bis zu sechs Monaten bestraft.**

Die Verfolgung tritt nur auf Antrag ein.]

---

1) Ist die Verleitung geglückt, so liegt Anstiftung vor (§ 48). Der § 159 findet Anwendung, auch wenn es zu einer Eidesleistung nicht gekommen ist.

2) Ein „falscher Eid“ ist derjenige, der objektiv falsch ist, dessen Inhalt aber in gutem Glauben für wahr gehalten wird. Ebenso ist es mit der „falschen“ eidesstattlichen Versicherung.

3) Das Schöffengericht kann nach § 75 Nr. 14 G. V. G. in Folge Ueberweisung im Falle der Verleitung zu einer falschen Versicherung an Eidesstatt zuständig werden.

4) Zuständig ist in diesen drei Fällen die Strafkammer, jedoch ist Verweisung an das Schöffengericht zulässig. § 75 Nr. 14 bez. Nr. 3.

Dem Ehebruch steht nach Th. II. Tit. 1 § 673 A. L. R. der „unerlaubte Umgang, wodurch eine dringende Vermuthung der verletzten ehelichen Treue begründet wird“, gleich, ebenso stehen ihm die s. g. „unnatürlichen Laster“ nach § 672 gleich.

§ 183. [**Wer durch eine unzüchtige Handlung**[1]) **öffentlich ein Aergerniß gibt, wird mit Gefängniß bis zu zwei Jahren oder mit Geldstrafe bis zu fünfhundert Mark bestraft.**

Neben der Gefängnißstrafe kann auf Verlust der bürgerlichen Ehrenrechte erkannt werden.]

§ 184. [**Wer unzüchtige Schriften, Abbildungen oder Darstellungen verkauft, vertheilt oder sonst verbreitet, oder an Orten, welche dem Publikum zugänglich sind, ausstellt oder anschlägt, wird mit Geldstrafe bis zu dreihundert Mark oder mit Gefängniß bis zu sechs Monaten bestraft.**][2])

12. Bedrohung.

(§ 241.)

Drohung ist die Ankündigung der zu bewirkenden Zufügung eines Uebels. Sie kann mündlich, schriftlich oder durch s. g. konkludente Handlungen erfolgen, sie muß aber stets geeignet sein, die Furcht vor der Verwirklichung bei dem Bedrohten hervorzurufen.[3]) Sie setzt daher auf Seiten des Thäters das Bewußtsein voraus, daß die Drohung für ernstgemeint gehalten werden könne.

Ist das zuzufügende Uebel ein Verbrechen, so liegt der Thatbestand des § 241 vor:

§ 241. [**Wer einen Anderen mit der Begehung eines Verbrechens bedroht, wird mit Gefängniß bis zu sechs Monaten oder mit Geldstrafe bis zu dreihundert Mark bestraft.**][4])

[Nöthigung ist die widerrechtliche Zufügung eines Zwanges mittels Gewalt oder durch Bedrohung mit einem Verbrechen oder Vergehen, zum Zweck einer Handlung, Duldung oder Unterlassung

---

1) Oder auch durch eine Unterlassung. — Aeußerungen können nur als „grober Unfug“ oder als Beleidigung bestraft werden.

2) Nach § 23 Nr. 3 des Preßgesetzes v. 7. Mai 1874 ist in diesem Falle auch eine Beschlagnahme der Druckschriften statthaft.

3) Auch die Drohung mit einer ungeladenen Pistole genügt daher.

4) Nach § 75 Nr. 14 G. V. G. ist bei diesem Vergehen Ueberweisung an das Schöffengericht zulässig.

(§ 240).[1]) Sie wird zur Erpressung, sobald sie in der Absicht der Beschaffung eines Vermögensvortheils geschieht (§ 253).]

13. Beleidigung.

(§§ 185—200.)

§ 185. Die Beleidigung wird mit Geldstrafe bis zu sechshundert Mark oder mit Haft oder mit Gefängniß bis zu Einem Jahre und, wenn die Beleidigung mittels einer Thätlichkeit begangen wird, mit Geldstrafe bis zu eintausendfünfhundert Mark oder mit Gefängniß bis zu zwei Jahren bestraft.

Als Beleidigung ist jede vorsätzliche und rechtswidrige Willensäußerung anzusehen, durch welche Jemand einem Anderen seine Geringschätzung ausdrückt, sei es mündlich, schriftlich oder mittels einer Thätlichkeit. Erforderlich ist also

1. eine Handlung, welche objektiv die Ehre kränkt, nicht blos in der Idee des Betroffenen als solche erscheint,
2. das Bewußtsein des einer Handlung beiwohnenden ehrkränkenden Charakters sowie ihrer Rechtswidrigkeit (animus injuriandi).

Ihr Objekt ist an sich überall die Ehre, doch diese kann sein die eigne oder die Familienehre, die Privat- oder die politische resp. Standesehre, die Ehre von Personen oder die von Behörden und politischen Körperschaften, die Ehre lebender Menschen oder das Andenken von Verstorbenen.[2]) Betreffs der letzteren bestimmt

§ 189. Wer das Andenken eines Verstorbenen dadurch beschimpft, daß er wider besseres Wissen eine unwahre Thatsache behauptet oder verbreitet, welche denselben bei seinen Lebzeiten verächtlich zu machen oder in der öffentlichen Meinung herabzuwürdigen geeignet gewesen wäre, wird mit Gefängniß bis zu sechs Monaten bestraft.

Sind mildernde Umstände vorhanden, so kann auf Geldstrafe bis zu neunhundert Mark erkannt werden.

Die Verfolgung tritt nur auf Antrag der Eltern, der Kinder oder des Ehegatten des Verstorbenen ein.

Die Verfolgung von Beleidigungen ist nur auf Antrag zulässig; dieser kann bei „mittelbaren" Beleidigungen[3]) auch vom

---

1) Nöthigung eines Beamten s. oben § 114 S. 24.

2) Die Majestätsbeleidigung ist nach den §§ 94—101 St. G. B. strafbar.

3) § 195 St. G. B.

Ehemann und Vater, bei Beleidigung einer Behörde oder eines in Ausübung seines Berufs begriffenen bez. mit Bezug auf diesen geschmähten Beamten oder Religionsdiener auch von den Vorgesetzten derselben gestellt werden [1]) und ist bis zur Urtheilsverkündung widerruflich. [2])

Sie kann sich äußern als Verbalinjurie, und zwar mündlich, schriftlich oder mittels der Presse, [3]) oder als Realinjurie, und zwar mittels einer kränkenden Thätlichkeit an der Person des Gegners oder mittels eines symbolischen Aktes (Ohrfeige — Ausspeien). Sie kann, wenn sie „auf der Stelle" erwidert wird, für einen oder beide Beleidiger straflos sein, [4]) und sie kann schwerer strafbar sein, wenn sie öffentlich begangen wird, d. h. mit dem Bewußtsein, daß eine Mehrzahl von Personen die Kundgebung wahrnehmen können.

§ 200. Wird wegen einer öffentlich oder durch Verbreitung von Schriften, Darstellungen oder Abbildungen begangenen Beleidigung auf Strafe erkannt, so ist zugleich dem Beleidigten die Befugniß zuzusprechen, die Verurtheilung auf Kosten des Schuldigen öffentlich bekannt zu machen. Die Art der Bekanntmachung, sowie die Frist zu derselben ist in dem Urtheile zu bestimmen.

Erfolgte die Beleidigung in einer Zeitung oder Zeitschrift, so ist der verfügende Theil des Urtheils auf Antrag des Beleidigten durch die öffentlichen Blätter bekannt zu machen, und zwar wenn möglich durch dieselbe Zeitung oder Zeitschrift und in demselben Theile und mit derselben Schrift, wie der Abdruck der Beleidigung geschehen.

Dem Beleidigten ist auf Kosten des Schuldigen eine Ausfertigung des Urtheils zu ertheilen. [5])

Straffrei sind „tadelnde Urtheile über wissenschaftliche, künstlerische oder gewerbliche Leistungen, ingleichen Aeußerungen, welche zur Ausführung oder Vertheidigung von Rechten oder zur Wahrnehmung berechtigter Interessen gemacht werden, sowie Vorhaltungen und Rügen der Vorgesetzten gegen ihre Untergebenen,

---

1) § 196 St. G. B.

2) § 194 St. G. B. — Vergl. § 431 St. P. O.

3) Vergl. §§ 20, 21 des Preßgesetzes v. 7. Mai 1874.

4) § 199 St. G. B. — Wegen der Kosten s. § 500 St. P. O.

5) Ob die Bestimmung des Abs. 3 für alle Beleidigungen gilt, wie Dalcke (Strafrecht und Strafprozeß S. 178 Note 30) annimmt, ist streitig. Oppenhoff S. 432 Note 11 läßt sie nur für die in § 200 erwähnten Beleidigungen gelten.

dienstliche Anzeigen oder Urtheile von Seiten eines Beamten und ähnliche Fälle" [1]) — nur darf die Aeußerung nicht in der Form oder nach den begleitenden Umständen als Beleidigung sich kennzeichnen.

Zwei besondere Fälle der Beleidigung sind:

a. **Die ehrenrührige Nachrede.**

§ 186. Wer in Beziehung auf einen Anderen eine Thatsache behauptet oder verbreitet, welche denselben verächtlich zu machen oder in der öffentlichen Meinung herabzuwürdigen geeignet ist, wird, wenn nicht diese Thatsache erweislich wahr ist, wegen Beleidigung mit Geldstrafe bis zu sechshundert Mark oder mit Haft oder mit Gefängniß bis zu Einem Jahre und, wenn die Beleidigung öffentlich oder durch Verbreitung von Schriften, Abbildungen oder Darstellungen begangen ist, mit Geldstrafe bis zu eintausendfünfhundert Mark oder mit Gefängniß bis zu zwei Jahren bestraft.

b. **Die verleumderische Beleidigung.**

§ 187. Wer wider besseres Wissen in Beziehung auf einen Anderen eine unwahre Thatsache behauptet oder verbreitet, welche denselben verächtlich zu machen oder in der öffentlichen Meinung herabzuwürdigen oder dessen Kredit zu gefährden geeignet ist, wird wegen verleumderischer Beleidigung mit Gefängniß bis zu zwei Jahren und, wenn die Verleumdung öffentlich oder durch Verbreitung von Schriften, Abbildungen oder Darstellungen begangen ist, mit Gefängniß nicht unter Einem Monat bestraft.

Sind mildernde Umstände vorhanden, so kann die Strafe bis auf Einen Tag Gefängniß ermäßigt, oder auf Geldstrafe bis zu neunhundert Mark erkannt werden.

In beiden Fällen ist es zulässig, auf Antrag eine Buße bis zu sechstausend Mark dem Beleidiger aufzuerlegen, wenn die Beleidigung „nachtheilige Folgen für die Vermögensverhältnisse, den Erwerb oder das Fortkommen des Beleidigten mit sich bringt". [2])

Der Beweis der Wahrheit, für welchen übrigens eine eigentliche Beweislast dem Angeklagten nicht obliegt, ist in diesen Fällen ein Strafausschließungsgrund. Wenn jedoch aus der Form

1) § 193 St. G. B. — Z. B. Rügen des Richters, Religionsdieners, Lehrers, Erziehers, Vormunds und Dienstherrn. Oppenhoff S. 413 Note 5.

2) § 188 St. G. B. — Die nachtheiligen Folgen müssen nachgewiesen und bestimmt substantiirt werden, auch ist der Betrag der verlangten Buße anzugeben. § 445 St. P. O.

der Behauptung oder Verbreitung oder aus den Umständen, unter welchen sie geschah, das Vorhandensein einer Beleidigung hervorgeht, so ist trotz des erbrachten Wahrheitsbeweises noch eine Bestrafung aus § 185 zulässig.[1])

Der Wahrheitsbeweis ist, falls Jemandem eine strafbare Handlung nachgesagt wird, als erbracht anzusehen, wenn der Beleidigte wegen derselben rechtskräftig bestraft worden ist, er ist aber ausgeschlossen, wenn der Beleidigte vor der Behauptung oder Verbreitung rechtskräftig freigesprochen worden ist.[2]) Schwebt über die strafbare Handlung ein Strafverfahren, so ist die Entscheidung bis zu dessen Beendigung auszusetzen.[3])

Das Verfahren ist in der Regel das der Privatklage, bei welcher die Staatsanwaltschaft eintreten kann, falls ein öffentliches Interesse vorliegt.[4]) Dann kann der Beleidiger, falls er Buße fordert, auch als Nebenkläger auftreten. Eine Widerklage, d. h. der Antrag auf Bestrafung des Privatklägers bei wechselseitigen Beleidigungen,[5]) kann noch bis zum Schluß der Verhandlung in erster Instanz erhoben werden, und zwar selbst dann, wenn die dreimonatliche Antragsfrist bereits abgelaufen ist.[6])

14. Körperverletzung.

(§§ 223—233.)

a. Die vorsätzliche Körperverletzung.

§ 223. Wer vorsätzlich einen Anderen körperlich mißhandelt oder an der Gesundheit beschädigt, wird wegen Körperverletzung mit Gefängniß bis zu drei Jahren oder mit Geldstrafe bis zu eintausend Mark bestraft.

Ist die Handlung gegen Verwandte aufsteigender Linie begangen, so ist auf Gefängniß nicht unter Einem Monat zu erkennen.

---

1) § 192 St. G. B.

2) § 190 St. G. B.

3) § 191 St. G. B.

4) §§ 414, 416 St. P. O.

5) Als „wechselseitig“ sind nur solche zwischen denselben Personen gewechselte Beleidigungen anzusehen, welche unter sich in einem that- oder ursächlichen Zusammenhange stehen. Daß sie auf „auf der Stelle erwidert“ worden seien (§ 199), ist nicht erforderlich. Oppenhoff S. 425 Note 1.

6) § 198 St. G. B. — Nach § 428 St. P. O. „bis zur Beendigung der Schlußvorträge in erster Instanz.“

Unter „Mißhandlung“ ist jede unberechtigte Einwirkung auf den Körper eines Anderen zu verstehen, durch welche in diesem eine Störung des Wohlbefindens hervorgerufen wird.

Die Körperverletzung kann sein:

1. leicht; diese wird nur auf Antrag verfolgt, dessen Zurücknahme Angehörigen gegenüber zulässig ist.[1]) Bei Gegenseitigkeit oder bei Erwiderung auf oder mit Beleidigungen ist Aufrechnung ganz oder zum Theil zulässig.[2])

2. gefährlich:

§ 223a. [Ist die Körperverletzung mittels einer Waffe, insbesondere eines Messers oder eines anderen gefährlichen Werkzeugs, oder mittels eines hinterlistigen Ueberfalls, oder von Mehreren gemeinschaftlich, oder mittels einer das Leben gefährdenden Behandlung begangen, so tritt Gefängnißstrafe nicht unter zwei Monaten ein.][3])

Bei mildernden Umständen ist auf Gefängniß bis zu drei Jahren oder Geldstrafe bis zu Eintausend Mark zu erkennen; ebenso im Fall des § 223 Absatz 2.[4])

3. schwer, d. h. wenn sie zur Folge hat, „daß der Verletzte ein wichtiges Glied des Körpers, das Sehvermögen auf einem oder beiden Augen, das Gehör, die Sprache oder die Zeugungsfähigkeit verliert, oder in erheblicher Weise dauernd entstellt wird, oder in Siechthum, Lähmung oder Geisteskrankheit verfällt“; — hier ist Zuchthausstrafe bis zu fünf Jahren oder Gefängniß nicht unter einem Jahre angedroht, und wenn eine jener Folgen beabsichtigt war, soll auf Zuchthaus von zwei bis zu zehn Jahren erkannt werden.[5])

4. tödtlich; hier ist eine Zuchthaus- oder Gefängnißstrafe von mindestens drei Jahren, bei mildernden Umständen eine Gefängnißstrafe nicht unter drei Monaten angedroht.[6]) Bei

---

1) § 232 St. G. B. — Die §§ 195, 196 u. 198 finden auch hier Anwendung.

2) § 233 St. G. B. — Die Erwiderung muß aber „auf der Stelle“ stattfinden. Wie lang der dazwischen liegende Zeitraum sein darf, ist lediglich Thatfrage. — Auch die Aufrechnung mit einer leichten fahrlässigen Körperverletzung ist zulässig.

3) Nach § 75 Nr. 5 G. V. G. ist Verweisung an das Schöffengericht zulässig.

4) § 228 St. G. B.

5) §§ 224, 225 St. G. B. Mildernde Umstände sind im Fall des § 225 ausgeschlossen.

6) §§ 226, 228 St. G. B.

Schlägereien, die den Tod eines Menschen oder eine schwere Körperverletzung zur Folge haben, ist jeder Betheiligte schon wegen der Betheiligung strafbar.[1])

Ein besonderer Fall ist die Beibringung von Gift.[2])

b. Die fahrlässige Körperverletzung.

§ 230. Wer durch Fahrlässigkeit die Körperverletzung eines Anderen verursacht, wird mit Geldstrafe bis zu neunhundert Mark oder mit Gefängniß bis zu zwei Jahren bestraft.

War der Thäter zu der Aufmerksamkeit, welche er aus den Augen setzte, vermöge seines Amtes, Berufes oder Gewerbes besonders verpflichtet, so kann die Strafe auf drei Jahre Gefängniß erhöht werden.

Die Bestrafung erfolgt in allen Fällen nur auf Antrag, insofern nicht die Körperverletzung mit Uebertretung einer Amts-, Berufs- oder Gewerbspflicht begangen ist. Dieser Antrag kann nur dann zurückgenommen werden, wenn das Vergehen gegen einen Angehörigen verübt worden ist.[3])

In allen Fällen der Körperverletzung kann auf Verlangen des Verletzten neben der Strafe auf eine Buße bis zum Betrage von sechstausend Mark erkannt werden, die an den Verletzten zu erlegen ist und die Geltendmachung eines weiteren Entschädigungsanspruches ausschließt.[4])

Das Verfahren ist in den Fällen der §§ 223 und 230 in der Regel das der Privatklage. Falls die Staatsanwaltschaft einschreitet, so bedarf es außer im Fall des § 223a eines Strafantrags.[5])

1) § 227 St. G. B. (Gefängniß bis zu drei Jahren).
2) § 229 St. G. B. (Zuchthaus bis zu zehn Jahren).
3) § 232 St. G. B.
4) § 231 St. G. B.
5) Der Strafantrag muß nach allgemeiner Vorschrift des § 156 St. P. O. bei einem Gericht oder der Staatsanwaltschaft schriftlich oder zu Protokoll, bei einer anderen Behörde schriftlich angebracht werden. — Das Protokoll einer Polizeibehörde genügt daher nicht.

B. Die Uebertretungen.

§ 360. **Mit Geldstrafe bis zu einhundertfunfzig Mark oder mit Haft wird bestraft:**

1) wer ohne besondere Erlaubniß Risse von Festungen oder einzelnen Festungswerken aufnimmt oder veröffentlicht;

2) wer außerhalb seines Gewerbebetriebes heimlich oder wider das Verbot der Behörde Vorräthe von Waffen oder Schießbedarf aufsammelt;

3) wer als beurlaubter Reservist oder Wehrmann der Land- oder Seewehr ohne Erlaubniß auswandert, ebenso wer als Ersatzreservist erster Klasse auswandert, ohne von seiner bevorstehenden Auswanderung der Militärbehörde Anzeige erstattet zu haben;[1]

4) wer ohne schriftlichen Auftrag einer Behörde Stempel, Siegel, Stiche, Platten oder andere Formen, welche zur Anfertigung von Metall- oder Papiergeld, oder von solchen Papieren, welche nach § 149 dem Papiergelde gleich geachtet werden, oder von Stempelpapier, Stempelmarken, Stempelblanketten, Stempelabdrücken, öffentlichen Bescheinigungen oder Beglaubigungen dienen können, anfertigt oder an einen Anderen als die Behörde verabfolgt;[2]

5) wer ohne schriftlichen Auftrag einer Behörde den Abdruck der in Nr. 4 genannten Stempel, Siegel, Stiche, Platten oder Formen, oder

---

1) Die Mannschaften der Reserve und Land- bez. Seewehr sind zur Einholung der Auswanderungserlaubniß verpflichtet, die ihnen jedoch nicht versagt werden darf (B. Ges. v. 9. Novbr. 1867 § 15), die Ersatzreservisten erster Klasse jetzt ebenfalls (Ergänzungsgesetz zum R. Militärgesetz v. 6. Mai 1880 § 3 Nr. 8). Das Verfahren gegen sie wird geregelt durch §§ 470 ff. St. P. O. Zuständig ist das Gericht, in dessen Bezirk der Angeklagte seinen letzten Wohnsitz oder gewöhnlichen Aufenthalt im Deutschen Reiche gehabt hat. Das Landwehr-Bezirks-Kommando (J. M. Bl. 1880 S. 73) stellt eine Erklärung dahin aus,

daß der Aufenthalt des Ersatzreservisten im Deutschen Reich nicht ermittelt worden sei,

daß er von einer bevorstehenden Auswanderung der Militärbehörde eine Anzeige nicht gemacht habe, und

daß der angestellten Erkundigungen ungeachtet sich keine Umstände ergeben haben, welche die Annahme ausschließen, daß er ausgewandert sei. (§ 472 St. P. O.)

Die Ladung erfolgt durch Aushang an der Gerichtstafel und dreimalige Einrückung in das betreffende Amtsblatt. (§ 320 St. P. O.)

Die Zustellung des Urtheils erfolgt durch Anheftung des Tenors an der Gerichtstafel auf die Dauer von zwei Wochen. (§ 40 St. P. O.)

2) Geschieht die Anfertigung solcher zur Geldanfertigung dienlicher Stempel zum Zweck eines Münzverbrechens, so kommt § 151 St. G. B. zur Anwendung (Strafe: Gefängniß bis zu zwei Jahren).

einen Druck von Formularen zu den daselbst bezeichneten öffentlichen Papieren, Beglaubigungen oder Bescheinigungen unternimmt, oder Abdrücke an einen Anderen als die Behörde verabfolgt;

6) wer Waaren-Empfehlungskarten, Ankündigungen oder andere Drucksachen oder Abbildungen,[1]) welche in der Form oder Verzierung dem Papiergelde oder den dem Papiergelde nach § 149 gleich geachteten Papieren[2]) ähnlich sind, anfertigt oder verbreitet, oder wer Stempel, Stiche, Platten oder andere Formen, welche zur Anfertigung von solchen Drucksachen oder Abbildungen dienen können, anfertigt;

7) wer unbefugt die Abbildung des Kaiserlichen Wappens oder von Wappen eines Bundesfürsten oder von Landeswappen gebraucht;[3])

8) wer unbefugt eine Uniform, eine Amtskleidung, ein Amtszeichen, einen Orden[4]) oder ein Ehrenzeichen trägt oder Titel, Würden[5]) oder Adelsprädikate annimmt, ingleichen wer sich eines ihm nicht zukommenden Namens einem zuständigen Beamten gegenüber bedient;[6])

9) wer gesetzlichen Bestimmungen zuwider ohne Genehmigung der Staatsbehörde Aussteuer-, Sterbe- oder Wittwenkassen, Versicherungsanstalten[7]) oder andere dergleichen Gesellschaften oder Anstalten errichtet, welche bestimmt sind, gegen Zahlung eines Einkaufsgeldes oder gegen Leistung von Geldbeiträgen, beim Eintritte gewisser Bedingungen oder Fristen Zahlungen an Kapital oder Rente zu leisten;

10) wer bei Unglücksfällen oder gemeiner Gefahr oder Noth von der Polizeibehörde oder deren Stellvertreter zur Hülfe aufgefordert, keine Folge leistet, obgleich er der Aufforderung ohne erhebliche eigene Gefahr genügen konnte.[8])

---

1) Unter „Abbildungen" sind auch photographische Nachbildungen zu verstehen. Oppenhoff S. 766 Note 30.

2) Siehe Note 5 Seite 21.

3) Zur Bezeichnung von Waaren und Etiketten ist der Gebrauch des Kaiserlichen Adlers allen deutschen Fabrikanten gestattet durch Kaiserlichen Erlaß v. 16. März 1872.

4) Zum Tragen ausländischer Orden bedarf es landesherrlicher Genehmigung, ebenso zur Führung ausländischer Titel. (Verordnung v. 27. Oktbr. 1810. Kab. O. v. 22. Juli 1846.)

5) Der Doktor-Grad ist eine akademische Würde. Die Verleihung des Doktortitels durch eine auswärtige Universität bedarf keiner Genehmigung, vorausgesetzt jedoch, daß sie als Anerkennung nachgewiesener Befähigung und Kenntniß ertheilt ist. Oppenhoff S. 769 Note 51.

6) Die falsche Namensangabe einem Forstbeamten gegenüber ist strafbar nach § 3 Nr. 3 F. D. G. v. 15. April 1878, einem Feldhüter gegenüber nach § 2 Nr. 3 Ges. v. 1. April 1880.

7) Für Wittwen-, Sterbe- und Aussteuerkassen sind A. L. R. Th. I. Tit. 11. § 651 und Kab. O. v. 27. Septbr. 1833 maßgebend.

8) Vgl. Feld- und Forst-Polizei-Ges. v. 1. April 1880 § 44 Nr. 4, das Berggesetz v. 24. Juni 1865 §§ 204—206 und das Deichgesetz v. 28. Januar 1848 § 25, sowie die Strandungsordnung v. 17. Mai 1874 § 9.

11) wer ungebührlicherweise ruhestörenden Lärm erregt oder wer groben Unfug verübt;[1])

12) wer als Pfandleiher oder Rückkaufshändler bei Ausübung seines Gewerbes den darüber erlassenen Anordnungen zuwiderhandelt,[2]) **insbesondere den durch Landesgesetz oder Anordnung der zuständigen Behörde bestimmten Zinsfuß überschreitet;**[3])

---

1) Voraussetzung der Strafbarkeit ist, daß durch die betr. Handlungen die öffentliche Ordnung gestört sei, nicht auch, daß die Absicht gerade auf eine solche Störung gerichtet sei. Daß der Lärm bei Nachtzeit erregt sei, ist nicht erforderlich. Auch der an sich, z. B. im Gewerbebetriebe, berechtigte Lärm kann unter Umständen „ungebührlich" sein. — Der Begriff „grober Unfug" ist ein sehr unbestimmter, in der Regel ist er mit der Lärmerregung verbunden, kann aber auch ohne diese verübt werden; er wird z. B. auch in der öffentlichen Ankündigung des Wahrsagens und in jedem gegen Sitte und Anstand verstoßenden, die öffentliche Ordnung verletzenden Verfahren gefunden.

2) Diese Anordnungen werden auf Grund der Gewerbe-Ordnung § 38 bez. des R. Ges. v. 23. Juli 1879 Art. 4 von den „Centralbehörden" erlassen.

(Für die Provinz Brandenburg wird der Geschäftsbetrieb der Pfandleiher und Rückkaufshändler durch die Polizeiverordnungen des Ober-Präsidenten vom 25. Februar 1878 geregelt. Jedes Geschäft muß danach in ein Buch eingetragen werden und jedes Pfandstück mit einer der Eintragung entsprechenden Bezeichnung versehen werden. Bei Einlösung des Pfandes muß dem Vorzeiger des Pfandscheins eine Quittung ertheilt und die Einlösung im Buch vermerkt werden. Die Polizeibehörde ist jederzeit zur Revision befugt.)

3) Der Schlußsatz beruht auf dem Ges. v. 24. Mai 1880 betr. den Wucher. (R. G. Bl. S. 109.) Es heißt daselbst:

Artikel 1. Hinter den § 302 des Strafgesetzbuchs für das Deutsche Reich werden die folgenden neuen §§ 302a., 302b., 302c., 302d. eingestellt:

§ 302a. [Wer unter Ausbeutung der Nothlage, des Leichtsinns oder der Unerfahrenheit eines Anderen für ein Darlehen oder im Falle der Stundung einer Geldforderung sich oder einem Dritten Vermögensvortheile versprechen oder gewähren läßt, welche den üblichen Zinsfuß dergestalt überschreiten, daß nach den Umständen des Falles die Vermögensvortheile in auffälligem Mißverhältnisse zu der Leistung stehen, wird wegen Wuchers mit Gefängniß bis zu sechs Monaten und zugleich mit Geldstrafe bis zu dreitausend Mark bestraft. Auch kann auf Verlust der bürgerlichen Ehrenrechte erkannt werden.]

§ 302b. [Wer sich oder einem Dritten die wucherlichen Vermögensvortheile (§ 302a.) verschleiert oder wechselmäßig oder unter Verpfändung der Ehre, auf Ehrenwort, eidlich oder unter ähnlichen Versicherungen oder Betheuerungen versprechen läßt, wird mit Gefängniß bis zu Einem Jahre und zugleich mit Geldstrafe bis zu sechstausend Mark bestraft. Auch kann auf Verlust der bürgerlichen Ehrenrechte erkannt werden.]

§ 302c. [Dieselben Strafen (§§ 302a., 302b.) treffen denjenigen, welcher mit Kenntniß des Sachverhalts eine Forderung der vorbezeichneten Art erwirbt und entweder dieselbe weiter veräußert oder die wucherlichen Vermögensvortheile geltend macht.]

13) wer öffentlich oder in Aergerniß erregender Weise Thiere boshaft quält oder roh mißhandelt;[1])

14) wer unbefugt auf einem öffentlichen Wege, einer Straße, einem öffentlichen Platze oder in einem öffentlichen Versammlungsorte Glücksspiele hält.[2])

In den Fällen der Nummern 1, 2, 4, 5, 6 und 14 kann neben der Geldstrafe oder der Haft auf Einziehung der Risse von Festungen oder Festungswerken, der Vorräthe von Waffen oder Schießbedarf, der Stempel, Siegel, Stiche, Platten- oder anderen Formen, der Abdrücke oder Abbildungen, oder der auf dem Spieltische oder in der Bank befindlichen Gelder erkannt werden, ohne Unterschied, ob sie dem Verurtheilten gehören oder nicht.[3])

§ 361. Mit Haft wird bestraft:

1) wer, nachdem er unter Polizei-Aufsicht gestellt worden ist, den in Folge derselben ihm auferlegten Beschränkungen zuwiderhandelt;

2) wer, nachdem er des Bundesgebietes oder des Gebietes eines Bundesstaates verwiesen ist, ohne Erlaubniß zurückkehrt;

3) wer als Landstreicher umherzieht;[4])

4) wer bettelt[5]) oder Kinder zum Betteln anleitet oder ausschickt,

---

§ 302d. [Wer den Wucher gewerbs- oder gewohnheitsmäßig betreibt, wird mit Gefängniß nicht unter drei Monaten und zugleich mit Geldstrafe von einhundertfünfzig bis zu fünfzehntausend Mark bestraft. Auch ist auf Verlust der bürgerlichen Ehrenrechte zu erkennen.]

Artikel 2 (betrifft § 360 Nr. 12 des Strafgesetzbuchs s. oben).

Artikel 3 (enthält civilrechtliche Bestimmungen, insbesondere die, daß Verträge, welche gegen die Vorschriften der §§ 302a., 302b. des Strafgesetzbuchs verstoßen, ungültig sind.)

1) Daß wirklich ein Aergerniß genommen worden, ist nicht nothwendig; die Handlung mußte nur geeignet sein, Aergerniß zu erregen. Dalcke Note 48.

Strafbar ist u. A., wenn der Führer eines Hundefuhrwerks sich auf dasselbe setzt.

2) Vgl. Anmerkung zu § 285. Glücksbuden sind keine „Glücksspiele“, sondern „Ausspielungen“, und deren Veranstaltung ist nach § 286 St. G. B. strafbar. Oppenhoff S. 649 Note 6.

3) Die Einziehung kann auch selbständig ausgesprochen werden. § 42 St. G. B.

4) Der Begriff des Landstreichens wird in der Regel darin gefunden, daß Jemand zweck-, geschäfts- und arbeitslos von einem Ort zum anderen umherzieht, ohne sich darüber ausweisen zu können, daß er die Mittel zu seinem Unterhalt besessen und um Arbeit nachgesucht oder solche erhalten habe. Der Verdacht wird begründet durch Mangel eines festen Wohnsitzes, durch Mangel an Geld und Legitimationspapieren, durch Abweichung von dem in einem Zwangspaß vorgeschriebenen Wege, sowie auch schon durch die Ziellosigkeit der Wanderung.

5) „Betteln“ bezeichnet das Ansprechen eines Fremden um eine milde Gabe für den Lebensunterhalt. Auch das Ansprechen bei Gewerbegenossen ist strafbar,

oder Personen, welche seiner Gewalt und Aufsicht untergeben sind und zu seinen Hausgenossen gehören, vom Betteln abzuhalten unterläßt;

5) wer sich dem Spiel, Trunk oder Müßiggang dergestalt hingiebt, daß er in einen Zustand geräth, in welchem zu seinem Unterhalte oder zum Unterhalte derjenigen, zu deren Ernährung er verpflichtet ist, durch Vermittelung der Behörde fremde Hülfe in Anspruch genommen werden muß;

6) eine Weibsperson, welche wegen gewerbsmäßiger Unzucht einer polizeilichen Aufsicht unterstellt ist, wenn sie den in dieser Hinsicht zur Sicherung der Gesundheit, der öffentlichen Ordnung und des öffentlichen Anstandes erlassenen polizeilichen Vorschriften zuwiderhandelt, oder welche, ohne einer solchen Aufsicht unterstellt zu sein, gewerbsmäßig Unzucht treibt;[1])

7) wer, wenn er aus öffentlichen Armenmitteln eine Unterstützung empfängt, sich aus Arbeitsscheu weigert, die ihm von der Behörde angewiesene, seinen Kräften angemessene Arbeit zu verrichten;

8) wer nach Verlust seines bisherigen Unterkommens binnen der ihm von der zuständigen Behörde[2]) bestimmten Frist sich kein anderweitiges Unterkommen verschafft hat und auch nicht nachweisen kann, daß er solches der von ihm angewandten Bemühungen ungeachtet nicht vermocht habe;[3])

---

da auf Unterstützung durch dieselben wandernde Gesellen und Gehülfen keinen Anspruch haben. Gewerbe-O. § 114.

1) Diese Vorschriften können zu einer Anzeige der Wohnung, Gestellung zu periodischen ärztlichen Untersuchungen verpflichten, und den Besuch öffentlicher Lokale und das Herumtreiben auf der Straße, namentlich Nachts, verbieten.

(Das außereheliche Zusammenleben von Personen verschiedenen Geschlechts, welches zu öffentlichem Aergerniß gereicht, wird in der Mark nach der Polizeiverordnung v. 17. März 1854 mit Geldstrafe bis zu dreißig Mark bestraft.)

2) Als solche sind nicht blos die Ortspolizeibehörden, sondern auch der Landrath anzusehen. — Vgl. Ges. v. 21. Mai 1855 Art. 12—15 über Armenpolizei.

3) Nach dem Freizügigkeitsgesetz v. 1. Novbr. 1867 hat Jeder das Recht, an jedem Ort sich aufzuhalten oder niederzulassen, wo er eine eigene Wohnung oder ein Unterkommen sich zu verschaffen im Stande ist; doch ist jede Gemeinde befugt, denjenigen abzuweisen, von dem sie nachweisen kann, daß er nicht „hinreichende Kräfte besitzt, um sich und seinen nicht arbeitsfähigen Angehörigen den nothdürftigen Lebensunterhalt zu bestreiten“ (§ 4). Nach dem R. G. v. 6. Juni 1870 wird der Unterstützungswohnsitz durch zweijährigen Aufenthalt an einem Ort erworben und geht durch zweijährige Abwesenheit verloren. — Es kann daher wohl thatsächlich vorkommen, daß ein Unterkommen in einer anderen Gemeinde unmöglich ist. Auf die Gemeinde des Wohnorts ist die Pflicht der Wohnungsbeschaffung wenigstens nicht beschränkt.

Nach dem Ges. v. 31. Dezbr. 1842 über die Aufnahme neu anziehender Personen muß übrigens Jeder, der an einem Orte seinen Aufenthalt nehmen will, sich bei dem Gemeindevorsteher melden und über seine Person Auskunft geben. Ebenso muß Jeder, der einem Neuanziehenden Unterkommen gewährt, darauf

9) wer Kinder oder andere unter seiner Gewalt stehende Personen, welche seiner Aufsicht untergeben sind und zu seiner Hausgenossenschaft gehören, von der Begehung von Diebstählen, sowie von der Begehung strafbarer Verletzungen der Zoll- oder Steuergesetze, oder der Gesetze zum Schutze der Forsten, der Feldfrüchte, der Jagd oder der Fischerei abzuhalten unterläßt.[1]) Die Vorschriften dieser Gesetze über die Haftbarkeit für die den Thäter treffenden Geldstrafen oder anderen Geldleistungen werden hierdurch nicht berührt.

In den Fällen der Nr. 9 kann statt der Haft auf Geldstrafe bis zu einhundertfunfzig Mark erkannt werden.

§ 362. Die nach Vorschrift des § 361 Nr. 3 bis 8 Verurtheilten können zu Arbeiten, welche ihren Fähigkeiten und Verhältnissen angemessen sind, innerhalb und, sofern sie von anderen freien Arbeitern getrennt gehalten werden, auch außerhalb der Strafanstalt angehalten werden.[2])

Bei der Verurtheilung zur Haft kann zugleich erkannt werden, daß die verurtheilte Person nach verbüßter Strafe der Landespolizeibehörde zu überweisen sei. Die Landespolizeibehörde erhält dadurch die Befugniß, die verurtheilte Person entweder bis zu zwei Jahren in ein Arbeitshaus unterzubringen oder zu gemeinnützigen Arbeiten zu verwenden. Im Falle des § 361 Nr. 4 ist dieses jedoch nur dann zulässig, wenn der Verurtheilte in den letzten drei Jahren wegen dieser Uebertretung mehrmals rechtskräftig verurtheilt worden ist, oder wenn derselbe unter Drohungen oder mit Waffen gebettelt hat.

Ist gegen einen Ausländer auf Ueberweisung an die Landespolizeibehörde erkannt, so kann an Stelle der Unterbringung in ein Arbeitshaus Verweisung aus dem Bundesgebiete eintreten.[3])

§ 363. Wer, um Behörden oder Privatpersonen zum Zwecke seines besseren Fortkommens oder des besseren Fortkommens eines Anderen zu

---

halten, daß die Meldung geschehe (§§ 8 u. 9). Näheres bestimmen die Lokalpolizeiverordnungen.

1) Das Gesetz verlangt nicht das unterlassene direkte Abhalten von einem einzelnen bestimmten Diebstahle; das Wesen der Uebertretung ist vielmehr in der Unterlassung der pflichtmäßigen und den Umständen nach möglichen Aufsicht zu suchen. Oppenhoff S. 786 Note 65.

2) Nach dem J. M. Bl. 1880 S. 57 sind diese Personen jedesmal nach verbüßter Strafe der Ortspolizeibehörde zuzuführen und zur Verfügung zu stellen, wobei sie eine Bescheinigung der verbüßten Strafe vom Gefängnißvorsteher mitbekommen. Der Polizeibehörde liegt demnächst die Pflicht ob, derjenigen Polizeibehörde, in deren Bezirk der Wohnort (oder beim Mangel eines solchen der dauernde Aufenthaltsort) des Verurtheilten liegt, Mittheilung von der Strafe zu machen. (Min. Reskr. des Min. d. J. v. 9. April 1880.)

3) Die Verweisung kann nur durch förmlichen Beschluß der höheren Landespolizeibehörde (der Regierung) ausgesprochen werden und wird durch das Centralblatt f. d. D. R. vom Reichskanzleramt publizirt.

täuschen, Pässe, Militärabschiede, Wanderbücher oder sonstige Legitimationspapiere, Dienst- oder Arbeitsbücher oder sonstige auf Grund besonderer Vorschriften auszustellende Zeugnisse, sowie Führungs- oder Fähigkeitszeugnisse falsch anfertigt oder verfälscht, oder wissentlich von einer solchen falschen oder verfälschten Urkunde Gebrauch macht, wird mit Haft oder mit Geldstrafe bis zu einhundertfunfzig Mark bestraft.

Gleiche Strafe trifft denjenigen, welcher zu demselben Zwecke von solchen für einen Anderen ausgestellten echten Urkunden, als ob sie für ihn ausgestellt seien, Gebrauch macht, oder welcher solche für ihn ausgestellte Urkunden einem Anderen zu dem gedachten Zwecke überläßt.[1])

§ 364. Mit Geldstrafe bis zu einhundertfunfzig Mark wird bestraft, wer wissentlich schon einmal verwendetes Stempelpapier nach gänzlicher oder theilweiser Entfernung der darauf gesetzten Schriftzeichen, oder schon einmal verwendete Stempelmarken, Stempelblankette oder ausgeschnittene oder sonst abgetrennte Stempelabdrücke der im § 276 bezeichneten Art veräußert oder feilhält.[2])

§ 365. Wer in einer Schankstube[3]) oder an einem öffentlichen Vergnügungsorte über die gebotene Polizeistunde hinaus verweilt, ungeachtet der Wirth, sein Vertreter oder ein Polizeibeamter ihn zum Fortgehen aufgefordert hat, wird mit Geldstrafe bis zu funfzehn Mark bestraft.

Der Wirth, welcher das Verweilen seiner Gäste über die gebotene Polizeistunde hinaus duldet, wird mit Geldstrafe bis zu sechszig Mark oder mit Haft bis zu vierzehn Tagen bestraft.[4])

§ 366. Mit Geldstrafe bis zu sechszig Mark oder mit Haft bis zu vierzehn Tagen wird bestraft:

---

1) Durch den „Zweck des besseren Fortkommens“ (d. h. der Erlangung einer besseren Lebensstellung ohne die Absicht auf unmittelbar damit verbundene Vermögensvortheile) unterscheidet sich § 363 von § 268 St. G. B. (Urkundenfälschung in gewinnsüchtiger Absicht zum Zweck der Täuschung). — Ist der Aussteller solcher Urkunden ein Beamter, so greift § 348 oder 349 St. G. B. Platz.

2) § 363 bezieht sich auch auf Wechselstempelmarken, nicht aber auf Post- und Telegraphenfreimarken. — Vergl. oben S. 22 Note 1.

3) „Schankstube“ ist ein offenes Lokal, in welchem geistige Getränke zum Genusse auf der Stelle gewerbsmäßig feilgehalten und entgeltlich verabfolgt werden; Gastwirthschaften gehören nur soweit hierher, als auch die Schankwirthschaft darin betrieben wird. Privatgäste und geschlossene Gesellschaften werden durch das Verbot nicht betroffen. Oppenhoff S. 793 Note 2 u. 4.

4) (In der Ober-Präsidial-Polizei-Verordnung v. 11. Dezbr. 1879 für die Provinz Brandenburg, welche die Veranstaltung von öffentlichen Lustbarkeiten, namentlich von Tanzlustbarkeiten fast durchweg von polizeilicher Genehmigung abhängig macht, ist festgesetzt, daß Schankstuben, Krüge und sonstige Vergnügungslokale in den Wintermonaten vom 1. Oktbr. bis zum letzten März um 10 Uhr, in den Sommermonaten vom 1. April bis zum letzten Septbr. dagegen um 11 Uhr geschlossen werden. — Ausnahmen sind jedoch zulässig.)

1) wer den gegen die Störung der Feier der Sonn- und Festtage erlassenen Anordnungen zuwiderhandelt;[1])

2) wer in Städten oder Dörfern übermäßig schnell fährt oder reitet, oder auf öffentlichen Straßen oder Plätzen der Städte oder Dörfer mit gemeiner Gefahr Pferde einfährt oder zureitet;

3) wer auf öffentlichen Wegen, Straßen, Plätzen oder Wasserstraßen[2]) das Vorbeifahren Anderer muthwillig verhindert;[3])

4) wer in Städten mit Schlitten ohne feste Deichsel oder ohne Geläute oder ohne Schelle fährt;

5) wer Thiere in Städten oder Dörfern, auf öffentlichen Wegen, Straßen oder Plätzen, oder an anderen Orten, wo sie durch Ausreißen, Schlagen oder auf andere Weise Schaden anrichten können, mit Vernachlässigung der erforderlichen Sicherheitsmaßregeln stehen läßt oder führt;[3])

6) wer Hunde auf Menschen hetzt;[4])

7) wer Steine oder andere harte Körper oder Unrath auf Menschen, auf Pferde oder andere Zug- oder Lastthiere, gegen fremde Häuser, Gebäude oder Einschließungen, oder in Gärten oder eingeschlossene Räume wirft;[5])

8) wer nach einer öffentlichen Straße oder Wasserstraße, oder nach Orten hinaus, wo Menschen zu verkehren pflegen, Sachen, durch deren Umstürzen oder Herabfallen Jemand beschädigt werden kann, ohne gehörige Befestigung aufstellt oder aufhängt, oder Sachen auf eine Weise

---

1) Durch Lokalpolizeiverordnungen ist an Sonn- und Festtagen untersagt:

a) überhaupt: die Abhaltung von solchen Geschäften, durch welche ganze Gemeinden vom Kirchenbesuch abgehalten werden (Aushebungen, Kontrollversammlungen rc.), und die Veranstaltung von Treibjagden,

b) während des Gottesdienstes: die Ausstellung von Waaren an den Schaufenstern, das Setzen von Gästen und das Spielen in den Schänken, lärmende Arbeiten, und namentlich ländliche Beschäftigungen, Hausirgewerbe und öffentliche Schaustellungen.

2) „Wasserstraße" bezeichnet alle schiffbaren Binnenwässer (Flüsse, Kanäle, Landseen, Haff) im Gegensatz gegen die offene See. Oppenhoff S. 510 Note 64.

3) Diese „Sicherheitsmaßregeln" sind die nach der Natur der Sache nothwendigen; durch Polizeiverordnungen wird speciell das Abhängen des Achterholzes, das Festbinden der Leine und das Absträngen der Pferde vorgeschrieben. Hunde vor Hundefuhrwerken müssen gewöhnlich mit Maulkörben versehen sein und, wenn der Wagen zeitweise verlassen wird, gut befestigt werden, daß sie sich nicht losmachen oder ihn fortschaffen können.

4) Wenn das Hetzen eine Körperverletzung zur Folge hat, so kann außerdem § 223 oder 230 zur Anwendung kommen, ebenso § 303, wenn etwa Kleidungsstücke dabei zerrissen worden sind.

5) Das Werfen von Steinen, Scherben, Schutt oder Unrath auf Grundstücke ist strafbar nach § 26 Nr. 1 des Feld- und Forst-Pol.-G. v. 1. April 1880.

ausgießt oder auswirft, daß dadurch Jemand beschädigt oder verunreinigt werden kann;

9) wer auf öffentlichen Wegen, Straßen, Plätzen oder Wasserstraßen Gegenstände, durch welche der freie Verkehr gehindert wird, aufstellt, hinlegt oder liegen läßt;[1])

10) wer die zur Erhaltung der Sicherheit, Bequemlichkeit, Reinlichkeit und Ruhe auf den öffentlichen Wegen, Straßen, Plätzen oder Wasserstraßen erlassenen Polizei-Verordnungen übertritt.[2])

§ 366a. Wer die zum Schutze der Dünen und der Fluß- und Meeresufer, sowie der auf denselben vorhandenen Anpflanzungen und Anlagen

---

1) Auf Staatschausseen und andern chaussirten öffentlichen Wegen ist das Niederlegen oder Liegenlassen fremder Gegenstände allgemein verboten. Verordnung v. 29. Febr. 1840, Zusatz-Vorschrift Nr. 11, 17, 21 zum Chausseegeldtarif.

2) Hierunter sind namentlich Fahrordnungen zu verstehen, sowie die Straßenpolizei-Ordnungen der Städte. Näheres siehe Th. II unter Verkehrspolizei.

(Für die Provinz Brandenburg bestimmt z. B. betreffs der Bezeichnung und Beleuchtung der Fuhrwerke die Ober-Präsidial-Polizei-Verordnung v. 16. April 1879:

§ 1. Alles nicht hauptsächlich zur Personenbeförderung dienende Fuhrwerk muß bei dem Verkehr auf öffentlichen Wegen mit dem Namen oder der Firma und dem Wohnort des Besitzers, sowie, wenn dieser mehrere derartige Fuhrwerke hält, mit einer besonderen Nummer bezeichnet sein. — Diese Bezeichnung muß an der rechten Seite des Fuhrwerks, entweder an diesem selbst oder an einer dort befindlichen Tafel in deutlicher Schrift und mit Buchstaben von mindestens 5 cm. Höhe dergestalt angebracht sein, daß dieselbe beständig sichtbar ist. — Auf ländliches Arbeitsfuhrwerk innerhalb der eigenen Feldmark findet diese Vorschrift jedoch nur dann Anwendung, wenn sie für dasselbe durch Ortspolizei-Verordnung in Kraft gesetzt wird.

§ 2. Alles zur Beförderung von Personen oder zum Transport von Sachen dienende Fuhrwerk, mit Ausnahme der landwirthschaftlichen Fuhrwerke innerhalb der eigenen Feldmark, muß, wenn es sich in den Monaten

Januar, Novbr., Dezbr.	von 5	Uhr ab	bis 7	Uhr	Morgens
Februar, Oktober	„ 6	„ „	„ 6	„	„
März, September	„ 7	„ „	„ 5	„	„
April, August	„ 8	„ „	„ 4	„	„
Mai, Juni, Juli	„ 9	„ „	„ 3	„	„

auf Chausseen oder Poststraßen befindet, dergestalt eine hellbrennende Laterne führen, daß deren Licht unbehindert durch das Gespann nach vorne fällt. Während der Zeit vom ersten bis zum letzten Mondviertel ist es bei klarem Himmel und hellem Mondschein gestattet, die Laterne unangezündet zu lassen.

§ 3. Strafe — bis zu sechszig Mark oder Haft bis zu vierzehn Tagen, und zwar sind sowohl die Führer wie Eigenthümer der Fuhrwerke dafür verantwortlich, daß dieselben mit den nach § 1 u. 2 erforderlichen Vorrichtungen versehen sind; — die Führer derselben ferner dafür, daß die Laternen während der in § 2 bestimmten Zeit brennen.

erlassenen Polizei-Verordnungen übertritt, wird mit Geldstrafe bis zu einhundertfunfzig Mark oder mit Haft bestraft.

§ 367. Mit Geldstrafe bis zu einhundertfunfzig Mark oder mit Haft wird bestraft:

1) wer ohne Vorwissen der Behörde einen Leichnam beerdigt oder bei Seite schafft, oder wer unbefugt einen Theil einer Leiche aus dem Gewahrsam der dazu berechtigten Personen wegnimmt;

2) wer den polizeilichen Anordnungen über vorzeitige Beerdigungen entgegenhandelt;[1])

3) wer ohne polizeiliche Erlaubniß Gift oder Arzeneien, soweit der Handel mit denselben nicht freigegeben ist, zubereitet, feilhält, verkauft oder sonst an Andere überläßt;[2])

4) wer ohne die vorgeschriebene Erlaubniß Schießpulver oder andere explodirende Stoffe oder Feuerwerke zubereitet;[3])

5) wer bei der Aufbewahrung oder bei der Beförderung von Giftwaaren,[4]) Schießpulver oder Feuerwerken, oder bei der Aufbewahrung, Beförderung, Verausgabung oder Verwendung von Sprengstoffen oder anderen explodirenden Stoffen, oder bei Ausübung der Befugniß zur Zubereitung oder Feilhaltung dieser Gegenstände, sowie der Arzeneien die deshalb ergangenen Verordnungen nicht befolgt;[5])

---

1) In der Regel darf erst nach 72 Stunden die Beerdigung erfolgen.

2) S. hierzu die Kaiserliche Verordnung v. 4. Jan. 1875 betr. den Verkehr mit Arzneimitteln (R. G. Bl. S. 5) und deren Verzeichnisse A. und B. Die sub A. aufgeführten Zubereitungen dürfen als Heilmittel nur in Apotheken feilgehalten werden, „ohne Unterschied, ob sie aus arzneilich wirksamen oder solchen Stoffen bestehen, welche an und für sich zum medizinischen Gebrauche nicht geeignet sind,“ und die sub B. aufgeführten Droguen und chemischen Präparate dürfen allgemein nur in Apotheken feilgehalten und verkauft werden. Auf den Großhandel mit Apothekerwaaren findet die Verordnung nicht Anwendung.

Im Hausirhandel sind Gifte und Arzeneien allgemein verboten. Gewerbe-Ordnung § 56.

3) Die Zubereitung in Fabriken und ähnlichen „Anlagen“ (also in größeren Quantitäten) bedarf nach § 16 Gewerbe-Ordnung einer Genehmigung der Behörde (Regierung), die Zubereitung in kleineren Quantitäten kann durch Polizei-Verordnungen gleichfalls von einer Erlaubniß abhängig gemacht werden.

4) Die Verabfolgung von Giften in Apotheken wird durch die Min.-Verordnung v. 3. Juli 1878 geregelt, im Uebrigen durch Regierungsverordnungen. (Aufbewahrung in Giftkammern, Verabfolgung nur an zuverlässige Personen und nur gegen Giftschein, Führung eines Giftbuchs, deutliche Bezeichnung als „Gift“ mit drei Kreuzen u. dgl.)

5) Ueber Aufbewahrung, Verkauf und Versendung von Schießpulver enthält die Polizei-Verordnung der Minister für Handel ꝛc. und des Innern v. 29. August 1878 mehrfache eingehende Vorschriften. Als explosive Stoffe gelten:

Schieß- und Sprengpulver,

6) wer Waaren, Materialien oder andere Vorräthe, welche sich leicht von selbst entzünden oder leicht Feuer fangen, an Orten oder in Behältnissen aufbewahrt, wo ihre Entzündung gefährlich werden kann, oder wer Stoffe, die nicht ohne Gefahr einer Entzündung bei einander liegen können, ohne Absonderung aufbewahrt;

7) wer verfälschte oder verdorbene Getränke oder Eßwaaren, insbesondere trichinenhaltiges Fleisch feilhält oder verkauft;[1])

8) wer ohne polizeiliche Erlaubniß an bewohnten oder von Menschen besuchten Orten Selbstgeschosse, Schlageisen oder Fußangeln legt, oder an solchen Orten mit Feuergewehr oder anderem Schießwerkzeuge schießt, oder Feuerwerkskörper abbrennt;

9) wer einem gesetzlichen Verbot zuwider Stoß-, Hieb- oder Schußwaffen, welche in Stöcken oder Röhren oder in ähnlicher Weise verborgen sind, feilhält oder mit sich führt;

10) wer bei einer Schlägerei, in welche er nicht ohne sein Verschulden hineingezogen worden ist, oder bei einem Angriff sich einer Waffe, insbesondere eines Messers oder eines anderen gefährlichen Werkzeuges bedient;[2])

11) wer ohne polizeiliche Erlaubniß gefährliche wilde Thiere hält, oder wilde oder bösartige Thiere frei umherlaufen läßt, oder in An-

---

Nitroglycerin und Dynamit,
Nitrocellulose, insbesondere Schießbaumwolle,
explosive Gemische, welche chlorsaure und pikrinsaure Salze enthalten,
Knallquecksilber, Knallsilber und die Präparate derselben,
Pulvermunition, Feuerwerkskörper und Zündungen (außer den militärischen).

Einzelne Stoffe sind ganz von der Versendung ausgeschlossen (z. B. Nitroglycerin), Pulver kann in metallenen (nicht eisernen) Behältern, Dynamit muß in Patronen, Schießbaumwolle angefeuchtet versendet werden. Beim Transport bedarf es besonderer Vorsicht, mit Licht und Tabak, beim Berühren von Ortschaften und Begegnen mit anderem Fuhrwerk. Kennzeichen: schwarze Flagge mit weißem P. Der Verkauf explosiver Stoffe an Personen unter sechzehn Jahren ist verboten. Pulver über 1 kgm darf nur an zuverlässige Personen verabfolgt werden, Dynamit und Nitroglycerin nur gegen polizeiliches Zeugniß. Ueber alle Verkäufe muß ein Buch geführt werden. Im Laden dürfen nicht mehr als 1 kgm, im Hause nur 5, höchstens 10 kgm Pulver verwahrt werden, andere Stoffe nur an der Herstellungsstätte, Dynamit und Nitrocellulose auch an der Verbrauchsstätte mit polizeilicher Genehmigung.

1) Vgl. R. Ges. v. 14. Mai 1879 §§ 10 u. 11, welche jetzt allgemein anstatt des § 367 Nr. 7 zur Anwendung kommen, ebenso §§ 12 ff. hinsichtlich des trichinenhaltigen Fleisches. Ueber die mikroskopische Untersuchung des Schweinefleisches sind besondere Polizei-Verordnungen erlassen. Vergl. Th. II unter Gesundheitspolizei.

2) Eines Strafantrags — wie in § 223 St. G. B. — bedarf es hier nicht. Zu einer „Schlägerei" gehören mindestens drei Personen.

sehung ihrer die erforderlichen Vorsichtsmaßregeln zur Verhütung von Beschädigungen unterläßt;[1])

12) wer auf öffentlichen Straßen, Wegen oder Plätzen, auf Höfen, in Häusern und überhaupt an Orten, an welchen Menschen verkehren, Brunnen, Keller, Gruben, Oeffnungen oder Abhänge dergestalt unverdeckt oder unverwahrt läßt, daß daraus Gefahr für Andere entstehen kann;[2])

13) wer trotz der polizeilichen Aufforderung es unterläßt, Gebäude, welche den Einsturz drohen, auszubessern oder niederzureißen;

14) wer Bauten oder Ausbesserungen von Gebäuden, Brunnen, Brücken, Schleusen oder anderen Bauwerken vornimmt, ohne die von der Polizei angeordneten oder sonst erforderlichen Sicherungsmaßregeln zu treffen;[3])

15) wer als Bauherr, Baumeister oder Bauhandwerker einen Bau oder eine Ausbesserung, wozu die polizeiliche Genehmigung erforderlich ist, ohne diese Genehmigung oder mit eigenmächtiger Abweichung von dem durch die Behörde genehmigten Bauplane ausführt oder ausführen läßt.[4])

In den Fällen der Nr. 7 bis 9 kann neben der Geldstrafe oder der Haft auf die Einziehung der verfälschten oder verdorbenen Getränke oder Eßwaaren, ingleichen der Selbstgeschosse, Schlageisen oder Fußangeln,

---

1) Wer tolle Hunde oder von solchen gebissene Hunde zu tödten unterläßt, verwirkt eine Geldstrafe von sechszig Mark oder vier Wochen Haft. Viehsterbe-Patent v. 2. April 1803 § 163 Nr. 3 und § 49 G. v. 25. Juni 1875. Siehe auch Th. II unter Gesundheitspolizei. — Nach Lokal-Pol.-Verordnungen müssen Hunde in den Städten gewöhnlich ein mit der Steuermarke versehenes Halsband tragen, in den Dörfern im Gehöft gehalten werden und auf dem Feld und in der Forst mit einem Knüttel versehen sein, mit Ausnahme der Jagd- und Hirtenhunde.

2) Diese Bestimmung findet auch auf Bergwerksgruben Anwendung. Oppenhoff S. 811 Note 71.

Ebenso müssen landwirthschaftliche Maschinen (Göpelwerke und Dreschkästen) durch Gehäuse, die das Räderwerk oder das Triebrad bedecken, laut besondern Reg.-Verordnungen geschützt werden.

3) Dies gilt sowohl für den Baumeister als auch für den Bauherrn.

4) Maßgebend sind im Geltungsbereich des A. L. R. die §§ 65—73 Th. I. Tit. 8 (s. Th. II), deren Strafandrohung in § 70 durch § 367 Nr. 15 ersetzt ist. (Für das platte Land der Provinz Brandenburg gilt die Bau-Polizei-Ordnung v. 15. März 1872; für die Städte des Reg.-Bezirks Potsdam ist die Bau-Polizei-O. v. 26. Jan. 1872 und für die des Reg.-Bezirks Frankfurt die Bau-Polizei-O. v. 18. Febr. 1872 maßgebend. Nach § 66 der B. P. O. v. 26. Jan. 1872 sind Alle, welche die zur Bauerlaubniß erforderlichen Vorlagen mit ihrer Unterschrift zu versehen haben, d. h. der Baubeamte, Feldmesser oder Bauhandwerker und der Bauherr, für die Vollständigkeit und Richtigkeit aller in den Bauplänen und Bauzeichnungen enthaltenen Angaben gleichmäßig verant-

sowie der verbotenen Waffen erkannt werden, ohne Unterschied, ob sie dem Verurtheilten gehören oder nicht.[1])

§ 368. Mit Geldstrafe bis zu sechszig Mark oder mit Haft bis zu vierzehn Tagen wird bestraft:

1) wer den polizeilichen Anordnungen über die Schließung der Weinberge zuwiderhandelt;

2) wer das durch gesetzliche oder polizeiliche Anordnungen gebotene Raupen unterläßt;[2])

3) wer ohne polizeiliche Erlaubniß eine neue Feuerstätte errichtet oder eine bereits vorhandene an einen anderen Ort verlegt;

4) wer es unterläßt, dafür zu sorgen, daß die Feuerstätten in seinem Hause in baulichem und brandsicherem Zustande unterhalten, oder daß die Schornsteine zur rechten Zeit gereinigt werden;[3])

5) wer Scheunen, Ställe, Böden oder andere Räume, welche zur Aufbewahrung feuerfangender Sachen dienen, mit unverwahrtem Feuer oder Licht betritt, oder sich denselben mit unverwahrtem Feuer oder Licht nähert;

6) wer an gefährlichen Stellen in Wäldern oder Haiden oder in gefährlicher Nähe von Gebäuden oder feuerfangenden Sachen Feuer anzündet;[4])

7) wer in gefährlicher Nähe von Gebäuden oder feuerfangenden Sachen mit Feuergewehr schießt oder Feuerwerke abbrennt;

8) wer die polizeilich vorgeschriebenen Feuerlöschgeräthschaften überhaupt nicht oder nicht in brauchbarem Zustande hält oder andere feuerpolizeiliche Anordnungen nicht befolgt;[5])

---

wortlich, und Jeder von ihnen verfällt, sobald sich eine Abweichung herausstellt, in eine Strafe von drei bis dreißig Mark.)

1) Die konfiscirten Waffen müssen vernichtet werden. Verfügung des Justiz-Min. v. 22. Dezbr. 1852.

2) Polizeiliche Anordnungen ähnlicher Art sind erlassen zur Vertilgung des Colorado- oder Kartoffelkäfers (für die Provinz Brandenburg die Ober-Präsidial-Polizeiverordnung v. 29. Aug. 1871), gegen Heuschrecken und gegen die gelbe Wucherblume (Ober-Präsidial-Polizei-Verordnung v. 4. Juni 1878 für Brandenburg).

Eine gesetzliche Anordnung mit derselben Tendenz ist enthalten in dem G. v. 27. Febr. 1878 gegen die Reblauskrankheit (s. Th. II). — Vgl. auch Feld- und Forst-Pol.-G. v. 1. April 1880 § 34.

3) Die Reinigung der Schornsteine wird durch besondere Reg.-Verordnungen geregelt (freie Konkurrenz der Schornsteinfegermeister oder Eintheilung in Kehrbezirke; Pflicht der Reinigung im Sommer mindestens zweimal, im Winter mindestens viermal).

4) Vgl. Feld- und Forst-Pol.-G. v. 1. April 1880 § 44.

5) (Für das platte Land der Provinz Brandenburg gilt die revidirte Feuer- und Lösch-Ordnung v. 31. Oktbr. 1878 und für die Städte der Kur- und Neumark und der Niederlausitz ist maßgebend die Feuerpolizei-Ordnung des Kgl. Ober-Präsidiums v. 16. Septbr. 1842. v. Wichert S. 191 ff. u. 203 ff.)

9) wer unbefugt über Gärten oder Weinberge, oder vor beendeter Ernte über Wiesen oder bestellte Aecker, oder über solche Aecker, Wiesen, Weiden oder Schonungen, welche mit einer Einfriedigung versehen sind, oder deren Betreten durch Warnungszeichen untersagt ist, oder auf einem durch Warnungszeichen geschlossenen Privatwege geht, fährt, reitet oder Vieh treibt;[1])

10) wer ohne Genehmigung des Jagdberechtigten oder ohne sonstige Befugniß auf einem fremden Jagdgebiete außerhalb des öffentlichen, zum gemeinen Gebrauche bestimmten Weges, wenn auch nicht jagend, doch zur Jagd ausgerüstet, betroffen wird;[2])

11) wer unbefugt Eier oder Junge von jagdbarem Federwild oder von Singvögeln ausnimmt.[3])

§ 369. Mit Geldstrafe bis zu einhundert Mark oder mit Haft bis zu vier Wochen werden bestraft:

1) Schlosser, welche ohne obrigkeitliche Anweisung oder ohne Genehmigung des Inhabers einer Wohnung Schlüssel zu Zimmern oder Behältnissen in der letzteren anfertigen oder Schlösser an denselben öffnen, ohne Genehmigung des Hausbesitzers oder seines Stellvertreters einen Hausschlüssel anfertigen, oder ohne Erlaubniß der Polizeibehörde Nachschlüssel oder Dietriche verabfolgen;

2) Gewerbtreibende, bei denen zum Gebrauche in ihrem Gewerbe geeignete, mit dem gesetzlichen Eichungsstempel nicht versehene oder unrichtige Maße, Gewichte oder Waagen vorgefunden werden,[4]) oder welche

---

1) Nach § 77 des Feld- und Forst-Pol.-G. v. 1. April 1880 ist bei Zuwiderhandlungen gegen § 368 Nr. 9 St. G. B. die Pfändung der Reit- oder Zugthiere oder des Viehes zulässig.

2) Dies gilt auch für den Grundstückseigenthümer, wenn er die Jagd verpachtet hat oder sie ruhen zu lassen verpflichtet ist.

3) Vgl. Feld- und Forst-Pol.-G. v. 1. April 1880 § 33.

Das G. v. 26. Febr. 1870 über die Schonzeit verbietet in § 6 mit Bezug auf § 368 Nr. 11 das Ausnehmen von Kibitz- und Möveneiern nach dem 30. April. Das Tödten und Einfangen der Singvögel selbst, sowie der Verkauf derselben auf Wochenmärkten wird auf Grund spezieller Polizeiverbote bestraft.

4) Nach der Maß- und Gewichts-Ordnung v. 13. August 1868 dürfen im öffentl. Verkehr zum Zuwägen und Zumessen nur die von einer deutschen Eichungsstelle gestempelten Maße, Gewichte und Waagen angewendet werden. Eine Normal-Eichungs-Kommission ist in Berlin bestellt, welche u. A. erlassen hat:

1) die Eichordnung v. 16. Juli 1869,
2) den ersten Nachtrag v. 30. Juni 1870,
3) den zweiten Nachtrag v. 6. Mai 1871,
4) den dritten Nachtrag v. 31. Jan. 1872,
5) den vierten Nachtrag v. 25. Juni 1872,
6) den fünften Nachtrag v. 28. Juni 1873,

sowie verschiedene Instruktionen und Bekanntmachungen (z. B. über die Stempe-

sich einer anderen Verletzung der Vorschriften über die Maß- und Gewichtspolizei schuldig machen;[1])

3) Gewerbtreibende, welche in Feuer arbeiten, wenn sie die Vorschriften nicht befolgen, welche von der Polizeibehörde wegen Anlegung und Verwahrung ihrer Feuerstätten, sowie wegen der Art und der Zeit, sich des Feuers zu bedienen, erlassen sind.

Im Falle der Nr. 2 ist neben der Geldstrafe oder der Haft auf die Einziehung der vorschriftswidrigen Maße, Gewichte, Waagen oder sonstigen Meßwerkzeuge zu erkennen.[2])

§ 370. Mit Geldstrafe bis zu einhundertfunfzig Mark oder mit Haft wird bestraft:

1) wer unbefugt ein fremdes Grundstück, einen öffentlichen oder Privatweg oder einen Grenzrain durch Abgraben oder Abpflügen verringert;[3])

2) wer unbefugt von öffentlichen oder Privatwegen Erde, Steine[4]) oder Rasen, oder aus Grundstücken, welche einem Anderen gehören, Erde, Lehm, Sand, Grand oder Mergel gräbt, Plaggen oder Bülten haut, Rasen, Steine, Mineralien, zu deren Gewinnung es einer Verleihung, einer Konzession oder einer Erlaubniß der Behörde nicht bedarf, oder ähnliche Gegenstände[5]) wegnimmt;

3) wer von einem zum Dienststande gehörenden Unteroffizier oder Gemeinen des Heeres oder der Marine ohne die schriftliche Erlaubniß des vorgesetzten Kommandeurs Montirungs- oder Armaturstücke kauft oder zum Pfande nimmt;

4) wer unberechtigt fischt oder krebst;[6])

5) wer Nahrungs- oder Genußmittel von unbedeutendem Werthe oder in geringer Menge zum alsbaldigen Verbrauche entwendet.

---

lung der Goldmünzgewichte und über die Zulassung von Federwaagen für Eisenbahnpassagiergepäck).

1) Wenn unrichtige oder ungeeichte Maße bei einem Gewerbtreibenden vorgefunden werden, so kann der Einwand der Unkenntniß und des guten Glaubens nicht berücksichtigt werden, wohl aber kann, wenn die Polizeivorschriften übertreten werden, § 59 St. G. B. Anwendung finden.

2) Vorausgesetzt wird, daß die betr. Stücke dem Angeschuldigten gehören.

3) Falls dagegen ein Grenzstein oder anderes Grenzmerkmal in der Absicht, einem Anderen Nachtheil zuzufügen, weggenommen, verrückt, unkenntlich gemacht oder vernichtet wird, so greift § 274 Nr. 2 St. G. B. Platz. (Strafe: Gefängniß bis zu fünf Jahren und daneben fakultative Geldstrafe bis zu dreitausend Mark.)

4) Sind die Steine noch unausgebreitet am Wege aufgeschichtet, so ist ihre Wegnahme Diebstahl. Oppenhoff S. 827 Note 7.

5) Zu diesen gehört auch ungestochener Torf und noch nicht gewonnenes Eis auf Privatgewässern. Ebenda Note 11.

6) Eines Strafantrags bedarf es nicht. — Einziehung der Fischereigeräthschaften ist nicht zulässig. (Vgl. dagegen § 296 St. G. B.) S. auch unten das Fischereigesetz v. 30. Mai 1874.

Eine Entwendung,[1]) welche von Verwandten aufsteigender Linie gegen Verwandte absteigender Linie oder von einem Ehegatten gegen den anderen begangen worden ist, bleibt straflos;

6) wer Getreide oder andere zur Fütterung des Viehes bestimmte oder geeignete Gegenstände wider Willen des Eigenthümers wegnimmt, um dessen Vieh damit zu füttern.

In den Fällen der Nr. 5 und 6 tritt die Verfolgung nur auf Antrag ein. Die Zurücknahme des Antrages ist zulässig.

---

1) „Entwendung" ist gleichbedeutend mit Diebstahl, dessen Thatbestand mithin vorliegen muß; es soll aber der s. g. „Mundraub" milder als jener bestraft werden. Dies gilt auch dann, wenn einer der erschwerenden Umstände des § 243 St. G. B. vorliegt. Oppenhoff S. 828 Note 4.

II. Theil.

Die Schöffensachen auf Grund anderer Reichsstrafgesetze und der Preußischen Strafgesetze.

A. Strafgesetze zum Schutze des Eigenthums.

1. Gesetz, betreffend den Forstdiebstahl.

Vom 15. April 1878.

(G. S. S. 222.)

§ 1. Forstdiebstahl[1]) im Sinne dieses Gesetzes ist der in einem Forst oder auf einem anderen hauptsächlich zur Holznutzung bestimmten Grundstücke verübte Diebstahl:[2])

1) an Holz, welches noch nicht vom Stamme oder vom Boden getrennt ist;

2) an Holz, welches durch Zufall abgebrochen oder umgeworfen, und mit dessen Zurichtung noch nicht der Anfang gemacht worden ist;[3])

---

1) Das Gesetz v. 2. Juni 1852 nannte das Vergehen „Holzdiebstahl", indem es in erster Linie den Gegenstand ins Auge faßte; das neue Gesetz sieht den Ort für maßgebend an, und es kommt daher nicht mehr darauf an, ob ein Baum zur Holznutzung dient, sondern ob der Boden, auf dem er steht, dazu bestimmt ist. Oehlschläger-Bernhardt Kommentar Note 1 u. 2.

2) Es müssen alle Erfordernisse des Diebstahls vorliegen und es muß daher stets eine „Wegnahme in der Absicht rechtswidriger Zueignung" festgestellt werden.

3) Das „in trockenen Aesten abgefallene" Holz sowie das „in abgeholzten Schlägen an Abraum zurückgelassene" Holz wird als Raff- und Leseholz erachtet', jedoch hat die Observanz die Berechtigung hierzu auch auf das Abbrechen trockener Aeste, z. B. in Nadelholzdickichten, ausgedehnt. (§ 215 Th. I. Tit. 22 A. L. R.) Das Kulturedikt v. 14. Sept. 1811 bestimmt diesbezüglich in § 26:

3) an Spänen, Abraum oder Borke, sofern dieselben noch nicht in einer umschlossenen Holzablage sich befinden, oder noch nicht geworben oder eingesammelt sind;

4) an anderen Walderzeugnissen,[1]) insbesondere Holzpflanzen, Gras, Haide, Plaggen,[2]) Moos, Laub, Streuwerk, Nadelholzzapfen, Waldsämereien, Baumsaft und Harz, sofern dieselben noch nicht geworben oder eingesammelt sind.[3])

Das unbefugte Sammeln von Kräutern, Beeren und Pilzen unterliegt forstpolizeilichen Bestimmungen.[4])

§ 2. Der Forstdiebstahl wird mit einer Geldstrafe bestraft, welche dem fünffachen Werthe des Entwendeten gleichkommt und niemals unter einer Mark betragen darf.

§ 3. Die Strafe soll gleich dem zehnfachen Werthe des Entwendeten und niemals unter zwei Mark sein:

1) wenn der Forstdiebstahl an einem Sonn- oder Festtage oder in der Zeit von Sonnenuntergang bis Sonnenaufgang begangen ist;

2) wenn der Thäter Mittel angewendet hat, um sich unkenntlich zu machen;

3) wenn der Thäter dem Bestohlenen oder der mit dem Forstschutz betrauten Person seinen Namen oder Wohnort anzugeben sich geweigert hat, oder falsche Angaben über seinen oder seiner Gehülfen Namen oder Wohnort gemacht,[5]) oder auf Anrufen des

---

„1. daß jeder Waldeigenthümer befugt sein soll, das Sammeln der Berechtigten auf das Bedürfniß einzuschränken;

2. daß es nur an bestimmten Tagen, unter der Aufsicht eines Forstbedienten nach dessen Vorschrift geschehen darf, wenn der Eigenthümer gut findet, diese Einrichtung zu treffen."

1) Die Entwendung dieser wurde früher dem Holzdiebstahl nur „gleichgeachtet", und kam bei Rückfall nicht in Betracht.

2) D. h. Grasnarbenstücken.

3) Die Aneignung von zugerichtetem Holz, sowie von eingesammeltem, im freien Walde befindlichen Abraum ist als Diebstahl zu bestrafen.

In Betreff der Einrede der Berechtigung ist für Wald-, Feld- und Jagdfrevel bisher das besondere Gesetz v. 31. Januar 1845 maßgebend gewesen, wonach das Erkenntniß auszusetzen war, wenn die Einrede durch Angabe des bestimmten Rechtsgrundes und der Beweismittel hinreichend bescheinigt wurde. Der Angeschuldigte hatte dann binnen einer längstens zweimonatlichen Frist das Anerkenntniß des Wald- oder Feld-Eigenthümers oder den Nachweis der Klage beizubringen. — Jetzt ist § 261 St. P. O. allgemein maßgebend, wonach das Strafgericht auch über das bürgerliche Rechtsverhältniß zu entscheiden hat, jedoch auch befugt ist, die Untersuchung auszusetzen und einem der Betheiligten eine Frist zur Klageanstellung zu gewähren.

4) Eine solche Bestimmung war in § 41 des Entwurfs zum Feld- u. Forst-Pol. Ges. v. 1. April 1880 enthalten, da sie jedoch abgelehnt wurde, so bewendet es bei den Lokal-Pol.-Verordnungen.

5) Eine Weigerung, den Namen des Gehülfen anzugeben, ist nicht strafbar.

Bestohlenen oder der mit dem Forstschutz betrauten Person, stehen zu bleiben, die Flucht ergriffen oder fortgesetzt hat;

4) wenn der Thäter in den Fällen Nr. 1—3 § 1 zur Begehung des Forstdiebstahls sich eines schneidenden Werkzeuges, insbesondere der Säge, der Scheere oder des Messers bedient hat;[1]
5) wenn der Thäter die Ausantwortung der zum Forstdiebstahl bestimmten Werkzeuge verweigert;[2]
6) wenn zum Zwecke des Forstdiebstahls ein bespanntes Fuhrwerk, ein Kahn oder Lastthier mitgebracht ist;
7) wenn der Gegenstand der Entwendung in Holzpflanzen besteht;[3]
8) wenn Kien, Harz, Saft, Wurzeln, Rinde oder die Haupt- (Mittel-) Triebe von stehenden Bäumen entwendet sind;
9) wenn der Forstdiebstahl in einer Schonung, in einem Pflanzgarten oder Saatkampe begangen ist.

§ 4. Der Versuch des Forstdiebstahls[4] und die Theilnahme (Mitthäterschaft, Anstiftung, Beihülfe) an einem Forstdiebstahl oder an einem Versuche desselben werden mit der vollen Strafe des Forstdiebstahls bestraft.

§ 5. Wer sich in Beziehung auf einen Forstdiebstahl der Begünstigung oder der Hehlerei schuldig macht,[5] wird mit einer Geldstrafe bestraft, welche dem fünffachen Werthe des Entwendeten gleichkommt und niemals unter einer Mark betragen darf.

Die Bestimmungen des § 257 Abs. 2 und 3 des Reichs-Strafgesetzbuchs finden Anwendung.[6]

§ 6. Neben der Geldstrafe kann auf Gefängnißstrafe bis zu sechs Monaten erkannt werden:

---

1) Der Strafschärfungsgrund liegt in der Schwierigkeit der Entdeckung des mittels eines geräuschlos arbeitenden Werkzeugs verübten Forstdiebstahls. Oehlschläger-Bernhardt Kommentar Note 6.

2) Im Falle gewaltsamen Widerstandes gegen den Forstbeamten trifft den Thäter außerdem die Strafe des § 117 St. G. B.

3) D. h. hauptsächlich der wild aufgeschossenen Baumpflanzen. Die aufgezogenen werden durch Nr. 9 geschützt. Oehlschläger-Bernhardt Kommentar S. 14 Note 9.

4) Straflosigkeit begründet auch hier der Rücktritt. § 46 Nr. 1 St. G. B.

5) Begünstigung ist hier der nach Begehung eines Forstdiebstahls dem Thäter oder Theilnehmer wissentlich geleistete Beistand, zum Zweck, denselben der Bestrafung zu entziehen oder ihm die Vortheile des Forstdiebstahls zu sichern. — Hehlerei ist hier die Begünstigung eines Forstdiebstahls des eignen Vortheils wegen, und umfaßt auch die s. g. Partirerei.

6) Wird die Begünstigung dem Angehörigen in der Absicht gewährt, ihm die Vortheile des Forstdiebstahls zu sichern, so ist sie nicht straflos. Dasselbe gilt, wenn die auf Abwendung der Strafe gerichtete Begünstigung dem Thäter vorher zugesagt war, sowie dann, wenn sie des eigenen Vortheils wegen gewährt wurde. Oehlschläger-Bernhardt Kommentar S. 24 Note 4.

1) wenn der Forstdiebstahl von drei oder mehr Personen in gemeinschaftlicher Ausführung begangen ist;
2) wenn der Forstdiebstahl zum Zwecke der Veräußerung des Entwendeten oder daraus hergestellter Gegenstände[1]) begangen ist;
3) wenn die Hehlerei gewerbs- oder gewohnheitsmäßig betrieben worden ist.[2])

§ 7. Wer, nachdem er wegen Forstdiebstahls oder Versuchs eines solchen, oder wegen Theilnahme (§ 4), Begünstigung oder Hehlerei in Beziehung auf einen Forstdiebstahl von einem Preußischen Gerichte rechtskräftig verurtheilt worden ist,[3]) innerhalb der nächsten zwei Jahre abermals eine dieser Handlungen begeht, befindet sich im Rückfalle und wird mit einer Geldstrafe bestraft, welche dem zehnfachen Werthe des Entwendeten gleichkommt und niemals unter zwei Mark betragen darf.

§ 8. Neben der Geldstrafe ist auf Gefängnißstrafe bis zu zwei Jahren zu erkennen, wenn der Thäter sich im dritten[4]) oder ferneren Rückfalle befindet. Beträgt die Geldstrafe weniger als zehn Mark, so kann statt der Gefängnißstrafe auf eine Zusatzstrafe bis zu einhundert Mark erkannt werden.[5])

§ 9. In allen Fällen[6]) ist neben der Strafe die Verpflichtung des Schuldigen zum Ersatze des Werthes des Entwendeten an den Bestohlenen auszusprechen.[7]) Der Ersatz des außer dem Werthe des Entwendeten verursachten Schadens kann nur im Wege des Civilprozesses geltend gemacht werden....

§ 11. Für die Geldstrafe, den Werthersatz und die Kosten, zu denen Personen verurtheilt worden, welche unter der Gewalt, der Aufsicht oder im Dienst eines Anderen stehen und zu dessen Hausgenossenschaft gehören, ist letzterer im Falle des Unvermögens der Verurtheilten für haftbar zu erklären, und zwar unabhängig von der etwaigen Strafe, zu welcher er

1) Dies gilt namentlich von Birkentrieben (für Besenbinder) und Weidenruthen (für Korbflechter), sowie Harz, Kien, Wurzeln und Rinde.

2) Im Falle des § 6 hat das Schöffengericht über den Forstdiebstahl zu entscheiden (§ 30). Kontumazial-Verfahren ist zulässig.

3) Die Frist der zwei Jahre läuft von der Verurtheilung ab, nicht etwa erst von der Verbüßung der früheren Strafe ab. Vergl. dagegen § 244 St. G. B.

4) Im Fall des § 8 ist das Schöffengericht zuständig. — Als gemeiner Diebstahl, wie nach § 16 Ges. v. 2. Juni 1852, gilt der Forstdiebstahl im dritten Rückfall nicht mehr.

5) Diese Zusatzstrafe soll nicht, wie die anderen Geldstrafen, dem Beschädigten zufließen, sondern dem Fiskus (§ 34). Für den Unvermögensfall, der wohl die Regel bilden dürfte, ist sie gleichfalls in Gefängnißstrafe umzuwandeln.

6) Auch im Fall der §§ 5, 6 u. 8.

7) Diese Verpflichtung zum Werthsersatz ist auch dann auszusprechen, wenn der entwendete Gegenstand ganz oder theilweise dem Eigenthümer verblieben ist. Oehlschläger-Bernhardt Kommentar S. 32 Note 1.

selbst auf Grund dieses Gesetzes oder des § 361 Nr. 9 des Strafgesetzbuchs[1]) verurtheilt wird.

Wird festgestellt, daß die That nicht mit seinem Wissen verübt ist, oder daß er sie nicht verhindern konnte, so wird die Haftbarkeit nicht ausgesprochen.

§ 12. Hat der Thäter noch nicht das zwölfte Lebensjahr vollendet, so wird derjenige, welcher in Gemäßheit des § 11 haftet, zur Zahlung der Geldstrafe, des Werthersatzes und der Kosten als unmittelbar haftbar verurtheilt.

Dasselbe gilt, wenn der Thäter zwar das zwölfte, aber noch nicht das achtzehnte Lebensjahr vollendet hatte[2]) und wegen Mangels der zur Erkenntniß der Strafbarkeit seiner That erforderlichen Einsicht freizusprechen ist, oder wenn derselbe wegen eines seine freie Willensbestimmung ausschließenden Zustandes straffrei bleibt.[3])

§ 13. An die Stelle einer Geldstrafe, welche wegen Unvermögens des Verurtheilten und des für haftbar Erklärten nicht beigetrieben werden kann, tritt Gefängnißstrafe....

Der Betrag von einer bis zu fünf Mark ist einer eintägigen Gefängnißstrafe gleich zu achten.[4])

Der Mindestbetrag der an die Stelle der Geldstrafe tretenden Gefängnißstrafe ist ein Tag, ihr Höchstbetrag sind sechs Monate....

§ 15. Aexte, Sägen, Messer und andere zur Begehung des Forstdiebstahls geeignete Werkzeuge, welche der Thäter bei der Zuwiderhandlung bei sich geführt hat, sind einzuziehen, ohne Unterschied, ob sie dem Schuldigen gehören oder nicht.

Die Thiere, und andere zur Wegschaffung des Entwendeten dienenden Gegenstände,[5]) welche der Thäter bei sich führt, unterliegen nicht der Einziehung.

---

1) Vergl. Th. I S. 43. — Eine solche Doppelstrafe dürfte überall da sich empfehlen, wo Eltern mit ihren Kindern gemeinsam des Forstdiebstahls sich schuldig machen.

2) Eine Strafermäßigung für diese Personen, wie nach § 57 St. G. B., findet nicht statt. § 10.

3) §§ 51 u. 52 St. G. B.

4) Statt der Gefängnißstrafe ist auch Forstarbeit oder Gemeindearbeit zulässig. § 14.

5) Ebenso können die Transportmittel nicht in Beschlag genommen werden, außer wenn sie als Beweismittel für die Untersuchung von Bedeutung sind (§ 94 St. P. O.), und auch das im H. D. G. v. 2. Juni 1852 dem Waldeigenthümer zustehende besondere Pfändungsrecht ist aufgehoben. Nach A. L. R. Th. I. Tit. 14 §§ 413—457 ist eine Pfändung jedoch allgemein statthaft „zur Sicherung des Ersatzes eines zugefügten Schadens und zur Abwendung künftiger Schädigungen und Beeinträchtigungen." Sie darf aber — unter Vermeidung von Gewaltthätigkeiten — nur dann vorgenommen werden, wenn der Beschädiger unbekannt oder unsicher ist, und nur auf frischer That, nur innerhalb der Grenzen

§ 16. Wird der Thäter bei Ausführung eines Forstdiebstahls, oder gleich nach demselben betroffen oder verfolgt, so sind die zur Begehung des Forstdiebstahls geeigneten Werkzeuge, welche er bei sich führt (§ 15), in Beschlag zu nehmen.

§ 17. Wird in der Gewahrsam eines innerhalb der letzten zwei Jahre wegen einer Zuwiderhandlung gegen dieses Gesetz rechtskräftig Verurtheilten frisch gefälltes, nicht forstmäßig zugerichtetes Holz gefunden, so ist gegen den Inhaber auf Einziehung des gefundenen Holzes zu erkennen,[1] sofern er sich über den redlichen Erwerb des Holzes nicht ausweisen kann. Die Einziehung erfolgt zu Gunsten der Armenkasse des Wohnorts des Verurtheilten.

§ 18. Die Strafverfolgung von Zuwiderhandlungen gegen dieses Gesetz verjährt, sofern nicht einer der Fälle der §§ 6 und 8[2] vorliegt, in sechs Monaten.

---

2. Gesetz über die Bestrafung unbefugter Gewinnung oder Aneignung von Mineralien.

Vom 26. März 1856.

(G. S. S. 203.)

§ 1. Wer ohne Befugniß bergbauliche Anlagen zur Gewinnung von Mineralien macht, welche der Staat sich vorbehalten hat oder zu deren Gewinnung es einer Verleihung, einer Konzession, oder einer Erlaubniß der Behörde bedarf, wird mit Geldbuße bis zu sechshundert Mark oder Gefängniß bis zu drei Monaten bestraft. [Die Strafe ist Geldbuße bis zu eintausendfünfhundert Mark oder Gefängniß bis zu sechs Monaten, wenn die mittelst der Anlage gewonnenen Mineralien weggenommen sind.]

§ 2. Wer ohne Befugniß, jedoch ohne Errichtung bergbaulicher Anlagen anstehende Mineralien, welche der Staat sich vorbehalten hat oder zu deren Gewinnung es einer Verleihung, einer Konzession oder einer Erlaubniß der Behörde bedarf, in der Absicht wegnimmt, dieselben sich zuzueignen, wird mit Geldbuße bis zu einhundertfünfzig Mark oder mit Haft bis zu sechs Wochen bestraft.

Der Versuch,[3] die Theilnahme, die Hehlerei und die Begünstigung wird mit gleicher Strafe bestraft.

---

des Reviers des Beschädigten, und nur in dem der Beschädigung entsprechenden Umfange. Dem zuständigen Amtsgericht muß unter Ablieferung der Pfandstücke Mittheilung von der Pfändung gemacht werden.

1) Betreffs des Verfahrens s. §§ 477—480 St. P. O.

2) In den Fällen der §§ 6 und 8 beträgt die Verjährungsfrist fünf Jahre. § 67 St. G. B.

3) Der Versuch ist jetzt, gemäß § 43 St. G. B., da es in § 2 sich nur um eine Uebertretung handelt, straflos.

§ 3. Wer bei Benutzung seines Bergeigenthums fahrlässigerweise die Grenzen seines Grubenfeldes überschreitet, hat Geldbuße bis zu einhundertfünfzig Mark oder Gefängniß bis zu sechs Wochen verwirkt.

Geschieht eine solche Ueberschreitung der Grenze vorsätzlich, so finden die in dem § 1 angedrohten Strafen Anwendung.

§ 4. Die rechtswidrige Zueignung schon gewonnener Mineralien ist nach den Bestimmungen des Strafgesetzbuchs über Diebstahl und Unterschlagung zu bestrafen.[1]

---

3. Gesetz, betreffend die Bestrafung der unbefugten Aneignung von Bernstein.

Vom 22. Februar 1867.

(G. S. S. 272.)

Art. 1. [Wer Bernstein, ohne zu dessen Gewinnung befugt zu sein, in der Absicht in Besitz nimmt, sich solchen rechtswidrig zuzueignen, wird mit Geldbuße bis zu dreihundert Mark oder mit Gefängniß bis zu sechs Monaten bestraft.

Der Versuch,[2] die Theilnahme, die Hehlerei und die Begünstigung wird mit gleicher Strafe bestraft.]

Art. 3. Die rechtswidrige Zueignung schon gewonnenen Bernsteins ist nach den Bestimmungen des Strafgesetzbuches über Diebstahl oder Unterschlagung zu bestrafen.[3]

---

4. Reichsgesetz, betreffend das Urheberrecht an Schriftwerken, Abbildungen, musikalischen Kompositionen und dramatischen Werken.

Vom 11. Juni 1870.

(B. G. Bl. S. 339.)

I. Schriftstücke.

§ 4. Jede mechanische Vervielfältigung eines Schriftwerkes, welche ohne Genehmigung des Berechtigten (§§ 1. 2. 3.)[4] hergestellt wird, heißt Nachdruck und ist verboten.

---

1) Auch im Fall des § 4 ist das Schöffengericht zuständig, wenn das Objekt fünfundzwanzig Mark nicht übersteigt, jedoch ist auch bei höherem Objekt Ueberweisung zulässig, die auch im Fall des Absatz 2 § 1 erfolgen kann.

2) Nach § 44 St. G. B. ist der Versuch jetzt milder zu bestrafen als das vollendete Vergehen.

3) Zuständig ist im Fall des Art. 1 die Strafkammer, ebenso im Fall des Art. 3 bei einem Objekt über fünfundzwanzig Mark, jedoch ist in beiden Fällen Ueberweisung an das Schöffengericht zulässig. G. V. G. § 75 Nr. 14 u. Nr. 6.

4) „Berechtigter“ ist ausschließlich der Urheber des Schriftwerks (§ 1).

Hinsichtlich dieses Verbotes macht es keinen Unterschied, ob das Schriftwerk ganz oder nur theilweise vervielfältigt wird.

Als mechanische Vervielfältigung ist auch das Abschreiben anzusehen, wenn es dazu bestimmt ist, den Druck zu vertreten.[1])

§ 5. Als Nachdruck (§ 4) ist auch anzusehen:

a) der ohne Genehmigung des Urhebers erfolgte Abdruck von noch nicht veröffentlichten Schriftwerken (Manuskripten).

Auch der rechtmäßige Besitzer eines Manuskriptes oder einer Abschrift desselben bedarf der Genehmigung des Urhebers zum Abdruck;

b) der ohne Genehmigung des Urhebers erfolgte Abdruck von Vorträgen, welche zum Zwecke der Erbauung, der Belehrung oder der Unterhaltung gehalten sind;[2])

c) der neue Abdruck von Werken, welchen der Urheber oder der Verleger dem unter ihnen bestehenden Vertrage zuwider veranstaltet;

d) die Anfertigung einer größeren Anzahl von Exemplaren eines Werkes Seitens des Verlegers, als demselben vertragsmäßig oder gesetzlich gestattet ist.

§ 6. Uebersetzungen ohne Genehmigung des Urhebers des Originalwerkes gelten als Nachdruck:

a) wenn von einem, zuerst in einer todten Sprache erschienenen Werke eine Uebersetzung in einer lebenden Sprache herausgegeben wird;

b) wenn von einem gleichzeitig in verschiedenen Sprachen herausgegebenen Werke eine Uebersetzung[3]) in einer dieser Sprachen veranstaltet wird;

c) wenn der Urheber sich das Recht der Uebersetzung auf dem Titelblatte oder an der Spitze des Werkes vorbehalten hat, vorausgesetzt, daß die Veröffentlichung der vorbehaltenen Uebersetzung nach dem Erscheinen des Originalwerkes binnen einem Jahre begonnen und binnen drei Jahren beendet wird. Das Kalenderjahr, in welchem das Originalwerk erschienen ist, wird hierbei nicht mitgerechnet.

Bei Originalwerken, welche in mehreren Bänden oder Abtheilungen erscheinen, wird jeder Band oder jede Abtheilung im Sinne dieses Paragraphen als ein besonderes Werk angesehen, und muß der Vorbehalt

---

Dasselbe muß jedoch ein originales Geistesprodukt sein. Der Schutz des Urheberrechts beginnt, sobald das Schriftwerk zum Gegenstand eines Verlages gemacht oder bestimmt ist. Neumann S. 151 Note 1.

Dem Urheber gleich gilt bei Sammelwerken deren Herausgeber, der jedoch nur in Bezug auf die ganze Sammlung gegen Nachdruck geschützt wird, während das Urheberrecht an den einzelnen Beiträgen den Urhebern derselben zusteht, und daher auch nur deren Rechte durch den Nachdruck der Beiträge verletzt werden.

1) Die zum Privatgebrauch bestimmte Abschrift ist nicht strafbar.

2) Referate der Zeitungen sind nicht verboten.

3) D. h. eine anderweitige Uebersetzung.

der Uebersetzung auf jedem Bande oder jeder Abtheilung wiederholt werden.

Bei dramatischen Werken muß die Uebersetzung innerhalb sechs Monaten, vom Tage der Veröffentlichung des Originals an gerechnet, vollständig erschienen sein.

Der Beginn und beziehungsweise die Vollendung der Uebersetzung muß zugleich innerhalb der angegebenen Fristen zur Eintragung in die Eintragsrolle (§§ 39 ff.)[1]) angemeldet werden, widrigenfalls der Schutz gegen neue Uebersetzungen erlischt.

Die Uebersetzung eines noch ungedruckten gegen Nachdruck geschützten Schriftwerkes (§ 5 Littr. a und b) ist als Nachdruck anzusehen.

Uebersetzungen genießen gleich Originalwerken den Schutz dieses Gesetzes gegen Nachdruck.

§ 7. Als Nachdruck ist **nicht** anzusehen:

a) das wörtliche Anführen einzelner Stellen oder kleinerer Theile eines bereits veröffentlichten Werkes oder die Aufnahme bereits veröffentlichter Schriften von geringerem Umfang in ein größeres Ganzes, sobald dieses nach seinem Hauptinhalt ein selbstständiges wissenschaftliches Werk ist, sowie in Sammlungen, welche aus Werken mehrerer Schriftsteller zum Kirchen-, Schul- und Unterrichtsgebrauch oder zu einem eigenthümlichen literarischen Zwecke veranstaltet werden. Vorausgesetzt ist jedoch, daß der Urheber oder die benutzte Quelle angegeben ist;[2])

b) der Abdruck einzelner Artikel aus Zeitschriften und anderen öffentlichen Blättern mit Ausnahme von novellistischen Erzeugnissen und wissenschaftlichen Ausarbeitungen, sowie von sonstigen größeren Mittheilungen, sofern an der Spitze der letzteren der Abdruck untersagt ist;

c) der Abdruck von Gesetzbüchern, Gesetzen, amtlichen Erlassen,[3]) öffentlichen Aktenstücken und Verhandlungen aller Art;

d) der Abdruck von Reden, welche bei den Verhandlungen der Gerichte, der politischen, kommunalen und kirchlichen Vertretungen, sowie der politischen und ähnlichen Versammlungen gehalten werden.

§ 8. Der Schutz des Gesetzes gegen Nachdruck wird für die Lebensdauer des Urhebers und dreißig Jahre nach seinem Tode gewährt.

---

1) Diese Eintragsrolle wird bei dem Stadtrath zu Leipzig geführt. In derselben können auch die wahren Namen der Urheber anonymer und pseudonymer Schriftwerke eingetragen werden, und kann dadurch der, an sich nur dreißig Jahre nach ihrem Erscheinen dauernde Schutz bis auf dreißig Jahre nach dem Tode des Urhebers ausgedehnt werden. §§ 11 und 8.

2) Ist die Quelle nicht angegeben, so liegt ein **Plagiat** vor, welches als Ordnungswidrigkeit nach § 24 strafbar ist.

3) Auch von Gesetzentwürfen nebst den Motiven.

Einzelne in Zeitschriften erschienene Aufsätze darf der Urheber § 10.
auch ohne Einwilligung des Herausgebers oder Verlegers, nach zwei Jahren vom Ablauf des Erscheinens an gerechnet, anderweitig abdrucken. Der Name des Urhebers muß stets auf dem § 11.
Titelblatt (oder unter der Zueignung oder der Vorrede) angegeben sein; ist ein Urheber nicht genannt oder ein falscher Name angegeben, so währt der Schutz gegen Nachdruck nur dreißig Jahre von der ersten Herausgabe an.

Die erst nach dem Tode des Urhebers erschienenen Werke werden § 12.
dreißig Jahre vom Todestage an geschützt, und bei den von Akademien und Gesellschaften rc. herausgegebenen Sammelwerken § 13.
läuft die Schutzfrist von dreißig Jahren vom Erscheinen an. Das Verbot der Uebersetzungen dauert fünf Jahre, und zwar im Fall § 15.
des § 6b vom Erscheinen des Originalwerkes an, im Fall des § 6c vom ersten Erscheinen der rechtmäßigen Uebersetzung an.

Strafen:

§ 18. [Wer vorsätzlich oder aus Fahrlässigkeit einen Nachdruck (§§ 4 ff.) in der Absicht, denselben innerhalb oder außerhalb des Deutschen Reichs [1]) zu verbreiten, veranstaltet, ist den Urheber oder dessen Rechtsnachfolger zu entschädigen verpflichtet und wird außerdem mit einer Geldstrafe bis zu dreitausend Mark bestraft.[2])

Die Bestrafung des Nachdrucks bleibt jedoch ausgeschlossen, wenn der Veranstalter desselben auf Grund entschuldbaren, thatsächlichen oder rechtlichen Irrthums in gutem Glauben gehandelt hat....]

Die nicht beizutreibende Geldstrafe wird in Gefängniß bis § 18.
zu sechs Monaten umgewandelt. Statt der Entschädigung kann auch eine Geldbuße bis zum Betrage von sechstausend Mark dem Verurtheilten auferlegt werden, vorausgesetzt daß der Beschädigte die Existenz eines Schadens beweisen kann.[3]) Die vorräthigen

1) Da das Gesetz v. 11. Juni 1870 jetzt auch in Württemberg, Hessen und Baden sowie in Bayern und Elsaß-Lothringen eingeführt ist, so ist statt des „Norddeutschen Bundes“ das „Deutsche Reich“ in den Text gesetzt worden. Vergl. § 2 Ges. v. 16. April 1871, betr. die Verfassung des Deutschen Reichs (B. G. Bl. S. 63).

2) Zuständig ist die Strafkammer. Desgleichen im Fall der §§ 20 u. 25.

3) Wer die Zuerkennung einer Buße beantragen will, muß sich der öffentlichen Klage als Nebenkläger anschließen und den als Buße verlangten Betrag angeben. Der Antrag auf Zuerkennung einer Buße ist bis zur Verkündung des Urtheils zulässig und ist bis dahin widerruflich. §§ 443—445 St. P. O.

§ 21. Nachdruckexemplare, die Formen, Platten, Steine rc. unterliegen der Einziehung.

§ 22. Der Versuch des Nachdrucks ist nicht strafbar. Wegen Rück-
§ 23. falls findet eine Straferhöhung über das höchste gesetzliche Maß nicht statt.

§ 20. [Wer vorsätzlich oder aus Fahrlässigkeit einen Anderen zur Veranstaltung eines Nachdrucks veranlaßt, hat die im § 18 festgesetzte Strafe verwirkt, und ist den Urheber oder dessen Rechtsnachfolger nach Maaßgabe der §§ 18 und 19 zu entschädigen verpflichtet, und zwar selbst dann, wenn der Veranstalter des Nachdrucks nach § 18 nicht strafbar oder ersatzverbindlich sein sollte....]

§ 24. Wenn in den Fällen des § 7 Littr. a die Angabe der Quelle oder des Namens des Urhebers vorsätzlich oder aus Fahrlässigkeit unterlassen wird, so haben der Veranstalter und der Veranlasser des Abdrucks eine Geldstrafe bis zu sechszig Mark verwirkt.

Eine Umwandlung der Geldstrafe in Freiheitsstrafe findet nicht statt.

Eine Entschädigungspflicht tritt nicht ein.

§ 25. [Wer vorsätzlich Exemplare eines Werkes, welche den Vorschriften des gegenwärtigen Gesetzes zuwider angefertigt worden sind, innerhalb oder außerhalb des Deutschen Reichs gewerbemäßig feilhält, verkauft oder in sonstiger Weise verbreitet ist nach Maaßgabe des von ihm verursachten Schadens den Urheber oder dessen Rechtsnachfolger zu entschädigen verpflichtet und wird außerdem mit Geldstrafe nach § 18 bestraft....]

§ 27. Das Verfahren ist nur auf Antrag des Verletzten einzuleiten. Dieser Antrag kann bis zur Verkündung des Urtheils zurückgenommen werden. Zur Entscheidung technischer Fragen können die Gutachten der Sachverständigen-Vereine eingeholt werden. 1)

§ 33. Die Strafverfolgung verjährt in drei Jahren, von dem Tage, an welchem die Verbreitung der Nachdrucksexemplare zuerst
§ 34. stattgefunden hat, bez. im Fall des § 25 von dem Tage, an welchem sie zuletzt stattgefunden hat.

§ 35. Der Nachdruck und die Verbreitung von Nachdrucksexemplaren sind straflos, wenn der Strafantrag nicht binnen drei Monaten nach Kenntniß der That und des Thäters gestellt ist.

§ 37. Die Uebertretung, welche dadurch begangen wird, daß in den Fällen des § 7 Littr. a die Angabe der Quelle oder des Namens des Urhebers unterblieben ist, verjährt in drei Monaten.

---

1) Vergl. die Instruktion des Bundeskanzleramtes für die Zusammensetzung und den Geschäftsbetrieb der Sachverständigen-Vereine vom 12. Dezbr. 1870.

Der Lauf der Verjährung beginnt mit dem Tage, an welchem der Abdruck zuerst verbreitet worden ist.

II. Geographische, topographische, naturwissenschaftliche, architektonische, technische und ähnliche Abbildungen.[1])

§ 44. Als Nachdruck ist es nicht anzusehen, wenn einem Schriftwerke einzelne Abbildungen aus einem anderen Werke beigefügt werden, vorausgesetzt, daß das Schriftwerk als die Hauptsache erscheint und die Abbildungen nur zur Erläuterung des Textes u. s. w. dienen.[2]) Auch muß der Urheber oder die benutzte Quelle angegeben sein, widrigenfalls die Strafbestimmung im § 24 Platz greift.

III. Musikalische Kompositionen.

§ 46. Als Nachdruck sind alle ohne Genehmigung des Urhebers einer musikalischen Komposition herausgegebenen Bearbeitungen derselben anzusehen, welche nicht als eigenthümliche Kompositionen betrachtet werden können, insbesondere Auszüge aus einer musikalischen Komposition, Arrangements für einzelne oder mehrere Instrumente oder Stimmen, sowie der Abdruck von einzelnen Motiven oder Melodien eines und desselben Werkes, die nicht künstlerisch verarbeitet sind.[3])

§ 47. Als Nachdruck ist nicht anzusehen: das Anführen einzelner Stellen eines bereits veröffentlichten Werkes der Tonkunst, die Aufnahme bereits veröffentlichter kleinerer Kompositionen in ein nach seinem Hauptinhalte selbstständiges wissenschaftliches Werk, sowie in Sammlungen von Werken verschiedener Komponisten zur Benutzung in Schulen, ausschließlich der Musikschulen. Vorausgesetzt ist jedoch, daß der Urheber oder die benutzte Quelle angegeben ist, widrigenfalls die Strafbestimmung des § 24 Platz greift.

§ 48. Als Nachdruck ist nicht anzusehen: die Benutzung eines bereits veröffentlichten Schriftwerkes als Text zu musikalischen Kompositionen, sofern der Text in Verbindung mit der Komposition abgedruckt wird.

Ausgenommen sind solche Texte, welche ihrem Wesen nach nur für den Zweck der Komposition Bedeutung haben, namentlich Texte zu Opern oder Oratorien. Texte dieser Art dürfen nur unter Genehmigung ihres Urhebers mit den musikalischen Kompositionen zusammen abgedruckt werden.

Zum Abdruck des Textes ohne Musik ist die Einwilligung des Urhebers oder seiner Rechtsnachfolger erforderlich.

---

1) Wenn diese Abbildungen Kunstwerke sind, so greift das Gesetz v. 9. Januar 1876 Platz. § 43 d. G.

2) Dagegen ist es Nachdruck, wenn die Abbildungen des benutzten Werkes die Hauptsache bilden und der Text nur Nebensache ist.

3) Ein Potpourri, welches aus fremden Tonwerken je eine Melodie benutzt, ist nicht strafbar. Neumann S. 163 Note 3.

IV. **Oeffentliche Aufführungen dramatischer, musikalischer oder dramatisch-musikalischer Werke.**

§ 50. Das Recht, ein dramatisches, musikalisches oder dramatisch-musikalisches Werk öffentlich aufzuführen, steht dem Urheber und dessen Rechtsnachfolgern (§ 3)[1]) ausschließlich zu.

In Betreff der dramatischen und dramatisch-musikalischen Werke ist es hierbei gleichgültig, ob das Werk bereits durch den Druck 2c. veröffentlicht worden ist oder nicht. Musikalische Werke, welche durch Druck veröffentlicht worden sind, können ohne Genehmigung des Urhebers öffentlich aufgeführt werden, falls nicht der Urheber auf dem Titelblatt oder an der Spitze des Werkes sich das Recht der öffentlichen Aufführung vorbehalten hat.

Dem Urheber wird der Verfasser einer rechtmäßigen Uebersetzung des dramatischen Werkes in Beziehung auf das ausschließliche Recht zur öffentlichen Aufführung dieser Uebersetzung gleich geachtet.

Die öffentliche Aufführung einer rechtswidrigen Uebersetzung (§ 6) oder einer rechtswidrigen Bearbeitung (§ 46) des Originalwerkes ist untersagt.

§ 54. [Die Strafe der unbefugten öffentlichen Aufführung ist dieselbe wie nach §§ 18 und 23.] Die von dem „Veranlasser" derselben zu
§ 55. zahlende Entschädigung besteht in dem ganzen Betrage der Einnahme von jeder Aufführung ohne Abzug der Kosten.

§ 61 Das Gesetz schützt alle Werke inländischer Urheber, selbst wenn
u. 62. sie im Auslande erschienen sind, die Werke ausländischer Urheber nur bei staatlicher Gegenseitigkeit und wenn sie bei inländischen Verlegern erscheinen.

---

5. Reichsgesetz, betreffend das Urheberrecht an Werken der bildenden Künste.[2])

Vom 9. Januar 1876.

(R. G. Bl. S. 4.)

§ 1. Das Recht, ein Werk der bildenden Künste ganz oder theilweise nachzubilden, steht dem Urheber desselben ausschließlich zu.

§ 4. Als Nachbildung ist nicht anzusehen die freie Benutzung eines Werkes der bildenden Künste zur Hervorbringung eines neuen Werkes.

---

1) Das Urheberrecht ist nach § 3 vererblich und sowohl durch Vertrag als durch letztwillige Verfügung übertragbar.

2) Dieses Gesetz, welches übrigens auf die Baukunst keine Anwendung findet

§ 5. Jede Nachbildung eines Werkes der bildenden Künste, welche in der Absicht, dieselbe zu verbreiten, ohne Genehmigung des Berechtigten (§§. 1, 2) hergestellt wird, ist verboten. Als verbotene Nachbildung ist es auch anzusehen:

1. wenn bei Hervorbringung derselben ein anderes Verfahren angewendet worden ist, als bei dem Originalwerk;
2. wenn die Nachbildung nicht unmittelbar nach dem Originalwerke, sondern mittelbar nach einer Nachbildung desselben geschaffen ist;
3. wenn die Nachbildung eines Werkes der bildenden Künste sich an einem Werke der Baukunst, der Industrie, der Fabriken, Handwerke oder Manufakturen befindet;
4. wenn der Urheber oder Verleger dem unter ihnen bestehenden Vertrage zuwider eine neue Vervielfältigung des Werkes veranstalten;
5. wenn der Verleger eine größere Anzahl von Exemplaren eines Werkes anfertigen läßt, als ihm vertragsmäßig oder gesetzlich gestattet ist.

§ 6. Als verbotene Nachbildung ist **nicht** anzusehen:

1. die Einzelkopie eines Werkes der bildenden Künste, sofern dieselbe ohne die Absicht der Verwerthung angefertigt wird. Es ist jedoch verboten, den Namen oder das Monogramm des Urhebers des Werkes in irgend einer Weise auf der Einzelkopie anzubringen, **widrigenfalls eine Geldstrafe bis zu fünfhundert Mark verwirkt** ist;
2. die Nachbildung eines Werkes der zeichnenden oder malenden Kunst durch die plastische Kunst, oder umgekehrt;
3. die Nachbildung von Werken der bildenden Künste, welche auf oder an Straßen oder öffentlichen Plätzen bleibend sich befinden. Die Nachbildung darf jedoch nicht in derselben Kunstform erfolgen;
4. die Aufnahme von Nachbildungen einzelner Werke der bildenden Künste in ein Schriftwerk, vorausgesetzt, daß das letztere als die Hauptsache erscheint, und die Abbildungen nur zur Erläuterung des Textes dienen.[1]) Jedoch muß der Urheber des Originals oder die benutzte Quelle angegeben werden, **widrigenfalls die Strafbestimmung im § 24 des Gesetzes vom 11. Juni 1870, betreffend das Urheberrecht an Schriftwerken** 2c., (Bundes-Gesetzbl. 1870 S. 339) **Platz greift.**

(§ 3), war ursprünglich als fünfter Abschnitt des Gesetzentwurfs über das Urheberrecht an Schriftwerken, Abbildungen, musikalischen Kompositionen, dramatischen Werken und Werken der bildenden Künste vorgesehen, wurde aber ausgeschieden, da die Materie Schwierigkeiten verursachte, und erst im Jahre 1875 mit den beiden folgenden Gesetzen wieder zur Berathung vorgelegt. Neumann S. 360.

1) Ist dagegen die Abbildung die Hauptsache und der Text nur nebensächlich, so liegt eine strafbare Nachbildung vor.

Wer das Kunstwerk eines Anderen auf rechtmäßige Weise,
§ 7. aber mittelst eines anderen Kunstverfahrens nachbildet, hat in Bezug auf die Nachbildung das Recht des Urhebers, auch wenn das Original bereits Gemeingut geworden ist.

Ueberläßt Jemand das Eigenthum des von ihm gefertigten
§ 8. Kunstwerks einem Andern, so behält er doch das Nachbildungsrecht, bei Portraits und Portraitbüsten aber geht dieses Recht auf den Besteller über.

Die übrigen Bestimmungen dieses Gesetzes sind denen des
§ 9—21. Gesetzes vom 11. Juni 1870 conform. (Ausnahme § 14).[1])

---

6. Reichsgesetz, betreffend den Schutz der Photographieen gegen unbefugte Nachbildung.

Vom 10. Januar 1876.

(R. G. Bl. S. 8.)

§ 1. Das Recht, ein durch Photographie hergestelltes Werk ganz oder theilweise auf mechanischem Wege nachzubilden, steht dem Verfertiger der photographischen Aufnahme ausschließlich zu.[2])

Auf Photographieen von solchen Werken, welche gesetzlich gegen Nachdruck und Nachbildung noch geschützt sind, findet das gegenwärtige Gesetz keine Anwendung.

§ 2. Als Nachbildung ist nicht anzusehen die freie Benutzung eines durch Photographie hergestellten Werkes zur Hervorbringung eines neuen Werkes.

§ 3. Die mechanische Nachbildung eines photographischen Werkes, welche in der Absicht, dieselbe zu verbreiten, ohne Genehmigung der Berechtigten (§§ 1 und 7)[3]) hergestellt wird, ist verboten.

§ 4. Die Nachbildung eines photographischen Werkes, wenn sie sich an einem Werke der Industrie, der Fabriken, Handwerke oder Manufakturen befindet, ist als eine verbotene nicht anzusehen.[4])

---

1) Ein Kunstwerk, dessen Nachbildung an einem Industriewerk (§ 5 Nr. 3) von dem Urheber gestattet ist, wird gegen weitere Nachbildungen an Werken der Industrie &c. nur nach dem Gesetz v. 11. Januar 1876 betr. den Musterschutz geschützt.

2) Wie aus diesen Worten und aus der Ueberschrift im Gegensatz zu der der beiden vorhergehenden Gesetze hervorgeht, wird bei Photographien ein eigentliches Urheberrecht nicht anerkannt.

3) „Berechtigter" ist der Verfertiger bez. dessen Erben (§§ 1 u. 7).

4) Vergl. dagegen § 5 Nr. 3 des Gesetzes v. 9. Januar 1876.

§ 5. Jede rechtmäßige photographische oder sonstige mechanische Abbildung der Originalaufnahme muß auf der Abbildung selbst oder auf dem Karton

a) den Namen beziehungsweise die Firma des Verfertigers der Originalaufnahme oder des Verlegers, und

b) den Wohnort des Verfertigers oder Verlegers,

c) das Kalenderjahr, in welchem die rechtmäßige Abbildung zuerst erschienen ist,

enthalten, widrigenfalls ein Schutz gegen Nachbildung nicht stattfindet.

§ 9. Die Bestimmungen in den §§ 18 bis 38, 44, 61 Absatz 1 des Gesetzes vom 11. Juni 1870, betreffend das Urheberrecht an Schriftwerken rc., finden auch Anwendung auf das ausschließliche Nachbildungs- und Vervielfältigungsrecht des Verfertigers photographischer Werke.[1]

§ 11. Die Bestimmungen des gegenwärtigen Gesetzes finden auch Anwendung auf solche Werke, welche durch ein der Photographie ähnliches Verfahren hergestellt werden.[2]

Der Schutz dieses Gesetzes wird dem Verfertiger auf fünf Jahre gewährt, vom Ablauf des Kalenderjahres ab, in welchem die rechtmäßigen Photogramme zuerst erschienen sind, oder doch das Negativ der Originalaufnahme entstanden ist. Das Recht geht auch auf die Erben des Verfertigers über, bei Portraits aber auf den Besteller. Gegen den, der ein Photogramm malend, zeichnend oder plastisch nachbildet, wird der Schutz nicht gewährt, da er an der Nachbildung ein Urheberrecht gewinnt. — § 6. § 7. § 8.

Zur Entscheidung technischer Fragen dienen auch hier Sachverständigen-Vereine.[3] § 10.

1) Die Strafbestimmung des § 24 Gesetz v. 11. Juni 1870 wird hiernach in Analogie des § 44 anzuwenden sein, wenn bei Aufnahme eines Photogramms oder einer durch ein der Photographie ähnliches Verfahren hergestellten Abbildung in ein Schriftwerk, dessen Text als die Hauptsache erscheint, während die Abbildungen nur zur Erläuterung des Textes dienen, der Verfertiger nicht angegeben wird.

2) Heliographie, Phrographie, Albertypie, Glasdruck, Chromolithographie u. a.

3) Vergl. über die Zusammensetzung und den Geschäftsbetrieb der künstlerischen und photographischen Sachverständigen-Vereine die Bestimmungen des Bundesraths v. 29. Febr. 1876 (Centr. Bl. S. 117).

7. Reichsgesetz, betreffend das Urheberrecht an Mustern und Modellen.[1])

Vom 11. Januar 1876.

(R. G. Bl. S. 11.)

§ 1. Das Recht, ein gewerbliches Muster oder Modell ganz oder theilweise nachzubilden, steht dem Urheber desselben ausschließlich zu.

Als Muster oder Modelle im Sinne dieses Gesetzes werden nur neue und eigenthümliche Erzeugnisse angesehen.

§ 4. Die freie Benutzung einzelner Motive eines Musters oder Modells zur Herstellung eines neuen Musters oder Modells ist als Nachbildung nicht anzusehen.

§ 5. Jede Nachbildung eines Musters oder Modells, welche in der Absicht, dieselbe zu verbreiten, ohne Genehmigung des Berechtigten (§§ 1—3)[2]) hergestellt wird, ist verboten. Als verbotene Nachbildung ist es auch anzusehen:

1. wenn bei Hervorbringung derselben ein anderes Verfahren angewendet worden ist, als bei dem Originalwerke, oder wenn die Nachbildung für einen anderen Gewerbszweig bestimmt ist, als das Original;
2. wenn die Nachbildung in anderen räumlichen Abmessungen oder Farben hergestellt wird, als das Original, oder wenn sie sich vom Original nur durch solche Abänderungen unterscheidet, welche nur bei Anwendung besonderer Aufmerksamkeit wahrgenommen werden können;
3. wenn die Nachbildung nicht unmittelbar nach dem Originalwerke, sondern mittelbar nach einer Nachbildung desselben geschaffen ist.

§ 6. Als verbotene Nachbildung ist nicht anzusehen:

1. die Einzelkopie eines Musters oder Modells, sofern dieselbe ohne die Absicht der gewerbsmäßigen Verbreitung und Verwerthung angefertigt wird;
2. die Nachbildung von Mustern, welche für Flächenerzeugnisse bestimmt sind, durch plastische Erzeugnisse, und umgekehrt;
3. die Aufnahme von Nachbildungen einzelner Muster oder Modelle in ein Schriftwerk.[3])

---

1) Muster und Modelle sind nach Dambach alle Vorbilder für die Form von Industrie-Erzeugnissen, sofern diese Vorbilder zugleich bestimmt oder geeignet sind, den Geschmack oder das ästhetische Gefühl zu befriedigen; nach Klostermann sind es Flächenverzierungen und körperliche Formen, welche bei Erzeugnissen der Industrie zur Anwendung kommen und entweder ästhetische oder technische Bedeutung haben. Neumann S. 368 Note 1.

2) Vergl. Anmerkung 1 Seite 66.

3) Zu beachten ist, daß die Angabe der Quelle oder des Urhebers des Musters

§ 14. Die Bestimmungen in den §§ 18—36, 38 des Gesetzes vom 11. Juni 1870, betreffend das Urheberrecht an Schriftwerken ꝛc., (Bundes-Gesetzbl. 1870 S. 339) finden auch auf das Urheberrecht an Mustern und Modellen mit der Maßgabe entsprechende Anwendung, daß die vorräthigen Nachbildungen und die zur widerrechtlichen Vervielfältigung bestimmten Vorrichtungen nicht vernichtet, sondern auf Kosten des Eigenthümers und nach Wahl desselben entweder ihrer gefährdenden Form entkleidet, oder bis zum Ablauf der Schutzfrist amtlich aufbewahrt werden.[1])

Um den Schutz dieses Gesetzes zu genießen, muß der Urheber § 7.
das Muster oder Modell zur Eintragung in das Musterregister
anmelden und ein Exemplar oder eine Abbildung des Musters ꝛc.
bei der mit Führung des Handelsregisters (und als solcher mit
Führung des Musterregisters) beauftragten Gerichtsbehörde nieder- § 9.
legen, und zwar ehe ein danach gefertigtes Erzeugniß verbreitet
wird. Der Schutz dauert ein bis drei Jahre vom Tage der An- § 8.
meldung ab, kann aber gegen Zahlung besonderer Gebühren bis
auf zehn und fünfzehn Jahre ausgedehnt werden. Die Muster
oder Modelle können offen oder versiegelt, einzeln oder in Packeten § 9.
niedergelegt werden; die Eröffnung der versiegelten erfolgt spä-
testens drei Jahre nach der Anmeldung. Jedermann kann von § 11.
dem Musterregister und den nicht versiegelten Mustern und Mo-
dellen Einsicht nehmen.[2])

---

nicht erfordert wird. Es kann mithin auch die Strafbestimmung des § 24 Gesetz v. 11. Juni 1870 hier nicht Platz greifen.

1) Hiernach würde auch § 24 Gesetz v. 11. Juni 1870 analog zur Anwendung kommen; da jedoch im § 6 Nr. 3 die Angabe der Quelle nicht erfordert wird, so ist nicht erfindlich, auf welchen Fall § 24 anwendbar sein soll.

2) Aehnliche Bestimmungen wie dieses Gesetz enthält das Reichsgesetz über Markenschutz v. 30. Novbr. 1874 (R. G. Bl. S. 143). Unter „Marke“ werden die Bezeichnungen von Waaren mit dem Namen einer Firma oder mit einem besonderen Zeichen verstanden. Das Recht auf solche Schutzmarke steht der Firma, die zuerst die Anmeldung bewirkt, ausschließlich zu; diese kann die Löschung eines zu Unrecht eingetragenen Waarenzeichens und den Nichtgebrauch ihres Zeichens seitens Anderer im Wege der Klage erzwingen. Das Gesetz bestimmt in

§ 14. [Wer Waaren oder deren Verpackung wissentlich mit einem … Waarenzeichen, oder mit dem Namen oder der Firma eines inländischen Produzenten oder Handeltreibenden widerrechtlich bezeichnet, oder wissentlich dergleichen widerrechtlich bezeichnete Waaren in Verkehr bringt oder feilhält, wird (auf Antrag) mit Geldstrafe von einhundertfünfzig bis dreitausend Mark oder mit Gefängniß bis zu sechs Monaten bestraft und ist dem Verletzten zur Entschädigung verpflichtet. …]

Nach § 15 ist auch eine Buße bis zu fünftausend Mark zulässig.

8. (Reichs=) Patentgesetz.

Vom 25. Mai 1877.

(R. G. Bl. S. 501.)

§ 1. Patente[1]) werden ertheilt für neue Erfindungen, welche eine gewerbliche Verwerthung gestatten.

Ausgenommen sind:

1. Erfindungen, deren Verwerthung den Gesetzen oder guten Sitten zuwiderlaufen würde;
2. Erfindungen von Nahrungs-, Genuß- und Arzneimitteln, sowie von Stoffen, welche auf chemischem Wege hergestellt werden, soweit die Erfindungen nicht ein bestimmtes Verfahren zur Herstellung der Gegenstände betreffen.

§ 2. Eine Erfindung gilt nicht als neu, wenn sie zur Zeit der auf Grund dieses Gesetzes erfolgten Anmeldung in öffentlichen Druckschriften bereits derart beschrieben oder im Inlande[2]) bereits so offenkundig benutzt ist, daß danach die Benutzung durch andere Sachverständige möglich erscheint.

§ 3. Auf die Ertheilung des Patentes hat derjenige Anspruch, welcher die Erfindung zuerst nach Maßgabe dieses Gesetzes angemeldet hat.

Ein Anspruch des Patentsuchers auf Ertheilung des Patentes findet nicht statt, wenn der wesentliche Inhalt seiner Anmeldung den Beschreibungen, Zeichnungen, Modellen, Geräthschaften oder Einrichtungen eines Anderen oder einem von diesem angewendeten Verfahren ohne Einwilligung desselben entnommen, und von dem letzteren aus diesem Grunde Einspruch erhoben ist.

§ 4. Das Patent hat die Wirkung, daß niemand befugt ist, ohne Erlaubniß des Patentinhabers den Gegenstand der Erfindung gewerbsmäßig herzustellen, in Verkehr zu bringen oder feilzuhalten.

Bildet ein Verfahren, eine Maschine oder eine sonstige Betriebsvorrichtung, ein Werkzeug oder ein sonstiges Arbeitsgeräth den Gegenstand der Erfindung, so hat das Patent außerdem die Wirkung, daß niemand befugt ist, ohne Erlaubniß des Patentinhabers das Verfahren anzuwenden oder den Gegenstand der Erfindung zu gebrauchen.

§ 5. Die Wirkung des Patentes tritt gegen denjenigen nicht ein, welcher bereits zur Zeit der Anmeldung des Patentinhabers im Inlande

---

1) Patent bedeutet hier ein unter staatlicher Anerkennung begründetes Recht zur alleinigen Ausnutzung einer Erfindung. Neumann S. 391 Note 1.

2) Die öffentliche Benutzung im Auslande schließt den Charakter der Neuheit nicht aus, ebensowenig die geheime im Inlande. Ob die Druckschrift im Inlande oder Auslande veröffentlicht worden ist, macht einen Unterschied nicht. Vergl. Neumann S. 392 Note 2.

die Erfindung in Benutzung genommen oder die zur Benutzung erforderlichen Veranstaltungen getroffen hatte.

Die Wirkung des Patentes tritt ferner insoweit nicht ein, als die Erfindung nach Bestimmung des Reichskanzlers für das Heer oder für die Flotte oder sonst im Interesse der öffentlichen Wohlfahrt benutzt werden soll. Doch hat der Patentinhaber in diesem Falle gegenüber dem Reich oder dem Staat, welcher in seinem besonderen Interesse die Beschränkung des Patentes beantragt hat, Anspruch auf angemessene Vergütung, welche in Ermangelung einer Verständigung im Rechtswege festgesetzt wird.

Auf Einrichtungen an Fahrzeugen, welche nur vorübergehend in das Inland gelangen, erstreckt sich die Wirkung des Patentes nicht.

Der Anspruch auf ein Patent und das Recht aus demselben § 6.
ist vererblich und veräußerlich.

Die Dauer eines Patentes ist fünfzehn Jahre von der An- § 7.
meldung ab, die Gebühr beträgt dreißig Mark, im zweiten Jahre § 8.
fünfzig Mark und steigt dann jedes Jahr um fünfzig Mark.

Das Patent erlischt, wenn die Gebühren binnen drei Monaten § 9.
nach der Fälligkeit nicht gezahlt werden, oder wenn der Patentinhaber Verzicht leistet; es wird für nichtig erklärt, wenn sich § 10.
herausstellt, daß die Erfindung nicht patentfähig war oder wenn der wesentliche Inhalt der Anmeldung den Beschreibungen, Zeichnungen ꝛc. eines Anderen oder einem von diesem angewendeten Verfahren ohne Einwilligung desselben entnommen war. Nach
drei Jahren kann es zurückgenommen werden: § 11.

1. wenn der Patentinhaber es unterläßt, im Inlande die Erfindung in angemessenem Umfange zur Ausführung zu bringen, oder doch Alles zu thun, was erforderlich ist, um diese Ausführung zu sichern;
2. wenn im öffentlichen Interesse die Ertheilung der Erlaubniß zur Benutzung der Erfindung an Andere geboten erscheint, der Patentinhaber aber gleichwohl sich weigert, diese Erlaubniß gegen angemessene Vergütung und genügende Sicherstellung zu ertheilen.

Die Ertheilung der Patente, die Erklärung der Nichtigkeit § 13
und die Zurücknahme derselben erfolgt durch das Patentamt in bis 19.
Berlin.[1])

---

1) Vergl. die Verordnung betr. die Einrichtung und den Geschäftsgang des Patentamtes v. 18. Juni 1877 (R. G. Bl. S. 533).

Das Verfahren vor demselben regeln die §§ 20—33. Die Klage
§ 38. wegen Verletzung des Patentrechts verjährt in drei Jahren.[1])

Strafen:

§ 34. [Wer wissentlich den Bestimmungen der §§ 4 und 5 zuwider eine Erfindung in Benutzung nimmt, wird mit Geldstrafe bis zu fünftausend Mark oder mit Gefängniß bis zu Einem Jahre bestraft und ist dem Verletzten zur Entschädigung verpflichtet.

Die Strafverfolgung tritt nur auf Antrag ein.][2])

§ 40. Mit Geldstrafe bis zu einhundertfünfzig Mark oder mit Haft wird bestraft:

1. **wer Gegenstände oder deren Verpackung mit einer Bezeichnung versieht, welche geeignet ist, den Irrthum zu erregen, daß die Gegenstände durch ein Patent nach Maßgabe dieses Gesetzes geschützt seien;**
2. **wer in öffentlichen Anzeigen, auf Aushängeschildern, auf Empfehlungskarten oder in ähnlichen Kundgebungen eine Bezeichnung anwendet, welche geeignet ist, den Irrthum zu erregen, daß die darin erwähnten Gegenstände durch ein Patent nach Maßgabe dieses Gesetzes geschützt seien.**

---

1) Die Strafverfolgung verjährt in fünf Jahren bez. für § 40 in drei Monaten.

2) Auch auf eine Buße bis zum Betrage von zehntausend Mark kann neben der Strafe erkannt werden. § 36. Das Erkenntniß der Strafkammer kann öffentlich bekannt gemacht werden. § 35.

B. Strafgesetze zum Schutze des Handels und der Gewerbe.

1. Gewerbe-Ordnung.

Vom 21. Juni 1869.

(B. G. Bl. S. 245.)

Nebst den Abänderungen durch die Gesetze vom 12. Juni 1872 (R. G. Bl. S. 170), vom 8. April 1876 (R. G. Bl. S. 134), vom 17. Juli 1878 (R. G. Bl. S. 199), vom 23. Juli 1879 (R. G. Bl. S. 267) und vom 15. Juli 1880 (R. G. Bl. S. 179).

Titel I.

Allgemeine Bestimmungen.

Die Gewerbe-Ordnung beruht auf dem Prinzip der Gewerbe-
freiheit; danach soll Jedermann befugt sein, ein Gewerbe zu be- § 1.
treiben,[1]) und nur den Beschränkungen dieses Gesetzes unterworfen
sein; es soll zwischen Stadt und Land kein Unterschied bestehen § 2.
und das Recht der Zünfte und kaufmännischen Korporationen, § 4.
Andere vom Betrieb eines Gewerbes auszuschließen, aufgehoben
sein; ebenso sind alle ausschließlichen Gewerbeberechtigungen pri- § 7.
vatrechtlicher Natur und die damit verbundenen Zwangs- und
Bannrechte für aufgehoben, — die anderen Zwangs- und Bann-
rechte aber, sofern die Verpflichtung auf Grundbesitz haftet, die § 8.
Mitglieder einer Korporation betrifft oder den Bewohnern eines
Orts oder Distrikts obliegt, sowie das s. g. Krugverlagsrecht
für ablösbar erklärt. Frauen sollen befugt sein, Gewerbe zu § 11.
betreiben, Personen des Soldaten- und Beamtenstandes bleiben § 12.
jedoch darin beschränkt.[2])

---

1) Der Begriff des Gewerbebetriebes erfordert die durch den Beginn einer entsprechenden Thätigkeit äußerlich hervorgetretene Absicht, aus Geschäften einer bestimmten Gattung fortdauernden Gewinn zu erzielen. Erk. des Ob. Trib. v. 10. Januar 1874.

2) Vergl. in Betreff der Reichsbeamten Gesetz v. 31. März 1873 § 16. Für Preußen gilt noch § 19 der Gewerbeordnung v. 17. Januar 1845: „Die in Reihe und Glied stehenden Militärpersonen, sowie alle mittelbaren und unmittelbaren Staatsbeamten, auch solche, die ihr Amt unentgeltlich verwalten, bedürfen zu dem Betriebe eines Gewerbes der Erlaubniß ihrer vorgesetzten Dienstbehörde,

§ 6. Keine Anwendung findet dieses Gesetz auf das Bergwesen, die Fischerei, die Heilkunde, die Errichtung von Apotheken und den Verkauf von Arzneimitteln,[1]) die Erziehung von Kindern gegen Entgelt,[2]) das Unterrichtswesen, die advokatorische und Notariatspraxis, das Gewerbe der Auswanderungs-, Versicherungs- und Eisenbahn-Unternehmer, der Auswanderungsagenten,[3]) den Vertrieb von Lotterieloosen, die Befugniß zum Halten öffentlicher Fähren und die Rechtsverhältnisse der Schiffsmannschaften auf den Seeschiffen.

Titel II.

Stehender Gewerbebetrieb.

§ 14. Wer den selbstständigen Betrieb eines stehenden Gewerbes anfängt, muß der für den Ort, wo solches geschieht, nach den Landesgesetzen zuständigen Behörde[4]) gleichzeitig Anzeige davon machen. Diese Anzeige

---

sofern nicht das Gewerbe mit der Bewirthschaftung eines ihnen gehörigen ländlichen Grundstückes verbunden, oder sonst durch besondere gesetzliche Bestimmungen ein Anderes angeordnet ist.

„Diese Erlaubniß muß auch zu dem Gewerbebetriebe ihrer Ehefrauen, der in ihrer väterlichen Gewalt stehenden Kinder, ihrer Dienstboten und anderen Mitglieder ihres Hausstandes eingeholt werden."

1) Ueber Anlegung von Apotheken siehe Circ. Verfügung der Min. d. geistl. Angelegenheiten u. d. Innern v. 13. Juli 1840. Die Apothekerwaaren, welche dem freien Verkehr überlassen sind, werden in der Kaiserl. Verordnung v. 4. Januar 1875 aufgeführt. § 367 Nr. 3 St. G. B.

2) Gesetz v. 23. Juli 1879 Art. 1.

3) In Betreff dieser Personen bestimmt das Gesetz v. 7. Mai 1853, betr. die Beförderung von Auswanderern (G. S. S. 729):

§ 1. Verträge mit Auswanderern, welche deren Beförderung nach außerdeutschen Ländern zum Zweck haben, dürfen nur von solchen Personen abgeschlossen oder vermittelt werden, welche hierzu von der Bezirksregierung ihres Wohnortes eine Konzession erhalten haben.

§ 2. ... Agenten oder Unteragenten müssen vor Ertheilung der Konzession nachweisen, daß ihre Vollmachtgeber konzessionirt sind.

§ 10. Wer ohne Konzession (§ 1) Verträge mit Auswanderern zum Zwecke deren Beförderung nach außerdeutschen Ländern abschließt oder vermittelt, oder wer ohne Konzession seine Vermittelung zur Abschließung solcher Verträge oder die Ertheilung von Auskunft über die Beförderung von Auswanderern anbietet, hat Geldbuße bis zu sechshundert Mark oder Gefängniß bis zu drei Monaten verwirkt.

4) In Preußen ist dies die Gemeindebehörde. — Stehend ist ein Gewerbebetrieb, sobald er nicht im Umherziehen betrieben wird. Erk. des Ob. Trib. v. 2. März 1871. Selbständig ist ein Gewerbebetrieb, welcher für eigene Rechnung und unter eigener Verantwortlichkeit betrieben wird. Erk. des Ob. Trib. v. 11. April 1872.

liegt auch demjenigen ob, welcher zum Betriebe eines Gewerbes im Umherziehen (Titel III.) befugt ist....

Feuerversicherungs-Agenten müssen außerdem bei der Uebernahme und Aufgabe der Agentur Anzeige davon binnen acht Tagen bei der Behörde ihres Wohnorts machen; Buch- und Steindrucker, Buch- und Kunsthändler, Antiquare, Leihbibliothekare, Inhaber von Lesekabinetten, Verkäufer von Druckschriften, Zeitungen und Bildern haben bei der Eröffnung ihres Gewerbebetriebes das Lokal desselben, sowie jeden späteren Wechsel des letzteren spätestens am Tage seines Eintritts der zuständigen Behörde ihres Wohnortes anzugeben. § 14.

Strafe (falls keine Steuerhinterziehung konkurrirt):

§ 148. Mit Geldstrafe bis zu einhundertfünfzig Mark und im Falle des Unvermögens mit Haft bis zu vier Wochen wird bestraft:

1) **wer außer den im § 147 vorgesehenen Fällen ein stehendes Gewerbe beginnt, ohne dasselbe vorschriftsmäßig anzuzeigen;**
2) **wer die im § 14 erforderte An- oder Abmeldung einer übernommenen Feuerversicherungs-Agentur unterläßt;**
3) **wer die im § 14 erforderten Anzeigen über das Betriebslokal unterläßt....**

Die Fortsetzung des Gewerbebetriebes kann polizeilich verhindert werden, wenn ein Gewerbe, zu dessen Beginn eine besondere Genehmigung erforderlich ist, ohne diese Genehmigung begonnen wird. Gegen die untersagende Verfügung ist der Rekurs zulässig. [1]) § 15.

Abgesehen von dieser Konzessionsentziehung und den in § 35 gestatteten Untersagungen des Gewerbebetriebes kann die Berechtigung zu demselben weder durch richterliche noch durch administrative Entscheidung entzogen werden, außer auf Grund von Steuergesetzen. [2]) § 143.

Einer solchen besonderen Genehmigung bedürfen:

1. Anlagen, welche durch die öffentliche Lage oder die Beschaffenheit der Betriebsstätte für den Besitzer oder Bewohner der benachbarten Grundstücke oder für das Publikum überhaupt er-

---

1) Die Untersagung des Gewerbebetriebes ist auch in den Fällen der §§ 35, 37 zulässig. Die Nichtachtung dieses Verbots ist aber nur im Fall des § 35 strafbar (§ 148 Nr. 4), nicht auch im Fall des § 37.

2) Vergl. Th. II unter E.

hebliche Nachtheile, Gefahren oder Belästigungen herbeiführen können.[1])

Es gehören dahin nach § 16:

Schießpulver-Fabriken, Anlagen zur Feuerwerkerei und zur Bereitung von Zündstoffen aller Art, Gasbereitungs- und Gasbewahrungs-Anstalten, Anstalten zur Destillation von Erdöl, Anlagen zur Bereitung von Braunkohlentheer, Steinkohlentheer und Koaks, sofern sie außerhalb der Gewinnungsorte des Materials errichtet werden, Glas- und Rußhütten, Kalk-, Ziegel- und Gypsöfen, Anlagen zur Gewinnung roher Metalle, Röstöfen, Metallgießereien, sofern sie nicht bloße Tiegelgießereien sind, Hammerwerke, chemische Fabriken aller Art, Schnellbleichen, Firnißsiedereien, Stärkefabriken, mit Ausnahme der Fabriken zur Bereitung von Kartoffelstärke, Stärkesyrups-Fabriken, Wachstuch-, Darmsaiten-, Dachpappen- und Dachfilzfabriken, Leim-, Thran- und Seifensiedereien, Knochenbrennereien, Knochendarren, Knochenkochereien und Knochenbleichen, Zubereitungs-Anstalten für Thierhaare, Talgschmelzen, Schlächtereien,[2]) Gerbereien, Abdeckereien, Poudretten- und Düngpulver-Fabriken, Stauanlagen für Wassertriebwerke (§ 23)

und nach § 1 Gesetz vom 2. März 1874:

Hopfen-Schwefeldörren, Asphaltkochereien und Pechsiedereien, soweit sie außerhalb der Gewinnungsorte des Materials errichtet werden, Strohpapierstoff-Fabriken, Darmzubereitungs-Anstalten, Fabriken, in welchen Dampfkessel oder andere Blechgefäße durch Vernieten hergestellt werden.

§ 17. Dem Antrage müssen die zur Erläuterung dienenden Zeichnungen und Beschreibungen beigefügt werden. Es erfolgt darauf eine einmalige Einrückung des Unternehmens in das amtliche Organ mit der Aufforderung, Einwendungen binnen vierzehn
§ 18. Tagen anzubringen, und sodann event. die Prüfung, deren Re-

1) Nach § 51 kann wegen überwiegender Nachtheile und Gefahren für das Gemeinwohl die fernere Benutzung derselben jederzeit wieder untersagt werden.

2) Schlächtereien bedürfen selbst dann der polizeilichen Genehmigung, wenn sie nur zum eigenen Bedarf des Unternehmers bestimmt sind. Erk. des Ob. Trib. v. 22. Juni 1877. — Betreffs öffentlicher Schlachthäuser vergl. Gesetz v. 18. März 1868. (Th. II.)

sultat ein schriftlicher Bescheid ist, in welchem die festgesetzten Bedingungen enthalten sein müssen.

§ 24. Zur Anlegung von Dampfkesseln, dieselben mögen zum Maschinenbetriebe bestimmt sein oder nicht, ist die Genehmigung der nach den Landesgesetzen zuständigen Behörde erforderlich....

Bevor der Kessel in Betrieb genommen wird, ist zu untersuchen, ob die Ausführung den Bestimmungen der ertheilten Genehmigung entspricht. Wer vor dem Empfange der hierüber auszufertigenden Bescheinigung den Betrieb beginnt, hat die im § 147 angedrohte Strafe verwirkt.

Die vorstehenden Bestimmungen gelten auch für bewegliche Dampfkessel.... [1])

Strafe:

§ 147. Mit Geldstrafe bis zu dreihundert Mark und im Unvermögensfalle mit Haft wird bestraft:

2. wer eine gewerbliche Anlage, zu der mit Rücksicht auf die Lage oder Beschaffenheit der Betriebsstätte oder des Lokals eine besondere Genehmigung erforderlich ist (§§ 16 und 24), ohne diese Genehmigung errichtet, oder die wesentlichen Bedingungen, unter welchen die Genehmigung ertheilt worden, nicht innehält, oder ohne neue Genehmigung eine wesentliche Veränderung der Betriebsstätte oder eine Verlegung des Lokals oder eine wesentliche Veränderung in dem Betriebe der Anlage vornimmt;...

In dem Falle zu 2. kann die Polizeibehörde die Wegschaffung der Anlage oder die Herstellung des den Bedingungen entsprechenden Zustandes derselben anordnen.

Die Genehmigung zu einer der in den §§ 16 und 24 bezeichneten Anlagen bleibt so lange in Kraft, als keine Aenderung in der Lage oder Beschaffenheit der Betriebsstätte vorgenommen wird, und bedarf unter dieser Voraussetzung auch dann, wenn die Anlage an einen neuen Erwerber übergeht, einer Erneuerung nicht. Sobald aber eine Veränderung der Betriebsstätte vorgenommen wird, bedarf es der Genehmigung der zuständigen Behörde. Eine gleiche Genehmigung ist erforderlich bei wesentlichen Veränderungen in dem Betriebe einer der im § 16 genannten Anlagen. Ebenso bedarf es bei der Errichtung oder Verlegung solcher Anlagen, deren Betrieb mit ungewöhnlichem Geräusch ver- § 25.

---

1) Vergl. Bekanntmachung des Reichskanzlers v. 29. Mai 1871, betr. allgemeine polizeiliche Bestimmungen über die Anlegung von Dampfkesseln. Siehe auch unter Feuerpolizei das Gesetz v. 3. Mai 1872. (Th. II.)

bunden ist, einer Anzeige an die Ortspolizeibehörde.[1]) Die Entfernung der Windmühlen von anderen Grundstücken kann durch Polizeiverordnungen bestimmt werden.[2])

2. Einer besonderen Genehmigung bedürfen aber auch einzelne Gewerbebetriebe, und zwar bedarf es

§ 29. a) einer Approbation bei Apothekern und Aerzten, welche vorher ihre Befähigung nachzuweisen haben.[3]) Nach Ertheilung derselben ist die Wahl des Orts der Niederlassung unbeschränkt, vorbehaltlich der Bestimmungen über die Errichtung von Apotheken.

Strafe:

§ 147. Mit Geldstrafe bis zu dreihundert Mark und im Unvermögensfalle mit Haft wird bestraft:

3. wer, ohne hierzu approbirt zu sein, sich als Arzt (Wundarzt, Augenarzt, Geburtshelfer, Zahnarzt, Thierarzt) bezeichnet oder sich einen ähnlichen Titel beilegt, durch den der Glauben erweckt wird, der Inhaber desselben sei eine geprüfte Medizinalperson....[4])

§ 30. b) Einer Konzession der höheren Verwaltungsbehörde bedürfen Unternehmer von Privat-Kranken-, Privat-Entbindungs- und Privat-Irrenanstalten; Hebeammen bedürfen eines Prüfungs-

§ 31. zeugnisses der zuständigen Behörde, welches als Konzession anzusehen ist.[5]) Ferner müssen Seeschiffer, Seesteuerleute und Lootsen sich durch ein Befähigungszeugniß der zuständigen Verwaltungsbehörde[6]) über den Besitz der erforderlichen Kenntnisse ausweisen,

---

1) Die Nichtbeachtung der Untersagung im Fall des § 27 ist nicht unter Strafe gestellt. Polizeiliche Exekution gegen den Unternehmer ist jedoch zulässig. Berger, Gewerbe-Ordnung 3. Aufl. S. 25.

2) (Z. B. nach einer Reg. Verordn. für Potsdam v. 23. Novbr. 1861 sechs Ruthen weit, und von Wegen zwanzig Ruthen weit.)

3) Vergl. die Bekanntmachungen des Bundeskanzlers bez. Reichskanzlers v. 25. Sept. 1869 (B. G. Bl. S. 635) betr. die Prüfung der Aerzte ꝛc. mit den Ergänzungen v. 9. Dezbr. 1869, 21. Dezbr. 1871, 17. Mai 1872, 28. Juni 1872 und 19. Juli 1872, v. 5. März 1875 betr. die Apotheker, v. 13. Novbr. 1875 betr. die Apothekergehülfen und v. 27. März 1878 betr. die Thierärzte.

4) Die Bezeichnung „Homöopath", „Naturarzt", „Amerikanischer Zahnarzt" gilt als unstatthaft. Dalcke S. 449 Note 49. Wundärzte I. Kl., die vor Erlaß der Gewerbeordnung approbirt sind, dürfen sich als praktische Aerzte bezeichnen. Erk. des Ob. Trib. v. 30. Novbr. 1870.

5) Vergl. Verfügung d. Min. f. Med. Ang. v. 2. Juni 1870.

6) Vergl. die Bekanntmachung des Bundeskanzlers betr. Prüfung der See-

und Markscheider dürfen (nach Landesgesetzen), nur wenn sie gepruft und konzessionirt sind, ihr Gewerbe betreiben.[1]) § 34.

c) Einer Erlaubniß[2]) bedürfen:

α) Schauspielunternehmer,

β) wer Gastwirthschaft, Schänkwirthschaft oder Kleinhandel mit Branntwein oder Spiritus[3]) betreiben will,

γ) Pfandleiher und Rückkaufshändler.[4])

Diese Erlaubniß ist zu versagen

im Fall α: wenn die Behörde auf Grund von Thatsachen die Ueberzeugung gewinnt, daß der Nachsuchende die zu dem beabsichtigten Gewerbebetriebe erforderliche Zuverlässigkeit, insbesondere in sittlicher, artistischer und finanzieller Hinsicht nicht besitzt,[5]) § 32.

im Fall β:

1. wenn gegen den Nachsuchenden Thatsachen vorliegen, welche die Annahme rechtfertigen, daß er das Gewerbe zur Förderung der Völlerei, des verbotenen Spiels, der Hehlerei oder der Unsittlichkeit mißbrauchen werde; § 33.

2. wenn das zum Betriebe des Gewerbes bestimmte Lokal wegen seiner Beschaffenheit oder Lage den polizeilichen Anforderungen nicht genügt.

Auch kann die Landesregierung bestimmen, daß

a) die Erlaubniß zum Ausschänken von Branntwein oder zum Kleinhandel mit Branntwein oder Spiritus allgemein,

---

schiffer und Seesteuerleute auf Deutschen Kauffahrteischiffen v. 25. Sept. 1869 (B. G. Bl. S. 660) und v. 30. Mai 1870 (B. G. Bl. S. 314), sowie das Gesetz v. 11. Juni 1878 betr. den Gewerbebetrieb der Maschinisten auf Deutschen Seedampfschiffen (G. S. S. 109).

1) Vergl. das Preuß. Berggesetz v. 24. Juni 1865 § 190, sowie die Min. Verfügung betr. die Markscheider v. 21. Dezbr. 1871 (M. Bl. d. i. V. 1872 S. 9).

2) Dieselbe wird durch den Regierungs-Präsidenten ertheilt. § 129 Kompetenz-Gesetz v. 26. Juli 1876.

3) Vergl. Min. Instr. v. 4. Sept. 1869 (M. Bl. der inneren Verwaltung S. 83) und v. 15. März 1871 (M. Bl. S. 118). Die letztere erklärt den Verkauf von Spirituosen unter einem halben Anker für Kleinhandel.

4) Gesetz v. 23. Juli 1879 Art. 4. I.

5) Gesetz v. 15. Juli 1880.

b) die Erlaubniß zum Betriebe der Gastwirthschaft oder zum Ausschänken von Wein, Bier oder anderen, nicht unter a fallenden, geistigen Getränken in Ortschaften mit weniger als 15,000 Einwohnerzahl, für welche dies durch Ortsstatut festgesetzt wird, von dem Nachweis eines vorhandenen Bedürfnisses abhängig sein solle,[1])

§ 34. im Fall γ: wenn Thatsachen vorliegen, welche die Unzuverlässigkeit des Nachsuchenden in Bezug auf den beabsichtigten Gewerbebetrieb darthun.

Auch in diesem letzteren Fall kann der Nachweis eines vorhandenen Bedürfnisses in Ortschaften, für welche dies durch Ortsstatut festgesetzt wird, zufolge besonderer Bestimmung der Landesregierung verlangt werden.[2])

d) Eine Genehmigung kann durch die Landesgesetze zum Handel mit Giften[3]) und zum Betriebe des Lootsengewerbes vorgeschrieben werden.

Strafe zu §§ 29—34:

§ 147. Mit Geldstrafe bis zu dreihundert Mark und im Unvermögensfalle mit Haft wird bestraft:

1. wer den selbständigen Betrieb eines stehenden Gewerbes, zu dessen Beginn eine besondere polizeiliche Genehmigung (Konzession, Approbation, Bestallung) erforderlich ist, ohne diese vorschriftsmäßige Genehmigung unternimmt oder fortsetzt, oder von den in der Genehmigung festgesetzten Bedingungen abweicht;...

---

1) Gesetz v. 23. Juli 1879 Art. 3.

2) Gesetz v. 23. Juli 1879 Art. 4. I. — Nach Art. 4. III. können die Centralbehörden über den Geschäftsbetrieb der Pfandleiher Vorschriften erlassen. In Betreff des Rückkaufsgeschäfts wird der Satz aufgestellt, daß die Zahlung des Kaufpreises als Hingabe des Darlehns, der Unterschied zwischen dem Kaufpreise und verabredeten Rückkaufspreise als bedungene Vergütung für das Darlehn und die Uebergabe der Sache als Verpfändung derselben für das Darlehn angesehen werden soll.

3) Siehe oben zu § 367 Nr. 3 St. G. B. — Betreffs der Kammerjäger siehe Min. Verfügung v. 19. Mai 1870 (M. Bl. der inneren Verwaltung S. 159). Nach besonderen Reg. Verordnungen ist denselben die Ueberlassung von Gift zum Selbstgebrauch und die Aufbewahrung von Gift in anderen als verschlossenen Räumen und Gefäßen mit warnender Aufschrift verboten. — Im Umherziehen dürfen auch sie Gift nicht verkaufen. § 56 Nr. 5 Gew. O.

e) Eine Untersagung des Gewerbebetriebes ist zulässig nach

§ 35. Die Ertheilung von Tanz-, Turn- und Schwimmunterricht als Gewerbe darf denjenigen untersagt werden, welche wegen Vergehen oder Verbrechen gegen die Sittlichkeit bestraft sind.

Der Handel mit gebrauchten Kleidern, gebrauchten Betten oder gebrauchter Wäsche, der Kleinhandel mit altem Metallgeräth oder Metallbruch (Trödel), oder mit Garnabfällen oder Dräumen von Seide, Wolle, Baumwolle oder Leinen kann demjenigen untersagt werden, welcher wegen aus Gewinnsucht begangener Vergehen oder Verbrechen gegen das Eigenthum bestraft worden ist.

Das Geschäft eines Gesindevermiethers kann demjenigen untersagt werden, welcher wegen aus Gewinnsucht begangener Vergehen oder Verbrechen gegen das Eigenthum oder wegen Vergehen oder Verbrechen gegen die Sittlichkeit bestraft worden ist.[1])

Personen, welche die in diesem Paragraphen bezeichneten Gewerbe beginnen, haben bei Eröffnung ihres Gewerbebetriebes der zuständigen Behörde hiervon Anzeige zu machen.

Strafe (falls keine Steuerhinterziehung konkurrirt):

§ 148. Mit Geldstrafe bis zu einhundertfünfzig Mark und im Falle des Unvermögens mit Haft bis zu vier Wochen wird bestraft:

4) wer der nach § 35 gegen ihn ergangenen Untersagung eines Gewerbebetriebes zuwiderhandelt, oder die in § 35 vorgeschriebene Anzeige unterläßt....

Das Gewerbe der Feldmesser,[2]) Auktionatoren, Güterbestätiger, § 36.
Schaffner, Wäger, Messer, Schauer, Stauer ꝛc. darf frei betrieben werden, jedoch können Behörden und Korporationen einzelne Personen besonders beeidigen und öffentlich anstellen.
Der Regelung durch die Ortspolizeibehörden unterliegt die Unter- § 37.
haltung des öffentlichen Verkehrs innerhalb der Orte durch Wagen, Gondeln, Pferde und andere Transportmittel,[3]) sowie das Gewerbe derjenigen Personen, welche auf öffentlichen Messen oder Plätzen ihre Dienste anbieten.[4]) Für das Schorn-

---

1) Vergl. Min. Verfügung v. 22. Mai 1870 betr. das Trödlergewerbe und v. 23. Juni 1870 betr. das Gesindevermiethergewerbe (M. Bl. der inneren Verwaltung S. 158 u. 199).

2) Vergl. das Reglement v. 2. März 1871 für die öffentlich anzustellenden Feldmesser (G. S. S. 101).

3) Hierzu werden auch die Pferde-Eisenbahnen gerechnet. Min. Verfügung v. 14. Juni 1872.

4) Diese Regelung kann sich auch auf die Zulassung zu diesem Gewerbe durch Prüfung und Konzession beziehen. Min. Anweisung v. 4. Septbr. 1869 Nr. 14.

§ 39. steinfeger-Gewerbe ist die Einrichtung von Kehrbezirken ge-
stattet.[1])
§ 41. Die Befugniß zum selbständigen Betriebe eines stehenden
Gewerbes begreift das Recht in sich, Gesellen, Gehülfen, Arbeiter
und — soweit nicht dies Gesetz es verbietet — Lehrlinge an-
zunehmen; auch kann das Gewerbe sowohl am Orte der Nieder-
§ 42. lassung als auch außerhalb desselben — soweit nicht ein Legiti-
mationsschein erforderlich ist — ausgeübt werden. — Stellver-
§ 45. tretung durch qualifizirte Personen ist zulässig; inwiefern sie zu-
§ 47. lässig ist für die nach §§ 34 und 36 konzessionirten oder angestellten
Personen, hat die Behörde, welcher die Konzessionirung oder
Anstellung zusteht, zu bestimmen.

§ 43. Wer gewerbsmäßig Druckschriften oder andere Schriften oder Bildwerke auf öffentlichen Wegen, Straßen, Plätzen, oder an anderen öffentlichen Orten ausrufen, verkaufen, vertheilen, anheften oder anschlagen will, bedarf dazu einer Erlaubniß der Ortspolizei-Behörde, und hat den über diese Erlaubniß auszustellenden, auf seinen Namen lautenden Legitimationsschein bei sich zu führen....

Strafe (falls keine Steuerhinterziehung konkurrirt):

§ 148. Mit Geldstrafe bis zu einhundertfünfzig Mark und im Falle des Unvermögens mit Haft bis zu vier Wochen wird bestraft:

5) wer dem § 43 zuwiderhandelt.

§ 44. Kaufleute, Fabrikanten und andere Personen, welche ein stehendes Gewerbe betreiben, sind befugt, außerhalb des Ortes ihrer gewerblichen Niederlassung persönlich oder durch in ihren Diensten stehende Reisende Waaren aufzukaufen und Bestellungen auf Waaren zu suchen.

Sie bedürfen dazu eines Legitimationsscheins, welcher von der unteren Verwaltungsbehörde ausgestellt wird und für das Kalenderjahr gilt. Dieses Legitimationsscheins bedarf es nicht, wenn die betreffenden Gewerbetreibenden durch die nach den Zollvereinsverträgen erforderliche Gewerbe-Legitimationskarte bereits für das Gesammtgebiet des Zollvereins legitimirt sind.

— Wo eine solche Konzession vorgeschrieben ist, unterliegt der unerlaubte Betrieb der Strafe des § 147 Nr. 1.

1) Es gilt in dieser Beziehung noch § 56 der Preuß. Gewerbeordnung v. 17. Jan. 1845, wonach die Beibehaltung und Einführung, oder Aufhebung und Abänderung der Kehrbezirke in das Ermessen der Regierung gestellt ist, und den Bezirksschornsteinfegern bei einer Aufhebung ein Anspruch auf Entschädigung nicht zusteht. Vergl. Min. Verfügung v. 20. Septbr. 1845 (M. Bl. der inneren Verwaltung S. 299).

Der Inhaber eines solchen Legitimationsscheins darf aufgekaufte Waaren nur Behufs deren Beförderung nach dem Bestimmungsorte und von den Waaren, auf welche er Bestellungen sucht, nur Proben oder Muster mit sich führen.

Strafen:

§ 148. Mit Geldstrafe bis zu einhundertfünfzig Mark und im Falle des Unvermögens mit Haft bis zu vier Wochen wird bestraft:

6) wer bei dem Aufsuchen von Waarenbestellungen den Vorschriften im § 44 zuwiderhandelt.... [1])

§ 149. Mit Geldstrafe bis zu dreißig Mark und im Falle des Unvermögens mit Haft bis zu acht Tagen wird bestraft:

1) wer gewerbliche Verrichtungen, zu welchen er nach Vorschrift des § 44 einer Legitimation bedarf, vornimmt, ohne dieselbe zu besitzen, beziehungsweise mit sich zu führen;...

Titel III.

Gewerbebetrieb im Umherziehen.

§ 55. Wer außerhalb seines Wohnorts, ohne Begründung einer gewerblichen Niederlassung und ohne vorgängige Bestellung, in eigener Person: [2])

1) Waaren irgend einer Art feilbieten,

2) Waaren irgend einer Art bei anderen Personen, als bei Kaufleuten oder an anderen Orten, als in offenen Verkaufsstellen zum Wiederverkauf ankaufen,

3) Waarenbestellungen aufsuchen, oder

4) gewerbliche oder künstlerische Leistungen oder Schaustellungen, bei welchen ein höheres wissenschaftliches oder Kunst-Interesse nicht obwaltet, feilbieten will,

bedarf, vorbehaltlich der in den §§ 44 und 64 getroffenen Bestimmungen, eines Legitimationsscheins.

Ein Legitimationsschein ist nicht erforderlich zum Verkauf oder Ankauf roher Erzeugnisse der Land- und Forstwirthschaft, des Garten- und Obstbaues. [3])

---

1) Die Strafe bleibt auch hier ausgeschlossen, wenn zugleich eine Steuer-hinterziehung vorliegt.

2) Wer „in eigener Person" das Gewerbe betreibt, braucht dies noch nicht für eigene Rechnung zu thun; auch Gehülfen können das Gewerbe betreiben und sich daher gemäß § 148 Nr. 7 und § 149 Nr. 2—4 strafbar machen. Andererseits, wenn das Gesetz v. 3. Juli 1876 vorschreibt, daß, wer „in eigener Person" das Hausirgewerbe betreibt, der Steuer unterliegt, so gilt dies nur für den Gewerbetreibenden selbst, nicht für den Gehülfen, der das Gewerbe für Rechnung desselben betreibt.

3) Die s. g. Wanderlager gelten als stehendes Gewerbe. (In Betreff derselben ist für die Provinz Brandenburg folgende Polizei-Verordnung des Oberpräsidenten v. 10. Septbr. 1879 ergangen:

§ 1. Die Inhaber von Wanderlagern dürfen öffentliche Ankündigungen ihrer

Strafe (falls keine Steuerhinterziehung konkurrirt):

§ 148. **Mit Geldstrafe bis zu einhundertfünfzig Mark und im Falle des Unvermögens mit Haft bis zu vier Wochen wird bestraft:**

7) wer ein Gewerbe im Umherziehen ohne Legitimationsschein betreibt;... [1])

§ 56. **Ausgeschlossen vom An- und Verkauf im Umherziehen sind:**

1) **geistige Getränke aller Art;**
2) **gebrauchte Kleider und Betten, Garnabfälle, Enden und Dräumen von Seide, Wolle, Leinen oder Baumwolle, Bruchgold und Bruchsilber;**
3) **Spielkarten, Lotterieloose, Staats- und sonstige Werthpapiere;**
4) **Schießpulver, Feuerwerkskörper und andere explosive Stoffe;**
5) **Arzneimittel, Gifte und giftige Stoffe....**

§ 57. Ausnahmen und weitere Beschränkungen kann der Bundesrath gestatten. Der Legitimationsschein darf einem volljährigen Deutschen nur versagt werden, wenn er mit einer abschreckenden oder ansteckenden Krankheit behaftet oder Gefängnißstrafe von mindestens sechs Wochen wegen Vergehen gegen das Eigenthum, Leben oder Sittlichkeit oder wegen Brandstiftung vor längstens zwei Jahren erlitten hat, oder unter Polizeiaufsicht steht oder wegen Arbeitsscheu, Bettelns, Landstreichens oder Trunksucht übel berüchtigt ist. Auch Ausländern kann der Hausir-Gewerbebetrieb gestattet werden.

§ 58. Den Legitimationsschein ertheilt die höhere Verwaltungsbehörde, jedoch für Aufkauf und Verkauf selbst gewonnener Erzeugnisse der Jagd und Fischerei und für den Verkauf selbstverfertigter Waaren, die zu den Gegenständen des Wochenmarktverkehrs ge-

§ 59. hören,[2]) die zuständige Unterbehörde.[3]) Zu öffentlichen Musik-

---

Waaren nur unter dem in ihrem Legitimationsscheine aufgeführten Namen mit Hinzufügung ihres Wohnortes erlassen.

§ 2. Dieselben sind verpflichtet, einen ihren Namen und Wohnort in deutlicher Schrift enthaltenden Aushang vor ihrem Geschäftslokale an einer für Jedermann sichtbaren Stelle anzubringen.

§ 3. Zu den Wanderlagern sind noch diejenigen Unternehmungen zu rechnen, in welchen außerhalb des Wohnortes des Unternehmers und außer dem Meß- und Marktverkehr von einer festen Verkaufsstätte aus vorübergehend Waaren feil geboten werden.

§ 4. Strafe bis zu dreißig Mark.)

Vergl. übrigens Gesetz v. 27. Februar 1880 über den Wanderlagerbetrieb. (Th. II.)

1) Neben dem Legitimationsscheine bedarf es in Preußen eines Gewerbescheines. Siehe unten Gesetz v. 3. Juli 1876.

2) Die Gegenstände des Wochenmarktverkehrs bestimmt § 66.

3) Höhere Verwaltungsbehörden sind die Regierungen, die Landdrosteien und

aufführungen und Schaustellungen auf den Straßen oder sonst im Umherziehen bedarf es der Erlaubniß durch die Ortsbehörde. Umherziehenden Schauspielergesellschaften wird der Legitimationsschein nur dann ertheilt, wenn der Unternehmer die Erlaubniß nach § 32 hat.[1])

§ 60. Der Legitimationsschein enthält das Signalement des Inhabers und die nähere Bezeichnung des von demselben] beabsichtigten Gewerbebetriebes. Er ist nur für das Kalenderjahr gültig. Seine Erneuerung darf nicht versagt werden, so lange die im § 57 bezeichneten Erfordernisse vorhanden sind.

Der Legitimationsschein für den Betrieb der im § 59 bezeichneten Gewerbe gewährt die Befugniß zum Gewerbebetriebe in einem anderen, als dem Bezirke derjenigen höheren Verwaltungsbehörde, welche ihn ausgestellt hat, nur dann, wenn er auf den anderen Bezirk von der höheren Verwaltungsbehörde des letzteren ausgedehnt ist....

§ 61. Der Inhaber des Legitimationsscheins ist verpflichtet, diesen während der thatsächlichen Ausübung des Gewerbebetriebes bei sich zu führen, auf Erfordern der zuständigen Behörde vorzuzeigen] und] sofern er hierzu nicht im Stande ist, auf Geheiß der Behörde den Betrieb bis zur Abhülfe des Mangels einzustellen.

Strafe:

§ 149. Mit Geldstrafe bis zu dreißig Mark und im Falle des Unvermögens mit Haft bis zu acht Tagen wird bestraft:

2) wer bei dem Gewerbebetrieb im Umherziehen den ihm ertheilten Legitimationsschein nicht mit sich führt, oder einem Anderen überläßt;

3) wer ein Gewerbe im Umherziehen, für welches ihm ein auf einen bestimmten Bezirk lautender Legitimationsschein (§ 60) ertheilt ist, unbefugt in einem anderen Bezirk betreibt;

4) wer den Vorschriften im § 61 zuwiderhandelt;...

§ 62. Der Gewerbebetrieb im Umherziehen darf nicht durch Stellvertreter ausgeübt werden. Ausgenommen hiervon sind der Verkauf der im § 58 bezeichneten Gegenstände, sofern er innerhalb der von der Polizeibehörde näher zu bestimmenden Umgegend des Wohnortes erfolgt, und der ebendaselbst unter 2 bezeichnete Gewerbebetrieb.[2])

---

das Polizeipräsidium zu Berlin, untere Verwaltungsbehörden die Landräthe, Amtshauptleute und Oberamtmänner, sowie die städtischen Polizeibehörden. Min. Anweisung v. 4. Septbr. 1869 Nr. 25.

1) Für den ohne die örtliche Erlaubniß ausgeübten Gewerbebetrieb ist in der Gewerbeordnung keine Strafbestimmung gegeben. Landesgesetzliche Polizeistrafverordnungen sind jedoch dadurch nicht ausgeschlossen. (Z. B. Die Reg. Verordnungen für Potsdam v. 8. Oktbr. 1869 und 12. Novbr. 1869.)

2) Für den unter § 58[1] bezeichneten Hausirbetrieb (Jagd- und Fischfang-

Die Mitführung von Begleitern, sei es zur Beförderung der Waaren, zur Wartung des Gespannes oder zu anderen Zwecken, bedarf der in dem Legitimationsscheine auszudrückenden Genehmigung derjenigen Behörde, welche den Schein ertheilt hat, oder in deren Bezirk sich der Nachsucher befindet.... Für Kinder unter vierzehn Jahren wird diese Genehmigung nicht ertheilt.

Strafe:

§ 149. Mit Geldstrafe bis zu dreißig Mark und im Falle des Unvermögens mit Haft bis zu acht Tagen wird bestraft:

5) wer bei dem Gewerbebetrieb im Umherziehen unbefugt Begleiter mitführt und wer einem Gewerbetreibenden im Umherziehen unbefugt als Begleiter dient;...

Titel IV.

Marktverkehr.

§ 64. Der Besuch der Messen, Jahr- und Wochenmärkte sowie der Kauf und Verkauf auf denselben steht Jedem frei.[1]) Betreffs einzelner Handwerkerwaaren kann jedoch mit Rücksicht auf den Ortsgebrauch auf Antrag der Gemeinde von der höheren Verwaltungsbehörde die Betheiligung auswärtiger Konkurenten aus-
§ 65. geschlossen werden. Die Zahl, Zeit und Dauer der Messen 2c. wird von der zuständigen Behörde festgesetzt.

§ 66. Gegenstände des Wochenmarktverkehrs sind:

1) rohe Naturerzeugnisse mit Ausschluß des größeren Viehs;

2) Fabrikate, deren Erzeugung mit der Land- und Forstwirthschaft, dem Garten- und Obstbau oder der Fischerei in unmittelbarer Verbindung steht, oder zu den Nebenbeschäftigungen der Land-

---

Erzeugnisse), soweit er sich auf Verkauf beschränkt, und für den unter § 58² bezeichneten Betrieb überhaupt soll eine Stellvertretung zulässig sein. Es gehören dazu außer den Wochenmarktswaaren auch die Anbietungen gewerblicher Leistungen in der Umgegend, z. B. seitens der Glaser, Schornsteinfeger, Topfbinder.

Der Gewerbebetrieb auf fremde Rechnung ist nicht als Stellvertretung, sondern als Ausübung des Gewerbes mit einem auf fremden Namen ausgestellten Legitimationsschein anzusehen.

Die Strafe der unbefugten Stellvertretung nach Absatz 1 ist für den Stellvertreter in § 148 Nr. 7 und für den Vertretenen in § 149 Nr. 2 enthalten. Berger, Gewerbeordnung, 3. Aufl. S. 62.

1) Eines Legitimationsscheines bedarf man hierbei nicht, wohl aber, wenn man innerhalb des Marktorts zur Marktzeit hausiren geht. Berger, Gewerbeordnung 3. Aufl. S. 64.

leute der Gegend gehört, oder durch Tagelöhnerarbeit bewirkt wird, mit Ausschluß der geistigen Getränke;

3) frische Lebensmittel aller Art....

§ 67. Auf Jahrmärkten dürfen außer den im § 66 benannten Gegenständen Verzehrungsgegenstände und Fabrikate aller Art feilgehalten werden.

Zum Verkauf von geistigen Getränken zum Genuß auf der Stelle bedarf es jedoch der Genehmigung der Ortspolizei-Behörde.

Der Marktverkehr darf nur mit solchen Abgaben belastet werden, § 68.
welche eine Vergütung für den Raum und den Gebrauch von Buden und Geräthschaften bilden.[1])

Strafe:

§ 149. Mit Geldstrafe bis zu dreißig Mark und im Falle des Unvermögens mit Haft bis zu acht Tagen wird bestraft:

6) wer den polizeilichen Anordnungen wegen des Marktverkehrs zuwiderhandelt....[2])

Titel V.

Taxen.

Dieselben sind nur ausnahmsweise zulässig und dürfen dann § 72.
von den Gewerbetreibenden noch beliebig ermäßigt werden. Bäcker
und Backwaarenverkäufer können durch die Ortspolizei- § 73.
behörde angehalten werden, Preis und Gewicht ihrer Waaren
für bestimmte Zeiträume durch Anschlag am Verkaufslokal zur § 74.
Kenntniß des Publikums zu bringen und eine Waage zum Zweck
der Nachwiegung aufzustellen. Ebenso können Gastwirthe an- § 75.
gehalten werden, das Verzeichniß der von ihnen gestellten Preise
einzureichen und in den Gastzimmern anzuschlagen. Auch für
Lohnbediente und andere Personen, die auf öffentlichen § 76.
Straßen und Plätzen oder in Wirthshäusern ihre Dienste anbieten (§ 37), sowie für die Benutzung von Wagen, Pferden, Sänften, Gondeln und anderen Transportmitteln, welche öffentlich zum Gebrauch aufgestellt sind, können Taxen in Ueber-

1) Vergl. das Gesetz betr. die Erhebung von Marktstandsgeld v. 26. April 1872. In § 6 heißt es:

„Wer Marktstandsgeld erhebt oder erheben läßt, von welchem er weiß, daß es gar nicht oder nur in geringerem Betrage zu entrichten ist, hat für jeden Uebertretungsfall eine Geldstrafe bis zu einhundertfünfzig Mark oder im Unvermögensfalle verhältnißmäßige Haft verwirkt.

2) Hierher gehören Weisungen des Aufsichtspersonals nicht. Dalcke S. 451 Note 58.

einstimmung mit der Gemeindebehörde festgestellt werden. Des-
§ 77. gleichen für Schornsteinfeger. Die Taxen für Apotheker
§ 80. können durch die Centralbehörden festgesetzt werden. Die Bezahlung der approbirten Aerzte bleibt der freien Vereinbarung überlassen, doch sind Taxen zugelassen.[1])

Strafe:

§ 148. Mit Geldstrafe bis zu einhundertfünfzig Mark und im Falle des Unvermögens mit Haft bis zu vier Wochen wird bestraft:

8) wer bei dem Betriebe seines Gewerbes die von der Obrigkeit vorgeschriebenen oder genehmigten Taxen überschreitet.

[Titel VI. Innungen von Gewerbtreibenden.]

Titel VII.

Gewerbliche Arbeiter (Gesellen, Gehülfen, Lehrlinge, Fabrikarbeiter).

(Gesetz vom 17. Juli 1878.)

§ 106. Gewerbetreibende, welchen die bürgerlichen Ehrenrechte aberkannt sind, dürfen, so lange ihnen diese Rechte entzogen bleiben, mit der Anleitung von Arbeitern unter achtzehn Jahren sich nicht befassen.

§ 107. Personen unter einundzwanzig Jahren dürfen, soweit reichsgesetzlich nicht ein Anderes zugelassen ist, als Arbeiter nur beschäftigt werden, wenn sie mit einem Arbeitsbuche versehen sind. Bei der Annahme solcher Arbeiter hat der Arbeitgeber das Arbeitsbuch einzufordern. Er ist verpflichtet, dasselbe zu verwahren, auf amtliches Verlangen vorzulegen und nach rechtmäßiger Lösung des Arbeitsverhältnisses dem Arbeiter wieder auszuhändigen....

§ 108. Das Arbeitsbuch wird dem Arbeiter durch die Polizeibehörde desjenigen Ortes, an welchem er zuletzt seinen dauernden Aufenthalt genommen, kosten- und stempelfrei ausgestellt. Die Ausstellung erfolgt auf Antrag oder mit Zustimmung des Vaters oder Vormundes....

§ 109. 'Wenn das Arbeitsbuch vollständig ausgefüllt oder nicht mehr brauchbar, oder wenn es verloren gegangen oder vernichtet ist, so wird an Stelle desselben ein neues Arbeitsbuch ausgestellt.... Das ausgefüllte oder nicht mehr brauchbare Arbeitsbuch ist durch einen amtlichen Vermerk zu schließen....

§ 110. Das Arbeitsbuch (§ 108) muß den Namen des Arbeiters, Ort, Jahr und Tag seiner Geburt, sowie seine Unterschrift enthalten....

---

1) Mehrforderungen der Aerzte sind zwar nicht strafbar, indessen sollen die früheren gesetzlichen Taxen als subsidiäre Rechtsnorm in Geltung bleiben. Min.-Verfügung v. 11. Jan. 1873. Als solche Taxen der Preuß. Medizinalpersonen gelten noch die mittels Edikts v. 21. Juni 1815 edirten. Für gerichtliche, medizinal- und sanitätspolizeiliche Geschäfte sind jetzt das Gesetz v. 9. März 1872 und die Verordnung v. 17. Septbr. 1876 maßgebend.

§ 111. **Bei dem Eintritte des Arbeiters in das Arbeitsverhältniß hat der Arbeitgeber an der dafür bestimmten Stelle des Arbeitsbuches die Zeit des Eintrittes und die Art der Beschäftigung, am Ende des Arbeitsverhältnisses die Zeit des Austrittes und, wenn die Beschäftigung Aenderungen erfahren hat, die Art der letzten Beschäftigung des Arbeiters einzutragen....**[1])

§ 112. **Ist das Arbeitsbuch bei dem Arbeitgeber unbrauchbar geworden, verloren gegangen oder vernichtet, oder sind von dem Arbeitgeber unzulässige Eintragungen oder Vermerke in oder an dem Arbeitsbuche gemacht, oder wird von dem Arbeitgeber ohne rechtmäßigen Grund die Aushändigung des Arbeitsbuches verweigert, so kann die Ausstellung eines neuen Arbeitsbuches auf Kosten des Arbeitgebers beansprucht werden....**

Strafe:

§ 150. Mit Geldstrafe bis zu zwanzig Mark und im Unvermögensfalle mit Haft bis zu drei Tagen für jeden Fall der Verletzung des Gesetzes wird bestraft:

1. wer den Bestimmungen der §§ 106 bis 112 zuwider einen Arbeiter in Beschäftigung nimmt oder behält;

2. wer den Bestimmungen dieses Gesetzes in Ansehung der Arbeitsbücher und Arbeitskarten[2]) zuwiderhandelt;

3. wer vorsätzlich ein auf seinen Namen ausgestelltes Arbeitsbuch unbrauchbar macht oder vernichtet.

§ 115. **Die Gewerbetreibenden sind verpflichtet, die Löhne ihrer Arbeiter baar in Reichswährung auszuzahlen.**

Sie dürfen denselben keine Waaren kreditiren....

[Strafe:

§ 146. Mit Geldstrafe bis zu zweitausend Mark und im Unvermögensfalle mit Gefängniß bis zu sechs Monaten werden bestraft:

1. Gewerbetreibende, welche bei der Zahlung des Lohnes oder bei dem Verkaufe von Waaren an die Arbeiter dem § 115 zuwiderhandeln.][3])

§ 120. **Die Gewerbeunternehmer sind verpflichtet, bei der Beschäftigung von Arbeitern unter achtzehn Jahren die durch das Alter derselben gebotene besondere Rücksicht auf Gesundheit und Sittlichkeit zu nehmen.**

Sie haben ihren Arbeitern unter achtzehn Jahren, welche eine von der Gemeindebehörde oder vom Staate als Fortbildungsschule anerkannte Unterrichtsanstalt besuchen, hierzu die, erforderlichenfalls von der zuständigen Behörde festzusetzende Zeit zu gewähren....

---

1) Urtheile über die Führung oder die Leistungen des Arbeiters sind unzulässig.

2) Siehe unten § 137 des Ges.

3) Strafkammersache.

Die Gewerbeunternehmer sind endlich verpflichtet, alle diejenigen Einrichtungen herzustellen und zu unterhalten, welche mit Rücksicht auf die besondere Beschaffenheit des Gewerbebetriebes und der Betriebsstätte zu thunlichster Sicherheit gegen Gefahr für Leben und Gesundheit nothwendig sind....

Strafe:

§ 147. Mit Geldstrafe bis zu dreihundert Mark und im Unvermögensfalle mit Haft wird bestraft:

4. wer der Aufforderung der Behörde ungeachtet den Bestimmungen des § 120 zuwider handelt....

§ 126. Der Lehrherr ist verpflichtet, den Lehrling in den bei seinem Betriebe vorkommenden Arbeiten des Gewerbes in der durch den Zweck der Ausbildung gebotenen Reihenfolge und Ausdehnung zu unterweisen. Er muß entweder selbst oder durch einen geeigneten, ausdrücklich dazu bestimmten Vertreter die Ausbildung des Lehrlings leiten. Er darf dem Lehrling die zu seiner Ausbildung und zum Besuche des Gottesdienstes an Sonn- und Festtagen erforderliche Zeit und Gelegenheit durch Verwendung zu anderen Dienstleistungen nicht entziehen. Er hat den Lehrling zur Arbeitsamkeit und zu guten Sitten anzuhalten und vor Ausschweifungen zu bewahren.

Strafe:

§ 148. Mit Geldstrafe bis zu einhundertfünfzig Mark und im Unvermögensfalle mit Haft bis zu vier Wochen wird bestraft:

9. wer die gesetzlichen Pflichten gegen die ihm anvertrauten Lehrlinge verletzt....

§ 131. Wird von dem Vater oder Vormund für den Lehrling, oder, sofern der letztere großjährig ist, von ihm selbst dem Lehrherrn die schriftliche Erklärung abgegeben, daß der Lehrling zu einem anderen Gewerbe oder anderen Berufe übergehen werde, so gilt das Lehrverhältniß, wenn der Lehrling nicht früher entlassen wird, nach Ablauf von vier Wochen als aufgelöst. Den Grund der Auflösung hat der Lehrherr in dem Arbeitsbuche zu vermerken.

Binnen neun Monaten nach der Auflösung darf der Lehrling in demselben Gewerbe von einem anderen Arbeitgeber ohne Zustimmung des früheren Lehrherrn nicht beschäftigt werden.

Strafe:

§ 148. Mit Geldstrafe bis zu einhundertfünfzig Mark und im Unvermögensfalle mit Haft bis zu vier Wochen wird bestraft:

10. wer wissentlich der Bestimmung im § 131 Abs. 2 zuwider einen Lehrling beschäftigt.

§ 135. Kinder unter zwölf Jahren dürfen in Fabriken nicht beschäftigt werden. Die Beschäftigung von Kindern unter vierzehn

Jahren darf die Dauer von sechs Stunden täglich, bei jungen Leuten zwischen vierzehn bis sechszehn Jahren die Dauer von zehn Stunden nicht überschreiten. Wöchnerinnen dürfen erst drei Wochen nach der Niederkunft wieder arbeiten. Die Arbeitsstunden § 136.
der jugendlichen Arbeiter dürfen nicht vor fünf und ein halb Uhr Morgens beginnen und nicht über acht und ein halb Uhr Abends dauern. Auch sind Pausen und Berücksichtigung des Konfirmanden-Unterrichts geboten. Ausnahme bei Naturereignissen oder Un- § 139.
glücksfällen, die den regelmäßigen Betrieb der Fabrik unterbrochen haben. Die Verwendung jugendlicher Arbeiter und Arbeiterinnen § 139a
kann für gewisse Fabrikationszweige vom Bundesrath untersagt werden.

[Strafe:

§ 146. Mit Geldstrafe bis zu zweitausend Mark und im Unvermögensfalle mit Gefängniß bis zu sechs Monaten werden bestraft:

2. Gewerbetreibende, welche den §§ 135, 136 oder den auf Grund der §§ 139, 139a getroffenen Verfügungen zuwider Arbeiterinnen oder jugendlichen Arbeitern Beschäftigung geben.][1]

§ 137. Die Beschäftigung eines Kindes in Fabriken ist nicht gestattet, wenn dem Arbeitgeber nicht zuvor für dasselbe eine Arbeitskarte eingehändigt ist. Eines Arbeitsbuches bedarf es daneben nicht....

Der Arbeitgeber hat die Arbeitskarte zu verwahren, auf amtliches Verlangen jederzeit vorzulegen und am Ende des Arbeitsverhältnisses dem Vater oder Vormund wieder auszuhändigen. Ist die Wohnung des Vaters nicht zu ermitteln, so erfolgt die Zustellung der Arbeitskarte an die Mutter oder den sonstigen nächsten Angehörigen des Kindes.[2]

§ 138. Sollen jugendliche Arbeiter in Fabriken beschäftigt werden, so hat der Arbeitgeber vor dem Beginn der Beschäftigung der Ortspolizeibehörde eine schriftliche Anzeige zu machen.

In der Anzeige sind die Fabrik, die Wochentage, an welchen die Beschäftigung stattfinden soll, Beginn und Ende der Arbeitszeit und der Pausen, sowie die Art der Beschäftigung anzugeben. Eine Aenderung hierin darf, abgesehen von Verschiebungen, welche durch Ersetzung behinderter Arbeiter für einzelne Arbeitsschichten nothwendig werden, nicht erfolgen, bevor eine entsprechende weitere Anzeige der Behörde gemacht ist.

In jeder Fabrik hat der Arbeitgeber dafür zu sorgen, daß in den Fabrikräumen, in welchen jugendliche Arbeiter beschäftigt werden, an einer in die Augen fallenden Stelle ein Verzeichniß der jugendlichen Arbeiter unter Angabe ihrer Arbeitstage sowie des Beginns und Endes

---

1) Strafkammersache.

2) Strafbestimmung: § 151 Nr. 2. Vergl. oben zu § 112.

ihrer Arbeitszeit und der Pausen ausgehängt ist. Ebenso hat er dafür zu sorgen, daß in den bezeichneten Räumen eine Tafel ausgehängt ist, welche in der von der Zentralbehörde zu bestimmenden Fassung und in deutlicher Schrift einen Auszug aus den Bestimmungen über die Beschäftigung jugendlicher Arbeiter enthält.

§ 139b. Absatz 5. Die auf Grund der Bestimmungen der §§. 135 bis 139a sowie des §. 120 Abs. 3 in seiner Anwendung auf Fabriken auszuführenden amtlichen Revisionen müssen die Arbeitgeber zu jeder Zeit, namentlich auch in der Nacht, während die Fabriken im Betriebe sind, gestatten.

Strafe:

§ 149. Mit Geldstrafe bis zu dreißig Mark und im Unvermögensfalle mit Haft bis zu acht Tagen wird bestraft:

7. wer es unterläßt, den durch §§ 138 und 139b für ihn begründeten Verpflichtungen nachzukommen.

[**Titel VIII. Gewerbliche Hülfskassen.**
(Jetzt Gesetz v. 8. April 1876.)

Titel IX. Ortsstatuten.]

Titel X.

Strafbestimmungen.

(§§ 143—153.)

§ 145. Die in diesem Titel mit Strafe bedrohten Handlungen verjähren (außer im Fall des § 153) binnen drei Monaten.

§ 147. Enthält eine der im § 147 mit Strafe bedrohten Handlungen zugleich eine Zuwiderhandlung gegen die Steuergesetze, so soll nicht außerdem noch auf eine Steuerstrafe erkannt werden, es ist aber darauf bei Zumessung der Strafe Rücksicht zu nehmen.

§ 148. In den Fällen des § 148 bleibt die Strafe ausgeschlossen, wenn die strafbare Handlung zugleich eine Zuwiderhandlung gegen die Steuergesetze enthält. [1])

§ 151. Sind die polizeilichen Vorschriften von dem Stellvertreter eines Gewerbetreibenden bei Ausübung des Gewerbes übertreten worden, so trifft ihn die Strafe; hat der verfügungsfähige Gewerbetreibende selbst darum gewußt, so trifft sie Beide. In letzterem Fall kann auch Verlust der Konzession oder Approbation

---

1) Hier absorbirt das Steuerdelikt die Gewerbepolizeiübertretung, es muß deshalb das Administrativverfahren vorausgehen. Dalcke S. 450 Note 56.

gegen den Vertretenen eintreten, andernfalls ist derselbe verpflichtet, den Stellvertreter bei Verlust der Konzession 2c. zu entlassen.

§ 153. **Wer Andere durch Anwendung körperlichen Zwanges, durch Drohungen, durch Ehrverletzung oder durch Verrufserklärung bestimmt oder zu bestimmen versucht, an ... Verabredungen** (zum Behufe der Erlangung günstiger Lohn- und Arbeitsbedingungen, insbesondere mittels Einstellung der Arbeit oder Entlassung der Arbeiter) **Theil zu nehmen, oder ihnen Folge zu leisten, oder Andere durch gleiche Mittel hindert oder zu hindern versucht, von solchen Verabredungen zurückzutreten, wird mit Gefängniß bis zu drei Monaten bestraft, sofern nach dem allgemeinen Strafgesetzbuch nicht eine härtere Strafe eintritt.**[1])

---

2. Reichsgesetz über die eingeschriebenen Hülfskassen.

Vom 7. April 1876.

(R. G. Bl. S. 125.)[2])

Die neuere Gesetzgebung unterscheidet, abgesehen von den andere Zwecke verfolgenden Bergbauhülfskassen,[3]) gewerbliche[4]) und eingeschriebene Hülfskassen. Letztere sind solche Kassen, § 1.
welche die gegenseitige Unterstützung ihrer Mitglieder für den Fall einer Krankheit bezwecken. Sie haben ihre Bedeutung hauptsächlich in der Erlangung der Rechte einer juristischen Person. Zum Unterschied von den Genossenschaften, welche Erwerbsgesellschaften sind mit persönlicher Haftung der Mitglieder, werden die Hülfskassen, welche das Gesetz in dieser Weise schützt, nicht „eingetragen", sondern „eingeschrieben" genannt. Erfordert wird nur gegenseitige Unterstützung der Mitglieder und Be-

---

1) Vgl. insbesondere §§ 123 ff. und 240 St. G. B.

2) S. hierzu Minist. Anweisung v. 15. Mai 1876. (Reichsanzeiger Nr. 123.)

3) S. Ges. v. 5. Juni 1863 (S. 365). Diese Kassen bezwecken theils die Unterstützung einzelner Bergwerksunternehmer durch Darlehne, theils die Unterhaltung gemeinnütziger Anlagen und Unternehmungen.

4) S. Ges. v. 8. April 1876 betr. Abänderung des Titels VIII. der Gewerbe-Ordnung. (§ 141.) Danach kann für Gesellen, Gehülfen und Fabrikarbeiter eine Beitragspflicht durch Ortsstatut ausgesprochen werden. Als Vorbild soll im Uebrigen das G. v. 7. April 1876 maßgebend sein.

schränkung der Unterstützung auf Krankheitsfälle. Invaliden-, Altersversorgungs- und Sterbekassen sind daher hier ausgeschlossen. [1])

§ 2. Die Kasse muß einen, von anderen Hülfskassen desselben Orts verschiedenen Namen und den Zusatz „eingeschriebene Hülfskasse"
§ 4. annehmen. Ihr Statut ist der Gemeinde, in welcher die Kasse ihren Sitz nimmt, einzureichen und von dieser der höheren Verwaltungsbehörde (d. i. dem Oberpräsidenten) zu übersenden, welcher über die Zulassung der Kasse entscheidet und den Namen derselben in ein Register einträgt.

§ 6. Zum Beitritt der Mitglieder ist eine schriftliche Erklärung oder die Unterzeichnung des Statuts erforderlich. Den Mitgliedern darf die Betheiligung an anderen Gesellschaften oder Vereinen nicht zur Bedingung gestellt werden, außer wenn von vornherein im Statut die Beschränkung der Kasse auf sämmtliche Mitglieder eines solchen Vereins ausgesprochen ist. [2])

§ 13. Zur Verhinderung mißbräuchlicher Ausdehnung des Vereinsrechts auf die Hülfskassen ist ferner bestimmt, daß nur zu den im Gesetz vorgeschriebenen Unterstützungen und zur Deckung der Verwaltungskosten Beiträge erhoben werden und Verwendungen aus der Kasse erfolgen dürfen.

§ 7. Das Recht auf Unterstützung beginnt für die Mitglieder spätestens mit dem Ablauf der 13ten, auf den Beitritt folgenden Woche [3]) und dauert eben so lange nach dem Austritt oder Ausschluß; nur kann für die erste Woche nach dem Beginn der Krankheit die Gewährung der Unterstützung ausgeschlossen
§ 8. werden. Die Höhe der Beiträge und Unterstützungen muß nach gleichen Grundsätzen abgemessen sein, jedoch können erstere nach dem Geschlecht, dem Gesundheitszustand, dem Lebensalter oder der

1) Für den Sterbefall trifft aber § 12 Absatz 4 Bestimmung.

2) Ist eine solche Bestimmung nicht von Anfang an bei Gründung der Kasse getroffen, so soll die einmal erworbene Mitgliedschaft zur Kasse durch die Ausschließung aus einem Verein ebensowenig wie durch die Weigerung, sich nachträglich einem Verein anzuschließen, willkürlich aufgehoben werden dürfen. Neumann S. 378.

3) Diese Frist von einem Vierteljahr ist die s. g. Karenzzeit. — Erfolgt der Austritt im Laufe des ersten Vierteljahrs, so ist ein Recht auf Unterstützung überhaupt nicht erworben.

Beschäftigung der Mitglieder verschieden bemessen sein, auch ist die Einrichtung von Mitgliederklassen mit verschiedenen Beitrags- und Unterstützungssätzen zulässig. — Die Unterstützungen müssen § 11.
im Fall der Arbeitsunfähigkeit des Berechtigten auf mindestens dreizehn Wochen gewährt werden, und für Männer mindestens die Hälfte, für Frauen mindestens ein Drittheil des Lohnbetrages erreichen, welcher dem Jahresdurchschnitt am Ort zur Zeit der Feststellung des Statuts[1]) entspricht. Hierauf kann die Gewährung von Arzneimitteln und ärztlicher Hülfe theilweise angerechnet werden. An die Stelle jeder sonstigen Unterstützung kann auch die Verpflegung in einer Krankenanstalt treten. Die Unterstützung § 12.
darf das Fünffache des gesetzlichen Mindestbetrages (§ 11) nicht überschreiten, jedoch kann sie auch auf die Familie und auf die Hinterbliebenen sich erstrecken. Letzteren kann eine Beihülfe bis zum Zehnfachen der wöchentlichen Unterstützung des Verstorbenen gewährt werden.

Für diejenigen Kassen, welche nicht aus freier Vereinbarung, § 14.
sondern aus Zwang der Ortsbehörde entstanden sind, bei denen also eine Beitrittspflicht der Arbeiter begründet ist,[2]) bedarf eine Ermäßigung der Beiträge oder eine Erhöhung der Unterstützungen der Genehmigung des Gemeindevorstandes resp. des Kommunalverbandes, welcher die Kasse ins Leben gerufen hat. Diese Behörde kann ferner zur Sicherung des Kassenbestandes eine Erhöhung der Beiträge oder eine Ermäßigung der Unterstützungen nach Anhörung des Vorstandes verfügen.

Der Ausschluß von Mitgliedern ist nur aus den im Statut § 15.
vorgesehenen Gründen zulässig. Tritt ein Mitglied aus dem der Kasse zu Grunde liegenden Verein aus, oder wird es von diesem ausgeschlossen, so kann es aus der Kasse nur dann ausgeschlossen

---

1) Bei Einreichung des Statuts muß daher der Gemeindevorstand eine Erklärung über die Höhe des täglichen Durchschnittslohnes eines gewöhnlichen Tagearbeiters beifügen. Min. Anweisung Nr. 2 Abs. 3.

2) Hiermit sind die gewerblichen Hülfskassen gemäß Ges. v. 8. April 1876 § 141 gemeint. Zweck der Vorschrift des § 14 ist, zu verhindern, daß durch Beitragsermäßigung oder durch übermäßige Unterstützung der Zwangsmitglieder die Kasse in ihrem Bestand gefährdet werde. Neumann S. 380. — Die eventuelle Vertretung dieser Kassen durch den Gemeindevorstand regelt § 23.

werden, wenn es dieser noch nicht zwei Jahre angehört hat, es ist ihm dann aber das Eintrittsgeld zu ersetzen.

§ 16. Die Kasse wird durch einen Vorstand nach außen hin vertreten. Ihm kann zur Ueberwachung der Geschäftsleitung ein
§ 19. Ausschuß zur Seite gesetzt werden. Beide werden von der
§ 20. Generalversammlung gewählt, welche, soweit die Kassenangelegenheiten nicht durch jene wahrgenommen werden, auch hierüber zu
§ 21. beschließen hat. Jedes Mitglied hat in der Generalversammlung eine Stimme, wenn es großjährig und im Besitz der bürgerlichen Ehrenrechte ist, und nicht mit den Beiträgen im Rückstand ist. Arbeitgeber, welche Zuschüsse zur Kasse zahlen, haben Anspruch
§ 16. auf Vertretung im Vorstand und auf Stimmberechtigung in der
§ 21. Generalversammlung. Dieselbe kann übrigens auch aus Abgeordneten (mindestens 30) gebildet werden.

Es bestimmt nun:

§ 34. Mitglieder des Vorstandes oder des Ausschusses, welche den Bestimmungen dieses Gesetzes zuwider handeln, werden mit Geldstrafe bis zu dreihundert Mark gerichtlich bestraft. [Haben sie absichtlich zum Nachtheil der Kasse gehandelt, so unterliegen sie der Strafbestimmung des § 266 des Strafgesetzbuchs.[1])

Die Verpflichtungen des Ausschusses bezeichnet § 19, die Art der ihm obliegenden Ueberwachung bestimmt das Statut, und von diesem hängt daher die Strafbarkeit der Ausschußmitglieder ab.

Die Verpflichtungen der Vorstandsmitglieder sind theils solche, deren Nichterfüllung sich als bloße Ordnungswidrigkeit[2]) darstellt, theils solche, deren Verletzung eine Zuwiderhandlung gegen das Organisationsgesetz enthält, und zwar gegen:

§ 17. Die Zusammensetzung des Vorstandes, sowie jede in der Zusammensetzung des Vorstandes eingetretene Aenderung ist dem Vorstande

1) § 266 St. G. B. bedroht wegen Untreue Güterpfleger, Stiftungsverwalter und dgl., wenn sie absichtlich zum Nachtheil der ihrer Aufsicht unterstellten Personen oder Sachen handeln, mit Gefängniß, auch kann auf Verlust der bürgerlichen Ehrenrechte und bei gewinnsüchtiger Absicht daneben auf Geldstrafe bis zu breitausend Mark erkannt werden.

2) In Eberty's „Handbuch für Schöffen" sind unterschiedslos alle Bestimmungen aufgenommen, welche eine Verpflichtung des Vorstandes enthalten, so §§ 6—8 und 11—16, die Zuwiderhandlungen gegen diese sind aber nach Neumann S. 386 rein privatrechtlicher Natur und beziehen sich nur auf das Statut und dessen rechtliche Folgen.

der Gemeinde, in deren Bezirk die Kasse ihren Sitz hat, anzumelden. Die Anmeldung hat durch die Vorstandsmitglieder in Person oder durch eine beglaubigte schriftliche Erklärung zu erfolgen. Ist die Anmeldung nicht geschehen, so kann eine in der Zusammensetzung eingetretene Aenderung dritten Personen nur dann entgegengesetzt werden, wenn bewiesen wird, daß sie letzterer bekannt war. ...

§ 22. Generalversammlungen können nur innerhalb des Deutschen Reichs an einem Orte abgehalten werden, an welchem die Kasse eine Zahlungsstelle besitzt. Bei der Berufung ist der Gegenstand der Berufung anzugeben. ...

§ 24. Die Einnahmen und Ausgaben der Kasse sind von allen den Zwecken der Kasse fremden Vereinnahmungen und Verausgabungen getrennt festzustellen und zu verrechnen; ebenso sind Bestände gesondert zu verwahren.

Verfügbare Gelder dürfen, außer in öffentlichen Sparkassen, nur ebenso wie die Gelder Bevormundeter angelegt werden.[1])

§ 25. In jedem fünften Jahre hat die Kasse die wahrscheinliche Höhe ihrer Verpflichtungen und der ihnen gegenüberstehenden Einnahmen durch

---

1) § 39 der Vorm. O. v. 5. Juli 1875 bestimmt:

„Gelder, welche zu laufenden oder zu anderen durch die Vermögensverwaltung begründeten Auslagen nicht erforderlich sind, hat der Vormund.. in Schuldverschreibungen, welche von dem Deutschen Reiche oder von einem Deutschen Bundesstaate mit gesetzlicher Ermächtigung ausgestellt sind, oder in Schuldverschreibungen, deren Verzinsung von dem Deutschen Reiche oder von einem Deutschen Bundesstaate gesetzlich garantirt ist, oder in Rentenbriefen der zur Vermittlung der Ablösung von Renten in Preußen bestehenden Rentenbanken, oder in Schuldverschreibungen, welche von Deutschen kommunalen Korporationen (Provinzen, Kreisen, Gemeinden 2c.) oder von deren Kreditanstalten ausgestellt und entweder seitens der Inhaber kündbar sind oder einer regelmäßigen Amortisation unterliegen, oder auf sichere Hypotheken oder Grundschulden, zinsbar anzulegen.

Gelder, welche in dieser Weise nach den obwaltenden Umständen nicht angelegt werden können, sind bei der Reichsbank oder bei öffentlichen, obrigkeitlich bestätigten Sparkassen zinsbar zu belegen.

Eine Hypothek oder Grundschuld ist für sicher zu erachten, wenn sie bei ländlichen Grundstücken innerhalb der ersten zwei Drittheile des durch ritterschaftliche, landschaftliche, gerichtliche oder Steuertaxe, bei städtischen innerhalb der ersten Hälfte des durch Taxe einer öffentlichen Feuerversicherungsgesellschaft oder durch gerichtliche Taxe zu ermittelnden Werthes, oder wenn sie innerhalb des fünfzehnfachen Betrages des Grundsteuerreinertrages der Liegenschaft zu stehen kommt.

Sicheren Hypotheken stehen im Sinne dieser Vorschriften die mit staatlicher Genehmigung ausgegebenen Pfandbriefe und gleichartigen Schuldverschreibungen solcher Kreditinstitute gleich, welche durch Vereinigung von Grundbesitzern gebildet, mit Korporationsrechten versehen sind und nach ihren Statuten die Beleihung von Grundstücken auf die im dritten Absatz angegebenen Theile des Werthes derselben zu beschränken haben.

einen Sachverständigen, welcher bei der Verwaltung der Kasse nicht betheiligt ist, abschätzen zu lassen, das Ergebniß nach dem vorgeschriebenen Formulare der Aufsichtsbehörde mitzutheilen und der Kenntnißnahme aller Mitglieder zugänglich zu machen.

§ 27. Die Kasse ist verpflichtet, in den vorgeschriebenen Fristen und nach den vorgeschriebenen Formularen Uebersichten über die Mitglieder, über die Krankheits- und Sterbefälle, über die verrechneten Beitrags- und Unterstützungstage der höheren Verwaltungsbehörde, sowie einen Rechnungsabschluß der Aufsichtsbehörde einzusenden. Sie hat der Aufsichtsbehörde auf Erfordern das Ausscheiden der Mitglieder anzuzeigen.[1]

§ 30. Bei der Auflösung einer Kasse wird die Abwickelung der Geschäfte, sofern die Generalversammlung darüber nicht anderweitig beschließt, durch den Vorstand vollzogen. Genügt dieser seiner Verpflichtung nicht, oder wird die Kasse geschlossen, so hat die Aufsichtsbehörde[2] die Abwickelung der Geschäfte geeigneten Personen zu übertragen und deren Namen bekannt zu machen.

§ 28. Die Auflösung der Kasse kann durch Beschluß der Generalversammlung unter Zustimmung von mindestens vier Fünftel sämmtlicher vertretenen Stimmen erfolgen, falls die Kasse auf freier Vereinbarung beruht;[3] die Schließung der Kasse kann nur
§ 29. durch die höhere Verwaltungsbehörde erfolgen und nur aus bestimmten gesetzlichen Gründen (z. B. im Fall der §§ 13 und 26).[4]
§ 32. Bis zum Ablauf eines Jahres nach Auflösung oder Schließung einer Kasse kann einer für die gleichen Zwecke und für denselben Mitgliederkreis oder für einen Theil desselben neu errichteten Kasse die Zulassung versagt werden.

---

1) Die Erfüllung dieser Pflichten kann außerdem durch Ordnungsstrafe bis zu hundert Mark von der Aufsichtsbehörde erzwungen werden. § 33.

2) Die Aufsichtsbehörde in den Städten ist der Gemeindevorstand, auf dem Lande der Landrath oder Amtshauptmann. Min. Anweisung Nr. 1.

3) Die Auflösung der Kassen mit Beitrittspflicht ist abhängig von der Aufhebung derjenigen Bestimmung, welche ihren Fortbestand in der bisherigen Gestalt bedingt. Motive zum Reg. Entwurf. (Neumann S. 384.)

4) § 26 bestimmt, daß, wenn die Abschätzung im Fall des § 25 ergiebt, daß die Verpflichtungen der Kasse die Einnahmen übersteigen, entweder eine Ermäßigung der Unterstützungen bis auf den gesetzlichen Mindestbetrag, oder eine Erhöhung der Beiträge zur Herstellung des Gleichgewichts beschlossen werden muß. Diese Beschlußfassung wird in der Regel der Generalversammlung zustehen.

3. Handelsgesetzbuch.

Einf. Gesetz vom 24. Juni 1861.

(G. S. S. 449.)

Betreffs der Handelsmäkler (Sensale), d. h. der amtlich bestellten Vertreter für Handelsgeschäfte (Art. 66), bestimmt das H. G. B. in

Art. 69. Die Handelsmäkler haben insbesondere folgende Pflichten:

1) sie dürfen für eigene Rechnung keine Handelsgeschäfte machen, weder unmittelbar noch mittelbar, auch nicht als Kommissionaire, sie dürfen für die Erfüllung der Geschäfte, welche sie vermitteln, sich nicht verbindlich machen oder Bürgschaft leisten, alles dies unbeschadet der Gültigkeit der Geschäfte;
2) sie dürfen zu keinem Kaufmann in dem Verhältnisse eines Prokuristen, Handlungsbevollmächtigten oder Handlungsgehülfen stehen;
3) sie dürfen sich nicht mit anderen Handelsmäklern zu einem gemeinschaftlichen Betriebe der Mäklergeschäfte oder eines Theiles derselben vereinigen; zur gemeinschaftlichen Vermittelung einzelner Geschäfte sind sie unter Zustimmung der Auftraggeber befugt;
4) sie müssen die Mäklerverrichtungen persönlich betreiben und dürfen sich zur Abschließung der Geschäfte eines Gehülfen nicht bedienen;
5) sie sind zur Verschwiegenheit über die Aufträge, Verhandlungen und Abschlüsse verpflichtet, soweit nicht das Gegentheil durch die Parteien bewilligt oder durch die Natur des Geschäfts geboten ist;
6) sie dürfen zu keinem Geschäfte die Einwilligung der Parteien oder deren Bevollmächtigten anders annehmen, als durch ausdrückliche und persönliche Erklärung; es ist den Mäklern weder erlaubt, von Abwesenden Aufträge zu übernehmen, noch sich zur Vermittelung eines Unterhändlers zu bedienen.

Die Strafbestimmung hierzu enthält das Pr. Einführungsgesetz vom 24. Juni 1861 in:

Art. 9 § 5. Handelsmäkler, welche eine der nach dem Art. 69 des Handelsgesetzbuchs ihnen obliegenden Pflichten verletzen, werden mit Geldbuße von fünfundsiebzig bis zu eintausendfünfhundert Mark bestraft; [im Rückfalle kann außerdem auch auf Entsetzung erkannt werden].[1]) Durch diese Bestimmung wird die Anwendung einer härteren Strafe nicht ausgeschlossen, wenn dieselbe nach sonstigen Gesetzen durch die Handlung begründet ist....

Die ferneren Strafbestimmungen in Art. 11 des Einführungsgesetzes (gegen die persönlich haftenden Mitglieder einer Kommanditgesellschaft auf Aktien) und Art. 12 § 9 (gegen die Vorstandsmitglieder einer Aktiengesellschaft) sind durch die Artikel 206 und 249a des Gesetzes vom 11. Juni 1870, betr. die Kommanditgesellschaften auf Aktien und die Aktiengesellschaften, beseitigt,[2]) und an Stelle der Strafbestimmung in Art. 53 § 9 des Einführungsgesetzes ist das Gesetz v. 25. Oktober 1867, betr. die Nationalität der Kauffahrteischiffe rc., getreten.[3])

---

1) Zuständig ist die Strafkammer, jedoch ist Verweisung zulässig. — Pflichtverletzungen andrer Art sind im Wege der Disziplin strafbar. Vergl. die in Geltung verbliebenen Börsenordnungen der kaufmännischen Korporationen zu Berlin, Stettin, Königsberg, Danzig und Elbing (G. S. 1825 S. 137; 1832 S. 121; 1827 S. 128; 1830 S. 10 und 73).

2) Dieselben lauten:

Art. 206. [Die persönlich haftenden Mitglieder und die Mitglieder des Aufsichtsrathes werden mit Gefängniß bis zu drei Monaten bestraft:

1) wenn sie vorsätzlich behufs der Eintragung des Gesellschaftsvertrages in das Handelsregister falsche Angaben über die Zeichnung oder Einzahlung des Kapitals der Kommanditisten machen;
2) wenn durch ihre Schuld länger als drei Monate die Gesellschaft ohne Aufsichtsrath geblieben ist, oder in dem letzteren die zur Beschlußfähigkeit erforderliche Zahl von Mitgliedern gefehlt hat;
3) wenn sie in ihren Darstellungen, in ihren Uebersichten über den Vermögensstand der Gesellschaft oder in den in der Generalversammlung gehaltenen Vorträgen wissentlich den Stand der Verhältnisse der Gesellschaft unwahr darstellen oder verschleiern.]

(ad 2 und 3 bei mildernden Umständen: Geldstrafe bis zu tausend Mark.)

Art. 249. [Die Mitglieder des Aufsichtsrathes (einer Aktiengesellschaft) und des Vorstandes werden mit Gefängniß bis zu drei Monaten bestraft:

1) wenn sie vorsätzlich behufs der Eintragung des Gesellschaftsvertrages in das Handelsregister falsche Angaben über die Zeichnung oder Einzahlung des Grundkapitals machen;
2) und 3) (wörtlich wie in Art. 206.)]

Art. 249a. [Die Mitglieder des Vorstandes werden mit Gefängniß bis zu drei Monaten bestraft, wenn sie der Vorschrift des Art. 240 zuwider dem Gericht die Anzeige zu machen unterlassen, daß das Vermögen der Gesellschaft nicht mehr die Schulden deckt.

Die Strafe tritt nicht ein, wenn von ihnen nachgewiesen wird, daß die Anzeige ohne ihr Verschulden unterblieben ist.]

3) Zuständig sind für diese Fälle ausschließlich die Strafkammern. § 74 G. V. G.

4. Das Gesetz über die Verhältnisse der Juden

vom 23. Juli 1847

(G. S. S. 263)

bestimmt in:

§ 6. Bei Führung ihrer Handelsbücher haben sich die Juden entweder der deutschen oder der sonstigen, unter der Bevölkerung ihres Wohnorts üblichen Landessprache und deutscher oder lateinischer Schriftzüge zu bedienen.... Bei Abfassung von Verträgen und rechtlichen Willenserklärungen, wie bei allen vorkommenden schriftlichen Verhandlungen ist den Juden nur der Gebrauch der deutschen oder einer anderen lebenden Sprache und deutscher oder lateinischer Schriftzüge gestattet....

Strafe: Geldstrafe bis zu einhundertfünfzig Mark oder sechswöchentliche Haft.[1])

5. Bankgesetz.

Vom 14. März 1875.

(R. G. Bl. S. 177.)

Dasselbe enthält in Tit. IV. §§ 55—59 Strafbestimmungen.[2]) Hierher gehört nur:

§ 56. Mit Geldstrafe bis zu einhundertfünfzig Mark wird bestraft, wer der Verbotsbestimmung des § 43 zuwider, Noten inländischer Banken, oder Noten oder sonstige Geldzeichen inländischer

---

1) Das Gesetz droht Gefängniß an; da jedoch nach Art. VIII des Einf.-Ges. zum Preuß. St. G. B. Absatz 3 die hier gedachte strafbare Handlung als Uebertretung anzusehen ist, und eine solche nur mit Haft bestraft werden kann (§ 1 St. G. B.), so muß hier jetzt auf Haft erkannt werden.

2) [Die anderen Strafbestimmungen, bezüglich deren die Strafkammer ausschließlich zuständig ist, lauten:

§ 55. Wer unbefugt Banknoten oder sonstige auf den Inhaber lautende unverzinsliche Schuldverschreibungen ausgiebt, wird mit einer Geldstrafe bestraft, welche dem Zehnfachen des Betrages der von ihm ausgegebenen Werthzeichen gleichkommt, mindestens aber fünftausend Mark beträgt.

§ 57. Mit Geldstrafe von fünfzig Mark bis zu fünftausend Mark wird bestraft, wer der Verbotsbestimmung im § 11 zuwider, ausländische Banknoten oder sonstige auf den Inhaber lautende unverzinsliche Schuldverschreibungen ausländischer Korporationen, Gesellschaften oder Privaten, welche ausschließlich oder neben anderen

Korporationen außerhalb desjenigen Landesgebiets, für welches dieselben zugelassen sind, zur Leistung von Zahlungen verwendet. [1])

(§ 43 bestimmt, daß die Noten einer bei Erlaß dieses Gesetzes zur Notenausgabe befugten Bank außerhalb des die Befugniß ertheilenden Staates zu Zahlungen nicht gebraucht werden dürfen, daß aber der Umtausch solcher Noten gegen andere Banknoten, Papiergeld oder Münzen erlaubt ist). [2])

Werthbestimmungen in Reichswährung oder einer deutschen Landeswährung ausgestellt sind, zur Leistung von Zahlungen verwendet. — Geschieht die Verwendung gewerbsmäßig, so tritt neben der Geldstrafe Gefängniß bis zu einem Jahre ein. Der Versuch ist strafbar.

§ 58. Mit Geldstrafe bis zu fünftausend Mark wird bestraft, wer, den Bestimmungen im § 42 zuwider, für Rechnung von Banken als Vorsteher von Zweiganstalten oder als Agent Bankgeschäfte betreibt oder mit Banken als Gesellschafter in Verbindung tritt. — Die gleiche Strafe trifft die Mitglieder des Vorstandes einer Bank, welche den Bestimmungen des § 7 entgegenhandeln, oder welche dem Verbot des § 42 zuwider

a) Zweiganstalten oder Agenturen bestellen, oder
b) die von ihnen vertretene Bank als Gesellschafter an Bankhäusern betheiligen.

§ 59. Die Mitglieder des Vorstandes einer Bank werden:

1. wenn sie in den durch die Bestimmungen des § 8 vorgeschriebenen Veröffentlichungen wissentlich den Stand der Verhältnisse der Bank unwahr darstellen oder verschleiern, mit Gefängniß bis zu drei Monaten bestraft;
2. wenn sie durch unrichtige Aufstellung der im § 10 vorgeschriebenen Nachweisungen den steuerpflichtigen Notenumlauf zu gering angeben, mit einer Geldstrafe bestraft, welche dem Zehnfachen der hinterzogenen Steuer gleichsteht, mindestens aber fünfhundert Mark beträgt;
3. wenn die Bank mehr Noten ausgiebt, als sie auszugeben befugt ist, mit einer Geldstrafe bestraft, welche dem Zehnfachen des zuviel ausgegebenen Betrages gleichkommt, mindestens aber fünftausend Mark beträgt.]

1) Diese Bestimmung entspricht derjenigen des Preuß. Gesetzes v. 25. Mai 1857 (G. S. S. 440), betreffend das Verbot der Zahlungsleistung mittelst ausländischer Banknoten und ähnlicher Werthzeichen; wenn in § 1 daselbst der Umtausch ausländischer Werthzeichen gegen preußisches Papiergeld von dem Verbot ausdrücklich ausgenommen wird, so gilt dies auch nach § 56 des Bankgesetzes, indem auch hier, obgleich der in § 43 (s. oben) aufgenommene entsprechende Zusatz im § 11 fehlt, nur diejenige Verwendung von Banknoten mit Strafe bedroht wird, welche zur Leistung einer Zahlung dient. Vergl. Neumann S. 355.

2) [Nach dem Reichs-Ges. v. 21. Dezbr. 1874, betr. die Ausgabe von Banknoten (R. G. Bl. S. 193), ist die Ausgabe von Banknoten, welche auf Beträge von fünfzig Mark oder darüber lauten, verboten, und die Vorstandsmitglieder der Bank werden mit einer dem Vierfachen des gesetzwidrig ausge-

6. Reichs-Gesetz, betreffend die Inhaberpapiere mit Prämien.

Vom 8. Juni 1871.

(R. G. Bl. S. 210.)[1]

§ 1. Auf den Inhaber lautende Schuldverschreibungen, in welchen allen Gläubigern oder einem Theile derselben außer der Zahlung der verschriebenen Geldsumme eine Prämie dergestalt zugesichert wird, daß durch Ausloosung oder durch eine andere auf den Zufall gestellte Art der Ermittelung die zu prämiirenden Schuldverschreibungen und die Höhe der ihnen zufallenden Prämie bestimmt werden sollen (Inhaberpapiere mit Prämien) dürfen innerhalb des Deutschen Reichs nur auf Grund eines Reichsgesetzes und nur zum Zwecke der Anleihe eines Bundesstaats oder des Reichs ausgegeben werden.

§ 2. Inhaberpapiere mit Prämien, welche nach Verkündigung des gegenwärtigen Gesetzes, der Bestimmung im § 1 zuwider, im Inlande ausgegeben sein möchten, imgleichen Inhaberpapiere mit Prämien, welche nach dem 30. April 1871 im Auslande ausgegeben sind, dürfen weder weiter begeben, noch an den Börsen, noch an anderen zum Verkehr mit Werthpapieren bestimmten Versammlungsorten zum Gegenstande eines Geschäfts oder einer Geschäftsvermittelung gemacht werden.

§ 3. Dasselbe gilt vom 15. Juli 1871 ab von ausländischen Inhaberpapieren mit Prämien, deren Ausgabe vor dem 1. Mai 1871 erfolgt ist, sofern dieselben nicht abgestempelt sind (§§ 4. 5).

§ 6. [Wer den Bestimmungen der §§ 1, 2 oder 3 zuwiderhandelt, verfällt in eine Geldstrafe, welche dem fünften Theile des Nennwerthes der den Gegenstand der Zuwiderhandlung bildenden Papiere gleichkommt, mindestens aber dreihundert Mark betragen soll.][2]

Mit Geldstrafe bis zu dreihundert Mark oder Gefängniß bis zu drei Monaten wird bestraft, wer ein im § 2 oder 3 bezeichnetes Inhaberpapier mit Prämie öffentlich ankündigt, ausbietet oder empfiehlt, oder zur Feststellung eines Kurswerthes notirt.

---

gebenen Betrages gleichkommenden Strafe, mindestens aber mit tausend Mark bestraft.]

1) Das Pr. Gesetz vom 17. Juni 1833 (G. Bl. S. 75), betr. denselben Gegenstand ist nicht aufgehoben. Eine dem § 6 Absatz 2 analoge Bestimmung enthält dasselbe nicht.

2) Zuständig ist hier die Strafkammer ausschließlich. G. V. G. § 74.

7. Reichs-Gesetz, betreffend die privatrechtliche Stellung der Erwerbs- und Wirthschafts-Genossenschaften.

Vom 4. Juli 1868.

(B. G. Bl. S. 415.)[1]

§ 1. Als Genossenschaften werden „Gesellschaften von nicht geschlossener Mitgliederzahl, welche die Förderung des Kredits, des Erwerbes oder der Wirthschaft ihrer Mitglieder[2]) mittelst gemeinschaftlichen Geschäftsbetriebes bezwecken", bezeichnet.[3]) Die
§ 4. Rechte einer „eingetragenen Genossenschaft" beginnen erst mit der Eintragung in das Genossenschaftsregister, zu welcher es der Einreichung des Gesellschaftsvertrages und des Mitgliederverzeichnisses
§ 17. bedarf. Die Genossenschaft wird durch einen aus der Zahl der
§ 28. Mitglieder zu wählenden Vorstand vertreten, welchem ein Aufsichtsrath zur Seite gestellt werden kann.

§ 18. Die jeweiligen Mitglieder des Vorstandes müssen alsbald nach ihrer Bestellung zur Eintragung in das Genossenschaftsregister angemeldet werden. Die Anmeldung ist durch den Vorstand unter Beifügung seiner Legitimation entweder in Person zu bewirken oder in beglaubigter Form einzureichen. Zugleich haben die Mitglieder des Vorstandes ihre Unterschrift vor dem Handelsgerichte zu zeichnen oder die Zeichnung ebenfalls in beglaubigter Form einzureichen.

§ 23. Jede ganze oder theilweise Aenderung im Personal des Vorstandes muß von dem ganz oder theilweise erneuten Vorstande gemeinschaftlich in Person oder in beglaubigter Form dem Handelsgerichte zur Eintragung in das Genossenschafts-Register und öffentlichen Bekannt-

---

1) Das Gesetz ist im Wesentlichen nur eine Ausdehnung des Pr. Ges. v. 27. März 1867 (S. 501) auf den Norddeutschen Bund.

2) Dadurch, daß einer Genossenschaft im Statut die Ausdehnung ihres Geschäftsbetriebes auf Nichtmitglieder gestattet wird, verliert sie ihren Charakter als Genossenschaft nicht. R. Ges. vom 19. Mai 1871. Einziger Paragraph. (R. G. Bl. S. 101.)

3) Solche Vereine sind namentlich:
1. Vorschuß- und Kreditvereine,
2. Rohstoff- und Magazinvereine,
3. s. g. Produktivgenossenschaften,
4. Konsumvereine,
5. Vereine zur Herstellung von Wohnungen für ihre Mitglieder. (§ 1.)

machung angemeldet und dabei wegen Einreichung der Legitimation und Zeichnung Seitens der neu Eintretenden das im § 18 Verordnete beobachtet werden.

Dasselbe gilt für den Fall, daß interimistische Stellvertreter eines oder mehrerer Mitglieder gewählt werden....

§ 25. Der Vorstand ist verbunden, dem Handelsgerichte am Schlusse jedes Quartals über den Eintritt und Austritt von Genossenschaftern schriftlich Anzeige zu machen und alljährlich im Monat Januar ein vollständiges, alphabetisch geordnetes Verzeichniß der Genossenschafter einzureichen.

§ 26. Der Vorstand ist verpflichtet, Sorge zu tragen, daß die erforderlichen Bücher der Genossenschaft geführt werden. Er muß spätestens in den ersten sechs Monaten jedes Geschäftsjahres eine Bilanz des verflossenen Geschäftsjahres, die Zahl der seit der vorjährigen Bekanntmachung aufgenommenen oder ausgeschiedenen, sowie die Zahl der zur Zeit der Genossenschaft angehörigen Genossenschafter veröffentlichen.

§ 27. Mitglieder des Vorstandes... haben, wenn ihre Handlungen auf andere, als die in dem gegenwärtigen Gesetze (§ 1) erwähnten geschäftlichen Zwecke gerichtet sind, oder wenn sie in der Generalversammlung die Erörterung von Anträgen gestatten oder nicht hindern, welche auf öffentliche Angelegenheiten gerichtet sind, deren Erörterung unter die Landesgesetze über das Versammlungs- und Vereinsrecht fällt, eine Geldbuße bis zu sechshundert Mark verwirkt.[1])

§ 33. Der Vorstand ist zur Beobachtung und Ausführung aller Bestimmungen des Gesellschaftsvertrages und der in Gemäßheit desselben von der Generalversammlung[2]) gültig gefaßten Beschlüsse verpflichtet und dafür der Genossenschaft verantwortlich.

Die Beschlüsse der Generalversammlung sind in ein Protokollbuch einzutragen, dessen Einsicht jedem Genossenschafter und der Staatsbehörde gestattet werden muß.

§ 41. Die Liquidatoren sind von dem Vorstande beim Handelsgerichte zur Eintragung in das Genossenschaftsregister anzumelden; sie haben ihre Unterschrift persönlich vor dieser Behörde zu zeichnen oder die Zeichnungen in beglaubigter Form einzureichen.

Das Austreten eines Liquidators oder das Erlöschen der Vollmacht

---

1) Es sind hiernach zwei Fälle der Strafbarkeit zu unterscheiden. In Bezug auf die erste Art sind nur diejenigen Handlungen straffällig, die erkennen lassen, daß der Zweck der Genossenschaft kein ausschließlich wirthschaftlicher ist, und in Bezug auf die zweite Art wird es besonders darauf ankommen, ob die Erörterung über den Gegenstand des Unternehmens hinausgeht. Neumann S. 25.

2) Die Generalversammlung der Genossenschafter wird in der Regel durch den Vorstand berufen, und zwar außer in den im Gesellschaftsvertrage vorgesehenen Fällen, so oft dies im Interesse der Genossenschaft erforderlich erscheint. (§ 31.)

eines solchen ist gleichfalls zur Eintragung in das Genossenschaftsregister anzumelden.

§ 67. Unrichtigkeiten in den nach den Vorschriften des gegenwärtigen Gesetzes dem Vorstande obliegenden Anzeigen oder sonstigen amtlichen Angaben werden gegen die Vorstandsmitglieder mit Geldbuße bis zu sechszig Mark geahndet.[1])

8.[2]) Verordnung, betreffend die Legitimations-Atteste bei Veräußerung von Pferden.

Vom 13. Februar 1843.

(G. S. S. 75.)

§ 1. Wer ein Pferd verkaufen, vertauschen, verschenken oder sonst veräußern will, ist verpflichtet, sich über seine Befugniß dazu, auf Erfordern der Polizei, durch ein amtliches Attest (§§ 5. 7.) auszuweisen.

---

1) Nicht nur die bewußte, sondern auch die auf bloßer Fahrlässigkeit beruhende Unrichtigkeit ist straffällig. Neumann S. 34.

2) Die für den Handelsstand hauptsächlich wichtigen Strafbestimmungen der Reichs-Konkursordnung vom 10. Februar 1877 (R. G. Bl. S. 351) haben hier im Text nicht Aufnahme finden können, weil ihre Uebertretung nicht der Zuständigkeit der Schöffengerichte unterliegt. [Dieselben lauten:

§ 209. Schuldner, welche ihre Zahlungen eingestellt haben, oder über deren Vermögen das Konkursverfahren eröffnet worden ist, werden wegen betrüglichen Bankerutts mit Zuchthaus bestraft, wenn sie in der Absicht, ihre Gläubiger zu benachtheiligen,

1. Vermögensstücke verheimlicht oder bei Seite geschafft haben,
2. Schulden oder Rechtsgeschäfte anerkannt oder aufgestellt haben, welche ganz oder theilweise erdichtet sind,
3. Handelsbücher zu führen unterlassen haben, deren Führung ihnen gesetzlich oblag, oder
4. ihre Handelsbücher vernichtet oder verheimlicht oder so geführt oder verändert haben, daß dieselben keine Uebersicht des Vermögenszustandes gewähren.

Sind mildernde Umstände vorhanden, so tritt Gefängnißstrafe nicht unter drei Monaten ein.

§ 210. Schuldner, welche ihre Zahlungen eingestellt haben, oder über deren Vermögen das Konkursverfahren eröffnet worden ist, werden wegen einfachen Bankerutts mit Gefängniß bis zu zwei Jahren bestraft, wenn sie

1. durch Aufwand, Spiel oder Differenzhandel mit Waaren oder Börsenpapieren übermäßige Summen verbraucht haben oder schuldig geworden sind,

§ 4. Wer ein Pferd von einer ihm unbekannten Person erwirbt, ohne daß diese durch ein vorschriftsmäßiges Attest (§ 5) über ihre Befugniß zur Veräußerung des Pferdes sich ausgewiesen, hat dadurch allein eine Polizeistrafe von fünfzehn Mark oder acht Tage Gefängniß[1]) verwirkt. Das Pferd aber wird in Beschlag genommen....

§ 6. Ein solches Attest gilt längstens für die Dauer von vier Wochen und dient während derselben einem jeden Besitzer des darin bezeichneten Pferdes zur Legitimation.

---

2. Handelsbücher zu führen unterlassen haben, deren Führung ihnen gesetzlich oblag, oder dieselben verheimlicht, vernichtet oder so unordentlich geführt haben, daß sie keine Uebersicht ihres Vermögenszustandes gewähren, oder
3. es gegen die Bestimmung des Handelsgesetzbuchs unterlassen haben, die Bilanz ihres Vermögens in der vorgeschriebenen Zeit zu ziehen.

§ 211. Schuldner, welche ihre Zahlungen eingestellt haben, oder über deren Vermögen das Konkursverfahren eröffnet worden ist, werden mit Gefängniß bis zu zwei Jahren bestraft, wenn sie, obwohl sie ihre Zahlungsunfähigkeit kannten, einem Gläubiger in der Absicht, ihn vor den übrigen Gläubigern zu begünstigen, eine Sicherung oder Befriedigung gewährt haben, welche derselbe nicht oder nicht in der Art oder nicht zu der Zeit zu beanspruchen hatte.

§ 212. Mit Zuchthaus bis zu zehn Jahren wird bestraft, wer
1. im Interesse eines Schuldners, welcher seine Zahlungen eingestellt hat, oder über dessen Vermögen das Konkursverfahren eröffnet worden ist, Vermögensstücke desselben verheimlicht oder bei Seite geschafft hat, oder
2. im Interesse eines solchen Schuldners, oder, um sich oder einem Anderen Vermögensvortheil zu verschaffen, in dem Verfahren erdichtete Forderungen im eigenen Namen oder durch vorgeschobene Personen geltend gemacht hat.

Sind mildernde Umstände vorhanden, so tritt Gefängnißstrafe oder Geldstrafe bis zu sechstausend Mark ein.

§ 213. Ein Gläubiger, welcher sich von dem Gemeinschuldner oder anderen Personen besondere Vortheile dafür hat gewähren oder versprechen lassen, daß er bei den Abstimmungen der Konkursgläubiger in einem gewissen Sinne stimme, wird mit Geldstrafe bis zu dreitausend Mark oder mit Gefängniß bis zu einem Jahre bestraft.

§ 214. Die Strafvorschriften der §§ 209—211 finden gegen die Mitglieder des Vorstandes einer Aktiengesellschaft oder eingetragenen Genossenschaft und gegen die Liquidatoren einer Handelsgesellschaft oder eingetragenen Genossenschaft, welche ihre Zahlungen eingestellt hat, oder über deren Vermögen das Konkursverfahren eröffnet worden ist, Anwendung, wenn sie in dieser Eigenschaft die mit Strafe bedrohten Handlungen begangen haben.

1) Jetzt Haft. Vergl. S. 103 Anm. 1.

C. Strafgesetze zum Schutz des Staats und der öffentlichen Ordnung.

1. Das Reichsgesetz über die Presse.

Vom 7. Mai 1874.

(R. G. Bl. S. 65.)

Dieses, auf dem Grundsatz der Freiheit der Presse beruhende Gesetz bezweckt die Verhinderung des Mißbrauchs der Presse und regelt andrerseits die polizeilichen Befugnisse hinsichtlich der Be-
§ 2. schlagnahme von Druckschriften. Es findet Anwendung „auf alle Erzeugnisse der Buchdruckerpresse, sowie auf alle anderen durch mechanische oder chemische Mittel bewirkten, zur Verbreitung bestimmten Vervielfältigungen von Schriften und bildlichen Darstellungen mit oder ohne Schrift und von Musikalien mit Text oder Erläuterungen."[1]) In Bezug auf den Betrieb des Preßgewerbes verweist das Gesetz auf die Bestimmungen der Gewerbeordnung, bestimmt aber ausdrücklich, daß eine Entziehung der
§ 4. Befugniß zum Betrieb dieses Gewerbes oder sonst zur Herausgabe und zum Vertriebe von Druckschriften unstatthaft ist, und
§ 5. daß die nicht gewerbsmäßige öffentliche Verbreitung[2]) von Druckschriften denjenigen Personen verboten werden darf, welchen nach § 57 der Gewerbeordnung ein Legitimationsschein versagt werden darf.[3])

In Abschnitt II des Gesetzes wird die „Ordnung der Presse" (§§ 6—19), in Abschnitt III die „Verantwortlichkeit für die durch die Presse begangenen Hand-

---

1) Zu den Erzeugnissen der Buchdruckerpresse gehören die Produkte der Kopirmaschinen und die Durchdruckschrift der s. g. autographirten Korrespondenz; zu den mechanischen Vervielfältigungen gehören Steindruck, Stahlstich, Kupferstich und Abdruck, und zu den durch chemische Mittel bewirkten Vervielfältigungen gehört die Photographie. Neumann S. 273.

2) Der Verbreitung stehen der öffentliche Anschlag und die öffentliche Ausstellung oder das öffentliche Auslegen gleich. (§ 3.)

3) Strafe nach § 148 Gew. O.

lungen" (§§ 20 und 21) geregelt; Abschnitt V behandelt die „Beschlagnahme" (§§ 24—29).

§ 6. Auf jeder im Geltungsbereich dieses Gesetzes erscheinenden Druckschrift muß der Name und Wohnort des Druckers[1]) und, wenn sie für den Buchhandel, oder sonst zur Verbreitung bestimmt ist, der Name und Wohnort des Verlegers[2]) oder — beim Selbstvertriebe der Druckschrift — des Verfassers oder Herausgebers[3]) genannt sein. An Stelle des Namens des Druckers oder Verlegers genügt die Angabe der in das Handelsregister eingetragenen Firma.

Ausgenommen von dieser Vorschrift sind die nur zu den Zwecken des Gewerbes und Verkehrs, des häuslichen und geselligen Lebens dienenden Druckschriften, als: Formulare, Preiszettel, Visitenkarten und dergleichen, sowie Stimmzettel für öffentliche Wahlen, sofern sie nichts weiter als Zweck, Zeit und Ort der Wahl und die Bezeichnung der zu wählenden Personen enthalten.

§ 7. Zeitungen und Zeitschriften, welche in monatlichen oder kürzeren, wenn auch unregelmäßigen Fristen erscheinen (periodische Druckschriften im Sinne dieses Gesetzes), müssen außerdem auf jeder Nummer, jedem Stücke oder Hefte den Namen und Wohnort des verantwortlichen Redakteurs enthalten.

Die Benennung mehrerer Personen als verantwortliche Redakteure ist nur dann zulässig, wenn aus Form und Inhalt der Benennung mit Bestimmtheit zu ersehen ist, für welchen Theil der Druckschrift jede der benannten Personen die Redaktion besorgt.

§ 8. Verantwortliche Redakteure periodischer Druckschriften dürfen nur Personen sein, welche verfügungsfähig, im Besitze der bürgerlichen Ehrenrechte sind und im Deutschen Reiche ihren Wohnsitz oder gewöhnlichen Aufenthalt haben.

Strafe zu §§ 6—8:[4])

§ 18. [Mit Geldstrafe bis zu eintausend Mark oder mit Haft oder mit Gefängniß bis zu sechs Monaten werden bestraft:

---

1) Drucker ist, wer die Druckerei inne hat und dieselbe für eigene Rechnung betreibt. Erk. des Ob. Trib. v. 20. Sept. 1871.

2) Verleger ist derjenige, welchem der Verfasser die Befugniß übertragen hat, die Schrift durch den Druck zu vervielfältigen und sie gewerbsmäßig abzusetzen. Wenn der Vertrieb für Rechnung des Verfassers erfolgen soll, so heißt der Absetzende Kommissionsverleger. Neumann S. 274.

3) Herausgeber im Gegensatz zum Verfasser ist derjenige, welcher das Erscheinen (d. h. die druckfertige Ablieferung an den Besteller) besorgt oder herbeigeführt hat. Neumann l. c. Marquardsen, Kommentar S. 69.

4) Die Strafandrohung bezüglich des § 6 zielt hauptsächlich auf den Drucker, diejenige bezüglich des § 7 vorzugsweise auf den Redakteur, aber auch auf den Verleger, denn in Absatz 2 § 18 heißt es:

2) Zuwiderhandlungen gegen die Bestimmungen der §§ 6, 7 und 8, welche durch falsche Angaben mit Kenntniß der Unrichtigkeit begangen werden.]

§ 19. Mit Geldstrafe bis zu einhundert und fünfzig Mark oder mit Haft werden bestraft:

1) Zuwiderhandlungen gegen die §§ 6, 7 und 8, welche nicht durch § 18 Ziffer 2 getroffen sind.

§ 9. Von jeder Nummer (Heft, Stück) einer periodischen Druckschrift muß der Verleger, sobald die Austheilung oder Versendung beginnt, ein Exemplar gegen eine ihm sofort zu ertheilende Bescheinigung an die Polizeibehörde des Ausgabeorts unentgeltlich abliefern.

Diese Vorschrift findet keine Anwendung auf Druckschriften, welche ausschließlich Zwecken der Wissenschaft, der Kunst, des Gewerbes oder der Industrie dienen.

Strafe:

§ 19. Mit Geldstrafe bis zu einhundert und fünfzig Mark oder mit Haft werden bestraft:

2) Zuwiderhandlungen gegen den § 9....

§ 10. Der verantwortliche Redakteur einer periodischen Druckschrift, welcher Anzeigen aufnimmt, ist verpflichtet, die ihm von öffentlichen Behörden mitgetheilten amtlichen Bekanntmachungen auf deren Verlangen gegen Zahlung der üblichen Einrückungsgebühren in eine der beiden nächsten Nummern des Blattes aufzunehmen.

§ 11. Der verantwortliche Redakteur einer periodischen Druckschrift ist verpflichtet, eine Berichtigung der in letzterer mitgetheilten Thatsachen auf Verlangen einer betheiligten öffentlichen Behörde oder Privatperson ohne Einschaltungen oder Weglassungen aufzunehmen, sofern die Berichtigung von dem Einsender unterzeichnet ist, keinen strafbaren Inhalt hat und sich auf thatsächliche Angaben beschränkt.[1])

„Dieselbe Strafe trifft den Verleger einer periodischen Druckschrift auch dann, wenn er wissentlich geschehen läßt, daß auf derselben eine Person fälschlich als Redakteur benannt wird."

Demgemäß ist der wirkliche Redakteur, welcher einen s. g. Sitzredakteur oder Strohmann vorschiebt, event. aber auch der Verleger zu bestrafen.

Die Strafandrohung bezüglich des § 8 in § 18 beruht allerdings wohl auf einem Redaktionsversehen (Neumann S. 280), da in § 8 eine Angabe der gesetzlichen Eigenschaften des Redakteurs nicht erfordert wird. Wohl aber kann der Mangel dieser Eigenschaften selbst nach § 19 strafbar sein.

1) Wenn die durch ein Strafurtheil angeordnete Aufnahme der Berichtigung nicht erfolgt, so ist eine neue Bestrafung zulässig. Oppenhoff, Rechtsprechung des Ob. Trib. 18 S. 558.

Der Abdruck muß in der nach Empfang der Einsendung nächstfolgenden, für den Druck nicht bereits abgeschlossenen Nummer und zwar in demselben Theile der Druckschrift und mit derselben Schrift, wie der Abdruck des zu berichtigenden Artikels geschehen.

Die Aufnahme erfolgt kostenfrei, soweit nicht die Entgegnung den Raum der zu berichtigenden Mittheilung überschreitet; für die über dieses Maß hinausgehenden Zeilen sind die üblichen Einrückungsgebühren zu entrichten.

Strafe zu §§ 10 und 11:

§ 19. Mit Geldstrafe bis zu einhundert und fünfzig Mark oder mit Haft werden bestraft:

3) Zuwiderhandlungen gegen die §§ 10 und 11.

In den Fällen der Ziffer 3 tritt die Verfolgung nur auf Antrag ein, und hat das Strafurtheil zugleich die Aufnahme des eingesandten Artikels in die nächstfolgende Nummer anzuordnen. Ist die unberechtigte Verweigerung im guten Glauben geschehen, so ist unter Freisprechung von Strafe und Kosten lediglich die nachträgliche Aufnahme anzuordnen.

Die auf mechanischem oder chemischem Wege vervielfältigten periodischen Mittheilungen sind, sofern sie ausschließlich an Redaktionen verbreitet werden, den Bestimmungen über periodische Druckschriften nicht unterworfen. § 13.

§ 14. Ist gegen eine Nummer (Stück, Heft) einer im Auslande erscheinenden periodischen Druckschrift binnen Jahresfrist zwei Mal eine Verurtheilung auf Grund der §§ 41 und 42 des Strafgesetzbuchs erfolgt, so kann der Reichskanzler innerhalb zwei Monaten nach Eintritt der Rechtskraft des letzten Erkenntnisses das Verbot der ferneren Verbreitung dieser Druckschrift bis auf zwei Jahre durch öffentliche Bekanntmachung aussprechen....

§ 15. In Zeiten der Kriegsgefahr oder des Krieges können Veröffentlichungen über Truppenbewegungen oder Vertheidigungsmittel durch den Reichskanzler mittelst öffentlicher Bekanntmachung verboten werden.

§ 16. Oeffentliche Aufforderungen mittelst der Presse zur Aufbringung der wegen einer strafbaren Handlung erkannten Geldstrafen und Kosten, sowie öffentliche Bescheinigungen mittelst der Presse über den Empfang der zu solchen Zwecken gezahlten Beiträge sind verboten.

Das zufolge solcher Aufforderungen Empfangene oder der Werth desselben ist der Armenkasse des Orts der Sammlung für verfallen zu erklären.

§ 17. Die Anklageschrift oder andere amtliche Schriftstücke eines Strafprozesses dürfen durch die Presse nicht eher veröffentlicht werden, als bis dieselben in öffentlicher Verhandlung kund gegeben worden sind oder das Verfahren sein Ende erreicht hat.

Strafe:

§ 18. [**Mit Geldstrafe bis zu eintausend Mark oder mit Haft oder mit Gefängniß bis zu sechs Monaten werden bestraft:**[1])

1) Zuwiderhandlungen gegen die in den §§ 14, 15, 16 und 17 enthaltenen Verbote;]

§ 20. Die Verantwortlichkeit für die durch die Presse begangenen strafbaren Handlungen, d. h. für diejenigen Handlungen, deren Strafbarkeit durch den Inhalt einer Druckschrift begründet wird, richtet sich nach den allgemeinen Strafgesetzen,[2]) jedoch soll bei periodischen Druckschriften die Vermuthung dafür sprechen, daß der Redakteur der Thäter ist, und er ist daher als solcher zu bestrafen, wenn nicht durch besondere Umstände seine Thäterschaft ausgeschlossen wird.[3])

[§ 21. **Begründet der Inhalt einer Druckschrift den Thatbestand einer strafbaren Handlung, so sind**

der verantwortliche Redakteur,

der Verleger,

der Drucker,

derjenige, welcher die Druckschrift gewerbsmäßig vertrieben oder sonst öffentlich verbreitet hat (Verbreiter),

soweit sie nicht nach § 20 als Thäter oder Theilnehmer zu bestrafen sind, wegen Fahrlässigkeit mit Geldstrafe bis zu eintausend Mark oder mit Haft oder mit Festungshaft oder Gefängniß bis zu einem Jahre zu belegen, wenn sie nicht die Anwendung der pflichtgemäßen Sorgfalt oder Umstände nachweisen, welche diese Anwendung unmöglich gemacht haben.[4])

Die Bestrafung bleibt jedoch für jede der benannten Personen ausgeschlossen, wenn sie als den Verfasser oder den Einsender, mit dessen Einwilligung die Veröffentlichung geschehen ist, oder, wenn es sich um eine nicht periodische Druckschrift handelt, als den Herausgeber der-

---

1) Eine Verweisung an das Schöffengericht erscheint hier, wenngleich § 75[14] G. V. G. die Verbindung mit Haft nicht erwähnt, nicht unzulässig. Ebenso im Fall des § 18[2].

2) Es finden daher die Grundsätze des St. G. B. über Versuch und Theilnahme gleichfalls Anwendung.

3) Die Strafbarkeit des Redakteurs als Thäter wird dadurch nicht ausgeschlossen, daß der Verfasser bekannt ist. Oppenhoff, Rechtspr. d. Ob.-Trib. 18 S. 340.

4) Der § 21 greift nur event., nämlich da Platz, wo der Redakteur nicht als Thäter zu bestrafen ist. Der Feststellung einer besonderen Fahrlässigkeit des Redakteurs bedarf es dabei nicht. Oppenhoff, R. d. Ob.-Trib. 18 S. 332 und 416.

selben, oder als einen der in obiger Reihenfolge vor ihr Benannten eine Person bis zur Verkündigung des ersten Urtheils nachweist, welche in dem Bereich der richterlichen Gewalt eines deutschen Bundesstaats sich befindet, oder falls sie verstorben ist, sich zur Zeit der Veröffentlichung befunden hat; hinsichtlich des Verbreiters ausländischer Druckschriften außerdem, wenn ihm dieselben im Wege des Buchhandels zugekommen sind.]

Die Strafverfolgung der durch die Verbreitung von Druckschriften strafbaren Inhalts begangenen Verbrechen und Vergehen, sowie der sonstigen in diesem Gesetze mit Strafe bedrohten Vergehen verjährt in sechs Monaten. § 22.

§ 23. Eine Beschlagnahme von Druckschriften ohne richterliche Anordnung findet nur statt:

1) wenn eine Druckschrift den Vorschriften der §§ 6 und 7 nicht entspricht, oder den Vorschriften des § 14 zuwider verbreitet wird,
2) wenn durch eine Druckschrift einem auf Grund des § 15 dieses Gesetzes erlassenen Verbot zuwider gehandelt wird,
3) wenn der Inhalt einer Druckschrift den Thatbestand einer der in den §§ 85, 95, 111, 130 oder 184 des deutschen Strafgesetzbuchs mit Strafe bedrohten Handlungen begründet, in den Fällen der §§ 111 und 130 jedoch nur dann, wenn dringende Gefahr besteht, daß bei Verzögerung der Beschlagnahme die Aufforderung oder Anreizung ein Verbrechen oder Vergehen unmittelbar zur Folge haben werde.

Das zuständige[1]) Gericht hat über die Bestätigung oder Aufhebung der Beschlagnahme zu entscheiden, und zwar binnen vierundzwanzig Stunden nach Eingang des Antrags der Staatsanwaltschaft, der gleichfalls binnen vierundzwanzig Stunden nach der Beschlagnahme zu stellen ist. Die Beschlagnahme erlischt, falls nach Ablauf von fünf Tagen ein sie bestätigender Gerichtsbeschluß der Behörde, die sie angeordnet hat, nicht zugegangen ist. Gegen den die Beschlagnahme aufhebenden Gerichtsbeschluß finden Rechtsmittel nicht statt.[2]) Wird die Beschlagnahme bestätigt, so muß binnen zwei Wochen die Strafverfolgung in der Hauptsache eingeleitet werden. Bei der Beschlagnahme müssen die inkriminirten Stellen bezeichnet werden. § 24. § 25. § 26. § 27.

---

1) Zuständig ist das Gericht des Ortes, wo die Druckschrift erscheint.

2) Wohl aber ist gegen einen bestätigenden Gerichtsbeschluß Beschwerde zulässig. § 347 St. P. O.

§ 28. Während der Dauer der Beschlagnahme ist die Verbreitung der von derselben betroffenen Druckschrift oder der Wiederabdruck der die Beschlagnahme veranlassenden Stellen unstatthaft.

[Wer mit Kenntniß der verfügten Beschlagnahme dieser Bestimmung entgegenhandelt, wird mit Geldstrafe bis fünfhundert Mark oder mit Gefängniß bis zu sechs Monaten bestraft.] [1])

§ 30. Das Recht der Landesgesetzgebung, Vorschriften über das öffentliche Anschlagen, Anheften, Ausstellen, sowie die öffentliche, unentgeltliche Vertheilung von Bekanntmachungen, Plakaten und Aufrufen zu erlassen, wird durch dieses Gesetz nicht berührt.[2])

---

1) Verweisung an das Schöffengericht ist hier zulässig. § 75[14] G. V. G.

2) Hiernach sind folgende Vorschriften des Preußischen Preßgesetzes v. 12. Mai 1851 noch in Kraft geblieben:

§ 6. An der bisherigen Verpflichtung des Verlegers, zwei Exemplare seiner Verlagsartikel, und zwar eins an die Kgl. Bibliothek zu Berlin, das andere an die Bibliothek der Universität derjenigen Provinz, in welcher er wohnt, unentgeltlich einzusenden, wird nichts geändert.

§ 9. Anschlagezettel und Plakate, welche einen anderen Inhalt haben, als Ankündigungen über gesetzlich nicht verbotene Versammlungen, über öffentliche Vergnügungen, über gestohlene, verlorene oder gefundene Sachen, über Verkäufe oder andere Nachrichten für den gewerblichen Verkehr, dürfen nicht angeschlagen, angeheftet oder in sonstiger Weise öffentlich ausgestellt werden.

Auf die amtlichen Bekanntmachungen öffentlicher Behörden sind die vorstehenden Bestimmungen nicht anwendbar.

§ 10. Niemand darf auf öffentlichen Wegen, Straßen, Plätzen oder an anderen öffentlichen Orten Druckschriften oder andere Schriften oder Bildwerke ausrufen, verkaufen, vertheilen, anheften oder anschlagen, ohne daß er dazu die Erlaubniß der Ortspolizei-Behörde erlangt hat, und ohne daß er den Erlaubnißschein, in welchem sein Name ausgedrückt sein muß, bei sich führt. Die Erlaubniß kann jederzeit zurückgenommen werden.

§ 41. Wer den Vorschriften der §§ 9 und 10 zuwiderhandelt, hat eine Strafe bis einhundertundfünfzig Mark oder eine Gefängnißstrafe (jetzt Haft) bis zu sechs Wochen verwirkt.

2. Verordnung über die Verhütung eines die gesetzliche Freiheit und Ordnung gefährdenden Mißbrauchs des Versammlungs- und Vereinigungsrechtes.

Vom 11. März 1850.

(G. S. S. 277.)

§ 1. Von allen Versammlungen, in welchen öffentliche Angelegenheiten erörtert oder berathen werden sollen, hat der Unternehmer mindestens vier und zwanzig Stunden vor dem Beginne der Versammlung, unter Angabe des Ortes und der Zeit derselben, Anzeige bei der Ortspolizeibehörde zu machen. Diese Behörde hat darüber sofort eine Bescheinigung zu ertheilen.

Beginnt die Versammlung nicht spätestens eine Stunde nach der in der Anzeige angegebenen Zeit, so ist die später beginnende Versammlung als vorschriftsmäßig angezeigt nicht anzusehen. Dasselbe gilt, wenn eine Versammlung die länger als eine Stunde ausgesetzten Verhandlungen wieder aufnimmt.

Strafe:

§ 12. Wenn eine Versammlung ohne die in § 1 vorgeschriebene Anzeige stattgefunden hat, so trifft den Unternehmer eine Geldbuße von fünfzehn bis einhundertfünfzig Mark oder Gefängnißstrafe von acht Tagen bis zu sechs Wochen. Derjenige, der den Platz dazu eingeräumt hat, und Jeder, welcher in der Versammlung als Vorsteher, Ordner, Leiter oder Redner aufgetreten ist, hat eine Geldbuße von fünfzehn bis einhundertfünfzig Mark verwirkt.[1]

§ 2. Die Vorsteher von Vereinen,[2] welche eine Einwirkung auf öffentliche Angelegenheiten bezwecken, sind verpflichtet, Statuten des Vereins und das Verzeichniß der Mitglieder binnen drei Tagen nach Stiftung des Vereins, und jede Aenderung der Statuten oder der Vereinsmitglieder binnen drei Tagen, nachdem sie eingetreten ist, der Ortspolizeibehörde zur Kenntnißnahme einzureichen, derselben auch auf Erfordern jede darauf bezügliche Auskunft zu ertheilen.

Die Ortspolizeibehörde hat über die erfolgte Einreichung der Statuten

---

1) Im Unvermögensfall ist hier Haftstrafe zu substituiren, weil nur eine Uebertretung vorliegt. Auch verjährt die strafbare Handlung der Vorsteher ꝛc. deshalb in drei Monaten, während die des Unternehmers, als Vergehen, in drei Jahren verjährt. Dalcke S. 400 Note 36.

2) Verein ist jede dauernde Verbindung Mehrerer zur Verfolgung bestimmter gemeinschaftlicher Zwecke. Oppenhoff, Rechtspr. d. Ob.-Trib. 10 S. 270.

und der Verzeichnisse, oder der Abänderungen derselben, sofort eine Bescheinigung zu ertheilen.

Die Bestimmungen dieses und des vorhergehenden Paragraphen beziehen sich nicht auf kirchliche und religiöse Vereine und deren Versammlungen, wenn diese Vereine Korporationsrechte haben.[1])

Strafe:

§ 13. Wenn, der Vorschrift des § 2 entgegen, die Statuten eines Vereins oder das Verzeichniß der Mitglieder, oder die eingetretenen Aenderungen in der bestimmten Frist zur Kenntniß der Ortspolizeibehörde nicht gebracht worden sind, oder wenn eine von der Ortspolizeibehörde erforderte Auskunft nicht ertheilt worden ist, so wird jeder Vorsteher des Vereins mit Geldbuße von fünfzehn bis einhundertfünfzig Mark bestraft, insofern er nicht nachweisen kann, daß die Anzeige oder die Einreichung des Verzeichnisses ganz ohne sein Verschulden unterblieben ist. Dieser Strafe tritt eine Gefängnißstrafe von acht Tagen bis sechs Wochen hinzu, wenn die Vorsteher wissentlich unrichtige Statuten oder Verzeichnisse eingereicht, oder wissentlich unrichtige Auskunft ertheilt haben.

§ 3. Wenn für die Versammlungen eines Vereines, welcher eine Einwirkung auf öffentliche Angelegenheiten bezweckt, Zeit und Ort statutenmäßig oder durch einen besonderen Beschluß im Voraus feststeht, und dieses wenigstens vier und zwanzig Stunden vor der ersten Versammlung zur Kenntniß der Ortspolizeibehörde gebracht worden ist, so bedarf es einer besonderen Anzeige, wie sie der § 1 erfordert, für die einzelnen Versammlungen nicht.

§ 4. Die Ortspolizeibehörde[2]) ist befugt, in jede Versammlung, in welcher öffentliche Angelegenheiten erörtert oder berathen werden sollen, einen oder zwei Polizeibeamte oder eine oder zwei andere Personen als Abgeordnete zu senden.

Die Abgeordneten dürfen, wenn sie Polizeibeamte sind, nur in ihrer Dienstkleidung oder unter ausdrücklicher Kundgebung ihrer dienstlichen Eigenschaft erscheinen. Sind sie nicht Polizeibeamte, so müssen sie durch besondere Abzeichen erkennbar sein.

Den Abgeordneten muß ein angemessener Platz eingeräumt, ihnen auch auf Erfordern durch den Vorsitzenden Auskunft über die Person der Redner gegeben werden.

Strafe:

§ 14. [Wenn in einer Versammlung, der Vorschrift des § 4 entgegen, den Abgeordneten der Ortspolizeibehörde der Zutritt oder die Einräumung eines angemessenen Platzes verweigert worden ist, so

---

1) Studentenverbindungen und Studentenversammlungen unterliegen den Beschränkungen des Vereinsgesetzes. Dalcke S. 395 Note 13.

2) Ortspolizeibehörde sind der Gemeinde-, Guts- und Amtsvorsteher. Kreis-Ordnung v. 13. Septbr. 1872. §§ 29, 31 und 59.

trifft den Unternehmer und Jeden, welcher in der Versammlung als Vorsteher, Ordner oder Leiter aufgetreten ist, Geldbuße von dreißig bis dreihundert Mark oder Gefängniß von vierzehn Tagen bis zu sechs Monaten. Dieselbe Strafe hat der Vorsitzende verwirkt, wenn er sich weigert, den Abgeordneten der Polizeibehörde Auskunft über die Person der Redner zu geben, oder wenn er wissentlich unrichtige Auskunft ertheilt.][1])

§ 5. Die Abgeordneten der Polizeibehörde sind, vorbehaltlich des gegen die Betheiligten einzuleitenden Strafverfahrens, befugt, sofort jede Versammlung aufzulösen, bezüglich deren die Bescheinigung der erfolgten Anzeige (§§ 1 und 3) nicht vorgelegt werden kann. Ein Gleiches gilt, wenn in der Versammlung Anträge oder Vorschläge erörtert werden, die eine Aufforderung oder Anreizung zu strafbaren Handlungen enthalten, oder wenn in der Versammlung Bewaffnete erscheinen, die der Aufforderung des Abgeordneten der Obrigkeit entgegen, nicht entfernt werden.

§ 6. Sobald ein Abgeordneter der Polizeibehörde die Versammlung für aufgelöst erklärt hat, sind alle Anwesenden verpflichtet, sich sofort zu entfernen. Diese Erklärung kann nöthigenfalls durch die bewaffnete Macht zur Ausführung gebracht werden.

Strafe:

§ 15. Wer sich nicht sofort entfernt, nachdem der Abgeordnete der Ortspolizei-Behörde die Versammlung für aufgelöst erklärt hat (§§ 5, 6, 8), wird mit Geldbuße von fünfzehn bis einhundertfünfzig Mark oder mit Gefängniß von acht Tagen bis zu drei Monaten bestraft.

§ 7. Niemand darf in einer Versammlung bewaffnet erscheinen, mit Ausnahme der im Dienste befindlichen Polizeibeamten.

Strafe:

[§ 18. Wer gegen das Verbot des § 7 in einer Versammlung bewaffnet erscheint, wird mit Gefängniß von vierzehn Tagen bis zu sechs Monaten bestraft.

§ 19. Wer auffordert, in einer Versammlung mit Waffen zu erscheinen, oder die Aufforderung hierzu verbreiten läßt, oder in einer Versammlung Waffen austheilt, wird mit Gefängniß von sechs Wochen bis zu Einem Jahre bestraft.][2])

§ 8. Für Vereine, welche bezwecken, politische Gegenstände[3]) in Versammlungen zu erörtern, gelten außer vorstehenden Bestimmungen nachstehende Beschränkungen:

1) Zuständig ist die Strafkammer, jedoch ist Verweisung an das Schöffengericht zulässig. § 75[14] G. V. G.

2) Zuständig ist die Strafkammer, jedoch ist im Fall des § 18 Verweisung an das Schöffengericht zulässig. § 75[14] G. V. G.

3) Politische Gegenstände sind diejenigen, welche den Staat und seine

a) sie dürfen keine Frauenspersonen, Schüler und Lehrlinge als Mitglieder aufnehmen;

b) sie dürfen nicht mit anderen Vereinen gleicher Art zu gemeinsamen Zwecken in Verbindung treten, insbesondere nicht durch Komite's, Ausschüsse, Central-Organe oder ähnliche Einrichtungen oder durch gegenseitigen Schriftwechsel.

Werden diese Beschränkungen[1]) überschritten, so ist die Ortspolizeibehörde berechtigt, vorbehaltlich des gegen die Betheiligten gesetzlich einzuleitenden Strafverfahrens, den Verein bis zur ergehenden richterlichen Entscheidung (§ 16) zu schließen.

Frauenspersonen, Schüler und Lehrlinge dürfen den Versammlungen und Sitzungen solcher politischen Vereine nicht beiwohnen. Werden dieselben auf die Aufforderung des anwesenden Abgeordneten der Obrigkeit nicht entfernt, so ist Grund zur Auflösung der Versammlung oder der Sitzung (§§ 5, 6) vorhanden.

Strafe:

§ 16. [Wenn ein politischer Verein die in § 8 zu a. und b. gezogenen Beschränkungen überschreitet, so haben Vorsteher, Ordner und Leiter, die diesen Bestimmungen entgegen gehandelt haben, eine Geldbuße von fünfzehn bis einhundertfünfzig Mark oder Gefängniß von acht Tagen bis zu drei Monaten verwirkt. Der Richter kann außerdem nach der Schwere der Umstände auf Schließung des Vereins erkennen. Auf diese Schließung muß erkannt werden, wenn Vorsteher, Ordner oder Leiter sich wiederholt strafbar gemacht haben.]

Wer sich bei einem auch nur vorläufig (§ 8) geschlossenen politischen Vereine als Mitglied ferner betheiligt, wird mit Geldstrafe von fünfzehn bis einhundertfünfzig Mark oder Gefängnißstrafe von acht Tagen bis zu drei Monaten belegt.

Wer der Vorschrift des § 8a entgegen sich als Mitglied aufnehmen läßt, hat eine Geldbuße von fünfzehn bis einhundertfünfzig Mark verwirkt....[2])

Einwohner betreffen (auch soziale Fragen). Oppenhoff, Rechtsprechung des Ob.-Trib. 17 S. 79. 14 S. 6[11]. 15 S. 209. 16 S. 759.

1) Auf Wahlvereine finden diese Beschränkungen keine Anwendung. § 21. — Als Wahlvereine sind aber nur solche Vereine anzusehen, welche auf bestimmte bevorstehende Wahlen, nicht auch allgemein für künftige noch unbestimmte Wahlen agitiren. Dalcke S. 404 Note 59.

2) Zuständig ist im Fall des Absatz 1 die Strafkammer, da § 27 G. V. G. hier nicht völlig zutrifft, indem die Schließung eines Vereins wohl nicht durch ein Schöffengericht ausgesprochen werden kann. In den Fällen des Absatz 2 und 3 ist dagegen das Schöffengericht zuständig.

Die Polizeibehörde, die einen politischen Verein vorläufig geschlossen hat, muß binnen 48 Stunden davon und von den Gesetzwidrigkeiten, die dazu veranlaßt, der Staatsanwaltschaft Anzeige machen. Diese muß binnen 8 Tagen, wenn sie beistimmt, Anklage erheben oder Voruntersuchung beantragen. Auf den Antrag hat das Gericht sofort zu beschließen.

§ 9. Oeffentliche Versammlungen unter freiem Himmel bedürfen der vorgängigen schriftlichen Genehmigung der Ortspolizeibehörde.

Die Genehmigung ist von dem Unternehmer, Vorsteher, Ordner oder Leiter derselben mindestens acht und vierzig Stunden vor der Zusammenkunft nachzusuchen, und darf nur versagt werden, wenn aus Abhaltung der Versammlung Gefahr für die öffentliche Sicherheit oder Ordnung zu befürchten ist.

Soll die Versammlung auf öffentlichen Plätzen, in Städten und Ortschaften, oder auf öffentlichen Straßen stattfinden, so hat die Ortspolizeibehörde bei Ertheilung der Erlaubniß auch alle, dem Verkehr schuldigen Rücksichten zu beachten. Im Uebrigen finden auf solche Versammlungen die Bestimmungen der §§ 1, 4, 5, 6 und 7 Anwendung.

§ 10. Den in den vorhergehenden Paragraphen erwähnten Versammlungen werden öffentliche Aufzüge in Städten und Ortschaften oder auf öffentlichen Straßen gleichgestellt. Bei Einholung der Genehmigung ist der beabsichtigte Weg anzugeben. Gewöhnliche Leichenbegängnisse, so wie Züge der Hochzeits-Versammlungen, wo diese hergebracht sind, kirchliche Prozessionen, Wallfahrten und Bittgänge, wenn sie in der hergebrachten Art statt finden,[1]) bedürfen einer vorgängigen Genehmigung und selbst einer Anzeige nicht.

§ 11. Innerhalb zweier Meilen von dem Orte der jedesmaligen Residenz des Königs, oder von dem Orte des Sitzes beider Kammern dürfen Volksversammlungen unter freiem Himmel von der Ortspolizeibehörde nicht gestattet werden. Das letztere Verbot besteht nur für die Dauer der Sitzungsperiode der Kammern.

Strafe:

§ 17. Wer an einem Aufzuge oder an einer Versammlung unter freiem Himmel Theil nimmt, zu welcher die nach dem gegenwärtigen Gesetze erforderliche Genehmigung nicht ertheilt ist, wird mit einer Geldbuße von drei bis fünfzehn Mark bestraft.

Wer zu einer solchen Versammlung oder zu einem solchen Aufzuge vor Eingang der obrigkeitlichen Erlaubniß auffordert oder auffordern läßt, oder darin als Ordner, Leiter oder Redner thätig ist, wird mit Geldbuße von fünfzehn bis einhundertfünfzig Mark oder mit Gefängniß von acht Tagen bis zu drei Monaten bestraft.

Diese Strafen sind jederzeit verwirkt, wenn die Versammlung oder der Aufzug in Städten und Ortschaften oder auf öffentlichen Straßen, oder wenn eine Volksversammlung in den Fällen des § 11 stattgefunden hat. In allen anderen Fällen sind die Theilnehmer und selbst diejenigen, welche als Redner aufgetreten sind, nur dann strafbar, wenn die Versagung der Genehmigung oder das nachträgliche Verbot vorher öffentlich oder den Theilnehmern besonders bekannt

---

1) Diese Vorschrift bezieht sich nur auf die bereits im Jahre 1850 hergebrachten Prozessionen ꝛc. — Der Beweis der Herkömmlichkeit ist von dem Angeklagten zu führen. Dalcke S. 399 Note 34.

gemacht war. Wird die Nichtgenehmigung oder das Verbot während der Versammlung oder während des Aufzuges selbst bekannt gemacht, so kann sich wegen seiner späteren Betheiligung Niemand mit Unkenntniß der Nichtgenehmigung oder des Verbotes entschuldigen. [1])

3. Reichsgesetz gegen die gemeingefährlichen Bestrebungen der Sozialdemokratie.

Vom 21. Oktober 1878.

(R. G. Bl. S. 351.)

§ 1. Vereine, welche durch sozialdemokratische, sozialistische oder kommunistische Bestrebungen den Umsturz der bestehenden Staats- oder Gesellschaftsordnung bezwecken, sind zu verbieten.

Dasselbe gilt von Vereinen, in welchen sozialdemokratische, sozialistische oder kommunistische auf den Umsturz der bestehenden Staats- oder Gesellschaftsordnung gerichtete Bestrebungen in einer den öffentlichen Frieden, insbesondere die Eintracht der Bevölkerungsklassen gefährdenden Weise zu Tage treten. [2])

Den Vereinen stehen gleich Verbindungen jeder Art.

§ 3. Selbständige Kassenvereine (nicht eingeschriebene), welche nach ihren Statuten die gegenseitige Unterstützung ihrer Mitglieder bezwecken, sind im Falle des § 1 Absatz 2 zunächst nicht zu verbieten, sondern unter eine außerordentliche staatliche Kontrole zu stellen....

§ 6. Zuständig für das Verbot und die Anordnung der Kontrole ist die Landespolizeibehörde. Das Verbot ausländischer Vereine steht dem Reichskanzler zu.

Das Verbot ist in allen Fällen durch den Reichsanzeiger, das von der Landespolizeibehörde erlassene Verbot überdies durch das für amtliche Bekanntmachungen der Behörde bestimmte Blatt des Ortes oder des Bezirkes bekannt zu machen.

Das Verbot ist für das ganze Bundesgebiet wirksam und umfaßt alle Verzweigungen des Vereins, sowie jeden vorgeblich neuen Verein, welcher sachlich als der alte sich darstellt. [3])

1) Ebenso wie die öffentlichen Umzüge sind Hauskollekten von obrigkeitlicher Genehmigung abhängig, und zwar bedarf es der Genehmigung des Oberpräsidenten. (Die Reg.-Vdg. v. 6. Juli 1866 für den Reg.-Bezirk Potsdam verlangt diese Genehmigung für alles öffentliche Kollektiren von Haus zu Haus, und für das Ausschreiben von Kollekten. Strafe drei bis dreißig Mark.)

2) Für eingetragene Genossenschaften kommt in diesem Fall § 35 Ges. v. 4. Juli 1868, und für eingeschriebene Hülfskassen § 29 Ges. v. 7. April 1876 zur Anwendung. (§ 2.)

3) Auf Grund des Verbots ist die Vereinskasse in Beschlag zu nehmen und die

§ 9. Versammlungen, in denen sozialdemokratische, sozialistische oder kommunistische auf den Umsturz der bestehenden Staats- oder Gesellschaftsordnung gerichtete Bestrebungen zu Tage treten, sind aufzulösen.

Versammlungen, von denen durch Thatsachen die Annahme gerechtfertigt ist, daß sie zur Förderung der im ersten Absatze bezeichneten Bestrebungen bestimmt sind, sind zu verbieten.

Den Versammlungen werden öffentliche Festlichkeiten und Aufzüge gleichgestellt.

§ 10. Zuständig für das Verbot und die Auflösung ist die Polizeibehörde....

Strafe (zu §§ 6 und 9):

§ 17. Wer an einem verbotenen Vereine (§ 6) als Mitglied sich betheiligt, oder eine Thätigkeit im Interesse eines solchen Vereins ausübt, wird mit Geldstrafe bis zu fünfhundert Mark oder mit Gefängniß bis zu drei Monaten bestraft. Eine gleiche Strafe trifft denjenigen, welcher an einer verbotenen Versammlung (§ 9) sich betheiligt, oder welcher nach polizeilicher Auflösung einer Versammlung (§ 9) sich nicht sofort entfernt.

[Gegen diejenigen, welche sich an dem Vereine oder an der Versammlung als Vorsteher, Leiter, Ordner, Agenten, Redner oder Kassirer betheiligen, oder welche zu der Versammlung auffordern, ist auf Gefängniß von Einem Monat bis zu Einem Jahre zu erkennen.]

§ 18. [Wer für einen verbotenen Verein oder für eine verbotene Versammlung Räumlichkeiten hergiebt, wird mit Gefängniß von Einem Monat bis zu Einem Jahre bestraft.]

§ 21. Wer ohne Kenntniß, jedoch nach erfolgter Bekanntmachung des Verbots durch den Reichsanzeiger (§§ 6, 12) eine der in den §§ 17, 18, 19 verbotenen Handlungen begeht, ist mit Geldstrafe bis zu einhundertfünfzig Mark oder mit Haft zu bestrafen....

§ 11. Druckschriften, in welchen sozialdemokratische, sozialistische oder kommunistische auf den Umsturz der bestehenden Staats- oder Gesellschaftsordnung gerichtete Bestrebungen in einer den öffentlichen Frieden, insbesondere die Eintracht der Bevölkerungsklassen gefährdenden Weise zu Tage treten, sind zu verbieten.

Bei periodischen Druckschriften kann das Verbot sich auch auf das fernere Erscheinen erstrecken, sobald auf Grund dieses Gesetzes das Verbot einer einzelnen Nummer erfolgt.[1])

§ 12. Zuständig für das Verbot ist die Landespolizeibehörde, bei periodischen im Inlande erscheinenden Druckschriften die Landespolizei-

---

Liquidation des Vereins anzuordnen. Das Verbot muß dem Vereinsvorstand durch schriftliche begründete Verfügung bekannt gemacht werden. (§§ 7 und 8.)

1) Das Verbot ist dem Verleger oder dem Herausgeber, bei periodisch erscheinenden Druckschriften auch dem Verfasser durch schriftliche begründete Verfügung bekannt zu machen. (§ 13.)

behörde des Bezirks, in welchem die Druckschrift erscheint. Das Verbot der ferneren Verbreitung einer im Auslande erscheinenden periodischen Druckschrift steht dem Reichskanzler zu.

Das Verbot ist in der im § 6 Absatz 2 vorgeschriebenen Weise bekannt zu machen und ist für das ganze Bundesgebiet wirksam.

§ 15. Die Polizeibehörde ist befugt, Druckschriften der im § 11 bezeichneten Art, sowie die zu ihrer Vervielfältigung dienenden Platten und Formen schon vor Erlaß eines Verbots vorläufig in Beschlag zu nehmen. Die in Beschlag genommene Druckschrift ist innerhalb vierundzwanzig Stunden der Landespolizeibehörde einzureichen.... [1])

Strafe (zu §§ 11, 12, 15):

§ 19. [Wer eine verbotene Druckschrift (§§ 11, 12), oder wer eine von der vorläufigen Beschlagnahme betroffene Druckschrift (§ 15) verbreitet, fortsetzt oder wieder abdruckt, wird mit Geldstrafe bis zu eintausend Mark oder mit Gefängniß bis zu sechs Monaten bestraft.] [2])

§ 21. Wer ohne Kenntniß, jedoch nach erfolgter Bekanntmachung des Verbots durch den Reichsanzeiger (§§ 6, 12) eine der in den §§ 17, 18, 19 verbotenen Handlungen begeht, ist mit Geldstrafe bis zu einhundertfünfzig Mark oder mit Haft zu bestrafen....

§ 16. Das Einsammeln von Beiträgen zur Förderung von sozialdemokratischen, sozialistischen oder kommunistischen auf den Umsturz der bestehenden Staats- oder Gesellschaftsordnung gerichteten Bestrebungen, sowie die öffentliche Aufforderung zur Leistung solcher Beiträge sind polizeilich zu verbieten. Das Verbot ist öffentlich bekannt zu machen....

Strafe:

§ 20. Wer einem nach § 16 erlassenen Verbote zuwiderhandelt, wird mit Geldstrafe bis zu fünfhundert Mark oder mit Gefängniß bis zu drei Monaten bestraft. Außerdem ist das zufolge der verbotenen Sammlung oder Aufforderung Empfangene oder der Werth desselben der Armenkasse des Orts der Sammlung für verfallen zu erklären.

§ 21. Absatz 2. Gleiche Strafe (Geldstrafe bis zu einhundertfünfzig Mark oder Haft) trifft den, welcher nach erfolgter Bekanntmachung des Verbots einem nach § 16 erlassenen Verbote zuwiderhandelt. Die Schlußbestimmung des § 20 findet Anwendung.

§ 22. [Gegen Personen, welche sich die Agitation für die im § 1 Abs. 2 bezeichneten Bestrebungen zum Geschäfte machen, kann im Falle

---

1) Die Landespolizeibehörde hat entweder die Wiederaufhebung der Beschlagnahme sofort anzuordnen oder innerhalb einer Woche das Verbot zu erlassen.

2) Zuständig ist die Strafkammer, jedoch ist Verweisung zulässig. § 75[14] G. V. G.

einer Verurtheilung wegen Zuwiderhandlungen gegen die §§ 17 bis 20 neben der Freiheitsstrafe auf die Zulässigkeit der Einschränkung ihres Aufenthalts erkannt werden.[1]) ... Zuwiderhandlungen werden mit Gefängniß von Einem Monat bis zu Einem Jahre bestraft.]

§ 23. [Unter den im § 22 Abs. 1 bezeichneten Voraussetzungen kann gegen Gastwirthe, Schankwirthe, mit Branntwein oder Spiritus Kleinhandel treibende Personen, Buchdrucker, Buchhändler, Leihbibliothekare und Inhaber von Lesekabineten neben der Freiheitsstrafe auf Untersagung ihres Gewerbebetriebes erkannt werden.][2])

§ 24. Personen, welche es sich zum Geschäft machen, die im § 1 Abs. 2 bezeichneten Bestrebungen zu fördern, oder welche auf Grund einer Bestimmung dieses Gesetzes rechtskräftig zu einer Strafe verurtheilt worden sind, kann von der Landespolizeibehörde die Befugniß zur gewerbsmäßigen oder nichtgewerbsmäßigen öffentlichen Verbreitung von Druckschriften, sowie die Befugniß zum Handel mit Druckschriften im Umherziehen entzogen werden.

Strafe:

§ 25. [Wer einem auf Grund des § 23 ergangenen Urtheil oder einer auf Grund des § 24 erlassenen Verfügung zuwiderhandelt, wird mit Geldstrafe bis zu eintausend Mark oder mit Haft oder mit Gefängniß bis zu sechs Monaten bestraft.][3])

Das Beschwerderecht ist dahin geregelt, daß in den Fällen der § 26.
§§ 8 und 13 eine besondere, aus dem Bundesrath und Mitgliedern der höchsten Gerichte gebildete Kommission unter einem vom Kaiser ernannten Vorsitzenden endgültig entscheidet, während in den Fällen der §§ 7, 10, 14, 16 und 24 die Beschwerde nur an die Aufsichtsbehörden stattfindet.

Die Centralbehörden der Bundesstaaten können mit Genehmi- § 28.
gung des Bundesraths auf die Dauer von längstens einem Jahre für besonders bedrohte Bezirke und Ortschaften anordnen:

„1. daß Versammlungen nur mit vorgängiger Genehmigung der Polizeibehörde stattfinden dürfen; auf Versammlungen zum Zwecke einer ausgeschriebenen Wahl zum Reichstag

1) Die Landespolizeibehörde kann dann den Aufenthalt in bestimmten Bezirken oder Ortschaften untersagen, außer bei sechsmonatlichem Wohnsitz, und Ausländer ausweisen. (§ 22.)

2) Ausnahme von dem Prinzip des § 143 der Gewerbe-Ordnung. — Schöffengerichte sind für eine derartige Untersagung nicht zuständig (§ 27 G. V. G.).

3) Zuständig ist die Strafkammer, jedoch erscheint Verweisung zulässig. § 75[14] G. V. G. — Vergl. oben S. 114 Note 1.

oder zur Landesvertretung erstreckt sich diese Beschränkung nicht;

„2. daß die Verbreitung von Druckschriften auf öffentlichen Wegen, Straßen, Plätzen oder an anderen öffentlichen Orten nicht stattfinden darf;

„3. daß Personen, von denen eine Gefährdung der öffentlichen Sicherheit oder Ordnung zu besorgen ist, der Aufenthalt in den Bezirken oder Ortschaften versagt werden kann;[1])

„4. daß der Besitz, das Tragen, die Einführung und der Verkauf von Waffen verboten, beschränkt oder an bestimmte Voraussetzungen geknüpft wird."

Strafe:

§ 28. Absatz 4. [**Wer diesen Anordnungen oder den auf Grund derselben erlassenen Verfügungen[2]) mit Kenntniß oder nach erfolgter**

---

1) Diese Bestimmung findet auf Mitglieder des Reichstags oder einer gesetzgebenden Versammlung, welche sich am Sitze dieser Körperschaften während der Session derselben aufhalten, keine Anwendung. § 1. G. v. 31. Mai 1880 (R. G. Bl. S. 117.).

2) Das Kgl. Staatsministerium hat am 28. Novbr. 1879 folgende Bekanntmachung erlassen:

§ 1. Personen, von denen eine Gefährdung der öffentlichen Sicherheit oder Ordnung zu besorgen ist, kann der Aufenthalt in dem die Stadt Berlin, die Stadtkreise Charlottenburg und Potsdam und die Kreise Teltow, Nieder-Barnim und Ost-Havelland umfassenden Bezirke für den ganzen Umfang desselben von der Landespolizeibehörde versagt werden.

§ 2. In der Stadt Berlin und den Stadtkreisen Charlottenburg und Potsdam sind das Tragen von Stoß-, Hieb- oder Schußwaffen, sowie der Besitz, das Tragen, die Einführung und der Verkauf von Sprenggeschossen, soweit es sich nicht um Munition des Reichsheeres und der Kaiserlichen Marine handelt, verboten. Von letzterem Verbote werden Gewehrpatronen nicht betroffen. Ausnahmen von dem Verbote des Waffentragens finden statt:

1. für Personen, welche kraft ihres Amtes oder Berufes zur Führung von Waffen berechtigt sind, in Betreff der letzteren;
2. für die Mitglieder von Vereinen, welchen die Befugniß, Waffen zu tragen, beiwohnt, in dem Umfange dieser Befugniß;
3. für Personen, welche sich im Besitze eines Jagdscheines befinden, in Betreff der zur Ausübung der Jagd dienenden Waffen;
4. für Personen, welche einen für sie ausgestellten Waffenschein bei sich führen, in Betreff der in demselben bezeichneten Waffen.

Ueber die Ertheilung des Waffenscheins befindet die Landespolizeibehörde. Er wird von derselben kosten- und stempelfrei ausgestellt und kann zu jeder Zeit wieder entzogen werden.

öffentlicher Bekanntmachung[1]) zuwiderhandelt, wird mit Geldstrafe bis zu eintausend Mark oder mit Haft oder mit Gefängniß bis zu sechs Monaten bestraft.][2])

---

4. Die kirchenpolitischen Gesetze.[3])

a. Gesetz über die Vorbildung und Anstellung der Geistlichen.

Vom 11. Mai 1873.

(G. S. S. 191.)

§ 1. Ein geistliches Amt darf in einer der christlichen Kirchen nur einem Deutschen übertragen werden, welcher seine wissenschaftliche Vorbildung nach den Vorschriften dieses Gesetzes dargethan hat und gegen dessen Anstellung kein Einspruch von der Staatsregierung erhoben worden ist.

---

1) Ist die Bekanntmachung öffentlich erfolgt, so ist der Nachweis der Kenntniß von dieser zur Strafbarkeit nicht erforderlich. Erk. des Reichsgerichts v. 13. April 1880.

2) Die Geltungsdauer dieses G. ist bis zum 30. September 1884 verlängert. § 2 G. v. 31. Mai 1880 (R. G. Bl. S. 117).

3) Dem Datum nach ist die Reihenfolge der zur Bekämpfung ultramontaner Bestrebungen erlassenen s. g. Kulturkampf- oder Maigesetze folgende:

1. R. Ges. v. 10. Dezbr. 1871, betr. die Einschaltung des § 130a (des s. g. Kanzelparagraphen) in das St. G. B. (R. G. Bl. S. 442).
2. Preuß. Ges. v. 11. März 1872, betr. die Beaufsichtigung des Unterrichts- und Erziehungswesens (G. S. S. 183). Diese steht jetzt ausschließlich dem Staate zu.
3. R. Ges. v. 4. Juli 1872, betr. den Orden der Gesellschaft Jesu (R. G. Bl. S. 253). In diesem Gesetz werden dieser Orden und die ihm verwandten ordensähnlichen Kongregationen vom Gebiet des Deutschen Reichs ausgeschlossen und ihre Niederlassungen aufgehoben. Die Mitglieder können, wenn sie Ausländer sind, ausgewiesen werden, wenn Inländer, kann ihnen der Aufenthalt in bestimmten Bezirken oder Orten versagt oder angewiesen werden.
4. Preuß. Ges. v. 5. April 1873, bet. die Abänderung der Art. 15 und 18 der Verfassungs-Urkunde v. 31. Januar 1850.
5. Die Preuß. Gesetze v. 11., 12. und 13. Mai 1873. S. oben.
6. Preuß. Ges. v. 14. Mai 1873, betr. den Austritt aus der Kirche (G. S. S. 207). Dieses Gesetz bestimmt, daß der Austritt aus einer Kirche durch persönliche Erklärung vor dem zuständigen Richter erfolgt, welcher den betreffenden Antrag dem Vorstand der Kirchengemeinde zu-

§ 2. Die Vorschriften des § 1 kommen zur Anwendung, gleichviel, ob das Amt dauernd oder widerruflich übertragen werden oder nur eine Stellvertretung oder Hülfsleistung in demselben statthaben soll. Ist Gefahr im Verzuge, so kann eine Stellvertretung oder Hülfsleistung einstweilen und vorbehaltlich des Einspruchs der Staatsregierung angeordnet werden.

§ 3. Die Vorschriften des § 1 kommen, vorbehaltlich der Bestimmungen des § 26,[1]) auch zur Anwendung, wenn einem bereits im Amte (§ 2)

---

zustellen hat. Zwischen Antrag und Austritt muß eine Frist von mindestens vier und höchstens sechs Wochen liegen.

7. R. Ges. v. 9. März 1874 über die Form der Eheschließung. S. unter V.
8. R. Ges. v. 4. Mai 1874, betr. die Verhinderung der unbefugten Ausübung von Kirchenämtern (R. G. Bl. S. 43). Nach diesem Gesetz kann einem Geistlichen oder anderen Religionsdiener, der durch ein gerichtliches Urtheil aus seinem Amte entlassen ist und durch Vornahme einer Handlung den Anspruch auf Fortdauer des Amtes erkennen läßt, der Aufenthalt in bestimmten Bezirken oder Orten versagt oder angewiesen werden, auch kann er der Staatsangehörigkeit für verlustig erklärt und aus dem Bundesgebiet ausgewiesen werden. Gegen die Verfügung hat er Anspruch auf richterliches Gehör; zuständig ist dafür der Gerichtshof für kirchliche Angelegenheiten.
9. Preuß. Ges. v. 20. Mai 1874 über die Verwaltung erledigter katholischer Bisthümer
10. Preuß. Ges. v. 21. Mai 1874 } s. oben.
11. Preuß. Ges. v. 22. April 1875
12. Preuß. Ges. v. 31. März 1875, betr. die geistlichen Orden und ordensähnlichen Kongregationen (G. S. S. 217). Dieses Gesetz untersagt die Niederlassung aller Orden und ordensähnlichen Kongregationen innerhalb der Preuß. Monarchie. Nur solche, die sich ausschließlich der Krankenpflege widmen, sind erhalten, aber der Aufsicht des Staats unterstellt worden. Die Befugniß zur Unterrichtsertheilung kann auch nach Auflösung der Erziehungsanstalten einzelnen Mitgliedern gewährt werden.
13. Preuß. Ges. v. 20. Juni 1875 über die Vermögensverwaltung in den katholischen Kirchengemeinden (G. S. S. 241). Dieses Gesetz ordnet die Bestellung eines Kirchenvorstandes (des Pfarrers, der aber nicht den Vorsitz führen darf (§ 12), und mehrerer Kirchenvorsteher, event. auch des Patrons) und einer Gemeindevertretung an. Die Aufsicht steht der vorgesetzten kirchlichen Behörde zu, die, wenn sie auf Aufforderung der Staatsbehörde hiervon keinen Gebrauch macht, durch diese ersetzt wird.
14. Preuß. Ges. v. 7. Juni 1876 über die Aufsichtsrechte des Staats bei der Vermögensverwaltung in den katholischen Diözesen (G. S. S. 149).

Modifizirt und gemildert sind einige dieser Gesetze durch das neueste Preuß. Gesetz vom 14. Juli 1880, betr. Abänderungen der kirchenpolitischen Gesetze (G. S. S. 285).

1) § 26 bestimmt, daß die Vorschriften über den Nachweis wissenschaftlicher

stehenden Geistlichen ein anderes geistliches Amt übertragen oder eine widerrufliche Anstellung in eine dauernde verwandelt werden soll.

§§ 4—14 betreffen die Vorbildung zu geistlichen Aemtern.[1])

§§ 15—21 betreffen die Anstellung der Geistlichen.

§ 15. Die geistlichen Oberen sind verpflichtet, denjenigen Kandidaten, dem ein geistliches Amt übertragen werden soll, dem Oberpräsidenten unter Bezeichnung des Amtes zu benennen.

Dasselbe gilt bei Versetzung eines Geistlichen in ein anderes geistliches Amt oder bei Umwandlung einer widerruflichen Anstellung in eine dauernde.

Innerhalb dreißig Tagen nach der Benennung kann Einspruch gegen die Anstellung erhoben werden.

Die Erhebung des Einspruchs steht dem Oberpräsidenten zu.[2])

Gegen die, nur aus bestimmten gesetzlichen Gründen (§ 16) § 16.
zulässige Einspruchserklärung kann binnen dreißig Tagen Berufung
bei dem Gerichtshof für kirchliche Angelegenheiten eingelegt werden.
Jede Uebertragung eines geistlichen Amts entgegen der Vorschrift § 17.
des § 1 oder vor Ablauf der dreißig Tage des § 15 gilt als nicht
geschehen. Jedes Pfarramt soll innerhalb eines Jahres vom Tage
der Erledigung wieder besetzt werden, nach Ablauf dieser Frist
darf der Oberpräsident die Wiederbesetzung durch Geldstrafe bis § 18. Abs. 1.
zu dreitausend Mark erzwingen. Die Errichtung von Seelsorge- Abs. 2.
ämtern, deren Inhaber unbedingt abberufen werden dürfen, ist § 19.
nur mit Genehmigung des Ministers der geistlichen Angelegen- Abs. 1.
heiten zulässig. Jede Verurtheilung zu Zuchthausstrafe sowie
die Aberkennung bürgerlicher Ehrenrechte und der Amtsfähigkeit

---

Vorbildung und Befähigung auf die vor Erlaß dieses Gesetzes im geistlichen Amt angestellten oder zur Anstellung qualifizirten Personen keine Anwendung finden.

1) Erfordernisse sind: Entlassungsprüfung auf einem Deutschen Gymnasium, dreijähriges Studium auf einer Deutschen Staatsuniversität (unter Verbot kirchlicher Seminarangehörigkeit) und eine wissenschaftliche Staatsprüfung (das s. g. Kulturexamen). Die Errichtung neuer Knabenkonvikte ist verboten, die Konvikte und Seminare überhaupt stehen unter staatlicher Aufsicht.

2) Diese, bekanntlich die Hauptklippe aller Ausgleichsversuche bildende Bestimmung wird in dem Gesetz v. 14. Juli 1880 nicht berührt. Dasselbe betrifft im Uebrigen:

§§ 22—24, Ges. v. 11. Mai 1873,
§§ 21 u. 31, Ges. v. 12. Mai 1873,
§§ 2 u. 6, Ges. v. 20. Mai 1874,
Art. 2, Ges. v. 21. Mai 1874,
§§ 2, 6, 12, 13—15, Ges. v. 22. April 1875,
§§ 2 u. 3, Ges. v. 31. Mai 1875.

§ 21. hat die Erledigung der Stelle, die Unfähigkeit zur Ausübung des geistlichen Amts und den Verlust des Amtseinkommens zur Folge.

Strafe:

[§ 22. Ein geistlicher Oberer, welcher den §§ 1—3 zuwider ein geistliches Amt überträgt oder die Uebertragung genehmigt, wird mit Geldstrafe von sechshundert bis zu dreitausend Mark bestraft.[1])

Dieselbe Strafe trifft denjenigen, welcher der Vorschrift des § 19 Abs. 1 zuwiderhandelt.]

§ 23. Wer geistliche Amtshandlungen in einem Amte vornimmt, welches ihm den Vorschriften der §§ 1—3 zuwider übertragen worden ist, wird mit Geldstrafe bis zu dreihundert Mark bestraft.

Dieselbe Strafe trifft denjenigen, der geistliche Amtshandlungen in einem von ihm nicht dauernd verwalteten Pfarramte vornimmt, nachdem er von dem Oberpräsidenten benachrichtigt worden ist, daß das Zwangsverfahren Behufs Wiederbesetzung der Stelle in Gemäßheit der Vorschrift in § 18 Abs. 2 eingeleitet sei.[2])

§ 24. Wer geistliche Amtshandlungen vornimmt, nachdem er in Folge gerichtlichen Strafurtheils die Fähigkeit zur Ausübung des geistlichen Amtes verloren hat (§ 21), wird mit Geldstrafe bis zu dreihundert Mark bestraft.[3])

---

1) Diese Zuwiderhandlung liegt auch dann vor, wenn die Amtsübertragung oder die Genehmigung der Uebertragung ohne die in § 15 vorgeschriebene Benennung des Kandidaten oder vor dieser Benennung oder vor Ablauf der Einspruchsfrist erfolgt. Art. 1 Ges. v. 21. Mai 1874 wegen Deklaration des Gesetzes v. 11. Mai 1873 (G. S. S. 139).

2) Die Strafe dieses Paragraphen trifft einen jeden Geistlichen, welcher Amtshandlungen vornimmt, ohne den Nachweis führen zu können, daß er zu einem hierzu ermächtigenden Amte oder zur Stellvertretung oder zur Hülfsleistung in einem solchen Amte unter Beobachtung der §§ 1—3 dieses Gesetzes berufen worden sei. Art. 2 Ges. v. 21. Mai 1874.

3) Den Strafbestimmungen dieses Gesetzes unterliegen jetzt solche geistliche Amtshandlungen **nicht**, welche von gesetzmäßig angestellten Geistlichen in erledigten oder in solchen Pfarreien, deren Inhaber an der Ausübung des Amts verhindert ist, vorgenommen werden, ohne dabei die Absicht zu bekunden, dort ein geistliches Amt zu übernehmen. Dabei gelten die mit der Stellvertretung oder Hülfsleistung in einem geistlichen Amte gesetzmäßig beauftragten Geistlichen auch nach Erledigung dieses Amts als „gesetzmäßig angestellte" Geistliche. Art. 5 des Gesetzes v. 14. Juli 1880 betr. Abänderungen der kirchenpolitischen Gesetze.

b. Gesetz über die kirchliche Disziplinargewalt und die Errichtung des Königl. Gerichtshofes für kirchliche Angelegenheiten.

Vom 12. Mai 1873.

(G. S. S. 198.)

Die kirchliche Disziplinargewalt über Kirchendiener darf nur § 1.
von deutschen kirchlichen Behörden und zwar in der Art ausgeübt
werden, daß die gegen die Freiheit oder das Vermögen gerichteten
Disziplinarstrafen nur nach Anhörung des Beschuldigten ver- § 2.
hängt werden dürfen, die Entfernung aus dem Amt aber nur
nach vorhergegangenem prozessualischen Verfahren erfolgen kann.
Körperliche Züchtigung ist unzulässig, Geldstrafe soll den Betrag § 3.
von neunzig Mark bez. das etwa höhere Monatseinkommen nicht § 4.
übersteigen, und die Freiheitsentziehung darf nur in der Ver-
weisung in eine, staatlicher Aufsicht unterworfene Demeriten-An- § 5.
stalt bestehen. Der Oberpräsident soll Kenntniß erhalten von
jeder kirchlichen Disziplinarentscheidung, die auf mehr als sechszig
Mark Geldstrafe oder auf mehr als vierzehn Tage Verweisung § 7.
oder auf Amtsentfernung lautet, und kann die Befolgung dieser
Vorschriften (§§ 5—7) durch Geldstrafe bis zu dreitausend Mark § 8.
erzwingen. — Gegen Disziplinarentscheidungen der kirchlichen
Behörden steht die Berufung an die Staatsbehörde aus be-
stimmten gesetzlichen Gründen [1]) offen, für welchen Zweck ein be- § 10.

---

1) Diese Gründe sind:
„1. wenn die Entscheidung von einer durch die Staatsgesetze ausgeschlossenen Behörde ergangen ist; § 10.
2. wenn die Vorschriften des § 2 nicht befolgt worden sind;
3. wenn die Strafe gesetzlich unzulässig ist;
4. wenn die Strafe verhängt ist:
a) wegen einer Handlung oder Unterlassung, zu welcher die Staatsgesetze oder die von der Obrigkeit innerhalb ihrer Zuständigkeit erlassenen Anordnungen verpflichten,
b) wegen Ausübung oder Nichtausübung eines öffentlichen Wahl- und Stimmrechts,
c) wegen Gebrauchs der Berufung an die Staatsbehörde (§ 32) auf Grund dieses Gesetzes;“

9*

sonderer „Kgl. Gerichtshof für kirchliche Angelegenheiten“ in Berlin errichtet worden ist. — Der Staat kann aber auch ohne Berufung einschreiten, wenn nämlich ein Kirchendiener die auf sein
§ 24. Amt oder seine geistlichen Amtsverrichtungen bezüglichen Vorschriften der Staatsgesetze oder die in dieser Hinsicht von der Obrigkeit getroffenen Anordnungen so schwer verletzt, daß sein Verbleiben im Amt mit der öffentlichen Ordnung unverträglich erscheint. Es bedarf dann zunächst einer Aufforderung an die
§ 25. vorgesetzte kirchliche Behörde, gegen den Angeschuldigten die kirchliche Untersuchung wegen Amtsentlassung [1]) einzuleiten, ist diese Aufforderung oder die Untersuchung erfolglos, so kann der Ober-
§ 26. präsident bei den Gerichtshof für kirchliche Angelegenheiten den Antrag auf Einleitung des Verfahrens stellen.

§ 31. Kirchendiener, welche Amtshandlungen vornehmen, nachdem sie in Gemäßheit des § 30 aus ihrem Amte entlassen worden sind, werden mit Geldbuße bis zu dreihundert Mark [im Wiederholungsfalle bis zu dreitausend Mark] bestraft. [2])

---

§ 11. 5. „wenn die Entfernung aus dem kirchlichen Amte als Disziplinarstrafe oder sonst wider den Willen des davon Betroffenen ausgesprochen worden ist und die Entscheidung der klaren thatsächlichen Lage widerspricht, oder die Gesetze des Staats oder allgemeine Rechtsgrundsätze verletzt;“

6. „wenn nach erfolgter vorläufiger Suspension vom Amte das weitere Verfahren ungebührlich verzögert wird.“

Die Berufung kann, wenn ein öffentliches Interesse vorliegt, auch von dem Oberpräsidenten eingelegt werden (§ 12).

1) Nach Art. 1 des Gesetzes v. 14. Juli 1880 betr. Abänderungen der kirchenpolitischen Gesetze soll im Fall des § 24 fortan nur auf Unfähigkeit zur Bekleidung des Amts, nicht auf Amtsentlassung erkannt werden dürfen. Diese Aberkennung hat den Verlust des Amtseinkommens zur Folge.

2) Dieser Paragraph findet auch gegen solche Kirchendiener Anwendung, welche Amtshandlungen vornehmen, nachdem gegen sie auf „Unfähigkeit zur Bekleidung des Amts“ erkannt ist. Art. 1 Gesetz v. 14. Juli 1880.

c. Gesetz über die Grenzen des Rechts zum Gebrauche kirchlicher Straf- und Zuchtmittel.

Vom 13. Mai 1873.

(G. S. S. 205.)

Das Gesetz verbietet den Kirchen und Religionsgesellschaften die § 1.
Androhung, Verhängung oder Verkündung anderer Straf- und Zuchtmittel als solcher, welche dem rein religiösen Gebiet angehören oder die Entziehung eines innerhalb der Kirche ꝛc. wirkenden Rechts oder die Ausschließung betreffen. Straf- oder Zuchtmittel gegen Leib, Vermögen, Freiheit oder bürgerliche Ehre sind unzulässig, und die zulässigen Straf- oder Zuchtmittel dürfen über ein Mitglied der Kirche ꝛc. nicht deshalb verhängt werden,

1. weil dasselbe eine Handlung vorgenommen hat, zu welcher § 2.
die Staatsgesetze oder die von der Obrigkeit innerhalb ihrer gesetzlichen Zuständigkeit erlassenen Anordnungen verpflichten, — oder um dadurch die Unterlassung einer der- § 3.
artigen Handlung herbeizuführen;
2. weil dasselbe öffentliche Wahl- oder Stimmrechte in einer § 2.
bestimmten Richtung ausgeübt oder nicht ausgeübt hat, —
oder um dadurch die Ausübung oder Nichtausübung dieser § 3.
Rechte in bestimmter Richtung herbeizuführen.

Oeffentliche Bekanntmachung und beschimpfende Vollstreckung § 4.
der Straf- und Zuchtmittel ist verboten.

§ 5. [Geistliche, Diener, Beamte oder Beauftragte einer Kirche oder Religionsgesellschaft, welche den Vorschriften dieses Gesetzes (§§ 1—4) zuwider Straf- oder Zuchtmittel androhen, verhängen oder verkünden, werden mit Geldstrafen bis zu sechshundert Mark oder mit Haft oder mit Gefängniß bis zu einem Jahre und in schwereren Fällen mit Geldstrafe bis zu fünfzehnhundert Mark oder mit Gefängniß bis zu zwei Jahren bestraft.] [1])

---

1) Zuständig ist nur die Strafkammer. Die Gesetze zu c—e sind jedoch der Vollständigkeit wegen hier mit aufgenommen.

d. Gesetz über die Verwaltung erledigter katholischer Bisthümer.

Vom 20. Mai 1874.

(G. S. S. 135.)

§ 2. Wer in einem katholischen Bisthum, dessen Stuhl erledigt ist, bischöfliche Rechte oder geistliche, nicht die Güterverwaltung be-
§ 1. treffende Verrichtungen ausüben will, soll dem Oberpräsidenten dies schriftlich mittheilen, unter Nachweis seines kirchlichen Auftrags und seiner Befähigung gemäß Gesetz vom 11. Mai 1873,
§ 3. und sich, falls kein Einspruch erhoben wird, eidlich[1]) verpflichten,
§ 2. „dem Könige treu und gehorsam zu sein und die Gesetze des Staates zu befolgen“.[2])

[§ 4. **Wer vor der eidlichen Verpflichtung bischöfliche Rechte oder Verrichtungen der im § 1 bezeichneten Art ausübt, wird mit Gefängniß von sechs Monaten bis zu zwei Jahren bestraft.**

Dieselbe Strafe trifft den persönlichen Vertreter oder Beauftragten eines Bischofs (Generalvikar, Offizial u. s. w.), welcher nach Erledigung des bischöflichen Stuhles fortfährt, bischöfliche Rechte oder Verrichtungen auszuüben, ohne anderweit in Gemäßheit der §§ 2 und 3 die Befugniß zur Ausübung derselben erlangt zu haben.

Die vorgenommenen Handlungen sind ohne rechtliche Wirkung.]

[§ 5. **Kirchendiener, welche auf Anordnung oder im Auftrage eines staatlich nicht anerkannten oder in Folge gerichtlichen Erkenntnisses aus seinem Amte entlassenen**[3]) **Bischofs oder einer Person, welche bischöfliche Rechte oder Verrichtungen den Vorschriften dieses Gesetzes zuwider ausübt, oder eines von diesen Personen ernannten Vertreters Amtshandlungen vornehmen, werden mit Geldstrafe bis zu dreihundert Mark oder mit Haft oder mit Gefängniß bis zu Einem Jahre und wenn auf Grund eines solchen Auftrags bischöfliche Rechte oder Verrichtungen ausgeübt sind, mit Gefängniß von sechs Monaten bis zwei Jahren bestraft.**]

---

1) Die Eidesformel ist in der Verordnung v. 6. Dezember 1873 (G. S. S. 479) des Genaueren vorgeschrieben.

2) Nach Art. 2 des Gesetzes v. 14. Juli 1880 kann durch Beschluß des Staatsministeriums auch ohne diese eidliche Verpflichtung die Ausübung für zulässig erklärt, und vom Nachweis der persönlichen Eigenschaften, mit Ausnahme des Erfordernisses der deutschen Staatsangehörigkeit, dispensirt werden.

3) Oder jetzt auch eines solchen Bischofs, gegen den auf „Unfähigkeit zur Bekleidung des Amts“ erkannt ist. Art. 1 Gesetz v. 14. Juli 1880.

Nach Erledigung eines Bischofsstuhls hat der Oberpräsident das Domkapitel zur sofortigen Wahl eines Bisthumsverwesers aufzufordern. Ist dies erfolglos, so ernennt der Minister der geistlichen Angelegenheiten [1]) einen Kommissar, welcher das Vermögen des Stuhls oder des Bischofs in Verwahrung und Verwaltung nimmt. Diese endet erst, wenn ein staatlich anerkannter Bischof eingesetzt ist oder ein Bisthumsverweser gültig bestellt ist. § 6 u. 7. § 10.

§ 13. Während der Dauer einer kommissarischen Verwaltung in den Fällen der §§ 6 und 7 ist derjenige, welchem auf Grund des Patronats oder eines sonstigen Rechtstitels in Betreff eines erledigten geistlichen Amtes das Präsentations- (Nominations-, Vorschlags-) Recht zusteht, befugt, das Amt im Falle der Erledigung wieder zu besetzen und für eine Stellvertretung in demselben zu sorgen.

[§ 14. Macht der Berechtigte von dieser Befugniß Gebrauch, so kommen die Vorschriften des Gesetzes vom 11. Mai 1873 (G. S. S. 191) zur Anwendung. Die im § 22 Absatz 1 daselbst dem geistlichen Oberen im Falle gesetzwidriger Amtsübertragung angedrohte Strafe trifft in gleichem Falle den Berechtigten.]

Die Befugniß des Berechtigten geht innerhalb zwei Monaten auf die Pfarrgemeinde über. Der demnächst vorschriftsmäßig gewählte und von dem Oberpräsidenten nicht durch Einspruch beanstandete Geistliche gilt dann als rechtsgültig angestellt. § 15. § 18.

e. Gesetz wegen Deklaration und Ergänzung des Gesetzes vom 11. Mai 1873 über die Vorbildung und Anstellung der Geistlichen (G. S. S. 191).

Vom 21. Mai 1874.

(G. S. S. 139.)

Nach Erledigung eines geistlichen Amtes kann der Oberpräsident die Beschlagnahme des Vermögens der Stelle verfügen und einen Kommissar ernennen, der dasselbe bis zur gesetzmäßigen Wiederbesetzung verwaltet. Der Patron oder der sonst zur Prä- Art. 3. Art. 4.

1) Die Einleitung einer kommissarischen Vermögensverwaltung soll jetzt nur mit Ermächtigung des Staatsministeriums stattfinden. Auch kann dasselbe eine eingeleitete kommissarische Vermögensverwaltung wieder aufheben. Art. 3 Gesetz v. 14. Juli 1880.

sentation Berechtigte darf, wenn nach Erledigung des betreffenden geistlichen Amts unbefugte Amtshandlungen von einem Geistlichen vorgenommen werden und dieser deshalb rechtskräftig verurtheilt ist, das Amt wieder besetzen und für eine Stellvertretung in demselben
Art. 5. sorgen. Letzteres darf er auch dann, wenn dem Geistlichen der Aufenthalt in dem Bezirk des erledigten Amtes versagt worden ist.

[Art. 7. Macht der Berechtigte von der ihm zustehenden Befugniß (Art. 4, 5) Gebrauch, so kommen die Vorschriften des Gesetzes vom 11. Mai 1873 zur Anwendung. Die im § 22 Absatz 1 daselbst dem geistlichen Oberen im Falle gesetzwidriger Amtsübertragung angedrohte Strafe trifft in gleichem Falle den Berechtigten.]

Die folgenden Vorschriften der Art. 8—11 entsprechen denen der §§ 15—18 des vorhergehenden Gesetzes.

---

f. Gesetz, betreffend die Einstellung der Leistungen aus Staatsmitteln für die römisch-katholischen Bisthümer und Geistlichen.

Vom 22. April 1875.

(G. S. S. 194.)

§ 2. Das Gesetz macht die Wiederaufnahme der eingestellten Leistungen aus Staatsmitteln von der schriftlichen Erklärung des betreffenden Bischofs oder Bisthumsverwesers abhängig, daß er sich verpflichte, „die Gesetze des Staates zu befolgen.“[1]) Nur unter
§ 6. derselben Bedingung können auch einzelne Empfangsberechtigte
§ 12. eingestellte Leistungen wieder erhalten. Wer eine solche Erklärung widerruft oder thatsächlich die Staatsgesetze verletzt, ist durch Ur-
§ 14. theil des kirchlichen Gerichtshofs aus seinem Amt zu entfernen.

§ 15. Wer Amtshandlungen vornimmt, nachdem er in Gemäßheit des § 12 dieses Gesetzes aus seinem Amt entlassen[2]) worden ist, wird mit Geldbuße bis zu dreihundert Mark, [im Wiederholungsfalle bis zu dreitausend Mark,] bestraft.

---

1) Sie kann aber auch für den Umfang des Sprengels durch Beschluß des Staatsministeriums angeordnet werden. Dies gilt auch im Fall des § 6. Art. 4 Gesetz v. 14. Juli 1880.

2) Oder nachdem gegen ihn auf „Unfähigkeit zur Bekleidung des Amts“ erkannt worden ist. Art. 1 Gesetz v. 14. Juli 1880.

In der Tendenz mit den vorstehenden Gesetzen verwandt ist endlich das zur Beschränkung der Zuwendungen an die s. g. „todte Hand" ergangene

g. Gesetz, betreffend die Genehmigung zu Schenkungen und letztwilligen Zuwendungen, sowie zur Uebertragung von unbeweglichen Gegenständen an Korporationen und andere juristische Personen.

Vom 23. Februar 1870.

(G. S. S. 118.)

§ 1. Schenkungen und letztwillige Zuwendungen bedürfen zu ihrer Gültigkeit der Genehmigung des Königs:

1) insoweit dadurch im Inlande eine neue juristische Person in's Leben gerufen werden soll,
2) insoweit sie einer im Inlande bereits bestehenden Korporation oder anderen juristischen Person zu anderen als ihren bisher genehmigten Zwecken gewidmet werden sollen.

§ 2. Schenkungen und letztwillige Zuwendungen an inländische oder ausländische Korporationen und andere juristische Personen bedürfen zu ihrer Gültigkeit ihrem vollen Betrage nach der Genehmigung des Königs oder der durch Königliche Verordnung ein für alle Mal zu bestimmenden Behörde, wenn ihr Werth die Summe von dreitausend Mark übersteigt. Fortlaufende Leistungen werden hierbei mit fünf vom Hundert zu Kapital berechnet.

§ 3. Abs. 3. Die Genehmigung kann auf einen Theil der Schenkung oder letztwilligen Zuwendung beschränkt werden.

[§ 5. Einer Geldstrafe bis zu neunhundert Mark, im Unvermögensfalle entsprechender Gefängnißstrafe, unterliegen:

1) Vorsteher von inländischen Korporationen und anderen juristischen Personen, welche für dieselben Schenkungen oder letztwillige Zuwendungen in Empfang nehmen, ohne die dazu erforderliche Genehmigung innerhalb vier Wochen nachzusuchen;
2) diejenigen, welche einer ausländischen Korporation oder anderen juristischen Person Schenkungen oder letztwillige Zuwendungen verabfolgen, bevor die erforderliche Genehmigung ertheilt ist.] [1])

§ 6. Die Bestimmungen des gegenwärtigen Gesetzes finden auf Familien-Stiftungen und Familien-Fideikommisse keine Anwendung.

---

1) Zuständig ist die Strafkammer, jedoch ist Verweisung an das Schöffengericht zulässig. § 76 [11] G. V. G.

5. Personenstand und Eheschließung.

a. Reichsgesetz über die Beurkundung des Personenstandes und die Eheschließung.

Vom 6. Februar 1875.

(R. G. Bl. S. 23.)[1]

§ 1. Die Beurkundung der Geburten, Heirathen und Sterbefälle erfolgt ausschließlich durch die vom Staat bestellten Standesbeamten
§ 4. (in der Regel der Bürgermeister oder Ortsvorsteher). Dieselben haben drei Register zu führen:
§ 12. Geburtsregister,
Heirathsregister,
Sterberegister,
§ 14. für welche wieder je ein besonderes Nebenregister besteht, welches von der Aufsichtsbehörde alljährlich geprüft und demnächst bei dem Amtsgericht aufbewahrt wird.

1. Beurkundung der Geburten.

§ 17. Jede Geburt eines Kindes ist innerhalb einer Woche dem Standesbeamten des Bezirks, in welchem die Niederkunft stattgefunden hat, anzuzeigen.[2]

§ 18. Zur Anzeige sind verpflichtet:

1. der eheliche Vater;

2. die bei der Niederkunft zugegen gewesene Hebamme;

3. der dabei zugegen gewesene Arzt;

4. jede andere dabei zugegen gewesene Person;

5. die Mutter, sobald sie dazu im Stande ist.

Jedoch tritt die Verpflichtung der in der vorstehenden Reihenfolge später genannten Personen nur dann ein, wenn ein früher genannter

---

1) Nachdem für Preußen schon durch das Gesetz v. 9. März 1874 die s. g. obligatorische Civilehe eingeführt und gleichzeitig auch die Beurkundung der Geburten und Sterbefälle den vom Staat bestellten Standesbeamten übertragen worden, wurde auf Anregung des Reichstags auch für das Deutsche Reich diese Materie durch ein Gesetz geregelt, welches nicht nur die Form der Eheschließung festsetzte, sondern auch das materielle Eheschließungsrecht einheitlich regelte und sich hinsichtlich der Organisation der Standesämter an das preußische Vorbild anschloß.

2) Wenn die Anzeige über drei Monate verzögert wird, so hat der Säumige die Kosten der dann erforderlichen Ermittelung des Sachverhalts zu tragen (§ 27).

Verpflichteter nicht vorhanden oder derselbe an der Erstattung der Anzeige verhindert ist.

§ 19. Die Anzeige ist mündlich von dem Verpflichteten selbst oder durch eine andere aus eigener Wissenschaft unterrichtete Person zu machen.

§ 20. Bei Geburten, welche sich in öffentlichen Entbindungs-, Hebammen-, Kranken-, Gefangen- und ähnlichen Anstalten, sowie in Kasernen ereignen, trifft die Verpflichtung zur Anzeige ausschließlich den Vorsteher der Anstalt oder den von der zuständigen Behörde ermächtigten Beamten. Es genügt eine schriftliche Anzeige in amtlicher Form.

§ 22. Die Eintragung des Geburtsfalles soll enthalten:

1. Vor- und Familiennamen, Stand oder Gewerbe und Wohnort des Anzeigenden;
2. Ort, Tag und Stunde der Geburt;
3. Geschlecht des Kindes;
4. Vornamen des Kindes;
5. Vor- und Familiennamen, Religion, Stand oder Gewerbe und Wohnort der Eltern.

Bei Zwillings- oder Mehrgeburten ist die Eintragung für jedes Kind besonders und so genau zu bewirken, daß die Zeitfolge der verschiedenen Geburten ersichtlich ist.

Standen die Vornamen des Kindes zur Zeit der Anzeige noch nicht fest, so sind dieselben nachträglich und längstens binnen zwei Monaten nach der Geburt anzuzeigen....

§ 23. Wenn ein Kind todtgeboren oder in der Geburt verstorben ist, so muß die Anzeige spätestens am nächstfolgenden Tage geschehen....

§ 24. Wer ein neugeborenes Kind findet, ist verpflichtet, hiervon spätestens am nächstfolgenden Tage Anzeige bei der Ortspolizeibehörde zu machen. Die Letztere hat die erforderlichen Ermittelungen vorzunehmen und dem Standesbeamten des Bezirks von deren Ergebniß behufs Eintragung in das Geburtsregister Anzeige zu machen....

2. Beurkundung der Sterbefälle.

§ 56. Jeder Sterbefall ist spätestens am nächstfolgenden Wochentage dem Standesbeamten des Bezirks, in welchem der Tod erfolgt ist, anzuzeigen.

§ 57. Zu der Anzeige verpflichtet ist das Familienhaupt und, wenn ein solches nicht vorhanden oder an der Anzeige behindert ist, derjenige, in dessen Wohnung oder Behausung der Sterbefall sich ereignet hat.

§ 58. Die §§ 19 bis 21[1]) kommen auch in Beziehung auf die Anzeige der Sterbefälle zur Anwendung.[2])

---

1) § 21 enthält die Verpflichtung des Standesbeamten, sich von der Richtigkeit einer ihm zweifelhaft erscheinenden Anzeige in geeigneter Weise Ueberzeugung zu verschaffen.

2) Wenn eine amtliche Ermittelung über den Todesfall nothwendig geworden

§ 59. **Die Eintragung des Sterbefalles soll enthalten:**

1. **Vor- und Familiennamen, Stand oder Gewerbe und Wohnort des Anzeigenden;**
2. **Ort, Tag und Stunde des erfolgten Todes;**
3. **Vor- und Familiennamen, Religion, Alter, Stand oder Gewerbe, Wohnort und Geburtsort des Verstorbenen;**
4. **Vor- und Familiennamen seines Ehegatten, oder Vermerk, daß der Verstorbene ledig gewesen sei;**
5. **Vor- und Familiennamen, Stand oder Gewerbe und Wohnort der Eltern des Verstorbenen.**

Soweit diese Verhältnisse unbekannt sind, ist dies bei der Eintragung zu vermerken.

Strafe:

§ 68. **Wer den in den §§ 17 bis 20, 22 bis 24, 56 bis 58 vorgeschriebenen Anzeigepflichten nicht nachkommt, wird mit Geldstrafe bis zu einhundertfünfzig Mark oder mit Haft bestraft. Die Strafverfolgung tritt nicht ein, wenn die Anzeige, obwohl nicht von den zunächst Verpflichteten, doch rechtzeitig gemacht worden ist....** [1])

8. **Beurkundung des Personenstandes der auf See befindlichen Personen.**

§ 61. **Geburten und Sterbefälle, welche sich auf Seeschiffen während der Reise ereignen, sind nach den Vorschriften dieses Gesetzes spätestens am nächstfolgenden Tage nach der Geburt oder dem Todesfall von dem Schiffer, unter Zuziehung von zwei Schiffsoffizieren oder anderen glaubhaften Personen, in dem Tagebuch zu beurkunden. Bei Sterbefällen ist zugleich die muthmaßliche Ursache des Todes zu vermerken.**

§ 62. **Der Schiffer hat zwei von ihm beglaubigte Abschriften der Urkunden demjenigen Seemannsamte, bei dem es zuerst geschehen kann, zu übergeben. Eine dieser Abschriften ist bei dem Seemannsamte aufzubewahren, die andere ist demjenigen Standesbeamten, in dessen Bezirk die Eltern des Kindes, beziehungsweise der Verstorbene ihren Wohnsitz haben oder zuletzt gehabt haben, behufs der Eintragung in das Register zuzufertigen.**

§ 63. **Ist der Schiffer verstorben oder verhindert, so hat der Steuermann die in den §§ 61 und 62 dem Schiffer auferlegten Verpflichtungen zu erfüllen.**

§ 64. **Sobald das Schiff in den inländischen Hafen eingelaufen ist, in welchem es seine Fahrt beendet, ist das Tagebuch der für den Standesbeamten des Hafenorts zuständigen Aufsichtsbehörde vorzulegen.**

---

ist, so hat die zuständige Behörde dem Standesamt schriftlich Mittheilung zu machen. — Die Beerdigung erfolgt im Fall des § 157 St. P. O. nur auf Grund eines Todtenscheins des Gerichts oder der Staatsanwaltschaft.

1) Die Geldstrafen fallen nach § 70 den Gemeinden zu, welche die Standesamtskosten zu tragen haben.

Diese hat beglaubigte Abschrift der in das Tagebuch eingetragenen Standesurkunde dem Standesbeamten, in dessen Register der Fall gehört (§ 62), behufs Kontrolirung der Eintragungen zuzustellen.

Strafe:

§ 68. Abs. 2. Die [in Absatz 1] bezeichnete Strafe trifft auch den Schiffer oder Steuermann, welcher den Vorschriften der §§ 61 bis 64 zuwiderhandelt....

4. Beurkundung der Eheschließung.[1])

Zur Eheschließung bedarf es eines bestimmten Alters der Reife § 28.
(zwanzig bez. sechszehn Jahre) und der Einwilligung des Vaters,
nach seinem Tode der Mutter, bei Minderjährigen auch des Vor- § 29.
munds (sowie des Vormundschaftsgerichts).[2]) Nach dem fünfundzwanzigsten bez. vierundzwanzigsten Jahre sind Söhne bez. Töchter hiervon frei, selbst wenn sie noch nicht aus der elterlichen Gewalt entlassen sind. Verboten ist die Ehe:

1. zwischen Verwandten in auf- und absteigender Linie, § 33.
2. zwischen voll- und halbbürtigen Geschwistern,
3. zwischen Stiefeltern und -kindern, Schwiegereltern und -kindern,
4. im Adoptionsverhältniß,
5. zwischen einem wegen Ehebruchs Geschiedenen und seinem Mitschuldigen (Dispensation zulässig).

Frauen dürfen erst zehn Monate nach Beendigung der § 35.
früheren Ehe wieder heirathen, doch ist Dispensation (bei Bescheinigung des Nichtvorhandenseins einer Schwangerschaft) zulässig. Für Wittwer sind Bestimmungen über eine „Trauerzeit" nicht vorgeschrieben.[3]) Sind Kinder aus der früheren Ehe vorhanden, so ist ein Auseinandersetzungs-Attest erforderlich.[4])

Zuständig zur Eheschließung ist der Standesbeamte, in dessen § 42.
Bezirk einer der Verlobten seinen Wohnsitz hat, doch kann auch

---

1) Die polizeilichen Beschränkungen der Eheschließung sind aufgehoben durch das B. G. v. 4. Mai 1868 (B. G. Bl. S. 149). Aufgehoben sind auch die besonderen Bestimmungen der §§ 8—16 der Verordnung v. 30. März 1847 für die Eheschließung unter Dissidenten und den Angehörigen geduldeter Religionsgesellschaften.

2) § 54 Th. II. Tit. 1. A. L. R.

3) In Preußen sechs Wochen. Th. II. Tit. 1. § 24 A. L. R.

4) Th. II. Tit 1. § 18 A. L. R.

§ 43. ein Anderer von ihm schriftlich ermächtigt werden. Zu dem
§ 45. Aufgebot sind die Geburtsurkunden und die schriftliche Einwilligung des Vaters ꝛc. (s. oben) erforderlich. Hat einer der Ver-
§ 46. lobten innerhalb sechs Monate den Wohnsitz gewechselt, so muß das Aufgebot auch an dem früheren Wohnorte erfolgen. Die
§ 52. Ehe wird geschlossen durch die in Gegenwart zweier großjähriger Zeugen abgegebene bejahende Antwort der Verlobten auf die Frage des Standesbeamten, ob sie die Ehe mit einander eingehen wollen, und durch die demnächstige Eintragung in das Heirathsregister.

§ 54. Die darüber ausgestellte Bescheinigung ist event. dem Geistlichen vorzulegen, welcher ohne diesen Nachweis die kirchliche Trauung nicht vollziehen darf.

[Strafe:

§ 67. Ein Geistlicher oder anderer Religionsdiener, welcher zu den religiösen Feierlichkeiten einer Eheschließung schreitet, bevor ihm nachgewiesen worden ist, daß die Ehe vor dem Standesbeamten geschlossen sei, wird mit Geldstrafe bis zu dreihundert Mark oder mit Gefängniß bis zu drei Monaten bestraft.]

[§ 69. Ein Standesbeamter, welcher unter Außerachtlassung der in diesem Gesetze gegebenen Vorschriften eine Eheschließung vollzieht, wird mit Geldstrafe bis zu sechshundert Mark bestraft.] 1)

---

b. Gesetz, betreffend die Zulassung von Ausländern zur Eingehung einer Ehe in den Königl. Preuß. Staaten. 2)

Vom 13. März 1854.

(G. S. S. 123.)

§ 1. Ausländer, welche in Unseren Staaten mit einer Inländerin oder Ausländerin eine Ehe schließen wollen, haben, neben der Erfüllung der sonstigen gesetzlichen Erfordernisse, durch ein gehörig beglaubigtes Attest der Ortsobrigkeit ihrer Heimath nachzuweisen, daß sie nach dortigen Gesetzen, unbeschadet ihrer Staatsangehörigkeit, zur Eingehung einer Ehe im Auslande befugt sind, oder die nach diesen Gesetzen etwa erforderliche Erlaubniß zu der beabsichtigten Ehe erhalten haben.

---

1) Zuständig ist die Strafkammer ausschließlich. § 74 4 G. V. G.

2) Ueber die Eheschließung und die Beurkundung des Personenstandes von Bundesangehörigen im Auslande s. Reichsgesetz v. 4. Mai 1870 (B. G. Bl. S. 599).

Die Minister der Justiz, des Innern und der geistlichen Angelegenheiten können die Beibringung dieses Attestes erlassen. § 2.

§ 3. Geistliche oder Civilstandsbeamte, welche bei Schließung der Ehe eines Ausländers amtlich mitwirken, ohne daß ihnen das erforderliche Attest (§ 1) vorgelegt worden, sollen, wenn die Beibringung desselben nicht erlassen ist (§ 2), mit Geldbuße bis zu dreihundert Mark bestraft werden.

---

c. Allerh. Kabinets-Ordre

vom 15. April 1822,

daß ohne landesherrliche Erlaubniß Niemand seinen Familien- oder Geschlechtsnamen ändern dürfe.

(G. S. S. 108.)

Ich ... bestimme hierdurch: daß bei Vermeidung einer Geldbuße von fünfzig Thalern (einhundertfünfzig Mark); oder vierwöchentlicher Gefängnißstrafe[1]) Niemandem gestattet sein soll, ohne unmittelbare landesherrliche Erlaubniß seinen Familien- oder Geschlechtsnamen zu ändern, wenn auch durchaus keine unlautere Absicht dabei zum Grunde liegt.

---

d. Gesetz über die Verhältnisse der Juden.

Vom 23. Juli 1847.

(G. S. S. 263.)

§ 5. Die Juden sind zur Führung fest bestimmter und erblicher Familiennamen verpflichtet.

§ 6. ... Im Falle der Uebertretung der ... im § 5 enthaltenen Vorschriften trifft sie eine Geldstrafe von fünfzig Thalern (einhundertfünfzig Mark) oder sechswöchentliches Gefängniß.[1])

---

1) Jetzt Haftstrafe, da nur eine Uebertretung vorliegt. Denn das Einf.-Ges. z. Pr. St. G. B. v. 14. April 1851 bestimmt in Art. VIII:

„Wenn in Materien, über welche das gegenwärtige Strafgesetzbuch keine Bestimmungen enthält (Art. II), die Gesetze eine Freiheitsstrafe von mehr als fünf Jahren androhen, so ist die Handlung ein Verbrechen.

Besteht die Strafe nur in einer Freiheitsstrafe bis zu sechs Wochen, oder in Geldbuße bis zu fünfzig Thalern, oder ist die Strafe in den Gesetzen als eine willkürliche bezeichnet, so ist die Handlung eine Uebertretung."

Die Uebertretung wird aber nach § 1 R. St. G. B. nur mit Haft bestraft.

6. Das Reichs-Militairgesetz.

Vom 2. Mai 1874.

(R. G. Bl. S. 45.)

Mit den Ergänzungen und Abänderungen des Gesetzes v. 6. Mai 1880.
(R. G. Bl. S. 103.)

Das Gesetz stellt in Abschnitt I die Organisation des Reichsheeres mit kurzen Worten dar und regelt in Abschnitt II die Ergänzung des Heeres. Abschnitt III behandelt das aktive Heer, Abschnitt IV die Entlassung aus dem aktiven Dienste, und Abschnitt V den Beurlaubtenstand und die Ersatzreserve erster Klasse.[1])

§ 10. Alle Wehrpflichtigen sind, wenn sie nicht freiwillig in den Heeresdienst eintreten,[2]) vom 1. Januar des Kalenderjahres an, in welchem sie das zwanzigste Lebensjahr vollenden, der Aushebung unterworfen („militairpflichtig") und müssen sich der Er-
§ 11. satzbehörde gestellen. Personen, welche das Reichsgebiet verlassen, die Reichsangehörigkeit verloren, eine andere Staatsangehörigkeit aber nicht erworben oder wieder verloren haben, sind, wenn sie ihren dauernden Aufenthalt in Deutschland nehmen, gestellungspflichtig und können nachträglich ausgehoben werden. — Die
§ 13. Reihenfolge für die Aushebung der in einem Jahre Geborenen wird durch das Loos bestimmt, die durch höhere Nummern Freigelooſten werden im ersten Jahre noch zurückgestellt, in den beiden nächsten Jahren kann auf sie zurückgegriffen werden, und die im dritten Jahre übrig bleibenden Militairpflichtigen werden der Ersatz-
§ 14. reserve überwiesen. — Die zum einjährig-freiwilligen Dienst Berechtigten müssen sich bei Verlust des Rechts spätestens bis zum 1. Oktober desjenigen Jahres, in welchem sie das dreiundzwanzigste Lebensjahr vollenden, zum Dienstantritt melden, doch ist Auf-

---

1) Die Ausführungsbestimmungen zu II., IV. und V. des Gesetzes sind in der durch Kab.-Ordre v. 28. Septbr. 1875 erlassenen „Deutschen Wehrordnung" (Th. I: Ersatzordnung und Th. II: Kontrolordnung) enthalten. Vergl. Centr. Bl. f. d. D. R. S. 535—654.

2) Gesetz v. 9. Novbr. 1867 (B. G. Bl. S. 131), betr. die Verpflichtung zum Kriegsdienste, §§ 10 u. 11.

schub zulässig.[1]) Die für „dauernd dienstunbrauchbar" Befundenen § 15.
sind frei, die nur „bedingt dienstunbrauchbar" Befundenen werden § 16.
der Ersatzreserve überwiesen. — In Berücksichtigung bürgerlicher Verhältnisse (einzige Ernährer, u. a.) sind Zurückstellungen bis auf zwei Jahre zulässig. § 19 u. 20. Ein Berücksichtigter, der sich der Erfüllung des Zwecks entzieht, welcher seine Befreiung herbeigeführt § 21. hat, kann vor Ablauf des fünfundzwanzigsten Jahres nachträglich ausgehoben werden.

Die Ersatzreserve wird in zwei Klassen getheilt, in Klasse I § 23.
dauert die Dienstpflicht fünf Jahre, sie dient zur Ergänzung des § 24.
Heeres bei Mobilmachungen und zur Bildung von Ersatztruppentheilen. Hierher werden die wegen hoher Loosnummer und die § 25. wegen geringer Körperfehler vorläufig Befreiten überwiesen. Die Klasse II ist in Friedenszeiten von allen Militairpflichten frei, § 27. doch kann sie im Kriege bei außerordentlichem Bedarf zur Ergänzung des Heeres verwendet werden.

Mit der Heeresergänzung ist die Ersatzkommission (der Land- § 30. wehrbezirks-Kommandeur als Militairvorsitzender und ein Verwaltungsbeamter des Bezirks als Civilvorsitzender) im Aushebungsbezirk betraut. Ihre Beschlüsse unterliegen der Revision der Ober-Ersatz-Kommission. Die Gemeinden haben unter Kontrole § 31. der Ersatzbehörden Stammrollen über alle Militairpflichtigen zu führen. Diese und deren Angehörige haben die Anmeldungen zur Stammrolle zu bewirken.

Strafe:

§ 33. **Wer die nach Maßgabe des § 31 vorgeschriebenen Meldungen zur Berichtigung von Stammrollen unterläßt, sowie Militairpflichtige, welche in den von den Ersatzbehörden abzuhaltenden Terminen nicht pünktlich erscheinen,[2]) sind, sofern sie nicht dadurch zugleich**

---

1) Die Truppen der Feldartillerie und des Trains sind an Orten, wo außerdem Fußtruppen garnisoniren, zur Annahme Einjährig-Freiwilliger nur insoweit verpflichtet, als die Zahl von vier Einjährig-Freiwilligen bei jeder Batterie und Kompagnie nicht überschritten wird. § 14 R. Mil. G. in der Fassung des Gesetzes v. 6. Mai 1880.

2) Absatz 2 des § 33 bestimmt, daß den nicht pünktlich in einem Termin der Ersatzbehörden erschienenen Militairpflichtigen die Vortheile der Losung entzogen werden können. Im Falle der Wiederholung oder böser Absicht bei der Ver-

eine härtere Strafe verwirkt haben,[1]) mit Geldstrafe bis zu dreißig Mark, oder Haft bis zu drei Tagen zu bestrafen....

Ist die Versäumniß durch Umstände herbeigeführt, deren Beseitigung nicht in dem Willen der betreffenden Anmeldungs- oder Gestellungspflichtigen lag (Absatz 2, 3), so treten die vorerwähnten Folgen nicht ein.[2])

---

säumniß können sie auch als unsichere Heerespflichtige sofort in die Armee eingereiht werden.

1) Vergl. § 140 Nr. 2 St. G. B. (Verletzung der Wehrpflicht seitens eines Offiziers oder im Offizierrang stehenden Arztes des Beurlaubtenstandes durch Auswanderung ohne Erlaubniß). — Für die Mannschaften des Beurlaubtenstandes, welche ohne Erlaubniß auswandern, ist § 360 Nr. 3 St. G. B. und für die zur Disposition der Truppentheile beurlaubten Mannschaften sind die Bestimmungen im dritten Abschnitt des Mil. St. G. vom 20. Juni 1872 maßgebend.

2) Die Ersatzordnung bestimmt in § 23 betreffs der Meldepflicht:

1. Nach Beginn der Militairpflicht (§ 20, 2) haben die Wehrpflichtigen die Pflicht, sich zur Aufnahme in die Rekrutirungs-Stammrolle (§ 3, 2) anzumelden (Meldepflicht). R. M. G. § 31.

   Diese Meldung muß in der Zeit vom 15. Januar bis zum 1. Februar erfolgen.

2. Die Anmeldung erfolgt bei der Ortsbehörde desjenigen Ortes, an welchem der Militairpflichtige seinen dauernden Aufenthalt hat.

   Hat er keinen dauernden Aufenthalt, so meldet er sich bei der Ortsbehörde seines Wohnsitzes, d. h. desjenigen Ortes, an welchem sein, oder sofern er noch nicht selbständig ist, seiner Eltern oder Vormünder ordentlicher Gerichtsstand sich befindet. W. G. § 17. R. M. G. § 12.

3. Wer innerhalb des Reichsgebiets weder einen dauernden Aufenthaltsort noch einen Wohnsitz hat, meldet sich in seinem Geburtsort zur Stammrolle, und wenn der Geburtsort im Auslande liegt, in demjenigen Orte, in welchem die Eltern oder Familienhäupter ihren letzten Wohnsitz hatten. R. M. G. § 12.

4. Bei der Anmeldung zur Stammrolle ist das [kostenfreie] Geburtszeugniß vorzulegen, sofern die Anmeldung nicht am Geburtsort selbst erfolgt.

5. Sind Militairpflichtige von dem Orte, an welchem sie sich nach Nr. 2 zur Stammrolle anzumelden haben, zeitig abwesend (auf der Reise begriffene Handlungsdiener, auf See befindliche Seeleute rc.), so haben ihre Eltern, Vormünder, Lehr-, Brod- oder Fabrikherren die Verpflichtung, sie zur Stammrolle anzumelden. R. M. G. § 31.

6. Die Anmeldung zur Stammrolle ist in der vorstehend vorgeschriebenen Weise seitens der Militairpflichtigen so lange alljährlich zu wiederholen, bis eine endgültige Entscheidung über die Dienstpflicht durch die Ersatzbehörden erfolgt ist (§ 26, 4).

   Bei Wiederholung der Anmeldung zur Stammrolle ist der im ersten Militairpflichtjahr erhaltene Loosungsschein (§ 66) vorzulegen.

Die Personen des Beurlaubtenstandes sind der militairischen § 57.
Kontrole unterworfen und haben sich bei Mobilmachungen unverzüglich aus dem Ausland zurückzubegeben. Unter dieser Be- § 58.
dingung ist auch eine Beurlaubung auf zwei Jahre nach außer- § 59.
europäischen Ländern zulässig.

Die Mannschaften der Ersatzreserve I. Klasse stehen gleichfalls § 69.
bezüglich ihrer Wohnung unter Kontrole, können auch im Fall

Außerdem sind etwa eingetretene Veränderungen (in Betreff des Wohnsitzes, des Gewerbes, des Standes ꝛc.) dabei anzuzeigen.

7. Von der Wiederholung der Anmeldung zur Stammrolle sind nur diejenigen Militairpflichtigen befreit, welche für einen bestimmten Zeitraum von den Ersatzbehörden ausdrücklich hiervon entbunden oder über das laufende Jahr hinaus zurückgestellt werden (§ 27, 6).
8. Militairpflichtige, welche nach Anmeldung zur Stammrolle im Laufe eines ihrer Militairpflichtjahre ihren dauernden Aufenthalt oder Wohnsitz nach einem anderen Aushebungsbezirk oder Musterungsbezirk verlegen, haben dieses Behufs Berichtigung der Stammrolle sowohl beim Abgange der Behörde oder Person, welche sie in die Stammrolle aufgenommen hat, als auch nach der Ankunft an dem neuen Ort derjenigen, welche daselbst die Stammrolle führt, spätestens innerhalb dreier Tage zu melden.
9. Versäumung der Meldefristen (Nr. 1, 6, 8) entbindet nicht von der Meldepflicht.

Betreffs der Gestellungspflicht wird in § 24 bestimmt:

1. Die Gestellungspflicht ist die Pflicht der Militairpflichtigen, sich Behufs Herbeiführung einer endgültigen Entscheidung über ihre Dienstpflicht vor den Ersatzbehörden zu gestellen. Die Gestellung findet höchstens zweimal jährlich statt. R. M. G. § 10.
2. Jeder Militairpflichtige ist in dem Aushebungsbezirke gestellungspflichtig, in welchem er sich zur Stammrolle zu melden hat.
3. Wünschen im Auslande sich aufhaltende Militairpflichtige ihrer Gestellungspflicht in näheren als in den unter Nr. 2 genannten Aushebungsbezirken zu genügen, so haben sie bei ihrer Anmeldung zur Stammrolle die Ueberweisung nach diesen Bezirken zu beantragen.
4. Unterlassene Anmeldung zur Stammrolle entbindet nicht von der Gestellungspflicht (Nr. 7).
5. Die Gestellung findet während der Dauer der Militairpflicht jährlich sowohl vor der Ersatzkommission, als auch vor der Ober-Ersatzkommission statt, sofern nicht die Militairpflichtigen durch die Ersatzbehörden hiervon ganz oder theilweise entbunden sind.
6. Gesuche von Militairpflichtigen um Entbindung von der Gestellung sind an den Civil-Vorsitzenden der Ersatzkommission desjenigen Aushebungsbezirks zu richten, in welchem sie sich nach Nr. 2 oder 3 zu gestellen haben (§ 61, 3).

besonderen Bedürfnisses zu Kontrolversammlungen berufen werden, und haben bei Mobilmachungen sich gleichfalls aus dem Auslande zurückzubegeben.

Strafe:

§ 69. 6. **Mannschaften der Ersatzreserve erster Klasse, welche sich der ihnen auf Grund des Gesetzes auferlegten Kontrole entziehen, werden mit Geldstrafe bis zu sechszig Mark oder Haft bis zu acht Tagen bestraft.** (Auch können sie unter Verlängerung ihrer Dienstpflicht in die nächstjüngere Jahresklasse zurückversetzt werden, jedoch nicht über das einunddreißigste Jahr hinaus.)[1])

Das Ergänzungs-Gesetz vom 6. Mai 1880 (R. G. Bl. S. 103), in welchem auch die Friedenspräsenzstärke bis zum 31. März 1888 auf 427,274 Mann festgestellt worden ist,[2]) ändert die Bestimmungen betreffs der Ersatzreservisten erster Klasse dahin ab, daß sie im Frieden zu Uebungen einberufen werden dürfen, und zwar zu vier Uebungen mit einer Dauer von zehn, vier, zwei und zwei Wochen, daß junge Leute von Bildung, die sich selbst bekleiden, ausrüsten und verpflegen, für die erste Uebung unter den zur Ausbildung der Ersatzreserven bestimmten Truppentheilen wählen können, und daß die übungspflichtigen Mannschaften in Bezug auf Auswanderungserlaubniß, Entlassung aus der Staatsangehörigkeit und Befolgung des Einberufungsbefehls den für Reservisten und Wehrleute geltenden Vorschriften unterliegen.[3])

---

1) Vergl. hierzu § 15 der Kontrolordnung der „Deutschen Wehrordnung" v. 28. Septbr. 1875 und § 15 A der Ergänzungen zu derselben v. 31. August 1880 (Reichsanzeiger v. 14. Septbr. 1880).

2) Die Armee besteht demnach vom 1. April 1881 ab aus 503 Bataillonen Infanterie, 465 Eskadrons Kavallerie, 340 Batterien Feldartillerie, 31 Bataillonen Fußartillerie, 19 Bataillonen Pioniere und 18 Bataillonen Train. Die Bataillone haben in der Regel 4, die des Trains 2 bis 3 Kompagnien.

3) Andere militairgesetzliche Bestimmungen sind enthalten in

1. Ges. v. 9. Novbr. 1867 betr. die Verpflichtung zum Kriegsdienst.
2. Ges. v. 12. Februar 1875 über den Landsturm.
3. Ges. v. 15. Februar 1875 über die Ausübung der militairischen Kontrole über die Personen des Beurlaubtenstandes, die Uebungen derselben, sowie die gegen sie zulässigen Disziplinarstrafmittel.

D. Polizeistrafgesetze.

I. Baupolizei.

1. Allgemeines Landrecht.

Th. I. Tit. 8.

Die hauptsächlichsten Bestimmungen sind folgende:

§ 65. In der Regel ist jeder Eigenthümer seinen Grund und Boden mit Gebäuden zu besetzen, oder seine Gebäude zu verändern wohl befugt.

§ 66. Doch soll zum Schaden oder zur Unsicherheit des gemeinen Wesens, oder zur Verunstaltung der Städte und öffentlichen Plätze, kein Bau und keine Veränderung vorgenommen werden.

§ 67. Wer also einen neuen Bau in Städten[1]) anlegen will, muß davon zuvor der Obrigkeit zur Beurtheilung Anzeige machen.

§ 69. Vorzüglich ist eine besondere obrigkeitliche Erlaubniß nothwendig, wenn, es sei in Städten oder auf dem Lande, eine neue Feuerstelle errichtet, oder eine alte an einen andern Ort verlegt werden soll.[2])

§ 70. Strafbestimmung (jetzt § 367 Nr. 14 St. G. B.).

§ 71. In allen Fällen, wo sich findet, daß ein ohne vorhergegangene Anzeige unternommener Bau schädlich oder gefährlich für das Publikum sei, oder zur groben Verunstaltung einer Straße oder eines Platzes gereiche, muß derselbe nach der Anweisung der Obrigkeit geändert werden.[3])

---

1) Den feuer- und baupolizeilichen Vorschriften für die Städte können auch die Gebäude auf solchen zum platten Lande gehörigen Grundstücken, welche sich innerhalb der Städte oder im Gemenge mit städtischen bebauten Grundstücken befinden, unterworfen werden. Verordnung v. 17. Juli 1846 (G. S. S. 809.)

2) Laut besonderer Polizeiverordnungen, welche für Städte und das platte Land (so für das platte Land der Provinz Brandenburg s. Baupolizei-Ordnung v. 15. März 1872) erlassen sind, ist polizeiliche Erlaubniß einzuholen zu allen Neubauten, An- und Erweiterungsbauten, einschließlich des Aufsetzens eines oder mehrerer Stockwerke auf ein neues Gebäude, ferner zur Anlegung neuer und Veränderung vorhandener Feuerstätten, zur Ausführung neuer Schornsteine, zur Anlegung von Kellern in vorhandenen Gebäuden, zur Aenderung der inneren Einrichtung eines Gebäudes, wenn damit eine Wegnahme oder Veränderung von Wänden oder Pfeilern, auf welchen Balken oder Unterzüge ruhen, verbunden ist, zur Erneuerung von Fundamenten unter den Umfassungsmauern von Fachwerkgebäuden, für das Unterführen massiver Wände, für die Unterschwellung eines ganzen Gebäudes, sowie zum Abbruch von Gebäuden. S. Grotefend, Polizei-Lexikon S. 112.

3) S. Gesetz betr. die Anlegung und Veränderung von Straßen und

§ 72. Findet die Aenderung nicht statt, so muß das Gebäude wieder abgetragen, und alles, auf Kosten des Bauenden, in den vorigen Stand gesetzt werden.

§ 73. Bauanlagen auf Straßen, wodurch Gehende, Reitende oder Fahrende Beschädigungen ausgesetzt werden, soll die Obrigkeit nicht dulden.

§ 76. Ohne Erlaubniß der Obrigkeit dürfen Baustellen, die bisher besondere Nummern hatten, nicht in Eins gezogen werden.

§ 78. Die Straßen und öffentlichen Plätze dürfen nicht verengt, verunreinigt, oder sonst verunstaltet werden.

§ 79. Besonders darf Niemand, ohne ausdrückliche Bewilligung der Obrigkeit, einen Kellerhals oder anderes dergleichen Nebengebäude auf die Straße zu anlegen.

§ 80. Auch die Einrichtung von Keller- und Laden-Thüren, welche auf die Straße gehen, die Anlegung neuer, oder Wiederherstellung eingegangener Erker, Löben und auf die Straße hinaus gießender Dachrinnen; die Aufsetzung von Wetterdächern und in die Straße hinein sich erstreckenden Schildern, sowie die Errichtung von Blitzableitern, darf nur unter Erlaubniß der Polizeiobrigkeit, und nach den von dieser zu ertheilenden Anweisungen vorgenommen werden.

§ 81. Uebrigens aber kann jeder Hauseigenthümer den sogenannten Bürgersteig, so weit er das Straßenpflaster zu unterhalten hat, unter den § 78 bestimmten Einschränkungen nutzen.[1])

§ 123. Die Anlegung neuer Erker, Altane, Wetterdächer, Dachtraufen, und anderer über die Grenze ragender Bauwerke, ist der Nachbar zu dulden nicht verpflichtet.

Plätzen in Städten und ländlichen Ortschaften v. 2. Juli 1875 (G.S.
§ 1. S. 561). Dasselbe bestimmt, daß der Gemeindevorstand im Einverständniß mit
der Gemeindevertretung und mit Zustimmung der Ortspolizeibehörde die Straßen
§ 6. und Baufluchtlinien festzusetzen hat. In Festungen und bei Hereinziehung von
Flüssen, Chausseen und Eisenbahnen in den Bebauungsplan müssen die betheilig-
§ 10. ten Behörden gehört werden. In Berlin, Potsdam und Charlottenburg bedarf
jede Aenderung des Plans königlicher Genehmigung. Durch Ortsstatut kann fest-
§ 15. gesetzt werden, daß bei der Anlegung einer neuen oder bei der Verlängerung
einer schon bestehenden Straße und bei dem Anbau an bisher unbebaute Straßentheile von dem Unternehmer der neuen Anlage und den Adjazenten, sobald sie bauen, die Freilegung, erste Einrichtung, Entwässerung und Beleuchtung beschafft und auf einige Zeit (bis zu 5 Jahren) erhalten werden.

Die näheren Bestimmungen über die Aufstellung von Fluchtlinien und Bebauungsplänen sind in der Ministerial-Anweisung (des Min. für Handel 2c.) vom 28. Mai 1876 getroffen.

1) Die Eigenthümer der an der Straße stehenden Häuser haben ein Eigenthumsrecht am Bürgersteige nicht. Sie können aber den Bürgersteig benutzen, soweit die Polizei es gestattet. Die Ortspolizeibehörde hat gemäß § 78 das Recht, jede Benutzung der Bürgersteige zu untersagen, wodurch diese verengt, verunreinigt oder verunstaltet werden.

§ 125. Schweineställe, Kloake, Dünger- und Lohgruben, und andere den Gebäuden schädliche Anlagen müssen wenigstens drei Fuß rheinländisch von den benachbarten Gebäuden, Mauern und Scheunen entfernt bleiben.

§ 126. Auch müssen dergleichen Gruben und Behältnisse von Grund aus aufgemauert werden.

§ 127. Von Bäumen des Nachbars müssen dergleichen Anlagen wenigstens drei Fuß[1]) zurücktreten.

§ 129. Anlagen, durch welche der schon vorhandene Brunnen des Nachbars verunreinigt oder unbrauchbar gemacht werden würde, sind unzulässig.

§ 131. [Es] darf innerhalb drei Fuß von des Nachbars Grenze kein neuer Brunnen angelegt werden.

§ 132. Ueberhaupt darf unter des Nachbars Grunde Niemand graben.

§ 139. Neu errichtete Gebäude müssen von älteren schon vorhandenen Gebäuden des angrenzenden Nachbars, wenn nicht besondere Polizeigesetze ein Anderes vorschreiben, wenigstens drei Fuß zurücktreten.[2])

§ 140. Stößt aber das neue Gebäude auf einen unbebauten Platz des Nachbars, so ist ein Abstand von anderthalb Fuß hinreichend.

§ 142. Sind ... die Fenster des Nachbars, vor welchen gebaut werden soll, schon seit zehn Jahren oder länger vorhanden, und die Behältnisse, wo sie sich befinden, haben nur von dieser Seite her Licht, so muß der neue Bau soweit zurücktreten, daß der Nachbar noch aus den ungeöffneten Fenstern des untern Stockwerks den Himmel erblicken könne.

§ 143. Hat in diesem Falle das Gebäude des Nachbars, in welchem die Fenster sich befinden, noch von einer andern Seite Licht, so ist es genug, wenn der neue Bau nur so weit zurücktritt, daß der Nachbar aus den ungeöffneten Fenstern des zweiten Stockwerks den Himmel sehen könne.

§ 148. Neue Thüren, welche unmittelbar auf des Nachbars Grund und Boden führen, dürfen wider dessen Willen niemals angelegt werden.

§ 165. Wenn ein zur linken Hand neu anbauender Nachbar seinen Hof oder Garten schließen will, so muß er den daselbst bereits vorhandenen Zaun seines Nachbars zur Unterhaltung übernehmen.

§ 185. Wer seinen Grund und Boden erhöhen will, muß mit dieser Erhöhung drei Fuß von dem Zaune, der Mauer oder Planke des Nachbars zurückbleiben.

---

1) Das Gesetz hat den Ausdruck „Werkschuh", welches Maß mit dem Preuß. „Fuß" identisch ist. Koch, Kommentar Note 86.

2) Diese in Städten unpraktische Vorschrift ist durch die einzelnen Baupolizei-Ordnungen für die Städte wohl überall aufgehoben und an deren Stelle vorgeschrieben, daß alle Gebäude hart an der Nachbargrenze aufzuführen sind. (So in der B. P. O. für den Regierungsbezirk Potsdam v. 26. Januar 1872 § 11. Findet der Bau nicht dicht an der Grenze statt, so soll ein Raum von mindestens $5^1/_2$ m zwischen den Häusern frei bleiben. Die weniger weit entfernten sowie die an des Nachbars Grenze stehenden Wände sind als Brandmauern, d. h. durchweg massiv ohne Balkeneinlage und Oeffnungen, herzustellen. § 12.)

§ 187. Erniedrigt Jemand seinen Grund und Boden, durch Anlegung eines Grabens oder sonst; so muß ein Wall von drei Fuß breit gegen die benachbarte Verzäunnung stehen bleiben.

---

2. Gesetz, betreffend [die Vertheilung der öffentlichen Lasten bei Grundstückstheilungen und] die Gründung neuer Ansiedelungen in den Provinzen Brandenburg 2c.

Vom 25. August 1876.

(G. S. S. 405.)

§ 13. Wer außerhalb einer im Zusammenhange gebauten Ortschaft ein Wohnhaus errichten oder ein schon vorhandenes Gebäude zum Wohnhause einrichten will, bedarf einer von der Ortspolizeibehörde zu ertheilenden Ansiedelungsgenehmigung. Vor deren Aushändigung darf die polizeiliche Bauerlaubniß nicht ertheilt werden.

Die Ansiedelungsgenehmigung [1]) ist nicht erforderlich für Wohnhäuser, welche in den Grenzen eines nach dem Gesetz vom 2. Juli 1875 festgestellten Bebauungsplans, oder welche auf einem bereits bebauten Grundstücke im Zusammenhange mit bewohnten Gebäuden errichtet oder eingerichtet werden sollen.

§ 18. Wer außerhalb einer im Zusammenhange gebauten Ortschaft eine Kolonie anlegen will, hat dazu die Genehmigung des Kreisausschusses, in Stadtkreisen der Ortspolizeibehörde, zu beantragen. Mit dem Antrage ist ein Plan vorzulegen und darin nachzuweisen, in welcher Art die Gemeinde-, Kirchen- und Schulverhältnisse der Kolonie geordnet werden sollen. [2])

Strafe:

§ 20. Wer vor Ertheilung der vorgeschriebenen Genehmigung mit einer neuen Ansiedelung oder der Anlegung einer Kolonie be-

---

1) Dieselbe ist zu versagen, wenn nicht nachgewiesen wird, daß der Platz durch einen Weg zugänglich ist, oder wenn von einem Nachbar oder dem Vorsteher des Gemeinde- (Guts-) Bezirks Einspruch erhoben wird und Thatsachen die Annahme rechtfertigen, daß die Ansiedlung den Schutz der Nutzungen benachbarter Grundstücke aus dem Feld- oder Gartenbau, aus der Forstwirthschaft, der Jagd oder der Fischerei gefährden werde (§§ 14 u 15). Der betheiligte Gemeinde- (Guts-) Vorsteher ist überhaupt vor Ertheilung der Genehmigung von dem Antrag in Kenntniß zu setzen (§ 16).

2) Die Genehmigung kann versagt werden, wenn und so lange die Gemeinde-, Kirchen- und Schulverhältnisse nicht dem öffentlichen Interesse und den bestehenden gesetzlichen und statutarischen Bestimmungen gemäß geordnet sind (§ 19).

ginnt, wird mit Geldstrafe bis Einhundert und fünfzig Mark oder Haft bestraft. Auch kann die Ortspolizeibehörde die Weiterführung der Ansiedelung oder Kolonie verhindern und die Wegschaffung der errichteten Anlagen anordnen.

---

4. Reichsgesetz, betreffend die Beschränkungen des Grundeigenthums in der Umgebung von Festungen.

Vom 21. Dezember 1871.

(R. G. Bl. S. 459.)

Das s. g. Rayongesetz theilt die Umgebung jeder Festung in § 2.
drei Rayons, die dazwischen liegenden Zwischenrayons zerfallen § 7.
in strenge und einfache. Die Kommandantur hat einen Rayon- § 9.
plan und ein Rayonkataster (Namen der Besitzer und Art der
Baulichkeiten) aufzustellen. Nur mit ihrer Genehmigung sind zu- § 13.
lässig dauernde Veränderungen der Höhe der Terrainoberfläche,
alle Anlagen von Dämmen, Gräben, Chausseen, Wegen und Eisenbahnen und alle thurmartigen Konstruktionen.[1])

§ 21. Bei vorübergehenden Veränderungen der Höhe der Terrainoberfläche, wie der Auflagerung von Baumaterialien während der Ausführung eines genehmigten Baues, der Benutzung der Grabenränder zur Auflagerung der bei der Grabenräumung ausgeworfenen Erde und dergleichen ähnlichen Benutzungen bedarf es im ersten und zweiten Rayon und einfachen Zwischenrayon nur einer vorgängigen Anzeige an die Kommandantur. Jedoch steht es derselben zu, die Zeit der Wiederbeseitigung der vorübergehenden Erhöhung des Terrains zu bestimmen.

Zur Anlage von Komposthaufen ist die Genehmigung der Kommandantur erforderlich.

§ 22. Die einmal vorhandenen Baulichkeiten und Anlagen, auf denen nicht die besondere Bedingung des Eingehens durch Verfall, oder der künftigen Reduktion auf eine leichtere Bauart schon haftet, sollen, unbeschadet der Bestimmung des § 43, erhalten bleiben, auch wenn sie den Vorschriften dieses Gesetzes nicht entsprechen. Dieselben können, wenn sie ganz oder theilweise zerstört oder baufällig geworden sind, nach

---

1) Die innerhalb der einzelnen Rayons zulässigen bez. der Genehmigung der Kommandantur bedürfenden baulichen Anlagen werden in den §§ 15—20 näher bestimmt.

vorgängiger Anzeige bei der Kommandantur in den alten Abmessungen und der bisherigen Bauart wieder hergestellt werden.

Ueberschreiten Wiederherstellungsbauten das vorbestimmte Maaß, so bedarf es der Genehmigung der Kommandantur.

Strafe:

§ 32. Grundbesitzer, welche ohne die gesetzlich erforderliche Genehmigung, oder mit eigenmächtiger Abweichung von dem genehmigten Plane eine Anlage, einen Neu- oder Wiederherstellungsbau ausführen oder ausführen lassen, werden mit einer Geldbuße bis zu einhundertfünfzig Mark bestraft. Eine gleiche Strafe trifft denjenigen, welcher als Baumeister oder Bauhandwerker die Ausführung geleitet hat. [Soweit nach dem Urtheile der Kommandantur die Anlagen unzulässig befunden worden, ist der Besitzer innerhalb der vom Kommandanten zu bestimmenden Frist zu deren Beseitigung verbunden....]

Wer die in den §§ 21, 22 vorgeschriebene Anzeige unterläßt, wird mit einer Geldstrafe bis zu fünfzehn Mark bestraft.

II. Bergpolizei.

Allgemeines Berggesetz für die Preuß. Staaten.

Vom 24. Juni 1865.

(G. S. S. 705.)

§ 196. Der Bergbau steht unter der polizeilichen Aufsicht der Bergbehörden. — Dieselbe erstreckt sich auf

die Sicherheit der Baue,

die Sicherheit des Lebens und der Gesundheit der Arbeiter,

den Schutz der Oberfläche im Interesse der persönlichen Sicherheit und des öffentlichen Verkehrs,

den Schutz gegen gemeinschädliche Einwirkungen des Bergbaues.

Dieser Aufsicht unterliegen auch die [in den §§ 58 und 59 erwähnten] Aufbereitungsanstalten, Dampfkessel und Triebwerke, sowie die Salinen.

§ 197. Die Oberbergämter[1]) sind befugt, für den ganzen Umfang ihres Verwaltungsbezirks oder für einzelne Theile desselben Polizeiverordnungen über die im § 196 bezeichneten Gegenstände zu erlassen....

---

1) 1. Das Oberbergamt zu Breslau umfaßt die Provinzen Schlesien, Posen und Preußen;

2. das Oberbergamt zu Halle umfaßt die Provinzen Sachsen, Brandenburg und Pommern, seit der Verordnung v. 24. Juni 1867 auch die bayerische Enklave Kaulsdorf;

§ 198. Tritt auf einem Bergwerke in Beziehung auf die im § 196 bezeichneten Gegenstände eine Gefahr ein, so hat das Oberbergamt die geeigneten polizeilichen Anordnungen nach Vernehmung des Bergwerksbesitzers oder des Repräsentanten durch einen Beschluß zu treffen.

§ 199. Ist die Gefahr eine dringende, so hat der Revierbeamte sofort und selbst ohne vorgängige Vernehmung des Bergwerksbesitzers oder des Repräsentanten die zur Beseitigung der Gefahr erforderlichen polizeilichen Anordnungen zu treffen, gleichzeitig aber dem Oberbergamte hiervon Anzeige zu machen....

Strafe:

§ 208. Uebertretungen der von den Bergbehörden bereits erlassenen, sowie der von den Oberbergämtern auf Grund des § 197 zu erlassenden Polizeiverordnungen unterliegen der Strafe des § 207. (Geldbuße bis zu einhundertfünfzig Mark). — Dieselbe Strafe findet bei Uebertretungen der auf Grund der §§ 198 und 199 getroffenen polizeilichen Anordnungen Anwendung.

Ferner werden die Uebertretungen folgender Vorschriften mit Geldstrafe bis zu einhundertfünfzig Mark bestraft: § 207.

§ 4. Auf öffentlichen Plätzen, Straßen und Eisenbahnen, sowie auf Friedhöfen ist das Schürfen unbedingt untersagt.

---

3. das Oberbergamt zu Dortmund umfaßt (Verordnung v. 24. Juni 1867):
   a) die Provinz Westfalen mit Ausnahme des Herzogthums Westfalen, der Grafschaft Wittgenstein, des Fürstenthums Siegen und der Aemter Burbach und Neukirchen,
   b) von der Rheinprovinz die Kreise Rees, Duisburg und Essen, sowie einige Theile der Kreise Düsseldorf und Elberfeld,
   c) seit 1. Juli 1867 die Landdrosteibezirke Osnabrück und Aurich (Verordnung v. 25. Mai 1867);
4. das Oberbergamt zu Bonn umfaßt:
   a) die Rheinprovinz mit Ausnahme der Landestheile sub 3b,
   b) von der Provinz Westfalen die sub 3a genannten Ausnahmen,
   c) die Hohenzollernschen Lande,
   d) seit 1. April 1867 das Gebiet des früheren Herzogthums Nassau sowie die großherzoglich hessischen annektirten Landestheile und die vormalige Landgrafschaft Hessen-Homburg (Verordnung v. 6. März 1867),
   e) seit der Verordnung v. 24. Juni 1867 das Gebiet der Stadt Frankfurt (Verordnung v. 24. Juni 1867);
5. das Oberbergamt zu Clausthal umfaßt vom 1. März 1868 ab die Provinzen Hannover mit der Ausnahme zu 3c, Schleswig-Holstein und das Gebiet des früheren Kurfürstenthums Hessen und der früheren bayerischen Landestheile mit Ausnahme von Kaulsdorf (Verordnung v. 3. Februar 1868).

Auf anderen Grundstücken ist das Schürfen unstatthaft, wenn nach der Entscheidung der Bergbehörde überwiegende Gründe des öffentlichen Interesses entgegenstehen.

Unter Gebäuden und in einem Umkreise um dieselben bis zu zweihundert Fuß, in Gärten und eingefriedigten Hofräumen darf nicht geschürft werden, es sei denn, daß der Grundbesitzer seine ausdrückliche Einwilligung hierzu ertheilt hat.

§ 10. In den Feldern fremder Bergwerke darf nach denjenigen Mineralien geschürft werden, auf welche der Bergwerkseigenthümer Rechte noch nicht erworben hat.

Bedrohen jedoch solche Schürfarbeiten die Sicherheit der Baue oder den ungestörten Betrieb des Bergwerks, so hat die Bergbehörde dieselben zu untersagen.

Der Bergwerksbesitzer kann verlangen, daß der Schürfer ihm vor Beginn der Schürfarbeiten eine angemessene Kaution für die etwa zu leistende Entschädigung bestellt....

§ 66. Der Bergwerksbesitzer ist verpflichtet, der Bergbehörde von der beabsichtigten Inbetriebsetzung des Bergwerks mindestens vier Wochen vorher Anzeige zu machen.

§ 67.[1]) Der Betrieb darf nur auf Grund eines Betriebsplans geführt werden.

Derselbe unterliegt der Prüfung durch die Bergbehörde und muß der letzteren zu diesem Zwecke vor der Ausführung vorgelegt werden....

§ 69. Die §§ 67 [und 68] finden auch auf die späteren Abänderungen der Betriebspläne Anwendung.

Werden jedoch in Folge unvorhergesehener Ereignisse sofortige Abänderungen eines Betriebsplans erforderlich, so genügt es, wenn dieselben binnen den nächsten vierzehn Tagen der Bergbehörde durch den Betriebsführer angezeigt werden.

§ 71. Will der Bergwerksbesitzer den Betrieb des Bergwerks einstellen, so hat derselbe der Bergbehörde hiervon mindestens vier Wochen vorher Anzeige zu machen.

Muß der Betrieb in Folge unvorhergesehener Ereignisse schon in kürzerer Frist oder sofort eingestellt werden, so ist die Anzeige binnen längstens vierzehn Tagen nach erfolgter Betriebseinstellung nachzuholen.

§ 72. Der Bergwerksbesitzer hat auf seine Kosten ein Grubenbild in zwei Exemplaren durch einen konzessionirten Markscheider anfertigen und regelmäßig nachtragen zu lassen....

Das eine Exemplar des Grubenbildes ist an die Bergbehörde zum Gebrauche derselben abzuliefern, das andere auf dem Bergwerke oder, falls es daselbst an einem geeigneten Orte fehlt, bei dem Betriebsführer aufzubewahren.

---

1) In den Fällen der §§ 67, 69, 73, 74 tritt die Strafe auch dann ein, wenn der Betrieb von der Bergbehörde eingestellt wird. § 207.

§ 73. Der Betrieb darf nur unter Leitung, Aufsicht und Verantwortlichkeit von Personen geführt werden, deren Befähigung hierzu anerkannt ist.

§ 74. Der Bergwerksbesitzer hat die zur Leitung und Beaufsichtigung des Betriebes angenommenen Personen, wie Betriebsführer, Steiger, technische Aufseher ꝛc., der Behörde namhaft zu machen.

Diese Personen sind verpflichtet, ihre Befähigung zu den ihnen zu übertragenden Geschäften nachzuweisen und sich zu diesem Zwecke auf Erfordern einer Prüfung durch die Bergbehörde zu unterwerfen.

Erst nachdem letztere die Befähigung anerkannt hat, dürfen die genannten Personen die ihnen übertragenen Geschäfte übernehmen.

§. 80. Das Vertragsverhältniß zwischen den Bergwerksbesitzern und den Bergleuten wird nach den allgemeinen gesetzlichen Vorschriften beurtheilt, soweit nicht nachstehend etwas Anderes bestimmt ist.

Erlassen die Bergwerksbesitzer Arbeitsordnungen für ihre Werke, so müssen dieselben gleichzeitig mit der Bekanntmachung auf dem Werke zur Kenntniß der Bergbehörde gebracht werden.

§ 85. Bergwerksbesitzer oder deren Stellvertreter dürfen Arbeiter, von denen ihnen bekannt ist, daß sie schon früher beim Bergbau beschäftigt waren, nicht eher zur Bergarbeit annehmen, bis ihnen von denselben das Zeugniß des Bergwerksbesitzers oder Stellvertreters, bei dem sie zuletzt in Arbeit gestanden, beziehungsweise das Zeugniß der Ortspolizeibehörde (§ 84) vorgelegt ist.

§ 93. Auf jedem Bergwerke ist über die daselbst beschäftigten Arbeiter eine Liste zu führen, welche die Vor- und Zunamen, das Geburtsjahr, den Wohnort, den Tag des Dienstantritts und der Entlassung, sowie das Datum des letzten Arbeitszeugnisses enthält.

Die Liste muß der Bergbehörde auf Verlangen vorgelegt werden.

§ 163. Bei jeder Aufhebung eines Bergwerkseigenthums darf der bisherige Eigenthümer die Zimmerung und Mauerung des Grubengebäudes nur insoweit wegnehmen, als nach der Entscheidung der Bergbehörde nicht polizeiliche Gründe entgegenstehen.

§ 200. Die Bekanntmachung der auf Grund der §§ 198 und 199 getroffenen polizeilichen Anordnungen an den Bergwerksbesitzer oder den Repräsentanten erfolgt durch Zustellung des Beschlusses des Oberbergamts, beziehungsweise der Verfügung des Revierbeamten.

Die Bekanntmachung an den Betriebsführer und die Grubenbeamten wird von dem Revierbeamten oder auf dessen Anweisung durch Eintragung in das Zechenbuch bewirkt, welches zu diesem Zwecke auf jedem Bergwerke gehalten werden muß.

Soweit eine Bekanntmachung an die Arbeiter erforderlich ist, geschieht dieselbe auf Anweisung des Revierbeamten durch Verlesen und durch Aushang auf dem Werke.[1])

---

1) Die Vorschrift des § 200 hat den Zweck, für den Fall gerichtlicher Verfolgung von Uebertretungen der auf Grund der §§ 198 u. 199 getroffenen An-

§ 201. In den Fällen des § 199 muß mit der Ausführung der polizeilichen Anordnungen des Revierbeamten ohne Rücksicht auf die vorbehaltene oberbergamtliche Bestätigung oder Wiederaufhebung sofort begonnen werden.

Die Ausführung dieser Anordnungen wird durch Einlegung des Rekurses nicht aufgehalten.

§ 203. Sobald auf einem Bergwerke eine Gefahr in Beziehung auf die in § 196 bezeichneten Gegenstände eintritt, hat der Betriebsführer und im Verhinderungsfalle der denselben vertretende Grubenbeamte dem Revierbeamten Anzeige hiervon zu machen.

§ 204. Ereignet sich auf einem Bergwerke unter oder über Tage ein Unglücksfall, welcher den Tod oder die schwere Verletzung einer oder mehrerer Personen herbeigeführt hat, so sind die im § 203 genannten Personen zur sofortigen Anzeige an den Revierbeamten und an die nächste Polizeibehörde verpflichtet.

§ 205. Der Revierbeamte ordnet die zur Rettung der verunglückten Personen oder zur Abwendung weiterer Gefahr erforderlichen Maßregeln an.

Die zur Ausführung dieser Maßregeln nothwendigen Arbeiter und Hülfsmittel hat der Besitzer des Bergwerks zur Verfügung zu stellen.

Die Besitzer benachbarter Bergwerke sind zur Hülfeleistung verpflichtet.[1])

---

ordnungen feststellen zu können, daß und wann die Anordnung den Kontravenienten bekannt gemacht ist. (Motive S. 109.)

Eine Uebertretung des § 200, wie sie in § 207 vorausgesetzt wird, ist nur insofern denkbar, als etwa das Zechenbuch nicht gehalten oder der Anweisung des Revierbeamten in Absatz 3 nicht Folge geleistet wird.

1) Für den Stein- und Braunkohlenbergbau in den vormals zum Königreich Sachsen gehörigen Landestheilen der Provinzen Sachsen und Brandenburg, in der Oberlausitz und der Niederlausitz ist ein besonderes Gesetz v. 22. Februar 1869 (G. S. S. 401) maßgebend. Zur Ausführung desselben ist ergangen die Berg-Polizeiordnung für den Oberbergamts-Bezirk Halle v. 16. Juli 1873. — In Betreff der Verbindlichkeit der Bergwerke (sowie der Eisenbahnen und Fabriken) zum Schadenersatz für die bei dem Betriebe derselben herbeigeführten Tödtungen und Körperverletzungen vergl. das s. g. Haftpflichtgesetz v. 7. Juni 1871 (R. G. Bl. S. 207).

III. Feld- und Forstpolizei.

1. Das Feld- und Forstpolizei-Gesetz.

Vom 1. April 1880.

(G. S. S. 230.)[1]

A. Allgemeine Strafbestimmungen.

Dieselben schließen sich wesentlich an diejenigen des Forstdiebstahls-Gesetzes vom 15. April 1878 sowie an die des St. G. B. an. Es gilt danach für alle Zuwiderhandlungen gegen dieses Gesetz als Strafschärfungsgrund:

„1. wenn die Zuwiderhandlung an einem Sonn- oder Festtage oder in der Zeit von Sonnenuntergang bis Sonnenaufgang begangen ist; § 2.

2. wenn der Zuwiderhandelnde Mittel angewendet hat, um sich unkenntlich zu machen;

3. wenn der Zuwiderhandelnde dem Feld- oder Forsthüter oder einem anderen zuständigen Beamten, dem Beschädigten oder dem Pfändungsberechtigten seinen Namen oder Wohnort anzugeben sich geweigert oder falsche Angaben über seinen oder seiner Gehülfen Namen oder Wohnort gemacht oder auf Anrufen der vorstehend genannten Personen, stehen zu bleiben, die Flucht ergriffen oder fortgesetzt hat;

4. wenn der Thäter die Aushändigung der zu der Zuwiderhandlung bestimmten Werkzeuge oder der mitgeführten Waffen verweigert hat;

---

1) Für die Feldpolizei-Uebertretungen war bis zum 1. Juli 1880 maßgebend die Feld-Polizeiordnung v. 1. Novbr. 1847 (G. S. S. 376) mit den Abänderungen des Gesetzes v. 13. April 1856 (G. S. S. 205), die Forstpolizei wurde wegen der provinziellen und örtlichen Verschiedenheit forstwirthschaftlicher Zustände durch Polizeiverordnungen der einzelnen Regierungen gehandhabt. Das neue Gesetz soll beide Gebiete der Polizei einheitlich regeln, beläßt jedoch den Polizeibehörden in einzelnen Beziehungen, z. B. für die Hütungs- und Weideverhältnisse (§ 13), noch einen gewissen Spielraum mit Rücksicht auf die lokalen Bedürfnisse und Rechtsgewohnheiten.

5. wenn die Zuwiderhandlung von drei oder mehr Personen in gemeinschaftlicher Ausführung begangen ist;
6. wenn die Zuwiderhandlung im Rückfalle begangen ist."

§ 3. Als rückfällig gilt dabei derjenige, der innerhalb zweier Jahre nach einer auf Grund dieses Gesetzes erfolgten rechtskräftigen Verurtheilung[1]) dieselbe oder eine gleichartige strafbare Handlung begeht. „Gleichartig" sind die in demselben § oder derselben §-Nr. erwähnten Handlungen, und einer Entwendung stehen der Versuch, die Theilnahme (also auch die Beihülfe), die Begünstigung und die Hehlerei in Bezug auf eine Entwendung gleich.

§ 7. Die Beihülfe zu einer Entwendung oder vorsätzlichen Be-
§ 8. schädigung und die Begünstigung[2]) derselben werden mit der vollen Strafe der Zuwiderhandlung bedroht. Ebenso sind der
§ 8. Versuch einer Entwendung[3]) und die Hehlerei in Bezug auf dieselbe mit der vollen Strafe der Entwendung zu bestrafen.

§ 4. Eine Strafermäßigung für Kinder zwischen zwölf und achtzehn Jahren, ihre Zurechnungsfähigkeit vorausgesetzt, findet nicht statt.

§ 5. Für Geldstrafe, Werthsersatz und Kosten haftbar sind diejenigen Personen, in deren Gewalt, Aufsicht oder Dienst der Thäter sich befindet und zu deren Hausgenossenschaft derselbe gehört, es sei denn, daß festgestellt wird, daß die That nicht mit ihrem Wissen verübt ist, oder daß sie sie nicht verhindern konnten.

Unmittelbar haftbar sind diese Personen:

a) wenn der Thäter noch nicht das zwölfte Lebensjahr vollendet hat,

---

1) Unter Verurtheilung ist sowohl ein gerichtliches Erkenntniß als ein polizeilicher oder amtsrichterlicher Strafbefehl zu verstehen.

Auch hier beginnt, wie im F. D. G. v. 15. April 1878, die Frist der zwei Jahre mit der Verurtheilung, während nach § 245 St. G. B. die Verjährungsfrist (von zehn Jahren) von der Verbüßung oder dem Erlaß der letzten Strafe an zu rechnen ist. Ebenso bildet, wie im F. D. G., schon der erste Rückfall einen Strafschärfungsgrund, während nach § 245 St. G. B. zwei Vorstrafen vorliegen müssen.

2) Für die Begünstigung finden Absatz 2 u. 3 des § 257 St. G. B. Anwendung.

3) Der Versuch einer vorsätzlichen Beschädigung nach diesem Gesetz ist nicht strafbar. (Siehe dagegen § 303 St. G. B.)

b) wenn der Thäter das zwölfte, aber noch nicht das achtzehnte Lebensjahr vollendet hat, jedoch „wegen Mangels der zur Erkenntniß der Strafbarkeit seiner That erforderlichen Einsicht freizusprechen ist“,

c) wenn der Thäter „wegen eines seine freie Willensbestimmung ausschließenden Zustandes straffrei bleibt“.

Das Objekt der Entwendungen und vorsätzlichen Beschädigungen, § 6.
bez. das Objekt der Begünstigung derselben und einer Hehlerei in Beziehung auf eine Entwendung darf den Betrag von zehn Mark nicht übersteigen, da anderenfalls das St. G. B. (§§ 242 ff. und 303) Platz greift.

B. **Besondere Strafbestimmungen.**

§ 9. Mit Geldstrafe bis zu zehn Mark oder mit Haft bis zu drei Tagen wird bestraft, wer, abgesehen von den Fällen des § 123 des Strafgesetzbuchs, von einem Grundstücke, auf dem er ohne Befugniß sich befindet, auf die Aufforderung des Berechtigten sich nicht entfernt.[1] **Die Verfolgung tritt nur auf Antrag ein.**

§ 10. Mit Geldstrafe bis zu zehn Mark oder mit Haft bis zu drei Tagen wird bestraft, wer, abgesehen von den Fällen des § 368 Nr. 9 des Strafgesetzbuchs,[2] **unbefugt**[3] **über Grundstücke reitet, karrt, fährt, Vieh treibt, Holz schleift, den Pflug wendet oder über Aecker, deren Bestellung vorbereitet oder in Angriff genommen ist, geht. Die Verfolgung tritt nur auf Antrag ein.**

Der Zuwiderhandelnde bleibt straflos, wenn er durch die schlechte Beschaffenheit eines an dem Grundstücke vorüberführenden und zum gemeinen Gebrauch bestimmten Weges oder durch ein anderes auf dem Wege befindliches Hinderniß zu der Uebertretung genöthigt worden ist.

---

1) Vorausgesetzt wird, daß das Verweilen auf dem Grundstück ein vorsätzliches ist und daß dem Thäter nach erfolgter Aufforderung der Mangel seiner Befugniß zum Verweilen bewußt ist. Erk. d. Ob.-Trib. v. 21. Januar 1874. (Oppenhoff, R. d. Ob.-Trib. 15 S. 40.)

2) In § 368 Nr. 9 St. G. B. wird zur Strafbarkeit vorausgesetzt, daß die Aecker, Wiesen, Weiden und Schonungen mit einer Einfriedigung versehen sind oder ihr Betreten durch Warnungstafeln untersagt ist. Das Feld- und Forst-Polizei-Gesetz sieht hiervon ab. — Nach § 368 Nr. 9 St. G. B. ist ferner nur über bestellte Aecker zu gehen verboten, während nach § 10 dieses Gesetzes das unbefugte Gehen über Aecker, deren Bestellung auch nur vorbereitet oder in Angriff genommen ist, strafbar ist. — Ferner ist nicht nur das Gehen, Fahren, Reiten und Viehtreiben, sondern auch das Karren, Holzschleifen und Pflugwenden auf fremden Grundstücken verboten. Daude, Kommentar S. 13 Note 1.

3) Der Jagdberechtigte ist befugt, die zu seinem Jagdrevier gehörigen fremden Grundstücke zu betreten, soweit dies zur Ausübung der Jagd erforderlich ist. Oppenhoff, Kommentar z. St. G. B. S. 818 Note 25.

§ 11. Mit Geldstrafe bis zu zehn Mark oder mit Haft bis zu drei Tagen wird bestraft, wer außerhalb eingefriedigter Grundstücke sein Vieh ohne gehörige Aufsicht oder ohne genügende Sicherung läßt.

Diese Bestimmung kann durch Polizeiverordnung abgeändert werden. Eine höhere als die vorstehend festgesetzte Strafe darf jedoch nicht angedroht werden.

Die Bestrafung tritt nicht ein, wenn nach den Umständen die Gefahr einer Beschädigung Dritter nicht anzunehmen ist.[1])

§ 12. Mit Geldstrafe bis zu zehn Mark oder mit Haft bis zu drei Tagen wird der Hirt bestraft, welcher das ihm zur Beaufsichtigung anvertraute Vieh ohne Aufsicht oder unter der Aufsicht einer hierzu untüchtigen Person läßt.

§ 13. Die Ausübung der Nachtweide, des Einzelnhütens sowie der Weide durch Gemeinde- und Genossenschaftsheerden soll durch Polizeiverordnungen geregelt werden. Bis zur Verkündung derselben behalten die bisherigen Vorschriften der Feld-Polizei-Ordnung vom 1. November 1847 (§§ 22—38) Geltung.[2])

Die Bestrafung der Weidefrevel betreffen die §§ 14—16 dieses Gesetzes.

§ 14. Mit Geldstrafe bis zu funfzig Mark oder mit Haft bis zu vierzehn Tagen wird bestraft, wer unbefugt auf einem Grundstücke Vieh weidet.

Die Strafe ist verwirkt, sobald das Vieh die Grenzen des Grundstücks, auf welchem es nicht geweidet werden darf, überschritten hat, sofern nicht festgestellt wird, daß der Uebertritt von der für die Beaufsichtigung des Viehes verantwortlichen Person nicht verhindert werden konnte.[3])

Die Bestimmung des Absatzes 2 findet, wo eine Verpflichtung zur Einfriedigung von Grundstücken besteht, oder wo die Einfriedigung landesüblich ist, keine Anwendung.

§ 15. Geldstrafe von fünf bis zu einhundertundfunfzig Mark oder Haft tritt ein, wenn der Weidefrevel (§ 14) begangen wird

1) auf Grundstücken, deren Betreten durch Warnungszeichen verboten ist;

2) auf eingefriedigten Grundstücken, sofern nicht eine Verpflichtung zur Einfriedigung der Grundstücke besteht, oder die Einfriedigung der Grundstücke landesüblich ist;

---

1) Der Angeklagte hat zu beweisen, daß eine solche Gefahr nicht möglich war. Daube, Kommentar S. 15 Note 3.

2) Siehe unten die Bestimmungen unter Nr. 4 dieses Abschnitts.

3) Der Weidefrevel ist also durch das Ueberschreiten der Grenze vollendet, auch wenn noch kein wirkliches Weiden stattgefunden hat.

3) auf solchen Dämmen und Deichen, welche von dem Besitzer selbst noch mit der Hütung verschont werden;
4) auf bestellten Aeckern oder auf Wiesen, in Gärten, Baumschulen, Weinbergen, auf mit Rohr bewachsenen Flächen, auf Weidenhegern, Dünen, Buhnen, Deckwerken, gedeckten Sandflächen, Graben- oder Kanalböschungen, in Forstkulturen, Schonungen oder Saatkämpen;
5) auf Forstgrundstücken mit Pferden oder Ziegen.

Einen wegen Weidefrevels verurtheilten Hirten kann der Dienstherr innerhalb vierzehn Tagen nach Rechtskraft des Urtheils entlassen. § 16.

Wird Vieh auf einem Grundstücke, auf welchem es nicht geweidet werden darf, betroffen, so kann es auf der Stelle oder in unmittelbarer Verfolgung gepfändet werden, und zwar sowohl von dem Feld- oder Forsthüter als auch von dem Beschädigten oder von denen, die die Aufsicht über dessen Grundstück führen oder zu seiner Familie, seinen Dienstleuten oder seinen auf dem Grundstück beschäftigten Arbeitsleuten gehören. Auch bei Zuwiderhandlungen gegen § 18 dieses Gesetzes und gegen § 368 Nr. 9 St. G. B. ist Pfändung des Viehes oder der Reit- oder Zugthiere zulässig.[1]) Die gepfändeten Thiere haften für Schaden oder Ersatzgeld und alle durch die Pfändung und die Schadensfeststellung verursachten Kosten; sie müssen aber gegen Hinterlegung[2]) eines den Forderungen des Beschädigten entsprechenden Betrags freigegeben werden, auch ist vorgeschrieben, daß die Pfändung binnen vierundzwanzig Stunden dem Gemeinde-(Guts-)vorsteher oder der Ortspolizeibehörde angezeigt werden muß; ist dies unterlassen, so kann der Gepfändete die Pfandstücke zurückverlangen und der Pfändende verliert den Anspruch auf den Ersatz der durch die Pfändung entstandenen Kosten. Die Behörde hat auf die Anzeige zu entscheiden, ob die Pfändung ganz oder theilweise aufrecht zu halten oder aufzuheben ist, und läßt, wenn ersteres der Fall ist, die Gegenstände öffentlich versteigern. § 77. § 78. § 80. § 81. § 82. § 85.

§ 17. Mit Geldstrafe bis zu einhundertundfunfzig Mark oder mit Haft wird bestraft:

---

1) Vergl. oben S. 58 Anm. 5 zu § 15 F. D. G.

2) Die Hinterlegung muß bei dem Guts- oder Gemeindevorstand erfolgen, in dessen Bezirk das Grundstück liegt, auf welchem gepfändet worden ist. § 78.

1) wer eine rechtmäßige Pfändung (§ 77) vereitelt oder zu vereiteln versucht;
2) wer, abgesehen von den Fällen der §§ 113 und 117 des Strafgesetzbuchs, dem Pfändenden in der rechtmäßigen Ausübung seines Rechts (§ 77) durch Gewalt oder durch Bedrohung mit Gewalt Widerstand leistet oder den Pfändenden während der rechtmäßigen Ausübung seines Rechts thätlich angreift;
3) wer, abgesehen von den Fällen der §§ 137 und 289 [1]) des Strafgesetzbuchs, Sachen, welche rechtmäßig in Pfand genommen sind (§ 77), dem Pfändenden in rechtswidriger Absicht wegnimmt;
4) wer vorsätzlich eine unrechtmäßige Pfändung (§ 77) bewirkt.

Die Entwendung, d. h. die Wegnahme fremder Bodenerzeugnisse vom Felde in der Absicht rechtswidriger Zueignung, [2]) wird behandelt in den §§ 18—23:

§ 18. Mit Geldstrafe bis zu einhundertundfünfzig Mark oder mit Haft wird bestraft, wer Gartenfrüchte, Feldfrüchte oder andere Bodenerzeugnisse aus Gartenanlagen aller Art, Weinbergen, Obstanlagen, Baumschulen, Saatkämpen, [3]) von Aeckern, Wiesen, Weiden, Plätzen, Gewässern, Wegen oder Gräben entwendet.

Liegen die Voraussetzungen des § 370 Nr. 5 des Strafgesetzbuchs [4]) vor, so tritt die Verfolgung nur auf Antrag ein.

§ 19. Geldstrafe von fünf bis zu einhundertundfünfzig Mark oder Haft tritt ein, wenn die nach § 18 strafbare Entwendung begangen wird

1) unter Anwendung eines zur Fortschaffung größerer Mengen geeigneten Geräthes, Fahrzeuges oder Lastthieres;
2) unter Benutzung von Aexten, Sägen, Messern, Spaten oder ähnlichen Werkzeugen;
3) aus einem umschlossenen Raume mittelst Einsteigens; [5])

---

1) Siehe oben S. 13 Anm. 1.

2) Entwendung ist gleichbedeutend mit Diebstahl, weshalb auch der Thatbestand des § 242 St. G. B. vorliegen muß. Eine besondere gewinnsüchtige Absicht wird nicht erfordert, andererseits begründet deren Vorhandensein aber auch nicht die Anwendung des § 242 St. G. B. (Siehe dagegen § 45 Abs. 2 Feld-Polizei-Ordnung v. 1. Novbr. 1847.)

3) Auf diese findet in der Regel § 1 F. D. G. Anwendung. Dienen sie jedoch nicht hauptsächlich zur Holznutzung, so kann § 18 dieses Gesetzes Platz greifen.

4) Diese Voraussetzungen sind: Entwendung von Nahrungsmitteln von unbedeutendem Werthe (höchstens zehn Mark nach § 6 dieses Gesetzes) oder in geringer Menge, und der Zweck des alsbaldigen Gebrauchs.

5) Einsteigen ist der von außen bewirkte Eintritt in einen umschlossenen Raum, welcher mittels körperlicher Ueberwindung einer das Eindringen von Menschen hindernden sachlichen Abschließungsvorrichtung bewirkt ist. Oppenoff, Kommentar z. St. G. B. S. 506 Note 32.

4) gegen die Dienstherrschaft oder den Arbeitgeber;
5) an Kien, Harz, Saft, Wurzeln, Rinde oder Mittel- (Haupt-) Trieben stehender Bäume, sofern die Entwendung nicht als Forstdiebstahl strafbar ist.[1])

§ 20. Gefängnißstrafe bis zu drei Monaten tritt ein, wenn die nach § 18 strafbare Entwendung begangen wird
1) unter Mitführung von Waffen;
2) aus einem umschlossenen Raume mittelst Einbruchs;[2])
3) dadurch, daß zur Eröffnung der Zugänge eines umschlossenen Raumes falsche Schlüssel oder andere zur ordnungsmäßigen Eröffnung nicht bestimmte Werkzeuge angewendet werden;
4) durch Wegnahme stehender Bäume, Frucht- oder Ziersträucher, sofern die Entwendung nicht als Forstdiebstahl strafbar ist;[3])
5) von dem Aufseher in dem seiner Aufsicht unterstellten Grundstücke.

Sind mildernde Umstände vorhanden, so kann auf Geldstrafe von fünf bis zu dreihundert Mark erkannt werden.

§ 21. Auf Gefängnißstrafe von einer Woche bis zu einem Jahre[4]) ist zu erkennen:
1) wenn im Falle einer Entwendung der Schuldige sich im dritten oder ferneren Rückfalle befindet;
2) wenn die Hehlerei gewerbs- oder gewohnheitsmäßig begangen ist.

Auf Entwendung gegen Angehörige, Vormünder oder Erzieher, Lehr- oder Dienstherren findet § 247 St. G. B.[5]) Anwendung. § 22.

Neben der Geld- oder Freiheitsstrafe ist Einziehung der Waffe, welche der Thäter bei der Entwendung (§§ 18—21) bei sich geführt hat, auszusprechen, gleichviel ob sie ihm gehört oder nicht. Auch können die zu einer Entwendung geeigneten und vom Thäter mitgeführten Werkzeuge eingezogen werden, selbst § 23.

---

1) § 3 Forstdiebstahls-Gesetz.

2) Einbruch ist die gewaltsame Eröffnung eines Eingangs in einen umschlossenen Raum, bei welcher die Substanz der Umschließung oder ihr mechanischer Zusammenhang verletzt wird. Oppenhoff, Kommentar z. St. G. B. S. 504 Note 26.

3) § 1 Nr. 1 F. D. G. — Wegnahme von Baumpflanzen aus einer Baumschule fällt nicht unter das Forstdiebstahls-Gesetz. Oppenhoff, ebenda S. 500 Note 64. — Die Wegnahme von Blumen von einem Grabe kann, wenn nicht § 168 St. G. B. (beschimpfender Unfug an einem Grabe) Anwendung finden muß, nach § 20 dieses Gesetzes strafbar sein.

4) Auch in diesem Fall sind die Schöffengerichte ausschließlich zuständig. § 53 dieses Gesetzes.

5) Siehe oben S. 14.

wenn sie ihm nicht gehören. Thiere und Transportmittel unterliegen dagegen der Einziehung nicht.

Der öffentlichen Ordnung wegen sind ferner in §§ 24 und 25 einige der Entwendung ähnliche Zuwiderhandlungen unter Strafe gestellt:

§ 24. Mit Geldstrafe bis zu zehn Mark oder mit Haft bis zu drei Tagen wird bestraft, wer, abgesehen von den Fällen der §§ 18 und 30, unbefugt

1) das auf oder an Grenzrainen, Wegen, Triften oder an oder in Gräben wachsende Gras oder sonstige Viehfutter abschneidet oder abrupft;[1]

2) von Bäumen, Sträuchern oder Hecken Laub abpflückt oder Zweige abbricht, insofern dadurch ein Schaden entsteht.[2]

Die Verfolgung tritt nur auf Antrag ein.

§ 25. Mit Geldstrafe bis zu dreißig Mark oder mit Haft bis zu einer Woche wird bestraft, wer unbefugt

1) Dungstoffe von Aeckern, Wiesen, Weiden, Gärten, Obstanlagen oder Weinbergen aufsammelt;

2) Knochen gräbt oder sammelt;

3) Nachlese hält.

Sodann führt das Gesetz folgende Zuwiderhandlungen in §§ 26 bis 52 auf:

§ 26. Mit Geldstrafe bis zu funfzig Mark oder mit Haft bis zu vierzehn Tagen wird bestraft, wer unbefugt

1) abgesehen von den Fällen des § 366 Nr. 7 des Strafgesetzbuchs, Steine, Scherben, Schutt oder Unrath auf Grundstücke wirft oder in dieselben bringt;

2) Leinwand, Wäsche oder ähnliche Gegenstände zum Bleichen, Trocknen oder anderen derartigen Zwecken ausbreitet oder niederlegt;

3) todte Thiere liegen läßt, vergräbt oder niederlegt;

4) Bienenstöcke aufstellt.

§ 27. Mit Geldstrafe bis zu funfzig Mark oder mit Haft bis zu vierzehn Tagen wird bestraft, wer unbefugt

1) abgesehen von den Fällen des § 50 Nr. 7 des Fischereigesetzes vom 30. Mai 1874, Flachs oder Hanf rötet;

2) in Gewässern Felle aufweicht oder reinigt oder Schafe wäscht;

3) abgesehen von den Fällen des § 366 Nr. 10 des Strafgesetzbuchs, Gewässer verunreinigt oder ihre Benutzung in anderer Weise erschwert oder verhindert.

---

1) Das Abschneiden oder Abrupfen von Gras 2c. auf Wiesen ist nach § 18 dieses Gesetzes zu bestrafen. Daude, Kommentar Note 2.

2) Das Vorhandensein eines Schadens ist mithin von der Anklage zu beweisen

§ 28. Mit Geldstrafe bis zu funfzig Mark oder mit Haft bis zu vierzehn Tagen wird bestraft, wer unbefugt

1) fremde auf dem Felde zurückgelassene Ackergeräthe gebraucht;
2) die zur Sperrung von Wegen oder Eingängen in eingefriedigte Grundstücke dienenden Vorrichtungen öffnet oder offen stehen läßt;[1])
3) Gruben auf fremden Grundstücken anlegt.

§ 29. Mit Geldstrafe bis zu einhundertundfunfzig Mark oder mit Haft wird bestraft, wer, abgesehen von den Fällen des § 367 Nr. 12 des Strafgesetzbuchs, den Anordnungen der Behörden zuwider es unterläßt,[2])

1) Steinbrüche, Lehm-, Sand-, Kies-, Mergel-, Kalk- oder Thongruben, Bergwerksschachte, Schürflöcher oder die durch Stockroden entstandenen Löcher, zu deren Einfriedigung oder Zuwerfung er verpflichtet ist, einzufriedigen oder zuzuwerfen;
2) Oeffnungen, welche er in Eisflächen gemacht hat, durch deutliche Zeichen zur Warnung vor Annäherung zu verwahren.

§ 30. Mit Geldstrafe bis zu einhundertundfunfzig Mark oder mit Haft wird bestraft, wer unbefugt

1) abgesehen von den Fällen des § 305[3]) des Strafgesetzbuchs, fremde Privatwege oder deren Zubehörungen beschädigt oder verunreinigt oder ihre Benutzung in anderer Weise erschwert;
2) auf ausgebauten oder öffentlichen oder Privatwegen die Banquette befährt, ohne dazu genöthigt zu sein (§ 10 Abs. 2), oder die zur Bezeichnung der Fahrbahn gelegten Steine, Faschinen oder sonstigen Zeichen entfernt oder in Unordnung bringt;
3) abgesehen von den Fällen des § 274 Nr. 2[4]) des Strafgesetzbuchs, Steine, Pfähle, Tafeln, Stroh- oder Hegewische, Hügel, Gräben oder ähnliche zur Abgrenzung, Absperrung oder Vermessung von Grundstücken oder Wegen dienende Merk- oder Warnungszeichen,

---

1) Das Oeffnen und das Offenstehenlassen einer solchen Vorrichtung sind zwei besondere strafbare Handlungen, so daß Jemand, der sie befugt öffnet, doch wegen unbefugten Offenstehenlassens bestraft werden kann. Daube, Kommentar S. 34 Note 2.

2) Vorausgesetzt zur Strafbarkeit werden mithin „Anordnungen der Behörden", die jedoch mit den nach dem Gesetz v. 11. März 1850 zu erlassenden Polizei-Strafverordnungen nicht identisch sind.

3) § 305 St. G. B. bedroht die Zerstörung eines Gebäudes, Schiffes, Damms, einer Brücke, gebauten Straße oder Eisenbahn oder eines anderen Bauwerks, wenn sie vorsätzlich und rechtswidrig an fremdem Eigenthume erfolgt, mit Gefängniß nicht unter Einem Monat.

4) Nach § 274 Nr. 2 St. G. B. wird mit Gefängniß, neben welchem auf Geldstrafe bis zu dreitausend Mark erkannt werden kann, bestraft, wer einen Grenzstein oder ein anderes zur Bezeichnung einer Grenze oder eines Wasserstandes bestimmtes Merkmal in der Absicht einer Benachtheiligung wegnimmt, vernichtet, unkenntlich macht, verrückt oder fälschlich setzt.

desgleichen Merkmale, die zur Bezeichnung eines Wasserstandes bestimmt sind, sowie Wegweiser fortnimmt,[1]) vernichtet, umwirft, beschädigt oder unkenntlich macht,

4) Einfriedigungen, Geländer oder die zur Sperrung von Wegen oder Eingängen in eingefriedigte Grundstücke dienenden Vorrichtungen beschädigt oder vernichtet;

5) abgesehen von den Fällen des § 304 des Strafgesetzbuchs, stehende Bäume, Sträucher, Pflanzen oder Feldfrüchte, die zum Schutze von Bäumen dienenden Pfähle oder sonstigen Vorrichtungen beschädigt.[2]) Sind junge stehende Bäume, Frucht- oder Zierbäume oder Ziersträucher beschädigt, so darf die Geldstrafe nicht unter zehn Mark betragen.

§ 31. Mit Geldstrafe bis zu einhundertundfunfzig Mark oder mit Haft wird bestraft, wer, abgesehen von den Fällen der §§ 321 und 326 des Strafgesetzbuchs,[3]) unbefugt das zur Bewässerung von Grundstücken dienende Wasser ableitet, oder Gräben, Wälle, Rinnen oder andere zur Ab- und Zuleitung des Wassers dienende Anlagen herstellt, verändert, beschädigt oder beseitigt.

§ 32. Mit Geldstrafe bis zu einhundertundfunfzig Mark oder mit Haft wird bestraft, wer, abgesehen von den Fällen des § 308[4]) des Straf-

1) Die Fortnahme dieser Gegenstände in der Absicht rechtswidriger Zueignung ist als Diebstahl zu bestrafen.

2) (Zum Schutz der Baumpflanzungen hat der Oberpräsident der Provinz Brandenburg eine Polizei-Verordnung v. 9. Juli 1877 erlassen, welche bestimmt, daß Bäume, welche an oder auf öffentlichen Wegen, Straßen oder Plätzen stehen, nur nach Genehmigung der Ortspolizeibehörde weggenommen werden dürfen, und daß diese versagt werden muß, falls die Bäume zum Auffangen des Flugfeuers bestimmt oder geeignet sind. Auch dürfen die an Straßen rc. stehenden Bäume, wenn sie nicht gerade den Verkehr hemmen oder die angrenzenden Grundstücke beschädigen, erst nach Pflanzung anderer Bäume zum Ersatz, und nachdem diese zwei Satzperioden überdauert haben, entfernt werden.)

3) § 321 St. G. B. bedroht mit Gefängniß nicht unter drei Monaten (falls eine schwere Körperverletzung oder der Tod eines Menschen die Folge ist, mit Zuchthaus) denjenigen, der vorsätzlich Wasserleitungen, Schleusen, Wehre, Deiche, Dämme oder andere Wasserbauten, oder Brücken, Fähren, Wege oder Schutzwehre oder dem Bergwerksbetriebe dienende Vorrichtungen zur Wasserhaltung, zur Wetterführung oder zum Ein- und Ausfahren der Arbeiter zerstört oder beschädigt, oder in schiffbaren Strömen, Flüssen oder Kanälen das Fahrwasser stört, und dadurch Gefahr für Leben oder Gesundheit Anderer herbeiführt. — In § 326 St. G. B. wird die fahrlässige Begehung dieser Handlungen, falls sie Schaden verursacht haben, mit einer geringeren Gefängnißstrafe bedroht.

4) Nach § 308 St. G. B. wird wegen Brandstiftung mit Zuchthaus bestraft, wer vorsätzlich Vorräthe von landwirthschaftlichen Erzeugnissen oder von Bau- oder Brennmaterialien, Früchte auf dem Felde, Waldungen oder Torfmoore in Brand setzt. Voraussetzung ist dabei, daß dieselben entweder fremdes Eigenthum sind,

gesetzbuchs, eigene[1]) Torfmoore, Haidekraut oder Bülten im Freien ohne vorgängige Anzeige bei der Ortspolizeibehörde oder bei dem Ortsvorstande in Brand setzt, oder die bezüglich dieses Brennens polizeilich angeordneten Vorsichtsmaßregeln außer Acht läßt.

§ 33. Mit Geldstrafe bis zu dreißig Mark oder mit Haft bis zu einer Woche wird bestraft, wer, abgesehen von den Fällen des § 368 Nr. 11 des Strafgesetzbuchs, auf fremden Grundstücken unbefugt nicht jagdbare Vögel fängt, Sprenkel oder ähnliche Vorrichtungen zum Fangen von Singvögeln aufstellt, Vogelnester zerstört oder Eier oder Junge von Vögeln ausnimmt.

Die Sprenkel oder ähnliche Vorrichtungen sind einzuziehen.

§ 34. Mit Geldstrafe bis zu einhundertundfunfzig Mark oder mit Haft wird bestraft, wer, abgesehen von den Fällen des § 368 Nr. 2 des Strafgesetzbuchs, den zum Schutze nützlicher oder zur Vernichtung schädlicher Thiere oder Pflanzen erlassenen Polizeiverordnungen zuwiderhandelt.

§ 35. Mit Geldstrafe bis zu einhundert Mark oder mit Haft bis zu vier Wochen wird bestraft, wer unbefugt

1) an stehenden Bäumen, an Schlaghölzern, an gefällten Stämmen, an aufgeschichteten Stößen von Torf, Holz oder anderen Walderzeugnissen das Zeichen des Waldhammers oder Rissers, die Stamm- oder Stoßnummer oder die Loosnummer vernichtet, unkenntlich macht, nachahmt oder verändert;[2])
2) gefällte Stämme oder aufgeschichtete Stöße von Holz, Torf oder Lohrinde beschädigt, umstößt oder der Stützen beraubt.

§ 36. Mit Geldstrafe bis zu funfzig Mark oder mit Haft bis zu vierzehn Tagen wird bestraft, wer unbefugt auf Forstgrundstücken

1) außerhalb der öffentlichen oder solcher Wege, zu deren Benutzung er berechtigt ist, mit einem Werkzeuge, welches zum Fällen von Holz, oder mit einem Geräthe, welches zum Sammeln oder Wegschaffen von Holz, Gras, Streu oder Harz seiner Beschaffenheit nach bestimmt erscheint, sich aufhält;
2) Holz ablagert, bearbeitet, beschlägt oder bewaldrechtet;[3])
3) Einfriedigungen übersteigt;

---

oder in gefährlicher Nähe von Kirchen, Gebäuden, Schiffen, Hütten oder sonstigen zum Aufenthalt von Menschen dienenden Räumlichkeiten sich befinden.

1) Hierunter sind auch gepachtete Torfmoore zu verstehen. Daude, Kommentar S. 39 Note 2.

2) Liegt bei diesen Handlungen eine betrügerische Absicht zu Grunde, so kann § 263 (Betrug) oder auch § 267 (Urkundenfälschung) St. G. B. zur Anwendung kommen.

3) Unter „bewaldrechten" versteht man das leichte Beschlagen der Nutzholzstämme, damit dieselben nicht unter der Rinde im Safte stocken. Daude, Kommentar S. 43 Note 2.

4) Forstkulturen betritt;[1])
5) solche Schläge betritt, in welchen die Holzhauer mit dem Einschlagen oder Aufarbeiten der Hölzer beschäftigt, oder welche zur Entnahme des Abraums nicht freigegeben sind.

In den Fällen der Nr. 1 können neben der Geldstrafe oder der Haft die Werkzeuge eingezogen werden, ohne Unterschied, ob sie dem Schuldigen gehören oder nicht.

§ 37. Mit Geldstrafe bis zu einhundert Mark oder mit Haft bis zu vier Wochen wird bestraft, wer unbefugt auf Forstgrundstücken
1) zum Wiederausschlagen bestimmte Laubholzstöcke aushaut,[2]) abspänt oder zur Verhinderung des Lohdentriebes (Stockausschlages) mit Steinen belegt;
2) Ameisen oder deren Puppen (Ameiseneier) einsammelt oder Ameisenhaufen zerstört oder zerstreut.

§ 38. Mit Geldstrafe bis zu funfzig Mark wird bestraft, wer aus einem fremden Walde Holz, welches er erworben hat, oder zu dessen Bezuge in bestimmten Maßen er berechtigt ist, unbefugt ohne Genehmigung des Grundeigenthümers vor Rückgabe des Verabfolgezettels,[3]) oder an anderen als den bestimmten Tagen oder Tageszeiten, oder auf anderen als den bestimmten Wegen fortschafft.

Die Verfolgung tritt nur auf Antrag ein.

§ 39. Mit Geldstrafe bis zu einhundert Mark oder mit Haft bis zu vier Wochen wird bestraft, wer aus einem fremden Torfmoore oder Walde an Stelle der ihm vom Eigenthümer durch Verabfolgezettel zugewiesenen Posten von Torf, Holz oder anderen Walderzeugnissen aus Fahrlässigkeit andere als die auf dem Verabfolgezettel bezeichneten Posten oder Theile derselben fortschafft.

Die Verfolgung tritt nur auf Antrag ein.

§ 40. Mit Geldstrafe bis zu einhundert Mark oder mit Haft bis zu vier Wochen wird bestraft, wer auf Forstgrundstücken oder Torfmooren als Dienstbarkeits- oder Nutzungsberechtigter oder als Pächter
1) unbefugt seine Berechtigung in nicht geöffneten Distrikten oder in einer Jahreszeit, in welcher die Berechtigung auszuüben nicht gestattet ist, oder an anderen als den bestimmten Tagen oder Tageszeiten ausübt, oder sich anderer als der gestatteten Werbungswerkzeuge oder Fortschaffungsgeräthe bedient;

---

1) Das Betreten von Schonungen, die durch Warnungstafeln als solche kenntlich gemacht sind, ist nach § 368 Nr. 9 St. G. B. zu bestrafen.

2) Unter „aushauen“ ist das Entfernen der beim Schlagholzbetrieb stehengelassenen Stöcke in der Wurzel, sodaß kein Wiederausschlag erfolgen kann. „Abspänen“ heißt den oberirdischen Theil des Stockes absplittern. Daude, Kommentar S. 45 Note 1.

3) Vergl. über Holzverabfolgezettel die §§ 56 ff. der Dienst-Instruktion für die Förster v. 23. Oktober 1868 und § 22 der Geschäftsanweisung für die Oberförster v. 4. Juni 1870.

2) den gesetzlichen Vorschriften, oder Polizeiverordnungen, oder dem Herkommen, oder dem Inhalte der Berechtigung zuwider ohne Legitimationsschein, oder ohne Ueberweisung von Seiten der Forstbehörde oder des Grundeigenthümers die Gegenstände der Berechtigung sich aneignet;

3) die zur Aufrechterhaltung der Ordnung und Sicherheit bei Ausübung von Berechtigungen erlassenen Gesetze oder Polizeiverordnungen übertritt.

In den Fällen der Nr. 1 können neben der Geldstrafe oder der Haft die Werbungswerkzeuge eingezogen werden, ohne Unterschied, ob sie dem Schuldigen gehören oder nicht.

Die Verfolgung tritt nur auf Antrag ein.

§ 41. Mit Geldstrafe bis zu zehn Mark oder mit Haft bis zu drei Tagen wird bestraft, wer auf Forstgrundstücken bei Ausübung einer Waldnutzung den Legitimationsschein, den er nach den gesetzlichen Vorschriften oder Polizeiverordnungen,[1]) nach dem Herkommen oder nach dem Inhalt der Berechtigung lösen muß, nicht bei sich führt.

Die Verfolgung tritt nur auf Antrag ein.

§ 42. Mit Geldstrafe bis zu einhundert Mark oder mit Haft bis zu vier Wochen wird bestraft, wer als Dienstbarkeits- oder Nutzungsberechtigter Walderzeugnisse, die er, ohne auf ein bestimmtes Maß beschränkt zu sein,[2]) lediglich zum eigenen Bedarf zu entnehmen berechtigt ist, veräußert.

§ 43. Mit Geldstrafe bis zu funfzig Mark oder mit Haft bis zu vierzehn Tagen wird bestraft, wer den Gesetzen oder Polizeiverordnungen über den Transport von Brennholz oder unverarbeitetem Bau- oder Nutzholz zuwiderhandelt, oder den Gesetzen[3]) oder Polizeiverordnungen zuwider Brennholz oder unverarbeitetes Bau- oder Nutzholz in Ortschaften einbringt. Dies gilt insbesondere auch von Bandstöcken (Reifstäben) jeder Holzart, birkenen Reisern, Korbruthen, Faschinen und jungen Nadelhölzern.

Das Holz ist einzuziehen, wenn nicht der rechtmäßige Erwerb desselben nachgewiesen wird.

§ 44. Mit Geldstrafe bis zu funfzig Mark oder mit Haft bis zu vierzehn Tagen wird bestraft, wer

1) mit unverwahrtem Feuer oder Licht den Wald betritt oder sich demselben in gefahrbringender Weise nähert;

---

1) In § 1 des Forstdiebstahlsgesetzes war der Zusatz aufgenommen worden: „Das unbefugte Sammeln von Kräutern, Beeren und Pilzen unterliegt forstpolizeilichen Bestimmungen". Die in dem Reg.-Entwurf zu diesem Gesetz enthaltenen Bestimmungen sind jedoch abgelehnt worden. Es muß daher durch Polizeiverordnungen das Sammeln der Kräuter &c. verboten werden, falls nicht örtliche Gewohnheiten entgegenstehen. (Siehe für den Reg.-Bezirk Potsdam die Reg.-Vdg. v. 1. Januar 1870.)

2) Wo eine solche Beschränkung vorliegt, ist die Veräußerung straflos.

3) Siehe unten Verordnung v. 30. Juni 1839, betr. die Kontrole der Hölzer, welche unverarbeitet transportirt werden.

2) im Walde brennende oder glimmende Gegenstände fallen läßt, fortwirft oder unvorsichtig handhabt;
3) abgesehen von den Fällen des § 368 Nr. 6 des Strafgesetzbuchs, im Walde oder in gefährlicher Nähe desselben im Freien ohne Erlaubniß des Ortsvorstehers, in dessen Bezirk der Wald liegt, in Königlichen Forsten ohne Erlaubniß des zuständigen Forstbeamten Feuer anzündet oder das gestattetermaßen angezündete Feuer gehörig zu beaufsichtigen oder auszulöschen unterläßt;
4) abgesehen von den Fällen des § 360 Nr. 10 des Strafgesetzbuchs, bei Waldbränden, von der Polizeibehörde, dem Ortsvorsteher oder deren Stellvertreter oder dem Forstbesitzer oder Forstbeamten zur Hülfe aufgefordert, keine Folge leistet, obgleich er der Aufforderung ohne erhebliche eigene Nachtheile genügen konnte.

§ 45. Mit Geldstrafe bis zu einhundertundfunfzig Mark oder mit Haft wird bestraft, wer im Walde oder in gefährlicher Nähe desselben
1) ohne Erlaubniß des Ortsvorstehers, in dessen Bezirk der Wald liegt, in Königlichen Forsten ohne Erlaubniß des zuständigen Forstbeamten Kohlenmeiler errichtet;
2) Kohlenmeiler anzündet, ohne dem Ortsvorsteher oder in Königlichen Forsten dem Forstbeamten Anzeige gemacht zu haben;
3) brennende Kohlenmeiler zu beaufsichtigen unterläßt;
4) aus Meilern Kohlen auszieht oder abfährt, ohne dieselben gelöscht zu haben.

§ 46. Mit Geldstrafe von zehn bis zu einhundertundfunfzig Mark oder mit Haft wird bestraft, wer den über das Brennen einer Waldfläche, das Abbrennen von liegenden oder zusammengebrachten Bodendecken und das Sengen von Rottheckeu erlassenen polizeilichen Anordnungen zuwiderhandelt.[1])

In den §§ 47—52 werden schließlich die polizeilichen Grundsätze aufgestellt, welche für die Errichtung von Gebäuden in der
§ 47. Nähe von Forsten maßgebend sein sollen. Danach bedarf derjenige, der in einer Entfernung von fünfundsiebenzig Metern von einer mindestens einhundert Hektare in räumlichem Zusammenhang umfassenden Waldung eine Feuerstelle errichten will, der
§ 48. Genehmigung der Ortspolizei-Behörde. Diese darf von Bedingungen abhängig gemacht werden, welche die Verhütung von Feuersgefahr bezwecken, falls solche zu besorgen ist, und sie darf

---

1) Unter „Abbrennen von Bodendecken" versteht man ein Verfahren, welches bei dem periodischen Fruchtbau behufs Zerstörung der obersten Bodendecke und gleichzeitiger Düngung des Bodens stattfindet. „Sengen von Rotthecken" bedeutet die durch Feuer bewirkte Zerstörung des Bodenüberzugs in den zeitweise zur landwirthschaftlichen Benutzung gezogenen Niederwaldschlägen. Daude S. 53.

auch versagt werden, aber nicht dann, wenn die Feuerstelle innerhalb einer Ortschaft, oder vom Waldeigenthümer, oder in der Ausführung eines Enteignungsrechts errichtet werden soll. Gegen den Antrag kann der Waldeigenthümer, welchem Kenntniß von § 49.
demselben zu geben ist, Einsprache erheben; diese ist zu prüfen und durch einen mit Gründen versehenen Bescheid zu erledigen. Letzteren kann sowohl der Antragsteller als der Waldeigenthümer § 50.
durch Klage im Verwaltungsstreitverfahren anfechten.

§ 51. Wer vor Ertheilung der vorgeschriebenen Genehmigung mit der Errichtung einer Feuerstelle beginnt, wird mit Geldstrafe bis zu einhundertundfunfzig Mark oder mit Haft bestraft. Auch kann die Behörde (§ 47) die Weiterführung der Anlage verhindern und die Wegschaffung der errichteten Anlage anordnen.

Betreffs der Verjährung der Feld- und Forstpolizeifrevel bewendet es bei den allgemeinen Bestimmungen des St. G. B.[1])

Das Gesetz enthält ferner in den §§ 53—61 Vorschriften über das Strafverfahren in Feld- und Forstpolizeisachen; die wichtigsten sind, daß die Hauptverhandlung auch in Abwesen- § 57.
heit des Angeklagten (selbst in den Fällen der §§ 20 und 21) stattfinden kann und daß eine Verbindung mehrerer Strafsachen, auch wenn ein Zusammenhang[2]) nicht vorhanden ist, zu- § 56.
lässig ist.[3])

Der Anspruch auf Schadensersatz ist im Wege des Civil- § 68.
prozesses zu verfolgen, bei Entwendungen kann aber auch mittels Nebenklage ein Werthsersatzanspruch geltend gemacht werden, der durch den Richter in der Hauptverhandlung, event. auf Grund besonderer Werthsermittelung, zuzuerkennen ist. Ebenso hat bei Weidefreveln und, sofern es sich um den Uebertritt von Thieren § 69.
handelt, bei Zuwiderhandlung gegen § 10 dieses Gesetzes und gegen § 368 Nr. 9 St. G. B. der Beschädigte die Wahl zwischen Schadensersatz und einem Ersatzgeld, muß den Anspruch auf letzteres aber

1) In der Regel beträgt also die Frist drei Monate, nur im Fall des § 20 wird sie drei Jahre und im Fall des § 21 fünf Jahre betragen.

2) §§ 3 u. 236 St. P. O.

3) Es ist auch zulässig, Feld- oder Forsthüter und sog. Ehrenfeldhüter für sämmtliche in Einer Gerichtssitzung zu verhandelnde Feld- und Forstpolizeisachen, in welchen sie als Zeugen auftreten sollen, durch einmalige Leistung des Zeugeneides im Voraus zu vereidigen. § 66 dieses Gesetzes.

§ 70. bei der Ortspolizeibehörde anbringen.[1]) Dieser Anspruch verjährt in vier Wochen, vom Tage des Uebertritts an, und steht, wenn die Thiere mehrere Grundstücke betreten haben, demjenigen Beschädigten zu, der seinen Anspruch zuerst angemeldet hat.

---

1) Der Anspruch auf Ersatzgeld ist von dem Nachweis eines Schadens unabhängig. Die Entscheidung darüber gebührt dem Civilgericht, wenn im Laufe eines Civilprozesses um den Schadensersatz der Beschädigte statt dessen nachträglich das Ersatzgeld wählt, oder wenn der Ortspolizeibehörde gegenüber von dem Viehbesitzer Thatsachen glaubhaft gemacht werden, aus welchen ein den Anspruch ausschließendes Recht hervorgeht. (§ 69 Absatz 3 u. § 75.) Das Ersatzgeld beträgt übrigens nach §§ 71 u. 72:

1) wenn die Thiere betroffen werden auf bestellten Aeckern vor beendeter Ernte, künstlichen oder auf solchen Wiesen, oder mit Futterkräutern besäeten Weiden, welche der Besitzer selbst noch mit der Hütung verschont, oder die derselbe eingefriedigt hat, in Gärten, Baumschulen, Weinbergen, auf mit Rohr bewachsenen Flächen, auf Weidenhegern, Dünen, Dämmen, Deichen, Buhnen, Deckwerken, gedeckten Sandflächen, Graben- oder Kanalböschungen, in Forstkulturen, Schonungen oder Saatkämpen:
   a) für ein Pferd, einen Esel oder ein Stück Rindvieh . 2,00 Mark,
   b) für ein Schwein, eine Ziege oder ein Schaf . . . . 1,00 „
   c) für eine Gans . . . . 0,30 „
   d) für ein Stück anderes Federvieh . . . . 0,20 „
2) in allen anderen Fällen:
   a) für ein Pferd, einen Esel oder ein Stück Rindvieh . 0,50 „
   b) für ein Schwein, eine Ziege oder ein Schaf . . . . 0,20 „
   c) für ein Stück Federvieh . . . . 0,02 „

§ 72. Ist gleichzeitig eine Mehrzahl von Thieren übergetreten, so darf der Gesammtbetrag der nach dem § 71 zu entrichtenden Ersatzgelder
1) in den Fällen des § 71 Nr. 1
   für Pferde, Esel, Rindvieh, Schweine, Ziegen und Schafe . 60 Mark,
   für Federvieh . . . . 15 „
2) in den Fällen des § 71 Nr. 2
   für Pferde, Esel, Rindvieh, Schweine, Ziegen und Schafe . 15 „
   für Federvieh . . . . 2 „

nicht übersteigen.

§ 87. Das Ersatzgeld kann auch im Fall einer Pfändung gefordert werden. Dann ist über die Forderung und die Pfändung in demselben Verfahren zu entscheiden.

2. Verordnung, betreffend die Kontrole der Hölzer, welche unverarbeitet transportirt werden.

Vom 30. Juni 1839.

(G. S. S. 223.)

Diese in § 96 des Feld- und Forstpolizeigesetzes ausdrücklich als in Kraft geblieben bezeichnete, für Sachsen, Westphalen und die Rheinprovinz bestimmte Königl. Verordnung lautet:

§ 1. Wer Brennholz oder unverarbeitetes Bau- oder Nutzholz in eine Stadt oder ein Dorf einbringt oder sonst verfährt, muß mit einer schriftlichen, glaubhaften Bescheinigung [1]) der Polizeibehörde seines Wohnorts oder des Eigenthümers oder Aufsehers desjenigen Waldes, aus welchem, seiner Angabe nach, das Holz gebracht wird, versehen sein, und solche auf Erfordern dem Forstbeamten, Gensd'armen, Polizei- und Steuerbeamten vorzeigen, widrigenfalls das Holz in Beschlag genommen und konfiszirt werden soll. [2])

§ 2. Auch Holzberechtigte müssen, bei Vermeidung gleicher Folgen (§ 1), wenn sie das von ihnen aus der verpflichteten Forst geholte Holz wegschaffen, mit einer Bescheinigung ihres Holzungsrechts versehen sein, in welcher die Holz-Sortimente, worauf die Berechtigung lautet, und die Tage, an welchen die Berechtigung, und die Transportmittel, mit welchen sie ausgeübt werden darf, ausgedrückt sein müssen. Befindet sich unter dem Holze noch anderes Holz, als worauf die Bescheinigung lautet, oder transportiren sie solches an anderen als den zur Ausübung bestimmten Tagen, oder mit größeren als den bestimmten Transportmitteln, ohne den rechtmäßigen Erwerb dieses Holzes besonders auf die § 1 bemerkte Art nachweisen zu können, so ist dasselbe gleichergestalt der Konfiskation unterworfen.

§ 3. Wird bei der näheren polizeilichen Untersuchung ermittelt, daß das in Beschlag genommene Holz gestohlen worden ist, so tritt noch außer der Konfiskation gegen den Angehaltenen gerichtliche Untersuchung und, nach Bewandtniß der Umstände, entweder die gesetzliche Strafe des

---

1) Nach dem Publikandum v. 4. Juni 1783 sind beim Einbringen von Bau-, Nutz- und Brennholz, Holzkohlen und Wildpret in Städte Legitimationsatteste erforderlich. Die früher von den Steuerbeamten auszuübende Kontrole ist jetzt den Stadtpolizeibehörden übertragen. (Siehe v. Wichert § 224.)

2) Nach § 43 Feld- u. Forst-P. G. gelten die für den Holztransport erlassenen Vorschriften auch für Baumstöcke, Birkenreiser, Korbruthen, Faschinen und junge Nadelhölzer.

Holzdiebstahls, mindestens aber eine dem Taxwerthe des konfiszirten Holzes gleichkommende Geldbuße, oder verhältnißmäßige Gefängnißstrafe ein.[1]

3. Vorläufige Verordnung über die Ausübung der Waldstreu-Berechtigung.

Vom 5. März 1843.

(G. S. S. 105.)

§ 1. Die Waldstreu-Berechtigung besteht in der Befugniß, abgefallenes Laub und Nadeln, so wie dürres Moos zum Unterstreuen unter das Vieh, behufs der Bereitung des Düngers, in dem Walde eines Andern einzusammeln.

§ 2. Wo der Umfang und die Art der Ausübung dieser Berechtigung durch Verleihung, Vertrag, richterliche Entscheidung oder bereits vollendete Verjährung bestimmt festgestellt worden ist, behält es hierbei sein Bewenden. In Ermangelung solcher auf besonderen Rechtstiteln beruhender Verhältnisse dienen die nachstehenden Vorschriften lediglich zur Richtschnur.

§ 3. Die Berechtigten müssen sich, wenn sie die Waldstreunutzung in der nächsten Periode (§ 4 b.) ausüben wollen, spätestens bis zum 15. August eines jeden Jahres bei dem Waldbesitzer oder dessen verwaltenden Beamten melden, worauf ihnen ein kostenfrei ausgefertigter Zettel zu ihrer Legitimation ertheilt wird. Dieser Zettel ist nur für den Zeitraum, für das Revier, und für die Person gültig, auf welche derselbe lautet.

Die Streu-Berechtigten oder die von ihnen mit Einsammlung der Waldstreu beauftragten Leute müssen diese Zettel, wenn sie Streu im Walde einsammeln, ...[2]) stets bei sich führen, und beim Ablauf der zur Streusammlung bestimmten Zeit ... wieder abliefern.[3])

§ 4. Die Berechtigung darf nur:

a) in den vom Wald-Eigenthümer nach Maßgabe einer zweckmäßigen Bewirthschaftung des Forstes geöffneten Distrikten,

---

1) An Stelle dieser Strafbestimmung tritt jetzt § 43 F. u. F. P. G. (Geldstrafe bis zu fünfzig Mark oder Haft bis zu vierzehn Tagen, sowie Einziehung des Holzes, falls nicht der rechtmäßige Erwerb desselben nachgewiesen wird).

2) Die Strafbestimmung ist jetzt durch § 41 F. u. F. P. G. ersetzt worden. (Siehe § 96 dieses Gesetzes.)

3) Das Nichtabliefern des Legitimationsscheins ist nicht mehr strafbar. Daube S. 114.

b) in den sechs Winter-Monaten vom 1. Oktober bis zum 1. April,
c) an bestimmten vom Wald-Eigenthümer mit Rücksicht auf die bisherige Observanz festzusetzenden, jedoch auf höchstens zwei Tage in der Woche zu beschränkenden und von den Raff- und Leseholz-Tagen verschiedenen Wochentagen

ausgeübt werden. Besteht aber nach dem Herkommen der Gebrauch, daß die Einsammlung der Streu gleich beim Beginn des Oktobers an mehreren nach einander folgenden Tagen von allen Berechtigten gleichzeitig unter Aufsicht des Wald-Eigenthümers geschieht, und hiermit das Einsammeln für das ganze Jahr geschlossen ist, so behält es hierbei sein Bewenden.

Die Berechtigung darf auch nur

d) mit den in den Zetteln bezeichneten, nach der bisherigen Observanz zu bestimmenden Transportmitteln, und
e) nicht mit eisernen, sondern nur mit hölzernen unbeschlagenen Rechen oder Harken, deren Zinken ebenfalls nur von Holz sein dürfen und mindestens 2½ Zoll von einander abstehen müssen,

ausgeübt werden.

§ 6. Die Waldstreu kann zwar vorübergehend auch zu andern wirthschaftlichen Zwecken (§ 1), z. B. zur Versetzung der Wände der Wohngebäude, zur Bedeckung der Kartoffelgruben u. s. w. benutzt, darf aber in ihrer Endbestimmung nur zum Unterstreuen unter das Vieh verbraucht, auch weder verkauft noch sonst an Andere überlassen werden.[1])

§ 7. ... (Strafbestimmungen.)[2])

Die Geldstrafen fallen dem Wald-Eigenthümer anheim.

§ 8. Bei Betretung des Frevlers auf eine der in den §§ 3 und 4 bezeichneten Kontraventionen tritt Pfändung ein und der Wald-Eigenthümer ist das abgenommene Pfand nur gegen Erlegung der auf die Kontravention gesetzten Strafe auszuantworten verpflichtet.

Die in §§ 9—12 folgenden Bestimmungen sind durch § 96 Feld- und Forstpolizeigesetz aufgehoben bez. in den §§ 40—42 ersetzt worden.

---

1) Die Veräußerung ist strafbar nach § 42 F. u. F. P. G., wenn die Berechtigung unbeschränkt ertheilt war. Bei einer auf unbestimmtes Maß beschränkten Berechtigung hat der Waldeigenthümer kein Interesse an der Verwerthung der Waldstreu.

2) An deren Stelle ist jetzt § 40 Nr. 1 F. u. F. P. G. getreten.

4. Die Vorschriften der Feldpolizei-Ordnung über die Ausübung der Weide durch Gemeinde- und Genossenschaftsheerden, der Nachtweide und des Einzelnhütens.[1])

Vom 1. November 1847.

(G. S. S. 380—383.)

§ 22. Wie viel gemeinschaftliche Hirten zu halten, und ob die verschiedenen Vieharten abgesondert oder gemischt zu hüten sind, ist durch Beschlüsse der Gemeinde und an Orten, wo nicht alle Gemeindeglieder an der gemeinschaftlichen Weide Theil haben, durch Beschlüsse der Hütungsgenossenschaft mit Genehmigung des Gemeindevorstandes zu bestimmen.

§ 23. Jeder Theilnehmer eines gemeinschaftlichen Hütungsrechts ist bei dessen Ausübung verpflichtet, sein Vieh dem gemeinschaftlichen Hirten vorzutreiben und von diesem hüten zu lassen, sofern ihm nicht das Recht zum Einzelnhüten herkömmlich oder vermöge besonderen Rechtstitels zusteht, oder die im § 24 gedachte Ausnahme eintritt.

§ 24. Wo nach besonderen örtlichen oder wirthschaftlichen Verhältnissen für alle oder für einzelne Theilnehmer eines gemeinschaftlichen Hütungsrechtes ein solches Einzelnhüten (§ 23) während des ganzen Jahres oder gewisser Jahresperioden nothwendig ist, kann dasselbe durch Lokalordnungen, in welchen zugleich die erforderlichen Sicherungsmaßregeln festzusetzen sind, gestattet werden.

§ 26. Wer unbefugterweise sein Vieh auf der gemeinschaftlichen Weide allein hütet, soll mit Geldbuße von ein bis neun Mark bestraft werden.

§ 27. Auf Hütungsplätzen, die von so geringem Umfange sind, daß ein Uebertreten des Viehes auf die benachbarten fremden Grundstücke leicht zu besorgen steht, muß das Vieh mit Stricken an feste Gegenstände angebunden (getüdert), oder an Stricken geführt werden. Letzteres muß auch dann geschehen, wenn das Vieh auf Wegen zur Weide gebracht wird, denen die erforderliche Breite fehlt....

Wer diesen Vorschriften zuwiderhandelt, ist mit Geldbuße von ein bis neun Mark zu bestrafen.

§ 28. Grundstücke, welche nicht auf allen Seiten so eingeschlossen sind, daß dadurch das Austreten des Viehes verhindert wird, dürfen nur während der Tageszeit zur Viehweide benutzt werden.

§ 29. Wenn das weidende Vieh nicht über Nacht in Hürden oder anderen geschlossenen Räumen verbleibt, so muß dasselbe spätestens

---

1) Bis zur Verkündung der nach § 13 F. u. F. P. G. über diese Materie zu erlassenden Polizeiverordnungen bleiben die Vorschriften der F. P. O. in Geltung. § 96 Absatz 3 F. u. F. P. G.

eine Stunde nach Sonnenuntergang zu Stalle gebracht sein, und darf nicht früher, als eine Stunde vor Sonnenaufgang wieder ausgetrieben werden.

§ 30. Verbleibt das Vieh über Nacht im Freien in Hürden oder anderen geschlossenen Räumen, so darf dasselbe nicht vor Sonnenaufgang auf die Weide gebracht werden, und muß bei Sonnenuntergang wieder eingetrieben sein.

§ 31. Für solche Feldmarken oder Bezirke, in denen das nächtliche Hüten auf ungeschlossenen Grundstücken bisher üblich gewesen und nach den eigenthümlichen wirthschaftlichen Verhältnissen, entweder für die ganze Weideperiode oder für einen Theil derselben, nicht zu entbehren ist, kann dasselbe durch besondere ... Lokalordnungen gestattet werden, in welchen die zum Schutze gegen Beschädigungen und Mißbräuche erforderlichen Maßregeln vorzuschreiben sind.[1])

§ 32. Wer den Bestimmungen der §§ 28—30 oder einer nach § 31 errichteten Lokalordnung zuwiderhandelt, wird, auch wenn kein Vieh auf ein fremdes Grundstück übergetreten ist, mit Geldbuße von ein bis neun Mark belegt. — Diese Strafe ist beim ersten Rückfall (§ 14)[2]) bis zum doppelten, bei ferneren Rückfällen bis zum vierfachen Betrage zu verschärfen.

§ 33. Tritt Vieh zur Nachtzeit auf fremde, dem Hütungsrechte nicht unterliegende Grundstücke über, so ist außer der nach § 32 eintretenden Strafe das Pfandgeld doppelt dafür zu entrichten. — Auch sind alle diejenigen, welche an dem nächtlichen Hüten theilnehmen, für Pfandgeld und Schadenersatz dem Beschädigten solidarisch verhaftet; unter sich aber tragen sie dazu nach Verhältniß des von einem Jeden unter ihnen nächtlich gehüteten Viehes bei.[3])

§ 34. Viehtreiber, welche ihre Heerden zur Nachtzeit (§ 29) treiben, müssen bei Vermeidung einer Strafe von ein bis neun Mark von Ort zu Ort einen von ihnen zu lohnenden Begleiter zur Aufsicht mitnehmen.

§ 35. Auf den der gemeinschaftlichen oder wechselseitigen Hütung unterliegenden Wiesen oder Fettweiden findet, soweit durch Statuten oder Gewohnheiten nicht ein Anderes festgestellt ist,

die Vorhut in den Provinzen Preußen und Pommern nur bis zum 1. Mai, in den übrigen Provinzen nur bis zum 1. April,

---

1) Für die Rheinprovinz sind die Bestimmungen über die Beschränkung der Nachtweide und das Einzelnhüten des Viehes in einem besonderen Gesetz v. 5. Juli 1844 getroffen.

2) Als Rückfall gilt nach § 14 F. P. O. die Wiederholung eines Weidefrevels innerhalb Jahresfrist nach der ersten Verurtheilung.

3) Auch nach § 74 F. u. F. P. G. haften mehrere Besitzer von Vieh, welches eine gemeinschaftliche Heerde bildet, für das Ersatzgeld (Pfandgeld) solidarisch. Der Regreß an die Genossen steht dem Zahlenden nach allgemeinen Rechtsgrundsätzen offen.

die Nachhut auf Fettweiden in den Provinzen Preußen und Pommern nicht vor dem 1. Oktober, in den übrigen Provinzen nicht vor dem 1. November, auf Wiesen dagegen in allen Provinzen erst nach völlig beendigter Heuerndte und auf zwei- und mehrschnittigen Wiesen nicht vor dem 1. Oktober statt.

Diese Termine können, wo ein Bedürfniß dazu obwaltet, durch Lokalordnungen ... anders bestimmt werden.

§ 36. Nasse, durchbrüchige Wiesen müssen zu allen Jahreszeiten mit fremder Hütung verschont werden.

Neugebaute oder umgebaute Wiesen sind mit fremder Hütung während der ersten zwei Jahre nach Ausführung der Anlage ganz zu verschonen. Auch muß die Schonung in der späteren Zeit noch so lange und in demjenigen Umfange fortgesetzt werden, als sie zur Vollendung der Anlage und zur Sicherung ihres Zweckes nothwendig ist....

§ 37. Auf einzelnen, im Gemenge liegenden und der gemeinschaftlichen oder wechselseitigen Hütung unterworfenen Feld- und Wiesenstücken darf die Hütung nicht eher ausgeübt werden, als bis die Aberndtung der Früchte und die Werbung des Heues auch auf allen anderen zu demselben Feldtheile (dem Winter- oder Sommer-Getreidefelde 2c.) gehörigen Stücken geschehen ist.

Den Zeitpunkt, mit welchem die Hütung auf den abgeerndteten Stücken allgemein beginnen darf, hat die Ortspolizeibehörde zu bestimmen.

§ 38. Die Vorschriften der §§ 35 bis 37 treten auch dann ein, wenn die Hütungsbefugniß auf einem einseitigen Dienstbarkeitsrechte beruht....

---

5. Gesetz, betreffend Schutzwaldungen und Waldgenossenschaften.

Vom 6. Juli 1875.

(G. S. S. 416.)

Der Zweck dieses Gesetzes ist die Abwendung von Gefahren,
§ 2. welche durch Zerstörung von Waldbeständen oder durch Versandung von Wasserläufen den benachbarten Waldbeständen oder Wasserläufen erwachsen können; zu diesem Zweck soll sowohl die Art der Benutzung der gefahrbringenden Grundstücke als auch die Ausführung von Waldkulturen oder sonstigen Schutzanlagen
§ 3. auf Antrag der gefährdeten Interessenten, der Kommunalverbände oder der Landespolizeibehörde angeordnet werden dürfen. Jeder
§ 4. Grundstücksbesitzer muß sich den hiernach angeordneten Beschränkungen in der Benutzung des gefahrbringenden Grundstücks

unterwerfen und die Ausführung der befohlenen Waldkultur oder sonstigen Schutzanlagen gegen Entschädigung gewähren bez. selbst bewirken. Die Entscheidung über diese Anordnungen erfolgt durch den Kreisausschuß, der dann die Bezeichnung „Wald- § 7.
schutzgericht" führt. Er ernennt eins seiner Mitglieder oder § 9.
einen anderen Sachverständigen zum Kommissar, welcher auf Grund seiner Ermittlung ein Regulativ zu entwerfen hat, in § 11.
welchem die Bestimmung der gefahrbringenden und gefährdeten § 20.
Grundstücke, die den ersteren aufzuerlegenden Einschränkungen der letztern in der Benutzung und die Bestimmungen über die Herstellung, Unterhaltung und Aufsicht der erforderlichen Waldkulturen und sonstigen Schutzanlagen und über die Entschädigungen und Kosten enthalten sein müssen. Dieses Regulativ § 15.
kann, wenn Einwendungen nicht vorliegen, von dem Waldschutzgericht ohne Weiteres festgesetzt und für vollstreckbar erklärt werden.

Waldgenossenschaften können auf Antrag jedes einzelnen Be- § 23.
sitzers, des Gemeinde- oder Kommunalverbandes oder der Landespolizeibehörde auf Grund besonderer Statuten durch das Waldschutz- § 25.
gericht, nach Anhörung der Interessenten durch einen Kommissar § 31.
desselben, gebildet werden.

§ 53. **Die Eigenthümer, Nutzungs-, Gebrauchs- und Servitutsberechtigten, sowie Pächter sind, wenn sie den Bestimmungen des Regulativs (§ 20) zuwider Holz einschlagen, mit einer Geldstrafe zu belegen, welche dem doppelten Werthbetrage des gefällten Holzes gleichkommt.**

Wenn sie die sonstigen Festsetzungen des Regulativs, durch welche eine bestimmte Art der Benutzung vorgeschrieben oder verboten wird, übertreten, sind sie mit einer Geldbuße bis zu 100 Mark zu bestrafen.

---

6. Gesetz, Maßregeln gegen die Verbreitung der Reblaus betreffend.

Vom 27. Februar 1878.

(G. S. S. 129.)

§ 1. **Wenn das Vorhandensein der Reblaus (Phylloxera vastatrix) auf einem zur Rebkultur benutzten Grundstück oder an einzeln stehenden Rebstöcken von den durch das Reichsgesetz vom 6. März 1875[1]) bestimmten**

---

1) Reichsgesetz, Maßregeln gegen die Reblauskrankheit betreffend, v. 6. März

Organen oder anderen Sachverständigen festgestellt worden ist, kann der Oberpräsident solche Verfügungen treffen, welche eine Verschleppung der Reblaus zu verhindern geeignet erscheinen, namentlich:

1) verbieten, daß Reben und Rebtheile sowie andere Pflanzen und Pflanzentheile, gleichviel ob bewurzelt oder unbewurzelt, von dem bezüglichen Grundstück abgegeben oder überhaupt entfernt werden,
2) die Vernichtung der infizirten Rebkulturen und die Desinfektion des Bodens anordnen und ausführen lassen, auch
3) die Benutzung des desinfizirten Bodens zur Rebkultur für einen bestimmten Zeitraum untersagen.... [1])

Alle Rebkulturen unterliegen jederzeit der Beaufsichtigung und Untersuchung durch vom Oberpräsidenten zu ernennende Sachverständige.

§ 2. Die nach § 1 erlassenen Anordnungen sind, sofern sie einzelne Grundstücke betreffen, den Eigenthümern oder Nutzungsberechtigten schriftlich mitzutheilen; wenn sie einen Bezirk betreffen, wie polizeiliche Verordnungen bekannt zu machen. Die Anordnungen werden jedoch für den Einzelnen schon durch mündliche Mittheilung wirksam.

§ 3. Die im § 1 Nr. 1 vorgesehenen Anordnungen können von der Ortspolizeibehörde vorläufig ausgesprochen werden. Hiervon ist dem Oberpräsidenten unverzüglich Anzeige zu erstatten, welcher die getroffenen Maßregeln sofort zu bestätigen, abzuändern oder außer Kraft zu setzen hat.

§ 5. Jeder Eigenthümer oder Nutzungsberechtigte ist verpflichtet, von dem Vorhandensein der Reblaus und von allen verdächtigen Erscheinungen, welche das Vorhandensein der Reblaus befürchten lassen, der Ortspolizeibehörde unverzüglich Anzeige zu machen.

§ 7. Zuwiderhandlungen gegen die auf Grund dieses Gesetzes erlassenen Anordnungen werden mit einer Geldstrafe bis zu 150 Mark oder mit Haft bis zu vier Wochen bestraft.

1875 (R. G. Bl. S. 175). Diese Organe werden von dem Reichskanzler ernannt und sind befugt, den Zugang zu jedem mit Weinreben bepflanzten Grundstück zu beanspruchen und die mit der Reblaus behafteten oder gefährdeten Rebstöcke zu entwurzeln und erstere sofort zu vernichten.

1) Zur Ausführung dieses Gesetzes ist eine Min.-Anweisung vom Min. für Landwirthschaft vom 6. April 1878 ergangen.

IV. Fischerei- und Jagdpolizei.

1. Das Fischereigesetz für den Preuß. Staat.

Vom 30. Mai 1874.

(G. S. S. 197.)

Nebst dem Zusatzgesetz v. 30. März 1880 (G. S. S. 228) und der Verordnung v. 2. Novbr. 1877 betr. die Ausführung des Fischereigesetzes in der Provinz Brandenburg (G. S. S. 235).

Dieses Gesetz regelt die bei der Küsten- und Binnenfischerei[1]) vorkommenden Rechtsverhältnisse. Es erklärt die Beschränkung § 5. und gänzliche Aufhebung von Fischereiberechtigungen im Interesse des Staates oder anderer Berechtigter für zulässig, verbietet das Freigeben des Fischfanges und begünstigt die Bildung von Ge- § 8. nossenschaften unter den Berechtigten eines größeren zusammen- § 9. hängenden Fischereigebiets, deren Zweck eine geregelte Aufsicht und die Anordnung gemeinsamer Maßregeln zum Schutz des Fischbestandes, aber auch, unter gewissen Voraussetzungen, eine gemeinschaftliche Bewirthschaftung und Benutzung der Fischwasser § 10. sein kann.[2]) — Das Gesetz bestimmt ferner:

§ 8. Gemeinden können die ihnen zustehende Binnenfischerei nur durch besonders angestellte Fischer oder durch Verpachtung nutzen....

Die Trennung der einer Gemeinde zustehenden zusammenhängenden Fischwasser in einzelne Pachtbezirke bedarf der Genehmigung der Aufsichtsbehörde, welche darauf zu sehen hat, daß einer unwirthschaftlichen Zerstückelung der Fischerei vorgebeugt wird.

Die Aufsichtsbehörde ist befugt, zu bestimmen, welche Zahl der zulässigen Fanggeräthe in jedem Pachtbezirke nicht überschritten werden darf....

---

1) Küstenfischerei ist diejenige Fischerei, welche in den, Preußischer Herrschaft unterworfenen Theilen der Nord- und Ostsee, in den offenen Meeresbuchten, den Haffen und in den größeren Strömen vor ihrer Einmündung in das Meer betrieben wird.

Binnenfischerei ist die in den übrigen Gewässern, in den Flüssen bis abwärts zu dem Punkt, wo die Küstenfischerei beginnt, betriebene Fischerei. Die Grenzen werden für jede Provinz besonders festgestellt. § 3 dieses Gesetzes.

2) Siehe auch unten das Gesetz v. 1. April 1879 betr. die Bildung von Wassergenossenschaften.

Strafe:

§ 50. Mit Geldstrafe bis zu 150 Mark Reichsmünze oder mit Haft wird bestraft:

1) wer als Pächter einer Gemeindefischerei die von der Aufsichtsbehörde festgestellte Zahl der zulässigen Fanggeräthe überschreitet (§ 8); ...

§ 11. Wer die Fischerei in den Revieren anderer Berechtigter oder über die Grenzen der eigenen Berechtigung, beziehungsweise des freien Fischfangs hinaus betreiben will, muß mit einem nach Vorschrift der folgenden Paragraphen ausgestellten und beglaubigten Erlaubnißscheine versehen sein, welchen er bei Ausübung der Fischerei zu seiner Legitimation stets mit sich zu führen und auf Verlangen des Aufsichtspersonals und der Lokalpolizeibeamten vorzuzeigen hat.

§ 12. Zur Ausstellung eines Erlaubnißscheins sind nur der Fischereiberechtigte und der Fischereipächter innerhalb der Grenzen ihrer Berechtigung befugt....

Der Erlaubnißschein muß auf die Person, auf ein oder mehrere bestimmt bezeichnete Gewässer und auf bestimmte Zeit, welche den Zeitraum dreier Jahre nicht überschreiten darf, lauten. Er kann Beschränkungen in Beziehung auf die Art und die Zahl der Fanggeräthe und die Zahl der beim Fischfange zu verwendenden Fahrzeuge enthalten.[1])

§ 13. Fischerei-Erlaubnißscheine bedürfen der Beglaubigung ... durch den Genossenschaftsvorstand ... (bez.) diejenige Ortspolizeibehörde, in deren Bezirke der Aussteller wohnt.

Ausgenommen von dieser Vorschrift sind, soweit nicht für genossenschaftliche Reviere durch das Statut etwas Anderes bestimmt wird, diejenigen Fischerei-Erlaubnißscheine, welche von einer öffentlichen Behörde, von einem öffentlichen Beamten innerhalb seiner Amtsbefugnisse, einem Gemeindevorstande oder dem zur Beglaubigung der Erlaubnißscheine berufenen Vorstande einer Fischereigenossenschaft ausgestellt sind.

Strafe:

§ 49. Mit Geldstrafe bis zu 30 Mark Reichsmünze oder mit Haft bis zu Einer Woche wird bestraft:

1) wer in den Fällen des § 11 bei Ausübung der Fischerei ohne einen nach Vorschrift der §§ 12 und 13 ausgestellten und beglaubigten Erlaubnißschein ... betroffen wird; ...

§ 50. Mit Geldstrafe bis zu 150 Mark Reichsmünze oder mit Haft wird bestraft:

2) wer einen Erlaubnißschein ... unberechtigt ausstellt und aus Händen giebt (§ 12...); ...

---

1) Die Zahl der Erlaubnißscheine kann für nicht geschlossene Gewässer von der Aufsichtsbehörde bestimmt werden (Zusatzgesetz v. 30. März 1880).

§ 16. Wer die Fischerei aus eigenem Rechte oder als Pächter in nicht geschlossenen Gewässern (§ 4)[1]) betreiben will, hat davon der Aufsichtsbehörde, in genossenschaftlichen Revieren (§ 9) dem Vorstande derselben vorher Anzeige zu machen, erhält hierüber kosten- und stempelfrei eine Bescheinigung und hat dieselbe beim Fischen stets bei sich zu führen.[2])

Strafe:

§ 49. Mit Geldstrafe bis zu 30 Mark Reichsmünze oder mit Haft bis zu Einer Woche wird bestraft:

1) wer in den Fällen des § 11 bei Ausübung der Fischerei ... ohne die im § 16 vorgeschriebene Bescheinigung ... betroffen wird; ...

§ 17. Das bei dem Fischen in Gegenwart des Fischereiberechtigten, des Fischereipächters oder des Inhabers eines Erlaubnißscheins beschäftigte Hülfspersonal bedarf keiner Legitimation.[3])

---

1) Geschlossene Gewässer sind nach § 4 dieses Gesetzes:

1. alle künstlich angelegten Fischteiche, mögen dieselben mit einem natürlichen Gewässer in Verbindung stehen oder nicht;
2. alle solche Gewässer, denen es an einer für den Wechsel der Fische geeigneten Verbindung fehlt,

wenn in denselben (Nr. 1 und 2) der Fischfang Einem Berechtigten zusteht.

2) Wer dagegen die Fischerei in geschlossenen Gewässern als deren Eigenthümer oder Pächter betreibt, bedarf einer Legitimation nicht, ebenso derjenige nicht, der sie in Revieren betreibt, welche dem freien Fischfang unterliegen. — Nach § 7 dieses Gesetzes soll übrigens das Recht zur Ausübung der Fischerei in solchen Gewässern, welche bisher dem freien Fischfang unterlagen, den politischen Gemeinden in den innerhalb ihrer Gemarkung belegenen Gewässern zustehen.

3) Nach § 18 dieses Gesetzes gelten statt der §§ 11—17 noch die Fischerei-O. „für die in der Provinz Pommern belegenen Theile der Oder, das Haff und dessen Ausflüsse" v. 2. Juli 1859 (§ 41) und die Fischerei-O. „für den Reg.-Bezirk Stralsund" v. 30. August 1865 (§ 49) im Geltungsbereich dieser Gesetze. Es heißt darin gleichlautend:

Wer Fischerei betreibt, muß einen Legitimationsschein (Willzettel [bez. Fischzettel]) bei sich führen und dem Fischerei-Aufsichtsbeamten auf Verlangen vorzeigen.

Der Legitimationsschein des nicht aus eigenem Rechte Fischenden muß von demjenigen, der die Befugniß dazu ertheilt hat, ausgestellt und von dem Oberfischmeister (bez. vom Königl. Fischmeister) mit dem Vermerke der erhaltenen Kenntniß und mit einer Nummer versehen sein.

Demjenigen, der die Fischerei aus eigenem Rechte betreibt, wird auf bloße Anmeldung vom Oberfischmeister (bez. vom Königl. Fischmeister) der Legitimationsschein ertheilt....

Strafe nach dem Fischereigesetz:

§ 49. Mit Geldstrafe bis zu 30 Mark Reichsmünze oder mit Haft bis zu Einer Woche wird bestraft:

§ 19. Die ohne Beisein des Fischers zum Fischfange ausliegenden Fischerzeuge müssen mit einem Kennzeichen versehen sein, durch welches die Person des Fischers ermittelt werden kann. Ueber die Art der Kennzeichnung sind die näheren Vorschriften für genossenschaftliche Reviere durch das Genossenschaftsstatut, für andere Reviere im Wege der Polizeiverordnung[1]) zu erlassen.

Strafe:

§ 49. Mit Geldstrafe bis zu 30 Mark Reichsmünze oder mit Haft bis zu Einer Woche wird bestraft:

2) wer den Vorschriften im § 19 zuwider Fischerzeuge ohne die vorgeschriebene Kennzeichnung auslegt.

§ 20. Die Breite der Gewässer darf zum Zwecke des Fischfanges durch ständige Fischereivorrichtungen niemals auf mehr, als auf die Hälfte der Wasserfläche, bei gewöhnlichem niedrigen Wasserstande vom Ufer aus gemessen, für den Wechsel der Fische versperrt werden. Solche Vorrichtungen dürfen nicht so nahe aneinander angebracht sein, daß der Zug der Fische dadurch behindert wird. . . .[2])

Die bereits bestehenden ständigen Fischereivorrichtungen unterliegen diesen Vorschriften nicht, wenn mit denselben eine auf dieses besondere Fangmittel gerichtete Fischereiberechtigung verbunden ist. . . .

Strafe:

§ 50. Mit Geldstrafe bis zu 150 Mark Reichsmünze oder mit Haft wird bestraft:

4) wer . . . ständige(n) Fischereivorrichtungen . . . vorschriftswidrig eine größere als die nach § 20 zuläßige Ausdehnung giebt; . . .

§ 21. Beim Fischfange ist die Anwendung schädlicher oder explodirender Stoffe (giftiger Köder oder Mittel zur Betäubung oder Vernichtung der Fische, Sprengpatronen oder anderer Sprengmittel u. s. w.) verboten.

---

1) wer in den Fällen des § 11 bei Ausübung der Fischerei . . . ohne einen vorschriftsmäßig ausgestellten und bescheinigten Legitimationsschein (Willzettel, Fischzettel) betroffen wird (§ 18); . . .

§ 50. Mit Geldstrafe bis zu 150 Mark Reichsmünze oder mit Haft wird bestraft:

2) wer einen . . . Legitimationsschein unberechtigt ausstellt und aus Händen giebt (§ 18).

1) (Nach einer Polizei-Verordnung v. 16. Dezbr. 1875 für den Reg.-Bezirk Potsdam sollen die Fischerzeuge mit einer auf dem Wasser schwimmenden weißen Tonne oder Tafel versehen sein, welche in schwarzen Buchstaben den Namen und Wohnort des Fischers angiebt.)

2) Diese Vorschrift findet in Grenzgewässern nur soweit Anwendung, als in dem Nachbarlande ein gleiches Vorgehen beobachtet wird (Absatz 2).

Strafe:

§ 50. Mit Geldstrafe bis zu 150 Mark Reichsmünze oder mit Haft wird bestraft:

3) wer bei Ausübung der Fischerei in nicht geschlossenen Gewässern die im § 21 verbotenen Mittel anwendet; . . .

§ 22. [Fischereipolizeiliche Vorschriften.] Im Wege landesherrlicher Verordnung wird nach Anhörung der betreffenden Provinzialvertretung vorgeschrieben:

1) welche Fische mit Rücksicht auf ihr Maß oder Gewicht nicht gefangen werden dürfen; [1])

---

1) Die Verordnung v. 2. Novbr. 1877 bestimmt in dieser Beziehung für die Provinz Brandenburg:

§ 1. Beim Fischfang in nicht geschlossenen Gewässern finden folgende Vorschriften Anwendung:

1) die Fischerei auf Fischsamen ist verboten.

2) Fische der nachbenannten Arten dürfen nicht gefangen werden, wenn sie, von der Kopfspitze bis zum Schwanzende gemessen, nicht mindestens folgende Länge haben:

Stör (Acipenser sturio)	100 cm
Lachs (Salm, Salmo salar)	50 „
Große Maräne (Madue-Maräne, Coregonus maraena)	40 „
Zander (Sandart, Lucioperca sandra) }	
Aal (Anguilla vulgaris) }	35 „
Rapfen (Raapfen, Raapf, Schied, Aspius vorax) }	
Hecht (Esox luvius) }	
Edelmaräne (Pulssee-Maräne, Coregonus generosus) }	
Karpfen (Cyprinus carpio) }	
Barbe (Burbus fluviatilis) }	
Blei (Brachsen, Brasse, Abramis brama) }	28 „
Lachsforelle (Meerforelle, Silberlachs, Strandlachs, Trump, Salmo trutta) }	
Maifisch (Alse, Clupea alosa) }	
Finte (Clupea finta) }	
Aland (Nerfling, Idus melanotus) }	
Schlei (Tinca vulgaris) }	
Döbel (Squalius cephalus) }	20 „
Schnepel (Schnäpel, Coregonus oxyrynchus) }	
Forelle (Salmo fario) }	
Asch (Aesche, Thymallus vulgaris) }	
Karausche (Giebel, Carassius vulgaris) }	
Kleine Maräne (Coregonus albula) }	
Rothfeder (Scardinius erythrophthalmus) }	15 „
Barsch (Perca fluviatilis) }	
Plötze (Rothauge, Leuciscus rutilus) }	
Krebs (gemeiner Flußkrebs, Astacus fluviatilis)	10 „

2) zu welchen Tages- und Jahreszeiten die Fischerei überhaupt oder in gewissen Erstreckungen der Gewässer oder bezüglich gewisser Fangarten oder Fischgattungen verboten sein soll; [1])

3) welche Fangarten und welche Arten von Fanggeräthen beim Fischfange nicht angewendet werden dürfen.

---

3) Fischsamen, ingleichen Fische der unter Ziffer 2 bezeichneten Arten, welche das daselbst vermerkte Maß nicht erreichen, sind, wenn sie lebend in die Gewalt des Fischers fallen, sofort mit der zu ihrer Erhaltung erforderlichen Vorsicht wieder in das Wasser zu setzen.

4) zum Besetzen der zur Fischzucht dienenden Gewässer kann die Aufsichtsbehörde (§ 46 des Gesetzes) einzelnen Fischereiberechtigten das Fangen von Fischen und Krebsen unter dem in Ziffer 2 bestimmten Maße zeitweilig und widerruflich gestatten.

§ 2. Vorbehaltlich der in § 27 des Fischereigesetzes und im vorstehenden § 1 Ziffer 4 zugestandenen Ausnahmen dürfen Fischsamen und Fische der im § 1 Ziffer 2 bezeichneten Arten unter dem daselbst angegebenen Maße weder feilgeboten, noch verkauft, noch versandt werden, ohne Unterschied, ob sie aus geschlossenen oder nicht geschlossenen Gewässern gewonnen sind.

(Nach § 27 des Fischereigesetzes ist den Besitzern geschlossener Gewässer gestattet, junge Satzlinge zu Zuchtzwecken zu verkaufen und zu versenden.)

1) Die Verordnung v. 2. Novbr. 1877 bestimmt hierzu:

§ 3. Geschlossene Gewässer sind einer Schonzeit nicht unterworfen.

Alle nicht geschlossenen Gewässer unterliegen einer wöchentlichen und einer jährlichen Schonzeit.

§ 4. Die wöchentliche Schonzeit erstreckt sich auf die Zeit von Sonnenuntergang am Sonnabend bis Sonnenuntergang am Sonntag.

Während der Dauer der wöchentlichen Schonzeit ist jede Art des Fischfanges in nicht geschlossenen Gewässern verboten.

Den Fischern, welche die sogenannte stille Fischerei ohne ständige Vorrichtungen mit Setznetzen, Reusen, Körben oder Angeln betreiben, kann jedoch von der Bezirksregierung gestattet werden, die ausgelegten Gezeuge während der wöchentlichen Schonzeit nachzusehen, auszunehmen und wieder auszulegen, wenn daraus nachtheilige Hindernisse für den Zug der Wanderfische nicht zu befürchten sind.

Auch kann das Angeln mit der Ruthe während der wöchentlichen Schonzeit, jedoch mit Ausschluß der Winterschonzeit (§ 5), von der Bezirksregierung gestattet werden.

§ 5. Die jährliche Schonzeit tritt entweder im Winter oder im Frühjahr ein und erstreckt sich im Winter auf die Zeit vom 15. Oktober bis zum 14. Dezember und im Frühjahr auf die Zeit vom 10. April bis 9. Juni.

Eine und dieselbe Strecke eines Gewässers soll nur einer jährlichen Schonzeit unterworfen sein (vergl. jedoch § 6).

§ 6. Die Winterschonzeit findet Anwendung auf die Trage ... Alle übrigen nicht geschlossenen Gewässer unterliegen der Frühjahrsschonzeit....

§ 7. Für die Dauer der jährlichen Schonzeit ist in den derselben unterworfenen Strecken der Gewässer jede Art des Fischfanges verboten, soweit nicht die nachfolgende Ausnahme eintritt.

Berechtigungen auf die Benutzung ständiger Fischereivorrichtungen (§§ 5 und 20) können durch diese Vorschriften nicht getroffen werden; ebensowenig unterliegen denselben Berechtigungen auf den Gebrauch anderer bestimmter Fangmittel, wenn der Berechtigte nur mit diesem Fangmittel die Fischerei ausüben darf;[1])

Die Bezirksregierung ist ermächtigt, den Betrieb der Fischerei in den der Frühjahrsschonzeit unterworfenen Gewässern an drei Tagen jeder in die Schonzeit fallenden Woche zu gestatten, soweit nicht dringende Rücksichten auf Erhaltung des Fischbestandes entgegenstehen. ...

Der Betrieb der Fischerei vermittelst ständiger Vorrichtungen (Wehre, Zäune, Selbstfänge für Lachs und Aal, feststehende Netzvorrichtungen, Sperrnetze u. s. w.), ingleichen vermittelst schwimmender oder am Ufer oder Flußbette befestigter oder verankerter Netze oder Reusen (Hamen u. s. w.) darf während der jährlichen Schonzeit in keinem Falle gestattet werden.

Ausschließlich für den Fang von Lachsen, Lachsforellen, Finten, Maifischen und Stinten kann während der Frühjahrsschonzeit die in Alinea 2 erwähnte dreitägige Frist bis zu höchstens fünf Tagen einer jeden in die Schonzeit fallenden Woche von der Bezirksregierung erstreckt werden.

§ 8. Während der Dauer der in den §§ 4 bis 6 vorgeschriebenen wöchentlichen und jährlichen Schonzeiten müssen die durch das Fischereigesetz v. 30. Mai 1874 nicht beseitigten ständigen Fischereivorrichtungen in nicht geschlossenen Gewässern hinweggeräumt oder abgestellt sein. (§ 28 des Gesetzes.)

§ 9. Die §§ 3 Alinea 2 bis § 7 finden auf den Krebsfang keine Anwendung. In der Zeit vom 1. November bis zum 31. Mai ist der Fang von Krebsen in allen nicht geschlossenen Gewässern verboten.

Gelangen Krebse während der angeordneten Schonzeit lebend in die Gewalt des Fischers, so sind dieselben mit der zu ihrer Erhaltung erforderlichen Vorsicht sofort wieder in das Wasser zu setzen.

1) Die Verordnung v. 2. Novbr. 1877 bestimmt hierzu:

§ 10. Beim Fischfange in nicht geschlossenen Gewässern ist verboten:

1) die Anwendung schädlicher oder explodirender Stoffe (giftiger Köder oder Mittel zur Betäubung oder Vernichtung der Fische, Sprengpatronen oder anderer Sprengmittel u. s. w.) (§ 21 des Gesetzes);

2) die Anwendung von Mitteln zur Verwundung der Fische, als: Fallen mit Schlagfedern, Gabeln, Aalharken, Speere, Stecheisen, Stangen, Schießwaffen u. s. w.

Der Gebrauch von Angeln ist gestattet. Die Verwendung von Speeren und Eisen (nicht jedoch der Aalharken) kann zum Zwecke des Aalfangs von der Bezirksregierung ... ausnahmsweise gestattet werden;

3) das Zusammentreiben der Fische bei Nacht vermittelst Leuchten oder Fackeln.

§ 11. Fischwehre, Fischzäune und sogenannte Selbstfänge für Lachs und Aal dürfen außer dem Falle einer bestehenden Berechtigung nicht neu angelegt werden.

4) **von welcher Beschaffenheit die erlaubten Fanggeräthe sein müssen, und mit welchen Beschränkungen die letzteren zum Fischfange gebraucht werden können;[1])**

5) **welche Ordnung von den Fischern zur Vermeidung gegenseitiger Störungen, ferner im Interesse des öffentlichen Verkehrs und der Schiffahrt und endlich gegenüber den Aufsichtsbeamten und zur Erleichterung der Aufsichtsführung zu beobachten ist;[2])**

(Die Fischerei-Polizei-Ordnung für den Reg.-Bezirk Potsdam v. 16. März 1867 bezeichnet als „verbotene Fischerzeuge":

a) die sog. Zuhre oder das Strohgarn,
b) die Aalsäcke sowie die Grund- und Aalquäste,
c) den Hamen, der mittels eines Bügels am Ende einer Stange befestigt ist,
d) die sog. Kratzingen,
e) Hechtschleifen,
f) die Greywahden,
g) die sog. Funkenkörbe,
h) die Krebslampen.

Dieselbe verbietet ferner das Hechtetöllen oder Tollkeulen, das Körnen der Fische und die Holzstellfischerei.)

1) Die Verordnung v. 2. Novbr. 1877 bestimmt hierzu:

§ 12. Nach Ablauf von drei Jahren, vom Erlaß dieser Verordnung an gerechnet, dürfen beim Fischfange in nicht geschlossenen Gewässern, vorbehaltlich der nachfolgenden Ausnahme, keine Fanggeräthe (Netze und Geflechte jeder Art und Benennung) angewendet werden, deren Oeffnungen (Maschen) im nassen Zustande an jeder Seite (von Knoten zu Knoten) nicht mindestens eine Weite von 2,5 Centimeter haben. — Diese Vorschrift erstreckt sich auf alle Theile der Fanggeräthe. — Die Bezirksregierung ist ermächtigt, Ausnahmen von dieser Vorschrift im Falle des Bedürfnisses für bestimmte Arten von Fanggeräthen zuzulassen.

Fanggeräthe, welche ausschließlich für den Fang von Aal bestimmt sind, dürfen eine Weite der Oeffnungen von mindestens 1,5 Centimeter haben.

§ 13. Ohne Erlaubniß der Aufsichtsbehörde (§ 46 des Gesetzes) dürfen am Ufer eines fließenden Gewässers oder im Flußbette befestigte oder verankerte nicht ständige Fischereivorrichtungen (Hamen u. s. w.) oder schwimmende Netze sich niemals weiter, als über die Hälfte des Wasserlaufs in seiner Breite, bei gewöhnlichem niedrigen Wasserstande vom Ufer aus gemessen, erstrecken.

Mehrere derartige Fischereivorrichtungen dürfen gleichzeitig auf derselben oder auf der entgegengesetzten Uferseite nur in einer Entfernung von einander ausgeworfen oder angebracht sein, welche mindestens das Dreifache der Längenausdehnung des größten Netzes beträgt.

2) Die Verordnung v. 2. Novbr. 1877 bestimmt hierzu:

§ 14. Der Betrieb der Fischerei in schiffbaren Gewässern darf die Schiffahrt nicht hindern oder stören.

Feste oder schwimmende Fischereivorrichtungen und alle sonstigen Fanggeräthe müssen so aufgestellt oder ausgelegt sein, daß die freie Fahrt der Schiffe und Fähren, sowie der Wasserabfluß in nachtheiliger Weise nicht behindert wird.

6) in welchen Jahreszeiten und an welchen Orten die Werbung der Seegewächse verboten sein soll.

Für Uebertretungen kann eine Geldstrafe bis zu 150 Mark Reichsmünze oder Haft und die Einziehung der bei der Ausübung der Fischerei verwandten unerlaubten Fanggeräthe angedroht werden. ... [1])

§ 24. Gelangen Fische, deren Fang zur Zeit oder mit Rücksicht auf ihr Maß oder Gewicht überhaupt verboten ist, lebend in die Gewalt des Fischers, so sind dieselben sofort wieder in das Wasser zu setzen.[2])

§ 26. Ist der Fang von Fischen unter einem bestimmten Maße oder Gewichte verboten, so dürfen solche Fische im Geltungsbereiche des Verbots unter diesem Maße oder Gewichte weder feil geboten, noch verkauft, noch versandt werden.

Strafe:

§ 51. Mit Geldstrafe bis zu 90 Mark Reichsmünze oder mit Haft bis zu 4 Wochen werden bestraft:

alle Zuwiderhandlungen gegen die Vorschriften der §§ 24 und 26 dieses Gesetzes.[3])

Neben der Strafe ist auf Einziehung aller verbotswidrig feil gebotenen, verkauften oder versandten Fische zu erkennen, ohne Unterschied, ob sie dem Verurtheilten gehören oder nicht.

§ 28. Während der Dauer der Schonzeiten müssen die durch dieses Gesetz nicht beseitigten ständigen Fischereivorrichtungen (§§ 5 und 20) in nicht geschlossenen Gewässer uhinweggeräumt oder abgestellt sein. ... [4])

Strafe:

§ 50. Mit Geldstrafe bis zu 150 Mark Reichsmünze oder mit Haft wird bestraft:

4) wer den Vorschriften im § 28 zuwider ständige Fischereivorrichtungen nicht rechtzeitig wegräumt oder abstellt....

---

1) Demgemäß bestimmt auch die Verordnung v. 2. Novbr. 1877:

§ 15. Zuwiderhandlungen gegen die Vorschriften dieser Verordnung werden, insoweit dieselben nicht den Strafbestimmungen des Fischereigesetzes v. 30. Mai 1874 (§§ 49 ff.) oder des Strafgesetzbuchs für das Deutsche Reich unterliegen, mit Geldstrafe bis zu 150 Mark Reichsmünze oder Haft bestraft. — Zugleich kann auf Einziehung der bei der Ausübung der Fischerei verwandten unerlaubten Fanggeräthe erkannt werden.

2) Die Vorschriften der §§ 19—24 finden auf geschlossene Gewässer keine Anwendung (§ 25 d. G.). In diesen braucht mithin eine Bezeichnung der Fanggeräthe und eine Beseitigung der Hindernisse für den Wechsel der Fische nicht stattzufinden, sie unterliegen keiner Schonzeit und schädliche Fangmittel sind hier zulässig.

3) Eine Ausnahme machen die Fischzuchtanstalten. § 27 d. G.

4) Der Regierungspräsident kann von dieser Bestimmung Ausnahmen gestatten. Zusatz-Gesetz v. 30. März 1880.

§ 29. Nach Anhörung der betheiligten Fischereiberechtigten ... (bez.) ... **des Genossenschaftsvorstandes können zu Schonrevieren erklärt werden:**

1) **solche Strecken der Gewässer, welche nach sachverständigem Ermessen vorzugsweise geeignete Plätze zum Laichen der Fische und zur Entwicklung der jungen Brut bieten (Laichschonreviere);**
2) **solche Strecken der Gewässer, welche den Eingang der Fische aus dem Meere in die Binnengewässer beherrschen (Fischschonreviere)....**

Die betreffende Verfügung ist durch öffentliche Bekanntmachung zur Kenntniß der Betheiligten zu bringen; auch sind die Schonreviere, soweit es die Oertlichkeit gestattet, durch Aufstellung besonderer Zeichen erkennbar zu machen.

§ 30. In Schonrevieren ist jede Art des Fischfangs untersagt, welche nicht für Zwecke der Schonung oder andere gemeinnützige oder wirthschaftliche Zwecke von der Aufsichtsbehörde angeordnet oder gestattet wird.

§ 31. In Laichschonrevieren (§ 29 Nr. 1) muß die Räumung, das Mähen von Schilf und Gras, die Ausführung von Sand, Steinen, Schlamm u. s. w. und jede anderweite, die Fortpflanzung der Fische gefährdende Störung während der Laichzeit der vorherrschenden Fischgattungen unterbleiben, soweit es die Interessen der Vorfluth und der Landeskultur gestatten....

Strafe:

§ 50. Mit Geldstrafe bis zu 150 Mark Reichsmünze oder mit Haft wird bestraft:

5) **wer in Schonrevieren verbotswidrig die Fischerei ausübt (§ 30) oder den zum Schutze derselben erlassenen reglementarischen Vorschriften zuwider handelt (§ 31);** ...

§ 35. Wer nach Erlaß dieses Gesetzes in einem der Herrschaft desselben unterworfenen natürlichen Gewässer Wehre, Schleusen, Dämme oder andere Wasserwerke an Stellen, wo bisher der Zug der Wanderfische unbehindert war, anlegt, ist verpflichtet, auf seine Kosten Fischpässe auszuführen und zu unterhalten....[1])

§ 36. Besitzer von Wehren, Schleusen, Dämmen oder anderen Wasserwerken in natürlichen Gewässern, durch welche der Zug der Wanderfische ganz versperrt oder erheblich beeinträchtigt wird, sind verpflichtet, die Herstellung von Fischpässen zu dulden, wenn

1) **die Anlage vom Staate im öffentlichen Interesse beabsichtigt wird, oder**
2) **Personen oder Genossenschaften, welche in dem oberen oder unteren Theile des Gewässers fischereiberechtigt sind, die Anlage auszuführen beabsichtigen und der von ihnen vorgelegte Bauplan von der Bezirksregierung ... nach zuvoriger Anhörung der Stauberechtigten genehmigt ist (§ 39).**[2])

---

1) Ausnahmen sind widerruflich zulässig. Absatz 2.

2) Auch diese Vorschriften (§§ 35 u. 36) finden auf geschlossene Gewässer keine Anwendung. Ebenso sind künstlich angelegte Wasserzüge und die zum Schutz

§ 42. In den für den Durchzug der Fische angelegten Fischpässen ist jede Art des Fischfangs, insbesondere auch das Einhängen oder Einsetzen von Fischkörben, Netzen, Reusen und anderen Fangvorrichtungen verboten. Oberhalb und unterhalb des Fischpasses muß in einer nach den örtlichen Verhältnissen von der Regierung zu bestimmenden angemessenen Ausdehnung für die Zeit, während welcher der Fischpaß geöffnet ist, jede Art des Fischfanges verboten werden....

Strafe:

§ 50. Mit Geldstrafe bis zu 150 Mark Reichsmünze oder mit Haft wird bestraft:

6) wer in den für den freien Durchzug der Fische angelegten Fischpässen, sowie in den oberhalb und unterhalb derselben gelegenen, dem Fischfange entzogenen Theilen der Gewässer irgend eine Art des Fischfangs ausübt (§ 42)....

§ 43. Es ist verboten, in die Gewässer aus landwirthschaftlichen oder gewerblichen Betrieben Stoffe von solcher Beschaffenheit und in solchen Mengen einzuwerfen, einzuleiten oder einfließen zu lassen, daß dadurch fremde Fischereirechte geschädigt werden können.

Bei überwiegendem Interesse der Landwirthschaft oder der Industrie kann das Einwerfen oder Einleiten solcher Stoffe in die Gewässer gestattet werden. Soweit es die örtlichen Verhältnisse zulassen, soll dabei dem Inhaber der Anlage die Ausführung solcher Einrichtungen aufgegeben werden, welche geeignet sind, den Schaden für die Fischerei möglichst zu beschränken....

§ 44. Das Röten von Flachs und Hanf in nicht geschlossenen Gewässern ist verboten. — Ausnahmen von diesem Verbote kann die Bezirksregierung jedoch immer nur widerruflich ... zulassen....

Strafe:

§ 50. Mit Geldstrafe bis zu 150 Mark Reichsmünze oder mit Haft wird bestraft:

7) wer den Vorschriften des § 43 oder den zur Ausführung desselben getroffenen Anordnungen zuwider den Gewässern schädliche, die Fischerei gefährdende Stoffe zuführt oder verbotswidrig Hanf und Flachs in nicht geschlossenen Gewässern rötet (§ 44).[1])

§ 45 (in der Fassung des Zusatz-Ges. v. 30. März 1880): **Dem Fischereiberechtigten ist gestattet, Fischottern, Taucher, Eisvögel, Reiher, Kormo-**

---

von Niederungen gegen die von außen andringenden Fluthen angelegten Wasserwerke ausgenommen. § 37 d. G.

1) Vergl. § 27 Nr. 1 Feld- u. Forstpolizei-Gesetz. Oben S. 166.

rane und Fischaare ohne Anwendung von Schußwaffen zu tödten oder zu fangen und für sich zu behalten....

§ 48. Wird Jemand bei einer Uebertretung oder gleich nach derselben betroffen oder verfolgt, so sind die der Einziehung unterliegenden Gegenstände, welche er bei sich führt, in Beschlag zu nehmen. In den nämlichen Fällen können die bei der Uebertretung gebrauchten Fischergeräthe und Fahrzeuge gepfändet werden....[1])

§ 52. Wer zur Begehung einer durch dieses Gesetz mit Strafe bedrohten Uebertretung sich seiner Angehörigen, Dienstboten, Lehrlinge oder Arbeiter als Theilnehmer bedient, haftet, wenn diese nicht zahlungsfähig sind, neben der von ihm selbst verwirkten Strafe für die von denselben zu erlegenden Geldstrafen.

---

2. Das Jagdpolizeigesetz.

Vom 7. März 1850.

(G. S. S. 165.)

Nachdem das Gesetz vom 31. Oktober 1848 jedes Jagdrecht auf fremdem Grund und Boden und das Recht der Jagdfolge aufgehoben, und es für zulässig erklärt hatte, daß benachbarte Grundbesitzer ihre Grundstücke zu einem gemeinschaftlichen Jagdbezirk vereinigten, auf welchem sie die Jagd entweder verpachten oder durch einen angenommenen Jäger ausüben oder ruhen lassen müßten,[2]) ist durch das Jagdpolizeigesetz das Jagdrecht auf eigenem Boden dahin modifizirt worden, daß dasselbe nur zulässig sein soll

§ 2. a) „auf solchen Besitzungen, welche in einem oder mehreren an einander grenzenden Gemeindebezirken einen land- und

---

1) Der Einziehung unterliegen nur:

1. die unerlaubten Fanggeräthe (§ 22 d. G. u. § 15 der Verordnung v. 2. Novbr. 1877),
2. alle verbotswidrig feilgebotenen, verkauften oder versandten Fische (§ 51 d. G.).

Die erlaubten Fanggeräthe und die Fahrzeuge können nur gepfändet werden, müssen aber dem nächsten Ortsvorstand zur Aufbewahrung überliefert werden, der sie, wenn die Niederlegung einer der Strafe oder dem Werth des Pfandstücks entsprechenden Summe binnen acht Tagen nicht erfolgt, durch den zuständigen Richter öffentlich versteigern lassen kann. § 48 d. G. Abs. 2.

2) Gesetz, betr. die Aufhebung des Jagdrechts auf fremdem Grund und Boden und die Ausübung der Jagd v. 31. Oktbr. 1848 (G. S. S. 343).

forstwirthschaftlich benutzten Flächenraum von wenigstens dreihundert Morgen einnehmen und in ihrem Zusammenhang durch kein fremdes Grundstück unterbrochen sind;

b) auf allen dauernd und vollständig eingefriedeten Grundstücken;[1])

c) auf Seen, auf zur Fischerei eingerichteten Teichen und auf solchen Inseln, welche Ein Besitzthum bilden.“

Bei einer Mehrheit von Besitzern[2]) muß die Ausübung des Jagdrechts Einem bis höchstens Dreien übertragen werden; Gemeinden oder Korporationen dürfen das Jagdrecht nur durch Verpachtung oder durch einen angestellten Jäger ausüben. Auch ist vorgeschrieben, daß alle übrigen Grundstücke eines Gemeindebezirks einen gemeinschaftlichen Jagdbezirk bilden, daß aber auch mehrere Gemeindebezirke sich ganz oder theilweise mit einander zu einem gemeinsamen Jagdbezirk vereinigen dürfen, sowie daß eine Gemeinde mehrere Jagdbezirke aus ihrem Bezirk bilden darf, falls jeder mindestens dreihundert Morgen beträgt. § 3. § 4.

Ein isolirter Hof kann mit den ihn zusammenhängend umgebenden Grundstücken an den gemeinschaftlichen Jagdbezirk sich anschließen, der Besitzer muß dann aber die Jagd ruhen lassen. Wald-Enklaven, d. h. Grundstücke, welche von einem über dreitausend Morgen im Zusammenhang großen Walde, der eine einzige Besitzung bildet, eingeschlossen sind, werden dem gemeinsamen Jagdbezirk nicht zugeschlagen. Hier muß der Besitzer die Jagdausübung dem Waldeigenthümer verpachten oder sie ruhen lassen, und nur wenn der Waldeigenthümer das Pachtanerbieten ablehnt, darf er selbst die Jagd auf seiner Enklave ausüben. § 5. § 6. § 7.

Die Besitzer der einen Jagdbezirk bildenden Grundstücke werden in allen Jagdangelegenheiten durch die Gemeindebehörde vertreten. Diese hat zu beschließen, ob die Ausübung der Jagd gänzlich ruhen, oder ob die Jagd durch einen Jäger beschossen oder verpachtet werden soll. Die Verpachtung der Jagd darf nur auf § 9. § 10.

---

1) Die Entscheidung darüber, was für dauernd und vollständig eingefriedet zu erachten, trifft der Landrath. § 2 d. G.

2) D. h. sobald mehr als drei Besitzer vorhanden sind. § 3 d. G. Denselben steht auch frei, die Jagd ruhen oder durch einen Jäger ausüben zu lassen oder zu verpachten.

einen Zeitraum von mindestens drei und höchstens zwölf Jahren
§ 12. und nur an ein bis höchstens drei Personen erfolgen. Ausländer dürfen nur mit Genehmigung der Aufsichtsbehörde[1]) als Jagdpächter angenommen werden.

§ 14. Ein Jeder, welcher die Jagd ausüben will, muß sich einen, für den ganzen Staat gültigen, zu seiner Legitimation dienenden, auf ein Jahr und auf die Person lautenden Jagdschein von dem Landrathe des Kreises seines Wohnsitzes ertheilen lassen, und selbigen bei der Ausübung der Jagd stets mit sich führen.[2])

Auch Ausländern kann ein solcher Jagdschein, jedoch nur gegen die Bürgschaft eines Inländers, von dem Landrathe des Wohnortes des Bürgen ertheilt werden. Der Bürge haftet in Folge seines Antrages für Strafen, welche auf Grund der §§ 16, 17 und 19 gegen den Ausländer verhängt werden, sowie für die Untersuchungskosten....

Strafe:

§ 16. ... Wer, ohne einen Jagdschein gelöst zu haben, die Jagd ausübt, wird für eine jede Uebertretung mit einer Geldstrafe von fünfzehn bis sechszig Mark belegt.

Wer seinen Jagdschein bei Ausübung der Jagd nicht bei sich führt, den trifft eine Geldstrafe bis zu fünfzehn Mark.

Wer es versucht, sich durch einen nicht auf seinen Namen ausgestellten fremden Jagdschein zu legitimiren, um sich dadurch der verwirkten Strafe zu entziehen, der wird mit einer Strafe von fünfzehn bis zu einhundertfünfzig Mark belegt.

§ 17. Wer zwar mit einem Jagdscheine versehen, aber ohne Begleitung des Jagdberechtigten, oder ohne dessen schriftlich ertheilte Erlaubniß bei sich zu führen, die Jagd auf fremdem Jagdbezirke ausübt, wird mit einer Strafe von sechs bis fünfzehn Mark belegt.

Wer die Jagd auf seinem Grundstücke gänzlich ruhen zu lassen verpflichtet ist, dieselbe dennoch aber darauf ausübt, hat eine Geldstrafe von dreißig bis sechszig Mark und die Konfiskation der dabei gebrauchten Jagdgeräthe verwirkt.

---

1) Dies ist jetzt der Kreisausschuß, in Stadtkreisen der Bezirksrath. § 89 Kompetenz-Gesetz v. 26. Juli 1876.

2) Der Schein gilt auf ein Jahr vom Tage der Lösung ab und soll nur an Kreiseingesessene verabfolgt werden. (M. Bl. d. inneren Verwaltung, 1850 S. 148, 1870 S. 16.) Er kann denen, welche wegen eines Forst- oder Jagdfrevels oder wegen Mißbrauchs des Feuergewehrs bestraft sind, innerhalb fünf Jahren nach verbüßter Strafe versagt werden, ebenso denen, von welchen eine unvorsichtige Führung des Schießgewehrs oder eine Gefährdung der öffentlichen Sicherheit zu besorgen ist, sowie allen unter Polizeiaufsicht stehenden Personen. § 15 d. G.

Wer auf seinem eigenen Grundstücke, auf dem die Jagd an einen Dritten verpachtet ist, oder auf dem ein Jäger für gemeinschaftliche Rechnung der bei einem Jagdbezirke betheiligten Grundbesitzer die Jagd zu beschießen hat, ohne Einwilligung des Jagdpächters oder der Gemeindebehörde jagt, ebenso derjenige, welcher auf fremden Grundstücken, ohne eine Berechtigung dazu zu haben, die Jagd ausübt, wird wegen Wilddiebstahls oder Jagdkontravention nach den allgemeinen Gesetzen bestraft.[1])

§ 18. (Bestimmung der Hege- und Schonzeit).[2])...

...Sonstige Uebertretungen der Vorschriften über Hege- und Schonzeit werden mit einer, nach richterlichem Ermessen zu bestimmenden Geldbuße bis zu einhundertfünfzig Mark geahndet.[3])

§ 19. Wer zur Begehung einer Jagdpolizei-Uebertretung sich seiner Angehörigen, Dienstboten, Lehrlinge oder Tagelöhner als Theilnehmer oder Gehülfen bedient, haftet, wenn diese nicht zahlungsfähig sind, neben der von ihm selbst verwirkten Strafe, für die von denselben zu erlegenden Geldstrafen und den Schadenersatz.

Kommen auf gemeinschaftlichen Jagdbezirken Wildschäden vor, § 22.
so darf die Gemeinde beim Widerspruch auch nur eines einzelnen Grundbesitzers die Ausübung der Jagd nicht ruhen lassen. Sind die Schäden für die benachbarten Grundstücke oder die Wald- § 23.
enklaven sehr erheblich, so kann der Landrath den Jagdpächter, selbst während der Schonzeit, zum Abschuß des Wildes auffordern, auch kann der Besitzer der Enklaven unter Umständen selbst ver- § 24.
langen, das Wild zu fangen und zu tödten. Wenn dies den Besitzern der den Forsten benachbarten Grundstücke ebenfalls ge- § 23.
stattet wird, so müssen diese das erlegte oder gefangene Wild gegen Zahlung des üblichen Schußgeldes dem Jagdpächter überlassen und die Anzeige binnen vierundzwanzig Stunden erstatten. Ein § 25.
Anspruch auf Ersatz des Wildschadens findet nicht statt.

§ 28. Wer die Jagd innerhalb des abgesteckten Festungs-Rayons von 1300 Schritten ausüben will, muß vorher seinen Jagdschein von dem Festungs-Kommandanten besonders visiren lassen.

Die Uebertretung dieser Vorschrift wird mit einer Strafe von sechs bis fünfzehn Mark geahndet.

---

1) Siehe §§ 292—295 St. G. B. Oben S. 27 u. 28.

2) Siehe jetzt das nachstehende Gesetz v. 26. Februar 1870.

3) Das Gesetz v. 26. Februar 1870 bestraft nur das Tödten und Einfangen der Thiere während der Schonzeit. Das bloße Schießen und Jagen auf das Wild fällt daher unter § 18 des Jagd-Polizei-Gesetzes. Dalcke S. 389 Note 27.

§ 20. Die Verjährungsfrist beträgt drei Monate vom Tage der That ab. Im Unvermögensfall ist „verhältnißmäßige Gefängnißstrafe"
§ 29. (d. h. Haft) zu substituiren.

---

3. Gesetz, betreffend die Aufhebung des Jagdrechtes auf fremdem Grund und Boden und die Ausübung der Jagd.

Vom 31. Oktober 1848.

(G. S. S. 343.)

Die Bestimmungen der §§ 1—4, in denen das Jagdrecht als untrennbar von dem Eigenthumsrecht am Grund und Boden erklärt wird, sind bereits im vorigen Gesetz erwähnt. Das Jagd-
§ 8. polizeigesetz erklärt aber auch den § 5 dieses Gesetzes noch als unverändert in Kraft befindlich. Derselbe lautet:

> § 5. In allen Festungswerken ist allein die Militairverwaltung befugt, die Jagd durch besonders dazu ermächtigte Personen ausüben zu lassen.
>
> Außerhalb dieser Werke, desgleichen um die Pulvermagazine und ähnliche Anstalten werden, auf Kosten der Militairverwaltung, Umkreise oder Rayons von zusammenhängender Fläche gebildet und bezeichnet, innerhalb welcher die Jagd mit Feuergewehren nicht ausgeübt werden darf, bei Vermeidung einer Polizeistrafe von fünfzehn bis sechszig Mark oder, im Unvermögensfalle, eines verhältnißmäßigen Gefängnisses.[1])
>
> Die weiteste Entfernung der Außenlinie von den ausspringenden Winkeln des Glacis der Pulvermagazine und ähnlicher Anstalten wird auf dreihundert Schritte festgesetzt. Die Abgrenzung erfolgt gemeinschaftlich von der Festungsbehörde, einem Deputirten des Stadtvorstandes und einem der Kreis-Verwaltung.

---

1) Jetzt Haft bis zu sechs Wochen.

4. Gesetz über die Schonzeiten des Wildes.

Vom 26. Februar 1870.

(G. S. S. 120.)

§ 1. Mit der Jagd zu verschonen sind:

1) das Elchwild in der Zeit vom 1. Dezember bis Ende August,
2) männliches Roth- und Dammwild in der Zeit vom 1. März bis Ende Juni,
3) weibliches Rothwild, weibliches Dammwild und Wildkälber in der Zeit vom 1. Februar bis 15. Oktober,
4) der Rehbock in der Zeit vom 1. März bis Ende April,
5) weibliches Rehwild in der Zeit vom 15. Dezember bis 15. Oktober,
6) Rehkälber das ganze Jahr hindurch,
7) der Dachs vom 1. Dezember bis Ende September,
8) Auer-, Birk-, Fasanenhähne in der Zeit vom 1. Juni bis Ende August,
9) Enten in der Zeit vom 1. April bis Ende Juni; für einzelne Landstriche kann die Schonzeit durch die Bezirksregierungen... aufgehoben werden,
10) Trappen, Schnepfen, wilde Schwäne und alles andere Sumpf- und Wassergeflügel, mit Ausnahme der wilden Gänse und der Fischreiher, in der Zeit vom 1. Mai bis Ende Juni,
11) Rebhühner in der Zeit vom 1. Dezember bis Ende August,
12) Auer-, Birk- und Fasanenhennen, Haselwild, Wachteln und Hasen in der Zeit vom 1. Februar bis Ende August,
13) für die ganze Dauer des Jahres ist es verboten, Rebhühner, Hasen und Rehe in Schlingen zu fangen.

Alle übrigen Wildarten, namentlich auch Kormorane, Taucher und Säger, dürfen das ganze Jahr hindurch gejagt werden. Beim Roth-, Damm- und Rehwilde gilt das Jungwild als Kalb bis zum letzten Tage des auf die Geburt folgenden Dezembermonats.

§ 2. Die Bezirksregierungen ... sind befugt, für die § 1 unter 7, 11 und 12 genannten Wildarten aus Rücksichten der Landeskultur und der Jagdpflege den Anfang und Schluß der Schonzeit alljährlich durch besondere Verordnung anderweit festzusetzen, so aber, daß Anfang oder Schluß der Schonzeit nicht über vierzehn Tage vor oder nach den § 1 bestimmten Zeitpunkten festgesetzt werden darf.

§ 3. Die in den einzelnen Landestheilen zum Schutze gegen Wildschaden in Betreff des Erlegens von Wild auch während der Schonzeit gesetzlich bestehenden Befugnisse werden durch dieses Gesetz nicht geändert.[1])

§ 4. Auf Erlegung von Wild in eingefriedigten Wildgärten findet dieses Gesetz keine Anwendung. Der Verkauf des während der Schonzeit

1) Siehe oben § 23 Jagdpolizeigesetz.

in solchen Wildgärten erlegten Wildes ist jedoch nach Maßgabe der Bestimmungen des § 7 untersagt.

§ 5. Für das Tödten oder Einfangen von Wild während der vorgeschriebenen Schonzeiten, sowie für das Fangen von Wild in Schlingen (§ 1 Nr. 13) treten folgende Geldbußen ein:

1)	für ein Stück Elchwild	150 Mark
2)	für ein Stück Rothwild	90 "
3)	für ein Stück Dammwild	60 "
4)	für ein Stück Rehwild	30 "
5)	für einen Dachs	15 "
6)	für einen Auerhahn oder Henne	30 "
7)	für einen Birkhahn oder Henne	9 "
8)	für einen Haselhahn oder Henne	9 "
9)	für einen Fasanen	30 "
10)	für einen Schwan	30 "
11)	für eine Trappe	9 "
12)	für einen Hasen	12 "
13)	für ein Rebhuhn	6 "
14)	für eine Schnepfe, Ente oder sonstiges Stück jagdbares Sumpf- und Wassergeflügel	6 "

Wenn mildernde Umstände vorhanden sind, kann der Richter bei Festsetzung der Geldbuße bis auf ein Strafmaß von drei Mark herabgehen.

An Stelle der Geldbuße, welche wegen Unvermögens des Verurtheilten nicht beigetrieben werden kann, tritt Gefängnißstrafe. . . .[1])

§ 6. Das Ausnehmen der Eier oder Jungen von jagdbarem Federwilde ist auch für die zur Jagd berechtigten Personen verboten; doch sind dieselben (namentlich die Besitzer von Fasanerien) befugt, die Eier, welche im Freien gelegt sind, in Besitz zu nehmen, um sie ausbrüten zu lassen.

Desgleichen ist das Ausnehmen von Kibitz- und Möveneiern nach dem 30. April verboten.

Wer diesen Verboten zuwiderhandelt, verfällt in die § 347 Nr. 12[2]) des Strafgesetzbuchs festgesetzte Strafe.

§ 7. Wer nach Ablauf von 14 Tagen nach eingetretener Hege- und Schonzeit, während derselben Wild, rücksichtlich dessen die Jagd in dieser Zeit untersagt ist, in ganzen Stücken oder zerlegt, aber noch nicht zum Genusse fertig zubereitet, zum Verkaufe herumträgt, in Läden, auf Märkten, oder sonst auf irgend eine Art zum Verkaufe ausstellt, oder feilbietet, oder wer den Verkauf vermittelt, verfällt, zum Besten der Armenkasse derjenigen Gemeinde, in welcher die Uebertretung stattfindet, neben der Konfiskation des Wildes, in eine Geldbuße bis 90 Mark.

Ist das Wild in den § 3 gedachten Ausnahmefällen erlegt, so hat der Verkäufer oder derjenige, welcher den Verkauf vermittelt, sich durch

---

1) Jetzt Haftstrafe gemäß §§ 28, 29 St. G. B.

2) Jetzt § 368 Nr. 11 des Reichs-St. G. B.

ein Attest der betreffenden Ortspolizeibehörde über die Befugniß zum Verkaufe zu legitimiren, widrigenfalls derselbe in eine Geldbuße bis zu 15 Mark verfällt.[1])

V. Feuerpolizei.[2])

1. Gesetz über das Mobiliar-Feuer-Versicherungswesen.

Vom 8. Mai 1837.

(G. S. S. 102.)

§ 1. Kein Gegenstand des Mobiliar-Vermögens darf gegen Feuersgefahr höher versichert werden, als nach dem gemeinen Werthe zur Zeit der Versicherungsnahme.

Solche Kunstsachen und ähnliche Gegenstände von größerer Bedeutung, denen ein gemeiner Werth nicht wohl beizulegen ist, müssen mit ihren Versicherungssummen in der Police einzeln aufgeführt werden.

§ 2. Es ist unzulässig, Versicherungen auf einen und denselben Gegenstand bei verschiedenen Versicherungsgesellschaften zu nehmen. Eine Ausnahme von dieser Regel findet nur bei solchen kaufmännischen Waarenlagern und andern großen Vorräthen statt, welche einen Werth von mindestens Zehntausend Thalern haben. Der Gesammtbetrag der einzelnen Versicherungen darf jedoch auch in diesem Falle nicht über den gemeinen Werth des Versicherungs-Gegenstandes hinausgehen. Sind dergleichen Waarenlager oder Vorräthe bereits irgendwo versichert, so

---

1) Daß die Obrigkeit das von ihr konfiszirte Wild auch während der Hege- und Schonzeit zu verkaufen befugt ist, ist selbstverständlich (Reg.-Verordnung für Potsdam v. 26. April 1870). — Nach dem Publicandum v. 4. Juni 1783 darf überhaupt kein Stück Wild ohne Ursprungsattest, bei Strafe der Konfiskation, in Städte eingebracht werden.

2) Die feuerpolizeilichen Vorschriften (siehe auch oben zu § 368 Nr. 8 St. G. B.) bezwecken in der Regel sowohl die Verhütung von Feuersbrünsten (durch Vorsicht mit Feuer und Licht, namentlich auf dem Lande, mit feuerfangenden Gegenständen, z. B. Petroleum, und mit gefährlichen Verrichtungen, z. B. bei Holzarbeiten), als auch die Löschung eines ausgebrochenen Feuers (durch Ordnung der Obliegenheiten der Gemeinde, des Löschungsdirigenten und des Spritzenmeisters, der Nachtwächter, Pferdebesitzer und Spritzenmannschaften und durch Bestimmung der Löschgeräthschaften und Utensilien) und endlich die Bewachung eines unterdrückten Feuers nebst der Feststellung der Entstehungsursache und der Abräumung der Brandstätte.

ist bei anderweitiger Versicherung, der Betrag der früheren anzugeben. Andererseits muß aber auch der frühere Versicherer von der späteren Versicherung innerhalb acht Tagen nach Abschluß des Kontrakts durch den Versicherten benachrichtigt werden.

Strafe:

§ 23. Wenn eine der beiden im § 2 für mehrfache Versicherungen vorgeschriebenen Anzeigen versäumt wird, so hat der Versicherte eine Geldbuße von fünfzehn bis dreihundert Mark verwirkt.

§ 24. [Wer der Vorschrift des § 2 zuwider mehrfache Versicherungen nimmt, verfällt in eine Geldbuße von dreißig bis eintausendfünfhundert Mark.] [1])

§ 3. Es ist ferner unzulässig, Versicherungen ohne Vermittelung eines bestätigten, inländischen Agenten unmittelbar bei ausländischen Gesellschaften zu nehmen. Nur den im § 19 bezeichneten Kaufleuten und Fabrikanten ist dies in Ansehung der daselbst erwähnten Gegenstände jedoch auch nur bei solchen ausländischen Gesellschaften gestattet, welche von Unserem Ministerium des Innern . . . [2]) **die Erlaubniß hierzu erhalten haben (§ 6).**

Strafe:

§ 25. [Unmittelbare Versicherungen bei ausländischen Gesellschaften gegen die Vorschrift des § 3 werden mit einer Geldbuße von dreißig bis eintausendfünfhundert Mark bestraft.] [1])

§ 4. Ergiebt sich eine zu hohe Versicherung (§ 1), so ist die Orts-Polizei-Behörde befugt und schuldig, den Versicherungsbetrag auf den gemeinen Werth zurückführen zu lassen. Der Versicherte und die Gesellschaft sind verpflichtet, die nöthige Veränderung in den Büchern und in der Police vorzunehmen.

Die Polizeibehörde hat das Recht, sich durch Einsicht der Bücher und der Police von der Beobachtung dieser Vorschrift zu überzeugen.

§ 5. Zur Versicherung von Mobiliar-Gegenständen ist deren Angabe nach einzelnen Stücken oder nach Gattungen erforderlich (§ 13). Bei Waarenlagern, großen Naturalien-Vorräthen [3]) **und ähnlichen Gegenständen, welche zum Verkauf oder zum Verbrauch zusammengebracht zu**

---

1) Zuständig ist in diesem Falle die Strafkammer, jedoch ist Verweisung an das Schöffengericht zulässig. § 75 Nr. 14 G. V. G.

2) Das Ministerium des Innern und der Polizei hat überhaupt zur Ausführung dieses Gesetzes eine ausführliche Erläuterung in einer Cirkular-Verfügung v. 10. Juni 1837 gegeben.

3) Dazu gehören auch die Vorräthe der Landwirthe, falls sie darüber Wirthschaftsregister führen. (Min. Bl. d. inneren Verwaltung 1844 S. 279.) Dies paßt jedoch nur für die Bodenvorräthe, nicht für die Scheuervorräthe. Koch, Kommentar z. A. L. R. Th. II Tit. 8 Note 65.

werden pflegen, und deren Bestand nach Größe und Werth daher einem steten Wechsel unterworfen ist, soll jedoch die Versicherung auf den durchschnittlichen, oder selbst auf den muthmaßlich höchsten Betrag der nach dem Umfange des Geschäfts, der Produktion u. s. w. anzunehmen stehet, zulässig sein.

Die Versicherten sind jedoch gehalten, über die lagernden Güter und Vorräthe vollständige Bücher zu führen, aus welchen der jedesmalige Ab- und Zugang genau zu ersehen sein muß.

Die Polizei-Behörde hat das Recht, diese Bücher zu jeder Zeit einzusehen, um sich von der gehörigen Anlegung und Fortführung zu überzeugen; ein tieferes Eindringen ist ihr nicht gestattet.

Strafe:

§ 20. Wer Mobiliar-Vermögens-Gegenstände gegen Feuersgefahr wissentlich zu einem höhern, als dem gemeinen Werth versichert, hat, außer der Zurückführung der Versicherungssumme auf diesen Werth (§ 4) eine dem Betrage der Ueberschreitung gleichkommende Geldbuße verwirkt, welche, wenn die Entdeckung der Ueberversicherung erst nach eingetretenem Brande geschehen, verdoppelt wird.

Eine wissentliche Ueberversicherung wird vermuthet, wenn, ohne daß eine amtliche Abschätzung vorausgegangen, bei Waarenlagern u. s. w. (§ 5) der Werth um 30 Prozent oder bei anderm beweglichen Vermögen um 50 Prozent überschritten ist.

§ 21. [Beträgt die Ueberschreitung bei Waarenlagern u. s. w. (§ 5) 10—30 Prozent, oder bei anderm beweglichen Vermögen 20—50 Prozent, so tritt, wenn der Fall einer wissentlichen Ueberschreitung nicht vorliegt, eine Geldstrafe von dreißig bis eintausendfünfhundert Mark ein.][1])

§ 22. Wird von dem Versicherten die erfolgte Ueberschreitung entweder noch vor dem eingetretenen Brande oder wenigstens vor dem erhobenen Anspruche auf die Vergütung freiwillig angezeigt, so findet nur eine Geldbuße bis zu dreißig Mark statt.

§ 27. Ein Versicherter, welcher die im § 5 vorgeschriebenen Bücher gar nicht oder nicht in gehöriger Ordnung führt, hat eine Geldstrafe von fünfzehn bis dreihundert Mark verwirkt.

§ 6. Ausländische Gesellschaften bedürfen zu Versicherungsgeschäften ... der Erlaubniß Unseres Ministeriums des Innern ..., dem auch die Befugniß zustehen soll, die ertheilte Erlaubniß wieder zurück zu nehmen, wenn es dazu Veranlassung findet. ...[2])

---

1) Zuständig ist auch hier die Strafkammer, jedoch ist Verweisung zulässig.

2) Die Kabinets-Ordre v. 2. Juli 1859 betr. das Verfahren bei der Konzessionirung und Zulassung von Versicherungsgesellschaften (G. S. S. 394) bestimmt, daß eine Erörterung der Bedürfnißfrage bei Versicherungsgesellschaften nicht mehr erforderlich sein soll. Die für Immobiliarversicherungen ausgesprochene

Strafe:

§ 26. [Versicherungen bei nicht zugelassenen, ausländischen Gesellschaften (§ 6) werden mit einer Geldbuße von dreißig bis eintausendfünfhundert Mark bestraft.] [1])

§§ 7—12 und 29. (Außer Kraft gesetzt.) [2])

§ 13. Jeder Agent ist verpflichtet, über seine sämmtlichen, das Feuer-Versicherungswesen betreffenden Geschäfte besondere Bücher zu führen, aus welchen zu ersehen sein muß

a. der Name und Wohnort des Versicherten,
b. der Gegenstand oder die Gegenstände der Versicherung nach Gattungen,
c. die Höhe der Versicherungssumme für jeden Gegenstand oder für jede Gattung von Gegenständen,
d. der Tag, mit welchem die Versicherung anfängt,
e. der Tag, mit welchem dieselbe aufhört, und
f. die über denselben Gegenstand bei einer andern Gesellschaft etwa schon bestehende Versicherung und deren Betrag.

Die Polizeibehörde (§ 14) ist befugt, diese Bücher zu jeder Zeit einzusehen, sowohl um die Führung derselben zu beaufsichtigen, als um eine Kontravention zu ermitteln oder zu verhüten.

Strafe:

§ 30. Jeder Agent, welcher die im § 13 vorgeschriebenen Bücher gar nicht oder nicht in gehöriger Ordnung führt, hat eine Geldstrafe von fünfzehn bis dreihundert Mark verwirkt.

§ 14. Kein Agent darf eine Police oder einen Prolongationsschein zu derselben aushändigen, bevor er nicht von der Polizei-Obrigkeit des Wohnorts des Versicherungsuchenden die amtliche Erklärung erhalten hat, daß der Aushändigung in polizeilicher Hinsicht kein Bedenken entgegenstehe.

Der Agent hat zu dem Ende ein Duplikat des Versicherungs-Antrages und der damit verbundenen Deklaration des Versicherungsnehmers einzureichen. . . .

Beschränkung zu Gunsten der öffentlichen Sozietäten ist durch eine Kabinets-Ordre v. 18. Septbr. 1861 von da an für aufgehoben erklärt, daß in den Einrichtungen der öffentlichen Feuersozietäten die durch den freien Betrieb der Gebäudeversicherung bedingten Aenderungen getroffen sein werden.

1) Strafkammersache, jedoch ist Verweisung zulässig. § 75 Nr. 14 G. V. G.

2) Die Bestimmungen über Beginn und Aufgabe des Agenturgeschäfts sind jetzt in § 14 Abs. 2 Gew. O. enthalten. — Auch die im § 12 d. G. vorgeschriebenen Bekanntmachungen der Bestätigung eines Agenten und der Erlöschung seines Auftrags im Amtsblatt sind jetzt aufgehoben. Koch, Kommentar z. A. L. R. Th. II Tit. 8 Note 73.

Strafe:

§ 31. [Hat ein Agent die im § 14 vorgeschriebene amtliche Erklärung einzuholen verabsäumt, so trifft ihn eine Geldstrafe von dreißig bis eintausendfünfhundert Mark, im dritten Uebertretungsfalle außerdem der Verlust der Agentschaft.[1])

Die letztere Strafe tritt auch schon im ersten Uebertretungsfalle ein,

1) wenn die Versicherung nach dem § 20 der Vermuthung der wissentlichen Ueberversicherung unterliegt, oder
2) wenn der Behörde bei Einreichung des im § 14 vorgeschriebenen Gesuches von den Agenten Umstände verheimlicht worden sind, welche die in dem Versicherungs-Antrage enthaltenen Angaben als wahrheitswidrig darstellen und auf die Beurtheilung des Versicherungs-Antrages von wesentlichem Einfluß gewesen sein würden.]

§ 15. Die im § 14 den Agenten auferlegten Verpflichtungen sind auch von inländischen Gesellschaften zu erfüllen, wenn jemand bei ihnen unmittelbar eine Versicherung nimmt.

Strafe:

§ 33. [Unterläßt eine inländische Gesellschaft auf einen, unmittelbar bei ihr gemachten Antrag die amtliche Erklärung einzuholen (§ 14 und 15), oder leistet sie gegen die Vorschrift des § 18 Zahlung, so verfällt sie in eine Geldstrafe von dreißig bis eintausendfünfhundert Mark (§ 31).]

§ 17. Im Falle eines Brandes darf der Anspruch des Versicherten den in Folge des Brandes wirklich erlittenen Verlust nicht übersteigen.

Strafe:

§ 28. [Ein Versicherter, welcher gegen die Vorschrift des § 17 eine zu hohe Entschädigungs-Forderung aufstellt, hat eine Geldbuße von fünfzehn bis dreihundert Mark verwirkt; ist die Aufstellung in böslicher Absicht geschehen, so treten die Strafbestimmungen des § 263 des Strafgesetzbuchs[2]) ein.]

§ 18. Ist nach eingetretenem Brande die dem Versicherten gebührende Entschädigungssumme festgestellt und zur Zahlung bereit, so hat die

---

1) Strafkammersache, jedoch ist in den drei ersten Fällen Ueberweisung an das Schöffengericht zulässig, falls nicht der Fall des Absatz 2 Nr. 1 oder 2 vorliegt. (§ 143 Gew. O. findet hier keine Anwendung. § 6 Gew. O.)

2) Das Gesetz verweist hier auf A. L. R. Th. II Tit. 20 §§ 1375 und 1376 (Strafe der Untreue). Nach § 264 St. G. B. sind aber, abgesehen von den unter öffentlicher Autorität angestellten Personen, nur Bevollmächtigte wegen Untreue strafbar, nicht auch Sozien und andere Kontrahenten. Deshalb kann nur event. die Strafe des Betrugs (§ 263) eintreten.

Gesellschaft oder der Agent der Orts-Polizeibehörde davon Anzeige zu machen. Die Zahlung darf nur erst dann erfolgen, wenn die Behörde nicht binnen acht Tagen, nach erhaltener Anzeige, dagegen Einspruch gethan hat.

Strafe:

§ 32. [Dieselben Strafen (§ 31) [dreißig bis eintausendfünfhundert Mark] treffen den Agenten, wenn er gegen die Vorschrift des § 18 Zahlungen leistet.] (Im dritten Uebertretungsfalle tritt Verlust der Agentschaft hinzu.)

§ 33. (Siehe oben.)

§ 19. Versicherungen von Kaufleuten und mit kaufmännischen Rechten versehenen Fabrikanten, welche ordnungsmäßig eingerichtete Bücher führen, auf Waarenlager von mindestens Zehntausend Thalern, sind den Vorschriften der §§ 14 und 15 nicht unterworfen; dagegen ist der § 18 auch auf sie anwendbar.

§ 34. ...[1]) In Unvermögensfällen treten verhältnißmäßige Gefängnißstrafen an Stelle der Geldbußen.

---

2. Gesetz, den Betrieb der Dampfkessel betreffend.

Vom 3. Mai 1872.

(G. S. S. 515.)

§ 1. Die Besitzer von Dampfkessel-Anlagen oder die an ihrer Statt zur Leitung des Betriebes bestellten Vertreter, sowie die mit der Bewartung von Dampfkesseln beauftragten Arbeiter sind verpflichtet, dafür Sorge zu tragen, daß während des Betriebes die bei Genehmigung der Anlage oder allgemein vorgeschriebenen Sicherheitsvorrichtungen bestimmungsmäßig benutzt, und Kessel, die sich nicht in gefahrlosem Zustande befinden, nicht im Betriebe erhalten werden.

§ 2. Wer den ihm nach § 1 obliegenden Verpflichtungen zuwiderhandelt, verfällt in eine Geldstrafe bis zu sechshundert Mark oder in eine Gefängnißstrafe bis zu drei Monaten.

§ 3. Die Besitzer von Dampfkessel-Anlagen sind verpflichtet, eine amtliche Revision des Betriebes durch Sachverständige zu gestatten, die zur Untersuchung der Kessel benöthigten Arbeitskräfte und Vorrichtungen bereit zu stellen und die Kosten der Revision zu tragen....

---

1) Die prozessualische Bestimmung des § 34 ist durch die Verordnung v. 3. Januar 1849 außer Kraft gesetzt; die richterliche Untersuchung tritt jetzt nicht nur in den Fällen der §§ 20, 21 und 28 d. G., sondern allgemein sogleich, nicht erst nach vorgängiger Entscheidung der Regierung, ein.

VI. Gesinde-Polizei.

1. Gesindeordnung für sämmtliche Provinzen der Preußischen Monarchie.

Vom 8. November 1810.

(G. S. S. 101.)

§ 9. Dienstboten, welche schon vermiethet gewesen, müssen bei dem Antritte eines neuen Dienstes die rechtmäßige Verlassung der vorigen Herrschaft nachweisen.

§ 10. Leute, die bisher noch nicht gedient zu haben angeben, müssen durch ein Zeugniß ihrer Obrigkeit[1]) darthun, daß bei ihrer Annehmung als Gesinde kein Bedenken obwalte.

§ 11. Hat Jemand mit Verabsäumung der Vorschriften §§ 9. 10 ein Gesinde angenommen: so muß, wenn ein anderer, dem ein Recht über die Person oder auf die Dienste des Angenommenen zusteht, sich meldet, der Mieth-Kontrakt als ungültig sofort wieder aufgehoben werden.

§ 12. Außerdem hat der Annehmende durch Uebertretung dieser Vorschriften eine Geldbuße von drei bis dreißig Mark an die Armenkasse des Orts verwirkt.[2])

---

§ 14. ... Gesindemäkler müssen sich nach den Personen, die durch ihre Vermittelung in Dienste kommen wollen, sorgfältig erkundigen.

§ 15. Insonderheit müssen sie nachforschen, ob dieselben nach den gesetzlichen Vorschriften sich zu vermiethen berechtiget sind.

§ 16. Gesinde, welches schon in Diensten steht, müssen sie unter keinerlei Vorwande zu deren Verlassung und Annehmung anderer Dienste anreizen.

§ 17. Thun sie dieses, so müssen sie dafür das erste Mal mit fünfzehn bis dreißig Mark Geld- oder verhältnißmäßiger Gefängniß-(Haft-) Strafe angesehen, [im Wiederholungsfalle aber noch außerdem von fernerer Treibung des Mäklergewerbes ausgeschlossen werden].

§ 19. Wenn sie untaugliches oder untreues Gesinde, wider besseres Wissen, als brauchbar oder zuverlässig empfehlen: so müssen sie für den durch dergleichen Gesinde verursachten Schaden selbst haften.

§ 20. Außerdem verwirken sie dadurch, es mag Schaden geschehen sein oder nicht, für das erste Mal fünfzehn bis dreißig Mark Geld- oder

---

1) D. i. der Polizeibehörde ihres bisherigen Wohnorts.

2) Die Abschließung des Miethsvertrages ohne Abforderung des Zeugnisses (Scheins) ist nicht strafbar, nur die Annahme ohne Schein beim Dienstantritt. Koch, Kommentar z. A. L. R. Th. II Tit. 5 Note 10 und 12.

verhältnißmäßige Gefängniß-(Haft-)Strafe [und werden im Wiederholungsfalle von dem ferneren Betriebe des Mäklergewerbes ausgeschlossen. Diese Ausschließung findet selbst bei dem ersten Male statt, wenn sie den Schaden zu ersetzen unvermögend sind.][1])

---

§ 51. Weigert sich das Gesinde, den Dienst anzutreten, so muß es dazu von der Obrigkeit durch Zwangsmittel angehalten werden. Bleiben diese fruchtlos und ist die Herrschaft deshalb genöthigt, einen andern Dienstboten zu miethen, so muß das Gesinde nicht allein den Schaden, welcher der Herrschaft hierdurch erwächst, ersetzen, und das Miethsgeld zurückgeben, sondern es verfällt noch überdies in eine Strafe, die nach Maßgabe der Verschuldung auf sechs bis dreißig Mark oder bei Unvermögenden auf verhältnißmäßiges Gefängniß (Haft) festzusetzen ist.

§ 52. Kann jedoch das Gesinde nachweisen, daß die Herrschaft im letztverflossenen Dienstjahre sich solche Handlungen habe zu Schulden kommen lassen, wodurch es nach §§ 136—140 zur Verlassung des Dienstes ohne Aufkündigung berechtigt werden würde; so kann dasselbe zum Antritt des Dienstes nicht gezwungen werden, sondern ist nur gehalten, das Miethgeld zurück zu zahlen.

---

§ 160. Eine Herrschaft, die aus andern als gesetzmäßigen Ursachen[2]) das Gesinde vor Ablauf der Dienstzeit entläßt, muß von der

---

1) Die Untersagung des Gewerbetriebes als Gesindevermiether ist nach § 35 Gew. O. nur zulässig, wenn eine Bestrafung wegen aus Gewinnsucht begangener Vergehen oder Verbrechen gegen das Eigenthum oder wegen Sittlichkeitsverbrechen und -Vergehen erfolgt ist. Im Uebrigen siehe § 143 Gew. O. und § 6 Einf.-Gesetz z. St. G. B.

2) §§ 117—135:

1. Thätlichkeiten, Beleidigungen und Verhetzungen gegen die Herrschaft und deren Familie,
2. beharrlicher Ungehorsam und Widerspenstigkeit,
3. Thätlichkeiten und Schimpfreden gegen die Hausoffizianten,
4. Verleitung der Kinder der Herrschaft zum Bösen und verdächtiger Umgang mit ihnen,
5. Diebstahl und Veruntreuungen,
6. Verleitung des Nebengesindes dazu,
7. Entnahme von Geld oder Waaren auf den Namen der Herrschaft,
8. Verkauf oder Verpfändung einer noch nicht verdienten Livree,
9. wiederholtes nächtliches Ausbleiben aus dem Hause,
10. unvorsichtiges Umgehen mit Feuer und Licht trotz vorheriger Warnungen,
11. unvorsichtige Brandstiftung, auch ohne vorherige Warnung,
12. ansteckende oder ekelhafte Krankheit zufolge liederlicher Aufführung,
13. muthwillige Dienstvernachlässigung, Auslaufen zum Vergnügen und Ausbleiben ohne Noth über die erlaubte Zeit, — trotz wiederholter Verwarnung,

Obrigkeit[1]) dasselbe wieder anzunehmen und den Dienstvertrag fortzusetzen, angehalten werden.

§ 161. Weigert sie sich dessen beharrlich: so muß sie dem Dienstboten Lohn und Livree auf die noch rückständige Dienstzeit entrichten.

§ 162. Auch für die Kost muß die Herrschaft bis dahin sorgen.

§ 167. Gesinde, welches vor Ablauf der Dienstzeit ohne gesetzmäßige Ursache[2]) den Dienst verläßt, muß durch Zwangsmittel zu dessen Fortsetzung angehalten werden.

§ 168. Will aber die Herrschaft ein solches Gesinde nicht wieder annehmen, so ist sie berechtigt, ein anderes an seine Stelle zu miethen, und der ausgetretene Dienstbote ist nicht allein schuldig, die dadurch verursachten mehreren Kosten zu erstatten, sondern verfällt überdies in eine Strafe, die nach Maßgabe des Grades der Verschuldung auf sechs bis dreißig Mark, oder bei Unvermögen auf verhältnißmäßiges Gefängniß (Haft) festzusetzen ist.

§ 171. Bei dem Abzuge ist die Herrschaft dem Gesinde einen schriftlichen Abschied, und ein der Wahrheit gemäßes Zeugniß über seine geleisteten Dienste zu ertheilen schuldig.

§ 174. Hat hingegen die Herrschaft einem Gesinde, welches sich grober Laster und Veruntreuungen schuldig gemacht hat, das Gegentheil wider besseres Wissen bezeugt, so muß sie für allen einem Dritten daraus entstehenden Schaden haften.

---

14. Trunksucht, Spiel, Schlägerei und Zänkerei mit dem Nebengesinde, — trotz Vermahnung,
15. Mangel der ausdrücklich behaupteten Geschicklichkeit,
16. Einziehung als Gefangener auf länger als acht Tage,
17. Schwangerschaft (hier wird vor der Entlassung noch eine Anzeige an die Polizeibehörde verlangt, welche die zur Verhütung eines Unglücks erforderlichen Anordnungen treffen muß),
18. Vorzeigung falscher Zeugnisse beim Dienstantritt,
19. Verschweigung der im vorhergegangenen Dienste verschuldeten, im Attest nicht erwähnten Entlassungsgründe zu 1—12.

1) D. i. die Ortspolizeibehörde, beim Gesinde des Amtsvorstehers der Landrath.

2) §§ 136—142:
1. gefährliche Mißhandlungen durch die Herrschaft,
2. ausschweifende und ungewöhnlich harte Behandlung,
3. versuchte Verleitung zu Handlungen, welche gesetz- oder sittenwidrig sind,
4. unterlassener Schutz gegen unerlaubte Zumuthungen durch Familienmitglieder ꝛc.,
5. gänzliche Vorenthaltung des Kostgeldes oder Verweigerung der nothdürftigen Kost,
6. Verlegung des Wohnsitzes der Herrschaft auf mehr als sechs Meilen oder Verreisung auf eine die laufende Dienstzeit übersteigende Zeit, und Weigerung der kostenfreien Rücksendung des Dienstboten,
7. Unmöglichkeit der Fortsetzung des Dienstes zufolge schwerer Krankheit.

§ 176. Auch soll eine solche Herrschaft mit einer Geldstrafe von drei bis fünfzehn Mark zum Besten der Armenkasse des Orts belegt werden.

2. Verordnung wegen Einführung von Gesindedienstbüchern.

Vom 29. September 1846.

(G. S. S. 467.)

§ 1. Jeder Dienstbote, welcher ... in Gesindedienste tritt oder die Dienstherrschaft wechselt, ist verpflichtet, sich mit einem Gesindebuche zu versehen.[1])

§ 3. Vor Antritt des Dienstes hat der Dienstbote das Gesindebuch der Polizeibehörde des Aufenthaltsorts zur Ausfertigung vorzulegen. ...

§ 4. Beim Dienstantritt ist das Gesindebuch der Dienstherrschaft zur Einsicht vorzulegen. Sollte das Gesinde die Vorlegung des Gesindebuchs verweigern, so steht es bei der Dienstherrschaft, entweder dasselbe seines Dienstes zu entlassen, oder die Weigerung der Polizeibehörde anzuzeigen, welche alsdann gegen das Gesinde eine Ordnungsstrafe bis zu sechs Mark oder verhältnißmäßige Haft-Strafe festzusetzen hat.

§ 5. Bei Entlassung des Gesindes ist von der Dienstherrschaft ein vollständiges Zeugniß über die Führung und das Benehmen desselben in das Gesindebuch einzutragen. ... Weigert sich eine Dienstherrschaft, dieser Verpflichtung zu genügen, so ist sie dazu von der Polizeibehörde durch eine ihr vorher anzudrohende Geldstrafe von drei bis fünfzehn Mark[2]) anzuhalten.

§ 6. Wird ein Dienstbote wegen eines Verbrechens bestraft, so hat die Untersuchungsbehörde das Gesindebuch von demselben einzufordern und darin die erfolgte Bestrafung aktenmäßig einzutragen.

§ 8. Der Dienstbote, welchem ein ungünstiges Zeugniß ertheilt worden ist, kann auf die Ausfertigung eines neuen Gesindebuchs antragen, wenn er nachweist, daß er sich während zweier Jahre nachher tadellos und vorwurfsfrei geführt habe.

---

1) Die Uebertretungen gegen diese Vorschrift sind durch besondere Bezirkspolizei-Verordnungen unter Strafe gestellt. (Für den Reg.-Bezirk Potsdam siehe Reg.-Verordnung v. 4. Juli 1864. Strafe: drei bis dreißig Mark.)

2) Die Ordnungsstrafen werden von der Polizei ausschließlich festgesetzt. Dieselben fallen nicht unter den Begriff „Strafsachen" im Sinne des § 3 St. P. O. Einf.-G. Löwe, Kommentar S. 192.

3. Gesetz, betreffend die Verletzungen der Dienstpflichten des Gesindes und der ländlichen Arbeiter.

Vom 24. April 1854.

(G. S. S. 214.)

§ 1. Gesinde, welches hartnäckigen Ungehorsam oder Widerspenstigkeit gegen die Befehle der Herrschaft oder der zu seiner Aufsicht bestellten Personen sich zu Schulden kommen läßt, oder ohne gesetzmäßige Ursache den Dienst versagt oder verläßt, hat auf den Antrag der Herrschaft, unbeschadet deren Rechts zu seiner Entlassung oder Beibehaltung, Geldstrafe bis zu fünfzehn Mark oder Gefängniß[1]) bis zu drei Tagen verwirkt.

Dieser Antrag kann nur innerhalb vierzehn Tagen seit Verübung der Uebertretung, oder, falls die Herrschaft wegen der letzteren das Gesinde vor Ablauf der Dienstzeit entläßt, vor dieser Entlassung gemacht werden.

Den Antrag auf Grund des Gesetzes vom 14. Mai 1852[2]) bei der Lokal-Polizeibehörde anzubringen ist nur dann zulässig, wenn weder die Herrschaft, noch ein von ihr bestellter Stellvertreter oder ein Beamter der Herrschaft die Lokalpolizei verwaltet. An Stelle der Lokalpolizei tritt in diesem Falle der Landrath.

Bis zum Anfang der Vollstreckung der Strafe ist die Zurücknahme des Antrags zulässig.

§ 2. Die Bestimmungen des § 1 finden auch Anwendung:

a) auf die bei Stromschiffern in Dienst stehenden Schiffsknechte (Gesetz v. 23. September 1835 G. S. S. 222);[3])

b) auf das Verhältniß zwischen den Personen, welche von den zu Diensten verpflichteten bäuerlichen Besitzern zur Verrichtung dieser Dienste gestellt werden, und den Dienstberechtigten oder den von ihnen bestellten Aufsehern;

c) auf das Verhältniß zwischen dem Besitzer eines Landgutes oder einer andern Acker- oder Forstwirthschaft, sowie den von ihm zur

---

1) Jetzt Haftstrafe, da nur eine Uebertretung vorliegt.

2) Nach diesem Gesetz ist Jeder, der in einem bestimmten Bezirk die Polizeiverwaltung auszuüben hat, befugt, wegen der in diesem Bezirk verübten, sein Ressort betreffenden Uebertretungen eine Strafe durch „vorläufige Verfügung" festzusetzen, und zwar Geldstrafe bis zu fünfzehn Mark oder Haftstrafe bis zu drei Tagen. — Die allgemeine Bestimmung des § 453 St. P. O. hat für Preußen nur mit dieser Einschränkung Geltung.

3) Vergl. Anm. 2 S. 213.

Aufsicht über die Wirthschaftsarbeiten bestellten Personen und solchen Dienstleuten, welche gegen Gewährung einer Wohnung in den ihm gehörigen oder auf dem Gute befindlichen Gebäuden und gegen einen im Voraus bestimmten Lohn Behufs der Bewirthschaftung angenommen sind (Instleute, herrschaftliche Tagelöhner, Einlieger, Kathenleute und dergl.);

d) auf das Verhältniß zwischen solchen Handarbeitern, welche sich zu bestimmten land- oder forstwirthschaftlichen Arbeiten, wie z. B. Erndtearbeiten auf Acker und Wiese, Meliorationsarbeiten, Holzschlagen u. s. w. verdungen haben, und dem Arbeitsgeber oder den von ihm bestellten Aufsehern.

§ 3. [Gesinde, Schiffsknechte, Dienstleute oder Handarbeiter der § 2 a, b, c, d bezeichneten Art, welche die Arbeitsgeber oder die Obrigkeit zu gewissen Handlungen oder Zugeständnissen dadurch zu bestimmen suchen, daß sie die Einstellung der Arbeit oder die Verhinderung derselben bei einzelnen oder mehreren Arbeitsgebern verabreden, oder zu einer solchen Verabredung Andere auffordern, haben Gefängnißstrafe bis zu Einem Jahre verwirkt.] [1])

§ 4. Hausoffizianten (§ 177 seq. Tit. 5 Th. II. des Allg. Landrechts) sind den Strafvorschriften dieses Gesetzes nicht unterworfen.

§ 5. Die festgesetzten Geldstrafen fließen zur Orts-Armenkasse. [2])

4. Allerhöchste Kabinets-Ordre

vom 23. November 1831,

wegen Bestrafung der Schiffer, welche Schiffsleute ohne Losschein heuern, oder unwahre Losscheine ausstellen.

(G. S. S. 255.)

Bei den in Ihrem Berichte vom 9. d. M. angezeigten Umständen, setze Ich nach Ihren Anträgen fest: daß, da das Schiffsvolk gegen den Schiffer gesetzlich in eben den Verhältnissen steht, wie das Gesinde gegen die Dienstherrschaft, die Vorschriften über Annahme und Verabschiedung des

1) Nach Dalcke S. 535 ist diese Bestimmung durch § 152 der Gewerbe-Ordnung (siehe oben S. 95 die Parenthese zu § 153) nicht aufgehoben, da die hier genannten Personen nicht als „gewerbliche Arbeiter" anzusehen sind. Nach Koch, Kommentar z. A. L. R. Bd. 3a S. 434 sollen dagegen die Schiffsknechte wenigstens zu dieser Kategorie gehören.

2) Dieses Gesetz ist zur Beseitigung des Uebelstandes erlassen worden, der in der Bestimmung der Gesinde-O. lag, wonach das Gesinde unbestraft blieb, welches ohne Grund davonläuft und die Herrschaft gerade während der Ernte im Stich läßt, dann aber wiederkommt und bei dem Mangel an Arbeitskraft wiedergenommen werden muß. Koch, Kommentar z. A. L. R. Th. II. Tit. 5 Note 82a.

Gesindes in den §§ 9 bis 12 und 171 bis 176 der Gesinde-Ordnung vom 8. November 1810 auch für die Schiffer und das Schiffsvolk aller in Preußischen Ostseehäfen ausgerüsteten Seeschiffe zur Anwendung kommen sollen, mit der Maßgabe, daß Schiffer, welche Schiffsleute ohne Losschein heuern, oder unwahre Losscheine ausstellen, mit dem höchsten Satze der in §§ 12 und 176 angedrohten Geldbußen[1]) zu bestrafen sind.[2])

VII. Gesundheits- und Veterinärpolizei.

1. Allerhöchste Kabinets-Ordre

vom 8. August 1835,

womit das Regulativ über die sanitätspolizeilichen Vorschriften bei den am häufigsten vorkommenden ansteckenden Krankheiten bestätigt wird.

(G. S. S. 240.)

Die speziellen sanitätspolizeilichen Vorschriften für die einzelnen ansteckenden Krankheiten sind, soweit sie noch heute gültige Strafbestimmungen[3]) enthalten, folgende:

1. Cholera.

§ 25. **Jeder Cholera-Erkrankungsfall ist (nach § 9)[4]) der Polizeibehörde anzuzeigen. — Die Unterlassung dieser Anzeige soll mit einer**

---

1) Nach § 12 Gesinde-O. beträgt die höchste Geldstrafe dreißig Mark, nach § 176 fünfzehn Mark, die Strafen sollen zur Armenkasse des „Orts" fließen. Nach § 107 der Seemanns-O. würde darunter der Heimathshafen des Schiffes zu verstehen sein; bei Flußschiffen wird die Heimath des Schiffers maßgebend sein.

2) Für Seeleute ist diese Vorschrift seit Erlaß der Seemannsordnung (siehe unten) bedeutungslos. Nach der Kabinets-Ordre v. 23. Septbr. 1835 (G. S. S. 222) sind jedoch die Vorschriften der Gesinde-O. auch auf das Verhältniß zwischen den Stromschiffern zu den Schiffsknechten anwendbar. Für diese ist daher die Kabinets-Ordre v. 23. Novbr. 1831 auch noch in Geltung geblieben. Durch Art. 61 Einf.-G. z. Handelsgesetzbuch ist übrigens die Bestimmung der Kab.-Ordre v. 23. Septbr. 1835 nicht außer Kraft gesetzt.

3) In § 327 St. G. B. werden nur die Verletzungen der von Behörden getroffenen Anordnungen zur Verhütung des Einführens oder Verbreitens einer ansteckenden Krankheit unter Strafe gestellt; die Kab.-Ordre v. 8. August 1835 ist aber ein Gesetz und auf dessen Uebertretung finden daher die in demselben enthaltenen Strafandrohungen Anwendung. Präj. d. Ob. Trib. v. 26. Februar 1855 (J. M. Bl. S. 128).

4) Nach § 9 der allgemeinen Vorschriften sind „alle Familienhäupter, Haus-

Geldstrafe von 6 bis 15 Mark polizeilich geahndet werden, wenn der dazu Verpflichtete von dem Vorhandensein der Krankheit unterrichtet war.

§ 26. Bleibt der Kranke in seiner Wohnung, so findet entweder die Isolirung desselben oder Bezeichnung der Wohnung mittelst einer Tafel (nach § 18 a, b)[1]) statt. — Wer die hiernach getroffenen Anordnungen verletzt, hat eine Geldstrafe von 6 bis 30 Mark oder 3- bis 14tägige Haft-Strafe verwirkt.

§ 27. Die Desinfektion der Genesenen, so wie der für den Kranken besonders angenommenen Wärter, der benutzten Effekten und Wohnungen geschieht nach den in der Desinfektions-Instruktion für die Cholera gegebenen Vorschriften. — Eine Vernachlässigung dieser Bestimmung zieht die § 26 erwähnten Strafen nach sich.

§ 28. ... Jedem, die genannten[2]) Wasserstraßen befahrenden Schiffer muß von der Polizeibehörde seines Abgangsortes ein Schein ertheilt werden, in welchem die auf dem Schiffe befindliche Mannschaft verzeichnet und deren Gesundheitszustand angegeben ist, und welcher an jedem Revisionsorte visirt werden muß. ...

Der Schiffer, der sich ohne oben gedachten Schein auf die Fahrt begiebt oder Jemanden von dem Schiffe ohne polizeiliche Erlaubniß entläßt, verfällt in eine Geldstrafe von 15 bis 30 Mark oder in 8- bis 14tägige Haft-Strafe.

§ 29. Wenn auf einem Flußfahrzeuge während der Reise die Cholera ausbricht, so ist der Schiffer oder dessen Vertreter verpflichtet, dies der Polizei-Behörde des nächsten Orts, welchen er auf seiner Fahrt zu berühren hat, bei der § 28 festgesetzten Strafe anzuzeigen, das Fahrzeug selbst aber noch in einiger Entfernung von diesem Orte anzuhalten. ...

§ 31. Die von Orten, wo die Cholera herrscht, über See eingehenden Schiffe werden einer viertägigen Beobachtungsquarantaine unterworfen. Nur in denjenigen Häfen, welche selbst von der Cholera ergriffen sind, ist es der Behörde gestattet, diese Observationsquarantaine zu erlassen. Flußfahrzeuge, welche aus Gegenden des Auslandes kommen, wo die Cholera herrscht, werden an dem Eingangspunkte auf der Grenze fünf Tage hindurch unter Observation gestellt. — Wer diese Quarantainen verletzt, hat eine Geldstrafe von 30 bis 150 Mark oder Haft-Strafe von 14 Tagen bis 6 Wochen verwirkt.

---

und Gastwirthe und Medizinalpersonen schuldig, von den in ihrer Familie, ihrem Hause und ihrer Praxis vorkommenden Fällen wichtiger und dem Gemeinwesen Gefahr drohender ansteckender Krankheiten ... sowie von plötzlich eingetretenen verdächtigen Erkrankungs- oder Todesfällen der Polizeibehörde ungesäumt Anzeige zu machen." Ebenso liegt den Geistlichen, welche von dergleichen Fällen Kenntniß erlangen, die Pflicht der Anzeige ob.

1) Die Tafel muß den Namen der Krankheit möglichst in die Augen fallend angeben. § 18 b.

2) D. i. solche Wasserstraßen, welche mit Gegenden, wo die Cholera epidemisch verbreitet ist, in direkter Kommunikation stehen.

2. Typhus.

§ 36. Jeder vorkommende Erkrankungsfall ist der Polizeibehörde (nach § 9) anzuzeigen. — Die Unterlassung dieser Anzeige soll mit einer Geldstrafe von 6 bis 15 Mark polizeilich geahndet werden, wenn der dazu Verpflichtete von dem Vorhandensein der Krankheit unterrichtet war.

§ 38. Demnächst ist die möglichste Trennung der Erkrankten von den Gesunden erforderlich, entweder durch Isolirung der Kranken oder durch Bezeichnung der Krankenwohnung mittelst einer Tafel (§ 18 a und b). — Diese Maßregel darf keinen Falls vor erfolgter völliger Genesung des Kranken aufgehoben werden, da die Verbreitung des Typhus auch besonders durch Rekonvaleszenten befördert wird. — Eine Vernachlässigung dieser Vorschrift wird nach § 26 geahndet.

§ 39. Die Desinfektion der Genesenen so wie der für den Kranken besonders angenommenen Wärter, der benutzten Effekten und Wohnungen geschieht auf die in der Desinfektions-Instruktion angegebene Weise. — Eine Vernachlässigung dieser Bestimmung wird nach § 27 geahndet.

3. Ruhr.

§ 41. Die der Polizeibehörde zu machende Anzeige (§ 9) ist nur bei bösartiger, ansteckender und epidemisch sich verbreitender Ruhr erforderlich, kann dagegen unterbleiben bei gutartigen und sporadischen Fällen dieser Krankheit. — Der Arzt, der die Anzeige eines bösartigen Ruhrfalles unterläßt, fällt in eine Geldstrafe von 15 Mark. Soll eine allgemeine Verpflichtung zur Anzeige entstehen, so muß die Polizeibehörde des Kreises[1]) dazu eine besondere Aufforderung erlassen, und die Säumigen werden alsdann von der oben § 25 gedachten Polizeistrafe getroffen.

4. Pocken.

§ 44. Jeder Fall von Erkrankung an den Pocken ist, bei Vermeidung einer Geldstrafe von 6 bis 15 Mark oder 3- bis 8tägiger Haft, der Polizeibehörde (nach § 9) anzuzeigen.

§ 45. Bleibt der Pockenkranke in seiner Wohnung, so findet entweder die Isolirung desselben oder die Bezeichnung der Wohnung mittelst einer Tafel (nach § 18 a, b) statt. — Eine Vernachlässigung der desfallsigen Vorschriften zieht die § 26 angedrohten Strafen nach sich.

§ 47. Hinsichtlich der Desinfektion wird im Fall erfolgter Genesung

---

1) Siehe jetzt § 82 Kompetenz-Gesetz v. 26. Juli 1876 (G. S. S. 297). Danach beschließt über die zwangsweise Einführung sanitäts- oder veterinärpolizeilicher Einrichtungen

1) in Betreff der Landgemeinden und selbständigen Gutsbezirke der Kreisausschuß,

2) in Betreff der zu Landkreisen gehörigen Stadtgemeinden der Bezirksrath,

3) in Betreff der Stadtkreise der Provinzialrath.

eines Pockenkranken auf § 19,[1]) im Todesfall auf § 22[2]) verwiesen, und zieht eine Vernachlässigung der deshalb ertheilten Vorschriften die § 27 gedachte Strafe nach sich.

§ 49. Sämmtliche, die echten Menschenpocken betreffende sanitätspolizeiliche Anordnungen sind auch bei den sogenannten Varioloiden oder modifizirten Menschenpocken zu befolgen.

§ 58. Das Einimpfen der Menschenpocken ist bei dreimonatlicher Freiheitsstrafe[3]) verboten.

5. Masern, Scharlach und Röthein.

§ 59. Bei den Masern, Scharlach und Rötheln sind die Aerzte, bei der § 41 bestimmten Geldstrafe, zur Anzeige alsdann verpflichtet, wenn besonders bösartige oder besonders zahlreiche Fälle ihnen vorkommen. ...

§ 60. Die Bezeichnung der Krankenwohnung durch eine Tafel oder die Isolirung des Kranken (§ 18 a, b) ist ebenfalls nur in Fällen besonderer Bösartigkeit erforderlich; und sind alsdann die von der Behörde getroffenen Anordnungen bei Vermeidung der § 26 bestimmten Strafe genau zu befolgen. In den übrigen Fällen haben die Angehörigen der Kranken den Verkehr derselben mit andern ansteckungsfähigen Individuen möglichst zu verhüten.

§ 61. Die Desinfektion der Genesenen und der während der Krankheit benutzten Effekten und Wohnungen geschieht auf die in der Anweisung zum Desinfektionsverfahren vorgeschriebene Weise. — Die Vernachlässigung dieser Bestimmung zieht die § 27 angedrohte Strafe nach sich.

6. Kontagiöse Augenentzündung.[4])

7. Syphilis.

§ 65. Die Anzeige an die Orts-Polizeibehörde (§ 9) ist nicht bei allen an syphilitischen Uebeln leidenden Personen ohne Unterschied erforderlich, sondern nur dann, wenn nach Ermessen des Arztes von der Verschwei-

1) Nach § 19 soll nach der Genesung eine Reinigung der Wohnung, der Effekten und der Kranken selbst unter amtlicher Aufsicht erfolgen. Wird der Letztere nach der Genesung aus der Wohnung entfernt, so ist nur die Wohnung mit den Effekten zu reinigen. Auch die mit dem Kranken in Verbindung gekommenen Personen, jedenfalls aber das Wärterpersonal, sollen gereinigt werden.

2) Die Leichen sollen isolirt und desinfizirt werden, und sind, wenn erforderlich, auf besonderen Beerdigungsplätzen zu bestatten. Zusammenkünfte des Leichengefolges im Sterbehause sind unzulässig. Wohnung, Effekten und Beerdigungspersonal sind zu reinigen. § 22.

3) Die Strafe ist hier Gefängniß. — Bei einer Gesundheitsbeschädigung kann auch die schwerere Strafe des § 223 St. G. B. (Gefängniß bis zu drei Jahren) zur Anwendung kommen.

4) Diese Bestimmungen haben nur für Militair-Lazarethe Geltung und Interesse.

gung der Krankheit nachtheilige Folgen für den Kranken selbst oder für das Gemeinwesen zu befürchten sind. In diesen Fällen ist der betreffende Arzt dazu verpflichtet, und eine Vernachlässigung seiner desfalsigen Obliegenheiten soll mit einer, in Wiederholungsfällen zu verdoppelnden Geldstrafe von 15 Mark geahndet werden. ...

§ 68. Die Reinigung der von der Syphilis Genesenen, so wie der von ihnen gebrauchten Wäsche, Kleidungsstücke und sonstigen Gegenstände, geschieht nach näherer Anordnung der Behörde und unter Androhung der § 27 bestimmten Strafe auf die in der Anweisung zum Desinfektionsverfahren angegebene Weise.

8. Krätze.

§ 74. Hinsichtlich der Meldung der Krätzkranken an die Orts-Polizei-Behörde gelten die bei der Syphilis (§ 65) gegebenen Vorschriften. — Wird eine in einem Bordell befindliche Frauensperson von der Krätze befallen, so liegt dem Wirthe oder der Wirthin die Verpflichtung ob, der Polizeibehörde ungesäumt davon Anzeige zu machen; bei Vermeidung einer Polizeistrafe von 15 Mark oder 8tägiger Haft....

§ 77. Nach erfolgter Heilung sind die Genesenen, so wie deren Kleidungsstücke und sonstige Effekten, insofern sie mit ihnen während der Krankheit in Berührung gewesen sind, desgleichen die Wohnungen, nach Vorschrift der Anweisung zum Desinfectionsverfahren gründlich zu reinigen. — Vernachlässigungen dieser Verordnung werden mit einer Geldstrafe von 6 bis 15 Mark oder 3- bis 8tägiger Haft geahndet.

§ 78. ... Dienstboten haben es ihren Herrschaften, Gesellen und Lehrlinge ihren Meistern anzuzeigen, wenn sie glauben, von der Krätze angesteckt zu sein. Herrschaften und Meister sind verpflichtet, in dieser Hinsicht auf ihre Dienstboten, Gesellen und Lehrlinge aufmerksam zu sein und verbunden, die zur Heilung der Erkrankten und zur Verhütung einer weiteren Verbreitung der Krankheit erforderlichen Maßregeln zu treffen. — Unterlassungen und Versäumnisse hierin sollen nach Befinden der Umstände mit einer Geldstrafe von 6 bis 15 Mark oder 3- bis 8tägiger Haft geahndet werden....

9. Weichselzopf.

§ 84. Jeder am Weichselzopf leidende Kranke ist bei Vermeidung der im § 25 bestimmten Strafe der Orts-Polizeibehörde anzuzeigen.

§ 86. Die von einem Weichselzopfkranken benutzten Betten, Bett- und Leibwäsche, Kopfbedeckungen und sonstige Gegenstände dürfen nach beendigter Krankheit nicht eher wieder in Gebrauch gezogen werden, als bis sie nach näherer Bestimmung der Polizeibehörde und nach Anweisung der Desinfections-Instruktion gereinigt worden sind. — Die Unterlassung zieht die § 27 bestimmte Strafe nach sich.

10. Kopfgrind, Krebs, Schwindsucht, Gicht.[1]

---

1) Hier ist nur die Reinigung der Effekten vorgeschrieben.

11. Tollkrankheit (Hundswuth).[1]

§ 107. Kommt bei einem von einem wuthkranken Thiere gebissenen Menschen die Wasserscheu zum Ausbruch, so ist davon durch den Arzt bei Vermeidung einer Geldstrafe von 15 Mark ungesäumt der Polizeibehörde Anzeige zu machen. — Bleibt der Kranke in seiner Wohnung, so findet eine Bezeichnung derselben mittelst einer Tafel oder eine Isolirung des Kranken von Polizeiwegen nicht statt.

12. Milzbrand.[2]

§ 117. Erkrankt ein Mensch durch Ansteckung von milzbrandkranken Thieren an der schwarzen Blatter oder auf andere Weise, so muß davon sogleich der Polizeibehörde Anzeige gemacht werden (§ 107). Bleibt derselbe in seiner Wohnung, so findet bei Vermeidung der im § 26 erwähnten Strafe eine Bezeichnung derselben mittelst einer Tafel oder eine genaue Isolirung des Kranken nach § 18 a, b statt.

§ 118. Alles, was zum Reinigen und Verbinden des Kranken gebraucht worden ist, muß ohne Verzug vernichtet werden. Nach Beendigung der Krankheit sind die Wohnung des Kranken, so wie sämmtliche mit demselben in Berührung gekommene Gegenstände, nach Vorschrift der Desinfektions-Instruktion[3]) und bei Vermeidung der § 27 angedrohten Strafe, zu reinigen oder resp. zu vernichten.

13. Rotz und Wurm.[4]

§ 122. Ist die Ansteckung eines Menschen durch Rotz- oder Wurmkrankheit erfolgt, so gelten die §§ 117 und 118 gegebenen Vorschriften.[5]

---

1) Siehe jetzt §§ 34—39 R.-Gesetz v. 23. Juni 1880, betr. die Abwehr und Unterdrückung von Viehseuchen (R. G. Bl. S. 153). Die in § 98 vorgeschriebene Desinfektion der Hundeställe wird allgemein für alle Ställe im § 27 des Gesetzes v. 23. Juni 1880 als zulässige Anordnung bezeichnet.

2) Siehe jetzt §§ 31—33 Gesetz v. 23. Juni 1880.

3) Diese Desinfektions-Instruktion ist als Beilage A zu diesem Gesetz S. 269 bis 286 der Gesetzsammlung von 1835 abgedruckt. — Die Beilage B (S. 1—70) enthält eine „Belehrung über ansteckende Krankheiten“.

4) Siehe jetzt §§ 40—44 Gesetz v. 23. Juni 1880.

5) Auch Diphtheritis und Kindbettfieber sind Krankheiten, deren sofortige Anzeige durch die Familie bez. die Hebeammen und Aerzte in Polizeiverordnungen geboten ist. (Z. B. für Reg.-Bezirk Potsdam Reg.-Verordnung v. 24. Oktbr. 1869 bez. v. 11. Dezbr. 1879.)

2. Allerhöchste Kabinets-Ordre
vom 21. Juli 1842,
über die Errichtung und Verwaltung von Wasser-Heil-Anstalten.
(G. S. S. 243)

Das durch diese Kabinets-Ordre bestätigte Reglement vom 15. Juni 1842 bestimmt:

§ 1. Die Errichtung und Verwaltung von Wasser-Heil-Anstalten soll auch solchen Personen, welche keine ärztliche Qualifikation besitzen, gestattet sein. Die Anlegung einer solchen Anstalt darf nur mit der Erlaubniß der Regierung erfolgen.[1]) Diese Erlaubniß soll nur dann versagt werden, wenn die Anlage, abgesehen von dem dadurch bezweckten Heilverfahren, polizeilich unzulässig sein würde.

§ 2. Die Wasser-Heil-Anstalten sind der Aufsicht der Medizinal-Polizei-Behörden unterworfen, welche von der Einrichtung und dem Zustande derselben jederzeit Kenntniß nehmen können. — Die Kurbehandlung der Kranken in der Anstalt ist aber von aller Einwirkung Seitens der Behörden frei.

§ 3. Ein jeder Kranke, welcher in eine Wasser-Heil-Anstalt eintritt, ist mit seinem Namen und Stande in eine von dem Inhaber der Anstalt zu führende Liste einzutragen, unter gleichzeitiger Angabe der Krankheit, an welcher er leidet.

Die Beschaffenheit der Krankheit muß durch das Attest einer approbirten Medizinalperson bescheinigt sein, und vor Beibringung dieses Attestes darf kein Kranker zum Gebrauche der Anstalt zugelassen werden.

§ 4. Die Inhaber der Wasser-Heil-Anstalten haben den Austritt eines jeden Patienten in der genannten Liste genau anzugeben und dabei die Resultate der Kur zu bemerken.

§ 6. Wer ohne die im § 1 vorgeschriebene Erlaubniß eine Wasser-Heil-Anstalt errichtet, hat außer der Schließung derselben[2]) eine Geldbuße bis zu einhundertfünfzig Mark verwirkt.

§ 7. Die Nichtbefolgung der in den §§ 3 und 4 ertheilten Vorschriften zieht eine Geldbuße bis zu einhundertfünzig Mark nach sich [und kann, bei Wiederholung des Vergehens nach vorgängiger zweimaliger Bestrafung, mit der Entziehung der Befugniß zum ferneren Betriebe der Anstalt geahndet werden.][3])

1) Siehe jetzt die allgemeinen Bestimmungen des § 30 Gewerbe-O. über Privat-Krankenanstalten.

2) Ueber die Schließung einer Wasserheilanstalt im Falle des § 6 entscheidet die Regierung (§ 8).

3) Ueber die Zurücknahme der Konzession entscheidet jetzt auf Klage der zuständigen Behörde das Bezirksverwaltungsgericht. § 134 Nr. 1 Kompetenz-Gesetz v. 26. Juli 1876. Vergl. § 6 Einf.-G. z. St. G. B.

3. Allerhöchste Kabinets-Ordre
vom 11. Juli 1843,
über die Befugniß der approbirten Medizinalpersonen zum Selbstdispensiren der, nach homöopathischen Grundsätzen bereiteten, Arzneimittel.

(G. S. S. 305.)

Das durch diese Kabinets-Ordre genehmigte Reglement vom 20. Juni 1843 bestimmt:

§ 1. Einer jeden Medizinalperson soll, soweit sie nach Inhalt ihrer Approbation zur Civilpraxis berechtigt ist, künftig, nach Maßgabe der nachfolgenden näheren Bestimmungen, gestattet sein, nach homöopathischen Grundsätzen bereitete Arzneimittel selbst zu dispensiren.

§ 2. Wer von dieser Befugniß (§ 1) Gebrauch machen will, muß hierzu die Erlaubniß des Ministers der Medizinal-Angelegenheiten einholen.

§ 4. Die Einrichtungen, welche zur Bereitung und Dispensation der Arzneien von den dazu für befugt erklärten Medizinalpersonen getroffen worden sind, unterliegen in gleicher Art, wie dies bei den Hausapotheken stattfindet, welche ausnahmsweise einzelnen Aerzten gestattet sind, zeitweisen Visitationen durch die Medizinalpolizei-Behörde.

Bei diesen Visitationen müssen die betreffenden Medizinalpersonen sich darüber ausweisen:

a) daß sie zur Bereitung und Dispensation der Arzneien ein nach den Grundsätzen des homöopathischen Heilverfahrens zweckmäßig eingerichtetes besonderes Lokal besitzen;

b) daß die vorhandenen Arzneistoffe und Droguen von untadelhafter Beschaffenheit sind;

c) daß die wichtigsten Arzneistoffe, deren namentliche Bezeichnung erfolgen wird,[1]) in der ersten Verdünnung angetroffen werden, damit die erforderliche chemische Prüfung derselben in Bezug auf ihre Reinheit angestellt werden könne; und

d) daß ein Tagebuch geführt wird, in welches die ausgegebenen Arzneien nach ihrer Beschaffenheit und Dosis, unter genauer Bezeichnung des betreffenden Patienten und des Datums der Verabreichung eingetragen werden.

§ 5. Es ist allen Medizinalpersonen untersagt, zubereitete homöopathische Arzneien zum Behufe des Selbstdispensirens, sei es in größeren

---

1) Siehe Circular-Verfügung des Ministers der geistl., Unterrichts- und Med.-Ang. v. 28. Februar 1816 (M. Bl. S. 38). — In Betreff des nach § 3 abzulegenden besonderen Examens siehe auch Min.-Erlaß v. 11. Dezbr. 1869. Koch, Kommentar z. A. L. R. Th. II. Tit. 8 S. 874.

oder geringeren Quantitäten, direkt oder indirekt aus ausländischen Apotheken oder Fabriken zu entnehmen.

§ 6. Wer homöopathische Arzneien selbst dispensirt, ist nur befugt, dieselben an diejenigen Kranken zu verabreichen, welche er selbst behandelt.

§ 7. Den Medizinalpersonen, welche die Genehmigung zum Selbstdispensiren homöopathischer Arzneimittel erhalten haben, bleibt es untersagt, unter dem Vorwande homöopathischer Behandlung, nach den Grundsätzen der sogenannten allopathischen Methode bereitete Arzneimittel selbst zu dispensiren.

§ 8. Wer ohne die im § 2 vorgeschriebene Genehmigung sogenannte homöopathische Arzneimittel selbst dispensirt, soll von der Befugniß hierzu für immer ausgeschlossen bleiben und außerdem nach den allgemeinen Vorschriften über den unbefugten Verkauf von Arzneien[1]) bestraft werden.

§ 9. Eben diese Strafe (§ 8) und zugleich der Verlust der Befugniß zum Selbstdispensiren soll denjenigen treffen, welcher sich einer Ueberschreitung der Vorschriften der §§ 6 und 7 schuldig macht.

§ 10. Uebertretungen der §§ 4 und 5 sind mit einer Geldbuße bis zu 150 Mark zu ahnden und können, bei Wiederholung des Vergehens, nach vorangegangener zweimaliger Bestrafung, mit der Entziehung der Befugniß zum Selbstdispensiren bestraft werden.[2])

---

4. Gesetz, betreffend die Errichtung öffentlicher, ausschließlich zu benutzender Schlachthäuser.[3])

Vom 18. März 1868.

(G. S. S. 277.)

§ 1. In denjenigen Gemeinden, in welchen eine Gemeindeanstalt zum Schlachten von Vieh (öffentliches Schlachthaus) errichtet ist, kann durch Gemeindebeschluß angeordnet werden, daß innerhalb des ganzen Gemeindebezirks oder eines Theils desselben das Schlachten sämmtlicher oder einzelner Gattungen von Vieh, sowie gewisse mit dem Schlachten in unmittelbarem Zusammenhange stehende, bestimmt zu bezeichnende Ver-

---

1) § 367 Nr. 3 St. G. B.

2) Auf die Entziehung dieser Befugniß kann nicht mehr gerichtlich erkannt werden. § 6 Einf.-G. z. St. G. B.

Die Vorschriften dieser Kab.-Ordre finden auf Nichtärzte keine Anwendung. Oppenhoff, Kommentar z. St. G. B. S. 804 Note 22.

3) Für Schlachtviehhöfe und öffentliche Schlachthäuser enthält das R.-Ges. v. 23. Juni 1880 besondere Vorschriften betreffs der Unterdrückung von Viehseuchen in den §§ 53—56.

richtungen, ausschließlich in dem öffentlichen Schlachthause, resp. den öffentlichen Schlachthäusern, vorgenommen werden dürfen.

In dem Gemeindebeschlusse kann bestimmt werden, daß das Verbot der ferneren Benutzung anderer als der in einem öffentlichen Schlachthause befindlichen Schlachtstätten:

1) auf die im Besitze und in der Verwaltung von Innungen oder sonstiger Korporationen befindlichen gemeinschaftlichen Schlachthäuser,
2) auf das nicht gewerbmäßig betriebene Schlachten

keine Anwendung finde.

§ 2. Durch Gemeindebeschluß kann nach Errichtung eines öffentlichen Schlachthauses angeordnet werden, daß alles in dasselbe gelangende Schlachtvieh zur Feststellung seines Gesundheitszustandes sowohl vor als nach dem Schlachten einer Untersuchung durch Sachverständige zu unterwerfen ist.

§ 3. Die in den §§ 1 und 2 bezeichneten Gemeindebeschlüsse bedürfen zu ihrer Gültigkeit der Genehmigung der Bezirksregierung.[1])

Das Verbot der Benutzung anderer als der im öffentlichen Schlachthause befindlichen Schlachtstätten (§ 1) tritt sechs Monate nach der Veröffentlichung des genehmigten Gemeindebeschlusses in Kraft, sofern nicht in diesem Beschlusse selbst eine längere Frist bestimmt ist.

§ 4. Die Gemeinde ist verpflichtet, das öffentliche, ausschließlich zu benutzende Schlachthaus den örtlichen Bedürfnissen entsprechend einzurichten und zu erhalten.

Will die Gemeinde die Anstalt eingehen lassen, so ist der Termin der Aufhebung von der Genehmigung der Regierung abhängig.

§ 5. Die Gemeinde ist befugt, für die Benutzung der Anstalt, sowie für die Untersuchung des Schlachtviehes, beziehungsweise des Fleisches, Gebühren zu erheben....

§ 6. Die Benutzung der Anstalt darf bei Erfüllung der allgemein vorgeschriebenen Bedingungen Niemandem versagt werden.

§§ 7—11 (regeln die Entschädigungspflicht der Eigenthümer und Nutzungsberechtigten von Privat-Schlachtanstalten.)[2])

§ 12. Die Bestimmungen des gegenwärtigen Gesetzes finden auch auf den Fall Anwendung, in welchem die Gemeinde das öffentliche, ausschließlich zu benutzende Schlachthaus nicht selbst errichtet, sondern die Errichtung desselben einem andern Unternehmer überläßt. In diesem Falle verbleiben der Gemeinde die ihr in diesem Gesetze auferlegten Verpflichtungen....

§ 14. Wer der nach § 1 getroffenen Anordnung zuwider außerhalb des öffentlichen Schlachthauses entweder Vieh schlachtet, oder eine der sonstigen im Gemeindebeschluß näher bezeichneten Verrich-

---

1) Des Provinzialraths. Kompetenz-Gesetz v. 26. Juni 1876 § 145.

2) Gegen die administrative Entscheidung in Betreff der Entschädigungsansprüche findet nicht Beschwerde, sondern nur der ordentliche Rechtsweg statt. § 11 d. G.

tungen vornimmt, hat für jeden Uebertretungsfall eine Geldbuße bis zu sechszig Mark oder im Unvermögensfall verhältnißmäßige Haft-Strafe verwirkt.

---

5. Reichsgesetz, Maaßregeln gegen die Rinderpest betreffend.

Vom 7. April 1869.

(B. G. Bl. S. 105.)[1]

§ 1. Wenn die Rinderpest (Löserdürre) in einem Bundesstaate oder in einem an das Gebiet des Deutschen Reichs angrenzenden oder mit demselben im direkten Verkehre stehenden Lande ausbricht, so sind die zuständigen Verwaltungsbehörden der betreffenden Bundesstaaten verpflichtet und ermächtigt, alle Maaßregeln zu ergreifen, welche geeignet sind, die Einschleppung und beziehentlich die Weiterverbreitung der Seuche zu verhüten und die im Lande selbst ausgebrochene Seuche zu unterdrücken.

§ 2. Die Maaßregeln, auf welche sich die im § 1 ausgesprochene Verpflichtung und Ermächtigung je nach den Umständen zu erstrecken hat, sind folgende:

1) Beschränkungen und Verbote der Einfuhr, des Transports und des Handels in Bezug auf lebendes oder todtes Rindvieh, Schaafe und Ziegen, Häute, Haare und sonstige thierische Rohstoffe in frischem oder trockenem Zustande, Rauchfutter, Streumaterialien, Lumpen, gebrauchte Kleider, Geschirre und Stallgeräthe; endlich Einführung einer Rindviehkontrole im Grenzbezirke;
2) Absperrung einzelner Gehöfte, Ortstheile, Orte, Bezirke gegen den Verkehr mit der Umgebung;[2]
3) Tödtung selbst gesunder Thiere und Vernichtung von giftfangenden Sachen, ingleichen, wenn die Desinfektion nicht als ausreichend befunden wird, von Transportmitteln, Geräthschaften und dergl. im erforderlichen Umfange;
4) Desinfizirung der Gebäude, Transportmittel und sonstigen Gegen-

---

1) Hierzu ist ergangen die revidirte Instruktion v. 9. Juni 1873 (R. G. Bl. S. 147), welche eine vorläufige Sperre (bei 40—80 km Entfernung der Seuche von der Grenze) und eine vollständige Sperre (mit militairischem Kordon), und bei Ausbruch der Seuche eine relative und eine absolute Ortssperre unterscheidet. Zur Zeit der Feldarbeiten tritt an Stelle der Ortssperre eine Sperre der Feldmark.

2) In Residenz- und Handelsstädten kommen solche Ortssperren nicht zur Anwendung, jedoch ist hier möglichst rasche Tilgung der Seuche geboten. § 36 Instr.

stände, sowie der Personen, welche mit seuchekranken oder verdächtigen Thieren in Berührung gekommen sind;

5) Enteignung des Grund und Bodens für die zum Verscharren getödteter Thiere und giftfangender Dinge nöthigen Gruben.

§ 4. Jeder, der zuverlässige Kunde davon erlangt, daß ein Stück Vieh an der Rinderpest krank oder gefallen ist oder daß auch nur der Verdacht einer solchen Krankheit vorliegt, hat ohne Verzug der Ortspolizeibehörde Anzeige davon zu erstatten. Die Unterlassung schleunigster Anzeige hat für den Viehbesitzer selbst, welcher sich dieselbe zu Schulden kommen läßt, jedenfalls den Verlust des Anspruches auf Entschädigung für die ihm gefallenen oder getödteten Thiere zur Folge.

§ 5. Die Einwohner von der Rinderpest betroffener Orte sind verpflichtet, die Behörden bei Ausführung der polizeilichen Maaßregeln entweder selbst oder durch geeignete Personen zu unterstützen.[1])

---

6. Reichs-Impfgesetz.

Vom 8. April 1874.

(R. G. Bl. S. 31.)[2])

§ 1. Der Impfung mit Schutzpocken soll unterzogen werden:

1) jedes Kind vor dem Ablaufe des auf sein Geburtsjahr folgenden Kalenderjahres, sofern es nicht nach ärztlichem Zeugniß (§ 10)[3]) die natürlichen Blattern überstanden hat;

2) jeder Zögling einer öffentlichen Lehranstalt oder einer Privatschule, mit Ausnahme der Sonntags- und Abendschulen, innerhalb des Jahres, in welchem der Zögling das zwölfte Lebensjahr zurücklegt, sofern er nicht nach ärztlichem Zeugniß in den letzten fünf Jahren die natürlichen Blattern überstanden hat oder mit Erfolg geimpft worden ist.

---

1) In § 7 ist den Einzelstaaten überlassen, über die Bestrafung der Zuwiderhandlung gegen dieses Gesetz (speziell also §§ 4 und 5) Bestimmungen zu treffen. An Stelle dieser Bestimmungen (z. B. Preuß. St. G. B. § 307) ist jetzt § 328 St. G. B. getreten. Siehe Th. I. — Durch diesen werden auch die Zuwiderhandlungen gegen die Instruktion mitgetroffen.

2) Hierzu siehe Bekanntmachung des Reichskanzlers v. 16. und 30. Oktbr. 1874 und das Preuß. Gesetz v. 12. April 1875, betr. die Ausführung des Reichs-Impfgesetzes (G. S. S. 191).

3) In dem, nach Feststellung der Wirkung der Impfung auszustellenden Impfschein ist zu bescheinigen, entweder daß durch die Impfung der gesetzlichen Pflicht genügt ist, oder daß die Impfung im nächsten Jahre wiederholt werden muß. Dagegen ist in dem Zeugniß, welches die Befreiung von der Impfung nachweisen soll, zu bescheinigen, warum und auf wie lange die Impfung unterbleiben darf. § 10 d. G.

§ 2. Ein Impfpflichtiger (§ 1), welcher nach ärztlichem Zeugniß ohne Gefahr für sein Leben oder für seine Gesundheit nicht geimpft werden kann, ist binnen Jahresfrist nach Aufhören des diese Gefahr begründenden Zustandes der Impfung zu unterziehen.

Ob diese Gefahr noch fortbesteht, hat in zweifelhaften Fällen der zuständige Impfarzt (§ 6) endgültig zu entscheiden.

§ 3. Ist eine Impfung nach dem Urtheile des Arztes (§ 5) erfolglos geblieben, so muß sie spätestens im nächsten Jahre und, falls sie auch dann erfolglos bleibt, im dritten Jahre wiederholt werden.

Die zuständige Behörde kann anordnen, daß die letzte Wiederholung der Impfung durch den Impfarzt (§ 6) vorgenommen werde.

§ 4. Ist die Impfung ohne gesetzlichen Grund (§§ 1, 2) unterblieben, so ist sie binnen einer von der zuständigen Behörde zu setzenden Frist nachzuholen.

§ 5. Jeder Impfling muß frühestens am sechsten, spätestens am achten Tage nach der Impfung dem impfenden Arzte vorgestellt werden.

§ 6. In jedem Bundesstaate werden Impfbezirke gebildet,[1]) deren jeder einem Impfarzte unterstellt wird.

Der Impfarzt nimmt in der Zeit vom Anfang Mai bis Ende September jeden Jahres an den vorher bekannt zu machenden Orten und Tagen für die Bewohner des Impfbezirks Impfungen unentgeltlich vor....

§ 7. Für jeden Impfbezirk wird vor Beginn der Impfzeit eine Liste der nach § 1, Ziffer 1 der Impfung unterliegenden Kinder von der zuständigen Behörde aufgestellt. Ueber die auf Grund des § 1, Ziffer 2 zur Impfung gelangenden[2]) Kinder haben die Vorsteher der betreffenden Lehranstalten eine Liste anzufertigen.

Die Impfärzte vermerken in den Listen, ob die Impfung mit oder ohne Erfolg vollzogen, oder ob und weshalb sie ganz oder vorläufig unterblieben ist.

Nach dem Schlusse des Kalenderjahres sind die Listen der Behörde einzureichen....

§ 8. Außer den Impfärzten sind ausschließlich Aerzte befugt, Impfungen vorzunehmen.

Sie haben über die ausgeführten Impfungen in der im § 7 vorgeschriebenen Form Listen zu führen und dieselben am Jahresschluß der zuständigen Behörde vorzulegen.

§ 12. Eltern, Pflegeeltern und Vormünder sind gehalten, auf amtliches Erfordern mittelst der vorgeschriebenen Bescheinigungen (§ 10) den Nachweis zu führen, daß die Impfung[3]) ihrer Kinder und Pflegebefohlenen erfolgt oder aus einem gesetzlichen Grunde unterblieben ist.

---

1) In Preußen bilden die Kreise die Impfbezirke und haben die Aerzte anzustellen. Das Impflokal haben die Gemeinden zu stellen. Gesetz v. 12. April 1875.

2) Hierunter sind nicht nur diejenigen Kinder zu verstehen, an welchen die Impfung wirklich vollzogen wird, sondern alle in das Alter der Revaccinationspflicht tretenden Zöglinge. Neumann S. 266.

3) Auch die Wiederimpfung. Neumann S. 267.

§ 13. Die Vorsteher derjenigen Schulanstalten, deren Zöglinge dem Impfzwange unterliegen (§ 1, Ziffer 2), haben bei der Aufnahme von Schülern durch Einfordern der vorgeschriebenen Bescheinigungen festzustellen, ob die gesetzliche Impfung erfolgt ist.

Sie haben dafür zu sorgen, daß Zöglinge, welche während des Besuches der Anstalt nach § 1, Ziffer 2 impfpflichtig werden, dieser Verpflichtung genügen.

Ist eine Impfung ohne gesetzlichen Grund unterblieben, so haben sie auf deren Nachholung zu dringen.

Sie sind verpflichtet, vier Wochen vor Schluß des Schuljahres der zuständigen Behörde ein Verzeichniß derjenigen Schüler vorzulegen, für welche der Nachweis der Impfung nicht erbracht ist.

§ 14. Eltern, Pflegeeltern und Vormünder, welche den nach § 12 ihnen obliegenden Nachweis zu führen unterlassen, werden mit einer Geldstrafe bis zu zwanzig Mark bestraft.

Eltern, Pflegeeltern und Vormünder, deren Kinder und Pflegebefohlene ohne gesetzlichen Grund und trotz erfolgter amtlicher Aufforderung[1]) der Impfung oder der ihr folgenden Gestellung (§ 5) entzogen geblieben sind, werden mit Geldstrafe bis zu fünfzig Mark oder mit Haft bis zu drei Tagen bestraft.

§ 15. Aerzte und Schulvorsteher, welche den durch § 8 Absatz 2, § 7 und durch § 13 ihnen auferlegten Verpflichtungen nicht nachkommen, werden mit einer Geldstrafe bis zu einhundert Mark bestraft.[2])

§ 16. Wer unbefugter Weise (§ 8) Impfungen vornimmt, wird mit Geldstrafe bis zu einhundertfünfzig Mark oder mit Haft bis zu vierzehn Tagen bestraft.

§ 17. Wer bei der Ausführung einer Impfung fahrlässig handelt, wird mit Geldstrafe bis zu fünfhundert Mark oder mit Gefängnißstrafe bis zu drei Monaten bestraft, sofern nicht nach dem Strafgesetzbuch[3]) eine härtere Strafe eintritt.[4])

---

1) Die Worte „trotz amtlicher Aufforderung" beziehen sich nur auf die Impfung, nicht auf die Gestellung aus § 5. Neumann S. 268 Note 2.

2) Der Impfarzt macht sich hiernach schuldig, wenn er die Vermerke in den Listen unterläßt oder unvollständig bewirkt, oder nicht rechtzeitig einreicht; der Privatarzt, wenn er keine Impfliste über die von ihm bewirkten Impfungen führt oder vorlegt; und der Schulvorsteher, wenn er den vierfachen Pflichten des § 13 nicht genügt. Neumann ebenda.

3) Vergl. § 230 Absatz 2 St. G. B. Oben S. 37.

4) Bei einer Pockenepidemie sind Zwangsimpfungen auf Grund besonderer medizinalpolizeilicher Anordnungen für alle ansteckungsfähigen Personen zulässig. § 55 Regulativ v. 8. August 1835.

7. Reichsgesetz, betreffend die Beseitigung von Ansteckungsstoffen bei Viehbeförderungen auf Eisenbahnen.

Vom 25. Februar 1876.

(R. G. Bl. S. 163.)

§ 1. Die Eisenbahnverwaltungen sind verpflichtet, Eisenbahnwagen, in welchen Pferde, Maulthiere, Esel, Rindvieh, Schafe, Ziegen oder Schweine befördert worden sind, nach jedesmaligem Gebrauche einem Reinigungsverfahren (Desinfektion) zu unterwerfen, welches geeignet ist, die den Wagen etwa anhaftenden Ansteckungsstoffe vollständig zu tilgen.[1])

Gleicherweise sind die bei Beförderung der Thiere zum Füttern, Tränken, Befestigen oder zu sonstigen Zwecken benutzten Geräthschaften zu desinfiziren.

Auch kann angeordnet werden, daß die Rampen, welche die Thiere beim Ein- und Ausladen betreten haben, sowie die Vieh-Ein- und Ausladeplätze und die Viehhöfe der Eisenbahnverwaltungen nach jeder Benutzung zu desinfiziren sind.[2])

§ 2. Die Verpflichtung zur Desinfektion liegt in Bezug auf die Eisenbahnwagen und die zu denselben gehörigen Geräthschaften (§ 1 Abs. 1 und 2) derjenigen Eisenbahnverwaltung ob, in deren Bereich die Entladung der Wagen stattfindet. Erfolgt die letztere im Auslande, so ist zur Desinfektion diejenige deutsche Eisenbahnverwaltung verpflichtet, deren Bahn von den Wagen bei der Rückkehr in das Reichsgebiet zuerst berührt wird....

§ 5. [Im Eisenbahndienste beschäftigte Personen, welche die ihnen nach den auf Grund dieses Gesetzes erlassenen Bestimmungen vermöge ihrer dienstlichen Stellung oder eines ihnen ertheilten Auftrages obliegende Pflicht der Anordnung, Ausführung oder Ueberwachung einer Desinfektion vernachlässigen, werden mit Geldstrafe bis zu eintausend Mark,[3]) und wenn in Folge dieser Vernachlässigung Vieh von einer Seuche ergriffen worden, mit Geldstrafe bis zu dreitausend

---

1) Das Gesetz schreibt die Pflicht der Reinigung ganz allgemein vor, gleichviel ob eine Seuchengefahr besteht oder nicht. Eine solche würde aber auf das Strafmaß von Einfluß sein.

2) Hierzu ist ergangen die Bekanntmachung des Reichskanzlers v. 6. Mai 1876, betr. die Bestimmungen des Bundesraths zur Ausführung dieses Gesetzes, und eine Verordnung des Handelsministers v. 16. Juni 1876.

3) In diesem Fall kann das Schöffengericht in Folge Verweisung zuständig sein. § 75 Nr. 14 G. V. G.

Mark oder Gefängniß bis zu einem Jahre bestraft, sofern nicht durch die Vorschriften des Strafgesetzbuches[1]) eine der Art oder dem Maße nach schwerere Strafe angedroht ist.]

---

8. Reichsgesetz, betreffend Zuwiderhandlungen gegen die zur Abwehr der Rinderpest erlassenen Vieh-Einfuhrverbote.

Vom 21. Mai 1878.

(R. G. Bl. S. 95.)[2])

§ 1. **[Wer den auf Grund des Gesetzes vom 7. April 1869** (Bundes-Gesetz-Bl. S. 105) **zur Verhütung der Einschleppung der Rinderpest erlassenen Beschränkungen oder Verboten der Einfuhr lebender Wiederkäuer vorsätzlich zuwiderhandelt, wird mit Gefängniß von Einem Monat bis zu zwei Jahren bestraft.**

Der Versuch ist strafbar.]

§ 2. **[Wird die Zuwiderhandlung in der Absicht begangen, sich oder einem Anderen einen Vermögensvortheil zu verschaffen oder einem Anderen Schaden zuzufügen, so tritt Zuchthausstrafe bis zu fünf Jahren oder Gefängniß nicht unter sechs Monaten ein.]**

§ 3. **Wer den im § 1 bezeichneten Beschränkungen oder Verboten aus Fahrlässigkeit zuwiderhandelt, wird mit Geldstrafe bis zu sechshundert Mark oder mit Gefängniß bis zu drei Monaten bestraft.**

Bei Personen, welche nicht weiter als fünfzehn Kilometer von der Grenze entfernt ihren Wohnsitz oder gewöhnlichen Aufenthalt haben, ingleichen bei Personen, welche mit den durch die Beschränkungen oder Verbote betroffenen Thieren gewerbsmäßig Handel treiben, insbesondere Fleischern und Viehhändlern, sowie den Gehülfen dieser Personen, ist die Unkenntniß dieser Beschränkungen oder Verbote als durch Fahrlässigkeit verschuldet anzunehmen, wenn sie nicht den Nachweis führen, daß sie ohne ihr Verschulden durch besondere Umstände verhindert waren, von denselben Kenntniß zu erlangen.

---

1) § 328 St. G. B. — Daselbst wird gleichfalls unterschieden, ob in Folge der Vernachlässigung Vieh von der Seuche ergriffen worden (Gefängniß von einem Monat bis zu zwei Jahren) oder nicht (Gefängniß von einem Tag bis zu einem Jahre). Diese Vorschrift des St. G. B. greift auch für Eisenbahnbedienstete Platz, wenn Gefahr einer Seuche vorhanden ist. Falls eine solche nicht vorliegt, ist das mindeste Strafmaß drei Mark, event. ein Tag Gefängniß.

2) Dieses Gesetz hat sich als nothwendig herausgestellt, weil § 328 St. G. B. gegen die Gefahr der Einschleppung der Rinderpest nicht genügenden Schutz gewährte, indem der Versuch straffrei war und der Nachweis der vorsätzlichen Zuwiderhandlung oft unmöglich war. Motive S. 9. (Neumann S. 404.)

§ 4. [Ist in Folge der Zuwiderhandlung Vieh von der Seuche ergriffen worden, so ist

in dem Falle des § 1 auf Gefängniß nicht unter drei Monaten,

in dem Falle des § 2 auf Zuchthaus bis zu zehn Jahren oder Gefängniß nicht unter Einem Jahre,

in dem Falle des § 3 auf Geldstrafe bis zu zweitausend Mark oder auf Gefängniß bis zu Einem Jahre

zu erkennen.][1])

---

9. Reichsgesetz, betreffend den Verkehr mit Nahrungsmitteln, Genußmitteln und Gebrauchsgegenständen.

Vom 14. Mai 1879.

(R. G. Bl. S. 145.)

§ 1. Der Verkehr mit Nahrungs- und Genußmitteln, sowie mit Spielwaaren, Tapeten, Farben, Eß-, Trink- und Kochgeschirr und mit Petroleum unterliegt der Beaufsichtigung nach Maßgabe dieses Gesetzes.

§ 2. Die Beamten der Polizei sind befugt, in die Räumlichkeiten, in welchen Gegenstände der in § 1 bezeichneten Art feilgehalten werden, während der üblichen Geschäftsstunden oder während die Räumlichkeiten dem Verkehr geöffnet sind, einzutreten.

Sie sind befugt, von den Gegenständen der in § 1 bezeichneten Art, welche in den angegebenen Räumlichkeiten sich befinden, oder welche an öffentlichen Orten, auf Märkten, Plätzen, Straßen oder im Umherziehen verkauft oder feilgehalten werden, nach ihrer Wahl Proben zum Zwecke der Untersuchung gegen Empfangsbescheinigung zu entnehmen. Auf Verlangen ist dem Besitzer ein Theil der Probe amtlich verschlossen oder versiegelt zurückzulassen. Für die entnommene Probe ist Entschädigung in Höhe des üblichen Kaufpreises zu leisten.

§ 3. Die Beamten der Polizei sind befugt, bei Personen, welche auf Grund der §§ 10, 12, 13 dieses Gesetzes zu einer Freiheitsstrafe verurtheilt sind, in den Räumlichkeiten, in welchen Gegenstände der in § 1 bezeichneten Art feilgehalten werden, oder welche zur Aufbewahrung oder Herstellung solcher zum Verkaufe bestimmter Gegenstände dienen, während der in § 2 angegebenen Zeit Revisionen vorzunehmen.

Diese Befugniß beginnt mit der Rechtskraft des Urtheils und erlischt mit dem Ablauf von drei Jahren von dem Tage an gerechnet, an welchem die Freiheitsstrafe verbüßt, verjährt oder erlassen ist.

---

1) Zuständig ist das Schöffengericht nur im Fall des § 3. — Im zweiten Fall des § 4 (betr. § 2) ist das Schwurgericht zuständig.

§ 5. Für das Reich können durch Kaiserliche Verordnung mit Zustimmung des Bundesraths zum Schutze der Gesundheit Vorschriften erlassen werden, welche verbieten:

1. **bestimmte Arten der Herstellung, Aufbewahrung und Verpackung von Nahrungs- und Genußmitteln, die zum Verkaufe bestimmt sind;**
2. **das gewerbsmäßige Verkaufen und Feilhalten von Nahrungs- und Genußmitteln von einer bestimmten Beschaffenheit oder unter einer der wirklichen Beschaffenheit nicht entsprechenden Bezeichnung;**
3. **das Verkaufen und Feilhalten von Thieren, welche an bestimmten Krankheiten leiden, zum Zwecke des Schlachtens, sowie das Verkaufen und Feilhalten des Fleisches von Thieren, welche mit bestimmten Krankheiten behaftet waren;** [1])
4. **die Verwendung bestimmter Stoffe und Farben zur Herstellung von Bekleidungsgegenständen, Spielwaaren, Tapeten, Eß-, Trink- und Kochgeschirr, sowie das gewerbsmäßige Verkaufen und Feilhalten von Gegenständen, welche diesem Verbote zuwider hergestellt sind;**
5. **das gewerbsmäßige Verkaufen und Feilhalten von Petroleum von einer bestimmten Beschaffenheit.** [2])

§ 6. Für das Reich kann durch Kaiserliche Verordnung mit Zustimmung des Bundesraths das gewerbsmäßige Herstellen, Verkaufen

---

1) In Betreff trichinenhaltigen Schweinefleisches sind die Bestimmungen dieses Gesetzes, insbesondere die Strafvorschrift des § 12 an die Stelle des § 367 Nr. 7 St. G. B. im Fall einer Gesundheitsgefährlichkeit getreten.

(Für die Provinz Brandenburg wird die Verpflichtung zur Trichinenschau geregelt durch die Ober-Präs.-Pol.-Verordnung v. 26. Mai 1880. Danach ist Jeder, der ein Schwein, dessen Fleisch er ganz oder theilweise verkaufen will, schlachtet oder schlachten läßt, verpflichtet, dasselbe von einem der für den betr. Bezirk bestellten Fleischbeschauer mikroskopisch auf Trichinen untersuchen zu lassen, und darf erst, nachdem ihm bescheinigt worden, daß keine Trichinen gefunden worden, das Schwein verkaufen oder zu Zwecken des Verkaufs zerlegen. Am Tage vor dem Schlachten muß dem Fleischbeschauer oder der von der Polizei dazu verstatteten zuverlässigen Person Anzeige von der Zeit gemacht werden, zu welcher derselbe Proben entnehmen kann. Jeder Gewerbetreibende hat ferner ein Schlachtbuch zu führen, welches der Polizei auf Erfordern vorzulegen ist. Fett und Haut eines trichinösen Thieres können unter Kontrole verwerthet werden.)

2) Die Aufbewahrung und Beförderung von Petroleum unter Nichtbeachtung der deshalb ergangenen Verordnungen ist nach § 367 Nr. 5 St. G. B. zu bestrafen.

(Für die Provinz Brandenburg ist für die Lagerung und Aufbewahrung von Petroleum und ähnlichen flüchtigen Mineralölen maßgebend die Ober-Präs.-Pol.-Verordnung v. 7. Juli 1877.)

und Feilhalten von Gegenständen, welche zur Fälschung von Nahrungs- oder Genußmitteln bestimmt sind, verboten oder beschränkt werden.

§ 8. Wer den auf Grund der §§ 5, 6 erlassenen Verordnungen zuwiderhandelt, wird mit Geldstrafe bis zu einhundertfünfzig Mark oder mit Haft bestraft.

Landesrechtliche Vorschriften dürfen ein höhere Strafe nicht androhen.

§ 9. Wer den Vorschriften der §§ 2 bis 4 zuwider den Eintritt in die Räumlichkeiten, die Entnahme einer Probe oder die Revision verweigert, wird mit Geldstrafe von fünfzig bis zu einhundertfünfzig Mark oder mit Haft bestraft.

§ 10. [Mit Gefängniß bis zu sechs Monaten und mit Geldstrafe bis zu eintausendfünfhundert Mark oder mit einer dieser Strafen[1]) wird bestraft:

1. wer zum Zwecke der Täuschung im Handel und Verkehr Nahrungs- oder Genußmittel nachmacht oder verfälscht;
2. wer wissentlich Nahrungs- oder Genußmittel, welche verdorben oder nachgemacht oder verfälscht sind, unter Verschweigung dieses Umstandes verkauft oder unter einer zur Täuschung geeigneten Bezeichnung feilhält.][2])

§ 11. Ist die im § 10 Nr. 2 bezeichnete Handlung aus Fahrlässigkeit begangen worden, so tritt Geldstrafe bis zu einhundertfünfzig Mark oder Haft ein.

§ 12. [Mit Gefängniß, neben welchem auf Verlust der bürgerlichen Ehrenrechte erkannt werden kann, wird bestraft:

1. wer vorsätzlich Gegenstände, welche bestimmt sind, Anderen als Nahrungs- oder Genußmittel zu dienen, derart herstellt, daß der Genuß derselben die menschliche Gesundheit zu beschädigen geeignet ist, ingleichen wer wissentlich Gegenstände, deren Genuß die menschliche Gesundheit zu beschädigen geeignet ist, als Nahrungs- oder Genußmittel verkauft, feilhält oder sonst in Verkehr bringt;
2. wer vorsätzlich Bekleidungsgegenstände, Spielwaaren, Tapeten, Eß-, Trink- oder Kochgeschirr oder Petroleum derart herstellt, daß der bestimmungsgemäße oder vorauszusehende Gebrauch dieser Gegenstände die menschliche Gesundheit zu beschädigen geeignet ist, ingleichen wer wissentlich solche Gegenstände verkauft, feilhält oder sonst in Verkehr bringt.

Der Versuch ist strafbar.

---

1) Es ist also zulässig, neben der Gefängnißstrafe eine Geldstrafe auszusprechen (wobei für den Unvermögensfall eine fernere Gefängnißstrafe zu substituiren ist), oder nur auf eine Geldstrafe (mit eventueller Gefängnißstrafe) oder nur auf Gefängniß zu erkennen.

2) Zuständig ist die Strafkammer, jedoch ist Verweisung an das Schöffengericht zulässig. § 75 Nr. 14 G. V. G.

Ist durch die Handlung eine schwere Körperverletzung oder der Tod eines Menschen verursacht worden, so tritt Zuchthausstrafe bis zu fünf Jahren ein.][1]

§ 13. [War in den Fällen des § 12 der Genuß oder Gebrauch des Gegenstandes die menschliche Gesundheit zu zerstören geeignet und war diese Eigenschaft dem Thäter bekannt, so tritt Zuchthausstrafe bis zu zehn Jahren, und wenn durch die Handlung der Tod eines Menschen verursacht worden ist, Zuchthausstrafe nicht unter zehn Jahren oder lebenslängliche Zuchthausstrafe ein.

Neben der Strafe kann auf Zulässigkeit von Polizeiaufsicht erkannt werden.][2]

§ 14. [Ist eine der in den §§ 12, 13 bezeichneten Handlungen aus Fahrlässigkeit begangen worden, so ist auf Geldstrafe bis zu eintausend Mark oder Gefängnißstrafe bis zu sechs Monaten und, wenn durch die Handlung ein Schaden an der Gesundheit eines Menschen verursacht worden ist, auf Gefängnißstrafe bis zu einem Jahre, wenn aber der Tod eines Menschen verursacht worden ist, auf Gefängnißstrafe von einem Monat bis zu drei Jahren zu erkennen.][3]

§ 15. In den Fällen der §§ 12 bis 14 ist neben der Strafe auf Einziehung der Gegenstände zu erkennen, welche den bezeichneten Vorschriften zuwider hergestellt, verkauft, feilgehalten oder sonst in Verkehr gebracht sind, ohne Unterschied, ob sie dem Verurtheilten gehören oder nicht; in den Fällen der §§ 8, 10, 11 kann auf die Einziehung erkannt werden.[4]

Ist in den Fällen der §§ 12 bis 14 die Verfolgung oder die Verurtheilung einer bestimmten Person nicht ausführbar, so kann auf die Einziehung selbständig erkannt werden.

§ 16. In dem Urtheil oder dem Strafbefehl kann angeordnet werden, daß die Verurtheilung auf Kosten des Schuldigen öffentlich bekannt zu machen sei.

Auf Antrag des freigesprochenen Angeschuldigten hat das Gericht die öffentliche Bekanntmachung der Freisprechung anzuordnen; die Staatskasse trägt die Kosten, insofern dieselben nicht dem Anzeigenden auferlegt worden sind.[5]

In der Anordnung ist die Art der Bekanntmachung zu bestimmen.

---

1) Zuständig ist die Strafkammer. § 73 Nr. 2 G. V. G.

2) Hier ist das Schwurgericht zuständig. § 80 G. V. G.

3) Bei fahrlässiger Handlungsweise ohne schädliche Folgen ist Verweisung an das Schöffengericht zulässig. § 75 Nr. 14 G. V. G.

4) Die Einziehung ist also nothwendig in den Fällen der §§ 12—14 und zulässig in den anderen Fällen. Das Verfahren bei der selbständigen Einziehung (Absatz 2) regelt sich nach §§ 477 ff. St. P. O.

5) Dies ist allgemein zulässig nach Anhörung des Anzeigenden, wenn das Verfahren durch eine wider besseres Wissen gemachte oder auf grober Fahrlässigkeit beruhende Anzeige veranlaßt worden ist. § 501 St. P. O.

§ 17. **Besteht für den Ort der That eine öffentliche Anstalt zur technischen Untersuchung von Nahrungs- und Genußmitteln, so fallen die auf Grund dieses Gesetzes auferlegten Geldstrafen, soweit dieselben dem Staate zustehen, der Kasse zu, welche die Kosten der Unterhaltung der Anstalt trägt.**

---

10. Reichsgesetz, betreffend die Abwehr und Unterdrückung von Viehseuchen.

Vom 23. Juni 1880.

(R. G. Bl. S. 153.)[1]

Dieses Gesetz regelt das Verfahren zur Abwehr und Unter- § 1.
drückung übertragbarer Seuchen der Hausthiere, mit Ausnahme der Rinderpest. Es überläßt den Landesregierungen und ihren § 2.
Organen die Anordnung der Abwehr- und Unterdrückungsmaßregeln[2]) und die Leitung des Verfahrens (welche besonderen Kommissionen übertragen werden kann), außer wenn die Seuche sich § 4.
über mehrere Bundesgebiete erstreckt, in welchem Fall der Reichskanzler oder ein Reichskommissar die Einheit der Maßregeln zu überwachen hat.

Zum Zweck der Abwehr der Einschleppung von Seuchen aus § 6.
dem Auslande können Einfuhr- und Verkehrsbeschränkungen § 8.
und Viehrevisionen für die Grenzbezirke angeordnet werden. Die Einfuhr von Thieren, welche an einer übertragbaren Seuche leiden, ist überhaupt verboten. Auch auf die Einfuhr von thie- § 7.
rischen Rohstoffen und von allen solchen Gegenständen, welche Träger des Ansteckungsstoffes sein können, sind diese Beschränkungen auszudehnen.[3])

Zum Zweck der Unterdrückung der Viehseuchen im Inlande enthält das Gesetz allgemeine Bestimmungen (§§ 9—29)

---

1) Dieses Reichsgesetz tritt vom 1. April 1881 ab an Stelle des Preuß. Gesetzes v. 25. Juni 1875 (G. S. S. 306) und lehnt sich im Wesentlichen an dasselbe an.

2) Betreffs der der Militairverwaltung gehörenden Pferde bleibt den Militairbehörden überlassen, Maßregeln zur Ermittelung und Unterdrückung von Seuchen zu treffen. Dasselbe Recht können Remontedepots und Gestüte des Staats oder Landesherrn erhalten. § 3 d. G.

3) Strafbestimmungen: § 65 Nr. 1 und 2.

und besondere Vorschriften für einzelne Seuchen (§§ 30—52). Von ersteren ist die wichtigste die über die Anzeigepflicht:

§ 9. Der Besitzer von Hausthieren ist verpflichtet, von dem Ausbruche einer der in § 10 angeführten Seuchen unter seinem Viehstande und von allen verdächtigen Erscheinungen bei demselben, welche den Ausbruch einer solchen Krankheit befürchten lassen, sofort der Polizeibehörde Anzeige zu machen, auch das Thier von Orten, an welchen die Gefahr der Ansteckung fremder Thiere besteht, fern zu halten.

Die gleichen Pflichten liegen demjenigen ob, welcher in Vertretung des Besitzers der Wirthschaft vorsteht, ferner bezüglich der auf dem Transporte befindlichen Thiere dem Begleiter derselben und bezüglich der in fremdem Gewahrsam befindlichen Thiere dem Besitzer der betreffenden Gehöfte, Stallungen, Koppeln oder Weiden.

Zur sofortigen Anzeige sind auch die Thierärzte und alle diejenigen Personen verpflichtet, welche sich gewerbsmäßig mit der Ausübung der Thierheilkunde beschäftigen, ingleichen die Fleischbeschauer, sowie diejenigen, welche gewerbsmäßig mit der Beseitigung, Verwerthung oder Bearbeitung thierischer Kadaver oder thierischer Bestandtheile sich beschäftigen, wenn sie, bevor ein polizeiliches Einschreiten stattgefunden hat, von dem Ausbruche einer der nachbenannten Seuchen oder von Erscheinungen unter dem Viehstande, welche den Verdacht eines Seuchenausbruchs begründen, Kenntniß erhalten.

§ 10. Die Seuchen, auf welche sich die Anzeigepflicht (§ 9) erstreckt, sind folgende:

1. der Milzbrand;
2. die Tollwuth;
3. der Rotz (Wurm) der Pferde, Esel, Maulthiere und Maulesel;
4. die Maul- und Klauenseuche des Rindviehs, der Schafe, Ziegen und Schweine;
5. die Lungenseuche des Rindviehs;
6. die Pockenseuche der Schafe;
7. die Beschälseuche der Pferde und der Bläschenausschlag der Pferde und des Rindviehs;
8. die Räude der Pferde, Esel, Maulthiere, Maulesel und der Schafe. . . . [1])

§ 12. In Betreff der Ermittelung der Seuchenausbrüche ist vorgeschrieben, daß die Polizeibehörde auf erfolgte Anzeige sofort den beamteten Thierarzt [2]) zuziehen muß, welcher die Art, den Stand und die Ursachen der Krankheit zu erheben und sein Gutachten abzugeben hat, ob der Ausbruch der Seuche festgestellt oder der

1) Strafbestimmung: § 65 Nr. 2.

2) Hierunter sind die Bezirks- und Kreisthierärzte zu verstehen. § 4 Gesetz v. 25. Juni 1875.

Verdacht eines Seuchenausbruchs begründet ist. In eiligen Fällen kann derselbe auch schon vor polizeilichem Einschreiten Absonderung und Bewachung der erkrankten und verdächtigen Thiere anordnen. Auf sein Ersuchen muß diese Bewachung durch den Vorsteher des Seuchenorts veranlaßt werden. Kann er nur durch § 13.
Zerlegung eines verdächtigen Thieres Gewißheit über den Ausbruch der Seuche erlangen, so darf die Polizeibehörde dasselbe tödten lassen. Auf Grund seines, eine Seuche oder einen Seuchenverdacht bestätigenden Gutachtens hat die Polizeibehörde die in diesem Gesetz vorgesehenen, den Umständen nach erforder- § 14.
lichen Schutzmaßregeln zu treffen und durchzuführen. Alle Vieh- und Pferdemärkte sollen durch beamtete Thierärzte beaufsichtigt § 17.
werden, ebenso öffentliche Viehausstellungen und andere Zusammenziehungen von Viehbeständen, und es sind alle verdächtigen Erscheinungen durch sie sofort der Polizeibehörde zur Kenntniß zu bringen.

Die Schutzmaßregeln gegen Seuchengefahr sind im Allgemeinen folgende:

1. Absonderung, Bewachung oder polizeiliche Beobachtung der § 19.
an der Seuche erkrankten und der verdächtigen Thiere, — wobei der Besitzer auf Erfordern solche Einrichtungen treffen muß, daß das Thier die ihm überwiesene Räumlichkeit nicht verlassen kann und nicht in Berührung mit anderen Thieren kommt, widrigenfalls die sofortige Tödtung zu- § 25.
lässig ist.
2. Beschränkungen in der Art der Benutzung, der Ver- § 20.
werthung oder des Transports kranker oder verdächtiger Thiere, der von denselben stammenden Produkte oder solcher Gegenstände, die mit diesen in Berührung gekommen oder sonst die Seuche zu verschleppen geeignet sind, sowie Beschränkungen im Transport der der Seuchengefahr ausgesetzten und der zur Seuchenverschleppung geeigneten Thiere.
3. Verbot des gemeinschaftlichen Weideganges von Thieren § 21.
aus verschiedenen Stallungen und der Benutzung bestimmter Weideflächen, ferner die gemeinschaftliche Benutzung von Brunnen, Tränken und Schwemmen und des Verkehrs mit seuchenkranken oder verdächtigen Thieren auf Straßen

und Triften, — sowie Verbot des freien Umherlaufens der Hunde.[1])

§ 22. 4. Sperre des Stalles oder Standortes seuchenkranker oder verdächtiger Thiere, des Gehöfts, Orts, der Weide oder der Feldmark.

§ 23. 5. Impfung der der Seuchengefahr ausgesetzten Thiere, thierärztliche Behandlung der erkrankten Thiere und Beschränkungen in der Befugniß zur Vornahme von Heilversuchen.

§ 24. 6. Tödtung der an der Seuche erkrankten oder verdächtigen Thiere.[2])

§ 26. 7. Unschädliche Beseitigung der Kadaver solcher Thiere, welche an der Seuche verendet oder wegen Seuche oder Seuchenverdachts getödtet sind, sowie der Theile des Kadavers, die zur Verschleppung der Seuche geeignet sind, und der Streu, des Düngers und anderer Abfälle.

§ 27. 8. Unschädlichmachung (Desinfektion) der Ställe und Standorte, Geräthschaften und Kleidungsstücke, erforderlichenfalls auch der Personen, welche mit erkrankten Thiereu in Berührung gekommen sind.

§ 28. 9. Einstellung der Vieh- und Pferdemärkte und der öffentlichen Thierschauen am Seuchenort und in dessen Umgebung, oder Ausschluß einzelner Viehgattungen von Benutzung der Märkte.

§ 29. 10. Thierärztliche Untersuchung der am Seuchenort oder in dessen Umgebung vorhandenen gefährdeten Thiere.[3])

Besondere Vorschriften sind erlassen für

a. Milzbrand.

§ 31. Thiere, welche am Milzbrande erkrankt oder dieser Seuche verdächtig sind, dürfen nicht geschlachtet werden.

---

1) In dieser Beziehung bestimmt das A. L. R. Th. II Tit. 16:

§ 64. Niemand darf auf fremden Jagdrevieren Hunde laufen lassen, die nicht mit einem Knüppel, welcher sie an der Aufsuchung und Verfolgung des Wildes hindert, versehen sind.

§ 65. Ungeknüppelte gemeine Hunde, ingleichen Katzen, die auf Jagdrevieren herumlaufen, kann jeder Jagdberechtigte tödten, und der Eigenthümer muß das Schußgeld bezahlen.

Vergl. oben Th. I S. 40. — Einen nicht mit Halsband, bez. Maulkorb versehenen Hund sind die Knechte des Scharfrichters einzufangen befugt.

2) §§ 25, 34, 37, 38, 40, 42, 45.

3) Strafbestimmung: § 66 Nr. 3.

§ 32. Die Vornahme blutiger Operationen an milzbrandkranken oder der Seuche verdächtigen Thieren ist nur approbirten Thierärzten gestattet.

Eine Oeffnung des Kadavers darf ohne polizeiliche Erlaubniß nur von approbirten Thierärzten vorgenommen werden.

§ 33. Die Kadaver gefallener oder getödteter milzbrandkranker oder der Seuche verdächtiger Thiere müssen sofort unschädlich beseitigt werden.

Die Abhäutung derselben ist verboten.

Die gleichen Vorschriften finden beim Ausbruche des Milzbrandes unter Wildständen auf die Kadaver des gefallenen oder getödteten Wildes Anwendung.[1]

b. Tollwuth.

§ 34. Hunde oder sonstige Hausthiere, welche der Seuche verdächtig sind, müssen von dem Besitzer oder demjenigen, unter dessen Aufsicht sie stehen, sofort getödtet oder bis zu polizeilichem Einschreiten in einem sicheren Behältnisse eingesperrt werden.

§ 35. Vor polizeilichem Einschreiten dürfen bei wuthkranken oder der Seuche verdächtigen Thieren keinerlei Heilversuche angestellt werden.

§ 36. Das Schlachten wuthkranker oder der Seuche verdächtiger Thiere und jeder Verkauf oder Verbrauch einzelner Theile, der Milch oder sonstiger Erzeugnisse derselben ist verboten.[2]

Wenn die Tollwuth an einem Hunde oder an einem anderen § 37.
Hausthiere festgestellt ist, so sind alle Hunde und Katzen zu tödten, welche von dem wuthkranken Thiere gebissen zu sein verdächtig sind. Andere Hausthiere, die gleichfalls dessen verdächtig sind, müssen polizeilich beobachtet werden, und sind eventuell ebenfalls zu tödten. Ausnahmsweise soll die Absperrung eines der Tollwuth verdächtigen Hundes, und zwar auf mindestens drei Monate, gestattet werden.[3] Ist ein wuthkranker oder der Seuche verdächtiger § 38.
Hund frei umhergelaufen, so muß für die Dauer der Gefahr die Festlegung aller Hunde des gefährdeten Bezirks oder die Führung derselben an der Leine angeordnet werden, bei Vermeidung sofortiger Tödtung jedes frei betroffenen Hundes.[4]

§ 39. Die Kadaver der gefallenen oder getödteten wuthkranken oder der Seuche verdächtigen Thiere müssen sofort unschädlich beseitigt werden.

Das Abhäuten derselben ist verboten.[5]

---

1) Strafbestimmung: § 65 Nr. 3.

2) Strafbestimmung: § 65 Nr. 4.

3) (Hierdurch ist die Vorschrift der Reg.-Verordnung für Potsdam v. 6. Februar 1868, welche eine sechswöchentliche Frist bestimmt, geltungslos geworden.)

4) Strafbestimmung: § 66 Nr. 4.

c. Rotz (Wurm) der Pferde, Esel, Maulthiere und Maulesel.

§ 40. Sofort nach Feststellung des Rotzes (Wurms) bei einem dieser
§ 41. Thiere ist die Tödtung des Thieres polizeilich anzuordnen; verdächtige Thiere sind abzusondern und zu beobachten, müssen aber
§ 42. gleichfalls getödtet werden, sobald der beamtete Thierarzt den Ausbruch der Rotzkrankheit für wahrscheinlich erklärt, oder wenn anderweite Maßregeln nicht wirksam genug erscheinen, oder wenn der Besitzer die Tödtung beantragt und die beschleunigte Unterdrückung der Seuche im öffentlichen Interesse erforderlich ist.

§ 43. Die Kadaver gefallener oder getödteter rotzkranker Thiere müssen sofort unschädlich beseitigt werden.
Das Abhäuten derselben ist verboten.[1])

d. Lungenseuche des Rindviehs.

§ 45. Die Polizeibehörde muß die Tödtung der erkrankten und kann die Tödtung der verdächtigen Thiere anordnen.

e. Pockenseuche der Schafe.

§ 46. Ist diese in einer Schafheerde festgestellt, so muß die Impfung aller noch seuchenfreien Stücke angeordnet werden. Der Besitzer kann hierzu, falls keine dringende Gefahr vorliegt, eine Frist beantragen, auch kann, falls binnen zehn Tagen die Abschlachtung der seuchenfreien Stücke ausführbar ist, von der Impfung ganz
§ 47. Abstand genommen werden. Bei größerer Ausdehnung der Seuche oder bei Unabwendbarkeit der Verschleppung kann die Impfung der bedrohten Heerden und aller in demselben Ort befindlichen Schafe angeordnet werden.

§ 49. Außer in dem Falle polizeilicher Anordnung (§§ 46 und 47) darf eine Pockenimpfung der Schafe nicht vorgenommen werden.[2])

f. Beschälseuche der Pferde und Bläschenausschlag der Pferde und des Rindviehs.

§ 50. Pferde, welche an der Beschälseuche, und Pferde oder Rindviehstücke, welche an dem Bläschenausschlage der Geschlechtstheile leiden,

---

1) Strafbestimmung: § 65 Nr. 5. — Die Polizeibehörde muß von jedem Verdacht oder Ausbruch einer solchen Seuche dem Generalkommando des betr. Armeekorps sowie, falls der Seuchenort eine Garnison hat, dem Gouverneur, Kommandeur oder Garnisonältesten Mittheilung machen. Ebenso müssen diese das Erlöschen der Seuche erfahren. § 44.

2) Strafbestimmung: § 65 Nr. 6.

dürfen von dem Besitzer so lange nicht zur Begattung zugelassen werden, als nicht durch den beamteten Thierarzt die vollständige Heilung und Unverdächtigkeit der Thiere festgestellt ist.[1])

Tritt die Beschälseuche in größerer Ausdehnung auf, so kann die Zulassung der Pferde zur Begattung allgemein von einer Untersuchung durch den Thierarzt abhängig gemacht werden.[2]) § 51.

g. Räude der Pferde, Esel, Maulthiere, Maulesel und der Schafe.

Wird diese Krankheit festgestellt, so kann der Besitzer, wenn er nicht die Tödtung der kranken Thiere vorzieht, angehalten werden, dieselben sofort dem Heilverfahren eines approbirten Thierarztes zu unterwerfen. § 52.

Das Gesetz enthält ferner in den §§ 53—56 Vorschriften für Schlachtviehhöfe und öffentliche Schlachthäuser, und in den §§ 57 bis 64 Bestimmungen über die Entschädigung für getödtete Thiere.[3]) Sodann enthält es folgende

Strafvorschriften.

§ 65. Mit Geldstrafe von 10 bis 150 Mark oder mit Haft nicht unter einer Woche wird, sofern nicht nach den bestehenden gesetzlichen Bestimmungen eine höhere Strafe verwirkt ist, bestraft:

1. **wer der Vorschrift des § 6 zuwider Thiere einführt, welche an einer übertragbaren Seuche leiden.**

   Neben der Strafe ist auf Einziehung der verbotswidrig eingeführten Thiere zu erkennen, ohne Unterschied, ob sie dem Verurtheilten gehören oder nicht.[4])
2. **wer der Vorschrift der §§ 9 und 10 zuwider die Anzeige vom Ausbruch der Seuche oder vom Seuchenverdacht unterläßt, oder länger als 24 Stunden nach erhaltener Kenntniß verzögert, oder es unterläßt, die verdächtigen Thiere von Orten, an welchen die Gefahr der Ansteckung fremder Thiere besteht, fern zu halten;**
3. **wer den Vorschriften der §§ 31 bis 33 zuwider an Milzbrand**

---

1) Strafbestimmung: § 65 Nr. 7.

2) Strafbestimmung: § 66 Nr. 4.

3) Der Entschädigungsanspruch fällt weg bei unterlassener Anzeige (§ 9) oder Verzögerung derselben um länger als vierundzwanzig Stunden, sowie bei Kenntniß des kranken Zustandes eines gekauften Thieres, außerdem bei verbotswidriger Benutzung abgesperrter Thiere und bei Nichtbefolgung oder Uebertretung der polizeilich angeordneten Schutzmaßregeln. § 63 d. G.

4) Die eventuell verwirkte höhere Strafe ist die des § 328 St. G. B., welche für die wissentliche Verletzung der Absperrungs- und Aufsichtsmaßregeln angedroht ist.

erkrankte, oder der Krankheit verdächtige Thiere schlachtet, blutige Operationen an denselben vornimmt, oder die Kadaver derselben abhäutet oder vorschriftswidrig eine Oeffnung derselben vornimmt, oder es unterläßt, dieselben sofort unschädlich zu beseitigen;

4. wer den zum Schutze gegen die Tollwuth der Hausthiere in den §§ 34, 35, 36 und 39 ertheilten Vorschriften zuwiderhandelt;
5. wer den Vorschriften im § 43 zuwider die Kadaver gefallener oder getödteter rotzkranker Thiere abhäutet oder nicht sofort unschädlich beseitigt;
6. wer außer dem Falle polizeilicher Anordnung die Pockenimpfung eines Schafes vornimmt;
7. wer gegen die Vorschrift des § 50 Pferde, welche an der Beschälseuche, Pferde oder Viehstücke, welche an dem Bläschenausschlage der Geschlechtstheile leiden, zur Begattung zuläßt.

§ 66. Mit Geldstrafe bis zu 150 Mark oder mit Haft wird, sofern nicht nach den bestehenden gesetzlichen Bestimmungen eine höhere Strafe verwirkt ist, bestraft:

1. wer den auf Grund des § 7 dieses Gesetzes angeordneten Einfuhrbeschränkungen zuwiderhandelt.

   Neben der Strafe ist auf Einziehung der verbotswidrig eingeführten Thiere oder Gegenstände zu erkennen, ohne Unterschied ob sie dem Verurtheilten gehören oder nicht.
2. wer den auf Grund des § 8 dieses Gesetzes polizeilich angeordneten Kontrolmaßregeln zuwiderhandelt;
3. wer den in den Fällen des § 12 Absatz 2 und des § 17 Absatz 2 von dem Thierarzte getroffenen vorläufigen Anordnungen zuwiderhandelt;
4. wer den im Falle einer Seuchengefahr polizeilich angeordneten Schutzmaßregeln (§§ 19 bis 28, 38, 51) zuwiderhandelt.

§ 67. Sind in den Fällen der §§ 65, 66 die Zuwiderhandlungen in der Absicht begangen, sich oder einem Anderen einen Vermögensvortheil zu verschaffen oder einem Anderen Schaden zuzufügen, so tritt, sofern nicht nach den bestehenden gesetzlichen Bestimmungen eine höhere Strafe verwirkt ist, Geldstrafe nicht unter 50 bis zu 150 Mark oder Haft nicht unter drei Wochen ein.[1])

---

1) Da dieses Gesetz erst mit dem 1. April 1881 in Kraft tritt, so gelten bis dahin die Strafvorschriften des Preuß. Gesetzes v. 25. Juni 1875, betr. die Abwehr und Unterdrückung von Viehseuchen (G. S. S. 306):

§ 73. Mit Geldstrafe von fünfzig bis einhundertundfünfzig Mark oder Haft von drei bis sechs Wochen wird bestraft:

1. wer der Vorschrift des § 9 zuwider die Anzeige vom Ausbruch der Seuche unterläßt, oder länger als vierundzwanzig Stunden nach erhaltener Kenntniß verzögert;
2. wer den Vorschriften der §§ 29 bis 31 zuwider am Milzbrand erkrankte oder der Krankheit verdächtige Thiere schlachtet, Theile oder Produkte

VIII. Münzwesen.

Reichs-Münzgesetz.

Vom 9. Juli 1873.

(R. G. Bl. S. 233.)

Art. 1. An die Stelle der in Deutschland geltenden Landeswährungen tritt die Reichsgoldwährung. Ihre Rechnungseinheit bildet die Mark, wie solche durch § 2 des Gesetzes vom 4. Dezember 1871 ...[1]) festgestellt worden ist....[2])

---

derselben verkauft oder verwendet, oder blutige Operationen an denselben vornimmt; wer die Kadaver derselben abhäutet oder vorschriftswidrig eine Oeffnung derselben vornimmt;

3) wer der Vorschrift im § 37 zuwider die Kadaver gefallener oder getödteter rotzkranker Thiere abhäutet;

4) wer außer dem Falle polizeilicher Anordnung ohne vorherige rechtzeitige Anzeige bei der Kreispolizeibehörde die Pockenimpfung der Schafe vornimmt;

5) wer gegen die Vorschrift des § 42 Pferde, welche an der Beschälseuche, Pferde oder Viehstücke, welche an dem Bläschenausschlage der Geschlechtstheile leiden, zur Begattung zuläßt;

6) wer den zum Schutze gegen die Tollwuth der Hausthiere in den §§ 46, 47, 48 und 51 ertheilten Vorschriften zuwiderhandelt.

§ 74. Mit Geldstrafe bis zu 150 Mark oder Haft wird, sofern nicht eine höhere Strafe verwirkt ist (§§ 327 und 328 des Strafgesetzbuchs für das Deutsche Reich), bestraft:

1) wer den auf Grund des § 2 dieses Gesetzes angeordneten Einfuhrbeschränkungen zuwiderhandelt.

Neben der Strafe ist auf Einziehung der verbotswidrig eingeführten Thiere oder Gegenstände zu erkennen, ohne Unterschied, ob sie dem Verurtheilten gehören oder nicht;

2) wer den im Falle der Seuchengefahr polizeilich angeordneten Schutzmaßregeln (§§ 17 bis 26 und 50) zuwiderhandelt.

Sind die Zuwiderhandlungen gegen polizeiliche Anordnungen über die Verwendung der Theile und Produkte seuchenkranker oder verdächtiger Thiere (§ 18) oder über die unschädliche Beseitigung der Kadaver oder einzelner Theile derselben (§ 24) gerichtet, so tritt Geldstrafe nicht unter 50 Mark oder Haft nicht unter 3 Wochen ein.

1) Das Gesetz v. 4. Dezbr. 1871 betr. die Ausprägung von Reichsgoldmünzen (R. G. Bl. S. 404) ordnet die Prägung von Zehn-Mark- und Zwanzig-Mark-Stücken und die Einziehung anderer Goldmünzen auf Kosten des Reichs an.

2) Durch Kaiserl. Verordnung v. 22. Septbr. 1875 (R. G. Bl. S. 303) ist die Reichswährung im Reichsgebiet vom 1. Januar 1876 an eingeführt.

Art. 2. Das Gesetz ordnet die Ausprägung von Reichsgoldmünzen auch
Art. 3. zu fünf Mark, von Silber, Nickel- und Kupfermünzen an und
§ 4. trifft Bestimmung über die Münzstätten, die Höhe des Gesammt-
Art. 4 u. 5. betrages der nicht in Gold ausgeprägten Münzen und über die
Art. 6. Einziehung der Landesscheidemünze. Für die Ausprägung der
Art. 12. Reichsgoldmünzen bleibt das Gesetz vom 4. Dezbr. 1871 maßgebend.[1])

Art. 13. Der Bundesrath ist befugt:

1) den Werth zu bestimmen, über welchen hinaus fremde Gold- und Silbermünzen nicht in Zahlung angeboten und gegeben werden dürfen,[2]) sowie den Umlauf fremder Münzen gänzlich zu untersagen;

2) zu bestimmen, ob ausländische Münzen von Reichs- oder Landeskassen zu einem öffentlich bekannt zu machenden Kurse im inländischen Verkehr in Zahlung genommen werden dürfen, auch in solchem Falle den Kurs festzusetzen.

Gewohnheitsmäßige oder gewerbsmäßige Zuwiderhandlungen gegen die vom Bundesrathe in Gemäßheit der Bestimmungen unter 1 getroffenen Anordnungen werden bestraft mit Geldstrafe bis zu 150 Mark oder mit Haft bis zu sechs Wochen.[3])

Die folgenden Art. 14—18 betreffen den Uebergang der alten Währung in die Reichswährung und das Marksystem.[4])

---

1) Für das Zehn-Mark-Stück soll die Benennung „Krone", und für das Zwanzig-Mark-Stück die Benennung „Doppelkrone" von den Reichsbehörden angewendet werden. Allerh. Erlaß v. 17. Februar 1875 (R. G. Bl. S. 72).

2) Reichs-Silbermünzen ist man nur bis zum Betrage von zwanzig Mark und Reichs-Nickel- und Kupfermünzen nur bis zum Betrage von einer Mark in Zahlung zu nehmen verpflichtet. Art. 9.

3) Hiernach ist es strafbar, gewohnheits- oder gewerbsmäßig:

a) fremde Münzen, deren Umlauf der Bundesrath untersagt hat, in Umlauf zu setzen, d. h. als gültiges Zahlungsmittel in Verkehr zu bringen;

b) fremde Gold- und Silbermünzen zu einem höheren als dem vom Bundesrath bestimmten Werth in Zahlung anzubieten oder zu geben.

Gewerbemäßigkeit kann nach Lage der Sache bereits aus den Umständen eines einzelnen Falles hervorgehen. Neumann S. 262 Note 2.

4) Zur Ausführung des die Banknoten der bisherigen Landeswährungen und das Reichspapiergeld betreffenden Art. 18 sind das Reichsgesetz, betr. die Ausgabe von Banknoten v. 21. Dezbr. 1874 (R. G. Bl. S. 193), sowie das Reichsgesetz, betr. die Ausgabe von Reichskassenscheinen v. 30. April 1874 (R. G. Bl. S. 40) ergangen.

IX. Schulpolizei.

Allerhöchste Kabinetsordre

vom 14. Mai 1825,

betreffend den Schulzwang und die Schulzucht in den Provinzen, wo das Allgemeine Landrecht noch nicht eingeführt ist.[1])

(G. S. S. 149.)

Damit im ganzen Umfange der Monarchie die Schulzucht mit Erfolg gehandhabt und nirgend der Schulbesuch vernachlässiget werde; setze Ich . . . auch für diejenigen Landestheile, in welche das Allgemeine Landrecht bisher nicht eingeführt ist, in Uebereinstimmung mit den Vorschriften desselben, hierdurch fest:

1) Eltern, oder deren gesetzliche Vertreter, welche nicht nachweisen können, daß sie für den nöthigen Unterricht der Kinder in ihrem Hause sorgen, sollen erforderlichen Falls durch Zwangsmittel und Strafen angehalten werden, jedes Kind nach zurückgelegtem fünften Jahre zur Schule zu schicken;[2])

2) der regelmäßige Besuch der Lehrstunden in der Schule muß so lange fortgesetzt werden, bis das Kind, nach dem Befunde seines Seelsorgers, die einem jeden vernünftigen Menschen seines Standes nothwendigen Kenntnisse erworben hat;[3])

---

1) Die Bestimmungen des Allg. Landrechts §§ 43—46 Th. II. Titel 12 stimmen hiermit überein.

2) Für Dorfschaften, welche weiter als eine Viertelstunde von der Schule entfernt sind ist das sechste Jahr, und für die zerstreut liegenden Ortschaften Westfalens das siebente Jahr zugelassen. Koch, Kommentar z. A. L. R. Th. II. Tit. 12 Note 28. (Nach der Reg.-Verordnung v. 12. Juli 1869 für Potsdam **können** die Kinder in die Schule aufgenommen werden mit dem ersten auf ihren sechsten Geburtstag folgenden Aufnahmetermin, und **müssen** eintreten mit dem ersten auf ihren siebenten Geburtstag folgenden Aufnahmetermin.)

3) In der Regel mit Vollendung des vierzehnten Lebensjahres. (Für den Reg.-Bezirk Potsdam bestimmt die Verordnung v. 24. Juli 1880:

§ 1. Die Aufnahme und Entlassung der Schulkinder findet alljährlich nur einmal und zwar zu Ostern statt.

Die Aufnahme erfolgt zu Ostern mit dem Beginne des Schuljahres, wenn die Kinder in Gemäßheit des § 1 der Verordnung vom 12. Juli 1869 . . . für schulpflichtig zu erachten sind; die Entlassung mit dem Schlusse des Schuljahres, wenn die Kinder bis zum 30. April das vierzehnte Lebensjahr vollendet haben und gegen ihre Schulreife kein Bedenken obwaltet. . . ,

3) nur unter Genehmigung der Obrigkeit und des geistlichen Schulvorstehers,[1]) kann ein Kind länger von der Schule zurückgehalten, oder der Schulunterricht desselben, wegen vorkommender Hindernisse, auf einige Zeit ausgesetzt werden;[2])

---

§ 2. Machen besondere Verhältnisse die frühzeitigere Entlassung eines Schulkindes nothwendig, so kann dasselbe, wenn es die Schulreife besitzt und spätestens bis zum 30. September das vierzehnte Lebensjahr vollendet, schon zu Ostern entlassen werden.

Ueber die vorzeitige Schulentlassung eines Schulkindes entscheidet der Kreisschulinspektor, welchem die Bescheinigung über die Schulreife und über das Vorhandensein besonderer, die vorzeitige Entlassung des Kindes bedingenden Verhältnisse, vorzulegen ist....

§ 3. ... Ueberall da, wo eine zweimalige Einsegnung stattfindet, erfolgt die Aufnahme und Entlassung der Schulkinder alljährlich zweimal, zu Ostern und Michaelis ... [In letzterem Fall erfolgt die Entlassung, wenn bis zum 31. Oktober das vierzehnte Lebensjahr vollendet ist.]

§ 4. Altersdispensationen über die im vorigen Paragraphen bezeichnete Grenze hinaus finden der Regel nach nicht statt und können nur in besonderen Nothfällen von den Schulinspektoren bei der Aufsichtsbehörde in Antrag gebracht werden.)

1) Nach dem Gesetz v. 11. März 1872, betr. die Beaufsichtigung des Unterrichts- und Erziehungswesens (G. S. S. 183) gebührt die Ernennung der Lokal- und Kreis-Schulinspektoren dem Staate allein. Daß die Genehmigung von einem geistlichen Schulvorsteher ertheilt werde, ist daher nicht mehr erforderlich.

2) Die Strafen unentschuldigter Schulversäumniß sind in Bezirks-Polizei-Verordnungen enthalten. (Für den Reg.-Bezirk Potsdam bestimmt die Reg.-Verordnung v. 12. Juli 1869:

§ 4. Entschuldigt werden Schulversäumnisse nur:

1. durch Krankheit des Kindes; diese muß jedoch von den Eltern oder deren Vertretern sofort und binnen längstens zwei Tagen dem Lehrer angezeigt werden, damit sich derselbe von der Sachlage selbst überzeugen kann;
2. durch zeitweise Entbindung der Kinder vom Unterricht, wenn besonders dringende Gründe dies geboten erscheinen lassen; dieselbe kann auf die Dauer von vierzehn Tagen an Schulen, denen mit besonderer Instruktion versehene Rektoren vorstehen, durch diese, an den anderen Schulen durch den Lokalschulinspektor erfolgen und muß stets schriftlich ertheilt werden;...
3. wenn Kinder nicht am Ort der Schule wohnen und durch Unwetter vom Besuch der Schule zurückgehalten werden....

Verantwortlich im Uebertretungsfalle sind die Eltern oder deren gesetzliche Vertreter, jedoch soll ihre polizeiliche Bestrafung in der Regel erst erfolgen, wenn sie vorher einmal verwarnt worden sind. (Strafe: bis zu fünfzehn Mark zu Gunsten der Ortsschulkassen.)

4) die Schulzucht darf niemals bis zu Mißhandlungen ausgedehnt werden, die der Gesundheit des Kindes auch nur auf entfernte Art schädlich werden können;

5) Züchtigungen, welche in diesen der Schulzucht gesetzten Schranken verbleiben, sollen gegen die Lehrer nicht als strafbare Mißhandlungen oder Injurien behandelt werden;

6) wird das Maß der Züchtigung, ohne wirkliche Verletzung des Kindes, überschritten, so soll dieses von der dem Schulwesen vorgesetzten Provinzial-Behörde durch angemessene Disziplinarstrafen an dem Lehrer geahndet werden. Wenn dagegen dem Kinde, durch den Mißbrauch des Züchtigungsrechts, eine wirkliche Verletzung zugefügt wird, soll der Lehrer nach den bestehenden Gesetzen, im gerichtlichen Wege, bestraft werden. [1])

---

1) Eine Entscheidung des Reichsgerichts v. 4. April 1880 besagt hierüber: Ueberschreitet der Lehrer das ihm gewährte Züchtigungsrecht, indem er innerhalb der ihm gezogenen Züchtigungsgrenze eine Züchtigung vornimmt, die er im gegebenen Falle subjektiv für berechtigt erachtet, die aber thatsächlich auf einem objektiv unrichtigen Urtheil über das Verschulden des Zöglings oder über das Maß der anzuwendenden Strafe beruht, so ist er nicht kriminell wegen Körperverletzung zu verfolgen, und es bleibt in diesem Fall der Schulbehörde überlassen, den Lehrer disziplinell zur Verantwortung zu ziehen. Ueberschreitet dagegen der Lehrer das ihm gewährte Züchtigungsrecht dadurch, daß er wissentlich einen unschuldigen Schüler züchtigt oder daß er absichtlich eine mit dem Verschulden in keinem Verhältniß stehende harte Strafe verfügt, selbst wenn diese Strafe innerhalb der ihm gewährten Züchtigungsgrenze liegt und keine nachtheiligen Folgen für die Gesundheit des Schülers haben kann, oder daß er ein Strafmittel anwendet, dessen Anwendung ihm landesgesetzlich überhaupt untersagt ist, und zugleich erkennen läßt, daß es nicht auf eine dem Zweck der Schulstrafen dienende Züchtigung, sondern auf eine Mißhandlung abgesehen war, so ist er wegen Körperverletzung aus § 223 des Reichs-Strafgesetzbuches strafrechtlich zu verfolgen; die Landes-Schulgesetze, welche auch für diese Fälle nur eine disziplinelle Verantwortung vorschreiben, sind insoweit durch das Reichs-Strafgesetz aufgehoben worden.

X. Seewesen.

1. Strandungsordnung.

Reichsgesetz vom 17. Mai 1874.

(R. G. Bl. S. 73.)[1]

§ 4. Wer ein auf den Strand gerathenes oder sonst unweit desselben in Seenoth befindliches Schiff wahrnimmt, hat hiervon sofort dem zuständigen Strandvogt[2]) oder der nächsten Gemeindebehörde Anzeige zu machen. Der Ueberbringer der ersten Anzeige hat Anspruch auf eine angemessene Vergütung.

§ 7. Wider den Willen des Schiffers dürfen Maßregeln zum Zweck der Bergung oder Hülfsleistung nicht ergriffen werden. Insbesondere darf wider den Willen des Schiffers weder an das Schiff angelegt, noch dasselbe betreten werden. Ist das Schiff von der Schiffsbesatzung verlassen, so bedarf es zum Anlegen an dasselbe oder zum Betreten desselben, sofern nicht dringende Gefahr im Verzuge liegt, der Erlaubniß des Strandvogts.

Auf die Thätigkeit der Vereine zur Rettung Schiffbrüchiger finden diese Bestimmungen keine Anwendung.

§ 12. Ohne Genehmigung des Schiffers darf nichts aus dem Schiffe fortgeschafft werden. Auch hat zunächst der Schiffer darüber Bestimmung zu treffen, wohin die fortgeschafften Gegenstände sowie das Schiff selbst zu bringen sind. Sowohl jene Genehmigung als auch diese Bestimmung steht dem Strandvogt zu, wenn derselbe die Leitung des Verfahrens übernommen hatte. In Ermangelung einer Bestimmung des Schiffers oder des Strandvogts muß das Geborgene, sofern keine Hindernisse entgegenstehen, bei Verlust des Anspruchs auf Berge- oder Hülfslohn nach dem zunächst erreichbaren deutschen Hafen oder Landungsplatze gebracht und sofort der nächsten Polizeibehörde oder dem Strandvogt angezeigt werden. ...

§ 13. Werden einzelne Stücke der Ladung oder des Schiffs oder sonstige Gegenstände, welche auf dem Schiffe sich befunden, oder zu demselben gehört haben, an das Land getrieben, so hat derjenige, welcher dieselben birgt, dies sofort einem der mitwirkenden Beamten anzuzeigen und auf Erfordern die Sachen abzuliefern.

§ 20. Wenn außer dem Falle der Seenoth eines Schiffes besitzlos gewordene Gegenstände von der See auf den Strand geworfen oder gegen

1) Durch dieses Gesetz sind die Bestimmungen des Publikandums des Staatsraths v. 31. Dezbr. 1801 und Th. II. Tit. 15 §§ 81 ff. A. L. R. aufgehoben.

2) Die Strandvögte sind Strandämtern unterstellt, welchen die Verwaltung der Strandungsangelegenheiten obliegt. Vergl. Verzeichniß im Centralbl. f. d. D. R. 1877 S. 283. Die Oberaufsicht steht dem Reiche zu.

denselben getrieben, und vom Strande aus geborgen werden, so haben auch in diesen Fällen die Berger Anspruch auf Bergelohn nach den Vorschriften des Allgemeinen Deutschen Handelsgesetzbuchs, Buch V. Titel 9. Sie sind verpflichtet, bei Verlust des Anspruchs auf Bergelohn von den geborgenen Gegenständen der nächsten Polizeibehörde oder dem Strandvogt sofort Anzeige zu machen, und dieselben zur Verfügung zu stellen.

§ 21. Denselben Anspruch und dieselbe Verpflichtung haben die Berger, wenn versunkene Schiffstrümmer oder sonstige Gegenstände vom Meeresgrunde heraufgebracht, oder wenn ein verlassenes Schiff oder sonstige besitzlos gewordene Gegenstände, in offener See treibend, von einem Fahrzeuge geborgen werden.

Die Verpflichtung tritt in diesem Falle ein, sobald das bergende Fahrzeug nach der Bergung an der deutschen Küste anlegt oder vor Anker geht, fällt aber fort, wenn das Fahrzeug inzwischen an einer fremden Küste angelegt hat, oder vor Anker gegangen ist, und die Berger dort die geborgenen Gegenstände dem Eigenthümer oder einer Behörde zur Verfügung gestellt haben.

§ 43. Wer den Vorschriften der §§ 4, 7 Abs. 1, 12 Abs. 1, 13, 20, 21 zuwiderhandelt, wird, sofern nicht nach allgemeinen Strafgesetzen eine höhere Strafe verwirkt ist, mit Geldstrafe bis zu einhundertfünfzig Mark oder mit Haft bestraft.[1])

---

2. Seemannsordnung.

Reichsgesetz vom 27. Dezember 1872.

(R. G. Bl. S. 409.)

Dieses Gesetz regelt auf Grund der Art. 4, 7 und 54 der Reichsverfassung, unter Aufhebung des 4. Titels des fünften Buches des Handelsgesetzbuchs und der früheren Landesgesetze,[2]) die Rechtsverhältnisse des Schiffsgesindes auf solchen Kauffahrteischiffen, welche die Reichsflagge zu führen berechtigt sind.[3]) § 1.

---

1) In § 9 dieses Gesetzes ist ferner noch eine Strafvorschrift insofern enthalten, als hinsichtlich der Verpflichtung, bei Seenoth den polizeilichen (d. h. des Strandvogts) Aufforderungen zur Hülfe Folge zu leisten, auf § 360 Nr. 10 St. G. B. verwiesen und bestimmt wird, daß, wer den Anordnungen des Strandvogts nicht Folge leistet, mit der dort angedrohten Strafe (Geldstrafe bis einhundertfünfzig Mark oder Haft) zu belegen ist.

2) Gesetz betr. die Rechtsverhältnisse der Schiffsmannschaft auf den Seeschiffen v. 26. März 1864 (G. S. S. 693) und Gesetz v. 31. März 1841 zur Aufrechterhaltung der Mannszucht auf den Seeschiffen (G. S. S. 64).

3) Siehe Bundesgesetz v. 25. Oktober 1867 (B. G. Bl. S. 35). Es sind dies

§ 2. Als „Schiffer" ist danach der Führer des Schiffes (Schiffskapitän), bei seiner Verhinderung dessen Stellvertreter anzusehen,
§ 3. die „Schiffsmannschaft" umfaßt auch die Schiffsoffiziere, und in Bezug auf Rechte und Pflichten stehen der Mannschaft auch die als Maschinisten und Aufwärter ꝛc. auf dem Schiff angestellten
§ 24. Personen gleich. Das Vertragsverhältniß (Heuervertrag) ist durch schriftliche Abfassung nicht bedingt, der Dienstantritt beginnt aber
§ 11. erst mit der Anmusterung. Diese besteht in der Verlautbarung des mit dem Schiffsmann geschlossenen Heuervertrages vor einem Seemannsamte,[1]) welches die Verhandlung (die in der Regel
§ 12. mehrere Personen gleichzeitig betrifft) als Musterrolle ausfertigt. Diese enthält: Namen und Nationalität des Schiffs, Namen und Wohnort des Schiffers, Namen, Wohnort und dienstliche Stellung jedes Schiffsmanns und dessen Kompetenzen in

---

nur solche Seeschiffe, welche im ausschließlichen Eigenthum von Deutschen oder von im Deutschen Reich ihren Sitz habenden Gesellschaften sich befinden.

[Dieses Gesetz enthält übrigens folgende, ausschließlich der Kompetenz der Strafkammern unterliegende Strafbestimmungen:

§ 13. Wenn ein Schiff, welches gemäß der Bestimmung des § 2 zur Führung der (Reichs-) Flagge nicht berechtigt ist, unter der (Reichs-) Flagge fährt, so hat der Führer des Schiffes Geldbuße bis zu eintausendfünfhundert Mark oder Gefängnißstrafe bis zu sechs Monaten verwirkt; auch kann auf Konfiskation des Schiffes erkannt werden.

§ 14. Wenn ein Schiff, welches gemäß § 10 sich der Führung der (Reichs-) Flagge enthalten muß, weil die Eintragung in das Schiffsregister oder die Ausfertigung des Schiffscertifikats noch nicht erfolgt ist, unter der (Reichs-) Flagge fährt, so hat der Führer des Schiffes Geldbuße bis zu dreihundert Mark oder verhältnißmäßige Gefängnißstrafe verwirkt, sofern er nicht nachweist, daß der unbefugte Gebrauch der (Reichs-) Flagge ohne sein Verschulden geschehen sei.

§ 15. Die im § 14 angedrohte Strafe hat auch derjenige verwirkt, welcher eine nach den Bestimmungen des § 12 ihm obliegende Verpflichtung [nämlich die Anzeige von solchen Thatsachen durch den Rheder, welche eine Eintragung oder Löschung im Schiffsregister erforderlich machen] binnen der sechswöchentlichen Frist nicht erfüllt, sofern er nicht beweist, daß er ohne sein Verschulden außer Stande gewesen sei, dieselbe zu erfüllen. Die Strafe tritt nicht ein, wenn vor Ablauf der Frist die Verpflichtung von einem Mitverpflichteten [Mitrheder] erfüllt ist. Die Strafe wird gegen denjenigen verdoppelt, welcher die Verpflichtung auch binnen sechs Wochen nach Ablauf des Tages, an welchem das ihn verurtheilende Erkenntniß rechtskräftig geworden ist, zu erfüllen versäumt.]

1) Seemannsämter sind im Bundesgebiet die Musterungsbehörden der einzelnen Staaten (vergl. das Verzeichniß der Seemannsämter und die Bekanntmachung des Reichskanzlers v. 18. April 1877 im Centralbl. f. d. D. R. S. 219) und im Auslande die Konsulate des Deutschen Reichs. § 4 d. G.

Bezug auf Speise und Trank. Gleichzeitig wird ein Vermerk in das Seefahrtsbuch eingetragen, welches jeder Schiffsmann, § 14. bevor er überhaupt als solcher in Dienst tritt, sich zu beschaffen § 5-9. verpflichtet ist und welches über jeden Dienst-Antritt und Austritt sowie über die Militairverhältnisse des Inhabers Auskunft geben muß. Der Schiffer hat dasselbe für die Dauer des Dienstverhältnisses zu verwahren. Nach Beendigung desselben erfolgt § 14. die Abmusterung vor dem Seemannsamt desjenigen Hafens, § 16. wo das Schiff liegt, oder welches zuerst angegangen werden kann; vor derselben ist dem Schiffer im Seefahrtsbuch die Dauer der § 17. Dienstzeit zu bescheinigen. Ein etwa verlangtes Führungszeugniß darf aber nicht darin eingetragen werden. Die Abmusterung wird von dem Seemannsamt in dem Seefahrtsbuch und in der §. 20. Musterrolle vermerkt. Letztere wird dem Seemannsamt nach be- § 21. endeter Reise überliefert und durch dieses an das Seemannsamt des Heimathhafens übersendet.

Zur Musterung hat sich jeder Schiffer, wenn nicht ein un- § 10. abwendbares Hinderniß entgegensteht, auf Aufforderung des Schiffers zu stellen, und ebenso muß er, wenn kein solches Hinder- § 15. niß vorliegt, nach der Musterung den Dienst antreten oder sich über das Hinderniß gegen den Schiffer und das Seemannsamt sobald wie möglich ausweisen. Er ist verpflichtet, während der ganzen Reise, einschließlich etwaiger Zwischenreisen, bis zur Be- § 54. endigung der Rückreise im Dienst zu bleiben und kann seine Entlassung erst verlangen, wenn die Ladung gelöscht, das Schiff § 55. gereinigt und im Hafen festgemacht, auch die etwa erforderliche Verklarung [1]) abgelegt ist. Im Auslande darf er, außer im Fall § 64. eines Flaggenwechsels, den Dienst nicht ohne Genehmigung eines Seemannsamts (Konsulats) verlassen und nicht ohne dieselbe zu- § 71. rückgelassen werden.

Das Gesetz regelt im Abschnitt III (§§ 24—71) ausführlich die civilrechtliche Seite dieses Vertragsverhältnisses und enthält im Abschnitt IV (§§ 72—80) Disziplinarbestimmungen, inhalts deren insbesondere verboten ist, Güter an Bord zu bringen oder § 75.

1) Siehe Art. 490 ff. Handelsgesetzbuch. Danach muß der Schiffer über alle Unfälle eines Schiffes während der Reise im Bestimmungs- oder im Nothhafen mit Zuziehung aller Personen der Schiffsbesatzung Bericht vor dem zuständigen Gericht erstatten.

§ 76. mehr Branntwein und Taback, als der Reisebedarf erfordert, an Bord zu bringen, ohne Erlaubniß des Schiffers. Dieser kann die Güter über Bord werfen und die geistigen Getränke bez. den
§ 77. Taback für dem Schiff verfallen erklären, muß aber seine An-
§ 80. ordnungen in das Schiffsjournal eintragen, ebenso die sonstigen
§ 79. Maßregeln, die er zur Aufrechthaltung der Disziplin hat ergreifen müssen.

Abschnitt V.

Strafbestimmungen.

§ 81. Ein Schiffsmann, welcher nach Abschluß des Heuervertrages sich verborgen hält, um sich dem Antritte des Dienstes zu entziehen, wird mit Geldstrafe bis zu sechszig Mark gestraft. Die Verfolgung tritt nur auf Antrag ein.[1])

Wenn ein Schiffsmann, um sich der Fortsetzung des Dienstes zu entziehen, entläuft oder sich verborgen hält, so tritt Geldstrafe bis zu dreihundert Mark oder Gefängnißstrafe bis zu drei Monaten ein. Die Verfolgung tritt nur auf Antrag ein. . . .[2])

§ 83. Hat der Schiffsmann sich dem Dienste in einem der Fälle des § 61, 1 und 3[3]) ohne Genehmigung des Seemannsamtes (§ 64) entzogen, so tritt Geldstrafe bis zum Betrage einer Monatsheuer ein.

---

1) Zuständig ist im Fall des Absatz 1 zunächst das Seemannsamt. § 107 d. G. Wird aber gegen dessen Bescheid binnen zehn Tagen auf gerichtliche Entscheidung angetragen, so finden die §§ 455—458 St. P. O. (also Verhandlung vor dem Schöffengericht) Anwendung. § 5 Einf. G. z. St. P. O.

2) [Entläuft der Schiffsmann mit der Heuer oder hält er sich mit derselben verborgen, um sich dem Dienstantritt zu entziehen, so greift § 298 St. G. B. Platz, wonach auf Gefängniß bis zu Einem Jahre zu erkennen ist. Nach § 36 dieses Gesetzes ist jedoch die Heuer erst nach Beendigung der Reise zu zahlen, die strengere Bestimmung wird daher selten Platz greifen, wenn nämlich der Schiffsmann einen Theil der Heuer als Vorschuß oder Handgeld angenommen hat.]

3) § 61 dieses Gesetzes lautet:

Der Schiffsmann kann seine Entlassung fordern:

1) wenn sich der Schiffer einer schweren Verletzung seiner ihm gegen denselben obliegenden Pflichten, insbesondere durch Mißhandlung oder durch grundlose Vorenthaltung von Speise und Trank schuldig macht;
2) wenn das Schiff die Flagge wechselt;
3) wenn nach Beendigung der Ausreise eine Zwischenreise beschlossen, oder wenn eine Zwischenreise beendigt ist, sofern seit dem Dienstantritt zwei oder drei Jahre, je nachdem das Schiff in einem europäischen (§ 70) oder in einem nichteuropäischen Hafen sich befindet, verflossen sind.

Der Wechsel des Rheders oder Schiffers giebt dem Schiffsmann kein Recht, die Entlassung zu fordern.

§ 84. Mit Geldstrafe bis zum Betrage einer Monatsheuer wird ein Schiffsmann bestraft, welcher sich einer gröblichen Verletzung seiner Dienstpflichten schuldig macht.

Als Verletzung der Dienstpflicht in diesem Sinne wird insbesondere angesehen:

Nachlässigkeit im Wachdienste;
Ungehorsam gegen den Dienstbefehl eines Vorgesetzten;
ungebührliches Betragen gegen Vorgesetzte, gegen andere Mitglieder der Schiffsmannschaft oder gegen Reisende;
Verlassen des Schiffes ohne Erlaubniß oder Ausbleiben über die festgesetzte Zeit;
Wegbringen eigener oder fremder Sachen von Bord des Schiffes und an Bord bringen oder an Bord bringen lassen von Gütern oder sonstigen Gegenständen ohne Erlaubniß;
eigenmächtige Zulassung fremder Personen an Bord und Gestattung des Anlegens von Fahrzeugen an das Schiff;
Trunkenheit im Schiffsdienste;
Vergeudung, unbefugte Veräußerung oder bei Seite bringen von Proviant.

Gegen Schiffsoffiziere kann die Strafe bis auf den Betrag einer zweimonatlichen Heuer erhöht werden.

Wenn die Heuer nicht zeitweise bedungen ist, so wird die Strafe auf einen nach dem Ermessen des Seemannsamtes der Monatsheuer entsprechenden Geldbetrag bestimmt.

Die Verfolgung tritt nur auf Antrag ein. Der Antrag ist bis zur Abmusterung zulässig.[1])

§ 86. Ein Schiffsmann, welcher den wiederholten Befehlen des Schiffers oder eines anderen Vorgesetzten den schuldigen Gehorsam verweigert, wird mit Gefängniß bis zu drei Monaten oder mit Geldstrafe bis zu dreihundert Mark bestraft.

§ 87. [Wenn zwei oder mehrere zur Schiffsmannschaft gehörige Personen dem Schiffer oder einem anderen Vorgesetzten den schuldigen Gehorsam auf Verabredung gemeinschaftlich verweigern, so tritt gegen jeden Betheiligten Gefängnißstrafe bis zu Einem Jahre ein. Der Rädelsführer wird mit Gefängniß bis zu drei Jahren bestraft.

Sind mildernde Umstände vorhanden, so kann auf Geldstrafe bis zu sechshundert Mark erkannt werden.

Der Rädelsführer wird mit Gefängniß bis zu zwei Jahren bestraft.]

§ 88. [Ein Schiffsmann, welcher zwei oder mehrere zur Schiffsmannschaft gehörige Personen zur Begehung einer nach den §§ 87 und

---

1) Auch hier ist zunächst das Seemannsamt zuständig. § 101 d. G. — Voraussetzung der Strafverfolgung ist die Eintragung der Dienstpflichtverletzung in das Schiffsjournal. § 85 d. G.

Die eventuell zu substituirende Freiheitsstrafe ist Haft, selbst dann, wenn die Strafe mehr als einhundertfünfzig Mark beträgt. § 101 d. G. (Z. B. bei einem Schiffsoffizier. Neumann S. 248.)

91 strafbaren Handlung auffordert, ist gleich dem Anstifter zu bestrafen, wenn die Aufforderung die strafbare Handlung oder einen strafbaren Versuch derselben zur Folge gehabt hat.]

Ist die Aufforderung ohne Erfolg geblieben, so tritt im Falle des § 87 Geldstrafe bis zu dreihundert Mark, [im Falle des § 91 Geldstrafe bis zu sechshundert Mark oder Gefängnißstrafe bis zu Einem Jahre] ein.

§ 89. [Ein Schiffsmann, welcher es unternimmt, den Schiffer oder einen andern Vorgesetzten durch Gewalt oder durch Bedrohung mit Gewalt, oder durch Verweigerung der Dienste zur Vornahme oder zur Unterlassung einer dienstlichen Verrichtung zu nöthigen, wird mit Gefängniß bis zu zwei Jahren bestraft. Sind mildernde Umstände vorhanden, so kann auf Geldstrafe bis zu sechshundert Mark erkannt werden.]

§ 90. [Dieselben Strafbestimmungen (§ 89) finden auf den Schiffsmann Anwendung, welcher es unternimmt, dem Schiffer oder einem anderen Vorgesetzten durch Gewalt oder durch Bedrohung mit Gewalt Widerstand zu leisten oder den Schiffer oder einen anderen Vorgesetzten thätlich anzugreifen.]

§ 91. [Wenn eine der in den §§ 89, 90 bezeichneten Handlungen von mehreren Schiffsleuten auf Verabredung gemeinschaftlich begangen wird, so kann die Strafe bis auf das Doppelte des angedrohten Höchstbetrages erhöht werden.

Der Rädelsführer, sowie diejenigen, welche gegen den Schiffer oder gegen einen anderen Vorgesetzten Gewaltthätigkeiten verüben, werden mit Zuchthaus bis zu fünf Jahren oder mit Gefängniß von gleicher Dauer bestraft; auch kann auf Zulässigkeit von Polizeiaufsicht erkannt werden. Sind mildernde Umstände vorhanden, so tritt Gefängnißstrafe nicht unter drei Monaten ein.]

§ 92. [Ein Schiffsmann, welcher solchen Befehlen des Schiffers oder eines andern Vorgesetzten den Gehorsam verweigert, welche sich auf die Abwehr oder auf die Unterdrückung der in den §§ 89, 90 bezeichneten Handlungen beziehen, ist als Gehülfe zu bestrafen.]

§ 93. Mit Geldstrafe bis zu sechszig Mark oder mit Haft bis zu vierzehn Tagen wird bestraft ein Schiffsmann, welcher

1) bei Verhandlungen, die sich auf die Ertheilung eines Seefahrtsbuches, auf eine Eintragung in dasselbe oder auf eine Musterung beziehen, wahre Thatsachen entstellt oder unterdrückt oder falsche vorspiegelt, um ein Seemannsamt zu täuschen;
2) es unterläßt, sich gemäß § 10 zur Musterung zu stellen;
3) im Falle eines dem Dienstantritt entgegenstehenden Hindernisses unterläßt, sich hierüber gemäß § 15 gegen das Seemannsamt auszuweisen.[1]

Durch die Bestimmung der Ziffer 1 wird die Vorschrift des § 271 des Strafgesetzbuchs nicht berührt.[2]

---

1) Zuständig ist zunächst das Seemannsamt. § 101 d. G.

2) § 271 St. G. B. lautet: [Wer vorsätzlich bewirkt, daß Erklärungen, Ver-

§ 94. Wer wider besseres Wissen eine auf unwahre Behauptungen gestützte Beschwerde über Seeuntüchtigkeit des Schiffs oder Mangelhaftigkeit des Proviants bei einem Seemannsamte vorbringt und auf Grund dieser Behauptungen eine Untersuchung veranlaßt, wird mit Gefängniß bis zu drei Monaten bestraft.

Wer leichtfertig eine auf unwahre Behauptungen gestützte Beschwerde über Seeuntüchtigkeit des Schiffs oder Mangelhaftigkeit des Proviants bei einem Seemannsamte vorbringt und auf Grund dieser Behauptungen eine Untersuchung veranlaßt, wird mit Geldstrafe bis zu dreihundert Mark bestraft.[1])

§ 96. [Der Schiffer oder sonstige Vorgesetzte, welcher einem Schiffsmann gegenüber seine Disziplinargewalt mißbraucht, wird mit Geldstrafe bis zu neunhundert Mark oder mit Gefängniß bis zu Einem Jahre bestraft.]

§ 97. [Der Schiffer, welcher seine Verpflichtung, für die gehörige Verproviantirung des Schiffes zu sorgen, vorsätzlich nicht erfüllt, wird mit Gefängniß bestraft, neben welchem auf Geldstrafe bis zu eintausendfünfhundert Mark, sowie auf Verlust der bürgerlichen Ehrenrechte erkannt werden kann.

Hat der Schiffer die Erfüllung der Verpflichtung fahrlässiger Weise unterlassen, so ist, wenn in Folge dessen der Schiffsmannschaft die gebührende Kost nicht gewährt werden kann, auf Geldstrafe bis zu sechshundert Mark oder Gefängniß bis zu Einem Jahre zu erkennen.]

§ 98. Mit Geldstrafe bis zu dreihundert Mark, mit Haft oder mit Gefängniß bis zu drei Monaten wird ein Schiffer bestraft, welcher einen Schiffsmann im Auslande ohne Genehmigung des Seemannsamtes zurückläßt (§ 71).

§ 99. Mit Geldstrafe bis zu einhundertfünfzig Mark oder mit Haft wird bestraft ein Schiffer, welcher

1) den ihm in Ansehung der Musterung obliegenden Verpflichtungen nicht genügt (§ 10)
2) bei Verhandlungen, welche sich auf eine Musterung oder eine Eintragung in ein Seefahrtsbuch beziehen, wahre Thatsachen entstellt oder unterdrückt, oder falsche vorspiegelt, um ein Seemannsamt zu täuschen;[2])

---

handlungen oder Thatsachen, welche für Rechte oder Rechtsverhältnisse von Erheblichkeit sind, in öffentlichen Urkunden, Büchern oder Registern als abgegeben oder geschehen beurkundet werden, während sie überhaupt nicht oder in anderer Weise oder von einer Person in einer ihr nicht zustehenden Eigenschaft oder von einer anderen Person abgegeben oder geschehen sind, wird mit Gefängniß bis zu sechs Monaten oder mit Geldstrafe bis zu dreihundert Mark bestraft.]

1) Eine Disziplinarbestrafung wegen einer solchen That schließt die Bestrafung nicht aus, kann aber bei der Strafabmessung berücksichtigt werden. § 95 d. G.

2) Sind die Thatsachen für Rechte oder Rechtsverhältnisse erheblich, so kann auch hier § 271 St. G. B. Platz greifen. Siehe Absatz 2.

3) bei Todesfällen die Beschaffung und Uebergabe des vorgeschriebenen Nachweises unterläßt oder die ihm obliegende Fürsorge für den Nachlaß verabsäumt (§§ 52, 53);
4) eine der in den §§ 77 und 80 vorgeschriebenen Eintragungen in das Schiffsjournal unterläßt;
5) den ihm bei Vergehen und Verbrechen nach §§ 102 und 103 obliegenden Verpflichtungen nicht genügt;
6) dem Schiffsmann ohne dringenden Grund die Gelegenheit versagt, die Entscheidung des Seemannsamtes nachzusuchen (§§ 105, 106);
7) einem Schiffsmanne grundlos Speise oder Trank vorenthält;
8) es unterläßt, dafür Sorge zu tragen, daß ein Exemplar dieses Gesetzes, sowie der maßgebenden Vorschriften über Kost und Logis im Volkslogis zugänglich ist (§ 108).[1])

Durch die Bestimmung der Ziffer 2 wird die Vorschrift des § 271 des Strafgesetzbuchs nicht berührt.

§ 101. ... Wird eine Strafe festgesetzt, so ist die Dauer der für den Fall des Unvermögens an Stelle der Geldstrafe tretenden Haft zu bestimmen....

§ 107. Die Geldstrafen fließen der Seemannskasse und in deren Ermangelung der Ortsarmenkasse des Heimathshafens des Schiffes zu, welchem der Thäter zur Zeit der Strafthat angehörte.

---

3. Reichsgesetz, betreffend die Verpflichtung deutscher Kauffahrteischiffe zur Mitnahme hülfsbedürftiger Seeleute.

Vom 27. Dezember 1872.

(R. G. Bl. S. 432.)

§ 1. Jedes deutsche Kauffahrteischiff,[2]) welches von einem außerdeutschen Hafen nach einem deutschen Hafen oder nach einem Hafen des Kanals, Großbritanniens, des Sundes oder des Kattegats oder nach einem außerdeutschen Hafen der Nordsee oder der Ostsee bestimmt ist, ist verpflichtet, deutsche Seeleute, welche im Auslande sich in hülfsbedürftigem Zustande befinden, behufs ihrer Zurückbeförderung nach Deutsch-

---

1) Zuständig ist in allen Fällen des § 99 zunächst das Seemannsamt. Dasselbe hat übrigens betreffs aller Streitigkeiten zwischen Schiffer und Schiffsmann die Verpflichtung, die gütliche Ausgleichung derselben zu versuchen. § 104 d. G.

2) Ob das Schiff zur Führung der Reichsflagge befugt ist (vergl. Seemannsordnung § 1), ist gleichgiltig.

land auf schriftliche Anweisung des Seemannsamtes gegen eine Entschädigung (§ 5) nach seinem Bestimmungshafen mitzunehmen.

In Ansehung ausländischer Seeleute, welche unmittelbar nach einem Dienste auf einem deutschen Kauffahrteischiffe außerhalb Deutschlands sich in einem hülfsbedürftigen Zustande befinden, liegt den nach deren Heimathslande bestimmten deutschen Kauffahrteischiffen eine gleiche Verpflichtung ob.

Zur Erfüllung dieser Verpflichtungen kann der Schiffer vom Seemannsamt zwangsweise angehalten werden.

§ 8. Wer sich der Erfüllung einer ihm nach § 1 obliegenden Verpflichtung entzieht, wird mit Geldstrafe bis zu einhundertfünfzig Mark oder mit Haft bestraft. . . . [1])

4. Reichsgesetz, betreffend die Registrirung und Bezeichnung der Kauffahrteischiffe.

Vom 28. Juni 1873.

(R. G. Bl. S. 184.)

§ 3. Jedes in das Schiffsregister eingetragene Schiff muß
1) seinen Namen auf jeder Seite des Bugs
und
2) seinen Namen und den Namen des Heimathshafens am Heck
an den festen Theilen in gut sichtbaren und fest angebrachten Schriftzeichen führen.

§ 4. Im Falle einer Zuwiderhandlung gegen die Vorschriften des § 3 hat der Führer des Schiffes Geldstrafe bis zu einhundertfünfzig Mark oder Haft verwirkt. [2])

1) Die Entscheidung, zugleich über die nach § 3 berechtigten Weigerungsgründe, steht dem Seemannsamt in erster Instanz zu. Gegen dieselbe kann auf gerichtliche Entscheidung angetragen werden (§ 101 Seemanns-Ordnung).

2) Durch dieses Gesetz ist § 17 des Gesetzes v. 25. Oktober 1867 betr. die Nationalität der Kauffahrteischiffe und ihre Befugniß zur Führung der Bundesflagge (B. G. Bl. S. 35) ersetzt worden.

XI. Verkehrspolizei.

1. Landstraßen und Wege.

Das A. L. R. Th. II. Tit. 15 nimmt betreffs der Unterhaltung der Landstraßen auf die Provinzialgesetze und besonderen
§ 15. Wegeordnungen [1]) Bezug, und bestimmt, daß einem Jeden der freie Gebrauch der Landstraßen zum Reisen und Fortbringen
§ 7. seiner Sachen gestattet sei, aber nur so, daß Andere „an dem
§ 25. gleichmäßigen Gebrauche des Weges nicht gehindert werden, noch zu Zänkereien oder gar Thätlichkeiten über das Ausweichen Anlaß gegeben werde.“ [2])

---

1) Diese sind nach Koch, Kommentar Bd. 4a S. 742 Note 9:
für Ostpreußen: Wegereglement v. 24. Juni 1764,
„ Westpreußen und den ehemaligen Netze-Distrikt: Wegeregl. v. 4. Mai 1796,
„ Pommern, Lauenburg und Bütow: Wegeregl. v. 25. Juni 1752,
„ Kur- und Neumark: Edikt v. 18. April 1792 und Verordnung v. 15. Juni 1803,
„ das Oderbruch in der Mittel- und Neumark: Teich- 2c. Ordnung v. 23. Januar 1769,
„ das Warthebruch: Deich- 2c. Ordnung v. 27. März 1802,
„ Magdeburg und a.: Magdeburger Polizei-O. v. 3. Januar 1688 und Wege-O. v. 19. Novbr. 1769,
„ Westfalen (Tecklenburg und Lingen): Edikt v. 10. Septbr. 1735.
„ Schlesien: Wege-Ordnung v. 11. Januar 1767.

2) (Für den Reg.-Bezirk Potsdam ist maßgebend:
Die Wege-Polizei-Ordnung v. 11. Juni 1852 (v. Wichert, S. 395). Dieselbe enthält folgende Verbotsbestimmungen:

§ 9. Niemand darf öffentliche Wege, Dämme oder Brücken oder die dazu gehörigen Anlagen, als: Baumpflanzungen, Hecken, Gräben, Durchlässe, Wälle, Wegweiser, Meilenzeiger, Tafeln, Prell- und Baumpfähle, Merk- und Warnungszeichen, Strohwische u. dergl. zerstören oder beschädigen, bezw. fortnehmen oder unkenntlich machen.

§ 10. Es ist verboten, öffentliche Wege durch Abgraben oder Abpflügen in ihrem Bestande zu verringern oder von denselben Erde, Steine oder Rasen wegzunehmen.

§ 11. Das Ueberziehen der öffentlichen Wege mit Pflügen, Eggen oder ähnlichen Geräthschaften und das Herumpflügen um die an solchen Wegen stehenden Bäume ist untersagt.

§ 12. Niemand darf auf öffentlichen Wegen oder Plätzen Gegenstände, welche den freien Verkehr hindern, aufstellen, hinlegen oder liegen lassen.

§ 26. Alle Fuhr- und Landleute, auch andere Reisende ohne Unterschied des Standes, müssen den ordinären und Extraposten, wenn diese hinter ihnen kommen, oder ihnen begegnen, aus dem Wege fahren, und sie ohne Schwierigkeit vorbeilassen, sobald der Postillon ins Horn stößt.

§ 27. Außer diesen Fällen müssen ledige oder bloß mit Personen besetzte Wagen und Kutschen, allen mit Sachen und Effekten beladenen Wagen, wohin auch Kutschen, die Koffer oder sonstige Bagage führen, zu rechnen sind, ausweichen.

§ 28. Begegnen sich zwei beladene oder zwei ledige Wagen: so müssen beide auf der rechten Seite zur Hälfte ausweichen.

§ 29. Kann einer rechter Hand nicht ausweichen: so muß dieses von dem anderen ganz geschehen.

§ 30. Fehlt es auch dazu am Raume: so muß in dem Falle des § 27 derjenige, welcher zum Ausweichen verbunden ist, sowie in dem Falle des § 28 der, welcher den andern zuerst gewahr wird, an einem schicklichen Orte so lange still halten, bis der andere Wagen vorüber ist.

§ 31. Kommt ein Wagen von einem Berge oder von einer steilen Anhöhe herunter, und ein anderer Wagen fährt hinauf: so ist der letztere jederzeit zum Ausweichen verbunden, er mag schwerer beladen sein oder nicht.

§ 32. Bei hohlen Wegen oder andern engen Pässen, muß jeder zuvor stille halten, und nach gegebenem deutlichen Zeichen mit dem Horne, mit der Peitsche, oder auf andere Art, so lange warten, bis er versichert ist, daß kein anderer Wagen sich schon darin befindet.

§ 33. Ist der hohle Weg oder enge Paß von solcher Länge, daß die gegebenen Zeichen von einem Ende bis zum andern nicht deutlich gehört oder wahrgenommen werden können: so muß an solchen Plätzen,

---

§ 13. Von der Beachtung der vorstehenden Verbots-Bestimmungen sind nur diejenigen Personen entbunden, welche zum Zweck der Wegebesserung oder sonst zur Vornahme der verbotenen Handlungen besonders berechtigt sind.

§ 14. Das Fahren und Reiten über Brücken anders als im Schritt ist untersagt.

§ 15. Wer sich von seinen auf öffentlichen Wegen und Plätzen angespannt oder angeschirrt stehenden Pferden entfernen muß, hat während dieser Zeit die Aufsicht über dieselben einem zuverlässigen Stellvertreter zu übergeben, oder, wo dies nicht angänglich ist, sonstige zur Verhütung von Unglücksfällen nöthige Vorsorge durch Absträngen der Zugpferde 2c. zu treffen.

§ 16 [wiederholt die Bestimmungen der obigen §§ 26—33 A. L. R. Th. II. Tit. 15.]

§ 17 [wiederholt die Bestimmung des § 34 l. c. und fügt hinzu:] Niemand darf überhaupt auf öffentlichen Straßen oder Plätzen das Vorbeifahren Anderer muthwillig hindern.

§ 18. Wenn Vieh auf Wegen, denen die erforderliche Breite fehlt, zur Weide gebracht wird, so muß dasselbe an Stricken geführt werden.

Strafe: Ein- bis sechszig Mark oder Haft bis zu vierzehn Tagen.

wo Raum zum Ausweichen ist, aufs neue gewartet, und das Zeichen wiederholt werden.

§ 34. Außer den Posten muß jeder vorfahrende Wagen dem hinten folgenden und schneller fahrenden, wenn dieser nicht anders vorkommen kann und der Raum es erlaubt, auf ein gegebenes Zeichen so weit ausweichen, als es nöthig ist, damit letzterer seinen Weg fortsetzen könne. 1)

---

2. Kunststraßen.

a. Verordnung, den Verkehr auf den Kunststraßen betreffend.

Vom 17. März 1839.

(G. S. S. 80.)

§ 1. Beim Befahren aller zusammenhängenden Kunststraßen soll an allem gewerbsmäßig betriebenen Frachtfuhrwerk, 2) **sowohl dem zwei- als dem vierrädrigen, ohne Unterschied der Bespannung der Beschlag der Radfelgen (d. h. der auf die Felgen gelegten Metallreifen) eine Breite von mindestens vier Zoll haben. . . .** 3)

§§ 2—8 (regeln das Gewicht der Ladung dieser Fuhrwerke, welche höchstens einhundertzwanzig Ctr. betragen darf, außer bei untheilbaren Lasten, sowie das Gewicht der Wagen, welches höchstens fünfzig Ctr. betragen darf). 4)

---

1) Die in §§ 15—17 der zusätzlichen Bestimmungen des Chausseegeldtarifs v. 29. Februar 1840 enthaltenen Strafandrohungen (Ein bis fünfzehn Mark) finden auch auf die Uebertretungen der Vorschriften der §§ 26—34 A. L. R. Anwendung. Verfügung des Min. d. J. v. 18. April 1843 (M. Bl. S. 90).

2) Unter Frachtfuhrwerk sind überhaupt alle zum Lastfahren dienenden Fuhrwerke zu verstehen. Wenn Fuhrwerke der Landwirthe und Ackerbürger gelegentlich einmal zu Lastfuhren gegen Lohn gebraucht werden, so begründet dies keinen gewerbsmäßigen Betrieb. Cirkular-Verfügung des Min. d. Fin. v. 16. Februar 1840 (M. Bl. d. i. V. S. 180).

3) Die Kab.-Ordre v. 12. April 1840 (G. S. S. 108) beschränkt diese Vorschrift dahin, daß eine solche Breite nur dann erforderlich ist, wenn die Ladung bei vierrädrigem Fuhrwerk mehr als zwanzig Ctr., bei zweirädrigem Fuhrwerk mehr als zehn Ctr. beträgt.

4) (Bei Dampfkesseln können jedoch größere untheilbare Lasten vorkommen. Um hier eine Gefährdung der Brücken und Fähren im Zuge der Kunststraßen zu verhüten, bestimmt eine Polizei-Verordnung v. 22. April 1875 im Reg.-Bezirk Potsdam, daß, wenn Wagen und Ladung mehr als einhundertsiebzig Ctr. wiegen, dem Chausseebaubeamten, event. dem Chaussee-Aufseher, und dem Vorstand der Chaussee-Verwaltung zuvor der Transport angezeigt werden muß.)

§ 9. Auf allen Kunststraßen ohne Unterschied darf mit keinem Fuhrwerk gefahren werden, an dessen Radfelgen

1) die Köpfe der Radnägel, Stifte oder Schrauben nicht eingelassen sind, sondern vorstehen, oder
2) der Beschlag so konstruirt ist, daß er keine gerade Oberfläche bildet.

Das letztere Verbot (zu 2) findet jedoch auf solche Radbeschläge nicht Anwendung, welche bloß in Folge der Abnutzung eine gewölbte Oberfläche angenommen haben.

§ 10. Es darf auf keiner Kunststraße mit einer mehr als neun Fuß breiten Ladung gefahren werden....

§ 11. Die Zugthiere an den auf den Kunststraßen fahrenden Fuhrwerken dürfen nicht mit solchen Hufeisen versehen sein, deren Stollen mehr als zwei Drittel Zoll über die Hufeisenfläche hervorragen.[1])

Strafe:

§ 15. Jede Uebertretung der Vorschriften der §§ 1, 2, 3, 6, 7, 9, 10, 11 ist mit einer Strafe von dreißig Mark polizeilich zu bestrafen. Falls es sich von Ueberschreitung der in den §§ 2, 3 für die Ladung vorgeschriebenen Gewichtssätze handelt, soll jedoch eine Bestrafung nicht eintreten, wenn der Nachweis geführt wird, daß das Gesammtgewicht des Wagens und der Ladung zusammen nicht größer sei, als nach den Bestimmungen des § 6 sich als zulässig ergiebt.[2])

Mit dem wegen Uebertretung der obigen Vorschriften (§§ 1, 2, 3, 6, 7, 9, 10, 11) angehaltenen Fuhrwerk darf sodann die Reise nur bis zur nächsten in der Richtung derselben gelegenen Stadt fortgesetzt werden, ohne daß die nöthige Aenderung bewerkstelligt wird, widrigenfalls die vorgeschriebene Strafe von Neuem eintritt. Es ist jedoch bei Uebertretung der Vorschriften des § 1 und des § 9 dem ausländischen Fuhrwerk das Umkehren und Zurückfahren auf demselben Wege, woher das Fuhrwerk gekommen ist, ohne vorgängige Aenderung zu gestatten.

§ 16. Wenn die in Gemäßheit der §§ 4 und 8 erforderte Angabe der Größe der Ladung oder die Vorzeigung der darüber sprechenden Papiere verweigert wird, imgleichen wenn der Führer nicht mit dem daselbst vorgeschriebenen Ladeschein versehen ist, soll, außer der nach §§ 4, 8 vorbehaltenen speziellen Ermittelung der Größe der Ladung auf alleinige Gefahr und Kosten des Führers, jederzeit eine Ordnungsstrafe von drei Mark eintreten.

---

1) In der Zeit v. 1. Novbr. bis zum 1. April dürfen die Stollen bis zu 1'' hervorragen. Kab.-Ordre v. 25. August 1843 (M. Bl. d. i. V. S. 296).

2) Wenn z. B. bei einem vierrädrigen Fuhrwerk mit 5'' Felgenbreite die Ladung in der Zeit v. 15. April bis 15. Novbr. 110 Ctr. (statt 100 Ctr.) beträgt, der Wagen aber nur 35 Ctr. (statt der zulässigen 45 Ctr.) wiegt, so ist die Ueberschreitung des Ladungsgewichts straflos.

§ 12. Das Spurhalten auf den Kunststraßen wird hierdurch untersagt.

Strafe:

§ 17. Die Uebertretung des § 12 soll mit einer Strafe von einer Mark fünfzig Pfennig polizeilich bestraft werden.

§ 18. Die in den §§ 15—17 bestimmten Strafen können sowohl gegen den Führer des Fuhrwerks, als gegen den Eigenthümer desselben, und insbesondere das Fuhrwerk selbst sofort vollstreckt werden.[1])

§ 19. Die Ausstellung unrichtiger Ladescheine, über die Größe der von den Frachtfuhrwerken (§ 4) oder den Kohlenfuhrwerken (§ 8) eingenommenen Ladungen, ist, sofern damit kein härter zu bestrafendes Vergehen verbunden ist, mit einer Strafe von drei Mark bis dreißig Mark polizeilich zu ahnden.

---

b. Allerhöchste Kabinets-Ordre

vom 29. Februar 1840,

den Tarif zur Erhebung des Chausseegeldes auf den Staats-Chausseen[2]) betreffend.

(G. S. S. 95.)

Befreit von Chausseegeld sind:

1. Königl. Hofpferde;

2. Armeefuhrwerke und Dienstpferde des Militairs;

3. Fuhrwerke und Thiere, deren sich mit Freikarten versehene öffentliche Beamte oder Pfarrer in ihrer Parochie bei Amtsverrichtungen bedienen;

4. Posten und öffentliche Kuriere;

5. Fuhrwerke und Thiere, welche auf Staatsrechnung Transporte bewirken und Freipässe haben;

---

1) Das Verfahren bei Chausseepolizei- und Chausseegeld-Uebertretungen wird in dem Regulativ v. 7. Juni 1844 (G. S. S. 167) vorgeschrieben. — Unter einer „Vollstreckung in das Fuhrwerk" kann nur eine Pfändung (§ 4 Nr. 2b) zu verstehen sein.

2) Durch Gesetz v. 27. Mai 1874 (G. S. S. 184) ist die Erhebung von Chausseegeld auf den Staatsstraßen aufgehoben. Die Bestimmungen unter Nr. 7—23 der „zusätzlichen Vorschriften" sollen jedoch auch für alle sonstigen öffentlichen chaussirten Wege Anwendung finden und sind daher für diese noch in Kraft (Einleitung zur Kab.-Ordre v. 29. Februar 1840).

6. Feuerlöschungs-, Kreis- und Gemeinde-Hülfsfuhren, Armen- und Arrestantenfuhren;

7. Düngerfuhren und (innerhalb der Feldmark:) Wirthschaftsvieh, Bestellungs- und Erntefuhren und Fuhren mit Bau- und Brennmaterial zum eigenen Bedarf;

8. Kirchen- und Leichenfuhren innerhalb der Parochie;

9. Fuhrwerke, die Chausseebau-Materialien anfahren.

Zusätzliche Vorschriften.

2) Jeder muß bei den Hebestellen anhalten, auch wenn er nicht verpflichtet ist, Chausseegeld zu entrichten.

Nur hinsichtlich der Postillone, welche Preußische Postfuhrwerke, oder Postpferde führen, findet, wenn sie zuvor in das Horn stoßen, eine Ausnahme statt.

3) Das Chausseegeld ist bei Berührung der Hebestelle für die ganze, ihr zugewiesene Hebestrecke zu erlegen. — Zu der, für den Betrag maßgebenden Bespannung werden sowohl die, zur Zeit der Berührung der Hebestelle angespannten, als auch alle diejenigen Thiere gerechnet, welche, ohne augenscheinlich eine andere Bestimmung zu haben, bei dem Fuhrwerke befindlich sind.

Ist die Chaussee vor Berührung der Hebestelle mit stärkerer Bespannung befahren, als mit welcher die Hebestelle passirt werden soll, so muß das Chausseegeld für die von dem Führer des Fuhrwerks dem Erheber (Chausseegeldpächter) anzuzeigende Gesammtzahl der gebrauchten Zugthiere gezahlt werden.

4) Jeder hat eine Quittung über das von ihm bezahlte Chausseegeld (Chausseezettel) zu fordern, dieselbe den Zoll-, Steuer-, Polizei- oder Wege-Aufsichts-Beamten auf Verlangen jederzeit vorzuzeigen und bei Vermeidung nochmaliger Zahlung bei der nächsten, von ihm berührten Chaussee-Geldstelle abzugeben.

Die Fortsetzung der Fahrt bis zur nächsten Hebestelle darf jedoch in keinem Falle und selbst dann nicht gehindert werden, wenn sich eine Kontravention (zu 5) ergeben sollte.

5) Wer eine Chausseegeld-Hebestelle umfährt, oder wider die Bestimmung zu 2 bei derselben nicht anhält, oder in dem zu 3 bezeichneten Falle die vor der berührten Hebestelle benutzte stärkere Bespannung nicht anzeigt, oder Thiere, welche zum Angespann eines Fuhrwerkes gehören, vor der Hebestelle davon trennt und als unangespannte angiebt, oder überhaupt es unternimmt, sich der Entrichtung des Chausseegeldes auf irgend eine Art ganz oder theilweise zu entziehen, erlegt außer der vorenthaltenen Abgabe deren vierfachen Betrag, mindestens aber drei Mark als Strafe.

6) Wer eigenmächtig einen Schlagbaum öffnet, zahlt neun Mark; wer den Bestimmungen zu 4 zuwider den Chausseezettel nicht vorzeigt, ein bis drei Mark als Strafe.

7) Jedermann muß den Posten auf den Stoß in das Horn ausweichen, bei Vermeidung einer Strafe von fünfzehn bis einhundertfünfzig Mark.

8) Fuhrwerke, welche sich begegnen, müssen sich nach der rechten Seite hin halb ausweichen. Denjenigen, welche einen Berg oder eine steile Anhöhe herunterfahren, muß jedoch von den Hinauffahrenden ganz ausgewichen werden.

Von zwei Fuhrwerken, die sich einholen, muß das vordere nach der linken Seite hin so weit ausbiegen, daß das nachfolgende zur rechten Seite mit halber Spur vorbeifahren kann.

9) Holz darf auf Chausseen nicht geschleppt, Pflüge, Eggen und ähnliche Gegenstände dürfen darauf nur auf Schleifen fortgeschafft werden.

10) Wer, um zu hemmen, das Umdrehen der Räder nicht bloß in seiner Schnelligkeit vermindern, sondern völlig hindern will, darf sich dazu auf Chausseen nur der Hemmschuhe mit ebener Unterfläche bedienen. Die Anwendung von Klapperstöcken, imgleichen das Anhängen und Schleifen schwerer Gegenstände am Hintertheile des Wagens ist verboten.

11) Die Fahrbahn darf nicht durch Anhalten, oder auf irgend eine andere Weise gesperrt oder verengt werden. — Weder auf der Fahrbahn, den Brücken, oder den Banquets, noch in den Seitengräben dürfen Gegenstände niedergelegt werden oder liegen bleiben, welche nicht der Chaussee-Verwaltung angehören. Eben so wenig dürfen Scherben, Kehricht, Unkraut oder anderer Unrath hinauf- oder hineingeworfen werden.

12) Niemand darf auf der Fahrbahn, den Brücken, den Banquets oder in den Seitengräben Vieh füttern oder anbinden, oder dasselbe auf den Banquets, Böschungen oder in den Seitengräben laufen oder weiden lassen,[1]) oder treiben. Es ist verboten, auf den Banquets, den Böschungen oder in den Gräben zu fahren oder zu reiten, oder auf den Böschungen oder in den Gräben zu gehen.

13) Wo durch Warnungstafeln das schnelle Fahren oder Reiten untersagt ist, darf nur im Schritt gefahren oder geritten werden.

14) Der Führer eines Fuhrwerks darf sich von demselben, wenn er anhält, nicht über fünf Schritte entfernen, ohne die Pferde abzusträngen. Auch während des Fahrens muß derselbe entweder stets auf dem Fuhrwerke das Leitseil in der Hand, oder auf einem der Zugthiere, oder in ihrer unmittelbaren Nähe bleiben und das Gespann fortwährend unter Aufsicht halten.

15) Beim Fahren dürfen niemals mehr als zwei Fuhrwerke an einander gebunden sein.

16) Innerhalb zwei Fuß vom Grabenrande darf nicht geackert werden.

Strafe:

§ 17) Wer den Vorschriften unter 8 bis 16 entgegenhandelt, hat außer dem Schadensersatze eine Strafe von ein bis fünfzehn Mark verwirkt.

---

1) Vergl. hierzu § 15 Nr. 4 Feld- und Forst-P. G. Oben S. 162.

18) Wer die Chaussee, die dazu gehörigen Gebäude, Brückendurchlässe, oder sonstigen Vorrichtungen, als Meilenzeiger, Wegweiser, Tafeln, Schlagbäume, Prellsteine und Pfähle, ingleichen wer die Pflanzungen oder Materialien beschädigt, oder die letzteren in Unordnung bringt, muß, in sofern er nach den allgemeinen Strafgesetzen nicht eine härtere Strafe verwirkt hat, außer dem Schadensersatze eine Strafe von drei bis fünfzehn Mark erlegen.

19) Beschädigungen der Chausseebäume sind, wenn die allgemeinen Gesetze keine härtere Strafe bestimmen,[1]) vorbehaltlich des Schadensersatzes, mit einer Strafe von fünfzehn Mark für jeden durch Verschulden beschädigten Baum zu ahnden.

21) Im Unvermögensfalle tritt verhältnißmäßiges Gefängniß[2]) an Stelle der vorstehend zu 5 bis 20 angeordneten Geldstrafen.

---

c. Regulativ, das Verfahren bei Chausseepolizei- und Chausseegeld-Uebertretungen betreffend.

Vom 7. Juni 1844.

(G. S. S. 167.)

I. Chausseepolizei-Uebertretungen.

§ 1. Ueber die Aufrechthaltung der in der Verordnung über den Verkehr auf den Kunststraßen vom 17. März 1839 ... enthaltenen, sowie der dem Chausseegeld-Tarif vom 29. Februar 1840 ... unter Nr. 7 bis 19 beigefügten polizeilichen Vorschriften haben zunächst die Chausseeaufseher, Chausseewärter und die Gensdarmen zu wachen. Außerdem sind auch die Chausseegeld-Erheber und Pächter, sowie die Polizei-, Forst-, Zoll- und Steuerbeamten verpflichtet, die von ihnen wahrgenommenen oder ihnen glaubhaft angezeigten Chaussee-Polizeiübertretungen zur Rüge zu bringen.

§ 2. Wer bei Uebertretung einer der § 1 gedachten Vorschriften betroffen wird, ist bei Vermeidung einer Geldstrafe von drei bis dreißig Mark, statt deren im Unvermögensfalle verhältnißmäßige Haft eintritt, verpflichtet, den im § 1 bezeichneten Personen bis zur nächsten in der Richtung der Reise gelegenen Chausseegeld-Hebestelle oder Ortsbehörde zu folgen, derselben Auskunft über seinen Namen, Stand und Wohnort zu ertheilen, und seine Erklärung zu Protokoll zu geben, ob er der gesetzlichen Strafe sich unterwerfen und den ihm bekannt zu machenden Betrag derselben einzahlen wolle.

Kommt es jedoch nach den §§ 4, 5, 7 der Verordnung vom 17. März 1839 auf spezielle Ermittelung des Gewichts der Ladung an, so ist der

---

1) § 304 St. G. B.

2) Jetzt Haftstrafe.

Führer des Fuhrwerks verpflichtet, den im § 1 bezeichneten Personen, oder einem hierzu anzunehmenden Begleiter nach dem nächsten, in der Richtung der Reise gelegenen Orte zu folgen, in welchem sich eine zum Verwiegen der Ladung geeignete Waageanstalt befindet....

§ 4. Unterwirft sich der Angeschuldigte der Strafe und zahlt den Betrag ein, so erhält er Quittung des Chausseegeld-Erhebers oder der Ortsbehörde und kann seinen Weg fortsetzen; zahlt er den Betrag nicht ein, so muß er sich über Namen, Stand und Wohnsitz ausweisen, oder es wird zur Pfändung geschritten. Das Pfand wird, wenn die Einzahlung der Strafe nicht binnen vier Wochen erfolgt, verkauft. Auch muß der Uebertreter einen Bevollmächtigten im Regierungsbezirk namhaft machen, der die Strafe einzahlen werde und das Pfand oder den Ueberschuß des Erlöses desselben erhalten könne. Eventuell ist er, falls die Pfändung nicht möglich, zu verhaften.

§ 5. Unterwirft er sich der Strafe nicht, und kann er sich nicht ausweisen, so muß er die Strafe und die muthmaßlichen Kosten durch Baarzahlung sicher stellen oder die Pfändung sich gefallen lassen. Jedenfalls muß auch hier ein Bevollmächtigter bestellt
§ 8. werden. Ist eine Sicherstellung nicht möglich, so ist er zu verhaften und dem Gericht[1]) zu überliefern.

Der Ueberschuß des Erlöses eines Pfandstücks wird, wenn weder der Angeschuldigte noch dessen Bevollmächtigter sich zur Empfangnahme meldet, der Armenkasse des Orts, wo die Untersuchung geführt ist, überwiesen, mit der Verpflichtung der Rückzahlung an den Angeschuldigten, falls er sich noch binnen Jahresfrist meldet.

II. Chausseegeld-Uebertretungen.

§ 15 (betrifft die Staatschausseen und ist seit dem Gesetz v. 27. Mai 1874 (G. S. S. 184) bedeutungslos).

§ 17. Bei den auf den Provinzial-, Bezirks-, Gemeinde- und Aktien-Straßen verübten Chausseegeld-Uebertretungen kommen die Vorschriften der §§ 1 bis 13 zur Anwendung.

---

1) Die Allgem. Verfügung der Min. des Innern, für Handel 2c., der Finanzen und der Justiz v. 3. Mai 1850 (J. M. Bl. S. 171) bestimmt, daß bei Chausseepolizeivergehen die Untersuchung durch den Polizeirichter (nicht mehr durch den Landrath) erfolgen, bei Chausseegeld-Kontraventionen betreffs der Staatschausseen zunächst den Hauptsteuerämtern, sonst aber den Polizeigerichten (jetzt Amtsgerichten) zustehen soll.

III. Gemeinschaftliche Bestimmungen.

§ 21. Die von Chaussee-Polizei-Uebertretungen aufkommenden Strafgelder sollen zur Hälfte zu einem besonderen Unterstützungs-Fonds für Wittwen und Waisen der Polizei- und Steuer-Beamten eingezogen werden. Die andere Hälfte soll . . ., wenn die Straffestsetzung in erster Instanz von einer städtischen Orts-Polizei-Behörde erfolgt ist, der betreffenden Gemeindekasse, und wenn die Straffestsetzung von dem Landrathe . . . erfolgt ist, der Staatskasse zukommen.[1]

---

d. Gesetz wegen Bestrafung der Tarif-Ueberschreitungen bei Erhebung von Kommunikations-Abgaben.

Vom 20. März 1837.

(G. S. S. 57.)

§ 1. Wer bei Erhebung von Chaussee-, Wege-, Brücken-, Fähr- und Schleusengeldern und andern dergleichen Kommunikations-Abgaben von denjenigen, welche diese Abgabe zu entrichten haben, mehr einfordert und erhebt, als die vorgeschriebenen Tarifs, Taxen oder Reglements gestatten, soll mit einer Geldbuße bestraft werden, welche auf den zehnfachen Betrag des zu viel Erhobenen, mindestens aber auf fünfzehn Mark zu bestimmen ist. Hat der Thäter sich mehrere solche Ueberschreitungen zu Schulden kommen lassen, und ist der Gesammtbetrag des zu viel Er-

---

1) Die vorgedachte Allgem. Verfügung v. 3. Mai 1850 bestimmt hierüber anderweit:

1. bei Chausseepolizeivergehen wird von den Strafgeldern
   a) die eine Hälfte zu Unterstützungen der Chaussee-Aufsichtsbeamten resp. ihrer Wittwen und Waisen verwendet, und
      aa) bei Staatschausseen hiervon ein Drittel bei den Steuerstrafgeldern verrechnet und je ein Drittel zur Unterstützung von Wittwen und Waisen der Chaussee-Aufseher und der Polizeibeamten verwendet,
      bb) bei anderen Chausseen zu gleicher Verwendung an diejenige Kasse abgeführt, aus welcher die Unterhaltung der betr. Chausseen bestritten wird;
   b) die andere Hälfte wird bei den Gerichtskassen vereinnahmt. Auch die den Gemeindekassen überwiesene Hälfte geht, außer bei einzelnen Städten, auf die Staatskasse über.

2. bei Chausseegeld-Kontraventionen kommen die Strafgelder demjenigen zu, dessen Rechte durch die Defraudation beeinträchtigt worden, werden also den Hebungsberechtigten, d. h. den Verwaltungen der Provinzial-, Bezirks-, Gemeinde- oder Aktienchausseen, überwiesen.

Die Bestimmung betreffs der Chausseegeld-Uebertretungen auf Staatschausseen ist seit dem Gesetz v. 27. Mai 1874 bedeutungslos.

hobenen nicht genau zu ermitteln, so tritt eine Geldbuße von fünfzehn bis hundertfünfzig Mark ein, in sofern der zehnfache Betrag desjenigen, was als zu viel erhoben wirklich nachgewiesen wird, hundertfünfzig Mark nicht übersteigt.

§ 2. Die vorstehend bestimmte Strafe trifft den Thäter, ohne Unterschied, ob er die Abgabe, wie der Eigenthümer oder Pächter für eigene Rechnung, oder für Rechnung und im Namen eines Andern erhob, er mag das zu viel Erhobene in seinem eigenen oder des Andern Nutzen verwendet haben.

§ 3. Gleiche Strafe, wie den Thäter, trifft die Privatberechtigten oder Pächter, welche dergleichen Ueberschreitungen von ihren Einnehmern, desgleichen die Einnehmer, welche solche von ihren Geschäftsgehülfen wissentlich geschehen lassen.

§ 4. Jeder Einnehmer, welcher den Empfang durch Andere verrichten läßt, ist civilrechtlich für die von letzteren begangenen Ueberschreitungen der Hebungssätze in Ansehung der Entschädigung, Kosten und Geldstrafe subsidiarisch verhaftet.

§ 5. Im Falle der Wiederholung, nach bereits vorhergegangener rechtskräftiger Verurtheilung, treten folgende Strafbestimmungen ein:

1) [der Privatberechtigte hat eine Geldbuße von sechszig bis eintausendfünfhundert Mark verwirkt;]
2) der Pächter ist, außer der im § 1 bestimmten Strafe, aus der Hebung zu setzen....
3) diejenigen, welche von den Berechtigten oder Pächtern mit der Hebung beauftragt worden, sind, außer der im § 1 verwirkten Strafe, von dem Hebungsgeschäfte sofort zu entfernen. Der Berechtigte oder Pächter, welcher die Entfernung nach der Bekanntmachung des Erkenntnisses nicht gleich bewirkt, soll mit einer Geldbuße von fünfzehn bis hundertfünfzig Mark bestraft werden.

§ 6. Wer sich, nach einer wegen Ueberschreitung der Hebungssätze rechtskräftig erfolgten Verurtheilung, desselben Vergehens nochmals schuldig macht, wird durchaus unfähig, eine Hebung dieser Art zu pachten; geschieht es dennoch, so hat derselbe in jedem Falle, außerdem aber auch der Verpächter, wenn ihm diese Unfähigkeit bekannt gewesen ist, eine Geldbuße von fünfzehn bis hundertfünfzig Mark verwirkt.

§ 7. Auch darf derjenige, welcher nach vorstehender Bestimmung (§ 6) zur Pachtung einer Hebung unfähig ist, von keinem Einnehmer zur Besorgung des Empfanges oder zur Hülfsleistung dabei gebraucht werden; die wissentliche Uebertretung dieses Verbots zieht eine Geldbuße von fünfzehn bis hundertfünfzig Mark nach sich.

§ 8. Bei allen in dem gegenwärtigen Gesetze verordneten Geldbußen tritt im Falle des Unvermögens des Verurtheilten eine verhältnißmäßige Gefängnißstrafe[1]) an deren Stelle; in dem Falle des § 4 wird

1) Diese tritt nur im Fall des § 5 noch ein; in den übrigen Fällen ist auf Haft zu erkennen.

jedoch die Gefängnißstrafe an dem Thäter erst dann vollstreckt, wenn die Geldbuße auch von dem subsidiarisch Verpflichteten nicht beizutreiben ist.

---

e. Reichsgesetz über das Postwesen des Deutschen Reichs.

Vom 28. Oktober 1871.

(R. G. Bl. S. 347.)[1]

Dieses Gesetz enthält in den §§ 16—26 folgende, im Verkehrsinteresse erlassenen Vorschriften:[2])

§ 16. Die ordentlichen Posten nebst deren Beiwagen, die auf Kosten des Staates beförderten Kuriere und Estafetten, die von Postbeförderungen ledig zurückkommenden Postfuhrwerke und Postpferde, die Briefträger und die Postboten sind von Entrichtung der Chausseegelder und anderen Kommunikations-Abgaben befreit. Dasselbe gilt von Personenfuhrwerken, welche durch Privatunternehmer eingerichtet und als Ersatz für ordentliche Posten ausschließlich zur Beförderung von Reisenden und deren Effekten und von Postsendungen benutzt werden....

§ 17. In besonderen Fällen, in denen die gewöhnlichen Postwege gar nicht oder schwer zu passiren sind, können die ordentlichen Posten, die Extraposten, Kuriere und Estafetten sich der Neben- und Feldwege, sowie der ungehegten Wiesen und Aecker bedienen, unbeschadet jedoch des Rechtes der Eigenthümer auf Schadensersatz.

§ 18. Gegen die ordentlichen Posten, Extraposten, Kuriere und Estafetten ist keine Pfändung erlaubt; auch darf dieselbe gegen einen Postillon nicht geübt werden, welcher mit dem ledigen Gespann zurückkehrt. Bei Zuwiderhandlungen ist eine Geldstrafe von ein bis sechszig Mark verwirkt.

§ 19. Jedes Fuhrwerk muß den ordentlichen Posten, sowie den Extraposten, Kurieren und Estafetten auf das übliche Signal ausweichen. Bei Zuwiderhandlungen ist eine Geldstrafe von ein bis dreißig Mark verwirkt.

§ 21. Wenn den ordentlichen Posten, Extraposten, Kurieren oder Estafetten unterwegs ein Unfall begegnet, so sind die Anwohner der

---

1) Der § 4 dieses Gesetzes, welcher den Eisenbahn-Postverkehr betrifft, ist abgeändert durch das Gesetz v. 20. Dezbr. 1875 (R. G. Bl. S. 318).

Die zur Ausführung dieses Gesetzes erlassene Postordnung datirt v. 18. Dezbr. 1874 und ist abgeändert unterm 2. Januar 1876 und 13. April 1877 (Centralbl. d. D. R. 1875 S. 6 ff., 1876 S. 27 und 1877 S. 224).

2) Die Strafbestimmungen bei Post- und Porto-Defraudationen siehe unten (E II Nr. 11.).

Straße verbunden, denselben die zu ihrem Weiterkommen erforderliche Hülfe gegen vollständige Entschädigung schleunigst zu gewähren.[1])

§ 23. Die Thorwachen, Thor-, Brücken- und Barrierebeamten sind verbunden, die Thore und Schlagbäume schleunigst zu öffnen, sobald der Postillon das übliche Signal giebt. Ebenso müssen auf dasselbe die Fährleute die Ueberfahrt unverzüglich bewirken. Bei Zuwiderhandlungen ist eine Geldstrafe von ein bis dreißig Mark verwirkt.[2])

---

3. Eisenbahnen.

a. Bahnpolizei-Reglement für die Eisenbahnen Deutschlands.

Vom 4. Januar 1875.

(Centr. Bl. f. d. D. R. S. 57.)

IV. Bestimmungen für das Publikum.

§ 53.[3]) Die Eisenbahnreisenden und das sonstige Publikum müssen den allgemeinen Anordnungen nachkommen, welche von der Bahnverwaltung behufs Aufrechthaltung der Ordnung innerhalb des Bahngebietes und beim Transport der Personen und Effekten getroffen werden und haben den dienstlichen Anordnungen der in Uniform befindlichen oder mit einem Dienstabzeichen oder mit einer besonderen Legitimation versehenen Bahnpolizeibeamten (§ 66) Folge zu leisten.

§ 54. Das Betreten des Planums der Bahn, der dazu gehörigen Böschungen, Dämme, Gräben, Brücken und sonstigen Anlagen ist ohne Erlaubnißkarte nur der Aufsichtsbehörde und deren Organen, den in der Ausübung ihres Dienstes befindlichen Forstschutz-, Zoll-, Steuer-, Telegraphen-, Polizeibeamten, den Beamten der Staatsanwaltschaften und den zur Rekognoszirung dienstlich entsendeten Offizieren gestattet; dabei ist jedoch die Bewegung wie der Aufenthalt innerhalb der Fahr- und Rangirgeleise zu vermeiden. Das Publikum darf die Bahn nur an den zu Ueberfahrten oder Uebergängen bestimmten Stellen überschreiten und zwar nur so lange, als die letzteren nicht durch Barrieren verschlossen sind. Es ist dabei jeder unnöthige Verzug zu vermeiden.

---

1) Vergl. hierzu § 360 Nr. 10 St. G. B.

2) Für das Verfahren sind die Bestimmungen der §§ 447—458 St. P. O. (nicht die des Abschnitts V dieses Gesetzes) maßgebend.

3) Die jetzige Fassung dieses Paragraphen beruht auf dem Bundesrathsbeschluß vom 6. Juni 1878, veröffentlicht am 12. Juni 1878 durch den Reichskanzler (Beilage zum Amtsblatt des Reg.-Bezirks Potsdam S. 21).

Die Gewährung einer Erlaubnißkarte zum Betreten der vorstehend bezeichneten Bahnanlagen bedarf der Genehmigung der Aufsichtsbehörde.

Es ist untersagt, die Barrieren oder sonstigen Einfriedigungen eigenmächtig zu öffnen, zu überschreiten oder zu übersteigen oder etwas darauf zu legen oder zu hängen.

§ 55. Außerhalb der bestimmungsmäßig dem Publikum für immer oder zeitweise geöffneten Räume darf Niemand den Bahnhof ohne Erlaubnißkarte betreten, mit Ausnahme der in Ausübung ihres Dienstes befindlichen Chefs der Militär- und Polizeibehörde, sowie der im § 54 gedachten und der Postbeamten.

Den Festungs-Kommandanten, Fortifikations-Offizieren und den durch ihre Uniform als solche kenntlichen Fortifikations-Beamten ist gestattet, auch den Bahnkörper wie die Bahnhöfe innerhalb des Festungsrayons zu betreten.

Die Wagen, welche Reisende zur Bahn bringen oder daher abholen, müssen auf den Vorplätzen der Bahnhöfe an den dazu bestimmten Stellen auffahren.

Die Ueberwachung der Ordnung auf den für diese Wagen bestimmten Vorplätzen, soweit dies den Verkehr mit Reisenden und deren Gepäck betrifft, steht den Bahnpolizei-Beamten zu, insofern in dieser Beziehung nicht besondere Vorschriften ein Anderes bestimmen.

§ 56. Das Hinüberschaffen von Pflügen, Eggen und anderen Geräthen, sowie von Baumstämmen und anderen schweren Gegenständen über die Bahn darf, sofern solche nicht getragen werden, nur auf Wagen oder untergelegten Schleifen erfolgen.

§ 57. Für das Betreten der Bahn und der dazu gehörigen Anlagen durch Vieh bleibt derjenige verantwortlich, welchem die Aufsicht über dasselbe obliegt.[1])

Das Treiben von größeren Viehheerden über die Bahnübergänge ist innerhalb zehn Minuten vor dem erwarteten Eintreffen eines Zuges nicht mehr gestattet.

§ 58. Privatübergänge dürfen nur von den Berechtigten unter den von der Aufsichtsbehörde genehmigten Bedingungen benutzt werden.

§ 59. So lange die Uebergänge geschlossen sind, müssen Fuhrwerke, Reiter, Treiber von Viehheerden und Führer von Lastthieren bei den aufgestellten Warnungstafeln halten. Das Gleiche gilt, sobald die Glocken an den mit Zugbarrieren versehenen Uebergängen ertönen. Fußgänger dürfen sich den geschlossenen Barrieren nähern, dieselben aber nicht öffnen.

§ 60. Alle Beschädigungen der Bahn und der dazu gehörigen Anlagen, mit Einschluß der Telegraphen, sowie der Betriebsmittel nebst Zu-

---

1) Im Fall eines durch das Betreten der Bahnanlagen bewirkten Weidefrevels wird die strengere Strafbestimmung des § 14 Feld- u. Forst-P. G. zur Anwendung kommen müssen.

behör, ingleichen das Auflegen von Steinen, Holz und sonstigen Sachen auf das Planum, oder das Anbringen sonstiger Fahrhindernisse sind verboten, ebenso die Erregung falschen Alarms,[1] die Nachahmung von Signalen, die Verstellung von Ausweiche-Vorrichtungen und überhaupt die Vornahme aller, den Betrieb störenden Handlungen.

§ 61. Das Einsteigen in einen bereits in Gang gesetzten Zug, der Versuch, sowie die Hülfeleistung dazu, ingleichen das eigenmächtige Oeffnen der Wagenthüren oder Aussteigen, während der Zug sich noch in Bewegung befindet, ist verboten.

Strafe:

§ 62. Wer den Bestimmungen der §§ 53—61 und den nachfolgenden Bestimmungen des Betriebs-Reglements für die Eisenbahnen Deutschlands vom 11. Mai 1874 zuwiderhandelt, welche also lauten:

Feuergefährliche Gegenstände, sowie alles Gepäck, welches Flüssigkeiten und andere Gegenstande enthält, die auf irgend eine Weise Schaden verursachen können, insbesondere geladene Gewehre, Schießpulver, leicht entzündbare Präparate und andere Sachen gleicher Eigenschaft, dürfen in den Personenwagen nicht mitgenommen werden. Das Eisenbahn-Dienstpersonal ist berechtigt, sich in dieser Beziehung die nöthige Ueberzeugung zu verschaffen.

Jägern und im öffentlichen Dienst stehenden Personen ist jedoch die Mitführung von Handmunition gestattet,

wird mit einer Geldstrafe bis zu dreißig Mark bestraft, sofern nicht nach den allgemeinen Strafbestimmungen[2] eine härtere Strafe verwirkt ist.

---

1) Auch das unbefugte Haltenlassen des Zuges durch Anziehen der Signalleine ist nach besonderen Bahndirektions-Polizeiverordnungen strafbar.

2) So ist die vorsätzliche Beschädigung von Eisenbahnanlagen und Beförderungsmitteln, durch welche der Transport in Gefahr gesetzt wird, nach § 315 St. G. B. mit Zuchthaus zu bestrafen. Die fahrlässige Gefährdung eines Eisenbahntransports ist nach § 316 St. G. B. strafbar.

b. Bahnordnung für die Eisenbahnen von untergeordneter Bedeutung.

Vom 12. Juni 1878.[1])

Diese enthält in den §§ 43—46 folgende Bestimmungen:

§ 43. Die Eisenbahnreisenden und das sonstige Publikum müssen den allgemeinen Anordnungen nachkommen, welche von der Bahnverwaltung behufs Aufrechthaltung der Ordnung beim Transport der Personen und Effekten getroffen werden, und haben den dienstlichen Anordnungen der in Uniform befindlichen oder mit einem Dienstabzeichen oder mit einer besonderen Legitimation versehenen Bahnpolizeibeamten Folge zu leisten.

§ 44. Sobald sich ein Zug nähert, müssen Fuhrwerke, Reiter, Fußgänger, Treiber von Vieh und Lastthieren bei den an den Wege-Uebergängen aufgestellten Warnungstafeln halten resp. die Bahn räumen.

§ 45. Zuwiderhandlungen gegen die Vorschriften in den §§ 43 und 44 und gegen die sonstigen mit Genehmigung der Aufsichtsbehörde zur Sicherheit des Betriebes von den Verwaltungen getroffenen Anordnungen, sowie gegen die nachfolgenden Bestimmungen des Betriebs-Reglements für die Eisenbahnen Deutschlands vom 11. Mai 1874, welche also lauten:

(Siehe unter a § 62.)

... Der Lauf eines mitgeführten Gewehres muß nach oben gehalten werden,

werden mit einer Geldstrafe bis zu dreißig Mark geahndet, sofern nicht nach den allgemeinen Strafbestimmungen eine härtere Strafe verwirkt ist.

§ 46. Auf jeder Station ist ein dem Publikum zugängliches Beschwerdebuch auszulegen.

---

4. Wasserstraßen.

Zur Sicherung der Schifffahrt bestimmt das Allgem. Landrecht Th. II. Tit. 15:

§ 61. Niemand darf an seinem Ufer etwas anlegen, wodurch der Lauf des Flusses zum Nachtheile der Schifffahrt gehemmt, eingeschränkt oder sonst verändert wird.

---

1) Veröffentlicht am 12. Juni 1878 durch den Reichskanzler (Beilage zum Amtsblatt des Reg.-Bezirks Potsdam S. 10).

§ 62. Es soll daher auch Niemand an, oder in öffentlichen Flüssen, Wasserbaue führen, ohne sich vorher bei dem Staate[1]) gemeldet, und die Genehmigung desselben erhalten zu haben.[2])

---

1) D. h. bei dem zuständigen Wasserbaubeamten.

2) (Nach einer Ober-Präs.-Polizei-Verordnung v. 9. Januar 1878 für den Reg.-Bezirk Potsdam ist die Zuwiderhandlung gegen die §§ 61 und 62, falls nicht §§ 321 und 366 Nr. 9 anwendbar sind, mit Geldbuße bis zu dreißig Mark oder entsprechender Haft zu bestrafen.)

Die Schifffahrts-Polizei wird im Uebrigen durch besondere Schifffahrts-Polizei-Ordnungen geregelt, sowie durch Polizei-Verordnungen betreffs der Dampfschifffahrt, speziell der Dampf-Schleppschifffahrt und der Ketten- resp. Draht-Schleppschifffahrt, sowie betreffs der Pulverschiffe.

(Für den Reg.-Bezirk Potsdam ist maßgebend die Schifffahrts-Polizei-Ordnung v. 11. Mai 1852. Dieselbe regelt die Beschaffenheit der Fahrzeuge und der Ladung, die Belastung der Steuer und die Bemannung der Schiffe und Floßhölzer, ferner das Verhalten beim Anlegen, insbesondere beim Ein- und Ausladen der Waaren, die Befestigung und das Ueberwintern der Fahrzeuge, sowie namentlich das Verhalten während der Fahrt. Danach ist es verboten, zwei Kähne neben einander fahren zu lassen oder zu kuppeln, in oder vor der Durchfahrt von Brücken an einander vorbei zu fahren, beim Ueberholen eine Schifffahrtsstörung zu veranlassen, auf anderen als den dazu bestimmten Dossirungen bei Kanälen zu treideln, und an Feiertagen zu schleusen; dagegen ist es geboten, auf den Kanalhaltungen nur mit kleinen Segeln zu segeln, einander rechts auszuweichen und den abwärts fahrenden Schiffen Platz zu machen, sowie an Schleusen und Brücken sich langsam zu nähern, vor letzteren auch die Segel herabzulassen. Untersagt ist endlich jede Verunreinigung der Wasserstraßen und jede Beschädigung der Böschungen, Banquets und Buhnenwerke. — Den Betrieb der Personen-Dampfschifffahrt regelt eine Polizei-Verordnung v. 24. April 1865. Danach muß von zwei sich begegnenden Dampfbooten jedes dem andern rechts ausweichen, und bei schmalem Fahrwasser muß das zu Berg fahrende beilegen. Dampfboote haben hier wie bei Brücken vor anderen Fahrzeugen den Vorzug; wenn sie solche überholen wollen, können sie verlangen, daß man sie vorbeilasse, müssen aber die Seite, auf der sie vorbeifahren wollen, andeuten. An kleineren Fahrzeugen, Flößen, Baggern und schwer beladenen größeren Fahrzeugen darf ein Dampfboot nur mit halber Kraft vorbeifahren, diese dürfen aber auch den Dampfbooten nicht in den Kurs laufen.)

In Betreff der Pulverschiffe bestimmt die Polizei-Verordnung der Minister für Handel 2c. und des Innern über den Verkehr mit explosiven Stoffen vom 29. August 1879:

§ 19. Die explosiven Stoffe müssen auf dem Schiffe in einem abgeschlossenen Raume, welcher bei Dampfschiffen möglichst weit von dem Kesselraum entfernt sein muß, unter Deck fest verstaut verladen werden. Bei Verladung in offenen Booten müssen letztere mit einem Plantuche überspannt werden.

Weder in diesen, noch in den unmittelbar daranstoßenden Räumen dürfen Zündhütchen und Zündschnüre verpackt sein. Leicht entzündliche Stoffe sind, mit

XII. Wasser-Polizei.

1. Das Deichwesen. [1])

Gesetz über das Deichwesen.

Vom 28. Januar 1848.

(G. S. S. 54–60.)

§ 1. Deiche oder ähnliche Erhöhungen der Erdoberfläche, welche die Ausbreitung der zeitweise aus ihren Ufern tretenden Gewässer beschränken, dürfen in der ganzen Breite, welche das Wasser bei der höchsten Ueberschwemmung einnimmt (Innundationsgebiet), nicht anders als mit ausdrücklicher Genehmigung der Regierung neu angelegt, verlegt, erhöht, sowie ganz oder theilweise zerstört werden.

Wer diesem Verbote zuwiderhandelt, soll polizeilich nicht nur mit einer Geldbuße bis zu einhundertfünfzig Mark bestraft, sondern auch,

---

Ausnahme der zum Betriebe der Dampfkessel oder der Küchen dienenden Brennmaterialien von der gleichzeitigen Beförderung überhaupt ausgeschlossen. Brennmaterialien dürfen nur in feuersicheren und leicht unter Wasser zu setzenden besonderen Räumen aufbewahrt werden. Das Schiff muß auf Binnengewässern mit einer von Weitem erkennbaren, stets ausgespannt gehaltenen schwarzen Flagge mit einem weißen P versehen werden....

§ 20. Im Uebrigen ist beim Transport explosiver Stoffe auf Schiffen Folgendes zu beobachten:

a. Sind zusammenhängend gebaute Ortschaften zu berühren, so ist wie bei dem Landtransporte zu verfahren [d. h. Anzeige an die Behörde des Orts zu erstatten].

b. Sind Schiffbrücken oder Schleusen zu passiren, so ist dem Brücken- oder Schleusenwärter von der bevorstehenden Ankunft des Fahrzeuges und seiner ungefähren Größe zeitig Anzeige zu machen.

c. In Betreff des Passirens von Eisenbahnbrücken ist, wie im § 14 vorgeschrieben, zu verfahren [d. h. der Eisenbahnbetriebsbehörde Anzeige von dem Transport zu machen].

d. Das Anlegen darf nur an Orten geschehen, welche dem Publikum nicht zugänglich sind.

Die Ortspolizeibehörde ist stets vorher in Kenntniß zu setzen....

§ 21. Fähren, welche Fuhrwerke mit explosiven Stoffen übersetzen, dürfen nicht gleichzeitig andere Fuhrwerke oder Personen befördern.

1) Allgemeine Bestimmungen für künftig zu erlassende Deichstatute enthält der Allerh. Erlaß v. 14. Novbr. 1853. (G. S. S. 935–952.)

wenn es erforderlich ist, zur Wiederherstellung des früheren Zustandes angehalten werden.[1])

Auf Schutzmaßregeln, welche in Nothfällen für die Dauer der Gefahr getroffen werden, finden diese Vorschriften keine Anwendung.

---

2. Wasserstau-Anlagen.

Gesetz wegen des Wasserstaues bei Mühlen, und Verschaffung von Vorfluth.

Vom 15. November 1811.

(G. S. S. 352.)

§ 8. Kein Besitzer von Mühlen oder andern Stauungsanlagen darf den Wasserstand über die durch den Merkpfahl festgesetzte Höhe aufstauen. Sobald das Wasser über diese Höhe wächst, muß er durch Oeffnung der Schleusen, Gerinne und Grundstöcke, Abnehmung der beweglichen Aufsätze auf den Fachbäumen oder Ueberfällen, überhaupt Wegräumung aller blos zeitlichen Hindernisse den Abfluß desselben unentgeldlich sogleich und unausgesetzt so lange befördern, bis das Wasser wieder auf die, durch den Merkpfahl bestimmte Höhe herabgefallen ist.

§ 9. Versäumt er dies, so ist nicht allein die örtliche Polizeibehörde verpflichtet, auf Antrag der Interessenten, die vorerwähnte Oeffnung, Abnehmung und Wegräumung auf Gefahr und Kosten des Mühlenbesitzers ohne Anstand vornehmen zu lassen, sondern er hat auch in jedem Falle, außer dem Ersatze alles durch die widerrechtliche Stauung verursachten Schadens, sechszig bis einhundertfünfzig Mark Polizeistrafe verwirkt.[2])

---

1) Die vorsätzliche Zerstörung eines Dammes ist strafbar nach § 305 St. G. B., und die Zerstörung und Beschädigung eines Deiches mit Gefahr für Leben oder Gesundheit Andrer fällt unter § 321 St. G. B.

2) Die Vorschriften der Müller im Uebrigen werden geregelt durch die Mühlen-Ordnung v. 28. Oktober 1810. In § 5 derselben heißt es:

„Unter keinem Vorwande darf der Müller dasjenige Getreide, mit dessen Abmahlen er schon den Anfang gemacht hat, liegen lassen. Auf die Nichtbefolgung dieser Vorschrift steht ein Thaler Strafe für jeden Fall."

3. Wasserlaufreinigung.

In Bezug auf die öffentlichen Flüsse bestimmt die

Allerhöchste Kabinetsordre
vom 24. Februar 1816,
die Verhütung der Verunreinigung der schiff- und floßbaren Flüsse und Kanäle betreffend,

(G. S. S. 108):

Auf Ihren Bericht ... setze Ich, zur Verhütung der Verunreinigung der schiff- und floßbaren Flüsse und Kanäle, hierdurch fest:

daß kein Besitzer von Schneidemühlen Sägespäne oder Borke, und überhaupt Niemand, der eines Flusses sich zu seinem Gewerbe bedient, Abgänge in solchen Massen in den Fluß werfen darf, daß derselbe dadurch, nach dem Urtheile der Provinzial-Polizeibehörde, erheblich verunreinigt werden kann; und daß Jeder, der dawider handelt, nicht nur die Wegräumung der den Wasserlauf hemmenden Gegenstände auf seine Kosten vornehmen lassen muß, sondern auch außerdem eine Polizeistrafe von dreißig bis einhundertfünfzig Mark verwirkt hat.

Die Reinhaltung der Privatflüsse wird durch das Gesetz über die Benutzung der Privatflüsse vom 28. Febr. 1843 (G. S. S. 41) geregelt, wonach die Uferbesitzer zur Räumung des Flusses insoweit verpflichtet sind, als es zur Beschaffung der Vorfluth nothwendig ist, und die Polizeibehörde ermächtigt ist, diejenigen, welchen die Räumung obliegt, hierzu anzuhalten.

Betreffs der Reinhaltung von Gräben sind verschiedene besondere Graben-Schau-Ordnungen erlassen.[1])

---

1) In den für den Reg.-Bezirk Potsdam erlassenen Graben-Schau-Ordnungen (siehe v. Wichert, Reg.-Verordnungen S. 232) heißt es übereinstimmend:

1. Derjenige, welcher zur bestimmten Zeit seinen Graben-Antheil gar nicht oder nicht gehörig geräumt, oder den Graben-Auswurf auf den Grabenborden und in den Wegen nicht vorschriftsmäßig planirt hat, erlegt für die Ruthe der nicht geräumten Strecken an den Hauptgräben zehn Pfennige, bei den Damm- und Nebenwegen aber fünf Pfennige als Strafe....
2. Jeder Räumungspflichtige, in dessen Kavel bei der Schau Kraut oder Strauchwerk treibend vorgefunden wird, verfällt in eine Strafe von

4. Wassergenossenschaften.

Gesetz, betreffend die Bildung von Wassergenossenschaften.

Vom 1. April 1879.

(G. S. S. 297.)

§ 1. Zur Benutzung oder Unterhaltung von Gewässern,
zur Ent- oder Bewässerung von Grundstücken,
zum Schutze der Ufer,
zur Anlegung, Benutzung oder Unterhaltung von Wasserläufen oder Sammelbecken,

---

drei Mark. . . . Wer jedoch erweislich das Kraut oder Strauchwerk in seinem Räumungsantheile nicht herausgezogen, sondern in die Kavel eines anderen Interessenten hat treiben lassen, verfällt in eine Strafe von dreißig Mark. In beiden Fällen wird das Kraut auf Kosten des Säumigen herausgezogen.

3. Räumungspflichtige, welche die Grenzen ihrer Räumungsantheile nicht . . . mit Pfählen oder Steinen bezeichnet haben, zahlen eine Strafe von drei Mark.

4. Räumungspflichtige, welche nicht selbst oder durch einen qualifizirten Stellvertreter oder Deputirten bei der Schau erscheinen, verfallen in eine Strafe von drei Mark.

5. Wer durch die Gräben an den dazu nicht bestimmten Stellen reitet oder fährt, zahlt eine Strafe von sechs Mark.

6. Hirten, welche das Vieh unbefugterweise in den Gräben tränken, oder durch dieselben oder auf die erhöhten Ufer der Gräben gehen lassen, oder in den Gräben eine Schafwäsche vornehmen, zahlen das erste Mal drei Mark, das zweite Mal neun Mark und das dritte Mal dreißig Mark Strafe, und sind außerdem zur Erstattung des verursachten Schadens verpflichtet. — Für den angerichteten Schaden haftet die Dienstherrschaft solidarisch.

7. Wer die Fischerei auf unerlaubte Weise ausübt, oder durch Flachs- oder Hanfröten in den Gräben die Vorschriften des § 23 übertritt, verfällt in eine Strafe von sechs Mark. — Die Geräthschaften, deren sich der Kontravenient beim Fischen bedient hat, werden konfiszirt und fallen den Fischereiberechtigten zu.

8. Wer auf dem Grabenborde Anpflanzungen oder sonstige Anlagen ohne Erlaubniß der Schaukommission macht, . . . zahlt eine Strafe von sechs Mark.

9. Wer die Grabenborde beackert oder bestellt, wird mit einer Strafe von sechs Mark belegt.

10. [Im Uebrigen ist auf die Uebertretungen des Reglements eine Strafe von drei bis fünfzehn Mark gesetzt.]

zur Herstellung und Verbesserung von Wasserstraßen (Flößereien) und anderen Schifffahrtsanlagen

können Genossenschaften nach den Vorschriften dieses Gesetzes gebildet werden.[1])

§ 17. Werden nach Einreichung des Statuts[2]) bei dem zur Führung des Registers zuständigen Gerichte[3]) neue Mitglieder in die Genossenschaft aufgenommen, so hat der Vorstand binnen 14 Tagen, vom Tage der Aufnahme an gerechnet, dem Gerichte hiervon Anzeige zu machen.

§ 18. Der Genossenschaftsvorstand hat austretende oder neu eintretende Vorstandsmitglieder binnen 14 Tagen zur Eintragung in das Register anzumelden.

§ 19. Jede Aenderung des Statuts muß gerichtlich oder notariell aufgenommen und bei dem zur Führung des Registers zuständigen Gerichte unter Ueberreichung des Genossenschaftsbeschlusses binnen 14 Tagen angemeldet werden. . . .

§ 28. . . . Auf Antrag des Genossenschaftsvorstandes ist ein Vermerk über die Betheiligung der im Statut bezeichneten Grundstücke (§ 12 Nr. 3) bei dem Unternehmen im Grund- oder Stockbuch einzutragen. Der Genossenschaftsvorstand hat den Antrag binnen zwei Wochen nach der Eintragung des Statuts zu stellen.

Die Vorschrift des vorstehenden Absatzes findet entsprechende Anwendung, wenn in die Genossenschaft ein Mitglied mit bisher nicht betheiligten Grundstücken eintritt.

§ 29. Der Austritt eines Genossen ist dem Gerichte, von welchem das Register geführt wird, binnen 14 Tagen, vom Tage des Austritts an gerechnet, vom Vorstande anzuzeigen. . . .

§ 32. Die Auflösung[4]) der Genossenschaft muß, wenn sie nicht eine Folge des eröffneten Konkurses ist, durch den Vorstand zur Ein-

---

1) Diese Genossenschaften heißen, wenn durch Vertrag gebildet, freie, und wenn durch Beschluß der staatlichen Behörde gebildet, öffentliche Genossenschaften (§ 4). Sie müssen ihren Sitz im Inland haben (§ 7) und durch einen Vorstand vertreten sein (§ 9).

2) Die Rechtsverhältnisse jeder Genossenschaft müssen durch ein Statut geregelt sein (§ 8), welches gerichtlich oder notariell aufgenommen sein muß bei freien Genossenschaften (§ 11) und bei einer öffentlichen Genossenschaft ministerieller Genehmigung bedarf (§ 57).

3) Zuständig ist das Gericht, welchem die Führung des Handelsregisters im Bezirk des Sitzes der Genossenschaft obliegt (§ 13).

4) Die Auflösung kann der Minister aussprechen:

a) auf Antrag eines Genossen, wenn die Genossenschaft nur noch aus zwei Mitgliedern besteht,

b) wenn die Ausführung des Unternehmens sich ein Jahr lang, von Bestätigung des Statuts an, verzögert hat (§ 61). Die Genossenschaft kann aber die Auflösung auch selbst beschließen, jedoch nur mit zwei Drittel Majorität und Genehmigung des Ministers (§ 62).

tragung in das Register binnen 14 Tagen angemeldet werden; sie muß binnen derselben Frist zu zwei verschiedenen Malen durch die für die Bekanntmachungen der Genossenschaft bestimmten Blätter veröffentlicht werden....

§ 35. Die Namen der Liquidatoren sind von dem Genossenschaftsvorstande, das Austreten eines Liquidators, oder das Erlöschen der Vollmacht eines solchen ist von den übrigen Liquidatoren bei dem das Register führenden Gerichte binnen 14 Tagen zur Eintragung in das Register anzumelden.

§ 86. Die Auflösung der Genossenschaft (§§ 61 ff.) ist von der Aufsichtsbehörde in dem für ihre amtlichen Bekanntmachungen und von dem Genossenschaftsvorstande in dem für die Bekanntmachungen der Genossenschaft bestimmten Blatte sofort zu veröffentlichen....

§ 87. Die §§ 35 ... finden auch auf die Liquidation der öffentlichen Genossenschaften Anwendung.

An Stelle der in den §§ 35 ... verordneten Anmeldung behufs Eintragung in das Register tritt eine Anzeige an die Aufsichtsbehörde, welche dieselbe in dem für ihre amtlichen Bekanntmachungen bestimmten Blatte zu veröffentlichen hat.

Strafe:

§ 99. Mit Geldstrafe bis zu 150 Mark wird bestraft:

wer als Vorsteher oder Liquidator einer Genossenschaft es unterläßt, den Ein- oder Austritt von Mitgliedern der Genossenschaft oder von Vorstandsmitgliedern (§§ 17, 18, 29), die Abänderung der Statuten (§ 19), die Auflösung der Genossenschaft (§ 32), die Bestellung von Liquidatoren oder das Ausscheiden derselben oder das Erlöschen ihrer Vollmacht (§§ 35, 87) anzuzeigen oder anzumelden, die Auflösung der Genossenschaft bekannt zu machen (§§ 32, 86) oder die Eintragungen der Betheiligung (§ 28) rechtzeitig zu beantragen.

E. Steuergesetze.

I. Direkte Steuern.

Einleitung. [1])

Während die Steuergesetze vom 26. Mai 1818 und vom 8. Februar 1819 für Preußen eine Reform der indirekten Steuern begründeten, wurde durch die Gesetze vom 30. Mai 1820 auch hinsichtlich der direkten Steuern die in der Verordnung vom 27. Oktober 1810 verheißene Reform vollendet und für das heut bestehende System direkter Besteuerung der Grund gelegt. In dem Gesetz vom 30. Mai 1820 über die Einrichtung des Abgabenwesens (G. S. S. 134) werden die sämmtlichen fernerhin zu erhebenden Auflagen bezeichnet als:

1. die Zölle und die Verbrauchssteuer von ausländischen Waaren, nach dem Gesetz v. 26. Mai 1818,
2. die Abgabe von Salz, nach dem Gesetz v. 17. Januar 1820,
3. die Stempelsteuer (später Gesetz v. 7. März 1822),
4. die Gewerbesteuer, nach dem Gesetz v. 30. Mai 1820,
5. die Grundsteuer (später Gesetz v. 21. Mai 1861),
6. die Steuer von inländischem Branntwein, Braumalz, Weinmost und Tabacksblättern, nach dem Gesetz v. 8. Februar 1819,
7. eine Klassensteuer (Gesetz v. 30. Mai 1820, später durch das Gesetz v. 1. Mai 1851 abgeändert),
8. eine Mahl- und Schlachtsteuer, nach dem Gesetz v. 30. Mai 1820.

Aufgehoben wurden die Konsumtionssteuern, die persönlichen Steuern und die durch Edikt v. 2. Novbr. 1810 eingeführte

1) Die nachfolgende Darstellung beruht zum Theil auf einem Aufsatz in dem Augustheft der Preuß. Jahrbücher 1879: „Die direkten Steuern in Preußen“ von v. Zedlitz.

Gewerbesteuer. Die schwierige Revision der Grundsteuer wurde vertagt.

1. Die Klassensteuer, welche nach fünf Hauptklassen erhoben und in größeren Städten durch die Schlacht- und Mahlsteuer ersetzt wurde, erlitt bereits durch die Kab.-Ordre v. 5. September 1821 insofern eine Abänderung, als die Zahl der Steuerstufen auf zwölf vermehrt wurde, mit Sätzen von 8 und 12 Thlr. in der ersten Klasse. Durch das Gesetz v. 1. Mai 1851 wurde sie in drei Hauptklassen mit zusammen zwölf Stufen getheilt und mit Steuersätzen von 1 Sgr. 3 Pf. bis 2 Thlr. monatlich für jeden Haushalt. Daneben wurde eine klassifizirte Einkommensteuer eingeführt, welcher alle Einkommen von über 1000 Thlr. jährlich mit der Maßgabe unterworfen wurden, daß die Steuer 3% des Einkommens nicht übersteigen sollte. In mahl- und schlachtsteuerpflichtigen Städten wurde ein Satz von jährlich 20 Thlr. in Anrechnung gebracht. Es wurden dreißig Steuerstufen eingerichtet, mit Sätzen von 2 Thlr. 15 Sgr. bis 600 Thlr. monatlich. — Durch die Gesetze v. 25. März 1873, 2. Januar 1874 und 16. Juni 1875 wurde die Klassensteuer insofern geändert, als der Prozentsatz auf etwa 2% bei 1800 Mark Einkommen und auf 1% und ½% in den untersten Stufen herabsank, und als sie kontingentirt, d. h. auf eine bestimmte Summe fixirt wurde, deren Ueberschuß zu Ermäßigungen der Einzelsätze führen sollte. Bei der Einkommensteuer wurde das Maximum beseitigt und eine Anzahl neuer Stufen eingeschoben. Die Schlacht- und Mahlsteuer wurde aufgehoben[1]) und das Einkommen unter 420 Mark freigegeben. — Das Gesetz v. 12. März 1877 endlich regelt das Beschwerderecht anderweit (Remonstration binnen zwei Monaten bei dem Vorsitzenden der Einschätzungs-Kommission, und eventuell noch Reklamation an die Bezirks-Kommission binnen vier Wochen).

2. Die Ertragssteuer wurde durch die drei Gesetze vom 21. Mai 1861 neu geregelt, und dadurch eine einheitliche Besteuerung des Grundbesitzes herbeigeführt. Die Befreiungen und Bevorzugungen, welche schon durch Gesetz v. 24. Februar 1850 größtentheils beseitigt waren, wurden, soweit sie auf einem lästigen

---

1) Durch das besondere Gesetz v. 25. Mai 1873 (G. S. S. 222).

Vertrag oder einem Privileg beruhten, gegen Entschädigung aufgehoben, und es wurde eine gleichmäßige Vertheilung der Grundsteuer nach dem Reinertrag, der Gebäudesteuer nach dem Miethswerth eingeführt. Der Satz der letzteren wurde auf 4% vom Miethsbetrage für Wohngebäude und diesen gleichgestellte Baulichkeiten, auf 2% für gewerbliche Anlagen angenommen. Die Liegenschaftssteuer wurde auf 10 Millionen Thaler jährlich kontingentirt, für die Gebäudesteuer wurde dagegen eine Revision alle fünfzehn Jahre vorbehalten, deren erste mit dem Januar 1880 in Wirksamkeit getreten ist.

3. Die Gewerbesteuer, die bis dahin jedes Gewerbe verschieden für sich behandelte und sich auf den Großhandel und Fabrikbetrieb, die Müllerei und das Frachtfuhrwesen, ferner auf die Schankwirthschaft und den Gewerbebetrieb im Umherziehen, sowie auf die schnell und sicher Gewinn bringenden Gewerbe der Branntweinbrennerei, Brauerei, Bäckerei, Fleischerei und Gastwirthschaft beschränkte, wurde zuerst umfassend reformirt durch das Gesetz v. 19. Juli 1861, dessen Zweck eine gerechtere Vertheilung der Steuer und eine der Verkehrsentwicklung entsprechende Steigerung derselben war. Es wurde für die Steuer vom Handel eine Veranlagung in drei Steuerklassen A I, A II und B, nach dem Umfang der Geschäfte, eingeführt; die Eintheilung der Städte und Ortschaften des platten Landes in vier „Abtheilungen" wurde beibehalten, für die Klasse A I aber auf zwei Abtheilungen beschränkt, von denen die erstere die gewerblicheren Regierungsbezirke umfaßt, derart daß der ganze Bezirk eine „Steuergesellschaft" bildet. Für die Klasse A II sind die Steuergesellschaften, denen jeder Gewerbetreibende beitreten muß, beibehalten, und haben diese durch ihre Abgeordneten die Vertheilung der Steuer unter sich zu bewirken. In der Klasse B erfolgt diese Vertheilung durch die Kommunal= bez. Kreisbehörde. — Die Abgaben für Fleischereien, Flußschifffahrt ohne Dampf, Handweberei und =Wirkerei u. s. w. wurden ermäßigt, die der Gastwirthschaft und des Hausirgewerbes dagegen erhöht (bei letzterem von 12 auf 16 Thlr.) — Durch das Gesetz v. 20. März 1872 wurden die Mühlen theils der Steuer vom Handel, theils den Handwerken zugewiesen, da bei der Entwicklung der Konstruktionen sich ein Unterschied zwischen Lohn= und Handelsmüllerei

herausstellte. — Nach Aufhebung der Schlacht- und Mahlsteuer wurde durch das Gesetz v. 5. Juni 1874 die durch die vermehrte Konkurrenz bewirkte Belastung der Bäckerei und Fleischerei beseitigt und deren Unterwerfung unter die Handelssteuer angeordnet. Auch das Brauereigewerbe wird seitdem in den drei Klassen der Gewerbesteuer vom Handel eingeschätzt, nach Verschiedenheit des Geschäftsumfanges, während früher die Besteuerung der Brauereien nach der Menge des verbrauchten Malzes (Kab.-Ordre v. 10. Januar 1824) erfolgte. — Das Hausirgewerbe ist schließlich durch das Gesetz v. 3. Juli 1876 in steuerlicher Beziehung noch besonders geregelt worden.

---

1. Die Klassen- und klassifizirte Einkommensteuer.

Gesetz, betreffend die Einführung einer Klassen- und klassifizirten Einkommensteuer.

Vom 1. Mai 1851.

(G. S. S. 193.)

Mit den durch das Gesetz v. 25. Mai 1873 (G. S. S. 213) herbeigeführten Abänderungen.[1])

§ 5. Nach diesen Gesetzen soll von allem Einkommen unter 3000 Mark jährlich eine Klassensteuer und von dem Einkommen über 3000 Mark jährlich eine klassifizirte Einkommensteuer erhoben werden; in den mahl- und schlachtsteuerpflichtigen Orten sollte von der letzteren aber ein Betrag von 60 Mark jährlich
§ 2. abgerechnet und nur der übrige Steuerbetrag zur Einziehung gestellt werden.[2])

---

1) Für die neuen Landestheile eingeführt durch die Verordnungen v. 28. April 1867 (G. S. S. 533, 538 und 543).

2) Das Gesetz v. 25. Mai 1873, betr. die Aufhebung der Mahl- und Schlachtsteuer (G. S. S. 222), hat seit dem 1. Januar 1875 in allen Städten die Klassensteuer eingeführt. Es ist jedoch zugelassen, daß die Schlachtsteuer in bisher mahl- und schlachtsteuerpflichtigen Städten als Gemeindesteuer fort-

Befreit von der Klassensteuer sind:

a) diejenigen Personen, deren Jahreseinkommen den Betrag von 420 Mark nicht erreicht, § 5.

b) Personen vor vollendetem sechzehnten Jahre, soweit sie zu der ersten Stufe gehören,

c) alle Militairpersonen, insofern sie nicht anderweit ein Einkommen von mindestens 420 Mark haben,

d) Unteroffiziere und Mannschaften des Beurlaubtenstandes und Kriegsfreiwillige während der Dienstzeit,

e) Offiziere, Militairärzte und Militairbeamte während der Mobilmachung,

f) Ausländer während des ersten Jahres,

g) Inhaber des eisernen Kreuzes und des Militair-Ehrenzeichens I. und II. Klasse in den ersten beiden Stufen,

h) Veteranen der Freiheitskriege in den ersten beiden Stufen.

Die zwölf Stufen der Klassensteuer sind wie folgt bemessen: § 7.

1. Stufe	. . . .	420 — 660	Mark zahlt	3	Mark
2. „	mehr als	660 — 900	„ „	6	„
3. „	„ „	900 —1050	„ „	9	„ [1])
4. „	„ „	1050 —1200	„ „	12	„ [1])
5. „	„ „	1200 —1350	„ „	18	„
6. „	„ „	1350 —1500	„ „	24	„
7. „	„ „	1500 —1650	„ „	30	„
8. „	„ „	1650 —1800	„ „	36	„
9. „	„ „	1800 —2100	„ „	42	„
10. „	„ „	2100 —2400	„ „	48	„
11. „	„ „	2400 —2700	„ „	60	„
12. „	„ „	2700 —3000	„ „	72	„

Die Steuerpflicht beginnt in dem auf den Einzug folgenden Monat und endigt in dem auf den Befreiungsgrund folgenden Monat. § 11.

---

erhoben werde. Nach je drei Jahren soll das Bedürfniß des Fortbestandes dieser Steuer geprüft werden.

1) Diese Steuersätze beruhen auf dem Gesetz v. 16. Juni 1875, betr. einige Abänderungen der Vorschriften für die Veranlagung der Klassensteuer (G. S. S. 234).

§ 12. a) Jeder Eigenthümer eines bewohnten Grundstücks oder dessen Stellvertreter haftet der Behörde, welche das Verzeichniß der steuerpflichtigen Haushaltungen und Einzelnsteuernden aufnimmt, für die richtige Angabe derselben;

b) jedes Familienhaupt ist für die richtige Angabe seiner Angehörigen und aller zu seinem Hausstande gehörigen steuerpflichtigen Personen verantwortlich;

c) jede bei der Aufnahme des Verzeichnisses oder auf sonstige desfallsige Anfragen der Steuerbehörde im Laufe des Jahres unterlassene Angabe einer steuerpflichtigen Person soll, außer der Nachzahlung der rückständigen Steuer, mit einer Geldbuße bis zum vierfachen Jahresbetrage derselben belegt werden; [1])

d) die Untersuchung gegen diejenigen, welche sich einer Uebertretung dieser Bestimmungen schuldig machen, gebührt dem Gerichte, insofern der Steuerpflichtige nicht binnen einer von der Behörde zu bestimmenden Frist die Zahlung der verkürzten Steuer, des von derselben festgesetzten Strafbetrages, sowie der durch das Verfahren gegen ihn entstandenen Kosten, freiwillig leistet.

§ 13. Die Steuer ist in den ersten acht Tagen jedes Monats im Voraus zu entrichten. Bei Verlust einer Einnahmequelle oder außergewöhnlichen Unglücksfällen und dadurch bewirkter Zurücksetzung im Nahrungsstande kann die Steuer zu einem verhältniß-

§ 14. mäßigen Betrage ermäßigt werden. [2]) Reklamationen müssen binnen zwei Monaten [3]) bei dem Landrath eingegeben werden.

§ 19. Die klassifizirte Einkommensteuer wird veranlagt nach dem Gesammt-Einkommen aus Grundeigenthum, Kapitalien, Renten und jeder gewinnbringenden Beschäftigung. Sie beträgt:

§ 20.

in der 1. Stufe	bei 3000	bis 3600 Mark	90 Mark
„ „ 2. „	„ 3600	„ 4200 „	108 „
„ „ 3. „	„ 4200	„ 4800 „	126 „

1) Strafbar sind hiernach nur die Eigenthümer eines bewohnten Grundstücks oder deren Stellvertreter, sowie die Familienhäupter, welche die bezeichneten Angaben in richtiger Weise zu machen unterlassen, also niemals andere Personen, namentlich nicht diejenigen, betreffs deren eine Steuerhinterziehung durch unrichtige Angaben seitens jener eingetreten ist. — Zum Thatbestand gehört, daß die zur Anzeige verpflichteten Personen von dem Gemeindevorstand zu diesen Angaben aufgefordert sein müssen. — Diese Kontraventionen verjähren in fünf Jahren, und bis zum Ablauf der Verjährung kann die hinterzogene Steuer nachgefordert werden. Winiker, Klassensteuer u. klassif. Eink.-Steuer S. 136.

2) Art III Gesetz v. 16. Juni 1875.

3) Art. IV Gesetz v. 16. Juni 1875 (früher drei Monate).

in	der	4.	Stufe	bei	4800	bis	5400	Mark	144	Mark
„	„	5.	„	„	5400	„	6000	„	162	„
„	„	6.	„	„	6000	„	7200	„	180	„
„	„	7.	„	„	7200	„	8400	„	216	„
„	„	8.	„	„	8400	„	9600	„	252	„
„	„	9.	„	„	9600	„	10800	„	288	„
„	„	10.	„	„	10800	„	12000	„	324	„
„	„	11.	„	„	12000	„	14400	„	360	„
„	„	12.	„	„	14400	„	16800	„	432	„
„	„	13.	„	„	16800	„	19200	„	504	„
„	„	14.	„	„	19200	„	21600	„	576	„
„	„	15.	„	„	21600	„	25200	„	648	„
„	„	16.	„	„	25200	„	28800	„	756	„
„	„	17.	„	„	28800	„	32400	„	864	„
„	„	18.	„	„	32400	„	36000	„	972	„
„	„	19.	„	„	36000	„	42000	„	1080	„
„	„	20.	„	„	42000	„	48000	„	1260	„
„	„	21.	„	„	48000	„	54000	„	1440	„
„	„	22.	„	„	54000	„	60000	„	1620	„
„	„	23.	„	„	60000	„	72000	„	1800	„
„	„	24.	„	„	72000	„	84000	„	2160	„
„	„	25.	„	„	84000	„	90000	„	2520	„
„	„	26.	„	„	90000	„	108000	„	2880	„
„	„	27.	„	„	108000	„	120000	„	3240	„
„	„	28.	„	„	120000	„	144000	„	3600	„
„	„	29.	„	„	144000	„	168000	„	4320	„
„	„	30.	„	„	168000	„	204000	„	5040	„
„	„	31.	„	„	204000	„	240000	„	6120	„
„	„	32.	„	„	240000	„	300000	„	7200	„

u. s. f. um je 60000 Mark steigend — um j 1800 Mark steigend.

Reklamationen halten die Zahlung dr Steuer nicht auf. § 25.
Ab- und Zugänge an Einkommen währen des Jahres ändern § 36.
nichts. Nur wenn nachgewiesen werden knn, daß durch den Verlust einzelner Einnahmequellen das veanschlagte Gesammt-Einkommen um mehr als den vierten Thei vermindert worden, darf eine verhältnißmäßige Ermäßigung er Steuer gefordert werden.

Strafe:

§ 33. Wer bei der Erörterung einer von ihm erhobenen Reklamation auf die dieserhalb an ihn ergangene besondere Aufforderung wissentlich einen Theil seines Einkommens verschwiegen oder zu gering angegeben hat, verfällt in eine Strafe zur Höhe des vierfachen Jahresbetrages der Steuer, um welche der Staat verkürzt worden ist oder verkürzt werden sollte.

Die Entscheidung hierüber gebührt dem Gericht, insofern der Steuerpflichtige sich nicht freiwillig zur Bezahlung der verkürzten Steuer, des vierfachen Jahresbetrages derselben und der durch das Verfahren gegen ihn entstandenen Kosten bereit erklärt. . . . [1])

---

2. Die Grundsteuer.

Das Gesetz, betr. die anderweite Regelung der Grundsteuer, v. 21. Mai 1861 (G. S. S. 253) stellte die
§ 1. Grundsteuer von den „Liegenschaften", d. h. von den ertragsfähigen, nicht mit Gebäuden besetzten Grundstücken, auf einen
§ 3. Jahresbetrag von 10 Millionen Thaler fest, welcher nach Verhältniß des Reinertrages der Liegenschaften auf die einzelnen Provinzen gleichmäßig vertheilt werden sollte,[2]) und nur durch Zugang oder Abgang von Grundstücken, sonst aber nur durch Gesetz erhöht oder vermindert werden darf. Befreit von der Grundsteuer sind:

§ 4. a) die dem Staat gehörigen Grundstücke,

b) die Domanialgrundstücke der Mediatisirten,

c) die zu öffentlichem Dienst bestimmten Grundstücke der Provinzen, Kreise, Gemeinden,

d) Brücken, Kunststraßen, Schienenwege der Eisenbahnen und

---

1) Die Zuständigkeit der Schöffengerichte richtet sich nach der Höhe der verwirkten Strafe, und findet ihre Grenze in dem Strafbetrage von sechshundert Mark, sodaß die defraudirte Steuer nur einhundertfünfzig Mark jährlich betragen darf. § 27 Nr. 2 G. V. G. — Einer Ueberweisung durch die Strafkammer, wie sie § 75 Nr. 15 G. V. G. andeutet, bedarf es nicht. Vergl. S. 2 Note 1.

2) Siehe das folgende Gesetz v. 8. Februar 1867. — Das Verfahren bei Ermittelung des Reinertrages wird durch eine besondere Anweisung v. 21. Mai 1861 geregelt.

schiffbare Kanäle, welche von Privatunternehmern zu öffentlichem Gebrauch angelegt sind,

e) die im Jahre 1861 zu dem Vermögen christlicher Kirchen, öffentlicher Schulen, höherer Lehranstalten und zur Dotation der Kultuspersonen oder Lehranstalten gehörenden Grundstücke.

Alle übrigen Grundstücke sind mit dem, ihrem Reinertrage entsprechenden Prozentsatze zur Grundsteuer heranzuziehen. Verlieren steuerfreie Grundstücke die der Steuerfreiheit zu Grunde liegende Eigenschaft, so sind sie vom ersten Tage des darauffolgenden Monats zur Steuer heranzuziehen, andererseits werden besteuerte Grundstücke, welche in die Klasse der steuerfreien übergehen, von dem ersten Tage des darauffolgenden Monats von der Steuer frei. Werden Grundstücke mit Gebäuden besetzt oder als Hofräume oder Hausgärten mit Gebäuden verbunden und dadurch gebäudesteuerpflichtig, so hört ihre Grundsteuerpflichtigkeit mit dem Zeitpunkt auf, von welchem ab die Gebäudesteuerpflicht beginnt, und werden Gebäude definitiv entfernt, so beginnt von da, wo die Gebäudesteuerpflicht aufhört, wieder die Grundsteuer. § 5. § 10.

Strafbestimmungen enthält dieses Gesetz nicht. Dagegen enthält solche das

Gesetz, betreffend die definitive Unterverteilung und Erhebung der Grundsteuer in den sechs östlichen Provinzen des Staats und die Beschwerden wegen Grundsteuer-Ueberbürdung.

Vom 8. Februar 1867.

(G. S. S. 185.)[1]

Zum Zweck der Unterverteilung der Grundsteuer auf die einzelnen steuerpflichtigen Liegenschaften ist für jeden Gemeinde-, § 6.

1) Die Bestimmungen dieses Gesetzes gelten auch in den 1866 erworbenen Gebietstheilen. Gesetz v. 11. Februar 1870 (G. S. S. 85). Für die Rheinprovinz und Westfalen gilt das Grundsteuer-Gesetz v. 21. Januar 1839 (G. S. S. 30), welches Strafbestimmungen nicht enthält.

selbständigen Guts- oder Grundsteuer-Erhebungsbezirk[1]) die Anlegung eines Flurbuchs und einer Grundsteuer-Mutterrolle angeordnet worden. Ersteres weist sämmtliche Liegenschaften des betr. Bezirks in ihrem natürlichen Zusammenhange und mit Angabe ihres Flächeninhalts[2]) und Reinertrages nach, in letzterer sind die dem Bezirk angehörigen Liegenschaften mit denselben Angaben sowie mit Angabe der demgemäß veranlagten Grundsteuer in besonderen Artikeln aufgeführt, welche sämmtliche Grundstücke desselben Eigenthümers umfassen.

§ 32. Um die Flurbücher, Mutterrollen und Karten bei der Gegenwart zu erhalten, müssen alle Veränderungen darin nachgetragen werden, welche dadurch entstehen, daß

a) in den Eigenthumsverhältnissen der Grundstücke ein Wechsel eintritt;

b) bisher grundsteuerfreie Grundstücke (§ 4 des Gesetzes vom 21. Mai 1861) in die Klasse der grundsteuerpflichtigen, oder

c) bisher grundsteuerpflichtige Grundstücke in die Klasse der grundsteuerfreien (§ 4 a. a. O.) übergehen;

d) bisher grundsteuerpflichtige oder nach § 4 a. a. O. von der Grundsteuer befreite Grundstücke mit Gebäuden besetzt oder als Hofräume oder Hausgärten mit Gebäuden verbunden werden;

e) bisher mit Gebäuden besetzte, oder als Hofräume oder Hausgärten mit Gebäuden verbunden gewesene Grundstücke in die Klasse der grundsteuerpflichtigen, beziehungsweise der nach § 4 a. a. O. von der Grundsteuer befreiten Grundstücke übergehen;

f) besteuerungsfähige Ländereien neu entstehen, oder

g) bereits besteuerte ganz oder theilweise untergehen oder bleibend ertragsunfähig werden;

h) die Grenzen der Gemeinden, selbstständigen Guts- oder Erhebungsbezirke, der Kreise, Provinzen, beziehungsweise der im § 1 bezeichneten kommunalständischen Verbände oder die Landesgrenzen berichtigt, beziehungsweise verlegt werden;

i) materielle Irrthümer (§ 2) von den Behörden entdeckt oder von den Betheiligten nachgewiesen werden;

---

1) Zu solchen besonderen Grundsteuer-Erhebungsbezirken sollten die einem bestehenden Gemeinde- oder selbständigen Gutsbezirk etwa nicht angehörenden größeren Gutskomplexe vereinigt werden (§ 3).

2) Die Angabe des Flächeninhalts beruht auf den Gemarkungskarten, deren Herstellung schon durch das Gesetz v. 21. Mai 1861 angeordnet war. — In der Regel bilden die zu einer Gemeinde (Ortschaft) oder einem selbständigen Gutsbezirk gehörigen Grundstücke eine „Gemarkung". § 22 Gesetz v. 21. Mai 1861.

k) Beschwerden über Grundsteuer-Ueberbürdung in Gemäßheit der §§ 21 ff. erhoben und als begründet anerkannt werden. [1])

§ 33. Die Grundeigenthümer oder die statt deren zur Entrichtung der Grundsteuer verbundenen Personen (§ 45) [2]) **sind verpflichtet, die im § 32 zu a bis g bezeichneten Veränderungen den mit der Fortschreibung beauftragten Beamten schriftlich oder protokollarisch anzuzeigen und die zur Berichtigung der gedachten Bücher u. s. w. erforderlichen Unterlagen beizubringen, widrigenfalls die Herbeischaffung der letzteren auf ihre Kosten bewirkt wird. . . .**

§ 34. Ist die Anzeige von dem Wechsel in dem Eigenthume (§ 32 zu a) nicht erfolgt, so ist der seitherige, beziehungsweise der in der Mutterrolle eingetragene Eigenthümer verpflichtet, die veranlagte Grundsteuer bis für den Monat einschließlich fort zu entrichten, in welchem die zur Fortschreibung und Berichtigung der Mutterrolle erforderliche Anzeige geschieht, ohne daß dadurch der neue Besitzer von der auch ihm obliegenden Verhaftung für die Grundsteuer entbunden wird.

Ist die Anzeige von einer Aenderung unterlassen, welche eine Steuerverminderung oder die Freiheit von der Steuer begründet (§ 32 zu c, d und g), so wird die Steuer ebenfalls bis für den Monat einschließlich forterhoben, in welchem die Anzeige erfolgt.

Aenderungen, welche die Steuerpflichtigkeit oder die Steuererhöhung eines Grundstücks bedingen (§ 32 b, e und f), sind spätestens binnen drei Monaten nach Ablauf des Monats, in welchem die Aenderung eingetreten ist, von dem Eigenthümer des Grundstücks anzumelden. Wer die Anmeldung unterläßt, verfällt, wenn dadurch der Staat der Steuer verlustig geht, in eine dem doppelten Betrage der vorenthaltenen Steuer gleichkommende Geldbuße, in den übrigen Fällen in eine Geldbuße von ein bis fünfzehn Mark. [3])

---

1) Eine Grundsteuer-Ueberbürdung wird nur dann anerkannt, wenn durch eine wiederholte Einschätzung der Liegenschaften der sich beschwerenden Gemeinden oder Gutsinhaber festgestellt wird, daß der in der Mutterrolle verzeichnete Reinertrag den aus der wiederholten Einschätzung sich ergebenden Reinertrag um mehr als fünfundzwanzig Prozent übersteigt. — Der Einzelne kann Beschwerden dieser Art nicht erheben, hat jedoch das Recht der Reklamation (§ 12).

2) Zur Entrichtung der Grundsteuer sind nach § 45 d. G. die in der Mutterrolle verzeichneten Eigenthümer verpflichtet. Bei Grundstücken, die Mehreren gemeinsam gehören, ist jeder Miteigenthümer für den ganzen Steuerbetrag verhaftet. Bei einem in Pacht oder Nießbrauch stehenden Grundstücke kann der Staat sich auch an den Pächter oder Nießbraucher halten. — Bei unterlassener Anmeldung (§ 32) kann jeder Miteigenthümer zur Strafe gezogen werden. Verfügung des Fin.-Min. v. 6. Juni 1879. II 6786.

3) Der Ausdruck: „wenn dadurch der Staat der Steuer verlustig geht" ist nicht gleichbedeutend mit dem Ausdruck in dem Gebäudesteuer-Gesetz v. 21. Mai

Die Untersuchung und Entscheidung steht dem Gerichte zu, wenn nicht derjenige, welcher der Verletzung einer der vorstehenden Vorschriften beschuldigt wird, binnen einer von dem Landrathe, beziehungsweise in denjenigen Städten, welche keinem Kreise angehören, von dem Gemeindevorstand zu bestimmenden Frist den ihm bekannt gemachten Strafbetrag, nebst der etwa zu erlegenden Steuer und die durch das Verfahren gegen ihn entstandenen Kosten, freiwillig zahlt.[1])

---

3. Die Gebäudesteuer.

Gesetz, betreffend die Einführung einer allgemeinen Gebäudesteuer.

Vom 21. Mai 1861.

(G. S. S. 317.)[2])

§ 3. Befreit von der Gebäudesteuer sind:

1. die Gebäude der Mitglieder des Königl. Hauses und der Mediatisirten;
2. die zu öffentlichem Dienst bestimmten Gebäude des Staats, der Provinzen, der kommunalständischen Verbände, der

---

1861: „wenn dadurch dem Staate Steuer vorenthalten ist." Es ist daher eine Bestrafung mit dem Doppelten der Steuer nur dann zulässig, wenn der Anspruch des Staates auf Nachzahlung der Steuer nicht mehr realisirbar ist, der Staat also in Folge der Kontravention die Steuer verliert, nicht aber schon dann, wenn die rechtzeitige Erhebung der Steuer durch die unterlassene Anmeldung verhindert ist. Verfügung des Fin.-Min. v. 8. Dezbr. 1878. IV 15528.

1) Der Vorsteher einer Eisenbahngesellschaft ist für die bei Veränderung der Grundsteuerverhältnisse vorgeschriebenen Anzeigen verantwortlich, so lange er nicht nachweist, daß auf Grund bestehender Geschäftsvertheilung einem anderen Mitgliede des Direktoriums diese Anzeige oblag. Erk. d. Ob. Trib. v. 7. März 1876.

Ebenso werden bei Grund- und Gebäudesteuer-Hinterziehungen durch juristische oder handlungsunfähige Personen immer nur deren Vertreter verantwortlich gemacht und angeklagt werden können, und es ist Sache derselben, das Mitglied nachzuweisen, welches die Anmeldung speziell hätte veranlassen müssen.

2) Für die neuen Landestheile ist dieses Gesetz durch § 2 der Verordnungen v. 28. April 1867 (G. S. S. 533, 538, 543) eingeführt worden.

Kreise und der Gemeinden,[1]) speziell die für Behörden oder zu Dienstwohnungen bestimmten Gebäude (Militair-, Regierungs-, Justiz-, Polizei-, Steuer- und Postverwaltungsgebäude, Kreis- und Gemeindehäuser), sowie Bibliotheken und Museen;

3. Universitäts- und andere zum öffentlichen Unterricht bestimmte Gebäude;
4. Kirchen, Kapellen und gottesdienstliche Gebäude der mit Korporationsrechten versehenen Religionsgesellschaften;
5. die Diensthäuser der Geistlichen derselben Religionsgesellschaften und anderer Kultusdiener (z. B. Seminarlehrer und Küster);
6. Armen-, Waisen- und Krankenhäuser, Besserungs-, Aufbewahrungs- und Gefängnißanstalten, sowie Gebäude, welche milden Stiftungen angehören und zu deren Zweck unmittelbar benutzt werden;
7. diejenigen unbewohnten Gebäude, welche nur zum Betriebe der Landwirthschaft bestimmt sind, sowie die nur zur Aufbewahrung von Brennmaterial und Rohstoffen bestimmten gewerblichen Gebäude und die Stallungen für das zum Gewerbebetrieb bestimmte Zugvieh;
8. die zu Ent- oder Bewässerungsanlagen dienenden unbewohnten Gebäude.

Jedes Gebäude wird nach seinem jährlichen Nutzungswerth zu § 4.
einer bestimmten Steuerstufe eingeschätzt; Wohnhäuser, Schauspiel-,
Ball-, Bade- und Gesellschaftshäuser werden mit 4%, gewerbliche § 5.
Gebäude und die nicht steuerfreien Speicher, Ställe, Remisen,
Scheunen und Keller mit 2% des Nutzungswerths veranlagt.
Derselbe wird in Städten nach dem mittleren jährlichen Mieths- § 6.
werth innerhalb der letzten zehn Jahre bemessen, in ländlichen
Ortschaften sind die Gesammtverhältnisse maßgebend. — Die § 7.
Veranlagung erfolgt durch Kommissionen unter dem Vorsitz be- § 9.
sonderer Ausführungskommissarien. Reklamationen dürfen nur
binnen vier Wochen, vom Empfang des Auszugs aus der Ver- § 10.

---

1) Städtische Gasanstalten und andere zu einem Gewerbebetriebe dienende Kommunalgebäude sind nicht steuerfrei. Erlaß des Fin.-Min. v. 20. Februar 1863. IV b 10149.

anlagungsnachweisung an, bei dem Ausführungskommissar angebracht werden. Gegen die Entscheidung der Regierung steht binnen
§ 11. sechs Wochen der Rekurs an den Finanzminister offen.

§ 15. Um die aufzustellenden Gebäudesteuerrollen bei der Gegenwart zu erhalten, müssen darin alle Veränderungen nachgetragen werden, welche dadurch entstehen, daß:

1) in dem Eigenthumsverhältniß der Gebände ein Wechsel eintritt;
2) bisher steuerpflichtige Gebäude in die Klasse der steuerfreien (§ 3 dieses Gesetzes) oder bisher steuerfreie Gebäude in die Klasse der steuerpflichtigen übergehen;
3) Gebäude durch Veränderung ihrer Bestimmung aus der § 5 Nr. 2 bezeichneten Klasse in die § 5 Nr. 1 bezeichnete Gebäudeklasse übergehen, und umgekehrt;
4) Gebäude neu entstehen oder gänzlich eingehen;
5) besteuerte Gebäude durch Veränderung in ihrer Substanz, namentlich durch das Aufsetzen oder Abnehmen eines Stockwerks, oder durch das Anbauen oder Abbrechen eines Gebäudetheils, durch Vergrößerung oder durch gänzliche oder theilweise Abtrennung der dazu gehörigen Hofräume und Gärten, an Nutzungswerth gewinnen oder verlieren.

§ 16. Die Eigenthümer oder Nutznießer der Gebäude sind verpflichtet, die im § 15 gedachten Veränderungen den mit der Fortführung der Gebäudesteuerrollen beauftragten Beamten schriftlich oder protokollarisch anzuzeigen und die zur Berichtigung der Rolle erforderlichen Nachrichten beizubringen.

§ 17. Ist die Anzeige von dem Wechsel in dem Eigenthum (§ 15 zu 1) nicht erfolgt, so wird die veranlagte Gebäudesteuer von dem in der Rolle eingetragenen Eigenthümer bis für den Monat einschließlich forterhoben, in welchem die zur Fortschreibung und Berichtigung der Rolle erforderliche Anzeige geschieht, ohne daß dadurch der neue Besitzer von der auch ihm obliegenden Verhaftung für die Gebäudesteuer entbunden wird.

Ist die Anzeige von einer Aenderung unterlassen, welche eine Steuerverminderung oder die Freiheit von der Steuer begründet (§ 15 zu 2 bis 5), so wird die Steuer ebenfalls bis für den Monat einschließlich forterhoben, in welchem die Anzeige erfolgt.

Neu entstandene Gebäude (§ 15 zu 4), desgleichen wesentliche Verbesserungen von Gebäuden, sowie Vergrößerungen der zu ihnen gehörigen Hofräume u. s. w. (§ 15 zu 5), sind spätestens drei Monate vor dem Termine anzumelden, mit welchem sie zur Versteuerung gelangen müssen (§ 19 zu 1 und 2); Veränderungen in der Einrichtung oder Benutzung der in § 5 Nr. 2 gedachten Gebäude, wodurch dieselben in die § 5 Nr. 1 erwähnte Gebäudeklasse übertreten, sind binnen drei Monaten nach Ablauf des Jahres, in welchem die Veränderung eingetreten ist, anzumelden. Wer die Anmeldung unterläßt, verfällt, wenn dadurch dem Staate Steuer vorenthalten ist,[1]) in eine dem doppelten Betrage der vorenthaltenen Steuer gleichkommende Geldbuße, in den übrigen Fällen in eine Geldbuße von ein bis fünfzehn Mark.

Die Untersuchung und Entscheidung steht dem Gerichte zu, wenn nicht derjenige, welcher der Verletzung einer der vorstehenden Vorschriften beschuldigt wird, binnen einer von dem Landrath, beziehungsweise Gemeindevorstand zu bestimmenden Frist den ihm bekannt gemachten Strafbetrag nebst der etwa zu erlegenden Steuer und die durch das Verfahren gegen ihn entstandenen Kosten freiwillig zahlt.

§ 19. 1) Neu erbaute, oder vom Grunde aus wieder aufgebaute Gebäude werden erst nach Ablauf zweier Kalenderjahre seit dem Kalenderjahre, in welchem sie bewohnbar, beziehungsweise nutzbar geworden sind, zur Gebäudesteuer herangezogen.

2) Ebenso treten Steuererhöhungen in Folge von Verbesserungen der Gebäude (§ 15 zu 5) erst nach Ablauf zweier Jahre seit dem Kalenderjahre in Kraft, in welchem die Verbesserung vollendet worden ist.

3) Für solche Gebäude, welche durch Brand, Ueberschwemmung oder sonstige Naturereignisse vollständig zerstört, oder von ihrem Eigenthümer gänzlich abgebrochen worden sind, wird die Gebäudesteuer von dem ersten Tage desjenigen Monats ab, in welchem die Zerstörung erfolgt, oder der Abbruch vollendet ist, abgesetzt.

4) Geht durch Ereignisse der zu 3 gedachten Art der Jahresertrag eines solchen Gebäudes ganz oder theilweise verloren, so ist, sofern der erlittene Verlust den dritten Theil des jährlichen Nutzungswerthes des Gebäudes erreicht oder übersteigt, ein dem Verhältniß des stattgefundenen Verlustes entsprechender Theil, nach Umständen der ganze Jahresbetrag der Gebäudesteuer zu erlassen.

5) Dieser ganze Betrag ist auch dann zu erlassen, wenn ein Gebäude erweislich während eines ganzen Jahres unbenutzt geblieben ist.

---

1) Unter „vorenthaltener Steuer" ist nicht eine wegen Verjährung des Rechts zu ihrer Nachforderung gänzlich verloren gegangene, sondern eine solche zu verstehen, deren Einziehung in und seit dem ersten Fälligkeitstermin wegen der unterbliebenen Anmeldung nicht stattgefunden hat, gleichviel ob sie nach diesem Termin nachträglich zur Einziehung gelangt ist oder nicht. Es genügt daher zur Strafbarkeit, wenn die Anmeldung unterblieben und deshalb die Einziehung der Steuer verzögert worden ist. Eine Steuervorenthaltung liegt dagegen nicht vor, wenn die Veränderung auf anderem Wege zur Kenntniß der Behörden gelangt war; hier ist nur eine Geldbuße von ein bis fünfzehn Mark verwirkt. Reskr. des Fin.=Min. v. 24. März 1874. IV 2582.

In Betreff der Verjährung der Grund- und Gebäudesteuern ist das Gesetz über die Verjährungsfristen bei öffentlichen Abgaben, vom 18. Juni 1840 (G. S. S. 140), maßgebend.[1])

4. Die Gewerbesteuer.

a. Gesetz wegen Entrichtung der Gewerbesteuer.

Vom 30. Mai 1820.

(G. S. S. 147.)

§ 2. Gewerbesteuerpflichtig sind nach diesem Gesetz:

Der Handel, die Gastwirthschaft, das Verfertigen von Waaren auf den Kauf, der Betrieb von Handwerken mit mehreren Gehülfen und von Mühlenwerken, sowie das Gewerbe der Schiffer, der Fracht- und Lohnfuhrleute, der Pferdeverleiher und das Hausirgewerbe.

§ 3. Die Gewerbesteuerpflichtigkeit vom Handel trifft:

a) jedes Groß- oder Einzelnhandels-, Kommissions-, Spedi-

---

1) Dasselbe bestimmt:

„§ 5. Eine Nachforderung von Grundsteuern ist zulässig sowohl bei gänzlicher Uebergehung, als bei zu geringem Ansatz, in beiden Fällen aber nur für das Kalenderjahr, worin die Nachforderung geltend gemacht wird.

§ 8. Zur Hebung gestellte direkte oder indirekte Steuern, welche im Rückstande verblieben oder kreditirt sind, verjähren in vier Jahren, von dem Ablaufe des Jahres an gerechnet, in welches ihr Zahlungstermin fällt.

Die Verjährung wird durch eine an den Steuerpflichtigen erlassene Aufforderung zur Zahlung, sowie durch Verfügung der Exekution, oder durch bewilligte Stundung der Steuer unterbrochen. . . .

§ 10. Ist in der unterlassenen Entrichtung der ganzen Steuer oder eines Theils derselben eine Kontravention gegen die Steuergesetze enthalten, so verjährt die Nachforderung nur gleichzeitig mit der gesetzlichen Strafe.“ —

Nach dem Gesetz v. 22. Mai 1852 Art. V verjähren Vergehen und Uebertretungen, welche durch Zuwiderhandlung gegen die Vorschriften über die Entrichtung der Steuern ꝛc. begangen worden, in fünf Jahren. — Die Verjährung beginnt aber, sofern ein Unterlassungsdelikt vorliegt, erst mit der endlichen Vornahme der betreffenden Handlung, also im Fall des § 17 Abs. 5 des Gew. St. G. erst mit der wirklich erfolgten Anmeldung. Reskr. des Fin.-Min. v. 24. März 1874. IV. 2582.

tions-, Wechselbank-, Leih-, Assekuranz-, Fabrik- und Rhedereigeschäft; [1])

b) den Ankauf von Sachen, Waaren und Erzeugnissen zum Wiederverkauf (Trödler, Krämer, Höker, Viktualienhändler). [2]) § 5.

Zur Gastwirthschaft wird gerechnet: § 9.

a) das Halten eines offenen Lokals zur Beherbergung von Personen mit oder ohne Kost;

b) das Vermiethen möblirter Zimmer; [3])

c) das Halten eines offenen Lokals zum Feilbieten zubereiteter Speisen und Getränke zum Genuß auf der Stelle oder außerhalb;

d) Restaurateurs, Garköche, Zuckerbäcker, Pfefferküchler, Tabagisten ꝛc.

Gewerbesteuerfrei sind:

a) Handwerker, die nur um Lohn oder auf Bestellung arbeiten, und nur einen Gehülfen und einen Lehrling haben; [4]) § 12.

b) Weberei und Wirkerei mit ein oder zwei Stühlen; [5]) § 13.

c) Mühlenwerke, die nur für den eigenen Verbrauch des Besitzers arbeiten oder nur zur Ent- und Bewässerung dienen; § 14.

d) Fuhrleute und Pferdeverleiher, die ihr Gewerbe mit nur einem Pferde betreiben; § 16.

e) das Schiffergewerbe mit Stromschiffen und Lichterfahrzeugen bis zu drei Lasten Tragbarkeit. § 17.

---

1) Auch der Betrieb der Hüttenwerke unterliegt der Steuer vom Handel seit dem Gesetz v. 20. Oktober 1862, betreffend die Bergwerksabgaben (G. S. S. 351).

2) Seit dem Gesetz v. 19. Juli 1861 § 3 unterliegen auch der Betrieb von Leihbibliotheken und anderen Leihanstalten sowie von Badeanstalten der Steuer vom Handel.

3) Jedoch nur, wenn drei oder mehrere heizbare Zimmer vermiethet werden. § 16 Gesetz v. 19. Juli 1861.

4) Die Handwerkssteuer (Klasse H) beträgt: a) Mittelsatz 24 Mark (1. Abth.), 18 Mark (2. Abth.) und 12 Mark (3. u. 4. Abth.); b) niedrigster Satz 12 Mark (1. Abth.) und 6 Mark (2. bis 4. Abth.).

5) Seit dem Gesetz v. 19. Juli 1861 § 18 ist der Betrieb auf ein bis vier Stühlen steuerfrei.

§ 34. Zur Erhebung der Gewerbesteuer sind die Kommunalbehörden verpflichtet.

§ 19. a) Wer ein Gewerbe betreiben will, es mag steuerfrei oder pflichtig sein, muß der Kommunalbehörde des Orts Anzeige davon machen.

b) Zur Anzeige an diese Behörde ist auch derjenige verbunden, der sein bisheriges Gewerbe im Orte zu betreiben aufhört.

Strafe:

§ 39. a) Wer die im § 19 angeordnete Anmeldung des Anfangs oder Aufhörens eines Gewerbes unterläßt, verfällt in drei Mark Strafe, wenn das Gewerbe nicht steuerpflichtig ist.

b)[1]) Wer, den gesetzlichen Vorschriften wegen Entrichtung der Gewerbesteuer entgegen, den Anfang eines steuerpflichtigen stehenden Gewerbes nicht anzeigt, verfällt in eine Geldstrafe, welche dem doppelten Betrage der einjährigen Steuer gleichkommt.

c) Wer das Aufhören eines steuerpflichtigen Gewerbes nicht anzeigt, bleibt, so lange er diese Anzeige unterläßt, zur Bezahlung der Steuer verpflichtet.

§ 41. Einzelnen Gewerbetreibenden, die der Steuergesellschaft (§ 26) beizutreten verweigern, soll der Betrieb des Gewerbes untersagt werden.

---

b. Gesetz, betreffend einige Abänderungen des Gesetzes wegen Entrichtung der Gewerbesteuer vom 30. Mai 1820.

Vom 19. Juli 1861.

(G. S. S. 697.)

§ 1. Die Veranlagung der Gewerbesteuer vom Handel erfolgt jetzt in drei Steuerklassen:

§ 2. AI. — Die Fabrik- und Handelsunternehmungen (inkl. der Mäkler und Versicherer)[2]) von bedeutendem Umfange.

AII. — Die Geschäfte mit einem mittleren Durchschnitts-

---

1) Die jetzige Fassung dieser Vorschrift unter b beruht auf § 17 des Gesetzes v. 3. Juli 1876. (G. S. S. 247.)

2) Auch der Aktiengesellschaften. Die für diese und ähnliche Gesellschaften durch Gesetz v. 18. Novbr. 1857 (G. S. S. 849) eingeführte Steuer ist aufgehoben. § 22 d. G.

umfang (bei der Veranlagung als Regel anzunehmen).

B. — Die Handelsgeschäfte der geringsten Art (Höker, Trödler, Viktualien-, Obst- und Gemüsehändler).

Die zur Klasse A I gehörigen Steuerpflichtigen bilden Steuergesellschaften, deren Steuerbezirk den ganzen Regierungsbezirk umfaßt. (Berlin bildet einen solchen für sich.) Sie zerfallen nach Zahl und Bedeutung der Geschäfte im Bezirk in zwei Abtheilungen, zur ersten gehören die Regierungsbezirke Aachen, Arnsberg, Breslau, Cöln, Danzig, Düsseldorf, Königsberg, Liegnitz, Magdeburg, Merseburg, Potsdam und Stettin. Die Besteuerung findet in den drei Handelsklassen nach Mittelsätzen statt. § 4. § 7.

1. Für Klasse A I beträgt jährlich: § 8.

	a) der Mittelsatz	b) der niedrigste Satz
1. Abth.	288 Mark	144 Mark.
2. „	216 „	

In besonders ungünstigen Steuerbezirken kann durch Königl. Verordnung der Mittelsatz bis auf 144 Mark und der niedrigste Satz bis auf 72 Mark herabgesetzt werden. Die Gewerbetreibenden dieser Klassen bilden Steuergesellschaften, deren Steuerbezirk den ganzen Regierungsbezirk umfaßt; die Vertheilung der Steuer wird durch sieben Abgeordnete bewirkt, welche unter Leitung eines Regierungskommissars gewählt werden und beschließen. § 9.

2. Für Klasse A II, für welche die früheren vier Abtheilungen beibehalten sind, beträgt jährlich: § 10.

	a) der Mittelsatz	b) der niedrigste Satz
1. Abtheilung	72 Mark	36 Mark
2. „	48 „	24 „
3. u. 4.[1]) „	30 „	18 „

Die Gewerbetreibenden dieser Klasse bilden eine Steuergesellschaft, der die Vertheilung der Steuer unter sich durch besondere fünf Abgeordnete aus ihrer Mitte obliegt.[2])

1) Die dritte Abtheilung enthält alle Städte mit mindestens 1500 Einwohnern; die vierte umfaßt die kleineren Städte und das Land. Beilage B zum Gesetz v. 30. Mai 1820.

2) §§ 26—29 Gesetz v. 30. Mai 1820.

3. Für Klasse B beträgt jährlich:

	a) der Mittelsatz	b) der niedrigste Satz
1. Abtheilung	24 Mark	6 Mark
2. „	18 „	
3. „	12 „	
4. „	6 „	3 „

Die Vertheilung erfolgt in den ersten drei Abtheilungen durch die Kommunal-, in der vierten durch die Kreisbehörde.[1])

4. Für die Gast-, Speise- und Schankwirthschaft (Klasse C) beträgt jährlich:

	a) der Mittelsatz	b) der niedrigste Satz
1. Abtheilung	54 Mark	12 Mark
2. „	36 „	
3. „	24 „	6 „
4. „	12 „	

§ 15. Wer neben dem Handel ein Schank- oder Speisegewerbe betreibt, hat für das letztere, auch wenn es nach Maßgabe seines Umfanges mit einem geringeren Betrage als dem Mittelsatze zu belegen ist, eine besondere Gewerbesteuer als Schank- oder Speisewirth zu entrichten. — Von jedem Kleinhandel mit geistigen Getränken, welcher auf Grund einer besonderen Konzession als Nebengewerbe betrieben wird, und nicht ausschließlich auf den Handel mit Bier beschränkt ist, ist der für die Klasse B vorgeschriebene Mittelsatz besonders zu entrichten.

§ 19. Die Steuer für das Schiffergewerbe mit Stromschiffen und Lichterfahrzeugen ist auf 2 Mark auf je sechs Lasten Tragfähigkeit ermäßigt, Dampfschiffe steuern 75 Pf. für jede Pferdekraft der Maschine. Steuererleichterungen ist der Finanzminister in bestimmten Fällen (§ 21) zu bewilligen ermächtigt, ebenso kann geringen Handwerkern der Betrieb steuerfrei gestattet werden.

1) § 30 Gesetz v. 30. Mai 1820.

c. Gesetz, betreffend einige Abänderungen der Gesetze vom 30. Mai 1820 und 19. Juli 1861 wegen Entrichtung der Gewerbesteuer.

Vom 20. März 1872.

(G. S. S. 285.)

Die Gewerbesteuer für das Müllergewerbe wird bei einem Betriebe von bedeutendem Umfange mit der Gewerbesteuer vom Handel in der Klasse A I und bei einem Betriebe von mittlerem Umfange in der Klasse A II veranlagt. Das Müllergewerbe, welches überwiegend gegen Lohn oder sonst in geringerem Umfange betrieben wird, unterliegt der Gewerbesteuer vom Handwerk. Steuerfreiheit gemäß § 12 [1]) kann ihm jedoch nicht bewilligt werden. § 1.

---

d. Gesetz, betreffend einige Abänderungen der Vorschriften über die Besteuerung der Gewerbe der Bäcker, Fleischer, Brauer, der Agenten der Versicherungsgesellschaften, der Kleinhändler und des Gewerbebetriebes im Umherziehen. [2])

Vom 5. Juni 1874.

(G. S. S. 219.)

Das Bäcker-, Fleischer- und Brauereigewerbe sind mit der Gewerbesteuer vom Handel, je nach dem Geschäftsumfange, in Klasse A I, A II oder B unter den übrigen Handelsunternehmungen zu veranlagen. § 1.

Bäcker und Fleischer hören auf, selbständige Steuergesellschaften zu bilden.

Wo die Brauerei in einem gemeinschaftlichen Lokale betrieben wird, wird die Gewerbesteuer nur einmal nach dem Umfange des Gewerbebetriebes aller Theilnehmer erhoben.

---

1) Oben S. 295 zu a).

2) Die Bestimmung des § 4 d. G. über den Gewerbebetrieb im Umherziehen ist aufgehoben durch das Gesetz v. 3. Juli 1876 (§ 33).

Das Gewerbe der Agenten der Versicherungsgesellschaften ist von der Steuer für das stehende Gewerbe befreit.

---

e. Gesetz, betreffend die Besteuerung des Gewerbebetriebes im Umherziehen und einige Abänderungen des Gesetzes wegen Entrichtung der Gewerbesteuer vom 30. Mai 1820.

Vom 3. Juli 1876.

(G. S. S. 247.)[1]

§ 1. Wer außerhalb seines Wohnortes, ohne Begründung einer gewerblichen Niederlassung und ohne vorgängige Bestellung, in eigener Person

1) Waaren irgend einer Art, mit Ausschluß der selbstgewonnenen Erzeugnisse der Land- und Forstwirthschaft, des Garten- und Obstbaues, der Jagd und des Fischfanges, feilbieten,
2) Waaren irgend einer Art bei anderen Personen, als bei Kaufleuten, oder an anderen Orten, als in offenen Verkaufsstellen zum Wiederverkauf ankaufen,
3) Waarenbestellungen aufsuchen,
4) gewerbliche oder künstlerische Leistungen oder Schaustellungen, bei welchen ein höheres wissenschaftliches oder Kunstinteresse nicht obwaltet, feilbieten

will, unterliegt der Steuer vom Gewerbebetriebe im Umherziehen.

§ 2. Der Steuer vom Gewerbebetriebe im Umherziehen nicht unterworfen sind:

1) Kaufleute, Fabrikanten und andere Personen, welche ein stehendes Gewerbe betreiben, sowie die in deren Diensten stehenden Reisenden, welche außerhalb des Ortes ihrer gewerblichen Niederlassung, beziehungsweise der gewerblichen Niederlassung ihrer Geschäftsherren,
   a) Waarenbestellungen suchen, wenn sie von den Waaren, auf welche sie Bestellungen suchen, nur Proben oder Muster mit sich führen,
   b) Waaren aufkaufen, wenn sie die aufgekauften Waaren nur behufs deren Beförderung nach dem Bestimmungsorte mit sich führen;
2) Diejenigen, welche ausschließlich im Meß- und Marktverkehr die

---

1) Hierzu ist eine ausführliche Anweisung des Finanzministers v. 3. Septbr. 1876 ergangen.

im § 1 unter 1 bis 3 bezeichneten Arten des Gewerbebetriebes ausüben:

3) Diejenigen, welche selbstgewonnene Waaren, hinsichtlich deren dies nach Landesgebrauch hergebracht ist, zu Wasser verfahren und vom Fahrzeuge aus feilbieten;
4) Gewerbetreibende, welche außerhalb ihres Wohnortes bei öffentlichen Festen, Truppenzusammenziehungen und anderen außergewöhnlichen Gelegenheiten solche Waaren, hinsichtlich deren dies von den zuständigen Behörden gestattet ist, feilbieten;
5) Gewerbetreibende, welche in nicht größerer Entfernung als 15 Kilometer vom Wohnorte
   a) selbstverfertigte Waaren, welche zu den Gegenständen des Wochenmarktverkehrs gehören, feilbieten,[1])
   b) gewerbliche Leistungen, hinsichtlich deren dies nach Landesgebrauch hergebracht ist, anbieten,
   c) das Musikergewerbe ausüben;
6) Gewerbetreibende, welche außerhalb ihres Wohnortes, aber innerhalb des Gemeindebezirks und der etwa durch besondere Anordnung der Regierung dem Gemeindebezirk des Wohnortes in dieser Hinsicht gleichgestellten nächsten Umgebung desselben Waaren aufkaufen, Waaren oder Leistungen feilbieten, oder Waarenbestellungen suchen.

Die Angehörigen außerdeutscher Staaten ohne gewerbliche Niederlassung sind auch dann der Steuer vom Gewerbebetriebe im Umherziehen unterworfen, wenn sie selbstgewonnene Erzeugnisse der Land- und Forstwirthschaft, des Garten- und Obstbaues, der Jagd und des Fischfanges feilbieten, und die Bestimmungen des § 2 finden auf sie und ihre Reisenden keine Anwendung, dagegen ist ihr Handel auf Messen und Jahrmärkten und das Feilbieten von Wochenmarktverkehrs-Verzehrungsgegenständen, sowie der Waarenankauf auf Wochenmärkten für sie steuerfrei. Auch können die Regierungen ihnen das Feilbieten solcher selbstgewonnener Erzeugnisse und selbstverfertiger Waaren, welche zu den Gegenständen des Wochenmarktverkehrs gehören, im Umherziehen innerhalb eines bestimmten Bezirks (aber nicht über 15 Kilometer von der Grenze) gestatten. § 3.

Preußische Gewerbetreibende, welche die in § 2 aufgeführten Arten des Gewerbebetriebs selbst oder durch Stellvertreter ausüben, ohne dasselbe Gewerbe als stehendes zu betreiben, müssen § 4.

---

1) Diese Waaren können jetzt auch unter Benutzung von Fuhrwerk feilgeboten werden. Anweisung des Fin.-Min. v. 3. Septbr. 1876.

dieses Gewerbe vor dessen Beginn bei der Kommunalbehörde ihres Wohnorts oder des betr. Orts anmelden und unterliegen der Besteuerung vom stehenden Gewerbe in der entsprechenden Steuerklasse. Die einem anderen deutschen Staate angehörigen Gewerbetreibenden sind zu dieser Anmeldung nur dann verpflichtet, wenn sie nicht dasselbe Gewerbe außerhalb Preußens als stehendes betreiben. [1])

§ 5. Wer ein der Steuer vom Gewerbetriebe im Umherziehen unterworfenes Gewerbe nach Entrichtung dieser Steuer auch an seinem Wohnorte, ohne Begründung einer gewerblichen Niederlassung, vorübergehend ausübt, unterliegt dieserhalb nicht der Steuer vom stehenden Gewerbebetriebe. [2])

§ 6. Wer ein der Steuer vom Gewerbebetriebe im Umherziehen unterliegendes Gewerbe ausüben will, ist verpflichtet, dasselbe für jedes Jahr, in welchem der Gewerbebetrieb stattfinden soll, behufs Entrichtung der Steuer anzumelden und einen Gewerbeschein einzulösen, auf welchem die Person, die Art und der Gegenstand des Gewerbebetriebs, die Zahl der mitzuführenden Begleiter und Fuhrwerke, sowie die Festsetzung der Steuer und die Quittung darüber oder die Bescheinigung der Steuerfreiheit vermerkt sein muß. Der Gewerbeschein ist nur für die Person und das Kalenderjahr gültig, für welche derselbe ausgefertigt ist, und muß vor Beginn des Gewerbebetriebs eingelöst werden.

Die Anmeldung ist mit dem Antrag auf Ertheilung des

---

1) Vergl. Gesetz v. 13. Mai 1870 wegen Beseitigung der Doppelbesteuerung (B. G. Bl. S. 119): § 1. Ein (Nord=)Deutscher darf zu den direkten Staatssteuern nur in demjenigen Bundesstaate herangezogen werden, in welchem er seinen Wohnsitz hat. — § 3. Der Grundbesitz und der Betrieb eines Gewerbes sowie das aus diesen Quellen herrührende Einkommen darf nur von demjenigen Bundesstaate besteuert werden, in welchem der Grundbesitz liegt oder das Gewerbe betrieben wird.

2) Wohl aber unterliegt dieser Steuer, wer ununterbrochen am Wohnorte selbst (durch Gehülfen oder Angehörige) sein Geschäft betreibt und gleichzeitig außerhalb des Wohnorts auf Grund des Gewerbescheins hausiren geht, oder wer am Wohnorte eine feste Verkaufsstätte seiner Waaren eröffnet, wenngleich sie zu Zeiten geschlossen ist, während er durch Gehülfen auf seine Rechnung ein Gewerbe im Umherziehen betreiben läßt. Vergl. Anweisung des Fin.=Min. v. 3. Septbr. 1876 Nr. 9.

Legitimationsscheines, wo es dessen bedarf,[1]) zu verbinden und beide Scheine werden dann vereinigt; wo ein Legitimationsschein nicht erforderlich ist, muß die Anmeldung bei der Polizeibehörde des Wohnorts erfolgen (in Berlin stets bei der Direktion für die Verwaltung der direkten Steuern), für Ortschaften der vierten Steuerabtheilung bei dem Landrath. Die Festsetzung der Steuer erfolgt durch die Regierung, und nur gegen Erlegung des Steuerbetrages kann die Aushändigung des Gewerbescheins erfolgen.

Will Jemand im Laufe des Jahres ein anderes Gewerbe im Umherziehen betreiben oder es auf andere Waaren oder Leistungen ausdehnen oder andere oder mehr Begleiter oder Fuhrwerke mitführen, als im Gewerbeschein vermerkt ist, so ist er verpflichtet, dies behufs Aenderung bez. Ergänzung des Scheines oder Ausstellung eines neuen Scheines vorher anzumelden. § 7.

Strafen:

§ 18. Wer, ohne einen Gewerbeschein eingelöst zu haben, ein der Steuer vom Gewerbebetriebe im Umherziehen unterworfenes Gewerbe betreibt, wird mit einer dem doppelten Betrage der Jahressteuer für das betriebene Gewerbe gleichen Geldstrafe bestraft.

§ 19. Wer nach Einlösung eines Gewerbescheines für das betreffende Jahr ein anderes der Steuer vom Gewerbebetriebe im Um-

---

1) Als Regel gilt nach §§ 1 u. 2 d. G., daß diejenigen Gewerbe, zu welchen nach der Gewerbe-O. ein von der höheren Verwaltungsbehörde ertheilter Legitimationsschein erforderlich ist, auch der Steuer vom Gewerbebetriebe im Umherziehen unterworfen sind. Ausnahmen sind hauptsächlich:

1. Wer rohe Erzeugnisse der Land- und Forstwirthschaft, des Garten- und Obstbaues im Umherziehen verkauft, bedarf keines Legitimationsscheins, wohl aber eines Gewerbescheins, wenigstens wenn er sie nicht selbst gewonnen hat. Der Handel mit aufgekauften Erzeugnissen dieser Art ist mithin immer gewerbescheinpflichtig und es ist für die Besteuerung gleichgültig, ob sie zu den „rohen" zu rechnen sind (z. B. Früchte);
2. Wer selbstgewonnene Erzeugnisse dieser Art im Umherziehen feilbieten will, bedarf, wenn sie nicht zu den „rohen" zu rechnen sind, eines Legitimationsscheins, nicht aber eines Gewerbescheins, da dieses Gewerbe nicht besteuert wird (z. B. Butter).

Ob im letzteren Falle der Land- oder Forstwirth, der Gärtner u. s. w. die Erzeugnisse in eigener Person feilbietet, oder für seine Rechnung durch einen Beauftragten feilbieten läßt, macht in steuerlicher Beziehung keinen Unterschied.

Uebrigens können die selbstgewonnenen Erzeugnisse dieser Art auch über den zweimeiligen Umkreis des Wohnorts und mit Benutzung beliebiger Transportmittel feilgeboten werden, ohne daß es eines Gewerbescheins bedarf. Anweisung des Fin.-Min. v. 3. Septbr. 1876 Nr. 1—3.

herziehen unterliegendes Gewerbe betreibt, als das in dem Gewerbeschein bezeichnete, oder den Gewerbebetrieb im Umherziehen auf andere als die darin bezeichneten Gegenstände (Waaren oder Leistungen) ausdehnt, verfällt in eine Geldstrafe, die dem Doppelten desjenigen Betrages gleichkommt, um welchen die entrichtete Steuer geringer ist, als die dem thatsächlich ausgeübten Gewerbebetriebe entsprechende Steuer. [1])

§ 20. Die Bestimmungen der §§ 18 und 19 finden, wenn die Gegenstände des Gewerbebetriebes zu denjenigen gehören, welche vom An- und Verkauf im Umherziehen ausgeschlossen sind (§ 56 der Reichs-Gewerbeordnung vom 21. Juni 1869),[2]) **ebenfalls, jedoch mit der Maßgabe Anwendung, daß stets, auch in den Fällen des § 19, auf eine dem doppelten Betrage des Jahressteuersatzes von 48 Mark... gleichkommende Geldstrafe zu erkennen ist.**

§ 23. Wird festgestellt, daß die in den §§ 18 bis 21 bezeichneten strafbaren Handlungen im Auftrage und für Rechnung einer anderen Person ausgeübt sind, so ist gegen den Auftraggeber auf die gleiche Strafe, wie gegen den Beauftragten zu erkennen, und haften Beide solidarisch für die Strafbeträge, die Kosten und die vorenthaltene Steuer.

§ 24. Wird festgestellt, daß in den Fällen der §§ 18, 19 und 21 der thatsächlich ausgeübte Gewerbebetrieb bei rechtzeitiger Beobachtung der Vorschriften in den §§ 6, 7 und 11 steuerfrei, beziehungsweise ohne Erhöhung des schon entrichteten Steuersatzes hätte stattfinden dürfen, so tritt an die Stelle der in den §§ 18 bis 21 bestimmten Geldstrafen eine solche zum Betrage von 1 bis 30 Mark.

§ 26. Neben den Geldstrafen, welche im Unvermögensfalle in Haft
§ 22. umzuwandeln sind, ist die vorenthaltene Steuer zu entrichten;
§ 28. die Entscheidung darüber steht ausschließlich der Regierung zu.
§ 29. Auch ist eine Beschlagnahme der mitgeführten Gegenstände zur Sicherstellung der Steuer, Strafe und Kosten oder zum Beweise der strafbaren Handlung zulässig.[3])

§ 8. Der Inhaber eines Gewerbescheines ist verpflichtet, diesen während der thatsächlichen Ausübung des Gewerbebetriebes bei sich zu führen und auf Erfordern den zuständigen Behörden und Beamten vorzuzeigen; er darf weder den Gewerbeschein an einen Anderen überlassen,

---

1) Für den ausschließlich auf die Hohenzollernschen Lande beschränkten
§ 11. Gewerbebetrieb ist eine besondere Jahressteuer von zehn Mark festgesetzt. Zur Ausdehnung des Gewerbes auf andere Theile der Monarchie bedarf es der Einlösung eines erweiterten Gewerbescheins, andernfalls ist eine dem doppelten Betrage der für letzteren zu erlegenden Steuer gleiche Geldstrafe verwirkt. § 21 d. G.

2) Siehe oben S. 86.

3) Eine Konfiskation dieser Gegenstände ist nicht mehr zulässig.

noch Begleiter in größerer als der in dem Gewerbescheine angegebenen Anzahl mitführen.

Strafe:

§ 25. Für jede Zuwiderhandlung gegen die Vorschriften des § 8 trifft den Inhaber eines Gewerbescheines eine Geldstrafe von 1 bis 30 Mark, sofern nicht wegen Verbindung des Legitimationsscheines mit dem Gewerbescheine auf dieselbe Handlung oder Unterlassung schon die Strafbestimmungen im § 149 unter Nr. 2, 4, 5 der Reichs-Gewerbeordnung Anwendung finden.[1]

Die Steuer beträgt in der Regel 48 Mark jährlich, jedoch § 9.
können die Regierungen für Gewerbe geringerer Art[2]) ermäßigte Jahressteuersätze von 36, 24, 18, 12 und 6 Mark, sowie für Gewerbebetriebe von bedeutendem Umfange (große Schauspieler- und Kunstreitergesellschaften) erhöhte Sätze von 72, 96 oder
144 Mark festsetzen. Andererseits können den Mitgliedern solcher § 10.
Gesellschaften (bei mindestens vier Personen mit einem Vorsteher) ermäßigte Steuersätze bis auf 12 Mark, ausnahmsweise auch bis
auf 6 Mark, bewilligt werden. Ausnahmsweise kann die Regie- § 13.
rung auf Grund einer Ermächtigung des Finanzministers für einzelne Gewerbsarten oder in einzelnen Fällen steuerfreie Gewerbescheine ertheilen.[3])

Wegen Abstandnahme vom Beginn des Gewerbebetriebs oder § 15.
Einstellung, Unterbrechung und Verminderung desselben im Laufe des Jahres findet eine Erstattung der Steuer nicht statt, wohl aber wenn der Betrieb wegen unvorhergesehener Ereignisse unterbleiben oder eingestellt werden mußte, und der Gewerbeschein innerhalb sechs Monaten nach der Einlösung zurückgegeben wird.

Betreffs des Verfahrens,[4]) welches in den Untersuchungen wegen Hinterziehung der Steuer vom stehenden Gewerbebetriebe

1) Siehe oben S. 87 und 88.

2) Zu den geringsten gehören das Sammeln geringwerthiger Erzeugnisse und Abgänge der Haus- und Landwirthschaft und das Anbieten untergeordneter gewerblicher Leistungen (z. B. Topfbinden), sowie das Feilbieten von Lebensmitteln, Haushaltungs- und Wirthschaftsbedürfnissen und groben geringwerthigen Waaren. 9 b G.

3) Z. B. für Militairinvaliden und Bibelkolporteure. Anweisung des Fin.-Min. v. 3. Septbr. 1876 Nr. 14.

4) Vergl. §§ 459 ff. St. P. O. — Danach dürfen Strafbescheide der Verwaltungsbehörden nur Geldstrafen (und Einziehung) festsetzen. Nach rechtzeitigem,

sowohl als vom Gewerbebetriebe im Umherziehen zur Anwendung zu kommen hat, ist Folgendes bestimmt:

§ 27. Die Untersuchung und Entscheidung in Betreff der in den §§ 17[1]) bis 24 bezeichneten strafbaren Handlungen steht dem Gerichte zu, wenn nicht der Beschuldigte die von der Regierung vorläufig festzusetzende Geldstrafe nebst den durch das Verfahren gegen ihn entstandenen Kosten binnen einer ihm bekannt gemachten Frist freiwillig zahlt.

Die Regierungen sind ermächtigt, hierbei eine mildere als die in den §§ 17 bis 21 vorgeschriebene Strafe in Anwendung zu bringen.

Ist der Beschuldigte in Haft oder hat derselbe in Preußen keinen Wohnsitz, so erfolgt das Einschreiten des Gerichts ohne vorläufige Festsetzung der Strafe durch die Regierung. Dasselbe findet statt, wenn die Regierung aus sonstigen Gründen von der vorläufigen Festsetzung der Strafe Abstand zu nehmen erklärt oder der Angeschuldigte hierauf verzichtet. . . .

§ 28. Bei den gerichtlichen Entscheidungen ist hinsichtlich der Höhe der in den §§ 17, 18, 19 und 21 vorgeschriebenen Geldstrafen die von der Regierung festzusetzende Jahressteuer zum Grunde zu legen.

Ingleichen ist für die im § 24 bezeichnete Feststellung im gerichtlichen Verfahren die einzuholende Erklärung der Regierung maßgebend. . . .[2])

§ 32. Hinsichtlich der Verjährung findet das Gesetz v. 18. Juni 1840 über die Verjährungsfristen bei öffentlichen Abgaben (G. S. S. 140) Anwendung.[3])

---

d. h. binnen einer Woche erfolgendem Antrag auf gerichtliche Entscheidung wird zur Hauptverhandlung vor dem zuständigen Gerichte geschritten, und zwar ohne Anklage oder Eröffnungsbeschluß. Die Verwaltungsbehörde kann sich der Strafverfolgung (gleich einem Nebenkläger) anschließen, auch kann sie, wenn ein Strafbescheid nicht erlassen war und die Staatsanwaltschaft die Verfolgung ablehnt, selbst die Anklage erheben, welche dann als Privatklage zu behandeln ist. — Nicht beizutreibende Geldstrafen sind durch Gerichtsbeschluß umzuwandeln.

1) Die Vorschrift des § 17 siehe oben S. 296 in § 39 unter b des Gesetzes v. 30. Mai 1820.

2) Ein förmliches administratives Strafverfahren findet hiernach nicht mehr statt, die Regierungen können nur vorläufige Geldstrafen festsetzen. In den Fällen des § 39a Gesetz v. 30. Mai 1820 und § 25 des Gesetzes v. 3. Juli 1876 tritt jedoch lediglich das gerichtliche Verfahren bez. polizeiliche Straffestsetzung ein.

Von der vorläufigen Straffestsetzung sollen die Regierungen nur dann Abstand nehmen, wenn etwa eine sorgfältige Untersuchung erforderlich ist, oder der Beschuldigte latitirt, oder die Geldstrafe voraussichtlich nicht beitreibbar ist.

Bei der Ueberweisung der Straffälle sollen die Regierungen regelmäßig zugleich den betr. Steuersatz der Staatsanwaltschaft mittheilen. Anweisung des Fin.-Min. v. 30. August 1876.

3) Dieses Gesetz v. 18. Juni 1840 bestimmt:

§ 6. Die Nachforderung von . . . Gewerbe- . . . Steuern findet im Fall gänzlicher Uebergehung nach den im § 5 enthaltenen Regeln [d. i. nur für das Kalender-

f. Gesetz, betreffend die Besteuerung des Wanderlager-betriebes.

Vom 27. Februar 1880.

(G. S. S. 174.)

§ 1. Wer außerhalb seines Wohnortes und ohne Begründung einer gewerblichen Niederlassung die Waaren eines Wanderlagers von einer festen Verkaufsstätte aus feilbieten will, hat... neben und unabhängig von der Steuer für den Gewerbebetrieb im Umherziehen (Gesetz vom 3. Juli 1876, Gesetz-Samml. S. 247) **in jedem Orte, an welchem er das Geschäft betreibt, oder durch Vermittelung eines daselbst einheimischen Verkäufers oder Auktionators betreiben läßt, eine nach den folgenden Vorschriften für die Gemeinden beziehungsweise Kreise zu erhebende Steuer zu entrichten.**

Durch die Erfüllung der gesetzlichen Förmlichkeiten der Begründung des Wohnsitzes oder einer gewerblichen Niederlassung wird der Inhaber eines Wanderlagers von der Entrichtung der Steuer nicht befreit, wenn die begleitenden Umstände erkennen lassen, daß die Förmlichkeiten behufs Verdeckung des Wanderlagerbetriebes erfüllt sind.

Das Veranstalten einer Auktion von Waaren eines Wanderlagers wird dem Feilbieten derselben gleich geachtet.

§ 2. Werden die Waaren des Wanderlagers an einem Orte in mehreren Verkaufslokalen (gleichzeitig oder nach einander) feilgeboten, so ist für jedes derselben die Steuer besonders zu entrichten.

Ausgenommen ist: § 3.

1. der Meß- und Marktverkehr und der Verkauf von Ausstellungs-Objekten auf öffentlichen, behördlich genehmigten Ausstellungen;
2. die Errichtung fester Verkaufsstätten für die Dauer der Kurzeit in Bade-, Brunnen- und ähnlichen Orten;
3. das Feilbieten von Gegenständen des Wochenmarktverkehrs vom Schiffe aus (außer im Fall des § 64 Gewerbe-O.); [1])

---

jahr, worin die Nachforderung geltend gemacht wird] statt; im Fall eines zu geringen Ansatzes fällt jede ... Nachforderung weg, jedoch unbeschadet der gesetzlichen Wiederumlage bei Gewerbesteuer-Gesellschaften, welche nach Mittelsätzen steuern.

§ 8. Zur Hebung gestellte direkte Steuern, welche im Rückstande verblieben oder kreditirt sind, verjähren in vier Jahren, von dem Ablaufe des Jahres an gerechnet, in welches ihr Zahlungstermin fällt. [S. oben S. 294.]

§ 10. Ist in der unterlassenen Entrichtung der ganzen Steuer oder eines Theils derselben eine Kontravention gegen die Steuergesetze enthalten, so verjährt die Nachforderung nur gleichzeitig mit der gesetzlichen Strafe.

1) Siehe oben S. 88.

4. das Feilbieten von Lebensmitteln aller Art.
5. Außerdem kann der Finanzminister für gewisse Gewerbsarten oder in einzelnen Fällen den Geschäftsbetrieb steuerfrei gestatten.

§ 4. Die Steuer beträgt für jede Woche (vom Eröffnungstage an):

50 Mark	in den Orten der	1. Gewerbesteuer-Abth.
40 „	„ „ „ „	2. u. 3. „
30 „	„ „ „ „	4. „

Für die Wanderauktionen wird dieselbe Steuer für den Tag erhoben.

§ 6. Wer ein nach § 1 steuerpflichtiges Geschäft beginnen, oder nach Ablauf der Zeit (§ 4), für welche die Steuer entrichtet ist, fortsetzen oder wieder beginnen will, ist verpflichtet, davon der Gemeindebehörde des Ortes — in Berlin der Direktion für die Verwaltung der direkten Steuern — unter Angabe der Verkaufsstelle und der Dauer des Betriebes (§ 4) Anzeige zu machen und den in der Anmeldungsbescheinigung bestimmten Steuerbetrag an die daselbst bezeichnete Empfangsstelle gegen Quittung vor Eröffnung des Betriebes zu entrichten.

In den Fällen des § 2 ist die gleiche Verpflichtung für jede Verkaufsstelle zu erfüllen.

Strafe:

§ 7. Wer ein nach §§ 1 und 2 steuerpflichtiges Geschäft beginnt, beziehungsweise fortsetzt, ohne die im § 6 bestimmten Verpflichtungen erfüllt zu haben, wird mit einer dem doppelten Betrage der vorenthaltenen Steuer (§ 4) gleichen Geldstrafe bestraft.

Außerdem ist die vorenthaltene Steuer zu entrichten.

§ 8. Wird festgestellt, daß die strafbare Handlung (§ 7) im Auftrag und für Rechnung einer anderen Person ausgeübt ist, so ist gegen den Auftraggeber auf die gleiche Strafe wie gegen den Beauftragten zu erkennen und Beide haften solidarisch für Strafe, Kosten und Steuer.

§ 9. Die empfangene Steuerquittung muß bei jeder Verkaufsstelle während der Dauer des Geschäftsbetriebes den zuständigen Beamten auf Erfordern vorgezeigt werden.

Zuwiderhandlungen gegen diese Vorschrift werden mit Geldstrafe bis zu 30 Mark bestraft.

§ 10. Im Unvermögensfalle treten Haftstrafen ein. Im Fall des § 9 findet eine vorläufige Straffestsetzung durch die Regierung nicht statt, im Uebrigen ist das Gesetz v. 3. Juli 1876 maßgebend.

II. Indirekte Steuern.

A. Reichssteuern (und Zölle).

1. Das Vereinszollgesetz.

Vom 1. Juli 1869.

(B. G. Bl. S. 317.)

Das Gesetz spricht im Prinzip die Freiheit der Ein-, Aus- § 1-3.
und Durchfuhr aus, insbesondere sind die Durchgangsabgaben § 6.
aufgehoben,[1]) die Ausnahmen der Zollfreiheit für die Einfuhr[2]) bestimmt ein besonderer Tarif. Als solcher ist jetzt maßgebend der Zolltarif des Deutschen Zollgebiets v. 15. Juli 1879 (R. G. Bl. S. 207). Auch der Verkehr innerhalb des Reichs ist selbstver- § 7.
ständlich zollfrei und die Erhebung von Binnenzöllen unzulässig. § 8.
Ausgenommen sind solche Abgaben, welche für die Benutzung von Häfen, Kanälen, Schleusen, Brücken, Fähren, Kunststraßen,[3]) Wegen, Krahnen, Waagen, Niederlagen und anderen zur Erleichterung des Verkehrs bestimmten Anstalten erhoben werden.

Zur Entrichtung des Zolles ist der derzeitige Inhaber eines § 13.
zollpflichtigen Gegenstandes verpflichtet, sowie der, welcher einen solchen Gegenstand aus einer öffentlichen Niederlage entnimmt. Die zollpflichtigen Gegenstände haften für den darauf ruhenden § 14.
Zoll und können bis zu dessen Entrichtung von der Zollbehörde zurückbehalten oder mit Beschlag belegt werden.

Alle Forderungen und Nachforderungen von Zollgefällen ver- § 15.
jähren binnen Jahresfrist, von dem Tage an, an welchem die Waare in den freien Verkehr gesetzt oder an welchem der Zoll für die auf Privat-Kreditlager abgefertigten Waaren festgestellt oder die Abfertigung auf Begleitschein II[4]) erfolgt ist.

---

1) Schon im Zollverein waren dieselben für aufgehoben erklärt worden. Gesetz v. 26. Februar 1861 (G. S. S. 112).

2) Ausnahmen bei der Ausfuhr giebt es seit dem Zolltarif v. 12. Juli 1873 (R. G. Bl. S. 247) nicht mehr.

3) Die Erhebung von Chausseegeld auf den Staats-Chausseen ist zufolge Gesetzes v. 27. Mai 1874 (G. S. S. 184) eingestellt.

4) Siehe unten S. 311 Anm. 1.

Allgemeine Bestimmungen für die Waaren-Einfuhr, Ausfuhr und Durchfuhr.[1])

§ 21. Wer zollpflichtige Waaren oder solche Gegenstände mit sich führt, welche zwar zollfrei, aber dergestalt verpackt sind, daß ihre Beschaffenheit nicht sogleich erkannt werden kann, darf über die Zollinie zu Wasser oder zu Lande in der Regel nur während
§ 17. der Tageszeit und nur auf einer „Zollstraße“ eintreten, auch, Fälle dringender Gefahr oder höherer Gewalt ausgenommen, nur bei einem erlaubten Landungsplatze anlanden. Eine Ausnahme leidet diese Bestimmung bei Fischerfahrzeugen und bei der Bergung von Strandgut, ferner kann bei Eisenbahnen und Fahrposten, sowie bei besonderer Erlaubniß der Zollbehörde und bei seewärts erfolgendem oder von Ebbe und Fluth abhängigem Ein- und Ausgang auch bei Nachtzeit die Grenze überschriten werden.

§ 22. Beim Eingange ist die Ladung zu deklariren. Die Deklarationen sind entweder generelle (Ladungsverzeichniß), die bei Eisenbahnen und seewärts abzugeben sind, oder spezielle, deren es in der Regel zur weiteren Abfertigung der eingegangenen Waaren sowie beim Eingange auf anderen als den oben bezeichneten Ver-
§ 23. kehrswegen bedarf, und liegen stets dem Wagenführer ob, doch kann auch der Waarenempfänger Gattung und Menge speziell
§ 24. deklariren. Die Deklaration hat alle Theile der Ladung, mithin, wenn zollpflichtige Waaren mit zollfreien Gegenständen zusammen-
§ 27. geladen sind, auch die letzteren zu umfassen. Wird sie nicht rechtzeitig (§§ 39, 63, 66, 75, 81) abgegeben, so werden die Waaren auf Kosten und Gefahr der Betheiligten unter amtlichen Gewahrsam oder amtliche Bewachung genommen.

§ 31. Bei jeder Revision — die eine allgemeine, spezielle oder Probe-revision sein kann — hat der Zollpflichtige die Waaren in solchem Zustande vorzulegen, daß die Beamten die Revision, wie erforderlich, vornehmen können, auch muß er die dazu nöthigen Handleistungen nach den Anweisungen der Beamten auf eigene Gefahr und Kosten verrichten oder verrichten lassen. — Die Ab- oder

---

1) In den nachfolgenden Sätzen sind nur diejenigen Bestimmungen dieses Gesetzes aufgeführt, auf welche in den Strafvorschriften (§§ 134 ff.) ausdrücklich Bezug genommen wird.

Ausladung darf erst erfolgen, nachdem das Zoll- oder Steueramt die Anweisung dazu ertheilt hat.

Bestimmungen über die Waaren-Einfuhr, Ausfuhr und Durchfuhr auf Landstraßen, Flüssen und Kanälen.

Der Weg von der Zolllinie bis zum Grenzzollamte muß auf § 36.
der Zollstraße ohne Abweichung und willkürlichen Aufenthalt und ohne daß die Ladung eine Veränderung erleidet, fortgesetzt werden.

Bei dem Grenzzollamte hat der Waarenführer seine sämmt- § 37.
lichen, die Ladung betreffenden Papiere zu übergeben, ebenso bei
einem zwischen Grenze und Grenzzollamt errichteten etwaigen § 38.
Ansageposten.

Sollen die Waaren an der Grenze in den freien Verkehr § 39.
treten, so sind dieselben unmittelbar nach der Ankunft dem Grenzzollbeamten speziell zu deklariren (§ 22), sofern nicht der Antrag auf Vornahme der amtlichen Revision gestellt wird, worauf eine spezielle Revision (§§ 28—30) oder, falls dies nicht gewünscht wird, Erhebung des höchsten Eingangszolles eintritt (§ 32).

Sollen die Waaren unverzollt einer Hebestelle im Innern zur § 41.
schließlichen zollamtlichen Abfertigung überwiesen werden, oder zur unmittelbaren Durchfuhr gelangen, so ist die Ladung speziell zu deklariren. Es findet dann eine allgemeine Revision statt, sowie ein amtlicher Verschluß der Waaren nebst Ertheilung eines
Begleitscheins I.[1]) Der Extrahent dieses Begleitscheines übernimmt § 44.
mit der Unterzeichnung desselben die Verpflichtung, die im Begleitschein bezeichneten Waaren in unveränderter Gestalt und Menge in dem bestimmten Zeitraume und an dem angegebenen Orte zur Revision und weiteren Abfertigung zu stellen, und für den Betrag des Zolles nach dem höchsten Tarifsatze zu haften. — Der Waarenführer hat die Waaren unverändert ihrer Bestimmung zuzuführen und dem Amte, von welchem die Schlußabfertigung zu bewirken ist, unter Vorlegung des Begleitscheines zu gestellen, auch bis dahin den etwa angelegten amtlichen Verschluß unver-

---

1) Ein Begleitschein II wird auf Antrag des Deklaranten ertheilt, wenn der durch spezielle Revision ermittelte Eingangszoll, der aber mindestens fünfzehn Mark betragen muß, bei einem anderen Amt erhoben werden soll. Für diese Stundung des Zolles kann auch Sicherheit verlangt werden. § 61 d. G.

§ 45. letzt zu erhalten. — Der Eingangszoll ist durch Pfand oder Bürgen sicherzustellen.

Bestimmungen über die Waaren-Einfuhr, Ausfuhr und Durchfuhr auf den Eisenbahnen.

§ 61. Bei Ueberschreitung der Grenze dürfen in den Personenwagen oder sonst anderswo als in den Güterwagen sich keine Gegenstände befinden, welche zollpflichtig sind oder deren Einfuhr verboten ist. Eine Ausnahme findet nur hinsichtlich der unter dem Handgepäck der Reisenden befindlichen zollpflichtigen Kleinigkeiten, sowie des Gepäcks statt, welches sich auf den mittelst der Eisen-
§ 63. bahn beförderten Wagen von Reisenden befindet. — Unmittelbar nach Ankunft des Zuges auf dem Bahnhofe des Grenzzollamtes hat der Zugführer dem Amte vollständige Ladungsverzeichnisse über die Frachtgüter in zweifacher Ausfertigung zu übergeben, sowie die Frachtbriefe über die darin verzeichneten Güter. —
§ 66. Gleich nach Ankunft des Wagenzuges am Bestimmungsorte sind die Wagen und die abhebbaren Behälter der Abfertigungsstelle vorzuführen, welche dieselben in Beziehung auf ihren Verschluß und ihre äußere Beschaffenheit revidirt. — Sodann ist binnen einer von der Zollbehörde örtlich zu bestimmenden Frist die Gattung und Menge der eingegangenen Waaren mit der Angabe, welche Abfertigungsweise begehrt wird, speziell zu deklariren (§ 22), sofern nicht der Antrag auf amtliche Revision gestellt wird.

§ 69. Die aus dem Auslande eingegangenen Waaren, für welche das im Eisenbahnverkehr zulässige erleichterte Abfertigungsverfahren in Anspruch genommen wird, sind von dem Wagenführer unter Uebergabe der Ladungspapiere dem Grenzzollamte vorzuführen, welches die Waaren unter amtliche Aufsicht und Kontrole stellt. Vor der Verladung in die Eisenbahnwagen hat der Bevollmächtigte der Eisenbahnverwaltung das im § 63 vorge-
§ 71. schriebene Ladungsverzeichniß zu übergeben. Ausgangszollpflichtige Güter dürfen zur Beförderung nach dem Auslande nicht verladen werden, bevor nicht der Ausgangszoll bei einer zu dessen Erhebung befugten Zoll- oder Steuerstelle entrichtet oder sichergestellt worden ist. Die Güter werden, wenn der Ausgangszoll bei einem Amte im Innern entrichtet ist, unter Kollo- oder

Wagenverschluß unmittelbar nach dem Auslande abgefertigt. Bei dem Grenzausgangsamte findet alsdann nur die Prüfung und Lösung des Verschlusses statt.

Bestimmungen über die Waaren-Einfuhr und Ausfuhr seewärts.

Der Schiffsführer muß sich bei dem etwaigen Ansageposten § 74.
melden. — Soll die Ladung bei dem Grenzzollamte zur Ent- § 75.
löschung kommen, so hat der Schiffsführer dem Amt binnen vierundzwanzig Stunden nach der Ankunft eine generelle Deklaration (Manifest) in einfacher Ausfertigung zu übergeben und ihr eine s. g. Schiffsprovisionsliste beizufügen. Darauf findet eine vor- § 78.
läufige Revision statt, bis zu deren Beendigung jeder Verkehr des § 80.
Schiffes mit dem Lande verboten ist, und demnächst hat, binnen § 79.
einer von der Zollbehörde örtlich zu bestimmenden Frist, der § 81.
Waarenführer oder der Waarenempfänger die eingegangenen Waaren dem Grenzzollamte speziell (§ 22) zu deklariren, sofern nicht der Antrag auf Vornahme der amtlichen Revision gestellt wird.

Ueber die zur Ausfuhr seewärts bestimmten Güter, welche § 88.
ausgangszollpflichtig sind oder deren Ausfuhr nachgewiesen werden muß, hat der Schiffsführer der Zoll- oder Steuerstelle am Orte der Einladung eine Ausgangsdeklaration zu übergeben. Die Verladung erfolgt unter amtlicher Aufsicht. Ausgangszollpflichtige Gegenstände müssen vor der Verladung vorschriftsmäßig angemeldet und verzollt sein.

Behandlung der Reisenden.

Die vom Auslande eingehenden Reisenden, welche zollpflichtige § 92.
Waaren bei sich führen, brauchen dieselben, wenn sie nicht zum Handel bestimmt sind, nur mündlich anzumelden. Auch steht es solchen Reisenden frei, statt einer bestimmten Antwort auf die Frage der Zollbeamten nach verbotenen oder zollpflichtigen Waaren, sich sogleich der Revision zu unterwerfen. In diesem Falle sind sie nur für die Waaren verantwortlich, welche sie durch die getroffenen Anstalten zu verheimlichen bemüht gewesen sind. — Einer Meldung bei dem Ansageposten bedarf es nicht.

Kontrolen im Grenzbezirke.

§ 119. Innerhalb des Grenzbezirks unterliegen solche Waaren, bei welchen es nach den örtlichen Verhältnissen zur Sicherung gegen heimliche Einfuhr oder Ausfuhr nothwendig erscheint, einer Transportkontrole. Zu diesem Zweck hat Jeder, welcher Waaren dieser Art im Grenzbezirke transportirt, sich durch eine amtliche Bescheinigung (Legitimationsschein) darüber auszuweisen, daß er zum Transport der gehörig bezeichneten Waaren in einer gewissen Frist und auf den vorgeschriebenen Wegen befugt sei. — Beim Eingange aus dem Auslande und in der Richtung von der Grenze nach der Zollstelle bedarf es auf der Zollstraße keines Transportausweises. Von der Zollstelle bis zur Binnenlinie haben sich diese Transporte durch die bei ersterer erhaltene Bezettelung zu legitimiren.

§ 124. Hausirgewerbe dürfen im Grenzbezirke nur mit besonderer Erlaubniß und mit besonderen Beschränkungen betrieben werden. Auch der Marktbesuch und der stehende Gewerbebetrieb kann hier besonderen Kontrolen unterworfen werden. Wer mit Waaren, auf die sich diese Kontrole erstreckt, Handel treibt, hat ein Buch zu führen, welches bezüglich der aus dem Ausland bezogenen Waaren den Tag und Ort der Verzollung und bezüglich der inländischen Waaren deren Abstammung aus dem Inlande nachweisen muß.

Kontrolen im Binnenlande.

§ 125. Ueber den Grenzbezirk hinaus sind im Innern des Vereinsgebiets nur solche Waaren, welche einen Gegenstand des Schleichhandels bilden, und nur insoweit einer Kontrole unterworfen, daß

1) die aus dem Auslande oder aus dem Grenzbezirke in das Innere des Landes übergehenden Waaren mit den im Grenzbezirke empfangenen Bezettelungen bis zum Bestimmungsorte begleitet sein müssen, und
2) von den Handeltreibenden, welche dergleichen Waaren unmittelbar aus dem Auslande beziehen, über den Handel mit denselben Buch zu führen und darin der Tag und der Ort der Verzollung jedesmal beim Empfang der Waare anzumerken ist.

Strafbestimmungen.

§ 134. **(Begriff und Strafe der Kontrebande.)** Wer es unternimmt, Gegenstände, deren Ein-, Aus- oder Durchfuhr verboten ist, diesem Verbote zuwider ein-, aus- oder durchzuführen, macht sich einer Kontrebande schuldig und hat die Konfiskation der Gegenstände, in Bezug auf welche das Vergehen verübt worden ist, und, insofern nicht in besonderen Gesetzen eine höhere Strafe festgesetzt ist, zugleich eine Geldbuße verwirkt, welche dem doppelten Werthe jener Gegenstände, und wenn solcher nicht dreißig Mark beträgt, dieser Summe gleichkommen soll.[1])

§ 135. **(Begriff und Strafe der Defraudation.)**[2]) Wer es unternimmt, die Ein- oder Ausgangsabgaben (§§ 3 und 5) zu hinterziehen, macht sich einer Defraudation schuldig und hat die Konfiskation der Gegenstände, in Bezug auf welche das Vergehen verübt worden ist, und zugleich eine dem vierfachen Betrage der vorenthaltenen Abgaben gleichkommende Geldbuße verwirkt. Diese Abgaben sind außerdem zu entrichten.

§ 136. [**Thatbestand der Kontrebande und der Defraudation.**] Die Kontrebande, beziehungsweise Zolldefraudation, wird insbesondere dann als vollbracht angenommen:

1) a) wenn verbotene Gegenstände von Frachtführern, Spediteuren oder anderen Gewerbetreibenden — von letzteren, insofern die Gegenstände zu ihrem Gewerbe in Bezug stehen — unrichtig oder gar nicht deklarirt, oder

b) von anderen Personen wider besseres Wissen unrichtig deklarirt oder bei der Revision verheimlicht werden;[3])

c) wenn in Fällen der speziellen Deklaration (§§ 39, 41, 55, 66, 81, 88) zollpflichtige Gegenstände von den unter a bezeichneten Personen gar nicht oder in zu geringer Menge oder in einer Beschaffenheit, welche eine geringere Abgabe würde begründet haben, deklarirt werden;

d) wenn in anderen Fällen (§§ 63, 69, 75, 78) von den unter a bezeichneten Personen Kolli, welche zollpflichtige Gegenstände enthalten, oder dergleichen unverpackte Gegenstände überhaupt nicht deklarirt werden;

e) wenn von anderen als den unter a bezeichneten Personen

---

1) Diese Vorschrift entspricht dem § 1 des Preuß. Gesetzes v. 23. Januar 1838 wegen Untersuchung und Bestrafung der Zollvergehen (G. S. S. 78).

2) Die Kontrebande schließt die Zolldefraudation aus, letztere kann daher nur an solchen Gegenständen begangen werden, deren Einführung an und für sich nicht verboten ist. Erk. des Ob. Trib. v. 23. Januar 1838. Oppenhoff, Rechtspr. d. O. 5 S. 135.

3) Auf Waaren, die ein Reisender, wenn auch an sich Gewerbetreibender, nicht seines Gewerbes wegen mit sich führt, bezieht sich die Deklarationspflicht nicht. Erk. des Ob. Trib. v. 8. Oktober 1869. Oppenhoff, Rechtspr. d. O. 10 S. 629.

wider besseres Wissen zollpflichtige Gegenstände unrichtig deklarirt oder bei der Revision verschwiegen werden.

Inwieweit Abweichungen, welche sich gegen das deklarirte Gewicht herausstellen, straffrei zu lassen sind, bestimmen die §§ 39, 66 und 81;

2) wenn bei einer Revision ohne vorherige Deklaration verbotene oder zollpflichtige Gegenstände
   a) im Falle des § 27 nicht zur Revision gestellt, oder
   b) im Falle des § 92 durch getroffene Anstalten verheimlicht werden;

3) wenn beim Eingange mittelst der Eisenbahn (§ 61)
   a) verbotene oder zollpflichtige Gegenstände vorbehaltlich der im § 61 bestimmten Ausnahmen in den Personenwagen, oder sonst anderswo als in den Güterwagen, oder
   b) andere zollpflichtige Gegenstände, als solche, welche die Angestellten oder Arbeiter der Eisenbahnverwaltung auf der Fahrt selbst zum eigenen Gebrauch oder zu dienstlichen Zwecken nöthig haben, auf den Lokomotiven oder in den dazu gehörigen Tendern sich befinden,
   c) verbotene oder zollpflichtige Gegenstände vor der Ankunft des Zuges am Grenzzollamte ausgeladen oder ausgeworfen werden;

4) wenn ausgangszollpflichtige Gegenstände ohne vorherige Anmeldung und Entrichtung oder Sicherstellung des Ausgangszolles entgegen den Bestimmungen in den §§ 71 und 88 zur Beförderung nach dem Auslande verladen worden sind;

5) wenn beim Transport verbotener oder zollpflichtiger Gegenstände im Grenzbezirke
   a) die Zollstätte, bei welcher dieselben bei dem Ein- oder Ausgange hätten angemeldet oder gestellt werden sollen, ohne solche Anmeldung überschritten oder umgangen,
   b) die vorgeschriebene Zollstraße oder der im Zollausweis (§§ 21 und 119) bezeichnete Weg nicht inne gehalten,
   c) der Transport ohne Erlaubniß der Behörde außer der gesetzlichen Tageszeit (§ 21) bewirkt wird, oder
   d) Gegenstände ohne den vorschriftsmäßigen Zollausweis (§ 119) betroffen werden, oder mit diesem nicht übereinstimmen;

6) wenn über verbotene oder zollpflichtige Gegenstände, welche aus dem Auslande eingehen, vor der Anmeldung und Revision bei der Zollstätte, oder wenn über derartige zur Durchfuhr oder zur Versendung nach einer öffentlichen Niederlage deklarirte oder sonst unter Zollkontrole befindliche Gegenstände auf dem Transporte eigenmächtig verfügt wird;

7) wenn Gewerbtreibende im Grenzbezirke sich nicht in Gemäßheit der nach § 124 getroffenen Anordnungen über die erfolgte Verzollung oder die zollfreie Abstammung der bezogenen Gegenstände ausweisen können;

8) wenn unverzollte Waaren aus einer Niederlage[1]) ohne vorschriftsmäßige Deklaration (Abmeldung) entfernt werden;
9) wenn Gewerbtreibende, denen zur Beförderung ihres Gewerbes und unter der Bedingung der Verwendung zu diesem Zwecke der Bezug zollpflichtiger Gegenstände ganz frei oder gegen eine geringere Abgabe verwilligt wurde, dieselben ohne vorherige Nachzahlung der vollen Abgabe anderweit verwenden oder veräußern; oder wenn Personen, denen Waaren von der Zollverwaltung unverzollt anvertraut werden, über dieselben zur Verkürzung der Zollgefälle gegen die Zollgesetze oder Verordnungen verfügen.[2])

Wenn in den Fällen 1 a c d, 3—8 der Angeschuldigte nachweisen kann, daß er eine Kontrebande oder Defraudation nicht habe verüben können, oder eine solche nicht beabsichtigt gewesen sei, so findet nur eine Ordnungsstrafe statt (S. § 152). Eine solche tritt auch ein, falls die Kontrole des § 125 erschwert worden ist, die Vermuthung einer Defraudation aber widerlegt wird. — Werden Gegenstände, deren Ein-, Durch- oder Ausfuhr verboten ist, vorschriftsmäßig zur Revision gestellt, oder kommen sie mit der Post an, ohne daß dem Empfänger die Absicht einer Kontrebande nachgewiesen werden kann, so sind sie nur zurückzuschaffen. § 137. § 138. § 139.

§ 140. (**Strafe des ersten Rückfalls.**) Im Wiederholungsfalle der Kontrebande oder Defraudation, nach vorhergegangener rechtskräftiger Verurtheilung, wird außer der Konfiskation der Gegenstände des Vergehens die nach §§ 134 und 135 eintretende Geldbuße verdoppelt.

§ 141. (**Strafe des ferneren Rückfalls.**) [Jeder fernere Rückfall zieht neben der Konfiskation der Gegenstände des Vergehens in der Regel eine Freiheitsstrafe nach sich, welche nach dem Doppelten der im § 140 bestimmten Geldbuße zu bemessen ist (§ 162), jedoch zwei Jahre nicht überschreiten darf.

Doch kann ausnahmsweise nach richterlichem Ermessen mit Berücksichtigung aller Umstände des vorliegenden Vergehens und der voraus-

---

1) Diese Niederlagen sind entweder öffentlich, und zwar
a) allgemeine (Packhöfe, Hallen, Lagerhäuser, Freihäfen),
b) beschränkte (an Orten, die nicht das Niederlagerecht haben),
c) freie (Freiläger, an großen Seeplätzen),
oder Privatläger, die, wenn die Waaren zum Absatz in das Ausland bestimmt sind, Privat-Transitläger genannt werden. §§ 97—109.

2) Diese Handlungsweise bezeichnet § 12 Gesetz v. 23. Januar 1838 als „Unterschleiftreiben". Hierunter ist jede Handlungsweise zu verstehen, durch welche das von der Steuerbehörde durch Anvertrauung der Waaren geschenkte besondere Vertrauen getäuscht werden soll und eine Steuerhinterziehung als naturgemäßen Erfolg nach sich zieht. Erk. des Ob. Trib. v. 26. Septbr. 1862. Oppenhoff, Rechtspr. d. O. 3 S. 33. — Siehe übrigens § 145 d. G.

gegangenen Fälle auf das Doppelte der im § 140 bestimmten Geldbuße erkannt werden, wenn der Angeklagte das Kontrebandiren oder Defraudiren nicht gewerbsmäßig betreibt.]

§ 142. Die Straferhöhung wegen Rückfalls findet nicht statt, wenn seit dem Zeitpunkte, in welchem die Freiheitsstrafe oder Geldbuße des zuletzt begangenen früheren Vergehens abgebüßt oder erlassen worden ist, drei Jahre verflossen sind. Der Verurtheilung steht die freiwillige Unterwerfung gleich.

§ 143. In den Fällen § 136 Nr. 1 c d begründet der Wiederholungsfall die Strafe des Rückfalles nicht, falls der Frachtführer nur durch die von dem Befrachter mitgegebenen Notizen ꝛc. über den Inhalt der Kolli zu der unrichtigen Deklaration veranlaßt worden, ebenso im Fall des § 136 Nr. 7, falls der Gewerbtreibende nur auf Grund der dort bezeichneten Thatsachen verurtheilt worden ist, ohne daß die Defraudation selbst nachgewiesen ist.

§ 144. (Kontrebande oder Zolldefraudation unter erschwerenden Umständen.) Die Strafe der Kontrebande oder Defraudation wird um die Hälfte geschärft:

1) wenn die Gegenstände beim Transport in geheimen Behältnissen, oder sonst auf künstliche oder schwer zu entdeckende Art verborgen,
2) wenn unter Zollkontrole gehende Gegenstände auf dem Transporte vertauscht oder in ihren Bestandtheilen verändert worden sind,
3) wenn die Kontrebande oder Defraudation mittelst Abnahme, Verletzung oder sonstiger Unbrauchbarmachung eines amtlichen Waarenverschlusses verübt wird,

wobei jedoch das im § 162 festgesetzte höchste Maaß der Freiheitsstrafe nicht überschritten werden darf.

§ 145. Diese Strafverschärfung tritt in den Fällen des § 136 Ziffer 9 gleichfalls ein. Außerdem gehen die Schuldigen der ihnen gewährten Begünstigung verlustig.

§ 146. [Wenn drei oder mehrere Personen zur gemeinschaftlichen Ausübung einer Kontrebande oder Defraudation sich verbunden haben, so wird die Strafe für die gemeinschaftlich ausgeführten Vergehen gegen den Anführer durch eine drei- bis sechsmonatliche, gegen jeden der übrigen Theilnehmer aber durch ein- bis dreimonatliche Freiheitsstrafe geschärft.[1])

Werden drei oder mehrere Personen zusammen in Ausübung eines Vergehens betroffen, so wird angenommen, daß sie sich zur gemeinschaftlichen Ausübung verbunden haben, wenn sie nicht nachweisen können oder

---

1) In diesem Fall kann das Schöffengericht auf Grund einer Ueberweisung zuständig sein. § 75 Nr. 14 G. V. G.

aus den Umständen hervorgeht, daß ihr Zusammentreffen nur ein zufälliges gewesen sei.

Wird das Vergehen nach vorhergegangener rechtskräftiger Verurtheilung wiederholt, oder ist eine derartige Verbindung für die Dauer eingegangen worden, so trifft den Anführer ein- bis zweijährige, die übrigen Theilnehmer sechsmonatliche bis einjährige Freiheitsstrafe, neben der verwirkten Defraudations- oder Kontrebandestrafe.]

§ 147. a) Wer Kontrebande oder Defraudation unter dem Schutze einer Versicherung verübt, verfällt neben der auf das Vergehen selbst gesetzten Strafe in eine zwei- bis dreimonatliche Freiheitsstrafe.

b) [Wird die Kontrebande oder Defraudation von drei oder mehreren zu diesem Zwecke verbundenen Personen unter dem Schutze einer Versicherung verübt, so ist die nach § 146 verwirkte Strafe gegen den Anführer mit achtmonatlicher bis einjähriger und gegen die übrigen Theilnehmer mit vier- bis sechsmonatlicher Freiheitsstrafe zu schärfen.]

c) [Der Versichernde, sowie der Vorsteher einer Versicherungsgesellschaft verfällt in den Fällen a und b in eine Freiheitsstrafe von Ein und einhalb bis zwei Jahren, der Rechnungsführer der Versicherungsgesellschaft in eine solche von sechs Monaten bis zu zwei Jahren, jeder der übrigen Mitglieder der Gesellschaft in eine solche von sechs Monaten bis zu Einem Jahre.

Außerdem unterliegen die zum Zwecke der Versicherung angelegten Fonds der Versicherungsgesellschaft der Konfiskation. . . .]

§ 148. [Wer bei Verübung einer Kontrebande oder Defraudation Waffen zum Widerstande gegen die zur Wahrnehmung des Zollinteresses verpflichteten Beamten mit sich führt, hat neben der ordentlichen Strafe des Vergehens sechsmonatliche bis einjährige Freiheitsstrafe verwirkt. . . .

Den Waffen stehen andere gleich gefährliche Werkzeuge gleich.]

§ 151. (Ordnungsstrafen.) [Die Verletzung des amtlichen Waarenverschlusses ohne Beabsichtigung einer Gefälle-Entziehung wird, wenn nicht nachgewiesen werden kann, daß dieselbe durch einen unverschuldeten Zufall entstanden ist, mit einer Geldbuße bis zu neunhundert Mark geahndet.] 1)

§ 152. Die Uebertretung der Vorschriften dieses Gesetzes, sowie der in Folge derselben öffentlich bekannt gemachten Verwaltungsvorschriften wird, sofern keine besondere Strafe angedroht ist, mit einer Ordnungsstrafe bis zu einhundertfünfzig Mark geahndet. 2)

Eine subsidiäre Vertretungsverbindlichkeit zur Zahlung der Zollgefälle, Geldbuße und Kosten besteht für Handel- und Gewerbetreibende hinsichtlich ihrer Diener, Lehrlinge, Markthelfer, Ge- § 153.

---

1) Zuständig ist die Strafkammer, jedoch ist Verweisung zulässig. § 75 Nr. 14 G. V. G. — Im Unvermögensfall ist Gefängniß zu substituiren.

2) Diese Ordnungsstrafe betrifft bloße Uebertretungen, die Geldstrafe darf daher in Haft umgewandelt werden. Erk. des Ob. Trib. v. 2. Juli 1875. Oppenhoff, Rechtspr. d. O. 16 S. 512.

werbsgehülfen, Ehegatten, Kinder, Gesinde und die sonst in ihrem Dienst oder Tagelohn stehenden oder sich gewöhnlich bei der Familie aufhaltenden Personen, und für die Eisenbahnverwaltungen und Dampfschifffahrtsgesellschaften hinsichtlich ihrer Angestellten und Bevollmächtigten. Personen, die nicht zur handel- und gewerbetreibenden Klasse gehören, haften nur für ihre Ehegatten und Kinder.

§ 155. Kann eine Konfiskation nicht vollzogen werden, so ist auf Erlegung des Werths, [wenn dieser nicht zu ermitteln ist, auf Zahlung einer Geldsumme von 75 bis 3000 Mark] zu erkennen.

§ 160. (Strafe der Bestechung.) Wer einem zur Wahrnehmung des Zollinteresses verpflichteten Beamten oder den Angehörigen desselben wegen einer zu dessen amtlichem Wirkungskreise gehörigen Handlung oder Unterlassung einer solchen Geschenke oder andere Vortheile anbietet, verspricht oder gewährt, wird, [wenn solches den gesetzlichen Karakter der Bestechung hat, mit der Strafe der Bestechung,[1]) andernfalls] mit einer Ordnungsstrafe bis zu sechszig Mark belegt.

§ 161. (Strafe der Widersetzlichkeit.) Wer sich Handlungen oder Unterlassungen zu Schulden kommen läßt, wodurch ein solcher Beamter in der rechtmäßigen Ausübung seines Amtes verhindert wird, hat, insofern damit keine Beleidigung oder thätliche Widersetzlichkeit gegen die Person des Beamten verbunden ist, eine Geldbuße bis zu einhundertfünfzig Mark verwirkt....

§ 162. Falls eine Geldstrafe nicht beigetrieben werden kann, ist sie in eine verhältnißmäßige Freiheitsstrafe zu verwandeln, welche im ersten Fall der Kontrebande oder Defraudation die Dauer von einem halben Jahre, [beim ersten Rückfall die Dauer von einem Jahr und bei jedem ferneren Rückfall die Dauer von zwei Jahren] nicht übersteigen soll.

§ 164. Die Vergehen der Kontrebande und der Defraudation (§§ 134 und 135) verjähren in drei Jahren, Ordnungswidrigkeiten (§§ 151 und 152) in einem Jahre, von dem Tage an gerechnet, an welchem sie begangen sind. — Der Anspruch auf Nachzahlung defraudirter Gefälle verjährt in fünf Jahren.[2])

1) § 333 St. G. B. Strafe: Gefängniß bis zu fünf Jahren, bei mildernden Umständen Geldstrafe bis zu 1500 Mark. Zuständig ist die Strafkammer.

2) Betreffs des Verfahrens in Zolldefraudationssachen siehe §§ 28 ff. des Gesetzes v. 23. Januar 1838 (G. S. S. 78).

2. Die Tabackssteuer.

Gesetz, betreffend die Besteuerung des Tabacks.

Vom 16. Juli 1879.

(R. G. Bl. S. 245.)

Die Eingangsabgabe seit dem 25. Juli 1879 beträgt für 100 Kgm: § 1.

1. Tabackblätter, unbearbeitete, und Stengel, auch Tabacksaucen . . . . 85 Mark,
2. fabrizirter Taback:
   a) Cigarren und Cigarretten . . . . 270 „
   b) anderer . . . . 180 „

Der inländische Taback unterliegt einer Gewichtssteuer, jedoch ist für Tabackpflanzungen auf Grundstücken von weniger als vier Ar Flächenraum die Besteuerung nach Maßgabe des Flächenraums[1]) beibehalten. Letztere beträgt jährlich für einen Quadratmeter § 2.

a) für das Jahr 1880 . . . 2 Pf. § 23.
b) für das Jahr 1881 . . . 3 „
c) für die folgenden Jahre . 4,5 „

Ausnahmsweise kann sie auch für Grundstücke von vier Ar oder mehr Flächenraum angeordnet werden, oder es kann eine Fixation der Gewichtssteuer derart stattfinden, daß Menge und Gewicht des Tabacks nach Verhältniß des Flächeninhalts der Pflanzung und nach dem Durchschnittsertrage sich bestimmen, welcher in anderen Gemarkungen nach dem Ergebniß der Verwiegung erzielt wird. § 25.

---

1) Auf dieser Grundlage beruht das Bundes-Gesetz v. 26. Mai 1868 (B. G. Bl. S. 319). — In Preußen wurde der inländische Taback zufolge Ges. v. 8. Februar 1819 mit einer Abgabe von einem Thaler für den Zentner Tabacksblätter belegt, diese Abgabe wurde aber durch das System einer Besteuerung der mit Taback bepflanzten Grundfläche ersetzt zufolge Kab.-Ordre v. 29. März 1828 (G. S. S. 39), welche vier Stufen mit 6, 5, 4, 3 Sgr. für 6 Quadratruthen aufstellte. An diese Kab.-Ordre schließt sich das Bundesgesetz von 1868 im System an, jedoch nur mit einer — der höchsten — Steuerstufe, während das jetzt geltende Reichsgesetz das System der Gewichtssteuer angenommen hat.

§ 2. Die Gewichtssteuer beträgt vom 1. April 1880 an

a) für 1880 . . . . . 20 Mark,
b) für 1881 . . . . . 30 „
c) für die folgenden Jahre 45 „

für 100 Kgm. nach Maßgabe des Gewichts des Tabacks in fermentirtem oder getrocknetem fabrikationsreifen Zustande, wobei
§ 16. das ermittelte Gewicht des dachreifen Tabacks nach Abzug von einem Fünftel desselben als das steuerpflichtige Gewicht angenommen wird.

§ 3. Jeder Inhaber eines mit Taback bepflanzten Grundstücks (Tabackpflanzer), auch wenn er den Taback gegen einen bestimmten Antheil oder unter sonstigen Bedingungen durch einen anderen anpflanzen oder behandeln läßt, ist verpflichtet, der Steuerbehörde des Bezirks bis zum Ablaufe des 15. Juli die bepflanzten Grundstücke einzeln nach ihrer Lage und Größe genau und wahrhaft schriftlich anzugeben. Derselbe erhält darüber von der gedachten Behörde eine Bescheinigung.

In Betreff der erst nach dem 15. Juli bepflanzten Grundstücke muß die Anmeldung spätestens am dritten Tage nach dem Beginn der Bepflanzung bewirkt werden.

§ 5. Der Inhaber eines mit Taback bepflanzten Grundstücks haftet für die Gestellung des auf demselben erzeugten Tabacks zur amtlichen Verwiegung. Diese Verpflichtung geht, wenn nach der Anmeldung (§ 3) und vor Beendigung der Ernte ein Wechsel in der Person des Inhabers des Grundstücks eintritt, auf den neuen Inhaber über, ohne Rücksicht auf die von den Interessenten getroffenen Verfügungen. Von jeder solchen Veränderung ist binnen 3 Tagen nach dem Eintritt der Steuerbehörde eine schriftliche, von dem neuen Inhaber, und im Falle der freiwilligen Veräußerung, auch von dem bisherigen Inhaber zu unterzeichnende Anzeige zu machen.

§ 6. Die Steuerbehörde ist befugt, vor Beginn der Ernte die Blätterzahl oder die Gewichtsmenge, welche mindestens zur Verwiegung gestellt werden muß, festzustellen, erstere durch Steuer-
§ 7. beamte, letztere durch eine Schätzungskommission (Oberkontroleur und zwei Sachverständige). Das Ergebniß wird in ein Register eingetragen, gegen welches binnen drei Tagen nach der Offenlegung dem Tabackpflanzer das Recht des Einspruchs zusteht. Im Fall der Feststellung der Blätterzahl wird der Reinertrag für die nicht zur Verwiegung gestellten Blätter nach dem für gleichartige Blätter ermittelten Durchschnittsgewichte berechnet.

§ 8. Statt der Festsetzung genügt es auch, wenn die Steuerbehörde von dem Tabackpflanzer eine schriftliche Deklaration der Anzahl der Pflanzen und der durchschnittlichen Blätterzahl oder des Mindestgewichts erfordert.

§ 9. Die festgesetzte Tabackmenge erleidet eine Verminderung:

1. in Folge etwaiger vor der amtlichen Verwiegung eingetretener Unglücksfälle (wozu auch ein nach Feststellung der Blätterzahl beziehungsweise der Gewichtsmenge eingetretener Mißwachs zu rechnen), soweit dadurch erweislich die Blätterzahl oder die Gewichtsmenge des erzeugten Tabacks vermindert ist.

   Von jedem derartigen Unglücksfalle ist spätestens am vierten Tage nach dessen Eintreten und, wenn derselbe den Taback auf dem Felde betroffen hat, jedenfalls vor vollendeter Ernte der Steuerbehörde schriftlich Anzeige zu machen, welche die amtliche Erhebung des Verlustes zu veranlassen und über den Anspruch auf Minderung der zu vertretenden Blätterzahl beziehungsweise Gewichtsmenge zu entscheiden hat;

2. in Folge des unter gewöhnlichen Verhältnissen bis zur Verwiegung entstehenden Abgangs an Bruch und Abfall....

§ 11. Bevor der im § 5 gedachten Verpflichtung genügt ist, darf der Tabackpflanzer sich des Besitzes des auf dem angemeldeten Grundstück erzeugten Tabacks oder eines Theils davon bei oder nach der Ernte nicht entäußern, außer mit Genehmigung der Steuerbehörde und unter den von derselben hinsichtlich der Sicherstellung des Steueranspruchs zu stellenden Bedingungen....

Die amtliche Verwiegung wird nach der Trocknung und vor Beginn der Fermentation bis spätestens den 31. März bei der Steuerstelle des Bezirks bewirkt. § 12.

§ 13. Zu diesem Behuf sind die Tabackblätter nach dem Abhängen nach Maßgabe der von der Steuerbehörde bekannt gemachten Anweisung in Büschel und Bündel zu verpacken und zur Verwiegung zu stellen.

Außerdem sind die gewonnenen Grumpen, Bruch und sonstige Abfälle zur Verwiegung vorzuführen. Die für die Umschließungen des verwogenen Tabacks zu vergütende Tara wird auf Grund von Probeverwiegungen bestimmt.

§ 15. Die Anzahl der zur Verwiegung gestellten Bündel (§ 13) ist vor dem Beginn der Revision und Verwiegung dem Waagebeamten schriftlich anzumelden. Ergeben sich aus der Anmeldung oder bei der Revision oder Verwiegung Anstände, die eine weitere Untersuchung nöthig machen, so hat sich der Inhaber des Tabacks gefallen zu lassen, daß derselbe auf seine Kosten unter amtlicher Verwahrung und Verschluß gehalten wird, bis die Abfertigung der unbeanstandeten Posten beendet ist.

Die bei der Revision und Verwiegung nöthigen Handdienstleistungen hat der Inhaber des Tabacks zu verrichten oder auf seine Kosten verrichten zu lassen.

§ 16. Die demnächst festgestellte Steuer, deren Betrag dem Steuerpflichtigen bekannt gemacht wird, ist bei der erstmaligen Veräußerung des Tabacks, spätestens jedoch am 15. Juli des auf das Erntejahr folgenden Jahres zu zahlen, soweit nicht Kredit bewilligt oder der Taback in einer öffentlichen oder unter amtlichem Mitverschluß stehenden Privatniederlage abgefertigt wird.

Verdorbener und unter amtlicher Aufsicht vernichteter Taback ist steuerfrei. Nachlaß kann bei Feuerschaden bewilligt werden.

§ 17. Die Lagerung und Versendung von unversteuertem Taback (nach Festsetzung der Steuer) unterliegt der amtlichen Kontrole.

§ 19. Bei der erstmaligen Veräußerung des Tabacks wird der Käufer oder sonstige Erwerber zur Entrichtung der Steuer verpflichtet. In solchen Fällen hat der bisher Steuerpflichtige (§ 16) vor der Uebergabe des Tabacks die Steuerbehörde von der Veräußerung zu benachrichtigen und für die Steuer so lange solidarisch zu haften, als er nicht durch die Steuerbehörde ausdrücklich davon entbunden wird. Bis dies geschehen ist, kann er die Uebergabe des Tabacks an den Käufer verweigern. Die Steuerbehörde hat die Entlassung des ursprünglich Steuerpflichtigen aus dieser solidarischen Haftpflicht regelmäßig zu gewähren, sofern nicht im einzelnen Falle wegen der Persönlichkeit des Käufers oder mangelnder Sicherheit für die Steuerentrichtung besondere Bedenken entgegenstehen. Die verlangte Entlassung aus der Haftpflicht darf nicht verweigert werden, wenn die Uebergabe des Tabacks vor der Steuerbehörde stattfindet. Hat die Uebergabe des Tabacks an einen Käufer oder sonstigen Erwerber nicht bis zum 15. Juli des auf die Ernte folgenden Jahres stattgefunden, oder soll der Taback vor der erstmaligen Veräußerung in den freien Verkehr gesetzt werden, so ist der Tabackpflanzer zur Entrichtung der Steuer verpflichtet. In jedem Falle haftet der Taback ohne Rücksicht auf die Rechte eines Dritten an demselben für die darauf ruhende Tabacksteuer und kann, so lange deren Entrichtung nicht erfolgt, von der Steuerbehörde in Beschlag genommen oder zurückgehalten werden.

Für den Tabackbau bestimmt das Gesetz:

§ 22. In Betreff der Behandlung der Tabackpflanzungen sind die folgenden Vorschriften zu beobachten:

1. Die Pflanzung ist in geraden Reihen mit gleichen Abständen der einzelnen Pflanzen von einander innerhalb der Reihen und mit gleichen oder gleichmäßig wiederkehrenden Abständen der Reihen von einander anzulegen.

2. Taback darf nicht mit anderen Bodengewächsen gemischt gebaut werden; jedoch ist bei gänzlichem Ausfall der Tabackpflanzen auf einer mindestens 4 Quadratmeter haltenden Fläche der Nachbau anderer Gewächse auf dieser Fläche gestattet.

3. Bis zu dem zur amtlichen Feststellung der Blätterzahl beziehungs-

weise der Gewichtsmenge (§ 7) bestimmten oder dem etwa besonders in ortsüblicher Weise hierfür bekannt gemachten Termine muß die zur Regelung der Blattzahl erforderliche Behandlung der Tabackpflanzen (das Köpfen, Ausgeizen) vollständig bewirkt sein. Von dieser Vorschrift kann in denjenigen Fällen, wo die in § 6 gedachte Feststellung auf die Gewichtsmenge gerechnet wird, die Steuerbehörde die betreffenden Tabackpflanzer entbinden.

4. Bevor die zu vertretende Blätterzahl beziehungsweise Gewichtsmenge amtlich festgestellt und über den etwa dagegen erhobenen Einspruch entschieden, oder aber die Abstandnahme von der amtlichen Ermittelung der Blätterzahl beziehungsweise Gewichtsmenge bekannt gemacht worden ist, dürfen Tabackblätter nur nach vorheriger Anzeige bei der Gemeindebehörde und unter Beobachtung der wegen Feststellung der Menge von der Steuerbehörde zu erlassenden Anordnungen eingesammelt werden.
5. Alle vor der Ernte entstehenden Abfälle (Spindeln, Geize, mißrathene Pflanzen u. s. w.) sind auf dem Felde sofort zu vernichten.
6. Will der Tabackpflanzer das Tabackfeld vor der Ernte wegen Mißwachses u. s. w. umpflügen, so ist hiervon der Steuerbehörde zuvor Anzeige zu machen.
7. Spätestens am 10. Tage nach dem Abblatten müssen, soweit die Steuerbehörde nicht eine längere Frist gestattet hat, die Tabackpflanzen abgehauen oder in anderer Art beseitigt werden. Die Erzielung einer Nachernte (das sogenannte Geizenziehen) kann nur ausnahmsweise mit besonderer vor der Ernte einzuholender Genehmigung der Steuerbehörde und unter den von derselben vorzuschreibenden Bedingungen hinsichtlich der Ermittelung und Entrichtung der gesetzlichen Steuer (§ 2) gestattet werden.

Für die der Flächensteuer unterliegenden Tabacksgrundstücke gilt ebenfalls die Vorschrift des § 3; nach geschehener Prüfung der Anmeldung wird die Steuer berechnet und dem Tabackpflanzer bekannt gemacht. Der Inhaber des Grundstücks haftet für den vollen Betrag der Steuer, auch wenn er den Taback gegen einen bestimmten Antheil oder unter sonstigen Bedingungen durch einen Anderen anpflanzen oder behandeln läßt. Die Steuer ist bis zum 15. Juli des auf das Erntejahr folgenden Jahres einzuzahlen. Steuererlaß ist unter Umständen (bei Mißwachs oder Feuerschaden) zulässig. § 24.

§ 27. Die Verwendung von **Tabacksurrogaten** bei der Herstellung von Tabackfabrikaten ist verboten.

Ausnahmen hiervon kann der Bundesrath gestatten und dabei über die nöthigen Kontrolen, sowie über die bei der Verwendung von Surrogaten zu entrichtenden Abgaben Bestimmung treffen.

Dem Reichstag sind die Bestimmungen über die Höhe dieser Abgaben, sofern er versammelt ist, sofort, anderenfalls bei dessen nächstem Zusammentreten vorzulegen. Dieselben sind außer Kraft zu setzen, soweit der Reichstag dies verlangt. 1)

§ 28. Die Steuerverwaltung ist befugt, Proben der Tabackfabrikate in den Geschäftsstunden zu entnehmen und Aufschluß über den Bezug zu verlangen.

§ 29. Alle Forderungen und Nachforderungen an Tabacksteuer (ebenso wie andererseits die Ersatzansprüche) verjähren binnen Jahresfrist von dem Tage des Eintritts der Zahlungsverpflichtung (bez. der Zahlung) an.

§ 30. Bei Versendung von Taback in das Ausland und bei Niederlegung in einem öffentlichen oder unter amtlichem Mitverschluß stehenden Privatlager kann eine Steuervergütung beansprucht werden von 33 Mark bei unfermentirtem, von 40 Mark bei fermentirtem Rohtaback und von 47 Mark bei entrippten Blättern (pro 100 Kgm netto). Auch für die Tabackfabrikate kann in denselben Fällen eine Vergütung geleistet werden, welche für diejenigen

§ 31. a) aus ausländischen Blättern

für Schnupf- und Kautaback	60	Mark
für Rauchtaback	81	„
für Cigarren	94	„
für Cigarretten	66	„

b) aus inländischen Blättern

für Schnupf- und Kautaback	32	„
für Rauchtaback	43	„
für Cigarren	50	„
für Cigarretten	35	„ beträgt, und

c) für Fabrikate aus aus- und inländischen Blättern nach Maßgabe des Mischverhältnisses zu berechnen ist.

---

1) Strafbestimmung: § 36.

Durch Beschluß des Bundesraths v. 27. November 1879 (§ 589 der Protokolle) ist die Verwendung von Kirsch- und Weichselblättern, und durch Beschluß v. 12. März 1880 (§ 175 der Protokolle) die Verwendung von Melilothenblüthen (Steinklee) und eingesalzenen Rosenblättern gestattet worden, gegen eine Steuer von 65 Mark pro 100 Kgm. Die lediglich als Hülfsmittel der Fabrikation dienenden Beimischungen, welche einen Ersatz des Tabacks nicht herbeiführen, sind für steuerfrei erklärt worden.

Strafbestimmungen.

§ 32. Wer es unternimmt, die nach diesem Gesetze von dem innerhalb des Zollgebiets erzeugten Taback oder einer inländischen Tabackpflanzung zu entrichtende Steuer zu hinterziehen, begeht eine Defraudation.

Der Tabacksteuerdefraudation macht sich insbesondere schuldig:

1. wer es unterläßt, die im § 3 und im ersten Absatz des § 24 vorgeschriebene Anmeldung hinsichtlich aller oder einzelner mit Taback bepflanzten Grundstücke rechtzeitig zu bewirken;
2. wer die gesetzliche Verpflichtung, der Gewichtssteuer (§ 2) unterliegenden Taback zur amtlichen Verwiegung zu stellen, nicht rechtzeitig erfüllt.

§ 33. Der Defraudation der nach Maßgabe des Gewichts zu entrichtenden Tabacksteuer (§ 2) wird gleichgeachtet:

1. wenn im Fall des § 9 Ziffer 1 bei der amtlichen Erhebung des durch Unglücksfall entstandenen Verlustes die vorhandene Menge des erzeugten Tabacks nicht vollständig angezeigt wird;
2. wenn der Tabackpflanzer vor der amtlichen Verwiegung sich des Besitzes des gewonnenen Tabacks oder eines Theils davon ohne Genehmigung der Steuerbehörde (§ 11) entäußert;
3. wenn vor dem im § 22 Ziffer 4 bestimmten Zeitpunkte Tabackblätter ohne die vorgeschriebene Anzeige eingesammelt oder die eingesammelten Blätter der vorgeschriebenen Feststellung der Menge derselben entzogen werden;
4. wenn über inländischen, zur Ausfuhr über die Zollgrenze amtlich abgefertigten Taback vor bewirkter Ausfuhr eigenmächtig verfügt wird (§§ 11, 16);
5. wenn nach dem im § 22 Ziffer 7 bezeichneten Zeitpunkte eine Nachernte ohne vorherige Genehmigung erzielt oder der durch die Nachernte gewonnene Taback der vorgeschriebenen Versteuerung ganz oder theilweise entzogen wird;
6. wenn unversteuerter inländischer Taback ohne vorschriftsmäßige Abmeldung aus der Niederlage entfernt wird, sofern in diesem Falle nicht die Strafe der Zolldefraudation[1]) eintritt.

§ 34. Die Tabacksteuerdefraudation (§§ 32 und 33) wird mit einer Geldstrafe, welche dem vierfachen Betrage der vorenthaltenen Abgabe gleichkommt, bestraft.

Die Steuer ist von der Strafe unabhängig zu entrichten.

Wird bei Verfolgung einer Gewichtssteuerdefraude ermittelt, daß das Grundstück, auf welchem der betreffende Taback erzeugt worden, nicht angemeldet ist (§ 32 Ziffer 1), so soll gegen denselben Thäter die Defraudationsstrafe nur einmal und zwar nach demjenigen Thatbestande, welcher die höhere Strafe nach sich zieht, festgesetzt werden. Wird nachgewiesen, daß der Beschuldigte eine Defraudation nicht habe verüben

1) Siehe oben S. 317 zu Nr. 8.

können, oder daß eine solche nicht beabsichtigt gewesen sei, so findet nur eine Ordnungsstrafe nach Vorschrift des § 40 statt.

Dasselbe gilt, wenn ein mit Taback bepflanztes Grundstück zwar rechtzeitig angemeldet (§ 32 Absatz 2 Nr. 1), die Größe desselben aber nicht angegeben, oder dergestalt unrichtig angegeben ist, daß das verschwiegene Flächenmaß bei Grundstücken von 20 bis 40 Ar Fläche 2 Ar, bei kleineren Grundstücken den zehnten und bei Grundstücken von mehr als 40 Ar den zwanzigsten Theil der Fläche übersteigt. Bei geringeren Unterschieden zwischen der Angabe und dem Befunde findet eine Bestrafung nicht statt.

§ 35. Bei einer Defraudation im Fall des § 32 Nr. 1 bestimmt sich die der Strafe zu Grunde zu legende Steuer nach dem Flächensteuersatze, selbst wenn der betreffende Taback der Gewichtssteuer unterliegt, doch wird letzterenfalls nur die Strafe, nicht auch der (nur imaginäre) Flächensteuersatz bezahlt. Im Uebrigen bestimmt sich der Steuer- resp. Strafbetrag nach Menge und Gewicht des nicht rechtzeitig zur Verwiegung gestellten oder sonstwie defraudirten Tabacks.

Ist die Ermittelung dieser Grundlage schwierig, so wird der höchste Betrag, welcher in dem betr. Jahre für eine Tabackpflanzung in derselben oder der nächstgelegenen Gemarkung ermittelt ist, als maßgebend angenommen, oder bez. das höchste durchschnittliche Gewicht, welches für den Ertrag einer gleichsituirten Pflanzung festgestellt ist, zum Grunde gelegt.

§ 36. [Kann der Betrag der vorenthaltenen Steuer überhaupt nicht festgestellt werden, so tritt statt des vierfachen Betrages der Steuer eine Geldstrafe von dreißig bis zu dreitausend Mark ein.

Der gleichen Geldstrafe unterliegt, wer dem im § 27 ausgesprochenen Verbote zuwiderhandelt.]

§ 37. Im Falle der Wiederholung der Defraudation nach vorhergegangener Bestrafung wird die Strafe auf den achtfachen Betrag der vorenthaltenen Steuer bestimmt.

[Jeder fernere Rückfall zieht Gefängnißstrafe bis zu zwei Jahren nach sich, doch kann nach richterlichem Ermessen mit Berücksichtigung aller Umstände der Zuwiderhandlung und der vorausgegangenen Fälle auf Haft oder auf Geldstrafe nicht unter dem Doppelten der für den ersten Rückfall bestimmten Geldstrafe erkannt werden.][1])

1) Die Rückfallsstrafe ist verwirkt, auch wenn die früheren Strafen nur theilweise verbüßt oder ganz oder theilweise erlassen sind. Sie ist aber ausgeschlossen, wenn seit der Verbüßung oder dem Erlaß der letzten Strafe drei Jahre verflossen sind. § 39 d. G.

§ 38. Wer es unternimmt, eine Zoll- oder Steuervergütung (§§ 30, 31) zu gewinnen, welche überhaupt nicht oder nur zu einem geringeren Vergütungssatze oder für eine geringere Menge zu beanspruchen war, hat eine dem vierfachen des zur Ungebühr beanspruchten Vergütungsbetrages gleichkommende Geldstrafe verwirkt.

[Im Falle der Wiederholung nach vorhergegangener Bestrafung wird die Geldstrafe auf das achtfache des zur Ungebühr beanspruchten Vergütungsbetrages erhöht. Hinsichtlich der Bestrafung des ferneren Rückfalles kommt die Bestimmung im zweiten Absatze des § 37 zur Anwendung.]

§ 40. (Ordnungsstrafen.) Die Uebertretung der Bestimmungen dieses Gesetzes sowie der dazu erlassenen Verwaltungsvorschriften [1]) wird, sofern nicht die Defraudationsstrafe oder eine der im § 36 Absatz 2 und § 38 vorgeschriebenen Strafen verwirkt ist, mit einer Ordnungsstrafe bis zu einhundertundfünfzig Mark geahndet.

Unbeschadet der verwirkten Ordnungsstrafen kann die Steuerbehörde die Beobachtung der Vorschriften im § 22 Ziffer 1 bis 3, 5 und 7 über die Behandlung der Tabackpflanzungen und im § 13 über die Verpackung des Tabacks durch Androhung und Einziehung von exekutivischen Geldstrafen bis zu dreihundert Mark erzwingen, auch das zur Erledigung Nöthige auf Kosten des Säumigen beschaffen.

§ 41. Mit Ordnungsstrafe (§ 40) wird ferner belegt:

1. wer einem zur Wahrnehmung des Steuerinteresses verpflichteten Beamten oder dessen Angehörigen wegen einer auf die Erhebung oder Kontrolirung der Tabacksteuer bezüglichen amtlichen Handlung oder Unterlassung einer solchen Geschenke oder andere Vortheile anbietet, verspricht oder gewährt, sofern nicht der Thatbestand der Bestechung (§ 333 des Strafgesetzbuchs) [2]) vorliegt;
2. wer sich Handlungen oder Unterlassungen zu Schulden kommen läßt, durch welche ein solcher Beamter an der rechtmäßigen Ausübung seines Amts in Bezug auf die Tabacksteuer verhindert wird, sofern nicht der Thatbestand der strafbaren Widersetzlichkeit (§ 113 des Strafgesetzbuchs) vorliegt. [3])

§ 43. Tabackpflanzer und diejenigen, auf welche die gesetzlichen Verpflichtungen des Tabackpflanzers übergegangen sind (§§ 5, 11), sowie Tabackhändler, Kommissionäre, Makler und Fabrikanten haben für die von ihren Verwaltern, Gehülfen, Ehegatten, Kindern, Gesinde und sonst in ihrem Dienste oder Tagelohn stehenden oder sich gewöhnlich bei der Familie aufhaltenden Personen nach diesem Gesetze verwirkten Geldstrafen, sowie für die Steuer und entstandenen Prozeßkosten subsidiarisch

---

1) Siehe hierzu die Bekanntmachung, betr. die Besteuerung des Tabacks v. 25. März 1880 (Centr.-Bl. f. d. D. R. S. 153).

2) Siehe oben S. 320 Anm. 1.

3) Werden mehrere solcher Zuwiderhandlungen gleichzeitig entdeckt, so soll die Ordnungsstrafe nur im einmaligen Betrage festgesetzt werden. § 42 d. G.

zu haften. Wird nachgewiesen, daß die Zuwiderhandlung ohne ihr Wissen verübt worden, so haften sie nur für die Steuer.

Tabackpflanzer und diejenigen, auf welche die gesetzlichen Verpflichtungen des Tabackpflanzers übergegangen sind, haften bezüglich des von ihnen zur Verwiegung zu stellenden Tabacks in allen Fällen für die Steuer, welche in Folge einer unerlaubten Handlung oder Unterlassung der bezeichneten, von ihnen zu vertretenden Personen vorenthalten ist, sofern dieselbe von dem eigentlichen Schuldigen nicht beigetrieben werden kann.

§ 44. Die Umwandlung der nicht beizutreibenden Geldstrafe in Freiheitsstrafe erfolgt gemäß §§ 28 und 29 St. G. B., jedoch darf die Freiheitsstrafe im ersten Fall der Defraudation sechs Monate nicht übersteigen. [Im ersten Rückfalle darf sie nicht ein Jahr, im ferneren Rückfalle nicht zwei Jahre übersteigen.]

§ 45. Die Verjährung der Strafverfolgung tritt nach Ablauf von drei Jahren ein, bei den mit einer Ordnungsstrafe bedrohten Handlungen nach einem Jahre. Der Anspruch auf Nachzahlung defraudirter Gefälle erlischt in drei Jahren.

§ 46. Die Geldstrafen fallen dem Fiskus desjenigen Staates zu, von dessen Behörden die Strafentscheidung erlassen ist.

---

3. Die Salzsteuer.

Gesetz, betreffend die Erhebung einer Abgabe von Salz.

Vom 12. Oktober 1867.

(B. G. Bl. S. 41.)

§ 1. Das Salzmonopol ist aufgehoben [1]) und statt dessen von allem zum inländischen Verbrauch bestimmten Salz (Siede-, Stein- und
§ 2. Seesalz) eine Steuer von 6 Mark für den Zentner Nettogewicht eingeführt worden, die der Produzent oder Steinsalz-Bergwerksbesitzer zu tragen hat. [2])

§ 3. Die Gewinnung oder Raffinirung von Salz ist nur in solchen Salzwerken gestattet, deren Benutzung sechs Wochen vor Eröffnung

---

1) In Preußen bereits durch Gesetz v. 9. August 1867 (G. S. S. 1317).

2) Auf die Einfuhr von ausländischem Salz ist durch den Zolltarif v. 15. Juli 1879 ein Zoll von 12 Mark 80 Pf. für 100 Kgm gelegt (Nr. 25t).

des Betriebes dem Hauptsteueramt des Bezirks angemeldet ist; dies gilt auch von den Fabriken, in denen Salz nur als Nebenprodukt gewonnen wird.

Die Steuerbehörde muß von jedem Salzwerk eine genaue Beschreibung erhalten und jede Veränderung in den Räumen und Vorrichtungen erfahren. — Das Recht des Staats zur Kontrole wird durch besondere Salzsteuerämter ausgeübt, welche den Besitzer verpflichten können, dafür zu sorgen, daß der Zugang zu den Siedegebäuden und den Trockenräumen ꝛc. leicht beaufsichtigt, jedes Magazin durch steuerlichen Mitverschluß gesichert und über den Betrieb genau Buch geführt werde, daß das Salz nur in den dazu angemeldeten Gefäßen und Räumen aufbewahrt werde und die Vorrichtungen zum Denaturiren und Verwiegen desselben vorhanden sind, auch der Salzwerkshof angemessen umfriedigt ist. Nichterfüllung dieser Pflichten kann die Untersagung des Betriebes zur Folge haben.[1]) Die Entnahme von Salz aus den Magazinen ist nur nach Anmeldung und Abfertigung zulässig, und wird mit diesem Zeitpunkt die Steuer fällig, falls nicht eine Abfertigung auf Begleitschein, behufs Versendung in Packhofsmagazine, stattfindet. Salz unter einem halben Zentner darf überhaupt nicht von Salzwerken verabfolgt werden. § 4. § 6. § 7. § 9.

§ 11. Wer es unternimmt, dem Staate die Abgabe von inländischem Salze zu entziehen, ist der Salzabgaben-Defraudation schuldig und soll mit der Konfiskation der Gegenstände, in Bezug auf welche die Defraudation verübt ist, und mit einer Geldbuße, welche dem vierfachen Betrage der vorenthaltenen Abgabe gleichkommt, mindestens aber dreißig Mark beträgt, bestraft werden. Kann die Konfiskation selbst nicht vollzogen werden, so ist auf Erlegung des Werthes der Gegenstände zu erkennen. Daneben ist die Abgabe mit sechs Mark für den Zentner zu entrichten. Ist die Defraudation durch unerlaubte Gewinnung oder Raffinirung von Salz verübt (§ 3), so verfallen auch die dazu benutzten Geräthe (Siedepfannen, Kessel u. s. w.) der Konfiskation.

Mißbräuchliche Verwendung des steuerfrei oder gegen Erlegung der im § 20 erwähnten Kontrolegebühr empfangenen Salzes (§ 13 Nr. 6) zieht außerdem den Verlust des Anspruches auf steuerfreien Salzbezug nach sich.

§ 12. Im ersten Wiederholungsfalle, nach vorangegangener rechtskräftiger Verurtheilung, wird die nach § 11 außer der Konfiskation

1) Die Untersagung ist nur eine zeitweise, bis zur Abstellung der Mängel, und kann nur nach vorheriger Androhung und nach Anhörung der Bergpolizeibehörde durch den Finanzminister erfolgen. § 7.

eintretende Strafe verdoppelt,[1]) in jedem ferneren Rückfalle vervierfacht. . . .

§ 13. Die Defraudation wird als vollbracht angenommen:

1) wenn Salz, den Bestimmungen des § 3 zuwider, oder in Anstalten, deren Betrieb auf Grund des § 7 untersagt ist, gefördert, hergestellt oder raffinirt wird;
2) wenn das in den zugelassenen Betriebsanstalten gewonnene Salz vor der Einbringung in die unter steuerlichem Mitverschluß stehenden Magazine ohne ausdrückliche Erlaubniß der Steuerbehörde aus den Siederäumen entfernt oder verbraucht wird;
3) wenn Salz aus solchen Magazinen ohne zuvorige Anmeldung oder ohne Buchung in den dazu bestimmten Registern weggeführt wird;
4) wenn auf Salzwerken oder deren Zubehörungen, sowie in Fabriken (§ 3 am Schlusse), Salz in anderer als der nach § 7 gestatteten Weise und Menge aufbewahrt wird;
5) wenn Salz von Salzwerken oder von Fabriken (§ 3 am Schlusse) zu einer anderen als der von der Steuerbehörde vorgeschriebenen Zeit oder auf anderen als den von derselben vorgeschriebenen Wegen entfernt wird;
6) wenn über das unter Steuerkontrole oder unter Kontrole der Verwendung befindliche Salz eigenmächtig verfügt oder das steuerfrei oder gegen Kontrolegebühr abgelassene Salz zu anderen als den gestatteten Zwecken verwendet wird;
7) wenn Personen, welche sich nach § 10 Nr. 1 über den Bezug des von ihnen transportirten Salzes auszuweisen haben, ohne Ausweis betroffen werden;
8) wenn Soole oder Mutterlauge ohne Erlaubniß der Steuerbehörde zu anderen Zwecken als denen der Versiedung in deklarirten Salzwerken oder Fabriken aus Soolquellen, Gradirwerken oder Soolbehältern (Mutterlaugebehältern) entnommen oder verabfolgt wird.

Das Dasein der Defraudation und die Anwendung der Strafe derselben wird in den vorstehend aufgeführten Fällen lediglich durch die bezeichneten Thatsachen begründet. Kann jedoch der Angeschuldigte vollständig nachweisen, daß er eine Defraudation nicht habe verüben können oder wollen, so findet nur eine Ordnungsstrafe nach § 15 statt.

§ 15. Die Verletzung des amtlichen Verschlusses von Salz ohne Beabsichtigung einer Gefälle-Hinterziehung, ferner die Uebertretung der Vorschriften der gegenwärtigen Verordnung, sowie der in Folge derselben erlassenen und öffentlich oder den Salzwerksbesitzern und Fabrikanten, welche Salz als Nebenprodukt gewinnen, oder solches steuerfrei oder gegen Kontrolegebühr beziehen, besonders bekannt gemachten Aus-

---

1) Außerdem verliert der Salzwerksbesitzer die Befugniß zur eigenen Verwaltung seines Salzwerkes (§ 14). Vergl. hierzu §§ 5 und 143 Gew.-O. (Oben S. 77.)

führungsvorschriften, für welche keine besondere Strafe angedroht ist, wird mit einer Ordnungsstrafe von drei bis dreißig Mark geahndet.

§ 16. [Kann das Gewicht der Gegenstände, in Bezug auf welche eine Salzabgaben-Defraudation verübt ist, nicht ermittelt und demgemäß der Betrag der vorenthaltenen Abgabe, sowie die danach zu bemessende Geldstrafe nicht berechnet werden, so ist statt der Konfiskation und der Geldstrafe auf Zahlung einer Geldsumme von sechszig bis sechstausend Mark zu erkennen.]

Betreffs der Strafumwandlung und der subsidiären Haftung dritter Personen finden die Bestimmungen des Vereinszollgesetzes Anwendung. § 17.

Befreit von der Salzabgabe ist übrigens: § 20.

1. das zur Ausfuhr und das zur Natronsulphat- und Sodafabrikation bestimmte Salz,
2. das zu landwirthschaftlichen Zwecken bestimmte Salz,
3. das zum Einsalzen von Heringen und anderen zur Ausfuhr bestimmten Gegenständen verwendete Salz,
4. das zu sonstigen gewerblichen Zwecken bestimmte Salz (außer für Tabacksfabrikate, Mineralwässer und Bäder),
5. das von der Staatsregierung zur Unterstützung bei Nothständen und an Wohlthätigkeitsanstalten verabfolgte Salz.

4. Die Branntweinsteuer.

Das Preuß. Gesetz wegen Besteuerung des inländischen Branntweins v. 8. Februar 1819 nebst der Steuer-Ordnung von demselben Tage hatte den Besteuerungsmodus in der Weise festgesetzt, daß die Menge des zu versteuernden Branntweins nach der Ergiebigkeit des Destillationsapparats (der Blase) berechnet und danach ein Blasenzins erhoben wurde, bei welchem die Annahme zu Grunde lag, daß der Branntweinbrenner in einem Zeitraum von je vierundzwanzig Stunden den vierten Theil des Rauminhalts derselben als Branntwein gewinnen könne, der zu 50 % seines Gewichts Alkohol [1]) enthielt. Für je 4 Quart Blasen-

1) Für die Berechnung des Alkoholgehalts ist der von Tralles erfundene Alkoholometer maßgebend.

inhalt (gleich 1 Quart Branntwein) wurde die Steuer bei vierundzwanzigstündiger Benutzung der Blase auf 1 Sgr. 3 Pf. festgesetzt, und für größere Brennereien, die in derselben Zeit mehr als den vierten Theil des Blaseninhalts als Branntwein desselben Alkoholgehalts gewinnen, verhältnißmäßig so oft erhöht, als der Mehrgewinn an Branntwein den Normalgewinn um ein Sechstel überstieg.

An Stelle des Blasenzinses wurde durch das Regulativ vom 1. Dezbr. 1820 eine Maischraumsteuer eingeführt, bei welcher der Rauminhalt der Maischbottiche gemessen und für jede 25 Quart benutzten Gährbottichraums der frühere Steuersatz, resp., da 5 Quart als Steigraum freibleiben mußten, für jede 20 Quart 1 Sgr. erhoben wurde. Dieses zunächst interimistische Regulativ erhielt durch Kab.-Ordre vom 20. Juni 1822 Gesetzeskraft.

Da die Verbesserungen der Apparate und der Fortschritt der Chemie jedoch gestatteten, durch kräftigere Gährungsmittel und Dampfdestillation auch dickere Maische als die normalmäßige (6 Pfund Getreide oder trockene Substanz und achtmal so viel Wasser zu einem Quart Branntwein à 50%) anzuwenden und von je 100 Quart Maische nicht nur 4, sondern bis zu 8 Quart Branntwein à 50% zu gewinnen, so daß die größeren Brennereien gegenüber den kleinen landwirthschaftlichen unverhältnißmäßig günstig gestellt waren, so bestimmte die Kab.-Ordre vom 10. Januar 1824, daß die Abgabe auf 1½ Sgr. für jede 20 Quart des Rauminhalts und für jede Einmaischung erhöht werden sollte, und daß von solchen landwirthschaftlichen Brennereien, die nur vom 1. November bis 1. Mai im Gange sind, nur aus selbstgewonnenen Erzeugnissen brennen und nicht über 900 Quart Bottichraum zum Einmaischen ansagen, nur 1 Sgr. 4 Pf. für je 20 Quart Maischraum als Steuer zu entrichten sei.

Die Besteuerung des aus anderen als mehligen Substanzen bereiteten Branntweins (Kernobst u. dergl.) wurde durch das Regulativ vom 21. August 1825 geregelt.

Bald wurde wieder eine Ausgleichung des zu Gunsten der größeren Brennereien hervorgetretenen Mißverhältnisses zwischen dem Normalsatz und dem wirklichen Gewinn nöthig, und die Kab.-Ordre vom 16. Juni 1838 setzte daher die Abgabe von der Bereitung des Branntweins aus Getreide oder anderen mehligen Stoffen ohne Unterschied der Stärke auf 2 Sgr. für je 20 Quart des Rauminhalts der Maischbottiche und für die landwirthschaftlichen Brennereien auf 1 Sgr. 8 Pf. fest.

Trotzdem zeigte sich bald wieder eine Verminderung der Steuereinnahmen, und so bestimmten das Gesetz vom 19. April 1854 und die Verordnung vom 1. Juni 1854, daß die Steuer auf 3 Sgr., bez. bei den landwirthschaftlichen Brennereien auf 2 Sgr. 6 Pf. erhöht werden sollte.

Auf dieser Preußischen Gesetzgebung beruht nun auch die für die neuen Preuß. Provinzen erlassene Verordnung vom 11. Mai 1867 sowie das mit derselben theilweise gleichlautende Bundesgesetz vom 8. Juli 1868. Letzteres ist durch die Verordnungen vom 29. Juli 1868 (B. G. Bl. S. 465) und vom 19. Oktober 1868 (B. G. Bl. S. 513), vom 5. Juni 1869 (B. G. Bl. S. 241) und vom 29. Dezbr. 1871 (R. G. Bl. S. 483) in den bisherigen Zollausschlüssen eingeführt worden.[1])

Nach diesem Bundesgesetz werden erhoben:

1. eine Maischbottichsteuer von 0,30 Mark für je 20 Quart nnd jede Einmaischung, bez. von 0,25 Mark bei den kleinen landwirthschaftlichen Brennereien,

2. eine Branntweinmaterialsteuer bei der Bereitung des Branntweins aus nicht mehligen Stoffen (Weintreber, Kernobst, Trauben- oder Obstwein, Weinhefen oder Steinobst u. a.), welche 0,40 Mark bez. 0,80 Mark für jeden Eimer à 60 Quart beträgt. — Diese Steuer interessirt jedoch für die östlichen Provinzen Preußens nicht.

---

1) Für die 1866 erworbenen Provinzen ist die preußische Branntweinsteuer eingeführt und kodifizirt durch Verordnung v. 11. Mai 1867 (G. S. S. 633).

a. Gesetz wegen Besteuerung des inländischen Branntweins etc.

Vom 8. Februar 1819.

(G. S. S. 97.)

Von diesem Gesetz sind noch in Geltung:

§ 14. Das vorhandene Brenngeräthe und die Räume, in welchen Brennerei betrieben wird, stehen unter Aufsicht der Steuerbehörde. Von denselben werden die Destillirgeräthe für die Zeit, während welcher das Abziehen von Branntwein nicht gestattet ist, auf angemessene Weise außer Gebrauch gesetzt.

§ 15. Wer Destillirgeräthe fertigt, oder zum Verkaufe vorräthig hält, kann das Branntweinbrennen weder an demselben Orte, noch im Umfange von 15 Kilometer treiben.

§ 16. Innerhalb des Grenzbezirks können früher bestandene Brennereien nur erhalten und fortgesetzt, und neue nur angelegt und betrieben werden, unter Beobachtung der Vorschriften, welche die Verwaltung anzuordnen nöthig erachtet, um das Abgabeninteresse zu sichern.

§ 17. Wer durch rechtskräftiges Urtheil das Recht, Branntwein zu brennen, verloren hat, darf sich kein Destillirgeräthe ganz oder theilweise halten.

§ 29. Abgesondert gelegene und solche Landestheile, welche von Entrichtung des Zolles und der Verbrauchssteuer für fremde Gegenstände ausgeschlossen sind, können auch in Beziehung auf die durch dieses Gesetz bestimmten Gegenstände und auf den Verkehr mit dem übrigen Inlande eigene, der Oertlichkeit angemessene Verfassungen erhalten.

§ 30. Vergütungen der Gefälle bei Versendungen in das Ausland finden in der Regel nicht statt. Erfordern jedoch örtliche Verhältnisse zur Erhaltung des Handelsverkehrs im Großen solche Vergütungen, so sollen diese Verhältnisse berücksichtigt und besondere Bestimmungen deshalb ertheilt werden. [1])

§ 31. Eine Befreiung von den angeordneten Abgaben oder eine Schadloshaltung wegen behaupteter Exemtionen findet nicht statt.

---

1) Diese Vergütung ist jetzt zur Regel geworden (vergl. das Gesetz v. 10. April 1851). Das B.-Gesetz v. 8. Juli 1868 bestimmt, daß bei der Ausfuhr eine Rückvergütung von 11 Silberpfennigen für das Quart zu 50% Alkohol nach Tralles gewährt wird. § 5.

b. Ordnung zum Gesetz wegen Versteuerung des inländischen Branntweins etc.

Vom 8. Februar 1819.

(G. S. S. 102.)

Nebst den entsprechenden Bestimmungen des Bundesgesetzes vom 8. Juli 1868 (B. G. Bl. S. 384).

§ 14. Eine Fixation des Blasenzinses, wo solche nach § 5 des Gesetzes stattfinden kann, hängt von dem freien Uebereinkommen der Verwaltung mit dem Steuerpflichtigen ab.... Jedenfalls kann aber die Steuerbehörde den Fixationsvertrag als aufgehoben betrachten, wenn die Brenngeräthe verändert werden, oder wenn eine Erweiterung des Betriebes, der dem Abkommen zum Grunde lag, stattgefunden hat.[1]

§ 16. Jeder Inhaber einer Brennerei ... ist gehalten, innerhalb eines Termins, welchen jede Regierung bekannt machen soll, dem Steueramte eine Nachweisung einzureichen, worin die Räume zur Brennerei, die Brenngeräthe, als: Blasen, Schlangen, Kühler, Helme, Maischwärmer und Maischbottiche, imgleichen der Quartinhalt der Blasen, Maischwärmer und Maischbottiche[2] **genau und vollständig**[3] **angegeben sein müssen. Gleiche Verpflichtung zur Anzeige binnen drei Tagen liegt ihm ob, wenn neues Geräthe angeschafft, oder wenn das vorhandene ganz oder zum Theil abgeändert, oder in ein anderes Lokal gebracht wird.**

---

1) Nach dem Gesetz v. 8. Juli 1868 kann (nicht im Wege des Vertrags, sondern als Konzession der Behörde) für Brennereibetrieb mit nicht mehligen Substanzen, der ununterbrochen wenigstens sieben Tage dauert, auf diese oder auf längere Zeit in jedem Monat, Fixation der Steuer eintreten, und die Kontrole beschränkt sich auf den Verschluß der Geräthe außerhalb der Betriebszeit und auf die Materialgattungen. Die Brennerei braucht nicht besondere Betriebspläne abzugeben oder ihre Materialbestände nachzuweisen. § 41.

2) In § 6 des Gesetzes v. 8. Juli 1868 werden genannt: Blasen, Helme, Maischwärmer, Kühlapparate, Maischbottiche, Vormaischbottiche, Kartoffeldämpfer und andere Dampfgefäße, Kühl-, Hefen- und Schlempegefäße, Maisch-, Lutter- und andere Reservoirs.

Die Frist beträgt hier acht Tage und bei Abänderungen der Geräthe drei Tage.

3) Die Angabe des Rauminhalts wird allerdings jetzt nicht mehr so streng wie früher gefordert, zumal erst die Vermessung nachher den Maßstab für die Steuer bildet.

Nach § 11 des Maischsteuer-Regulativs v. 1. Dezbr. 1820 muß dieser Nachweisung ein einfacher Grundriß desjenigen Raumes beigefügt werden, in welchem sich die Maischgefäße befinden. Das mit Bescheinigung versehene Duplikat ist in der Brennerei aufzuhängen. (Ebenso § 16 Gesetz v. 8. Juli 1868.)

[§ 7 des Ges. v. 8./7. 68.] § 17. Inhaber von Brennereien, sowie andere Personen, wenn letztere Destillirgeräthe, nämlich Blasen, Helme und Kühler blos besitzen, oder solche verfertigen, oder Handel damit treiben, dürfen dieselben weder ganz noch theilweise, weder neu, noch ausgebessert, aus ihren Händen geben, bevor sie es dem Steueramte ihres Wohnorts angezeigt, und darüber eine Bescheinigung von diesem erhalten haben.

[§ 8.] § 18. Die vorhandenen, die künftig aus den Fabrikationsstellen verkauften, die vom Auslande eingehenden und die umgeänderten Blasen werden von den Steuerämtern nachgemessen, der Quartinhalt wird darauf eingegraben, und sie sowohl, als die Helme und Kühler, werden mit Nummern, und soweit es thunlich ist, mit einem Stempel versehen. Auch die Maischbottiche muß der Brennerei-Inhaber numeriren, und die Zahl so wie den Quartinhalt darauf deutlich mit Oelfarbe bezeichnen oder eingraben.

[§ 17.] § 19. Bei Vermessung der Blasen ist derjenige innere Raum, welchen sie vom Boden bis zur äußersten Mündung des Randes haben, ohne allen Abzug, auszumitteln.[1]

[§ 18.] § 20. Die Steuerämter sind verpflichtet, eine amtliche Bescheinigung der geschehenen Anmeldung, der Vermessung, ihres Ergebnisses, und der Art der Bezeichnung zu ertheilen, worin die Beschaffenheit der Brenngeräthe genau beschrieben sein muß. Diese Bescheinigung dient zur Ausweisung über den Besitz [die Anmeldung][2]) der Geräthe.

[§ 19.] § 21. Die zu den Brennereien gehörigen Geräthe müssen in den Brennerei-Räumen zusammen aufbewahrt werden. Einmaischungen außerhalb der angegebenen Räume, auch in andern als den verzeichneten Maischbottichen sind verboten.

Destillirgeräthe ... [und Maischgefässe] stehen so lange, als sie nicht zum Gebrauch [Gewerbebetriebe] angemeldet werden, dergestalt unter besonderer Aufsicht der Steuerbehörde, daß ihre Benutzung [zu einem ausserordentlichen Zwecke, namentlich auch zur Bereitung von Viehfutter, ohne Steuerentrichtung nur auf vorgängige Anmeldung und unter den von der Steuerbehörde anzuordnenden Sicherheitsmassregeln] (nicht) erfolgen darf. Bei Personen, welche blos damit [mit dergleichen Geräthschaften] handeln, oder sie zum Handel verfertigen, sind solche dieser Aufsicht nicht unterworfen.

§ 24. (Sind die Destillirgeräthe durch Ablieferung eines Theils derselben außer Gebrauch gesetzt, so veranlaßt das Steueramt die Auslieferung des aufbewahrten Geräths in der angezeigten Stunde. ...)[3]

---

1) Was in §§ 18 und 19 wegen Vermessung der Blasen angeordnet worden, gilt auch von den Maischbottichen (Maischsteuer-Regulativ § 11). Nach § 17 Gesetz v. 8. Juli 1868 ist derjenige innere Raum, welchen sie vom Boden zum äußersten Rande in wagerechter Stellung bis zum Ueberlaufen haben, auszumessen.

2) Die [lateinisch] eingeklammerten Worte sind die Zusätze oder Abänderungen der (am Rande vermerkten) §§ des Gesetzes v. 8. Juli 1868.

3) Die Parenthesen enthalten die in dem Gesetz v. 8. Juli 1868 nicht mitenthaltenen Sätze der Steuerordnung.

Wenn die Destillirgeräthe an Ort und Stelle außer Gebrauch gesetzt sind, [§ 31.]
so bestimmt das Steueramt, ... wenn [wann] sich ein Beamter zur Aufhebung des Verschlusses in der Brennerei einfinden wird. Der Brenner ist nicht gehalten, länger als eine Stunde über die bestimmte Zeit auf den Beamten zu warten, und kann nach deren Ablauf, wenn ein bekannter und glaubwürdiger Mann gegenwärtig ist, und dieser den Verschluß als unversehrt anerkannt hat, denselben abnehmen. Der Besitzer der Brennerei muß die Materialien zur Versiegelung oder zum Verschlusse und zwar in guter brauchbarer Eigenschaft abliefern.

§ 26. Findet Verschluß in der Brennerei statt, so soll sich ein [§ 22.]
Steuerbeamter daselbst einfinden, und nach Ablauf der Versteuerungsfrist den Verschluß ohne Aufenthalt vornehmen.[1])

§ 49. Das Gebäude, in welchem eine Brennerei ... betrieben wird, [§ 43.]
wohin auch die Räume, in welchen die Gefäße zum Einmaischen [Abkühlen], Kochen und Dämpfen des Materials aufgestellt sind, [sowie die Gefässe, in welchen nicht mehlige Stoffe und die Räume, in denen ausser Gebrauch gesetzte Theile des Destillirgeräths aufbewahrt werden,] gehören, kann, sobald darin gearbeitet wird [sobald die Brennerei zum Betriebe angemeldet ist], zu jeder Zeit, sonst aber nur von Morgens 6 Uhr bis Abends 9 Uhr, von den Steuerbeamten, Behufs der Revision besucht, und muß ihnen zu dem Behufe sogleich geöffnet werden. [So lange in der Brennerei gearbeitet wird, muss der Zugang zu derselben stets unverschlossen sein.]

§ 50. In demselben erstreckt sich ihre Revisionsbefugniß darauf, nach- [§ 44.]
zusehen, daß ... die Brenngeräthe ... unverändert so dieselben sind, wie sie angegeben, auch bezeichnet worden; daß keine unangemeldeten Geräthe vorhanden ... sind, daß außer Gebrauch gesetzte Geräthe sich noch in diesem Zustande befinden; ... [und der abgegebene Betriebsplan in allen Theilen pünktlich befolgt werde, auch, insofern aus nicht mehligen Stoffen gebrannt wird, keine unangemeldete Gefässe mit dergleichen Stoffen vorhanden sind.]

§ 51. Wer Destillirgeräthe besitzt, welche nicht in Gebrauch sind, ist [§ 20.]
dennoch verbunden, sie dem Steuerbeamten auf Erfordern vorzuzeigen, damit er sich überzeugen könne, ob sie noch in dem Zustande befindlich sind, in welchen sie zur Verhütung des Gebrauchs gesetzt worden.

Die Destillirgeräthe derjenigen, welche solche blos verfertigen, oder damit handeln, sind hierunter nicht zu verstehen (§ 17).

§ 53. Außer dem § 49 bestimmten Fall können Revisionen und Nachsuchungen nur von Morgens 6 bis Abends 9 Uhr stattfinden.[2])

§ 54. Ist gegründeter Verdacht vorhanden, daß Unterschleife, um [§ 45.]
dem Staate die verschuldeten [schuldigen] Gefälle zu verkürzen, begangen

---

1) Vergl. § 22 Gesetz v. 8. Juli 1868, wo das Verfahren, um die Geräthe außer Gebrauch zu setzen, ausführlich behandelt wird.

2) Nach § 104 St. P. O. sind Durchsuchungen in den Monaten April bis Septbr. von vier Uhr Morgens bis neun Uhr Abends, in den Monaten Oktober bis März von sechs Uhr Morgens bis neun Uhr Abends zulässig.

worden, und deshalb eine förmliche Haussuchung erforderlich, es sei bei Personen, welche Brennerei ... betreiben, oder bei Andern: so (ist dazu ein schriftlicher Auftrag eines Oberbeamten oder einer noch höhern dem Steueramte vorgesetzten Behörde erforderlich, und sie darf nur ...) [darf sie nur unter Beachtung der für Haussuchungen im Allgemeinen vorgeschriebenen Formen und] an solchen Orten stattfinden, die zur Begehung des Unterschleifs oder Verheimlichung von Beständen steuerpflichtiger Gegenstände geeignet sind.

[§ 46.] § 55. Diejenigen, bei welchen revidirt wird, und deren Gewerbsgehülfen sind verbunden, (sich ruhig und bescheiden zu verhalten), und den revidirenden Beamten diejenigen Hülfsdienste zu leisten oder leisten zu lassen, welche erforderlich sind, um die Revision [die ihnen obliegenden Geschäfte, es mögen solche in Revision des Betriebs, Nachmessung der Geräthe, Anlegung des Verschlusses oder Feststellung des Thatbestandes bei vorgefundenen Unrichtigkeiten bestehen,] in den vorgeschriebenen Grenzen zu vollziehen.

[§ 47 bis 49.] §§ 56—58 (regeln die Verpflichtungen der Steuerbeamten bei Ausführung ihres Dienstes gegen das Publikum und die Pflicht der richtigen Berechnung und Erhebung der Gefälle).[2]

---

c. Regulativ, die anderweitige Besteuerung des Branntweins betreffend.

Vom 1. Dezember 1820.

(Ann. Jahrg. 1820 S. 714.)

Dieses Maischsteuerregulativ enthält die noch heute maßgebenden Betriebsvorschriften:

[§ 10.] § 2. Wer eine Brennerei in Betrieb setzen will, ist verpflichtet, mindestens 8 Tage vor der ersten Einmaischung seinen Betriebsplan, nach einem dazu vorgeschriebenen Muster ... für einen vollen Kalendermonat, oder, sofern der Betrieb zuerst während des Laufes des Monats seinen Anfang nehmen soll, bis zu Ende des Kalendermonats dem Steueramte zu erklären, und bei dem Betriebe genau und ohne alle Abweichung zu befolgen.

[§ 21.] [Ausser den im § 14 erwähnten Fällen[3]) kann eine Abänderung des

1) Vergl. §§ 103—110 St. P. O.

2) Als Dienststunden sollen in den Monaten Oktober bis Februar die Stunden von acht bis zwölf und von ein bis fünf Uhr, in den übrigen Monaten die Stunden von sieben bis zwölf und von zwei bis fünf Uhr gelten. Wo nur ein Beamter an der Hebestelle fungirt, ist die Dienstzeit nur von neun bis zwölf Uhr (§ 56 resp. § 47).

3) Wenn nämlich eine unvermeidliche Unterbrechung des Betriebs entsteht,

angemeldeten Betriebes einmal im Monate dann gestattet werden, wenn der Betrieb dadurch verstärkt wird.]

§ 3. Die Erklärung [der Betriebsplan, zu dessen Anfertigung nur allein das von der Steuerhebestelle unentgeltlich zu liefernde Formular benutzt werden darf,] muß deutlich geschrieben, und ohne daß darin etwas abgeändert oder ausgelöscht ist, zwiefach dem Steueramt [der ersteren] übergeben werden. [§ 25.]

[Mangelhaft gefertigte Betriebspläne giebt dieselbe sofort zur Berichtigung zurück, und es wird in solchen Fällen die Einreichung als nicht geschehen betrachtet.

Findet sich bei der von der Hebestelle vorzunehmenden Prüfung des Betriebsplans nichts zu erinnern, so werden] Beide Exemplare (werden) vom Amte genehmigt und vollzogen; das eine bleibt bei demselben, das andere wird dem Brennereiinhaber zurückgegeben, welcher gehalten ist, noch vor Anfang der ersten Einmaischung dasselbe an einem hellen Orte in der Brennerei, welchen der Steuerbeamte dazu auswählt, offen anzuheften und dort (so lange der Betrieb deklarirt ist) [in einem Behältnisse, über dessen Beschaffenheit die Steuerbehörde nähere Anleitung geben wird, während der ganzen Dauer des angemeldeten Betriebs] unbeschädigt zu erhalten, damit der Aufsichtsbeamte und Jedweder, der in die Brennerei eintritt, alsbald solches einsehen kann.

Wenn die Betriebszeit abgelaufen ist, (wird dieses Exemplar an das Steueramt zurückgeliefert) [muss dies Exemplar von dem Brennereibesitzer binnen drei Tagen an die Hebestelle zurückgeliefert] und kann alsdann gegen das erste [das bei der Steuerhebestelle zurückgebliebene Exemplar] umgewechselt [ausgetauscht] werden.

§ 4. Dem Brennereiinhaber ist gestattet, die Maische am dritten und vierten Tage nach der Einmaischung abzubrennen und darnach die Deklaration einzurichten. [Die an Einem Tage bereitete Maische muss auch an Einem Brenntage vollständig abgeluttert werden.] [§ 29.]

Ein früheres oder späteres Abbrennen der Maische ist in der Regel nicht gestattet. Wird in außerordentlichen Fällen eine Ausnahme nöthig, so muß zuvor dem Steueramte davon Anzeige gemacht, und dessen schriftliche Genehmigung [welche jedoch bei Anträgen auf späteres Abbrennen nicht über den vierten Tag hinaus gegeben wird,] dazu ertheilt sein [dem Betriebsplan beigeheftet werden.] (Solches kann aber bei Untersteuerämtern nur unter Mitunterschrift des Oberkontroleurs geschehen, und muß die Genehmigung an der Tafel in der Brennerei angeschlagen werden.)

§ 5. An jedem zur Einmaischung deklarirten Tage dürfen nicht unter 600 Quart Maischraum deklarirt werden, auch sind kleinere Maischbottiche als von 300 Quart, nicht zulässig. Die Einmaischungen dürfen [§ 26.]

---

oder die Maische eines versteuerten unangebrochenen Bottichs gänzlich unbrauchbar geworden ist. Es ist dies stets sogleich anzuzeigen. § 23.

nur (in der § 32 der Steuerordnung vom 8. Februar 1819 bestimmten Zeit) geschehen

in den Monaten Oktober bis einschliesslich März von Morgens 6 Uhr bis Abends 10 Uhr,

in den übrigen Monaten von Morgens 4 bis Abends 10 Uhr.

[§ 27.] Dem Brennereiinhaber bleibt zwar freigestellt, wie oft und wann er während des Monats, für welchen er deklarirt, die deklarirten (Maischgefäße und Blasen) [Maischbottiche] benutzen will; die Benutzung der deklarirten Maischgefäße [derselben] muß jedoch in einer regelmäßigen Reihenfolge dergestalt geschehen, daß in dem zuerst geleerten Maischbottich die Einmaischung auch zuerst wieder begonnen wird. (Während des Betriebes der Brennerei darf die angezeigte Stellung der Maischgefäße in dem Brennhause nicht verändert werden. Etwanige Maischwärmer und Maischreservoirs müssen besonders deklarirt werden, und dürfen nie andere als reife Maische, auch nur während der Zeit, wo die Maischblasen in Betrieb sind, enthalten.

Sind sämmtliche Maischgefäße nach einander abgebrannt, so kann eine neue Einmaischungsperiode zwar erst nach einer beliebigen deklarirten
[§ 22 d.] Frist wieder begonnen werden.) Ist aber zwischen mehreren Einmaischungen ein Zwischenraum von der Art, daß ein oder das andere Maischgefäß einen Tag oder länger dergestalt außer Gebrauch bleibt, daß an demselben Tage, wo es leer geworden, nicht wieder darin eingemaischt wird, so muß es für den Tag, oder die Tage des Nichtgebrauchs, schief gestellt, oder, wenn derselbe länger als drei Tage dauert, nach Befinden der örtlichen Umstände, durch Verschluß oder Versiegelung von Seiten des Steueramts außer Gebrauch gesetzt werden.

[§ 30.] § 6. An den Tagen, wo Branntweinblasen zum Betriebe deklarirt sind, darf in der Regel von 7 Uhr Abends bis 5 Uhr Morgens nicht gebrannt werden, (es müßte denn nach dem Ermessen der Steuerbehörde [wegen der Stärke des Betriebs, oder nach der Eigenthümlichkeit des Brenngeräths oder in anderen besonderen Fällen] der Maischinhalt der versteuerten Maischbottiche, welche an diesem Tage abgebrannt werden sollen, in 24 Stunden nicht vorbereitet werden können, in welchem Falle der Steuerbeamte in der Deklaration zu bemerken hat, wann und auf wie lange das Nachtbrennen nachgegeben worden ist. . . .)

[§ 9.] Für die Zeiträume, wo nicht deklarirt worden, werden die Blasen und die Maischbottiche [auf angemessene Weise] unter Verschluß gesetzt.

[§ 13.] § 7. Die Steuer für den deklarirten Monat muß in der Regel am letzten Tage desselben entrichtet werden. Wer aber diesen Zahltermin einmal verabsäumt hat, . . . muß die Steuer bei jeder ferneren Deklaration [Anmeldung] vorauszahlen.

[§ 14.] § 8. (Eine Vergütigung, oder) ein Erlaß der Steuer kann nur dann erfolgen, wenn dem Inhaber der Brennerei durch einen außerordentlichen Zufall [eine unvermeidliche Unterbrechung des Betriebes entsteht,[1]) oder] ein versteuerter unangebrochener Maischbottich gänzlich un-

[1]) Vergl. Anm. 3 S. 340.

brauchbar geworden, (und muß alsdann dem Steueramte sogleich davon Anzeige gemacht werden).

§ 9. (Absatz 1. Betrifft die Branntweinbereitung aus nicht mehligen Stoffen.)[1])

Destillirgeräthe, welche ausschließlich zu anderem Gebrauche als zur Branntwein- ... Brennerei gehalten werden, (hören zwar auf, steuerpflichtig zu sein, ...) [stehen zwar nicht unter der für Branntweinbrennereien angeordneten Kontrole (§ 19),] bleiben aber, zur Verhütung etwanigen Mißbrauchs, einer allgemeinen Aufsicht von Seiten der Steuerbehörde unterworfen. [§ 21.]

[Wenn die Bereitung und Aufbewahrung der Maische bis zum Abbrennen derselben nicht in den versteuerten Maischbottichen allein geschehen soll, sondern dazu, oder zu einer mit der Branntweinfabrikation zu verbindenden Hefenbereitung aus Maische, die steuerfreie Benutzung noch anderer Gefässe oder Geräthe gewünscht wird, so muss dazu die besondere Erlaubniss der Steuerbehörde nachgesucht werden.] [§ 28.]

---

d. Gemeinsame Strafbestimmungen.

Diese sind enthalten sowohl in der Steuerordnung als auch in dem Maischsteuer-Regulativ vom 1. Dezbr. 1820 und in der Kab.-Ordre vom 10. Januar 1824. Betreffs der subsidiären Haftung der Brennereiunternehmer für die Zuwiderhandlungen ihrer Gewerbsgehülfen ꝛc. ist jetzt das Bundesgesetz vom 8. Juli 1868 (B. G. Bl. S. 404)[2]) allgemein maßgebend. Eine spezielle Strafbestimmung enthält endlich das Reichsgesetz vom 19. Juli 1879.

I. Allgemeine Strafbestimmungen.

§ 60 Steuerordnung. ... **Branntweinbrenner ... verfallen in die Strafe der Defraudation, wenn sie Gewerbshandlungen, von deren Ausübung in jedem einzelnen Falle oder in bestimmten Fällen dem Staate,**

---

1) Nach §§ 11 und 33—42 Gesetz v. 8. Juli 1868 muß der Betrieb angemeldet werden; die Brennzeit ist wie in § 30, doch kann die Steuerbehörde sie vermindern. Die Kontrole besteht in der Abgabe von Materialvorrathsverzeichnissen und in Revisionen der Materialvorräthe. Verdorbenes Material kann nur durch den revidirenden Beamten ausgesondert werden. Bei gleichzeitigem Betrieb mit mehligen und nichtmehligen Stoffen gelten die Regeln für die ersteren allein.

2) Die Strafvorschriften des Bundesgesetzes vom 8. Juli 1868 (B. G. Bl. S. 384) sind an passender Stelle in [—] eingeschaltet, sie beruhen im Ganzen auf den preußischen Vorschriften und haben dieselben nur in der Redaktion und in der systematischen Anordnung verbessert.

nach Maßgabe des Gesetzes vom heutigen Tage, eine Abgabe zu entrichten ist, entweder gar nicht oder unrichtig anzeigen.

§ 11 Maischsteuerregulativ. Absatz 3. **Zu den Fällen, wo nach § 60 die Defraudationsstrafe eintritt, gehört auch der, wenn Gewerbshandlungen, von deren Ausübung dem Staate nach diesem Regulativ eine Abgabe zu entrichten ist, entweder gar nicht oder unrichtig angezeigt werden.**

[**§ 50.** Ges. v. 8. Juli 1868. **Wer eine Gewerbshandlung, von deren Ausübung die Entrichtung der Branntweinsteuer abhängig ist, vornimmt, hat, wenn solche entweder in einem von der Steuerhebestelle vollzogenen Betriebsplane gar nicht angegeben ist, oder von der hierin angegebenen dergestalt abweicht, dass daraus eine Verkürzung der Steuer folgt, die Strafe der Defraudation verwirkt.**]

[§ 51.] **§ 61. Die Strafe der Defraudation besteht in einer Geldbuße, welche dem vierfachen Betrage der vorenthaltenen Gefälle [Steuer] gleichkommt. — Die Abgaben sind [die Steuer ist] überdem von der Strafe unabhängig zu entrichten.**

[§ 52.] **§ 62. Im Falle der Wiederholung, nach vorhergegangener Bestrafung, wird die Strafe auf den achtfachen Betrag der Abgaben [vorenthaltenen Steuer] bestimmt, (und) außerdem darf der Schuldige, wenn er Brenner ... ist, das Recht zu brennen ... in einem Zeitraume von drei Monaten weder selbst ausüben noch durch einen Andern zu seinem Vortheile ausüben lassen.**

[§ 53.] **§ 63. Im dritten Falle der Uebertretung, nach vorhergegangener zweimaliger Bestrafung ist der sechszehnfache Betrag der nicht erlegten Abgaben [Steuer] als Strafe verwirkt, und ist der Schuldige ein Brenner ..., so darf er das Gewerbe des Brennens ... nie und zu keinen Zeiten weder selbst ausüben noch durch einen Andern zu seinem Vortheile ausüben lassen.**[1])

§ 64. Im Falle des Unvermögens zur Entrichtung der Geldstrafe tritt verhältnißmäßige Gefängnißstrafe ...[2]) **ein.**

§ 65. Wer, ohne Befugniß dazu zu haben, Brennerei ... betreibt, und sich dabei zugleich einer Handlung schuldig macht, die als Defraudation zu bestrafen ist, dem werden außer der Defraudationsstrafe die Brennerei- ... Geräthe konfiszirt.[3])

---

1) In den Fällen der §§ 62 und 63 ist die Strafkammer ausschließlich zuständig. Vergl. Anm. 1 S. 348.

2) Das Verhältniß bestimmen §§ 28 und 29 St. G. B. Die höchste eventuelle Freiheitsstrafe soll nach dem Vereinszollgesetz bei dem ersten Fall ein halbes Jahr, bei dem ersten Rückfall ein Jahr und bei jedem ferneren Rückfall zwei Jahre betragen. § 68 d. G. und § 162 des Vereinszollgesetzes.

3) Die Strafe der Konfiskation ist im Gesetz v. 8. Juli 1868 in den §§ 57, 59, 61 und 64 ausgesprochen. Sie unterscheidet sich von der Einziehung in § 40 St. G. B. dadurch, daß diese die Sache trifft, ohne Rücksicht wer der Eigenthümer ist, jene aber nur das Eigenthum des Schuldigen, und daß jene obligatorisch ist, diese aber in das Ermessen des Richters gestellt ist. Neumann S. 425.

§ 67. Sind Destillirgeräthe, welche von der Steuerbehörde außer Gebrauch gesetzt worden, eigenmächtig wieder in Gang gebracht, so soll die Berechnung der Gefälle und der Defraudationsstrafe von der Stunde an geschehen, in welcher der letzte Verschluß stattfand, bis zur Zeit der Entdeckung.

Eben dasselbe findet, wenn ein Brenner andere gleichartige Theile der Destillirgeräthe, statt der außer Gebrauch gesetzten, zur Destillation benutzt hat, insofern Anwendung, als nicht eine größere Gefällverkürzung ermittelt wird.

§ 11 Maischsteuerregulativ. Absatz 5. (Die §§ 67 und 68 ändern sich dahin, daß,) wenn Maischgefäße, welche von der Steuerbehörde außer Gebrauch gesetzt waren, eigenmächtig [unbefugter Weise] zum Einmaischen benutzt worden sind, [so soll] die Berechnung der Gefälle [Steuer] und der Defraudationsstrafe in der Art geschehen (soll), daß auf jeden dritten Tag von da [von der Stunde] ab, wo der Verschluß stattfand [wo die Maischgefässe zuletzt amtlich unter Verschluss gefunden worden sind,] bis zur Zeit der Entdeckung eine Einmaischung angenommen wird. [§ 54.]

[Sind in Brennereien, wo Branntwein aus nicht mehligen Stoffen bereitet wird, Destillirgeräthe,' welche von der Steuerbehörde ausser Gebrauch gesetzt worden, unbefugter Weise wieder in Betrieb gebracht, so werden die verkürzte Steuer und der Betrag der Defraudationsstrafe nach derjenigen Materialmenge zum höchsten Steuersatze berechnet, welche seit der Stunde, wo das unbefugter Weise gebrauchte Destillirgeräth zuletzt amtlich unter Verschluss gefunden worden ist, bis zur Zeit der Entdeckung auf diesem Geräth hat zu Branntwein verarbeitet werden können.] [§ 55.]

§ 70. Wer die im Fixationsvertrage (§ 14) festgesetzten Bedingungen zur Benachtheiligung der Gefälle verletzt, hat die Strafe der Defraudation verwirkt; auch wird dadurch der bisherige Vertrag aufgehoben.

[Wird den bei Fixationsbewilligungen festgesetzten Bedingungen zur Verkürzung der Steuer entgegen gehandelt, so tritt die Strafe der Defraudation ein.] [§ 56.]

II. Besondere Strafbestimmungen.

§ 66. Wenn die Brenn- [Brennerei-] Geräthe, oder die damit [vorzunehmenden oder] vorgenommenen Veränderungen nicht, wie vorgeschrieben ist,[1]) angezeigt werden, so (ist) [tritt] die Konfiskation der verschwiegenen, veränderten oder anderswohin gebrachten Stücke (davon die unmittelbare Folge) [und eine Geldstrafe von fünfundsiebzig bis dreihundert Mark ein.]. (Auf gleiche Weise erfolgt die Konfiskation der Geräthe, wenn die befohlenen Bezeichnungen (§ 18) unterlassen, zerstört oder verfälscht worden sind, auch wenn die Einmaischungen in andern als den bekannten Maischbottichen (§ 21) oder außer den angezeigten Räumen geschehen.[2]) [§ 59.]

---

1) § 16 der Steuerordnung, bez. § 6 des Gesetzes v. 8. Juli 1868.

2) Unter Einmaischung ist jede Zubereitung einer Masse in einem dazu

Ueberdem hat der Brenner eine Geldstrafe von 75 bis 300 Mark verwirkt, welche im Wiederholungsfalle verdoppelt wird.)

§ 11 Maischsteuerregulativ. Absatz 4. Jede Einmaischung in anderen als den dazu deklarirten Gefäßen, oder außer den angezeigten Räumen, oder zu einer anderen, als der im § 5 dieses Regulativs bestimmten Zeit, oder an anderen als den für jeden Bottich deklarirten Tagen, ohne Rücksicht auf die Größe desselben, zieht außer der gewöhnlichen Defraudationsstrafe und der Konfiskation der Geräthe noch die im § 66 festgesetzte höchste Geldstrafe von dreihundert Mark ... nach sich.

[§ 57.] [Die Einmaischung oder Zubereitung von Maische, die dem Steuerbeamten gar nicht angesagt, oder die an anderen Tagen, in anderen Räumen oder in anderen Gefässen, als den in dem amtlich bestätigten Betriebsplane dazu angemeldeten, vorgenommen wird, soll an und für sich mit einer Geldbusse von dreihundert Mark und mit der Konfiskation der gebrauchten Geräthe bestraft werden, die gesetzliche Defraudationsstrafe daneben aber nur alsdann eintreten, wenn die Absicht einer Verkürzung der Steuer nachgewiesen wird.] [1])

[§ 61.] [Werden die im § 8 vorgeschriebenen Bezeichnungen der Geräthe unterlassen, so kommen die Strafbestimmungen des § 59 zur Anwendung.]

§ 69. Eine Verletzung des amtlichen Verschlusses der Destillirgeräthe zieht, auch wenn kein Verdacht einer Steuerkontravention dabei ob-

---

bestimmten Gefäße zu verstehen, aus dem mittels Gährungsprozesses Spiritus gewonnen werden kann, also z. B. das nochmalige Einfüllen von Maischstoffen in einen schon einmal benutzten Bottich, das absichtliche Verdünnen der reifen Maische durch Wasser im Bottich, die Hefenbereitung, das Auffangen der überfließenden Maische in einem Eimer, das Ueberschöpfen in einen anderen Bottich, das Auflegen von Holz, Bottichkränzen oder Lappen zur Unterdrückung der Maische oder zur Vergrößerung des Bottichraums und das Wiederaufschöpfen und Zurückfüllen übergeflossener Maische. Siehe Neumann S. 428.

1) Diese Vorschrift ist fast wörtlich gleichlautend mit derjenigen in der Kab.-Ordre v. 10. Januar 1824, die Erhebung der Maischbottichsteuer betreffend (v Kamptz, Ann. Bd. 8 S. 48) zu Nr. 5.

Betreffs der Branntweinbereitung aus nicht mehligen Stoffen bestimmt § 58 des Gesetzes v. 8. Juli 1868:

Wenn der Vorschrift des § 11 entgegen steuerpflichtige Materialien entweder gar nicht angezeigt, oder in größerer Menge, als solche nach den Bestimmungen der §§ 36 und 37 straffrei ist, oder an anderen Orten, als das Vorrathsverzeichniß und der Betriebsplan ergeben, vorgefunden werden, so findet eine Geldbuße von dreihundert Mark statt. Wird bei Zuwiderhandlungen obiger Art zugleich die Absicht der Steuerverkürzung nachgewiesen, so tritt außerdem noch die Defraudationsstrafe hinzu.

waltet,[1]) dennoch eine Geldstrafe von sechs bis sechszig Mark nach sich, falls nicht glaubwürdig dargethan wird, daß die Verletzung durch einen vom Steuerschuldigen nicht verschuldeten Zufall entstanden, und davon sogleich nach der Entdeckung Anzeige geschehen ist.

[Wer den amtlichen Verschluss, durch welchen Maisch-, Destillir- und andere Geräthe ausser Gebrauch gesetzt worden, abnimmt, verletzt oder sonst unbrauchbar macht, die vorgeschriebene Bezeichnung der Geräthe (§ 8) zerstört, verändert oder nachmacht, wird, wenn auch eine Steuerverkürzung nicht beabsichtigt worden, bei einer Veränderung oder Zerstörung der vorgeschriebenen Bezeichnungen mit der im § 59 bestimmten Strafe und bei Verletzung des amtlichen Verschlusses der Maisch- und Destillirgeräthe mit einer Geldbusse von sechs bis sechszig Mark belegt, falls nicht glaubwürdig dargethan wird, dass die Zerstörung der Bezeichnung oder die Verletzung des Verschlusses durch einen vom Steuerpflichtigen nicht verschuldeten Zufall entstanden, und davon gleich, nachdem solche wahrgenommen worden, Anzeige geschehen ist.] [§ 64.]

§ 71. Wird in den Fällen, wo nach § 13 des Steuergesetzes vom heutigen Tage eine zwölfstündige Versteuerungsfrist verstattet worden ist, dieser Zeitraum, welcher jedenfalls von 6 Uhr Morgens bis 6 Uhr Abends hierdurch unabweichlich bestimmt wird, überschritten, oder in anderen Stunden als von 6 bis 6 gebrannt, so ist, neben der verwirkten Strafe der Defraudation, die Verstattung einer solchen Versteuerungsfrist verloren und selbige steht für den Kontravenienten nie wieder zu erlangen.

> § 11 Maischsteuerregulativ. Absatz 6. Der § 71 ändert sich dahin, daß Abweichungen von den deklarirten Stunden, wo eingemaischt oder angefangen werden soll, die Maische abzubrennen, desgleichen Abweichungen von den deklarirten Tagen des Blasenbetriebes, oder der im § 6 dieses Regulativs bestimmten oder vom Steueramte weiter nachgegebenen Brennzeit, nach Analogie des § 78 der Steuerordnung mit sechs Mark, und bei Wiederholungen mit fünfzehn bis sechszig Mark bestraft werden.

[Abweichungen von den Tageszeiten, in welchen eingemaischt werden soll, sowie Abweichungen von den deklarirten Tagen des Blasenbetriebs, oder von der an diesen Tagen gestatteten Brennfrist werden mit 6 Mark und bei Wiederholungen mit 15 bis 60 Mark bestraft.] [§ 62.]

§ 72. Brennereiberechtigte, welche die Vermerkung der Einmaischungen in die Deklaration[2]) nicht gehörig und vollständig ... (§ 22) ... bemerk-

---

1) Falls eine solche Absicht vorliegt, soll § 87 Platz greifen, der auf die allgemeinen Strafgesetze verweist.

2) In § 72 bez. § 22 ist von einem Versteuerungsbuche die Rede; an dessen Stelle ist jetzt die „Deklaration“ getreten. § 11 Maischsteuer-Regulativ Absatz 7.

In dem Bundesgesetz v. 8. Juli 1868 wird diese Deklaration wieder als „Betriebsplan“ bezeichnet.

stelligen, werden, wenn die Deklaration unrichtig befunden wird, oder abhanden gebracht ist, mit 6 bis 150 Mark bestraft.

[§ 63.] [Eigenmächtige Veränderungen in dem von der Steuerhebestelle vollzogenen Betriebsplane (§ 10), insofern dadurch nicht eine härtere Strafe verwirkt ist, werden mit 6 bis 150 Mark bestraft. . . .]

Im (ersten) Wiederholungsfalle tritt Verdoppelung der Strafe, und im dritten Uebertretungsfall überdem der Verlust der Befugniß zur Betreibung der Brennerei ein.[1]) — Auch derjenige, welcher seinen Betriebsplan nicht reinlich aufbewahrt oder nicht bereit hält, solchen jederzeit dem Revisionsbeamten gleich vorlegen zu können, wird schon deshalb um drei bis fünfzehn Mark bestraft, wenn auch nicht erweislich ist, daß solches, um eine Kontravention zu verbergen, weggeschafft oder beschädigt worden.

[Was vorstehend in Betreff der Betriebspläne angeordnet worden, gilt auch für die Material-Vorrathsverzeichnisse (§ 11).]

§ 73. Brennereiinhaber, sowie andere § 17 gedachte Personen, besonders alle Kupferschmiede, welche Destillirgeräthe der Bestimmung § 17 entgegen, ohne Anzeige beim Steueramte und darüber erhaltene Bescheinigung, einem Andern übergeben, verfallen in eine Strafe von 15 bis 60 Mark, welche bei Wiederholungen von 60 auf 150 Mark erhöht wird.

[§ 60.] [Wer der Vorschrift im § 7 zuwider Brennerei- oder Destillirgeräthe, ohne Anzeige bei der Steuerhebestelle und darüber erhaltene Bescheinigung, einem Anderen übergiebt, verfällt in eine Strafe von 15 bis 60 Mark, welche bei Wiederholungen auf 60 bis 150 Mark erhöht wird.]

§ 90. Die Uebertretung aller andern, in dieser Ordnung gegebenen Vorschriften, worauf keine besondere Strafe gesetzt worden, soll mit einer Geldbuße von 3 bis 30 Mark geahndet werden.

[§ 65.] [Die Uebertretung anderer in diesem Gesetz enthaltenen Vorschriften und der in Gemässheit derselben erlassenen und gehörig bekannt gemachten Verwaltungsvorschriften, auf welche keine besondere Strafe gesetzt worden, soll mit einer Geldbusse von 3 bis 30 Mark geahndet werden.]

III. Zusammentreffen mehrerer Zuwiderhandlungen.

[§ 67.] § 84. Treten bei einer Kontravention gegen die Steuerordnung [Treten der Zuwiderhandlung gegen die Bestimmungen dieses Gesetzes] andere [Vergehen oder] Verbrechen hinzu, so kommen die allgemeinen Strafgesetze[2]) zur Anwendung.

---

1) Die Strafe der Untersagung des Brennereibetriebs, welche, obgleich im St. G. B. nicht vorgesehen, doch gemäß §§ 2 und 6 Einf.-Gesetz z. St. G. B. in Geltung geblieben ist, kann von Schöffengerichten nicht ausgesprochen werden. Hier ist mithin nur die Strafkammer zuständig.

2) § 78 St. G. B.

(§ 85.) Ist mit einer Defraudation zugleich eine Verletzung besonderer Vorschriften dieser Ordnung [dieses Gesetzes] verbunden, so tritt die darauf gesetzte Strafe in der Regel der Strafe der Defraudation hinzu. [§ 67.]

[Im Falle mehrerer oder wiederholter Zuwiderhandlungen gegen dieses Gesetz, welche nicht in Defraudationen bestehen,[1]) soll, wenn die Kontraventionen derselben Art sind und gleichzeitig entdeckt werden, die Kontraventionsstrafe, insbesondere die durch die §§ 57 und 58 verhängte Strafe von dreihundert Mark gegen den subsidiarisch Verpflichteten (§ 66), gleichwie gegen die eigentlichen Thäter und Theilnehmer, nur in einmaligem Betrage festgesetzt werden.]

IV. Bestechung und Widersetzlichkeit.

§ 88. Wer einem zur Wahrnehmung des Steuerinteresse verpflichteten Beamten, mit welchem er im Amte zu thun hat, Geld oder Geldeswerth zum Geschenke anbietet, oder wirklich macht, soll den vierundzwanzigfachen Betrag des angebotenen oder gegebenen Geschenks zur Strafe erlegen. Ist über den Betrag nichts auszumitteln, so tritt eine Geldbuße von dreißig Mark ein.

§ 89. Eine jede Widersetzlichkeit gegen die in Ausübung ihres Amtes begriffenen Personen, mögen es Steuer- oder andere zur Wahrnehmung des Steuerinteresse verpflichtete Beamte sein, sowie auch eine Versagung der Hülfsleistung, deren die Beamten bei ihrem Revisionsgeschäfte seitens der Gewerbetreibenden bedürfen, soll an dem Schuldigen mit 30 bis 150 Mark oder mit verhältnißmäßiger Gefängnißstrafe geahndet werden. . . .

[In Ansehung der Bestrafung wegen Bestechung der Beamten und wegen Widersetzlichkeit gegen Beamte, zu welcher auch die Versagung der im § 46 den Gewerbetreibenden zur Pflicht gemachten Hülfsleistung gerechnet wird, ferner in Ansehung der Verwandlung der Geld- in Freiheitsstrafen, sowie des Verfahrens bei Verfolgung von Zuwiderhandlungen gegen die Bestimmungen dieses Gesetzes und der Verjährung der Strafen kommen die entsprechenden Anordnungen des Zollstrafgesetzes und, wenn solche darin nicht enthalten sind, die betreffenden allgemeinen gesetzlichen Bestimmungen in Anwendung.] [2]) [§ 68.]

---

1) Mehrere Defraudationsfälle ziehen jedoch auch die volle Strafe mehrmals nach sich.

2) Siehe die §§ 160 (Bestechung), 161 (Widersetzlichkeit), 162 (Umwandlung) und 164 (Verjährung) des Vereinszollgesetzes v. 1. Juli 1869.

Betreffs der Verjährung (drei Jahre) vergl. auch § 7 Einf.-Gesetz z. St. G. B.

e. Bundesgesetz, betreffend die subsidiarische Haftung des Brennerei-Unternehmers für Zuwiderhandlungen gegen die Branntweinsteuer-Gesetze durch Verwalter, Gewerbsgehülfen und Hausgenossen.

Vom 8. Juli 1868.

(B. G. Bl. S. 404.) 1)

§ 1. Wer Brennerei treibt, haftet, was die durch die Branntweinsteuer-Gesetzgebung verhängten Geldstrafen betrifft, mit seinem Vermögen für seine Verwalter, Gewerbsgehülfen, sowie für diejenigen Hausgenossen, welche in der Lage sind, auf den Gewerbebetrieb Einfluß zu üben, wenn

1) diese Geldstrafen von dem eigentlich Schuldigen wegen Unvermögens nicht beigetrieben werden können, und zugleich
2) der Nachweis erbracht wird, daß der Brennereitreibende bei Auswahl und Anstellung der Verwalter und Gewerbsgehülfen, oder bei Beaufsichtigung derselben, sowie der Eingangs bezeichneten Hausgenossen fahrlässig, das heißt, nicht mit der Sorgfalt eines ordentlichen Geschäftsmannes zu Werke gegangen ist.

Als solche Fahrlässigkeit gilt insbesondere die wissentliche Anstellung beziehungsweise Beibehaltung eines wegen Branntweinsteuer-Defraudation bereits bestraften Verwalters oder Gewerbsgehülfen, falls nicht die oberste Finanzbehörde die Anstellung beziehungsweise Beibehaltung eines solchen genehmigt hat.

Ist ein Brennereitreibender, welcher nach den Bestimmungen dieses Gesetzes subsidiarisch in Anspruch genommen wird, bereits wegen einer von ihm selbst in der nachgewiesenen Absicht der Steuerverkürzung begangenen Branntweinsteuer-Defraudation bestraft, so hat derselbe die Vermuthung fahrlässigen Verhaltens so lange gegen sich, als er nicht nachweist, daß er bei Auswahl und Anstellung beziehungsweise Beaufsichtigung seines Eingangs bezeichneten Hülfspersonals die Sorgfalt eines ordentlichen Geschäftsmannes angewendet hat.

§ 2. Hinsichtlich der in Folge einer Zuwiderhandlung gegen die Vorschriften der Branntweinsteuer-Gesetzgebung vorenthaltenen Steuer haftet der Brennereitreibende für die im § 1 bezeichneten Personen mit seinem Vermögen, wenn die Steuer von dem eigentlich Schuldigen wegen Unvermögens nicht beigetrieben wedren kann. In denjenigen Fällen jedoch, in welchen die Berechnung der vorenthaltenen Steuer lediglich auf Grund der in der Branntweinsteuer-Gesetzgebung vor-

1) Die Bestimmungen dieses Gesetzes stimmen überein mit denjenigen in § 64 des Bundesgesetzes v. 8. Juli 1868 (B. G. Bl. S. 384) und gelten allgemein da, wo das letztere Gesetz nicht eingeführt ist.

geschriebenen Vermuthungen erfolgt, tritt die subsidiarische Haftbarkeit des Brennereitreibenden nur unter den durch § 1 Nr. 2 bestimmten Voraussetzungen ein.

§ 3. Zur Erlegung von Geldstrafen auf Grund der subsidiarischen Haftung in Gemäßheit der Vorschriften des § 1 dieses Gesetzes kann der Brennereitreibende nur durch richterliches Erkenntniß verurtheilt werden. Dasselbe gilt für die Erlegung der vorenthaltenen Steuer, welche auf Grund der in der Branntweinsteuer-Gesetzgebung vorgeschriebenen Vermuthungen berechnet wird.

§ 4. Die Befugniß der Steuerverwaltung, statt der Einziehung der Geldbuße von dem subsidiarisch Verhafteten und unter Verzicht hierauf, die im Unvermögensfalle an die Stelle der Geldbuße zu verhängende Freiheitsstrafe sogleich an dem eigentlich Schuldigen vollstrecken zu lassen, wird durch die vorstehenden Bestimmungen nicht berührt.

f. Reichsgesetz, betreffend die Steuerfreiheit des Branntweins zu gewerblichen Zwecken.

Vom 19. Juli 1879.

(R. G. Bl. S. 259)

§ 1. Der Bundesrath ist ermächtigt, für Branntwein, welcher innerhalb des Gebietes der Branntweinsteuergemeinschaft zu gewerblichen Zwecken, einschließlich der Essigbereitung, verwendet wird, unter den von ihm vorzuschreibenden Bedingungen und Kontrolen die Branntweinsteuer nach demjenigen Satze zu vergüten, welcher bei der Ausfuhr von Branntwein vergütet wird.[1])

§ 2. Wer es unternimmt, eine Rückvergütung der Branntweinsteuer zu gewinnen, welche überhaupt nicht, oder nur zu einem geringeren Betrage zu beanspruchen war, hat eine dem vierfachen der zur Ungebühr beanspruchten Vergütung gleichkommende Geldstrafe verwirkt.

Der gleichen Strafe unterliegt, wer Branntwein, für welchen in Gemäßheit der vom Bundesrath erlassenen Vorschriften (§ 1) eine Rückvergütung der Branntweinsteuer zugesagt oder gewährt worden ist, zu einem anderen, als dem gestatteten Zwecke verwendet.

§ 3. Wer den zur Ausführung des § 1 erlassenen Bestimmungen zuwiderhandelt, verfällt in eine Geldstrafe bis zu einhundertfünfzig Mark.

1) Vergl. § 5 Gesetz v. 8. Juli 1868 (B. G. Bl. S. 384).

5. Die Brausteuer.

Gesetz wegen Erhebung der Brausteuer.

Vom 31. Mai 1872.

(R. G. Bl. S. 153.)

Das Gesetz vom 8. Februar 1819 und die Steuerordnung von demselben Tage hatten für Preußen die Besteuerung des Braumalzes geregelt. Dieselben wurden abgeändert durch die Kab.-Ordres v. 18. Januar 1824, 2. Juni 1827 und 23. Januar 1838 sowie durch das Gesetz v. 21. September 1860 (betreffs der subsidiären Haftung der Brauer). Unter Anlehnung an diese Vorschriften ergingen sodann die beiden Bundesgesetze v. 4. Juli 1868 wegen Besteuerung des Braumalzes (B. G. Bl. S. 375) und vom 8. Juli 1868 über die subsidiarische Haftung des Brauereiunternehmers für Zuwiderhandlungen gegen die Braumalzsteuergesetze durch Verwalter, Gewerbsgehülfen und Hausgenossen (B. G. Bl. S. 403.) Für das Deutsche Reich (mit Ausschluß Bayerns, Württembergs, Badens und Elsaß-Lothringens) gilt nunmehr das nachfolgende Gesetz, welches sich als eine Kodifikation der älteren preuß. Gesetze und der Verwaltungsvorschriften darstellt.

§ 1. Die Brausteuer wird erhoben von

a. Getreide (Malz, Schrot) mit	2	Mark pro Zentner
b. Reis	2	" " "
c. grüner Stärke (mit mindestens 30 % Wasser)	2	" " "
d. Stärke, Stärkemehl und Stärkegummi	3	" " "
e. Zucker aller Art und Zuckerauflösungen	4	" " "
f. Syrup aller Art	3	" " "
g. allen anderen Malzsurrogaten	4	" " "

Für letztere ist jedoch eine Ermäßigung gesetzlich zulässig. — Gemische werden nach dem höchstbesteuerten Stoff versteuert.

§ 2. Ist mit der Bierbereitung eine Essigbereitung[1]) verbunden, so muß die Brausteuer auch von dem zu der letzteren verwendeten

1) Vergl. dagegen das vorhergehende Gesetz v. 19. Juli 1879.

Material entrichtet werden, ebenso wenn Essig selbständig aus den § 1 benannten Stoffen zum Verkauf oder zu gewerblichen Zwecken bereitet wird.

Die Versteuerung der Braustoffe erfolgt nach dem Nettogewicht, § 3.
sie kann nach Uebereinkommen mit der Steuerbehörde unter bestimmten Bedingungen durch Entrichtung einer Abfindungssumme § 4.
auf einen gewissen Zeitraum (Fixation) erfolgen. Frei von der Steuer ist der s. g. Haustrunk (Bierbereitung ohne Brauanlagen § 5.
zu eigenem Bedarf für einen Haushalt von nicht mehr als zehn Personen über 14 Jahre), doch muß er der Steuerbehörde angemeldet werden, die einen Anmeldungsschein darüber ertheilt.

Eine Rückvergütung der Steuer wird bei der Ausfuhr von § 6.
Bier aus dem Reich (soweit das Gesetz darin Geltung hat) gewährt, ebenso kann eine Erstattung der Steuer stattfinden, aber § 7.
nur, wenn vollständig erwiesen ist, daß

1) entweder die zur Einmaischung bestimmten Braustoffe vor der Verwendung durch Zufall vernichtet oder unbrauchbar geworden sind, oder
2) sonst aus Anlaß unvorhergesehener Hindernisse die deklarirte Bierbereitung nicht hat stattfinden können,

und wenn der Anspruch binnen 24 Stunden nach der deklarirten Einmaischungszeit (§ 16) bei der Steuerhebestelle angemeldet ist.

§ 9. Wer, ohne von der Steuer befreit zu sein, brauen will, hat der Steuerhebestelle ... mindestens 8 Tage vor Anfang des Betriebes eine Nachweisung nach einem besonders vorgeschriebenen Muster in doppelter Ausfertigung einzureichen, worin die Räume zur Aufstellung der Geräthe und zum Betriebe der Brauerei, einschließlich der Gährungsräume, die Maisch-, Koch-, Kühl- und Gährgefäße, ingleichen der in Litern ausgedrückte Rauminhalt jedes einzelnen dieser Gefäße, soweit die Beschaffenheit derselben dies gestattet, genau und vollständig angegeben sein müssen.

Ingleichen hat der Brauer, wenn neue Betriebsräume eingerichtet oder Gefäße der vorerwähnten Art angeschafft, oder die vorhandenen abgeschafft, abgeändert oder in ein anderes Lokal gebracht werden, innerhalb der nächstfolgenden 3 Tage hiervon Anzeige zu machen.

Zu dieser Anmeldung sind jedoch alle diejenigen nicht verpflichtet, welche, ohne von der Steuer befreit zu sein, nur für den ausschließlichen Bedarf des eigenen Haushaltes ohne besondere Brauanlage Bier bereiten.

§ 10. Inhaber von Brauereien, sowie Personen, welche Braupfannen verfertigen oder Handel damit treiben, dürfen die Pfannen nicht aus ihren Händen geben, bevor sie es der Steuerhebestelle ihres Wohnorts angezeigt und von dieser eine Bescheinigung darüber erhalten haben.

§ 11. Die Gefäße werden von der Steuerbehörde numerirt und, soweit dies thunlich, mit amtlicher Bezeichnung versehen. Auch kann eine Vermessung der Maisch-, Koch- und Kühlgefäße und der Biersammelbottiche angeordnet werden, sowie ein amtlicher Verschluß derselben und der Zugänge zur Feuerung für die Zeit des Nichtgebrauchs stattfinden.

§ 11. ... Der Brauereibesitzer hat den Rauminhalt und die Nummer an diesen Gefäßen deutlich bezeichnen und diese Bezeichnung gehörig erhalten zu lassen. ...

§ 12. Jede Brauerei soll mit einer geeichten Waage und den erforderlichen geeichten Gewichten versehen sein. Die Waage muß geeignet sein, die einzelnen Maischposten, wenn dieselben das Gewicht von 5 Zentnern nicht erreichen, auf einmal, sonst aber mindestens 5 Zentner zusammen zu verwiegen. ...

§ 12. Die Behörde bestimmt den Aufstellungsort mit und ist befugt, den Betrieb der Brauerei zu untersagen, so lange keine geeignete Waage beschafft ist.

§ 13. Jeder Brauer ist verbunden, Vorräthe an Malzschrot und den im § 1 unter Nr. 2 bis 7 bezeichneten Stoffen, soweit sie nach dem Ermessen der Steuerbehörde den Bedarf des eigenen Haushaltes übersteigen, nur an bestimmten, ein- für allemal vorher anzuzeigenden geeigneten Orten aufzubewahren.

Die unter Nr. 5 und 6 im § 1 genannten Stoffe (Zucker und Syrup) **dürfen nur in Räumen, welche von der Braustätte gänzlich getrennt sind, aufbewahrt werden.**

Der Vorrath an Malzschrot darf, sobald Brau-Einmaischungen angemeldet sind (§ 16), die längstens für den folgenden Tag deklarirte Menge nicht übersteigen.

Will der Brauer von den im § 1 unter Nr. 2 bis 7 bezeichneten Stoffen Vorräthe halten, welche nicht zur Bierbereitung bestimmt sind, so muß er dieselben getrennt von den zur Bierbereitung bestimmten Vorräthen in anderen, ein- für allemal anzuzeigenden Räumen aufbewahren, auch sich den nach Bedürfniß von der Steuerbehörde zu treffenden Anordnungen wegen der Buchführung über solche Vorräthe und wegen des Verschlusses derselben, insbesondere zur Zeit des Brauens unterwerfen.

Die Aufbewahrungsorte stehen ohne Ausnahme unter Aufsicht und Kontrole der Steuerbehörde.

§ 14. Ueber die zuckerhaltigen Surrogatstoffe (§ 1 Nr. 5 und 6) ist ein besonderes Buch zu führen, welches die Steuerbehörde liefert, und in welches jeder Zugang und Abgang genau einzutragen ist. Jeder Zugang ist durch Fakturen rc. zu belegen. Jede Entnahme dieser Braustoffe zu anderen als Brauzwecken bedarf der besonderen

Genehmigung der Steuerbehörde. Dieselbe kann jederzeit die Vorlegung des Buchs verlangen und Rechnungsabschlüsse mit Inventur machen. Jeder Minderbefund soll dabei als verwendet angesehen und, wenn er mehr als 2% des Sollbestandes beträgt, nachversteuert werden.

Bei dem gemeinschaftlichen Betriebe der Brauerei und Brennerei darf für die letztere (außer bei Fixation der Steuer) reines Malzschrot nicht verwendet werden, außer bei Kartoffelspiritusbrennerei, jedoch auch nur mit besonderer Anmeldung, Aufbewahrung und Kontrole. § 15.

§ 16. Wer, abgesehen von den in den §§ 4 und 5 gedachten Fällen, brauen will, ist verpflichtet, der Steuerhebestelle schriftlich anzuzeigen, welche Gattung und Menge der im § 1 genannten Stoffe er zu jedem Gebräude nehmen, an welchem Tage und zu welcher Stunde er einmaischen wird und wieviel Bier er aus dem angegebenen Braumaterial ziehen will. . . .

Diese Anzeige kann für jeden einzelnen Brauakt gemacht werden, und es ist dann gleichzeitig die Steuer zu entrichten, oder im Voraus für einen bestimmten Zeitraum, — dann kann die Steuer entweder für den ganzen Zeitraum im Voraus oder für jede Maischung besonders bezahlt werden. [1]) § 16.

§ 17. Die Anmeldung (§ 16) muß, wenn des Vormittags gemaischt werden soll, spätestens am Nachmittage des vorhergehenden Tages, und wenn Nachmittags gemaischt werden soll, spätestens am Vormittage desselben Tages drei Stunden vorher, in beiden Fällen auch während der Dienststunden (§ 26) erfolgen. Abänderungen dieser Anmeldungen sind nur innerhalb der für die letzteren selbst vorstehend festgesetzten Frist zulässig. . . .

Soll die Beschickung demnächst verstärkt werden, oder sollen neue Gebräude hinzutreten, so wird die Steuer davon gleichzeitig entrichtet, und wenn ein Gebräude eingestellt oder die Beschickung vermindert werden soll, so wird die Steuer bei der nächsten Zahlung angerechnet. § 17.

§ 18. Wer Stoffe der im § 1 unter Nr. 2 bis 7 genannten Gattungen (Malzsurrogate) zum Brauen verwenden will, hat hierüber, abgesehen von den Anmeldungen für die einzelnen Gebräude (§ 16), mindestens 3 Tage vor der ersten derartigen Einmaischung der Steuerhebestelle eine schriftliche Generaldeklaration in doppelter Ausfertigung zu übergeben, darin

1) Die für spätere Beschickungen bestimmten Vorräthe werden dann nicht mitverwogen (§ 20), sondern können unter amtlichen Verschluß genommen werden.

die Art und Weise der beabsichtigten Verwendung, insbesondere bei welchem Abschnitte der Bierbereitung dieselbe jedesmal erfolgen soll, auch, soweit die Aufbewahrung der Vorräthe nur in einem besonderen Raume (§ 13) erfolgen darf, letzteren näher zu beschreiben und bei dem Betriebe selbst diese Erklärung genau zu befolgen oder später beabsichtigte dauernde Aenderungen binnen gleicher Frist vorher schriftlich anzuzeigen. Soll von dem Inhalte dieser Deklaration, von welcher das eine Exemplar demnächst in der Brauerei zur Einsicht der Steuerbeamten ausliegen muß, nur für einzelne bestimmte Einmaischungen abgewichen werden, so genügt es, solche in der nach § 16 abzugebenden Versteuerungsanmeldung anzuzeigen.

Die Verwendung der im § 1 unter Nr. 5 bis 7 genannten Stoffe darf jedoch der Regel nach nur innerhalb der Zeit von dem Beginne der Einmaischung bis zur Beendigung des Kochens der Bierwürze stattfinden. ... (Ausnahmen zulässig.) [1]

§ 19. Die Einmaischungen dürfen nur an den Wochentagen geschehen, und zwar in den Monaten vom Oktober bis einschließlich März von Morgens 6 bis Abends 10 Uhr, in den übrigen Monaten aber von Morgens 4 bis Abends 10 Uhr. ... (Ausnahmen zulässig.)

Als Schluß der Einmaischung gilt der Zeitpunkt, mit welchem das Ablassen der Würze zum Zwecke des Kochens begonnen wird.

§ 20. Der Brauer ist verpflichtet, die Ankunft eines Steuerbeamten zur angezeigten Stunde des Einmaischens (§ 16) abzuwarten.

Findet sich derselbe ein, so muß alsdann sogleich in dessen Gegenwart das Braumaterial abgewogen und mit der Einmaischung begonnen werden; der Brauer darf aber die Einmaischung erst, nachdem eine Stunde gewartet worden, ohne des Beamten Gegenwart verrichten. ...

Die im § 1 unter Nr. 5 bis 7 genannten Stoffe dürfen nicht früher, als mit Beginn desjenigen Abschnittes der Bierbereitung, bei welchem deklarationsmäßig (§ 16) ihre Verwendung stattfinden soll, und in nicht größerer, als der für das betreffende Gebräude versteuerten Menge in die Braustätte eingebracht werden.

§ 21. In der Regel soll die ganze Beschickung auf einmal eingemaischt werden, so daß keine Nachmaischung stattfinden darf.

Wird aber eine Brauerei regelmäßig mit Nachmaischen betrieben, so muß ein- für allemal angezeigt werden, in wieviel Abtheilungen und mit welchem Gewichte für jede Beschickung gemaischt werden soll.

§ 22 (regelt die Erhebung der Steuer für die Orte, wo eine Mahlsteuer besteht und die Braumalzsteuer im Anschluß an diese von dem für Brauzwecke zur Mühle bestimmten ungeschrotenen Malze erhoben wird).

§ 23 (bestimmt über die Revisionsbefugniß der Steuerbeamten im Ganzen dasselbe wie §§ 43 und 44 Gesetz v. 8. Juli 1868 über die Branntweinsteuer resp. § 49 Steuerordnung. Oeffnungen in der Braustätte, welche zu unbemerkten Zumaischungen benutzt werden können, kann die Steuerbehörde während des Brauens unter Verschluß setzen lassen).

---

1) Siehe hierzu, wie überhaupt zu diesem Gesetz, die Ausführungsbestimmungen des Bundesraths v. 18. November 1872.

§ 24 (über Haussuchungen, entspricht dem § 45 Gesetz v. 8. Juli 1868 resp. § 54 der Steuerordnung).

§§ 25 und 26 (regeln das Verhalten derjenigen, bei welchen revidirt wird, wie im § 46 Gesetz v. 8. Juli 1868 resp. § 55 Steuerordnung, und die Dienststunden wie im § 47 resp. § 56).

Strafbestimmungen.

§ 27. Wer die im § 1 bezeichneten Stoffe zum Brauen verwendet (einmaischt, nachmaischt, zusetzt), ohne die gesetzliche Anmeldung zur Entrichtung der Brausteuer bewirkt zu haben, macht sich der Brausteuer-Defraudation schuldig.

§ 28. Die Defraudation wird insbesondere dann als vollbracht angenommen,

1) wenn mit der Verwendung (§ 27) solcher steuerpflichtiger Stoffe auch nur begonnen ist, welche der Steuerbehörde nicht, oder für einen anderen Tag oder in unrichtiger, einen geringeren Steuerbetrag bedingender Beschaffenheit oder Menge angemeldet sind;
2) wenn die Verwendung der im § 1 unter 5 bis 7 aufgeführten Braustoffe bei einem anderen als dem in der Deklaration (§ 18) angegebenen Abschnitte der Bierbereitung erfolgt.

§ 29. Der Defraudation wird gleichgeachtet:

1) wenn Braumalzschrot nach erfolgter Anmeldung von Brau-Einmaischungen, sei es an dem dazu bestimmten Orte oder anderwärts bei dem Brauer, in einer Menge vorgefunden wird, welche die gesetzlich zulässige Menge (§ 13, Absatz 3) um mehr als zehn Prozent übersteigt;
2) wenn Stoffe der im § 1 unter 5 bis 7 genannten Gattung, der Vorschrift im letzten Absatz des § 20 entgegen, in der Braustätte außer der erlaubten Zeit oder um mehr als fünf Prozent über die versteuerte Menge, oder der Vorschrift im § 13 entgegen außerhalb der bestimmten Aufbewahrungsräume bei dem Brauer vorgefunden werden;
3) wenn sich in dem Falle des § 14 Ziffer 3 bei einer amtlichen Aufnahme der Lagervorräthe Gewichtsabweichungen von mehr als zehn Prozent zwischen der vorgefundenen Menge und dem buchmäßigen Sollbestand ergeben;
4) wenn ein Brauer, welcher die Brausteuer auf Grund besonderer Bewilligung als Mahlsteuer entrichtet, den im § 22 Ziffer II. unter Nr. 1 bis 3 enthaltenen Vorschriften zuwider handelt.

§ 30. Wer die Brausteuer defraudirt, hat eine dem vierfachen Betrage der vorenthaltenen Abgabe gleichkommende Geldstrafe verwirkt. Diese Strafe soll jedoch in keinem Falle weniger als 30 Mark betragen.

Insoweit Abweichungen von der zulässigen Menge (§§ 27 und 29) den Thatbestand der Defraudation bilden, wird die Strafe nach dem Steuerbetrage von dem Gewichtsunterschiede bemessen.

Die Steuer ist von der Strafe unabhängig zu entrichten.

§ 31. Kann der Betrag der hinterzogenen Steuer nicht anders ermittelt werden, so ist derselbe, falls sich die begangene Defraudation nicht blos auf eine Nachmaischung, oder die zusätzliche Verwendung eines Surrogatstoffs (§ 1 unter 2 bis 7) bezieht, nach Maßgabe desjenigen zu bemessen, was an Material zu einem vollen Gebräude in der betreffenden Brauerei genommen zu werden pflegt. Läßt sich letzteres nicht feststellen oder ist die Defraudation nur in Bezug auf eine Nachmaischung oder die Zusetzung eines Surrogatstoffs begangen, so tritt statt des vierfachen Betrages der hinterzogenen Steuer eine Geldstrafe von 30 bis 300 Mark ein.

§ 32. Kann der Angeschuldigte nachweisen, daß er eine Defraudation nicht habe verüben können, oder eine solche nicht beabsichtigt gewesen sei, so tritt nur eine Ordnungsstrafe nach Vorschrift des § 35 ein.

§ 33. Im Falle der Wiederholung der Defraudation nach vorhergegangener Bestrafung wird die Strafe auf den achtfachen Betrag der vorenthaltenen Steuer bestimmt. Diese Strafe soll jedoch in keinem Falle weniger als 60 Mark betragen. . . .[1]

§ 34. Die Straferhöhung wegen Rückfalls tritt ein ohne Rücksicht darauf, ob die frühere Bestrafung in demselben oder einem anderen Bundesstaate des Geltungsgebiets dieses Gesetzes erfolgt ist. Sie ist verwirkt, auch wenn die früheren Strafen nur theilweise verbüßt oder ganz oder theilweise erlassen sind.

Dieselbe ist dagegen ausgeschlossen, wenn seit der Verbüßung oder dem Erlasse der letzten Strafen bis zur Begehung der neuen Defraudation drei Jahre verflossen sind.

Theilnehmer einer Defraudation unterliegen der Straferhöhung wegen Rückfalls nur insoweit, als sie sich selbst eines Rückfalls schuldig gemacht haben.

§ 35. (Ordnungsstrafen.) Die Uebertretung der Bestimmungen dieses Gesetzes, sowie der dazu erlassenen Verwaltungsvorschriften wird, sofern nicht die Defraudationsstrafe verwirkt ist, mit einer Ordnungsstrafe bis zu 150 Mark geahndet.[2]

Die Ordnungsstrafe soll jedoch in den nachgenannten Fällen nicht unter 15 Mark und bei Wiederholungen nicht unter 30 Mark betragen:

1) **wenn, den Vorschriften in den §§ 9 und 18 dieses Gesetzes entgegen, die Anzeige der Brauereiräume und Gefäße oder die Einreichung der Generaldeklaration unterblieben ist;**
2) **wenn Stoffe der im § 1 unter 1 bis 4 genannten Gattungen, entgegen der Vorschrift im § 13, an einem anderen als den dazu angezeigten Orten bei dem Brauer vorgefunden werden;**

---

1) [Jeder fernere Rückfall ist mit Gefängniß bis zu zwei Jahren zu bestrafen. Doch kann auch auf Haft oder auf eine mindestens doppelt so hohe Geldstrafe wie für den ersten Rückfall erkannt werden.]

2) Auch die Ordnungsstrafe ist im Unvermögensfall in Freiheitsstrafe umzuwandeln, und zwar in Haft, weil sie für Uebertretungen angedroht ist. Nur im Fall 7 dürfte ein Vergehen anzunehmen sein. Neumann S. 227.

3) wenn zu einer anderen Tageszeit, als der angemeldeten (§ 16) oder vor Ablauf der Stunde, welche auf den Steuerbeamten gewartet werden muß (§ 20), eingemaischt worden ist;
4) wenn die zu einem Gebräude gehörige Biermenge um mehr als 10 Prozent von dem deklarirten Bierzuge (§ 16) abweicht;
5) wenn unbefugter Weise Nachmaischungen (§ 21) vorgenommen worden sind, insoweit dadurch nicht etwa die Defraudationsstrafe nach § 28 verwirkt ist;
6) wenn Jemand, dem die freie Bereitung des Haustrunks verstattet ist (§ 5), Bier an nicht zum Haushalte gehörige Personen gegen Entgelt abläßt;
7) wenn Brauer, welche die Brausteuer auf Grund besonderer Bewilligung als Mahlsteuer entrichten, die ihnen in Gemäßheit des § 22 Ziffer II. Nr. 4 von der Verwaltungsbehörde auferlegten Pflichten verletzen.

Die Uebertretung einzelner für die Sicherung der Steuer besonders wichtiger Vorschriften kann in dem letztgedachten Falle (zu 7) mit Ordnungsstrafe bis zum Betrage von 600 Mark belegt werden.

§ 36. Mit Ordnungsstrafe (§ 35 Absatz 1) wird außerdem belegt:
1) wer einem zur Wahrnehmung des Steuerinteresses verpflichteten Beamten oder dessen Angehörigen wegen einer auf die Erhebung oder Beaufsichtigung der Brausteuer bezüglichen amtlichen Handlung oder Unterlassung einer solchen Geschenke oder andere Vortheile anbietet, verspricht oder gewährt, sofern nicht der Thatbestand der Bestechung (§ 333 des Strafgesetzbuchs) vorliegt;
2) wer sich Handlungen oder Unterlassungen zu Schulden kommen läßt, durch welche ein solcher Beamter an der rechtmäßigen Ausübung seines Amtes in Bezug auf die Brausteuer verhindert wird, sofern nicht der Thatbestand der strafbaren Widersetzlichkeit (§ 113 des Strafgesetzbuchs) vorliegt.

Treffen mit einer Zuwiderhandlung gegen dieses Gesetz andere strafbare Handlungen zusammen, oder ist eine Defraudation mit einer solchen Zuwiderhandlung verbunden, so finden §§ 74—78 St. G. B. Anwendung. Wenn mehrere Zuwiderhandlungen, die nicht in Defraudationen bestehen, derselben Art sind und gleichzeitig entdeckt werden, soll die Ordnungsstrafe gegen denselben Thäter, sowie gegen mehrere Thäter und Theilnehmer zusammen nur in einmaligem Betrage festgesetzt werden. § 37.

Die Vertretungsverbindlichkeit der Brauer für ihre Verwalter, Gewerbsgehülfen und Hausgenossen ist ganz analog geregelt wie für die Branntweinbrenner in dem Gesetz v. 8. Juli 1868 (B. G. Bl. S. 404).[1] § 38.

---

1) Siehe oben S. 350.

§ 39. Nicht beizutreibende Geldstrafen sind in Freiheitsstrafen umzuwandeln (gemäß §§ 28 und 29 St. G. B.), jedoch darf die Freiheitsstrafe

im ersten Fall der Defraudation 6 Monate,
im ersten Rückfall . . . . . 1 Jahr,
im ferneren Rückfall . . . . 2 Jahre

nicht überschreiten.

§ 40. Die Strafverfolgung von Defraudationen gegen die Brausteuer verjährt in drei Jahren, die Strafverfolgung der mit Ordnungsstrafen bedrohten Zuwiderhandlungen in einem Jahre, von dem Tage an gerechnet, an welchem sie begangen sind. — (Der Anspruch auf Nachzahlung defraudirter Gefälle erlischt in drei
§ 8. Jahren. Die Abgabe selbst verjährt binnen Jahresfrist von dem Tage des Eintritts der Zahlungsverbindlichkeit, ebenso aber auch erlischt jeder Anspruch auf Ersatz zuviel oder zur Ungebühr entrichteter Steuer binnen Jahresfrist vom Tage der Zahlung an.)

§ 41. Die Geldstrafen fallen dem Landesfiskus zu.

---

6. Die Zuckersteuer.

a. Gesetz, betreffend die Besteuerung des Zuckers.

Vom 26. Juni 1869.

(B. G. Bl. S. 282.)

§ 1. Die Steuer für inländischen Rübenzucker beträgt 80 Pf. von 50 Kgm der zur Zuckerbereitung bestimmten rohen Rüben,[1]) der
§ 2. Zoll für ausländischen Zucker und Syrup ist festgesetzt von 100 Kgm für

1. Zucker (raffinirt und bedingungsweise auch roh) auf . . . . 30 Mark[2])

---

1) Näheres darüber siehe unter b. (Verordnung v. 7. August 1846).

2) Nach dem Gesetzeswortlaut sind vom Zollzentner (50 Kgm) 5 Thlr. (15 Mark) Steuer zu erheben. Vergl. Zolltarif v. 15. Juli 1879 Anmerkung zu Pos. 25 (R. G. Bl. S. 235).

2. Rohzucker und Zuckerauflösung auf . . . . 24 Mark
3. Syrup . . . . 15 „
4. Melasse ist unter Kontrole der Verwendung zur Branntweinbereitung frei.

Eine Vergütung wird bei der Ausfuhr von mindestens 500 Kgm Zucker über die Zollvereinsgrenze oder bei Niederlegung in öffentlichen Niederlagen pro 50 Kgm gewährt § 3.

a) für Rohzucker von mindestens 88 % Polarisation . . . . 9,40 Mark
b) für Kandis und für Zucker in weißen, vollen und harten Broten bis zu 12,5 Kgm Nettogewicht oder in Gegenwart der Steuerbehörde zerkleinert . . . . 11,50 „
c) für allen übrigen harten Zucker, sowie für alle weißen trockenen (nicht über 1 % Wasser enthaltenden) Zucker, in Krystall-, Krümel- und Mehlform von mindestens 98 % Polarisation 10,80 „

§ 4. Wird bei der Ausfuhr von Zucker, durch unrichtige Angabe des Zuckergehalts oder der sonstigen Beschaffenheit (handelsüblichen Bezeichnung) des Zuckers, Steuer- oder Zollvergütung für Zucker, bei dessen Ausfuhr eine Vergütung überhaupt nicht gewährt wird, in Anspruch genommen, so hat der Deklarant den Betrag des vierten Theils der in Anspruch genommenen Vergütung als Strafe verwirkt. Wird durch die unrichtige Angabe des Zuckergehalts eine höhere Steuer- oder Zollvergütung, als die für die Klasse, zu welcher der auszuführende Zucker gehört, festgesetzte Vergütung in Anspruch genommen, so hat der Deklarant das Doppelte der Differenz zwischen der zuständigen und der beanspruchten Vergütung als Strafe verwirkt.

Außer den vorstehend gedachten Strafen tritt die Konfiskation des unrichtig deklarirten Zuckers ein, wenn solcher in der Absicht, die Staatskasse zu verkürzen, zwischen Zucker verpackt worden ist, für welchen eine Vergütung, beziehungsweise eine höhere Vergütung gewährt wird.

Uebersteigt die Angabe des Zuckergehalts den bei der Revision ermittelten Zuckergehalt um nicht mehr als ein Drittel Prozent, so findet eine Bestrafung nicht statt. Ist zwar dieser Prozentbetrag überschritten, aber der Beweis geführt, daß die Absicht, die Staatskasse zu verkürzen, nicht vorgelegen habe, so ist nur eine Ordnungsstrafe von fünfzehn bis einhundertfünfzig Mark verwirkt.[1]

1) Im Unvermögensfall ist Haftstrafe zu substituiren, da die Ordnungswidrigkeiten nur als Uebertretungen anzusehen sind.

b. Gesetz, wegen Abänderung der Verordnung, die Besteuerung des im Inlande erzeugten Rübenzuckers betreffend.

Vom 2. Mai 1870.

(B. G. Bl. S. 311.)

Dieses Gesetz führt in denjenigen Theilen des Zollvereinsgebiets, in denen bisher die unter den Regierungen der Zollvereinsstaaten vereinbarte Verordnung betr. die Rübenzuckersteuer nicht galt, mit einer Aenderung (in § 13 und § 17 Nr. 1) diese Verordnung v. 1. Septbr. 1870 an ein. Dieselbe lautet:

Verordnung, die Besteuerung des im Inlande erzeugten Rübenzuckers betreffend.

Vom 7. August 1846.

(G. S. S. 335.)

§ 1. Der aus Runkelrüben oder anderen zuckerhaltigen Rüben
erzeugte Rohzucker wird mit einer von den Rüben zu erhebenden
Steuer belegt, deren Höhe auf eine dreijährige Periode festzusetzen
und acht Wochen vor Anfang der letzteren bekannt zu machen ist.
§ 2. Die Steuer wird auf Grund spezieller Gewichtsermittelung (nicht
durch Probeverwiegungen) der frischen Rüben, bez. wo mit getrockneten Rüben gearbeitet wird, der trockenen Rüben, erhoben,
doch kann bei Fabriken, die innerhalb einer Betriebsperiode nicht
§ 3. über 10,000 Zentner rohe Rüben verarbeiten, eine Fixation der
§ 4 Steuer eintreten. Zur Entrichtung der Steuer ist der Fabrikinhaber verpflichtet; er muß den Gefällebetrag binnen drei Tagen
nach Empfang der amtlichen Berechnung einzahlen. Ein Erlaß
§ 5. oder eine Erstattung der Steuer wegen nachherigen Verlusts an
Material findet nicht statt. Nur binnen Jahresfrist vom Tage
§ 6. der Steuerentrichtung an ist ein Anspruch auf Erstattung zu viel
gezahlter Steuer sowie eine Nachforderung wegen zu wenig erhobener Steuer zulässig.

Wer eine Rübenzuckerfabrik anlegen will, ist verpflichtet, solches der Steuerhebestelle, in deren Bezirk die Fabrik liegt, mindestens sechs Wochen vor dem Beginn des ersten Betriebs schriftlich anzuzeigen und spätestens acht Tage vor demselben eine Nachweisung der Räume und Geräthe ꝛc. in doppelter Ausfertigung nebst Grundriß einzureichen. Ebenso muß der Inhaber solcher Fabrik, wenn neue Geräthe angeschafft oder alte ganz oder zum Theil abgeändert werden, vor oder unmittelbar nach dem Empfang derselben der Steuerhebestelle davon Anzeige machen, und darf sie erst nach erhaltener Bescheinigung in Gebrauch nehmen. Zur Anzeige innerhalb der nächsten drei Tage ist er auch verpflichtet, wenn bereits angemeldete Geräthe ganz oder zum Theil, zum Zweck der Fabrikation, in ein anderes Lokal gebracht werden. § 8.

Die feststehenden Geräthe werden numerirt nach Bestimmung der Steuerbehörde. Diese muß über Anmeldung, Vermessung und Bezeichnung eine Bescheinigung ertheilen und führt über die Betriebsräume und Geräthe die Aufsicht. Zu diesem Zweck kann sie die Zerkleinerungsapparate und Extraktionsgefäße während der Zeit, daß ein Betrieb nicht stattfindet, außer Gebrauch setzen lassen und die Bücher der Fabrikinhaber jederzeit einsehen. § 9. § 10. § 11.

Wenn eine neu angelegte Rübenzuckerfabrik zuerst, oder eine außer Thätigkeit gewesene ältere Anlage der Art wieder in Betrieb gesetzt werden soll, so muß der Inhaber solches der Steuerhebestelle des Bezirks vierzehn Tage vor dem muthmaßlichen Beginn des Betriebs schriftlich anzeigen und sich von derselben eine Bescheinigung darüber ertheilen lassen. Diese Anzeige muß zugleich die Angabe enthalten, ob und mit welchen regelmäßigen Unterbrechungen der Betrieb stattfinden soll. — Befinden sich Geräthe unter amtlichem Verschlusse, so veranlaßt die Steuerhebestelle, daß sich ein Beamter zur Abnahme desselben rechtzeitig in der Fabrik einfinde. § 12.

Die Inhaber der Fabriken, in welchen getrocknete Rüben verarbeitet werden, sind verpflichtet, ihre gesammten Vorräthe nur an einem bestimmten Orte, der unter Mitverschluß der Steuerbeamten steht, aufzubewahren, auch so oft Rüben von außerhalb bezogen werden, dies der Steuerhebestelle spätestens am Nachmittag des vorhergehenden Tages schriftlich anzumelden. — Zur angemeldeten Stunde der Einbringung ist die Ankunft eines § 14.

Steuerbeamten abzuwarten und in dessen Gegenwart sogleich die Verwiegung, bez. die Aufnahme in das Aufbewahrungslokal zu bewirken.

§ 15. Diese Kontrolvorschriften (§§ 8—14) muß Jeder, der die Zuckerfabrikation betreibt oder auch nur dabei beschäftigt ist, beobachten.

§ 17. (Von den Strafen und dem Strafverfahren.) Einer Defraudation macht sich schuldig, wer

1) (aufgehoben);[1]
2) **da, wo die Rüben im frischen Zustande verarbeitet werden, dergleichen Rüben, bevor deren Gewicht amtlich ermittelt worden ist, in die Zerkleinerungsapparate aufnimmt, oder sonst einer zur Zuckergewinnung dienenden Operation unterwirft; endlich wer**
3) **da, wo die Rüben im getrockneten Zustande verarbeitet werden, getrocknete Rüben, bevor deren Gewicht amtlich ermittelt worden ist, in die Extraktionsgefäße bringt oder sonst einer zur Zuckergewinnung dienenden Operation unterwirft, oder getrocknete Rüben ohne vorgängige Anmeldung bei der Steuerbehörde in eine Rübenzuckerfabrik einführt.**

Kann in den Fällen unter 2 und 3 der Angeschuldigte nachweisen, daß er eine Defraudation nicht habe verüben wollen, so findet nur eine Ordnungsstrafe nach Maßgabe des § 25 oder 26 statt.

§ 18. (a. im ersten Falle.) Die Strafe der Defraudation besteht in einer dem vierfachen Betrage der vorenthaltenen Steuer gleichkommenden Geldbuße, welche jedoch niemals weniger als dreißig Mark betragen soll.

Die vorenthaltene Steuer selbst ist unabhängig von der Strafe zu entrichten.[2]

---

1) Durch § 1 Reichsgesetz v. 2. Mai 1870.

2) Zur Ergänzung dieser Vorschrift ist das Gesetz v. 12. Februar 1855 (G. S. S. 70) erlassen:

§ 1. Wer auf irgend eine Art dem Staate die Rübenzuckersteuer entzieht oder zu entziehen versucht, ... hat die in der Verordnung v. 7. August 1846 vorgeschriebene Strafe der Defraudation verwirkt.

§ 2. Dieser Strafe verfällt namentlich auch derjenige, welcher durch Vorkehrungen, die zu einer unrichtigen Feststellung des Gewichts der zur Zuckerbereitung bestimmten Rüben zu führen geeignet sind, die Steuer verkürzt oder zu verkürzen versucht.

§ 3. Läßt sich der Steuerbetrag, dessen Entziehung bewirkt oder versucht worden, nicht feststellen, so tritt eine Geldstrafe von dreißig bis dreihundert Mark, im Unvermogensfalle verhältnißmäßige Gefängnißstrafe ein.

§ 4. Weiset jedoch der Angeschuldigte in dem im § 2 bezeichneten Falle nach, daß er eine Defraudation nicht habe verüben können, so findet nur eine

§ 19. (b. im ersten Rückfalle.) Im Wiederholungsfalle, nach vorhergegangener rechtskräftiger Verurtheilung, wird die nach § 18 eintretende Geldbuße verdoppelt.

§ 20. (c. bei ferneren Rückfällen.) [Jeder fernere Rückfall wird mit dem Doppelten der im § 19 bestimmten Geldbuße, sowie mit dem Verluste des Rechts zum Betriebe der Rübenzuckerfabrikation und zur Hülfsleistung dabei auf die Dauer von einem bis fünf Jahren geahndet.][1])

§ 21. (d. Strafe der Defraudation unter erschwerenden Umständen.) Die Strafe der Defraudation wird um die Hälfte geschärft, wenn in den unter Nr. 2 und 3 des § 17 gedachten Fällen

1) unter amtlichem Verschlusse befindliche Zerkleinerungsapparate oder Extraktionsgefäße eigenmächtig in Betrieb gesetzt, oder
2) nicht angemeldete Zerkleinerungsapparate oder Extraktionsgefäße gebraucht, oder
3) nicht angemeldete Räume zu einer zur Zuckergewinnung dienenden Operation benutzt worden sind.

Die Strafe der Theilnehmer und Begünstiger bestimmt sich nach den allgemeinen Strafgesetzen. Die Rückfallsstrafe trifft aber nur denjenigen, der sich selbst eines Rückfalls schuldig gemacht hat. § 22.

Die Berechnung der verkürzten Steuer findet, wenn unangemeldete Geräthe unbefugt benutzt worden sind, nach derjenigen Menge Rüben statt, welche während der letzten sechs Monate vor der Entdeckung auf dem betr. Geräth hat verarbeitet werden können, — und wenn außer Gebrauch gesetzte Geräthe eigenmächtig in Betrieb gesetzt worden sind, nach derjenigen Menge Rüben, welche seit der Stunde, wo das Geräth zuletzt amtlich unter Verschluß gefunden worden, hat verarbeitet werden können. § 23. § 24.

§ 25. (Besondere Strafbestimmungen.)
Wer die Fabrikgeräthe oder die damit vorzunehmenden oder vorgenommenen Veränderungen nicht, wie im § 8 vorgeschrieben ist, anzeigt, oder den Rauminhalt der Kessel und Pfannen, der Vorschrift des § 8 zuwider, zu gering angiebt, oder die im § 9 vorgeschriebene Bezeichnung der Geräthe unterläßt, verfällt in eine Strafe von 15 bis 60 Mark, welche bei Wiederholungen auf 60 bis 150 Mark erhöht wird.

§ 26. Die Uebertretung solcher, in dieser Verordnung enthaltenen Bestimmungen und der in Gemäßheit derselben erlassenen und gehörig bekannt gemachten Verwaltungsvorschriften, auf welche keine besondere

---

Ordnungsstrafe von drei bis dreißig Mark, im Unvermögensfalle verhältnißmäßige Gefängniß- (jetzt Haft-) Strafe statt.

1) Ausschließlich Strafkammersache, da Schöffengerichte diesen Verlust nicht aussprechen können.

Strafe gesetzt worden, soll mit einer Geldbuße von 3 bis 30 Mark geahndet werden. [1])

§ 27. Eine nicht beizutreibende Defraudationsstrafe ist in eine verhältnißmäßige Freiheitsstrafe umzuwandeln. Dieselbe darf jedoch im ersten Fall die Dauer von einem Jahre, im ersten Rückfall die Dauer von zwei Jahren und bei ferneren Rückfällen die Dauer von vier Jahren nicht übersteigen, darf aber auch im dritten oder ferneren Rückfall nicht unter einem halben Jahre betragen. [2])

§ 30. Die Strafen verjähren in fünf Jahren, bloße Ordnungsstrafen aber in einem Jahre seit der Verübung.

---

7. Die Wechselstempelsteuer.

Gesetz, betreffend die Wechselstempelsteuer im Norddeutschen Bunde. [3])

Vom 10. Juni 1869.

(B. G. Bl. S. 193.)

Nebst der Abänderung durch das Gesetz vom 4. Juni 1879.
(R. G. Bl. S. 151.)

§ 1. Gezogene und eigene Wechsel [4]) **unterliegen ... einer nach Vorschrift dieses Gesetzes zu erhebenden, zur Bundeskasse fließenden Abgabe.**

Von der Stempelabgabe befreit bleiben:

1) **die vom Auslande auf das Ausland gezogenen, nur im Auslande zahlbaren Wechsel;**
2) **die vom Inlande auf das Ausland gezogenen, nur im Auslande und zwar auf Sicht oder spätestens innerhalb zehn Tagen nach**

---

1) Die Strafen der §§ 25 und 26 werden in §§ 17 und 30 als „Ordnungsstrafen" bezeichnet. Im Unvermögensfall sind sie in Haft umzuwandeln.

2) Hiernach würde für die Defraudation nur die Strafkammer zuständig sein. Nach § 75 Nr. 15 G. V. G. kann jedoch, wenn voraussichtlich nur auf eine eventuelle Gefängnißstrafe von drei Monaten zu erkennen sein wird, Ueberweisung an das Schöffengericht stattfinden.

3) In § 2 des Gesetzes, betr. die Verfassung des Deutschen Reichs, v. 16. April 1871 ist dieses Gesetz zum Reichsgesetz erklärt, mit der Maßgabe, daß unter dem „Norddeutschen Bund" jetzt das Deutsche Reich zu verstehen ist.

4) Betreffs der Erfordernisse eines Wechsels siehe Art. 4—7 und 96, 97 der Deutschen Wechselordnung v. 26. Novbr. 1848 (Bundesgesetz zufolge Ges. v. 5. Juli 1869 und Reichsgesetz zufolge Ges. v. 16. April 1871).

dem Tage der Ausstellung zahlbaren Wechsel, sofern sie vom Aussteller direkt in das Ausland remittirt werden.

Diese Abgabe beträgt bei einer Summe § 2.

von 200 Mark und weniger			0,10 Mark,
über 200 „	bis 400 Mark		0,20 „
„ 400 „	„ 600 „		0,30 „
„ 600 „	„ 800 „		0,40 „
„ 800 „	„ 1000 „		0,50 „

und von jeden ferneren 1000 Mark 0,50 Mark mehr, wobei jedes angefangene Tausend für voll gerechnet wird. — Die Umrechnung in die Reichswährung erfolgt nach Maßgabe des laufenden Kurses. § 3.

§ 4. Für die Entrichtung der Abgabe sind der Bundeskasse sämmtliche Personen, welche an dem Umlaufe des Wechsels im Bundesgebiete Theil genommen haben, solidarisch verhaftet.

§ 5. Als Theilnehmer an dem Umlaufe eines Wechsels wird hinsichtlich der Steuerpflichtigkeit angesehen: der Aussteller, jeder Unterzeichner oder Mitunterzeichner[1]) eines Acceptes, eines Indossaments[2]) oder einer anderen Wechselerklärung, und Jeder, der für eigene oder fremde Rechnung den Wechsel erwirbt, veräußert, verpfändet oder als Sicherheit annimmt, zur Zahlung präsentirt, Zahlung darauf empfängt oder leistet, oder Mangels Zahlung Protest erheben läßt, ohne Unterschied, ob der Name oder die Firma auf den Wechsel gesetzt wird oder nicht.

§ 6. Die Entrichtung der Stempelabgabe muß erfolgen, ehe ein inländischer Wechsel von dem Aussteller, ein ausländischer Wechsel von dem ersten inländischen Inhaber (§ 5) aus den Händen gegeben wird.

§ 7. Dem Aussteller eines inländischen Wechsels und dem ersten inländischen Inhaber eines ausländischen Wechsels ist gestattet, den mit einem inländischen Indossament noch nicht versehenen Wechsel vor Entrichtung der Stempelabgabe lediglich zum Zwecke der Annahme zu versenden und zur Annahme zu präsentiren.[3]) Der Acceptant eines unversteuerten Wechsels ist verpflichtet, vor der Rückgabe oder jeder anderweiten Aushändigung des Wechsels die Versteuerung desselben zu bewirken.

Wird jedoch ein nicht zum Umlauf im Bundesgebiet bestimmtes Exemplar eines in mehreren Exemplaren ausgefertigten Wechsels zur Einholung des Acceptes benutzt, so bleibt der Acceptant von der Ver-

---

1) Also auch die Bürgen und Intervenienten, nicht aber der Domiziliat und der Nothadressat.

2) Auch des Blankogiros und des Inkasso- oder Prokura-Indossaments.

3) Die hier gewährten Ausnahmen sollen dem Bedürfniß des Wechselverkehrs, vor Entrichtung der Steuer Gewißheit über die Annahme des Wechsels zu erlangen, Rechnung tragen. Neumann S. 43 Note 1.

pflichtung zur Versteuerung befreit, wenn die Rückseite des acceptirten Exemplars vor der Rückgabe dergestalt durchkreuzt wird, daß dadurch die weitere Benutzung desselben zum Indossiren ausgeschlossen wird.

§ 8. Wird derselbe Wechsel in mehreren, im Kontexte als Prima, Sekunda, Tertia u. s. w. bezeichneten Exemplaren ausgefertigt, so ist unter diesen dasjenige zu versteuern, welches zum Umlaufe bestimmt ist.

§ 9. Außerdem unterliegt der Versteuerung jedes Exemplar, auf welches eine Wechselerklärung — mit Ausnahme des Acceptes und der Nothadressen — gesetzt ist, die nicht auf einem nach Vorschrift dieses Gesetzes versteuerten Exemplare sich befindet. Die Versteuerung muß erfolgen, ehe das betreffende Exemplar von dem Aussteller der die Stempelpflichtigkeit begründenden Wechselerklärung, oder, wenn letztere im Auslande abgegeben ist, von dem ersten inländischen Inhaber aus den Händen gegeben wird.

Soll ein unversteuertes Wechselduplikat ohne Auslieferung eines versteuerten Exemplars desselben Wechsels bezahlt oder Mangels Zahlung protestirt werden, so ist die Versteuerung desselben zu bewirken, ehe die Zahlung oder Protestaufnahme stattfindet. . . .[1])

§ 10. Die Bestimmungen des § 9 gelten auch für Wechselabschriften, welche mit einem Original-Indossament oder einer anderen urschriftlichen Wechselerklärung versehen sind.

§ 11. Ist die in den §§ 6 bis 10 vorgeschriebene Versteuerung eines Wechsels, eines Wechselduplikates oder einer Wechselabschrift unterlassen, so ist der nächste, und, so lange die Versteuerung nicht bewirkt ist, auch jeder fernere inländische Inhaber verpflichtet, den Wechsel zu versteuern, ehe er denselben auf der Vorder- oder Rückseite unterzeichnet, veräußert, verpfändet, zur Zahlung präsentirt, Zahlung darauf empfängt oder leistet, eine Quittung darauf setzt, Mangels Zahlung Protest erheben läßt oder den Wechsel aus den Händen giebt. Auf die von den Vordermännern verwirkten Strafen hat die Entrichtung der Abgabe durch einen späteren Inhaber keinen Einfluß.

§ 12. Der Verwahrer eines zum Accepte versandten unversteuerten Wechselexemplars wird, wenn er dasselbe gegen Vorlegung eines nicht versteuerten Exemplars (oder einer nicht versteuerten Kopie) desselben Wechsels ausliefert, für die Stempelabgabe verhaftet und verfällt, wenn dieselbe nicht entrichtet wird, in die im § 15 bestimmte Strafe.[2])

---

1) Absatz 3 enthält die, zur Abschneidung des viele Weitläufigkeiten verursachenden Einwandes, daß ein versteuertes Wechselduplikat vorhanden sei, gegebene Beweisregel, daß der Inhaber eines unversteuerten Exemplars die Präsumtion der Nichtexistenz eines versteuerten Exemplars durch den Gegenbeweis seiner Existenz zu entkräften hat.

2) Der Verwahrer muß das Wechselexemplar demjenigen ausliefern, der sich als Indossatar oder auf andere Weise zur Empfangnahme legitimirt. Art. 68 Wechsel-Ordnung. Nach Vorschrift des § 12 darf er ein unversteuertes Exemplar

Die Entrichtung dieser Stempelabgabe wird dadurch bewirkt, daß man entweder auf ein mit dem erforderlichen Stempel versehenes Blanket den Wechsel ausstellt, oder auf den Wechsel die erforderliche Stempelmarke klebt und sie vorschriftsmäßig kassirt.[1]) § 13.

Stempelmarken, welche nicht vorschriftsmäßig verwendet worden sind, werden als nicht verwendet angesehen. § 14.

§ 15. Die Nichterfüllung der Verpflichtung zur Entrichtung der Stempelabgabe wird mit einer Geldbuße bestraft, welche dem funfzigfachen Betrage der hinterzogenen Abgabe gleichkommt.

Diese Strafe ist besonders und ganz zu entrichten von Jedem, welcher der nach den §§ 4—12 ihm obliegenden Verpflichtung zur Entrichtung der Stempelabgabe nicht rechtzeitig genügt hat, ingleichen von inländischen Maklern und Unterhändlern, welche wissentlich unversteuerte Wechsel verhandelt haben.[2])

Die Verwandlung einer Geldbuße, zu deren Zahlung der Verpflichtete unvermögend ist, in eine Freiheitsstrafe findet nicht statt. Auch darf zur Beitreibung von Geldbußen ohne Zustimmung des Verurtheilten, insofern dieser ein Inländer ist, kein Grundstück subhastirt werden.

Daraus, daß ein gezogener Wechsel zur Zeit der Annahmeerklärung und ein eigener Wechsel zur Zeit der Aushändigung mangelhaft gewesen sei, kann der Acceptant bez. der Aussteller § 16.

---

aber nur gegen Vorlegung eines versteuerten Exemplars ausliefern, da er sich anderenfalls der Begünstigung einer Stempelhinterziehung schuldig machen würde.

1) Die Bekanntmachung des Bundesraths v. 11. Juli 1873 (R. G. Bl. S. 295) bestimmt, daß die Marken auf der Rückseite des Wechsels am oberen Rande auf einer leeren Stelle dergestalt aufzukleben sind, daß oberhalb kein zur Niederschreibung eines Vermerks hinreichender Raum übrig bleibt, und daß in jeder Marke die Anfangsbuchstaben des Namens oder der Firma des Stempelverwenders und das Datum der Verwendung (in arabischen Ziffern) ohne Rasur, Durchstreichung oder Ueberschreibung niederzuschreiben oder einzustempeln sind. Jede Durchkreuzung der Marken, auch wenn sie die Schriftzeichen nicht berührt, ist unstatthaft, ebenso die Bezeichnung 7ber, 8ber, 9ber und 10ber (für September bis Dezember).

2) Die Strafbarkeit tritt mithin ein, wenn der steuerpflichtige Wechsel

a) überhaupt nicht, oder nicht vorschriftsmäßig,

b) mit einem zu geringen Betrage,

c) nicht rechtzeitig versteuert ist.

Das Erforderniß der Wissentlichkeit ist nur für die Makler und Unterhändler ausgesprochen. Neumann S. 46 Note 1.

einen Einwand gegen die gesetzlichen Folgen der Nichtversteuerung nicht entnehmen.[1])

§ 17. Wechselstempelhinterziehungen verjähren in fünf Jahren, vom Tage der Ausstellung an. Jede auf Strafverfolgung gegen den Angeschuldigten gerichtete amtliche Handlung unterbricht die Verjährung.

§ 18. Die Geldstrafen fallen dem Fiskus desjenigen Staates zu, dessen Behörde die Strafentscheidung[2]) erlassen hat.

§ 24. Das Gesetz findet auch Anwendung auf die an Ordre lautenden Zahlungsversprechen und auf kaufmännische Assignationen, Geldauszahlungen, Akkreditive und Zahlungsaufträge, gegen deren Vorzeigung oder Auslieferung die Zahlung erfolgen soll. Befreit sind aber

1. die statt der Baarzahlung dienenden, auf Sicht zahlbaren Platzanweisungen und Checks, wenn sie ohne Accept bleiben (andernfalls muß die Versteuerung zwischen Accept und Weitergabe erfolgen),
2. Akkreditive, durch welche lediglich einer bestimmten Person ein nur im Maximalbetrage begrenzter oder unbeschränkter, nach Belieben zu benutzender Kredit zur Verfügung gestellt wird,
3. Banknoten und andere auf den Inhaber lautende, auf Sicht zahlbare Anweisungen, welche der Aussteller auf sich selbst ausstellt.

---

1) Die Aushändigung unvollständiger Wechsel geschieht regelmäßig, um den Empfänger zur Ergänzung des Fehlenden zu ermächtigen, und der Nehmer kann jeden Augenblick den Wechsel vollständig ausfüllen. Der Acceptant (bez. Aussteller), der eben dies beabsichtigt, bleibt für die Versteuerung, wenn sie der erste Wechselnehmer nicht bewirkt, verantwortlich. Motive (Sten. Bericht 3 S. 514 bei Hoyer, Wechselstempelsteuergesetz S. 145). Zur Zeit der Strafverfolgung muß der Wechsel aber vollständig sein.

2) Hierunter wird die Administrativ-Entscheidung zu verstehen sein. — In Betreff des Verfahrens siehe Vereinszollgesetz v. 1. Juli 1869 bez. das Preuß. Zollstrafgesetz v. 23. Januar 1838, sowie §§ 459 ff. St. P. O.

8. Die Spielkartenstempelsteuer.

Gesetz, betreffend den Spielkartenstempel.[1])

Vom 3. Juli 1878.

(R. G. Bl. S. 133.)

Spielkarten[2]) unterliegen einer Stempelabgabe von § 1.
0,30 Mark für jedes Kartenspiel von 36 oder weniger Blättern,
0,50 Mark für jedes andere Spiel.

Die unter amtlicher Kontrole in das Ausland ausgeführten Spielkarten sind von dieser Abgabe befreit. — Gegen Entrichtung § 2. der Abgabe erfolgt die Abstempelung der Karten.

§ 3. Wer Spielkarten in das Bundesgebiet einbringt[3]) oder vom Auslande eingehende ungestempelte Spielkarten daselbst empfängt, ist verpflichtet, dieselben nach Menge der Spiele und deren Blätterzahl mit der Angabe, ob sie zum Verbleibe im Inlande oder zur Durchfuhr bestimmt sind, beim Eingange beziehungsweise Empfange der Steuerbehörde anzumelden und nach deren Anweisung die zum Verbleibe im Inlande bestimmten Spielkarten zur Abstempelung gegen Entrichtung der gesetzlichen Stempelsteuer vorzulegen.[4])

§ 4. Die Errichtung von Spielkartenfabriken ist nur in Orten gestattet, wo sich eine zur Wahrnehmung der steuerlichen Aufsicht geeignete Zoll- oder Steuerbehörde befindet.

§ 5. Die Fabrikation von Spielkarten darf nur in den von der zuständigen Steuerbehörde des betreffenden Bundesstaats genehmigten Räumen betrieben werden....[5])

Außerhalb der Fabrikräume, insbesondere in den Wohnungen der Arbeiter, darf nur das Koloriren der Kartenblätter[6]) und zwar mit Genehmigung der Steuerbehörde und unter Beachtung der vorgeschriebenen Kontrolmaßregeln ausgeführt werden.

---

1) Hierzu vergl. Bekanntmachung des Reichskanzlers v. 6. Juli 1878.

2) Als Spielkarten sind alle bildlichen Zeichen anzusehen, mittels deren eins der gewöhnlichen Kartenspiele gespielt werden kann. Neumann S. 406.

3) Der Zoll beträgt nach dem Zolltarif v. 15. Juli 1878 neben der inneren Abgabe pro 100 Kgm 60 Mark.

4) Strafbestimmung: §§ 11 und 12.

5) Strafbestimmung: § 13.

6) Ueber Form und Farbe der Spielkarten sowie über das Abstempelungsverfahren siehe Bekanntmachung des Reichskanzlers v. 2. November 1878.

§ 6. Die Kartenfabriken stehen unter steuerlicher Kontrole und unterliegen den steuerlichen Revisionen, auch sind überhaupt die Fabrikinhaber an ein besonderes Regulativ gebunden.[1])

§ 7. Steuererlaß oder Ersatz ist nur durch die oberste Finanzbehörde und nur dann zu bewilligen, wenn gestempelte inländische Karten in der Fabrik durch unverschuldeten Zufall zum Gebrauch untauglich geworden sind und der Verlust oder die Beschädigung binnen 24 Stunden (event. unter Einlieferung der verdorbenen Spiele) angezeigt wird. Fristbewilligungen sind gegen Sicherstellung bis zur Dauer von drei Monaten zulässig.

§ 8. Der Handel mit Spielkarten, welche nach den Bestimmungen in den §§ 1 und 2 gestempelt worden sind, unterliegt, unbeschadet der nach § 6 bezüglich der Spielkartenfabrikanten zu treffenden Bestimmungen, nur den allgemeinen gewerbepolizeilichen und gewerbesteuerlichen Vorschriften.

Die Händler mit Spielkarten sind indessen verbunden, den mit der Steueraufsicht betrauten Beamten und Bediensteten ihre Vorräthe an Spielkarten zum Nachweise, daß solche mit dem gesetzlichen Stempel versehen sind, auf Verlangen vorzuzeigen.

§ 10. Spielkarten, welche der Vorschrift dieses Gesetzes zuwider mit dem erforderlichen Stempel nicht versehen sind, unterliegen der Einziehung, gleichviel wem sie gehören und ob gegen eine bestimmte Person Anklage erhoben wird.

Wer der Vorschrift dieses Gesetzes zuwider Karten, welche mit dem erforderlichen Stempel nicht versehen sind, feilhält, veräußert, vertheilt, erwirbt, damit spielt oder solche wissentlich in Gewahrsam hat, verfällt für jedes Spiel in eine Strafe von dreißig Mark.

Wirthe und andere Personen, welche Gäste halten, haben dieselbe Strafe verwirkt, wenn in ihren Wohnungen oder Lokalen mit ungestempelten Karten gespielt und nicht nachgewiesen wird, daß dies ohne ihr Wissen geschehen sei.[2])

§ 11. Die Nichterfüllung einer der nach § 3 dem Einbringer bezw. Empfänger vom Auslande eingehender Spielkarten obliegenden Verpflichtungen wird mit der im § 10 bestimmten Strafe geahndet.

---

1) Regulativ, betr. den Betrieb der Spielkartenfabriken v. 21. November 1878.

2) Die Wissentlichkeit ist nur bei der Gewahrsam zur Strafbarkeit erfordert, da z. B. beim Depositum oder bei einer Erbschaft Jemand unwissentlich in den Besitz ungestempelter Karten gelangen und dafür doch nicht bestraft werden kann. In allen anderen Fällen schützt die Unwissentlichkeit nicht, da sich Jeder um das Gesetz (die Stempelpflichtigkeit) und um die erfolgte Abstempelung zu kümmern hat. Eine Zwischenkategorie bilden die Wirthe insofern, als bei ihnen die Präsumtion gilt, daß sie um die Nichtstempelung der Karten gewußt haben. Neumann S. 408.

Wird jedoch nachgewiesen, daß der Beschuldigte die Stempelsteuer nicht habe hinterziehen können oder wollen, so findet nur eine Ordnungsstrafe von drei bis dreißig Mark statt.

§ 12. Wenn eine Person, welche den Handel mit Spielkarten betreibt, Karten, die mit dem erforderlichen Stempel nicht versehen sind, gegen die Vorschriften dieses Gesetzes feilhält, veräußert oder in Gewahrsam hat oder die dem Einbringer bezw. Empfänger vom Auslande eingehender Karten nach § 3 obliegenden Verpflichtungen nicht erfüllt, so soll gegen dieselbe die nach § 10 oder 11 verwirkte Geldstrafe in keinem Fall auf einen geringeren Betrag als fünfhundert Mark festgesetzt werden, soweit nicht nach § 11 eine bloße Ordnungsstrafe einzutreten hat.

[Die § 275, 1 des Strafgesetzbuchs angedrohte Strafe[1]) kommt neben den in diesem Gesetze angedrohten Strafen zur Anwendung.]

§ 13. [Wer die Fabrikation von Spielkarten ohne vorgängige Genehmigung der zuständigen Behörde oder in anderen, als den genehmigten oder angesagten Räumen (§ 5) vornimmt, verfällt neben Einziehung der Geräthe, Materialien und bereits verfertigten oder in der Anfertigung begriffenen Spielkarten in eine Geldstrafe von fünfzehnhundert Mark. Sind bereits mehr als fünfzig Spiele verfertigt, so wird für jedes weitere Spiel die Geldstrafe um dreißig Mark erhöht.

Wer vor erfolgter Anzeige bei der Steuerbehörde mit der Fabrikation von Spielkarten in den genehmigten oder angesagten Räumen beginnt, hat, sofern nicht die Vorschrift im § 14 Anwendung findet, Geldstrafe von zehn bis fünfzehnhundert Mark verwirkt.][2])

§ 14. [Werden gegen die Vorschriften des nach § 6 zu erlassenden Regulativs die in einer Fabrik gefertigten Karten den revidirenden Steuerbeamten nicht vollständig angegeben und vorgelegt oder ungestempelte Karten ohne Mitwirkung der Steuerbehörde versendet, so hat dieses Verfahren die Einziehung der nicht angegebenen oder der versendeten Karten und die in § 13 (Absatz 1) verordnete Geldstrafe zur Folge.]

§ 15. Die Entfernung überzähliger Karten aus der Fabrik oder der Ausschußblätter, bevor letztere nach Vorschrift des betreffenden Regulativs (§ 6) unbrauchbar gemacht worden sind, ist, sofern nicht nach Vorstehendem eine höhere Strafe eintritt, mit einer Geldstrafe von dreißig bis hundertundfünfzig Mark zu belegen.

---

1) Danach wird mit Gefängniß nicht unter drei Monaten bestraft, wer wissentlich von falschem oder gefälschtem Stempelpapier und dergl. Stempelabdrücken Gebrauch macht. Auch hier ist die Wissentlichkeit Erforderniß der Strafbarkeit.

Zuständig kann selbst hier das Schöffengericht sein, falls die höchste zulässige Strafe (die sich nach der Zahl der Spiele richtet), den Betrag von sechshundert Mark nicht übersteigt, — also bei höchstens zwanzig Spielen — und falls die Anklage nicht aus § 275 St. G. B. mitbegründet wird.

2) In diesem Falle ist Verweisung an das Schöffengericht zulässig. § 75 Nr. 14 G. V. G.

§ 16. Zuwiderhandlungen gegen die Vorschriften dieses Gesetzes oder die zu dessen Ausführung erlassenen Vorschriften, welche mit keiner besonderen Strafe in diesem Gesetze belegt sind, ziehen eine Ordnungsstrafe von drei bis dreißig Mark nach sich.

§ 17. Die Umwandlung der nicht beizutreibenden Geldstrafen in Freiheitsstrafen erfolgt gemäß §§ 28 und 29 des Strafgesetzbuchs.[1])

§ 18. Kartenfabrikanten und -Händler haben für die von ihren Dienern, Lehrlingen, Gewerbsgehülfen, Gesinde und Familienmitgliedern nach diesem Gesetze verwirkten Geldstrafen subsidiarisch zu haften.

Wird nachgewiesen, daß das Vergehen ohne ihr Wissen verübt worden, so haften sie nur für die Spielkartenabgabe.

§ 20. Die Verjährungsfrist beträgt drei Jahre. — Die Geldstrafen
§ 19. fallen dem Landesfiskus zu.

---

9. Postgefälle.

Gesetz über das Postwesen des Deutschen Reichs.

Vom 28. Oktober 1871.

(R. G. Bl. S. 347.)

Dasselbe enthält folgende Strafbestimmungen gegen Post- und Porto-Defraudationen:

§ 27. Mit dem vierfachen Betrage des defraudirten Portos, jedoch niemals unter einer Geldstrafe von drei Mark, wird bestraft:

1) wer Briefe oder politische Zeitungen, den Bestimmungen der §§ 1 und 2 zuwider, auf andere Weise, als durch die Post, gegen Bezahlung befördert oder verschickt;[2]) erfolgt die Beförderung in versiegelten, zugenähten oder sonst verschlossenen Packeten, so trifft die Strafe den Beförderer nur dann, wenn er den verbotwidrigen Inhalt des Packets zu erkennen vermochte;
2) wer sich zu einer portopflichtigen Sendung einer von der Entrichtung des Portos befreienden Bezeichnung bedient[3]) oder eine

---

1) Vergl. dagegen § 15 Wechselstempelsteuer-Gesetz und § 44 Erbschaftssteuer-Gesetz, sowie Anmerkung 3 S. 378.

2) Der Postzwang begreift in sich das Verbot, verschlossene Briefe und politische Zeitungen, die öfter als einmal wöchentlich erscheinen, anders als durch die Post zu befördern, doch erstreckt sich dasselbe bei politischen Zeitungen nicht auf den zweimeiligen Umkreis ihres Ursprungsortes.

3) Vergl. Gesetz über die Portofreiheiten v. 5. Juni 1869 (B. G. Bl. S. 141) und das Regulativ v. 15. Dezbr. 1869.

solche Sendung in eine andere verpackt, welche bei Anwendung einer vorgeschriebenen Bezeichnung portofrei befördert wird;

3) wer Postwerthzeichen nach ihrer Entwerthung zur Frankirung einer Sendung benutzt; inwiefern in diesem Falle wegen hinzugetretener Vertilgung des Entwerthungszeichens eine härtere Strafe verwirkt ist, wird nach den allgemeinen Strafgesetzen beurtheilt;[1])

4) wer Briefe oder andere Sachen zur Umgehung der Portogefälle einem Postbeamten oder Postillon zur Mitnahme übergiebt.

In den unter Nr. 2 und 3 bestimmten Fällen ist die Strafe mit der Einlieferung der Sendung zur Post verwirkt.

§ 28. Im ersten Rückfalle wird die Strafe (§ 27) verdoppelt und bei ferneren Rückfällen auf das Vierfache erhöht.

Im Rückfalle befindet sich derjenige, welcher, nachdem er wegen einer der im § 27 bezeichneten Defraudationen vom Gerichte oder im Verwaltungswege (§§ 34, 35) bestraft worden, abermals eine dieser Defraudationen begeht.

Die Straferhöhung wegen Rückfalls tritt auch ein, wenn die frühere Strafe nur theilweise verbüßt, oder ganz oder theilweise erlassen ist, bleibt jedoch ausgeschlossen, wenn seit der Verbüßung oder dem Erlasse der letzten Strafe bis zur Begehung der neuen Defraudation drei Jahre verflossen sind.

§ 29. Wer wissentlich, um der Postkasse das Personengeld zu entziehen, uneingeschrieben mit der Post reist, wird mit dem vierfachen Betrage des defraudirten Personengeldes, jedoch niemals unter einer Geldstrafe von drei Mark, bestraft.

§ 30. Außer der Strafe muß in den Fällen des § 27 das Porto, welches für die Beförderung der Gegenstände der Post zu entrichten gewesen wäre, und in dem Falle des § 29 das defraudirte Personengeld gezahlt werden. In dem Falle des § 27 unter Nr. 1 haften der Absender und der Beförderer für das Porto solidarisch.

§ 31. Die Dauer der Haft, welche an die Stelle einer nicht beizutreibenden Geldstrafe tritt, ist vom Richter festzusetzen und darf sechs Wochen nicht übersteigen.

Die Postbehörden haben das Recht der Beschlagnahme und Zurückhaltung von Briefen und anderen Sachen, die Gegenstand § 32.

---

1) [Der Gebrauch falscher oder gefälschter Post- oder Telegraphenfreimarken, sowie die Anfertigung unechter Post- oder Telegraphenfreimarken mit der Absicht, sie als echte zu verwenden, und die Verfälschung echter Post- oder Telegraphen-Freimarken mit der Absicht, sie zu einem höheren Betrage zu verwenden, wird mit Gefängniß nicht unter drei Monaten bestraft. § 275 St. G. B.] Die Vertilgung des Entwerthungszeichens, z. B. des Kassationsstriches, kann als **Betrug** nach § 263 St. G. B. strafbar sein. — Betreffs der Telegraphenfreimarken siehe Gesetz v. 16. Mai 1869.

der Uebertretung sind, bis zur Zahlung der defraudirten Postgefälle nebst Strafe und Kosten.

§ 33. Die Geldstrafen fließen zur Postarmen- oder Unterstützungskasse. Die Verjährungsfrist für diese Zuwiderhandlungen beträgt drei Jahre.[1])

B. Preußische Steuern.

1. Gesetz wegen der Stempelsteuer.

Vom 7. März 1822.

(G. S. S. 57.)

Dieses Gesetz hat, unter Abschaffung aller früheren Stempelgebühren, die Stempelgesetzgebung ganz neu geregelt. Ihm ist ein Stempeltarif beigefügt, nach welchem die Erhebung der Steuer erfolgen sollte (G. S. S. 73–88).[2])

§ 3. Befreit von der Stempelsteuer sind alle Verhandlungen, deren Objekt den Betrag von 150 Mark nicht übersteigt, ferner

Verhandlungen und Zeugnisse wegen allgemeiner Leistungen an den Staat (Abgaben, Kriegsdienst),

Verhandlungen in Dienstablösungs- und Gemeinheitstheilungssachen, sowie wegen Aufhebung ausschließlicher Gewerbsberechtigungen;

ferner seit dem Gesetz v. 26. März 1873 (G. S. S. 131):

alle Gesuche und Bescheide auf Gesuche,

Protokolle (außer Auktions-, Notariats- und Rekognitionsprotokollen),

Requisitionen,

Dechargen,

Beglaubigungen gemäß § 33 Grundbuchordnung,

Quittungen und Löschungsanträge,

Abschiede (Dienstentlassungen),

---

1) Einf.-Gesetz z. St. G. B. § 7.

2) Für Stempel in Grundbuchsachen ist das besondere Gesetz v. 5. Mai 1872 ergangen und für Vormundschaftssachen bestimmt das Gesetz v. 21. Juli 1875, daß die darin normirten Kostentarifsätze auch die Stempelabgaben decken.

Urlaubsertheilungen,
„Kundschaften“ der Zunft- und Gewerkskorporationen,
Lehrbriefe,
Geburts-, Tauf-, Aufgebots-, Ehe-, Trau-, Todten- und Beerdigungsscheine.

Außerdem sind der Fiskus und verschiedene wohlthätige und nützliche Anstalten von gewissen Stempelabgaben befreit.[1])

Auch Eisenbahnaktien sind stempelfrei.[2]) Bei den Uebertragsverträgen zwischen Ascendenten und Descendenten kommen nach einer Spezialbestimmung die Abfindungen der Geschwister und das eigne Erbtheil sowie die Altentheilsverpflichtungen in Abzug, sodaß sie mithin in der Regel auch stempelfrei sind.[3])

§ 12. Stempelpflichtige Verhandlungen müssen in der Regel auf das erforderliche Stempelpapier selbst geschrieben werden.

Wo dies nicht hat geschehen können, darf zwar das erforderliche Stempelpapier noch nachgebracht, jedoch nur in ganzen unangeschnittenen Bogen umgeschlagen und kassirt, das ist, durch Bezeichnung seiner Bestimmung zu anderem Gebrauche untüchtig gemacht werden.

Auch muß dies bei Verhandlungen, welche im Lande selbst vorgenommen werden, längstens binnen vierzehn Tagen, vom Tage der Ausfertigung an, geschehen und der Tag der Kassation deshalb von der Behörde oder dem Stempelvertheiler, wo das Stempelpapier gelöset worden, mit Buchstaben ausgeschrieben, bescheinigt werden. Wenn Inländer außerhalb Landes über einen im Lande befindlichen Gegenstand stempelpflichtige Verhandlungen gepflogen haben, so ist das dazu erforderliche Stempelpapier binnen vierzehn Tagen nach ihrer Rückkehr beizubringen und zu kassiren, auch der Tag, wo dies geschehen, vorgedachtermaßen zu bescheinigen.

Nur bei Vollmachten und solchen Verhandlungen, wozu Gerichts- oder andere öffentliche Behörden oder Beamte den Stempel beizubringen von Amtswegen verpflichtet sind, oder in solchen Fällen, wo der Tarif die Nachbringung des Stempels bei veränderter Bestimmung einer Verhandlung ausdrücklich gestattet, bedarf es keiner Bescheinigung des Zeitpunkts, worin dies geschehen.

Bei mehreren Exemplaren einer Verhandlung erhält nur das Hauptexemplar den tarifmäßigen Stempel, die Nebenexemplare § 13.

---

1) Siehe Hoyer, Stempelgesetzgebung, S. 31—54.

2) Gesetz v. 3. November 1838 über die Eisenbahnunternehmungen (G. S. S. 505) § 2 Littr. 1.

3) Gesetz, betr. die Entrichtung des Stempels von Uebertragsverträgen zwischen Ascendenten und Descendenten v. 22. Juli 1861 (G. S. S. 754).

§ 14. erhalten nur die Stempel für beglaubigte Abschriften. Es muß aber auf letzteren wie auf allen Duplikaten und Ausfertigungen der Betrag des zur Urschrift verwendeten Stempels vermerkt
§ 15. werden. Sind die Verhandlungen stärker als ein Bogen, so wird der Stempel nur zu dem ersten erfordert; müssen mehrere Stempelbogen beigebracht werden, so muß der höchste zum ersten Bogen der Verhandlung gebraucht werden.

§ 10. Den Betrag der Prozeßstempel setzen die Gerichte gleich nach dem Erkenntniß fest. Der Verbrauch des Stempelpapiers bei den Gerichten ist aber aufgehoben.[1])

§ 21. Ist das tarifmäßige Stempelpapier nach den Vorschriften dieses Gesetzes nicht gebraucht oder beigebracht worden, so ist dasselbe nicht allein sofort nachzubringen, sondern es tritt auch außerdem die ordentliche Stempelstrafe ein, welche in Entrichtung des vierfachen Betrages des nachzubringenden Stempels besteht.

Wo zwar ein Stempel, jedoch nur ein geringerer als der tarifmäßige, gebraucht oder beigebracht worden, da ist der fehlende Stempelbetrag zu ergänzen, und auch nur von diesem die Strafe des Vierfachen zu entrichten.

Beträgt aber das Vierfache des nachzubringenden Stempels weniger als drei Mark, so wird die ordentliche Stempelstrafe, außer dem § 23 bestimmten Fall,[2]) dennoch zu drei Mark festgesetzt und erhoben.[3])

§ 22. Jeder Inhaber und Vorzeiger einer stempelpflichtigen Verhandlung oder Urkunde haftet, vorbehaltlich des Regresses, für die Nachbringung des Stempels und die Strafe, außer wenn er nachweisen kann, daß er erst nach dem Tode des eigentlichen Schuldigen in den Besitz der Urkunde oder Verhandlung gekommen ist. Als eigentlicher Schuldiger ist bei einseitigen Verträgen und Erklärungen der Aussteller, bei mehrseitigen sind alle Theilnehmer als Kontravenienten anzusehen und jeder verfällt in die ganze Strafe.

§ 24. Ist, entgegen der Vorschrift des § 15, auf beglaubigten Abschriften, Duplikaten und Ausfertigungen der Betrag des Stempels nicht bemerkt, der zu der Urschrift oder der ausgefertigten Ver-

---

1) Gesetz, betr. den Ansatz und die Erhebung der Gerichtskosten v. 10. Mai 1851 (G. S. S. 622). § 16.

2) § 23 betrifft die Stempel bei Gesuchen und Bittschriften, ist daher seit dem Gesetz v. 26. Mai 1873 bedeutungslos.

3) Eine Umwandlung von Stempelstrafen in Freiheitsstrafen findet nicht statt. Kab.-Ordre v. 24. Mai 1844 (G. S. S. 238).

handlung gebraucht worden; so ist diese Unterlassung mit einer Ordnungsstrafe von einer Mark fünfzig Pfennige zu ahnden. . . .

§ 37. Der unbefugte Handel mit Stempelpapier, gestempelten Vollmachten, Paßformularen . . . wird an sich schon mit Konfiskation der Vorräthe und einer Geldstrafe von einhundertfünfzig Mark bestraft. — Ueberdies bleibt die Untersuchung und Ahndung damit verbundener Verkürzungen des Staatseinkommens und Unterschleife, den Umständen nach, besonders vorbehalten.

Die Stempelabgabe verjährt in vier Jahren, vom 31. Dezbr. des Jahres ab, in welchem der Zahlungstag festgesetzt oder der betr. Prozeß beendet worden ist.[1]) Hinsichtlich der Stempel, die mehr als 1 % betragen oder die zu Verträgen und Schuldverschreibungen zu verwenden sind, ist die Verjährung überhaupt ausgeschlossen.

Wenn Jemand zur Entrichtung eines Werthstempels oder eines nicht nach dem Objekt bemeßbaren Stempels sich nicht verpflichtet glaubt, so steht ihm der Rechtsweg offen[2]) und das Erkenntniß ist auszusetzen.[3]) Gegen das administrative Strafresolut ist aber auch der Rekurs an die kompetente Provinzialsteuerbehörde binnen zehn Tagen zulässig.[4])

---

2. Gesetz über die Erbschaftssteuer.

Vom 30. Mai 1873.

(G. S. S. 329.)

Alle Erbschaften, Vermächtnisse und Schenkungen von Todeswegen (mit Einschluß der remuneratorischen und der mit einer Auflage belasteten Schenkungen),[5]) Lehns- und Fideikommißanfälle § 1.

---

1) Gesetz v. 31. März 1838 wegen Einführung kürzerer Verjährungsfristen ꝛc. (G. S. S. 249) § 2 Nr. 8 und § 5 Nr. 2.

2) Gesetz v. 24. Mai 1861 betr. die Erweiterung des Rechtsweges (G. S. S. 241). § 11.

3) Ein Zwang hierzu ist jedoch nicht mehr vorhanden. § 261 St. P. O.

4) Gesetz v. 23. Januar 1838 wegen Untersuchung und Bestrafung der Zollvergehen (G. S. S. 78). § 46.

5) Schenkungen unter Lebenden, die schriftlich beurkundet werden, unterliegen einer Werthstempelabgabe von dem Betrage der Schenkung, dessen Berechnung nach dem Tarif dieses Gesetzes stattfindet.

und Anfälle von Hebungen aus Familienstiftungen unterliegen einer Erbschaftssteuer. Dieselbe beträgt:[1])

1 % bei der Zuwendung an Dienstboten für geleistete Dienste, falls sie in Pensionen, Renten oder anderen lebenslänglichen Nutzungen bestehen,

2 % bei dem Erbanfall an Adoptivkinder, an Geschwister und Halbgeschwister und deren Descendenten,

4 % bei dem Erbanfall an Verwandte bis zum sechsten Grade, an Stiefkinder und Stiefeltern, an Schwiegerkinder und Schwiegereltern, an natürliche aber anerkannte Kinder, und bei allen Zuwendungen zu allgemeinen wohlthätigen, gemeinnützigen oder Unterrichtszwecken,

8 % in allen anderen Fällen (also insbesondere bei dem Erbanfall an Verwandte jenseits des sechsten Grades).

Befreit sind von der Erbschaftssteuer, abgesehen von früheren Exemtionen:

1. Erbschaften unter 150 Mark,
2. jeder Erbanfall an Ascendenten, Descendenten und Ehegatten, ferner an Dienstpersonal bei einem Betrage bis zu 900 Mark,[2]) an den Fiskus, verschiedene öffentliche Anstalten und die mit den Rechten juristischer Personen begabten Kirchen.

§ 5. Die Steuer wird von dem Betrage entrichtet, um welchen der Erbe (Legatar 2c.) reicher geworden ist, es gehen daher alle Schulden und Lasten von der Masse ab, wozu auch die Kosten der letzten Krankheit, der Beerdigung, der Nachlaßregulirung
§ 6. gehören. Ist eine Zuwendung zur Vergeltung für Leistungen bestimmt, welche mit dem Anfall übernommen werden und in Geld schätzbar sind, kommt der Werth dieser Leistungen in Abzug.

§ 12. Der Werth der Masse zur Zeit des Anfalls muß, soweit nicht allgemeine Abschätzungsvorschriften existiren (wie bei Grundstücken,
§ 18. Renten und anderen Nutzungen) von dem Steuerpflichtigen, bez. dem Testamentsvollzieher oder Nachlaßverwalter (§ 35) angegeben

1) Nach dem, dem Gesetz beigefügten Tarif v. 30. Mai 1873.

2) Bei höherem Betrage ist die Steuer nur soweit zu entrichten, als sie aus dem Ueberschuß über 900 Mark entnommen werden kann.

werden, und die Steuerbehörde kann, wenn sie gegen diese An- § 19.
gaben Bedenken trägt, selbständig auf Kosten des Steuerpflichtigen den Werth ermitteln lassen. Dieselbe kann auch bei einer unter § 20.
aufschiebender Bedingung zugefallenen Erbschaft Sicherstellung der später, bei Eintritt der Bedingung, fälligen Steuer fordern.

Lasten, welche den Werth der Masse vermindern, werden, so- § 21.
weit sie vom Eintritt einer aufschiebenden Bedingung abhängen, nicht berücksichtigt, wenn aber ihre Fortdauer von einer auflösenden Bedingung abhängt, wie unbedingte in Abzug gebracht. Auch hier kann Sicherstellung des Anspruchs gefordert werden. Unsichere Forderungen kommen mit einem muthmaßlichen Werth § 23.
in Rechnung, den der Steuerpflichtige vorschlägt und über den die Steuerbehörde sich mit ihm zu einigen hat. Wenn unsichere oder unbekannte Ansprüche an die Masse nicht berücksichtigt waren und erst später verwirklicht werden, so wird das Zuvielgezahlte zurückerstattet.

Ist einem Erben ꝛc. Vermögen angefallen, dessen Nutzung § 25.
einem Dritten zusteht, so wird dasselbe um den Werth der Nutzung [1]) geringer angeschlagen, wenn der Erwerber der Substanz die Versteuerung bei dem Anfall bewirkt. Dieser Abzug findet aber nicht statt, wenn beantragt wird, die Versteuerung der Substanz bis zu deren Vereinigung mit der Nutzung auszusetzen. In diesem Fall kann auch Sicherstellung der Steuer gefordert werden. — Bei fideikommissarischen Substitutionen wird der Fiduziar als Nießbraucher und der Fideikommissar als Substanzerbe behandelt. Nur bei dem Fideikommiß auf das, „was übrig bleibt", haben Beide von dem vollen Betrage des Anfalls bez. des Ueberrestes des Vermögens die Steuer zu entrichten.

Die Berechnung der Steuer findet nach dem ganzen Antheil § 26.
jedes Erwerbers eines Anfalls für diesen besonders statt.

§ 27. Die Erbschaftssteuer trifft den Erwerber des steuerpflichtigen Anfalles. Für dieselbe haftet die ganze steuerpflichtige Masse (§ 5), aus welcher auch auf Erfordern für die Versteuerung bedingter Anfälle Sicherheit bestellt werden muß (§§ 20 und 21).

Erben und Miterben sind bis auf Höhe des aus der Erbschaft Empfangenen für die von allen den Nachlaß betreffenden Anfällen zu entrichtende Erbschaftssteuer solidarisch verpflichtet. . . .

1) Das Gesetz enthält eine genaue Tabelle über den gegenwärtigen Werth einer gewissen Rente oder Nutzung auf 1 bis 63 Jahre.

§ 30. Jeder, dem ein steuerpflichtiger Anfall (§ 1) zukommt, ist verpflichtet, denselben binnen drei Monaten, nachdem er davon Kenntniß erlangt hat, dem zuständigen Erbschafts-Steueramte schriftlich anzumelden, ohne Unterschied, ob die Erwerbung des Anfalles bereits stattgefunden hat oder nicht. Ist der Verpflichtete in außereuropäischen Ländern oder Gewässern abwesend, so werden die vorstehende und die im § 33 bestimmte zweimonatliche Frist auf sechs Monate verlängert.

Es wird vermuthet, daß spätestens am 30sten Tage nach dem Eintritt des Anfalles der zur Anmeldung Verpflichtete, wenn er in Europa sich aufhält, Kenntniß von dem Anfalle erlangt hat, vorbehaltlich des der Steuerbehörde obliegenden Beweises eines früheren und des dem Steuerpflichtigen obliegenden Beweises eines späteren Zeitpunktes.

§ 31. Theilnehmer an einer Erbschaft, sowie die zu Hebungen aus einer Familienstiftung Berufenen werden von der Anmeldungspflicht (§ 30) befreit, wenn die ihnen zukommenden Anfälle von einer der im § 28 bezeichneten Personen oder einem Mitberechtigten rechtzeitig angemeldet werden.

§ 33. Innerhalb einer ferneren zweimonatlichen Frist nach Ablauf der Anmeldungsfrist (§ 30) muß dem zuständigen Erbschafts-Steueramte ein vollständiges und richtiges, zugleich die erforderlichen Werthangaben enthaltendes Verzeichniß (Inventarium) über die gesammte steuerpflichtige Masse und alle derselben zuzurechnende oder davon in Abzug zu bringende Gegenstände vorgelegt werden. Hiermit ist eine schriftliche Deklaration der die Festsetzung der Erbschaftssteuer bedingenden Verhältnisse zu verbinden und einzureichen.[1])

Eine Verlängerung der Frist ist auf Antrag zu bewilligen, sofern besondere Gründe es erforderlich machen, und muß insbesondere gewährt werden, wenn der Berufene den Anfall noch nicht erworben hat und dies anzeigt. . . .

§ 35. Die Verpflichtung zur Vorlegung des Verzeichnisses und der Deklaration liegt ob:

1) bei Erbschaften in Bezug auf alle den Nachlaß betreffenden steuerpflichtigen Anfälle — wenn ein Testamentsvollzieher oder Nachlaßverwalter vorhanden ist, diesem, sonst den Erben, ohne Unterschied, ob sie selbst von den ihnen zukommenden Anfällen Erbschaftssteuer zu entrichten haben oder nicht. Andere Theilnehmer (Vermächtnißnehmer u. s. w.) sind in Betreff des ihnen zukommenden Anfalles zur Vorlegung des Verzeichnisses und der Deklaration nur auf Aufforderung des Erbschafts-Steueramts innerhalb der ihnen bekannt zu machenden Frist verpflichtet;
2) bei den im § 1 unter 2 und 3 bezeichneten Anfällen — jedem Steuerpflichtigen hinsichtlich des ihm zukommenden Anfalles.

---

1) Hierzu ist eine Anweisung des Finanzministers v. 14. November 1873 ergangen, wonach das Erbschaftssteueramt den Erben eine gedruckte „Belehrung" über ihre Pflichten zusendet und über die eidesstattliche Bestärkung der Deklaration ꝛc. zu befinden hat.

Für Bevormundete, unter Kuratel oder väterlicher Gewalt stehende oder juristische Personen und für Konkursmassen ist die vorerwähnte Verpflichtung und die Verpflichtung zur Anmeldung (§§ 30 ff.) von deren gesetzlichen Vertretern zu erfüllen.

Ist die Erbschaftssteuer berechnet, so ertheilt das Erbschaftssteueramt darüber eine Bescheinigung, welche genau den Betrag der Anfälle und der Steuer enthält. Eine verzögerte Auseinandersetzung unter den Erben darf die Entrichtung der Steuer nicht aufhalten. Gegen diesen Bescheid ist der Rechtsweg zulässig.[1] § 39.

Strafen:

§ 41. Wer die gesetzliche Verpflichtung zur Anmeldung eines steuerpflichtigen Anfalles, oder zur Vorlegung des Verzeichnisses und der Deklaration (§ 33) innerhalb der vorgeschriebenen, beziehungsweise auf Antrag verlängerten Frist nicht erfüllt, hat die durch die amtlichen Ermittelungen entstehenden Kosten zu tragen, die in Folge seiner Säumigkeit etwa ausfallenden Steuerbeträge zu ersetzen und verfällt außerdem in eine dem doppelten Betrage der Erbschaftssteuer von dem betreffenden Anfalle gleiche Geldstrafe, [wenn aber der Betrag der Erbschaftssteuer nicht ermittelt werden kann, in eine Geldstrafe bis zu dreitausend Mark.]

Ist jedoch nach den obwaltenden Umständen anzunehmen, oder kann der Angeschuldigte nachweisen, daß die rechtzeitige Erfüllung der Verpflichtung nicht in der Absicht, die Erbschaftssteuer zu hinterziehen, unterlassen sei, so tritt statt der vorgedachten Geldstrafe nur eine Ordnungsstrafe bis zu einhundertfünfzig Mark ein.

[Diese Ordnungsstrafe kann ohne vorgängige Einleitung eines Strafverfahrens von dem zuständigen Erbschafts-Steueramte bis auf Höhe von sechszig Mark durch besonderen, die Entscheidungsgründe enthaltenden Bescheid festgesetzt werden, gegen welchen dem Angeschuldigten der Rekurs oder die Berufung auf den Rechtsweg wie gegen ein Strafresolut der Steuerbehörden (§ 45) zustehen.] Die Einziehung der Steuer erfolgt unabhängig von der Bestrafung.[2]

---

1) Gesetz, betr. die Erweiterung des Rechtsweges, v. 24. Mai 1861 (G. S. S. 241) §§ 11—14. — Die Klage ist binnen sechs Monaten nach der Beitreibung oder Zahlung der Steuer anzubringen (§ 12). Kann jedoch die Erstattung der Steuer wegen eines erst nach deren Festsetzung eingetretenen Ereignisses verlangt werden, so ist die Klage binnen Jahresfrist nach dem Eintritt des Ereignisses anzubringen. § 40 d. G.

2) Vergl. §§ 33—48 Gesetz wegen Untersuchung und Bestrafung der Zollvergehen v. 23. Januar 1838 (G. S. S. 78).

Erachtet das Steueramt eine höhere Ordnungsstrafe für angemessen, so ist das Schöffengericht in erster Instanz zuständig. — Dasselbe ist übrigens gleichfalls an die Bestimmung des § 44 gebunden.

§ 42. Die Bestimmungen des § 41 finden gleichmäßig Anwendung auf denjenigen, welcher wissentlich zu einem steuerpflichtigen Anfalle gehörige Gegenstände, zu deren Angabe er verpflichtet ist, verschweigt, oder über die Thatsachen, welche die Steuerpflichtigkeit, die Höhe des Steuersatzes oder des Steuerbetrages bestimmen, wissentlich unrichtige Angaben macht.

Eine Bestrafung findet jedoch nicht statt, wenn der Pflichtige auf erforderte eidesstattliche Versicherung seine Angaben berichtigt. Auch fällt die hier vorgeschriebene Bestrafung hinweg, wenn die Täuschung mittelst Urkundenfälschung oder eidesstattlicher Versicherung unternommen ist und wegen dieser Vergehen Bestrafung eintritt.

§ 43. [Wer der Verpflichtung zur Abgabe der eidesstattlichen Versicherung auf wiederholte Aufforderung (§ 37) innerhalb der zu bestimmenden Frist nicht genügt, wird mit einer Geldstrafe von fünfundsiebzig bis dreitausend Mark bestraft.] [1])

§ 44. Die Umwandlung der in den §§ 41, 42 und 43 bestimmten Geldstrafen, zu deren Zahlung der Verurtheilte unvermögend ist, in eine Freiheitsstrafe findet nicht statt. Auch darf zur Beitreibung von Geldstrafen ohne Zustimmung des Verurtheilten, insofern dieser ein Inländer ist, kein Grundstück subhastirt werden.

§ 47. Die Erbschaftssteuer verjährt in zehn Jahren nach Ablauf des Kalenderjahres, in welchem der Erbanfall erworben, bez. die letzte auf Ermittelung der Steuer gerichtete amtliche Handlung vorgenommen ist. Zur Hebung gestellte Steuerbeträge verjähren in vier Jahren nach Ablauf des Kalenderjahres, in welches der letzte Tag der Zahlungs- oder Stundungsfrist fällt, bez. in welchem die letzte auf die Beitreibung des Rückstandes gerichtete amtliche Handlung vorgenommen ist. Die Verjährung sichergestellter Forderungen kann erst nach Ablauf des Jahres, in welchem die Sicherheit erloschen ist, beginnen.

Die Strafverfolgung von Zuwiderhandlungen gegen die Vorschriften dieses Gesetzes verjährt in drei Jahren, ihre Vollstreckung in fünf Jahren.

1) Zuständig ist in diesem Falle die Strafkammer.

Sachregister.

A.

Eichhorn, Schöffensachen. 25

B.

C.

D.

E.

F.

G.

H.

J.

K.

L.

M.

N.

O.

P.

R.

S.

T.

U.

V.

W.

Z.

G. Pätz'sche Buchdruckerei (Otto Hauthal) in Naumburg a/S.

FSC
www.fsc.org
MIX
Papier | Fördert gute Waldnutzung
FSC® C083411

Kolibri 360 GmbH
Ferdinand-Jühlke-Straße 7
99095 Erfurt, Deutschland
produktsicherheit@kolibri360.de